Herausgegeben von
Sabine Andresen,
Christine Hunner-Kreisel,
Stefan Fries

Erziehung

Ein interdisziplinäres
Handbuch

Verlag J. B. Metzler
Stuttgart · Weimar

Bibliografische Information der Deutschen Nationalbibliothek
Die Deutsche Nationalbibliothek verzeichnet diese Publikation in der Deutschen
Nationalbibliografie; detaillierte bibliografische Daten sind im Internet
über http://dnb.d-nb.de abrufbar.

ISBN 978-3-476-02383-4
ISBN 978-3-476-05023-6 (eBook)
DOI 10.1007/978-3-476-05023-6

© 2013 Springer-Verlag GmbH Deutschland
Ursprünglich erschienen bei J. B. Metzler'sche Verlagsbuchhandlung
und Carl Ernst Poeschel Verlag GmbH in Stuttgart 2013

www.metzlerverlag.de
info@metzlerverlag.de

Inhalt

V. Gesellschaft und Erziehung

Anhang

Vorwort

Mit Erziehung verbindet vermutlich jeder Mensch etwas. Sie gehört zu seinen – wenn auch nicht immer reflektierten – lebensgeschichtlichen Erfahrungen. Befragt man heute Kinder und Jugendliche, wie ihre Erziehung in der Familie zu ihrem Wohlbefinden beiträgt, so thematisieren sie zwei grundlegend mit Erziehung verbundene Dimensionen: Fürsorge und Freiheit. Beides in eine gute Balance zu bringen, scheint gegenwärtig die zentrale Anforderung an Erziehung zu sein. Eltern hingegen favorisieren als eines ihrer wichtigsten Erziehungsziele die Selbständigkeit ihrer Kinder, während es vor einigen Jahrzehnten noch primär um Gehorsam ging. Das heißt, das, was unter Erziehung verstanden wird, die mit ihr eng verbundenen Normen und Werte sowie die Erziehungsziele sind abhängig von Raum und Zeit.

Gleichwohl lassen sich auch prinzipielle Überlegungen anstellen: Dass nahezu alle bei dem Thema Erziehung mitreden können, liegt an den eigenen Erfahrungen, als Kind erzogen worden zu sein und als Erwachsener möglicherweise selbst erzogen zu haben. Es sind prinzipiell diese zwei Seiten, die Erziehung als ein Verhältnis zwischen zwei Menschen mit verschiedenen Rollen und Machtpositionen bestimmen. Das Erziehungsverhältnis ist idealtypisch durch eine Person, die erzogen werden soll, und eine weitere, die erziehen will, charakterisiert.

In der historischen Perspektive sind die öffentliche Bedeutung von Erziehung und die Reflexion über Erziehungspraktiken und -stile deutlich gestiegen. Damit ist auch die Verwissenschaftlichung von Erziehung verbunden. Sie steht in einem engen Zusammenhang mit der Etablierung verschiedener Disziplinen wie der Erziehungswissenschaft oder der Psychologie seit Ende des 19. Jahrhunderts.

Sowohl der Blick in die Geschichte der Erziehung als auch der Blick in die Gegenwart legen aber das Phänomen frei, dass sich ganz unterschiedliche Disziplinen und Berufsgruppen mit Erziehung befasst haben oder befassen. Ein Beispiel ist etwa der Einfluss der Medizin auf Erziehungsfragen. So enthält eine sicherlich für die Geschichte der Erziehungsprogrammatik wichtige Schrift, nämlich Jean-Jacques Rousseaus *Emile oder über die Erziehung* von 1762, viele Ideen aus medizinischen Büchern. Und Kinderärzte zu Beginn des 20. Jahrhunderts versuchten Einfluss auf die Erziehungspraktiken etwa von Arbeiterinnen zu nehmen.

Auch heute werden Erziehungsfragen in der gesellschaftlichen Öffentlichkeit verhandelt. Dies geschieht beispielsweise im Zusammenhang mit bildungspolitischen Diskussionen zur frühkindlichen Bildung und Erziehung sowie zum Ausbau von Ganztagsschulen. Immer geht es dabei auch um Fragen »guter Erziehung« oder um die geteilte Verantwortung für die Erziehung zwischen Familie, Kindertagesstätte und/oder Schule. Zahlreiche mediale Diskurse stellen Eltern zudem als verunsichert in Erziehungsfragen dar, als Indiz dafür gelten die zahlreichen Erziehungsratgeber. Bereits Siegfried Bernfeld hatte in den 1920er Jahren auf die gesellschaftstheoretische und -politische Dimension von Erziehung aufmerksam gemacht, bezeichnete er doch Erziehung als die Summe der gesellschaftlichen Reaktionen auf die »Entwicklungstatsache« des Menschen. Er machte deutlich, dass Erziehung noch nie eine nur ›private‹ Angelegenheit der Familie war. Zwar obliegt zuvörderst laut Grundgesetz den Eltern die Pflicht und das Recht der Erziehung ihrer Kinder, aber durch den Ausbau von Erziehungsinstitutionen wie Kindertagesstätte, Tagespflege und vor allem Schule findet Erziehung an ganz unterschiedlichen Orten statt.

Das vorliegende Handbuch über Erziehung reiht sich mit diesem Vorgehen in die Tradition der interdisziplinären Handbücher des Metzler-Verlags ein. Es geht uns um die Darstellung und Diskussion unterschiedlicher Herangehensweisen an das mit dem Aufwachsen von Kindern eng verbundene Phänomen Erziehung, um disziplinär geprägte Betrachtungsweisen der Erziehungsverhältnisse, der Erziehungssituationen oder der Wirkung und dem möglichen Scheitern von Erziehung. Bei einem einerseits so alltäglichen, andererseits so aufgeladenen Begriff wie Erziehung ist gerade für die Erziehungswissenschaft der Blick von außen fruchtbar und hoffentlich weiterführend.

Das interdisziplinäre Handbuch greift folglich einen Begriff auf, der zu den Selbstverständlichkeiten menschlichen Daseins gehört, aber höchst unterschiedlich erfahren, umgesetzt und aufgefasst werden kann; einen Begriff, der im historischen Rückblick eine große normative Aufladung erfahren hat und sowohl ein Alltagsbegriff als auch ein wissenschaftlicher Begriff ist. In dieser Spannbreite liegen die Herausforderungen einer systematischen Auseinandersetzung mit Erziehung begründet. Darüber hinaus stellen sich Fragen nach den Grenzen ebenso wie dem Potenzial von Erziehung und nach den Reflexionsformen über den Vorgang, den man als Erziehung bezeichnet. Es kommt folglich darauf an, Erziehung als Phänomen zu beschreiben, die Tätigkeit der Erziehung möglichst zu reflektieren und die Wirkungen von Erziehung zu analysieren.

Das Handbuch nimmt nicht für sich in Anspruch, alle Aspekte von Erziehung darzustellen. Unterschieden wird zwischen grundsätzlichen Fragen und Zugängen, in denen sowohl die historische Verortung als auch theoretische Grundfragen aufgegriffen werden müssen. In Teil I *Grundsätzliches* wird das Handbuch mit elementaren erziehungsphilosophischen und -historischen Diskussionen eröffnet. Nicht nur in der deutschsprachigen Tradition stellt sich zudem die Frage, wie und wodurch sich Erziehung von Bildung unterscheidet (Teil I). Sah man lange die Familie als den zentralen, ja nahezu ausschließlichen Ort der Erziehung an, hat die Ausdifferenzierung der Lebensbereiche und Systeme sowie die immer feingliedrigere Gestaltung von Kindheit und Jugend dazu beigetragen, dass junge Menschen »altersgemäß« an verschiedenen Orten erzogen werden. Neben der Vielfalt der Orte stellen auch die Phasen des Aufwachsens, also frühe Kindheit, Kindheit und Jugend sowie die damit verbundenen Anforderungen an Erziehung eine zentrale Herausforderung dar. Beides, *Phasen und Orte*, werden in Teil II detailliert entfaltet und ermöglichen einen Einblick auch in die Lebenswelt von Heranwachsenden in der heutigen Gesellschaft.

Womit Erziehung verbunden ist, worauf sie im Besonderen zielt oder welche Vernetzungen vorliegen, wird in Teil III, *Aspekte der Erziehung*, dargestellt und diskutiert. Schließlich hängen mit Erziehung so elementare Phänomene der menschlichen Verfasstheit wie Sprache oder die Beherrschung des Körpers zusammen. Mit dem Anliegen, Erziehung nicht nur aus der Sicht der Erziehungswissenschaft zu reflektieren und zu diskutieren, sondern ihre Betrachtung, gar Bedeutung in anderen Disziplinen zur Sprache zu bringen, ist Teil IV, *Verschiedene Disziplinen*, verbunden. Der insgesamt umfangreichste Teil des vorliegenden Handbuchs versammelt 18 disziplinäre Perspektiven auf Erziehung. Der damit verbundene Anspruch einer interdisziplinären Auseinandersetzung soll die Perspektive weit über das engere Phänomen des zweiseitigen Erziehungsverhältnisses hinaus öffnen und er bringt durchaus überraschende und innovative Einsichten hervor. Abgeschlossen wird das Handbuch mit Teil V, *Gesellschaft und Erziehung*, in dem Fragen gesellschaftlicher Kontexte von Erziehung thematisiert werden.

Über das Phänomen Erziehung lassen sich verschiedene Spannungsfelder der Gegenwart behandeln und auch dazu soll der interdisziplinäre Zugang des Handbuchs eine Hilfestellung leisten. Dabei stellt sich u. a. die Frage nach international anschlussfähigen Diskursen, nach benachbarten Konzepten wie Sozialisation und Bildung oder nach der Kritik an Machtverhältnissen im Generationenverhältnis. Zu diesen Spannungsfeldern gehört die bereits eingangs benannte Balance zwischen Fürsorge und Freiheit. Auch die Spannung zwischen den Möglichkeiten des Gelingens und der Gefahr des Scheiterns von Erziehung ist hier zu nennen, ebenso wie die zwischen Machbarkeitsphantasien und Ohnmachtserfahrungen angesichts der Unverfügbarkeit auch des Kindes.

Wir hoffen, dass der interdisziplinäre Zuschnitt des Handbuchs auch Anregungen bietet, über diese Spannungsverhältnisse nicht nur der modernen Erziehung, sondern des menschlichen Daseins neu nachzudenken.

Allen Autorinnen und Autoren möchten wir für ihre Beiträge und die Bereitschaft, an einem interdisziplinären Projekt zu Erziehung mitarbeiten, herzlich danken. Ein großer Dank geht auch an Sabine Matthes und Oliver Schütze vom Metzler Verlag für die Anregungen, die professionelle Unterstützung und nicht zuletzt Geduld. Danken möchten wir auch Lina Jochim (Goethe-Universität Frankfurt) bei der Unterstützung der Literaturverzeichnisse.

Frankfurt, Vechta, Bielefeld im September 2013
Sabine Andresen, Stefan Fries,
Christine Hunner-Kreisel

I. Grundsätzliches

1. Geschichte der Erziehung

Die Geschichte der Erziehung ist nicht die Geschichte der Pädagogik, so wie sich die Praxis der Erziehung von den zahlreichen Konzepten unterscheidet. Konzepte und Praxis sind nicht zwingend aufeinander bezogen, das gilt auch dann, wenn eine Pädagogik den Plan für die Praxis liefert und versucht, die Entwicklung im Sinne dieses Plans zu steuern. »Praxis« muss anders verstanden werden, nämlich grundlegend als gesellschaftlich-kulturelle Reaktion auf das, was Siegfried Bernfeld (1973, 51) die »Entwicklungstatsache« genannt hat.

Jede Gesellschaft und jede Kultur muss auf den Tatbestand reagieren, dass Kinder wachsen und während dieses Prozesses beeinflusst werden müssen. In diesem Sinne kann man von historischen *Erziehungskulturen* sprechen, die die Voraussetzung sind, praktisch handeln zu können. »Erziehung« ist nicht zu reduzieren auf Absichten und Wirkungen in einer Interaktion, sondern setzt ein kulturelles Feld voraus, in dem pädagogische Erfahrungen akkumuliert, weitergegeben und abgestoßen werden können.

Schon die Hochkulturen verfügten über eine deutlich konturierte Erziehungspraxis. In Ägypten etwa sind Unterrichtskulturen für bestimmte Gruppen von Jugendlichen ebenso selbstverständlich wie Erziehungsratgeber oder Praxisanleitungen. Frühe griechische Quellen verweisen auf die unterschiedliche Erziehung beider Geschlechter und wiederum ägyptische Quellen zeigen auch einen Sinn für die Größenunterschiede. Eltern wurden immer größer dargestellt als Kinder, was alleine schon auf die Wahrnehmung des Wachstums hinweist (Feucht 1995).

Die Notwendigkeit einer gezielten Unterweisung entstand mit der Verschriftlichung und Archivierung der Kultur. Insbesondere Priester und Beamte erhielten eine darauf bezogene Ausbildung, in der auch bereits klar die Rollen von Lehrern und Schülern unterschieden wurden. Auf der anderen Seite war der Erziehungsraum in der Antike stets viel größer als der des Unterrichts. In Athen erzog die ganze Polis mit allen Institutionen und in Sparta das Haus ebenso wie das Militär, wobei es auch brutale Formen der Züchtigung gab. Der spartanische »agoge« hatte Strafgewalt (Kennell 1995).

Die Reaktionen auf die Entwicklungstatsache sind verschieden und die historischen Formen wandeln sich. Eigentliche Theorien der Erziehung, die mit moralischen Zielsetzungen und pädagogischen Konzepten der Umsetzung verbunden waren, gibt es seit den Sophisten, also seit der klassischen griechischen Antike. Sophisten waren Wanderlehrer, die ihre Dienste auf Märkten anboten und sich auch deswegen den Zorn von Philosophen wie Sokrates und Platon zuzogen. Erst neuere Studien zeigen, dass die Verurteilung der Sophisten einseitig gewesen ist und sie verstanden werden müssen als Frühform einer pädagogischen Professionalisierung, die in der attischen Demokratie Nachfrage erlebte (Jarratt 1991, 81–117; bezogen auf die zweite sophistische Bewegung: Gleason 1995).

Im antiken Rom waren bereits deutliche professionelle Rollen vorhanden. Der Knabenführer (*paidagogos*) wurde vom bezahlten Hauslehrer unterschieden, der eine kümmerte sich um die Führung und Disziplinierung der kleineren Kinder, der andere war für Unterricht zuständig. Nur das eine galt als Erziehung, das andere nicht. Beide Rollen waren, anders als die freien Sophisten, abhängig von der Strafgewalt des Hausherrn. Schulen mit Fachunterricht und unabhängig vom Haus entstanden erst ganz allmählich, Spielschulen für kleinere Kinder sind dagegen seit Mitte des 3. Jahrhunderts v. Chr. nachgewiesen.

Die antike Erziehung war wesentlich gekennzeichnet durch militärische Ausbildung für die jungen Männer und eine Vorbereitung auf den Hausstand für die jungen Frauen. Über die Rechtsstellung bestimmte der pater familias, der die Kinder mit einem Rechtsakt aus der Unmündigkeit »aus der Hand gab« (emancipare) und so aus der Familie entließ. Die Erziehung sorgte für die Vorbereitung auf das Leben, allerdings nur für diejenigen, die einen Status als Bürgerin oder Bürger hatten. Sklaven wurden trainiert, aber nicht gebildet.

In der römischen Literatur wird »Erziehung« (*educatio*) über Fürsorge definiert, »Bildung« (*eruditio*) dagegen verweist auf intellektuelle Ansprüche. Beide Begriffe beziehen sich innerhalb der Kinder- und Jugendkultur auf verschiedene Grundsituationen, die von Anforderungen des Alters her bestimmt sind. Kleine Kinder benötigen »Erzieher«, größere dagegen »Lehrer«. Die einen geben Zuwendung und elementaren Rückhalt, die Anderen führen in Zusammenhänge schulischer Bildung ein (Bonner 1977).

Vorausgesetzt ist dabei die Abfolge von Phasen der Entwicklung, die im Zusammenhang mit den Lebensaltern des Menschen gesehen werden muss. Jeder Mensch durchläuft von der Geburt bis zum Tod bestimmte Alter, die die Richtung des Lebens bestimmen und die nicht austauschbar sind. »Kindheit« wurde so kategorial als Beginn einer geordneten Folge verstanden. Erst dann konnten sich damit auch eine Rechtsposition sowie pädagogische Anforderungen verbinden.

Die Unterscheidung von Lebensaltern geht maßgeblich auf den römischen Schriftsteller Marcus Terentius Varro zurück, der auch den Ausdruck *infantia* als Bezeichnung für das Lebensalter »Kindheit« prägte. Ohne eine solche kategoriale Ordnung wäre es unmöglich, auf Kinder anders als okkasionell zu reagieren. Kinder müssen also nicht nur sozial wahrgenommen werden. Das können sie erst, wenn sie ihren Platz in einem kognitiven System haben. Das Schema der Lebensalter blieb bis zum Ende der Antike intakt und war auch im christlichen Mittelalter noch maßgebend.

Um 630 n. Chr. unterschied Isidor von Sevilla im elften Buch seiner *Etymologiae* zwischen *infantia* und *pueritia*, also zwischen Kindheit und Jugend, wobei die Kindheit bis zum siebten Lebensjahr, die Jugend bis zum vierzehnten angenommen wurde. »Jugend« ist ältere Kindheit, die nämlich, die mit Schulung verbracht wird. Danach beginnt die *adulescentia*, die doppelt so lange dauert wie die jüngere und die ältere Kindheit, also bis zum achtundzwanzigsten Jahr reicht. Sie ist die erste Periode des Erwachsenen, der noch eine zweite folgt, bevor die beiden Perioden des Alters einsetzen (Neraudeau 1979, 87 ff.).

Kindheit ist in diesem Sinne Teil der voranschreitenden Lebensordnung, die als natürliche Abfolge von Phasen verstanden wird, denen sich nicht nur spezifische Charakteristika, sondern zugleich Aufgaben der Entwicklung zuordnen lassen. Das gilt im Prinzip bis heute, nur dass die Phasen nicht mehr mit einem Siebener-Zahlenschema festgelegt werden und die Übergänge zu beachten sind. Immerhin arbeitet noch die Waldorf-Pädagogik mit Isidors Schema.

Betrachtet man nur die Entwicklung der westlichen Erziehung, also weder der persischen noch der chinesischen, noch der fernöstlichen oder auch nur der byzantinischen, dann ist der entscheidende Einschnitt in der Geschichte der Erziehung zwischen Antike und Mittelalter die Entwicklung des Christentums zur Staatsreligion im römischen Reich unter Konstantin dem Großen im Anschluss an das Konzil zu Nicäa (325). Spätestens seit Augustinus und einer Pädagogik, die den Gottessohn als den »ersten Lehrer« verstand, wurde die Erziehung auch praktisch unter einen Glaubensvorbehalt gestellt.

Zwar führt keine politische Umwälzung dazu, die bestehende Erziehungspraxis komplett zu erneuern, weil die Kontinuitäten immer sehr viel größer sind als die Innovationen. Auch sind Rituale des Umgangs mit Kindern wie die Taufe oder die Festtage im Kalender eines Jahres immer von älteren Formen bestimmt, die jüngeren waren oft Amalgame, die erst langsam eine eigene Gestalt annahmen.

Auf der anderen Seite aber gab die christliche Kultur der Erziehung allmählich eine feste institutionelle Form. Das lässt sich an der Durchsetzung der Kindtaufe ebenso zeigen wie an den rituellen Ordnungen des Gottesdienstes oder der Erziehung im Kloster, die immer für einen Teil der Kinder offen gehalten wurde. Kinder wurden erst zu einer eigenen Größe in der Glaubensgemeinschaft, seitdem sie im Ritus einen festen, für sie vorgesehenen Platz einnehmen konnten.

Den ersten gelenkten Wandel der christlichen Erziehungskultur stellen die karolingischen Reformen Ende des 8. im Übergang zum 9. Jahrhundert dar, die sowohl die Schrift als auch die Bibel und die Priesterausbildung umfassten. Mit der einheitlichen Schrift (karolingische Minuskel) entstand ein einheitlicher Kommunikationsraum und mit der Vereinheitlichung der Vulgata-Bibel als Grundlage für den Gottesdienst ließ sich dieser Kommunikationsraum im christlichen Sinne auch nutzen (Riché 1999, 49–118).

Die Praxis der christlichen Erziehung wurde allmählich einheitlicher und die Dominanz der lokalen Besonderheiten sowohl der Schrift als auch der Kommunikation ging zurück, vor allem weil sich im Hochmittelalter literate Stadtkulturen entwickelten. Eine eigentliche, von der Erwachsenenpraxis unterschiedene Erziehung für Kinder entstand aber erst ganz allmählich und lässt sich vor dem Hochmittelalter nur an wenigen Stellen nachweisen. Eigene Kinderbibeln etwa entstanden erst kurz vor der Reformation.

Im Sinne der heutigen Globalisierungsdiskussion ist die Konzentration auf das westliche Abendland eine Beschränkung. Konfuzianische Formen der Erziehung gehen darin ebenso wenig auf wie die Lehren Zarathustras oder die pädagogische Praxis der japanischen Samurai, die sich seit der Heian-Zeit (794–1192) nachweisen lässt und gänzlich andere Erziehungsziele verfolgt hat, als die, die im Christentum bis zur Reformation üblich waren. Auch das östliche Christentum lässt sich damit nicht erfassen, und weder in religiöser noch in weltlicher Hinsicht (Rautman 2006, Ch. 10).

Von einem »christlich-abendländischen« Bildungsraum kann man nur dann noch sprechen, wenn diese Einschränkung mitgedacht wird. Dieser Raum schließt grundlegende Erfahrungen mit Erziehung eben auch aus, die christlich geprägte Erziehungskultur ist daher nicht das Modell für eine Welterziehung, wie in der pädagogischen Geschichtsschreibung bis vor kurzem noch angenommen wurde. Schon die jüdische Erziehung und ihre Betonung des *kairos* werden damit nicht erfasst.

Gleichwohl stellte die Reformation einen Einschnitt dar, der die Praxis der Erziehung auch über den christlichen Raum hinaus verändert hat. Mit der Reformation konzentrierte sich die Erziehung erstmalig seit der Antike auf den individuell Gläubigen, der nicht mehr allein von seiner Kirchenzugehörigkeit betrachtet wird. Grundlage des Glaubens ist die Bibel, der Reformation geht es einzig um das Verständnis der Schrift, für das jeder individuell verantwortlich ist.

Das erklärt, warum Lesen und katechetischer Unterricht schnell zu den verbindlichen Größen im Erziehungsprogramm der Reformation gezählt wurden. Ein weiterer Effekt ist die Überwindung der Standesgrenzen in dem Sinne, dass Elementarbildung für alle Kinder verbindlich wurde. Alle Gläubigen sind zum Verständnis der Schrift aufgefordert und müssen daher lesen können. Aus der Reformation heraus entstand letztlich das Konzept der Volksschule und so einer institutionellen Erziehung, die jeden umfassen soll.

Seit Luthers Rede an die Ratsherren (1524) ist versucht worden, dieses Programm flächendeckend zu implementieren, aber noch 300 Jahre spä-

ter kann nicht davon die Rede sein, dass tatsächlich alle Kinder in einer öffentlichen Institution unterrichtet und erzogen wurden. Die Geschichte der Erziehung änderte sich in dieser Hinsicht erst mit dem Aufbau der Volksschule seit Mitte des 19. Jahrhunderts, als die Nationalstaaten massiv in Elementarbildung investierten und das heutige Schulmonopol schufen.

Die Schulen erhielten neben den Lehrplänen und den Unterrichtsfächern allmählich auch dezidierte Erziehungsaufträge, die sich etwa auf die Erziehung der Geschlechter oder auch im Blick auf den Lernhabitus oder die Bewertung von Leistungen durch Noten massiv ausgewirkt haben. Die Erziehungskulturen bekamen so einen stark schulisch geprägten Anstrich, der einen großen Teil der Erfahrung von Kindern und Jugendlichen auf das Leben in formalen Bildungsinstitutionen festlegte.

Nach der Reformation spielte der Pietismus eine wichtige Rolle in der Verstärkung der Erziehungsabsichten und ihrer Wendung auf die Seele des Kindes oder »innerliche« Glaubensüberzeugung. Zudem hat der Pietismus auch das pädagogische Unternehmertum begründet. Das bekannteste Beispiel sind die Franckeschen Stiftungen in Halle. Hier wurde der erste Schul- und Erziehungsstaat in der Geschichte der Erziehung begründet, der nicht nur wie jesuitische Gründungen etwa in Paraguay (1609–1767) auf den Glauben, sondern zugleich auf weltliche Karrieren bezogen war.

August Hermann Francke begründete ein Imperium, das wohl von königlichen Privilegien abhängig war, aber sich zugleich selbst unterhalten konnte. Parallel dazu entstand von Halle aus die christliche Mission, die protestantische Erziehungsideen erstmalig globalisierte, ohne auf die indigenen Kulturen Rücksicht zu nehmen. Der Missionsbefehl aus dem Neuen Testament legitimierte die christliche Erziehung in »heidnischen« Kulturen, die damit pädagogisch okkupiert wurden.

Die Erziehungskulturen außerhalb der Schule sind jahrhundertelang nahezu stabil gewesen. Doch auch sie wandeln sich im 19. Jahrhundert. Das lässt sich an den Kinderspielen ebenso zeigen wie an den Erziehungsrollen oder auch den nachbarschaftlichen Spielgründen. Seit Beginn des 19. Jahrhunderts entstand eine pädagogische Industrie, die frühere Formen des örtlichen Handwerks ablöste. Ein Beispiel ist die Puppenindustrie, ein anderes sind mechanische Spielwerkzeuge und ein drittes sind standardisierte Formen der Unterhaltungsliteratur.

Spätestens seit der Wende zum 20. Jahrhundert begann in den Vereinigten Staaten die Kommerzialisierung der Kindheit, die also kein neues Phänomen der Mediengesellschaft ist (Jacobson 2004). Kinder wurden als Konsumenten erzogen, oft direkt von den Eltern oder indirekt durch ihr Rollenvorbild und vielfach in Konkurrenz zur Schule. Die Unmittelbarkeit des Konsums war ein gänzlich anderer Modus des Lernens als der, den schulischer Unterricht abverlangt.

Neben den Schulen entstanden auch neue Rollen für Erziehungsberatung, zunehmend auch für Therapie und immer mehr auch für Unterhaltungsbranchen mit Zugang zur Kindheit. Der Leitsatz der englischen Aufklärungsliteratur für Kinder hieß »instruction with delight«. Dass Kinder nicht nur erzogen, sondern auch unterhalten werden, dringt von der Kinderliteratur in den engeren pädagogischen Raum vor und hat etwa zur Folge gehabt, dass die unbestrittene väterliche Gewalt ersetzt wurde durch ein Ensemble von Einflüssen, die sich nicht mehr allein durch den familialen Raum kontrollieren ließen.

In diesem Sinne entstand eine zunehmend offener werdende Situation des Lernens, die in früheren Epochen gänzlich unbekannt war. Die Kindheit selbst wurde verzeitlicht und verlor ihre Bindung an historische Formen. Sie war so nicht länger repetitiv, sondern wurde selbst zum vielfältigen Thema von Entwicklungen. »Lernen« und »Entwicklung« wurden zu grundlegenden Kategorien, mit denen die Erfahrungen der Kindheit gefasst und auch gesteuert werden sollten.

In der Pädagogik entstand seit Mitte des 19. Jahrhunderts das Konzept einer »kindzentrierten« Erziehung, in der nicht mehr einfach die Erwachsenen vorgeben, was das Ziel ist und wie es erreicht werden muss. Das Kind wird als eigenständige Persönlichkeit wahrgenommen, getragen und bestärkt vor allem von der Kindergartenbewegung. Hier entstanden auch die ersten Entwürfe der Kinderrechte und so einer Pädagogik der Achtung (Douglas-Wiggin 1892).

Dieser Trend gilt inzwischen für alle Erziehungskulturen. Selbst die traditionell autoritäre chinesische Erziehung ist durch Modernisierungsschübe ansatzweise individualisiert worden und kann nicht mehr einfach mit patriarchalischer Autorität realisiert werden. Nicht zufällig ist das ein Thema der Nostalgie, wie auch in westlichen Gesellschaften immer wieder der Ruf nach Disziplin laut wird, während es ein Zurück zu alten Formen der Disziplinierung nicht gibt, weil der Prozess als irreversibel angenommen werden muss. Das schließt nicht aus, dass Formen von Gewalt in der Erziehung nach wie vor weit verbreitet sind.

Das Thema Gewalt begleitet die Geschichte der Erziehung seit den Hochkulturen. In der römischen Antike war es fast selbstverständlich und rechtlich ohne Belang, dass missliebige Kinder, insbesondere Mädchen, ausgesetzt wurden und dadurch den Schutz durch die Familie verloren. Im Mittelalter sind Kinder ins Kloster gegeben worden, weil das einen Tribut an die Kirche darstellte. Verdingkinder im Alpenraum können bis zum Zweiten Weltkrieg nachgewiesen werden, Kindermärkte, auf denen Kinder angeboten wurden, als seien sie Sklaven, gab es noch bis zu Beginn des 20. Jahrhunderts.

In Afrika gibt es bis heute Tausende von Kindersoldaten, und auch rituelle Beschneidungen sind aus der Erziehungswelt nicht verschwunden. Das gilt ähnlich für sexuellen Missbrauch, der außerhalb der Familie besonders in Internaten und Priesterseminaren nachgewiesen werden kann. Auch Gewalt unter Jugendlichen ist im Zuge der Pädagogisierung der Lebenswelten nicht verschwunden. Und in fundamentalistischen Familien gilt nach wie vor die Strafgewalt des Vaters.

Auf der anderen Seite ist es gelungen, die Kinderarbeit, die mehr als 150 Jahre lang die Industriegesellschaften geprägt hat, zu beseitigen, wozu nicht nur die einschlägigen Gesetze beigetragen haben, sondern auch der Wandel der Erziehungseinstellungen und die Gewöhnung an lange Zeiten der Verschulung. In vielen Familien war die Kinderarbeit ökonomisch notwendig und ist trotz schwerer körperlicher Schäden gebilligt worden. Mit steigendem Wohlstand fiel es leichter, die Kinder länger zur Schule zu schicken, aber nur, wenn der Schulbesuch auch einen Ertrag versprach.

Der Erfolg der Schule lässt sich an drei Parametern ablesen, einerseits an der Jahresverschulung, andererseits am Berechtigungswesen und drittens an lohnenden Anschlüssen. Die Volksschule alleine hätte kaum dazu geführt, dass eine vollständige Aufnahme aller Kinder und Jugendlichen erreicht worden wäre. Ohne Berufsbildung wäre für Eltern der Weg in den Beruf umso weniger einleuchtend gewesen, je mehr sie selbst dafür nicht sorgen konnten.

Die schulische Erziehung änderte von Mitte des 19. Jahrhunderts an ihre Form. Das geschah allmählich und unspektakulär im Wesentlichen durch lokale Schulentwicklung. Die hauptsächliche Richtung war die Abkehr von der Dominanz des katechetischen Unterrichts und der damit verbundenen didaktischen Form des Auswendiglernens. Mit der Einführung von Volksschulfächern stiegen die kognitiven Anforderungen und so die Verstehensleistungen, die beim katechetischen Unterricht gar nicht geprüft werden konnten. In diesem Sinne legte die veränderte Struktur der Schule die vermehrte Aufmerksamkeit auf individuelle Leistungen nahe.

Zeitgleich wurde die Erhöhung der intellektuellen Leistungen mit dem Hinweis auf »Ganzheitlichkeit« auch bekämpft. Im Ergebnis sind dann neue Fächer und Methoden eingeführt worden, die im deutschen Sprachraum mit dem Stichwort »Arbeitsschule« bezeichnet worden sind. Hier geht es um praktische Erfahrungen und aktives Lernen über die Steuerung mit Lehrbüchern hinaus.

Auch die Gestaltung der Schulhausarchitektur trug zum Wandel der schulischen Erziehung bei, weil versucht wurde, die Räume kindgerecht zu gestalten. In Deutschland kann man das an Schulen nachweisen, die unmittelbar nach dem Zweiten Weltkrieg gebaut worden sind. 20 Jahre später stand die funktionale Schulhausarchitektur in der Kritik, inzwischen ist Anschluss gewonnen worden an die Idee einer kindgemäßen Raumgestaltung. Das bekannteste Vorbild ist die mehrfach prämierte Crow Island School in Winnetka im amerikanischen Bundesstaat Illinois (gebaut 1939/1940), die Teil eines mehr als 20 Jahre dauernden Schulversuchs (»Winnetka-Plan«) gewesen ist, in dem individualisierte Formen des Unterrichts ausprobiert wurden.

Zur Geschichte der Erziehung im 20. Jahrhundert gehört auch die Erfahrung von Kriegen und totalitären politischen Systemen. Bolschewismus wie Nationalsozialismus waren jeweils Erziehungsdiktaturen, in denen versucht wurde, die nachwachsende Generation auf das System zu verpflichten und keine Alternativen zuzulassen. Das gelang weitgehend, Ausnahmen wie kirchliche Formen der Erziehung lassen sich nicht wirklich als Gegenbeweis anführen, erst der Untergang des Regimes beendete die Erziehungsdiktatur.

Die Erziehung im Nationalsozialismus übernahm zahlreiche Formen der deutschen Jugendbewegung und war für die Jugendlichen selbst gerade wegen der Schulferne attraktiv. Ähnliches gilt für die Erziehung im Bolschewismus. In beiden Systemen fanden sich bereitwillig Pädagoginnen und Pädagogen, die die Erziehungspraxis überhöhten und ihr einen politisch-idealistischen Anstrich gaben. Es ist kaum noch vorstellbar, wie viele Anhänger gerade die stalinistische Pädagogik im Westen gefunden hat.

Kriegserfahrungen spielten für mindestens zwei Generationen eine entscheidende Rolle. Viele Anhänger der deutschen Jugendbewegung meldeten sich im August 1914 freiwillig, darunter auch solche aus deutschen Landerziehungsheimen. Die Jugendlichen waren zwischen 16 und 20 Jahre alt und wer von ihnen nicht im Krieg blieb, wurde durch die Traumata des Krieges erzogen. Ähnliches gilt für die Generationen, die in den letzten beiden Jahren des Zweiten Weltkrieges noch zum Kriegsdienst gezogen wurden und den Krieg bewusst erlebt haben. Die Erziehung durch den Krieg war die stärkste denkbare Prägung, insbesondere, wenn man sich vorstellt, dass auch die Väter dieser Jugendlichen im Krieg gestanden haben.

Dieser Befund gilt nicht nur für Deutschland. Die Erziehung durch den Krieg prägte Generationen im gesamten Europa und in Übersee. Das Wort »Prägung« ist fast euphemistisch, weil es nach beiden Weltkriegen keine Bearbeitung der Erfahrungen gegeben hat, die anders als privat gewesen wäre.

Das Thema »Kriegsbewältigung« kommt in der pädagogischen Literatur nach beiden Kriegen nicht vor. Die Rede ist nur von Neubeginn, aber nicht davon, wie die Erziehung *durch* den Krieg bearbeitet werden soll. Das heißt auch, dass zwei Generationen mit prägenden Erfahrungen weitgehend allein blieben. Die Folgen sind in der Pädagogik wenig aufgearbeitet, in dem, was heute in der historischen Forschungsliteratur »bloodlands« genannt wird, ist aber bereits deutlich von der »Erziehung« durch den Krieg und der Hoffnungslosigkeit der Kinder die Rede (Snyder 2011, 69 ff.)

Die Geschichte der Erziehung lässt sich ohne diese Aspekte nicht darstellen. Sie kann sich schon aus diesem Grunde nicht einfach nur auf die pädagogischen Konzepte beziehen, die gar nicht anders sein können als positiv, gut und optimistisch (Bühler 2012). In der Praxis haben sich Kinder und Jugendliche oft in prekären Situationen befunden, sind ausgebeutet und missbraucht worden und mussten eigene Strategien des Überlebens ausbilden. Diese Erziehung durch die Not ist bislang wenig beachtet worden.

Heute ist die Frage grundlegend, wie die Erziehung zur Entwicklung der Demokratie beitragen kann und was die »Kindzentrierung« in diesem Zusammenhang bedeutet. Das Thema, wie Demokratie und Erziehung verknüpft werden können, entwickelte sich seit Beginn des 19. Jahrhunderts vornehmlich in den Vereinigten Staaten. Das gilt zunächst für das Konzept und seit Mitte des Jahrhunderts auch für einzelne Schulversuche, in denen neue Formen des Zusammenlebens ausprobiert wurden.

Der entscheidende praktische Durchbruch war die Entwicklung des Sekundarschulwesens und so die Entstehung der amerikanischen High School. Seit den Empfehlungen des Committee of Ten (1893) wurden allmählich Primar- und Sekundarschulen zusammengeführt und vereinheitlicht. Die bis heute viel zitierte Theorie lieferte John Dewey in seinem Buch *Democracy and Education* (1916). Diesem Buch sind zahllose Diskussionen vorausgegangen, die Dewey in gewisser Weise mit einer philosophisch-kategorialen Form zum Abschluss brachte.

Erst nach dem Zweiten Weltkrieg und ausgehend von amerikanischen Erfahrungen entstanden auch in den europäischen Ländern, soweit sie nicht dem Warschauer Pakt angehörten, breit akzeptierte Konzepte demokratischer Erziehung, die zunächst vor allem in Skandinavien verwirklicht wurden. Hier entstanden Gesamtschulen nach Vorbild der amerikanischen High School, wenngleich diese Form von Beschulung in Skandinavien nur bis zum Ende der Sekundarstufe I reicht. Längere gemeinsame Formen der Verschulung waren etwa in Norwegen seit Einführung der siebenjährigen Schulpflicht für die Primarschule (1889) schon länger Praxis.

Damit verbunden ist ein bis heute andauernder Streit, wie weit tatsächlich nur eine möglichst lange gemeinsame Verschulung das Prädikat »demokratisch« verdient. Geht man vom damit eng zusammenhängenden Postulat der Chancengleichheit

aus, dann muss eine möglichst lange gemeinsame Verschulung nicht unbedingt ein Beitrag zur Erfüllung der Chancengleichheit sein. Für die Lebenschancen sind differenzierte Abschlüsse und Berechtigungen oft wichtiger als gemeinsame Lernerfahrungen, so wichtig diese für andere Bereiche der Erziehung auch sein mögen.

Bezogen auf die Praxis von Eltern und Kindern ist heute der überwiegende Modus der der Verhandlung. Kinder werden an Entscheidungen der Eltern beteiligt, was auch heißt, dass über das jeweilige Thema eine Abstimmung erreicht werden muss. Der Wille der Kinder wird nicht mehr wie in früheren Erziehungskulturen gebrochen, wenn er missliebig ist, vielmehr sind die Kinder gehalten, sich an Problemlösungen angemessen zu beteiligen. Das gilt für größere Anschaffungen, Urlaubsreisen, die Ausstattung des Kinderzimmers und ähnliches mehr.

In der Schule heißt Partizipation, dass die Kinder und Jugendlichen in den Belangen gehört werden, in denen sie selbst Entscheidungen treffen müssen oder in denen Entscheidungen Dritter Auswirkungen haben. In diesem Sinne kann von einer Demokratiebewegung in pädagogischen Institutionen die Rede sein, die die paternalen Abhängigkeiten ersetzt haben. »Autorität« ist kein substanzielles Thema mehr, Lehrpersonen müssen durch Kompetenz überzeugen und sind nicht mehr einfach durch ihr Amt in der überlegenen Position.

Demokratie ist kein neues Thema, aber das Thema blieb lange abstrakt und war mehr oder weniger nur als Postulat präsent. In der amerikanischen Literatur ist unentwegt die Demokratisierung der Schule gefordert worden, während die Praxis der Erziehung jahrzehntelang durch Repression und Unterwerfung geprägt war. Einige Versuchsschulen haben es unternommen, demokratische Umgangsformen zu realisieren, in den 1930er Jahren sind auch einige Schuldistrikte in größeren Städten in dieser Hinsicht reformiert worden, aber bis zum Zweiten Weltkrieg blieb es weitgehend bei Postulaten.

In Deutschland hat erst die Re-Education nach dem Zweiten Weltkrieg einen Wandel der Erziehungseinstellung befördert, wobei es mehr als eine Generation von Lehrkräften brauchte, um in der Breite demokratisches Gedankengut und entsprechende Umgangsformen zu verankern. Parallel dazu veränderte sich der gesamte Lebensraum der

Kinder und Jugendlichen, auch in dem Sinne, dass Lernen zu keinem Abschluss kommt und Kompetenzen sich ständig ändern können.

Erziehung ist ein ideologisch umstrittenes Feld. Der Konsens in Richtung Demokratie und Partizipation darf nicht darüber hinwegtäuschen, dass es nach wie vor Positionen gibt, die man nur als fundamentalistisch bezeichnen kann. Amerikanische Kreationisten versuchen immer wieder, Einfluss auf den staatlichen Lehrplan zu nehmen. Auf der anderen Seite stehen Marktliberale, die mit Hilfe der freien Schulwahl die Effizienz von Erziehung und Unterricht erhöhen wollen, ohne dass es dafür bislang gelungene Beispiele gäbe. In beiden Fällen ist die Ideologie stärker als die praktische Erfahrung, nur so ist zu erklären, dass die Positionen über Jahrzehnte hinweg stabil bleiben konnten.

In beiden Fällen versagt auch die Idee, dass sich solche Positionen durch Evaluationen verändern können. In der heutigen »Audit-Gesellschaft«, die auf Korrektur durch Rückmeldungen vertraut, ist es erstaunlich, dass gerade im Erziehungsbereich sich ideologische Positionen offensichtlich nicht durch Datenerhebungen beeindrucken lassen. Auch die anthroposophische Pädagogik ist durch die wenigen Evaluationen, die vorliegen, nicht verändert worden.

Die Geschichte der Erziehung ist kein Kontinuum, in dem über Jahrhunderte ähnliche Ideen die Richtung bestimmt haben. Zwar lassen sich Ideen quer zu den Epochen austauschen, Platonisten etwa gibt es in der Pädagogik bis heute, aber diese ideelle Indienstnahme sagt nur etwas über die Suchbewegung von Autoren aus. Die Praxis der Erziehung kann nicht auf gleiche Weise gefasst werden.

Zwar muss jede Kultur auf die »Entwicklungstatsache« reagieren, und das tut auch keine Kultur ohne Rückgriff auf Erfahrungen, während auf der anderen Seite scheinbare Traditionen immer weniger maßgeblich sind, was auch heißt, dass immer neue Problemlösungen gefunden werden müssen, wie eine Kultur auf Kinder und Jugendliche eingestellt wird.

Das geschieht mit einem hohen Aufwand medialer Kommunikation, die aber wenig darüber aussagt, wie sich tatsächlich die Praxis verändert hat. Die Geschichte der Erziehung ist in diesem Sinne kein normativer Grund, der Entscheidungen legitimieren und absichern kann. Man kann sich also nicht mehr einfach auf große Pädagoginnen und Pädagogen berufen, um sich in der heutigen Erziehungswelt zurechtzufinden.

Literatur

Bernfeld, Siegfried: *Sisyphos oder die Grenzen der Erziehung*. Frankfurt a. M. 1973.

Bonner, Stanley F.: *Education in Ancient Rome*. Berkeley 1977.

Bühler, Patrick: *Negative Pädagogik. Sokrates und die Geschichte des Lernens*. Paderborn u. a. 2012.

Dewey, John: *The Middle Works 1899–1924*, Vol. 9: *Democracy and Education 1916*. Hg. v. J.A. Boydston. Carbondale/Edwardsville 1985.

Douglas Wiggin, Kate: »Children's Rights«. In: *Scribner's Magazine* 7 (1892), 242–248.

Feucht, Erika: *Das Kind im Alten Ägypten. Die Stellung des Kindes in Familie und Gesellschaft nach altägyptischen Texten und Darstellungen*. Frankfurt a. M./New York 1995.

Gleason, Maud W.: *Making Men: Sophists and Self-Representation in Ancient Rome*. New Jork 1995.

Jacobson, Lisa: *Raising Consumers. Children and American Mass Market in the Early Twentieth Century*. New York 2004.

Jarratt, Susan C.: *Rereading the Sophists. Classical Rhetoric Refigured*. Carbondale/Edwardsville 1991.

Kennell, Nigel M.: *The Gymnasium of Virtue: Education and Culture in Ancient Sparta*. Chapel Hill/London 1995.

Neradeau, Jean P.: *La jeunesse dans la littérature et les institutions de la Rome républicaine*. Paris 1979.

Rautman, Marcus L.: *Daily Life in the Byzantine Empire*. Westport 2006.

Riché, Pierre: *Ecoles et enseignement dans le Haut Moyen Age. Fin du Ve siècle – milieu du Xe siècle. Troisième édition, revue et mise à jour*. Paris 1999.

Snyder, Timothy: *Bloodlands. Europa zwischen Stalin und Hitler*. Übers. v. Martin Richter. München 2011.

Jürgen Oelkers

2. Moral

Nach Durkheim (1902/1984, 45 ff.) erneuern Gesellschaften durch Erziehung immer wieder die sozialen Bedingungen ihrer Existenz. Die Moral stellt den Kern dieser Reproduktion dar: Aufgabe der Erziehung ist es, aus einem »asozialen« (ebd., 47) ein soziales und moralisches Wesen zu machen. Aus dieser Sicht sind die Moral sowie die Ziele und Inhalte der Erziehung abhängig von sozialen Erfordernissen und wandeln sich mit ihnen. Auch die Art der Überlieferung wandelt sich. Neben die quasi naturwüchsige »Präsentation« der Lebensformen im Zusammenleben mit Kindern tritt in komplexen Gesellschaften die Aufgabe ihrer »Repräsentation« (Mollenhauer 1983). Mit der wachsenden Komplexität der Lebenswelt wird auch die Frage der gezielten Vermittlung normativer Maßstäbe virulent.

Die Weitergabe moralischer Normen und Werte gehört zum Kernbestand von Erziehung, in der Moderne wandelt sich das Verständnis von Moral jedoch grundlegend. Während traditionelle Moralvorstellungen an Religion, Tradition und Autorität orientiert sind, wird nunmehr die Freiheit und Gleichheit aller Menschen betont (Tugendhat 1993); die Autonomie des Subjekts wird zu einer zentralen Leitvorstellung der Moderne (Taylor 1996). Auch der pädagogische Diskurs reflektiert diesen Wandel, als zentrales Ziel neuzeitlicher Pädagogik gilt die Mündigkeit des Subjekts (Blankertz 1982).

Wurden Fragen der moralischen Erziehung lange Zeit v.a. in Anlehnung an Theologie und Ethik diskutiert, so orientiert sich die Diskussion seit Anfang des 20. Jahrhunderts zunehmend an sozialwissenschaftlichen Theorien. Heute ist das Theorie- und Forschungsfeld durch hohe Interdisziplinarität und Ausdifferenzierung gekennzeichnet. Im Folgenden werden wichtige Theorien und Konzepte dieses Feldes in vier Schritten nachgezeichnet: Die Darstellung richtet sich auf den Begriff der Moral (1), auf historische Konzepte, Paradoxien und Diskurse über Moral und Erziehung (2), auf Theorien zur moralischen Entwicklung und Sozialisation (3) sowie auf aktuelle Konzepte und Befunde zur moralischen Erziehung (4).

1. Begriff der Moral

Gegenstand der Moral ist die Frage nach den normativen Maßstäben für die Beurteilung von Handeln als »gut« oder »böse«, sittlich »richtig« oder »falsch«. *Normative* Ethiken zielen auf die Begründung der Moral, also darauf, wie Menschen handeln sollen; die *deskriptive* Ethik beschreibt die existierenden moralischen Normen und Urteile in einer Gesellschaft.

Horster (2012) unterscheidet drei Hauptrichtungen normativer Ethik: *Deontologische Ethiken* richten sich auf kategorische moralische Pflichten. Maßgeblich ist Kants (1785/1974) Konzeption des inneren Zusammenhangs von Vernunft, Autonomie und Moralität: Nach dem kategorischen Imperativ müssen sich die Maximen des Handelns zu einem allgemeinen Gesetz verallgemeinern lassen. Die Pflicht besteht in der Notwendigkeit, aus Achtung vor dem Gesetz zu handeln, zugleich ist das Gesetz nicht aufgezwungen, sondern beruht auf der Autonomie des Willens: Kant spricht von der »Würde eines vernünftigen Wesens, das keinem Gesetze gehorcht, als dem, das es zugleich selbst gibt« (ebd., 67). Eine Modifikation des Universalisierungsgrundsatzes nimmt die Diskursethik vor, die sich auf Verfahrensregeln stützt. Maßgebliches Kriterium für die Geltung von Normen ist die potenzielle Zustimmung aller Betroffenen in einem praktischen Diskurs (Habermas 1983).

Der *Utilitarismus* richtet sich nicht auf Maximen des Handelns, sondern auf dessen Folgen, v.a. auf die Maximierung des Gemeinwohls: das größte Glück der größten Zahl. Über die moralische Qualität der Handlung entscheidet nicht die Gesinnung, sondern ihr Nutzen, der an Lust und Wohlbefinden oder der Erfüllung von Wünschen und Zielen gemessen wird (Fenner 2008). Die primäre Orientierung am Prinzip der kollektiven Nutzenmaximierung widerspricht moralischen Intuitionen, die Beachtung der Folgen im Sinne einer Verantwortungsethik ist jedoch ein wichtiger Bestandteil des modernen Moralverständnisses (Horster 2012, 49 ff.).

Die *Tugendethik* schließlich fragt – im Anschluss an Aristoteles – nicht nach moralischen Pflichten, Regeln oder Prinzipien, sondern nach inneren Haltungen von Menschen und ihrer moralischen Motivation. Tugenden wie Weisheit, Gerechtigkeit oder Wohltätigkeit werden als charakterliche Fähigkeiten oder Dispositionen verstanden, die eine Person dazu befähigen, in einer Situation das Richtige zu tun (Fenner 2008, 212). Es geht somit weniger um die Begründung der Moral als um ihre anthropologisch-psychologischen Bedingungen.

Die *deskriptive* Ethik richtet sich auf die Moral einer Gesellschaft oder die Moralität von Menschen. Mit Blick auf die ›objektive‹ soziale Geltung ist jede Moral ein verpflichtendes »System von Handlungsregeln« (Durkheim 1902/1984, 78). Die ›subjektive‹ Geltung kann mit Weber (1922/2005) als »wertrationaler Glauben«, mit Piaget (1932/1986) als individuelle »Achtung« vor den Regeln bestimmt werden.

Der Moralbegriff hat normative Implikationen, die auch von der deskriptiven Forschung zu beachten sind. Blasi (2000, 118 f.) nennt drei Kriterien, die ein Handeln – im philosophischen wie im alltagsweltlichen Verständnis – als moralisch qualifizieren: Das Handeln muss auf einer Absicht beruhen; der Absicht müssen moralische Motive zugrunde liegen; der Akteur muss die Handlung wollen, weil sie moralisch gut ist. Ein Handeln gilt somit als moralisch, wenn es auf moralischen Motiven und Urteilen beruht: auf dem Gefühl der Verpflichtung, moralisch zu handeln, weil es das Richtige ist. In diesem Sinne ist Regelkonformität ebenso wenig moralisch wie ein Handeln allein aus Angst, Berechnung, Sympathie oder Empathie. Blasis Analyse zeigt, dass ein rein funktionalistisches Verständnis der Moral nicht möglich ist, ohne den Moralbegriff bereits im Ausgangspunkt aufzugeben. Aus funktionalistischer Perspektive ist es daher konsequent, nicht von *moralischem* Handeln zu sprechen, sondern von »verlässlichem Sozialverhalten« (Greve 2007, 269).

2. Moral und Erziehung

2.1 Historische Konzepte

Die Moral, Tugend oder Sittlichkeit steht im Zentrum der pädagogischen Reflexion, auch wenn sich Erziehung nicht auf »moralische Kommunikation« (Oelkers 1992) reduzieren lässt. Die Frage, wie moralische Normen und Werte an die nächste Generation weitergegeben werden können, beschäftigt bereits die frühen Hochkulturen (Brumlik 2011). Eine explizite Reflexion dieser Frage findet sich dann in der griechischen Antike.

Platon thematisiert in den frühen Dialogen *Menon* und *Protagoras* die Frage der Lehrbarkeit der Tugend. Er formuliert hier keine ›positive‹ Lehre, sondern wirft u. a. die Frage auf, was denn die Tugend überhaupt sei. Letztlich werden weder die Frage nach der Tugend noch die Frage ihrer Lehrbarkeit eindeutig beantwortet. Im *Menon* »scheint« die Tugend nicht Resultat der Lehre, sondern einer »göttlichen Schickung« (Platon 1994, 500) zu sein. Im *Protagoras* wird die Tugend dagegen in die Nähe der Erkenntnis und damit der Lehrbarkeit gerückt: Wer bei der Wahl »des Guten und Bösen fehle, der fehle aus Mangel an Erkenntnis« (ebd., 330). Wäre die Tugend keine Erkenntnis, »so wäre sie sicherlich nicht lehrbar. Jetzt aber, wenn sie sich als Erkenntnis offenbaren wird [...] wäre es ganz wunderbar, wenn sie nicht sollte lehrbar sein« (ebd., 334).

Dewey (1916/2000) zufolge ist Platons Lehre der Identität von Tugend und Erkenntnis nur vor dem Hintergrund seines Erkenntnisbegriffs zu verstehen: Das Erkennen des Guten sei nicht als Lernen symbolischen Wissens zu begreifen, sondern als Resultat eines langen Bildungsprozesses, als »höchste Krönung einer reifen Lebenserfahrung« (ebd., 453). In diesem Sinne richtet sich Platons in der *Politeia* (Platon 1991) entwickeltes Erziehungskonzept auf eine kleine Elite: Nur die Philosophen sind fähig, die Idee des Guten zu erkennen und den Staat zu lenken. Moralerziehung ist hier Elitenerziehung im Dienste des Gemeinwesens.

In den meisten »klassischen« erziehungs- und bildungstheoretischen Entwürfen der Neuzeit ist die Bildung der Moral von zentraler Bedeutung. Locke (1714/1980, 167) bezeichnet die Tugend als »erste und notwendigste« Gabe. Rousseau (1762/1971, 335) spricht von dem Versuch, »den moralischen Menschen zu bilden«. Kant (1803/1968, 707) sieht in der »Moralisierung« das höchste Ziel der Erziehung, für Herbart ist Moralität oder Tugend »der Name für das Ganze des pädagogischen Zwecks« (1835/2003, 13). Selbst für Dewey (1916/2000), der letzte Wahrheiten ablehnt und Wachstum als Ziel der Erziehung bestimmt, beruht diese auf einem sozialen Ideal, das er auch moralisch bestimmt (ebd., 456 ff.).

Diese Liste ließe sich beliebig fortsetzen (Langewand 2004). Die Bildung der Tugend, Moral oder
Sittlichkeit ist das Ziel, allerdings unterscheiden
sich die Ansätze darin, wie die Begriffe bestimmt
und welche Erziehungsstrategien empfohlen werden: Gilt ein »wahrer Begriff von Gott« noch bei
Locke (1714/1980, 167) als Grundlage der Tugend,
bestimmt Kant die Moral von der menschlichen
Vernunft her. Setzt Rousseau auf Entfaltung natürlicher Kräfte, Erfahrung der Dinge und indirekte
Erziehung, bevorzugt Herbart direkte Erziehung
und Instruktion im Rahmen von Regierung, Zucht
und Unterricht. Geht es in der Kantischen Tradition v. a. um die Einsicht in moralische Prinzipien
durch den Gebrauch der Vernunft, so betont Pestalozzi die Bildung der Gefühle: Ziel ist die »sittliche Gemütsstimmung durch reine Gefühle« (1822/
1998, 29), der dann »sittliche Übungen« und das
Nachdenken folgen.

2.2 Erziehung zur Mündigkeit als Paradoxie?

In Antike und Mittelalter ist die Idee der Mündigkeit des Einzelnen an die religiöse, rechtliche und
sittliche Ordnung der jeweiligen Gemeinschaft gebunden, die nicht in Frage gestellt wird (Benner/
Brüggen 2004). In der Aufklärung wird dann der
Prozesscharakter der Mündigkeit betont und das
Verhältnis des Individuums zur Gesellschaft neu
bestimmt: Waren zuvor »Sitte, Staat und Religion
die Basis legitimer Erziehung und Bildung, so wird
nun die aufgegebene Mündigkeit des Heranwachsenden zur Basis« (ebd., 694). Mündigkeit wird als
individuelle und kollektive Bildungsaufgabe verstanden. So unterscheidet Kant zwischen der Unmündigkeit von Kindern und der selbst verschul-
deten Unmündigkeit, die an soziale Bedingungen
geknüpft ist und deren Überwindung die Perspektive einer Vervollkommnung der Menschheit eröffnet (ebd.).

Auch Kants (1803/1968) Überlegungen zur
Pädagogik zielen auf moralische Autonomie. Seine
Frage: »Wie kultiviere ich die Freiheit bei dem
Zwange?« (ebd., 711), verweist auf die Paradoxie
von Selbst- und Fremdbestimmung. Zur Moralität
könne nicht dressiert oder mechanisch unterwiesen werden, entscheidend sei, dass »Kinder denken
lernen« (ebd., 707). Moralisierung ist aber nicht
Resultat von Selbstentfaltung oder zwangloser Erziehung, sondern bedarf der Fremdbestimmung.

Das Kind muss Freiheit erfahren, aber auch die
Einschränkung seiner Freiheit: durch die Freiheit
und die Interessen anderer ebenso wie durch die
gesellschaftlichen Zwänge. Mündigkeit setzt den
guten Gebrauch der Freiheit und der Vernunft
voraus, dazu müsse das Kind »angeführt« (ebd.,
711) werden.

Bernfeld (1921, 49) verweist auf eine ähnliche
Paradoxie: Pädagogisches Handeln beruht auf sitt-
lichen und sozialen Prinzipien und setzt Kompetenzen voraus, die aufseiten der Kinder noch gar
nicht vorhanden, sondern erst zu entwickeln sind.
Sein Konzept »neuer Erziehung« macht deutlich,
dass es auf zweierlei ankommt: Auf die *pädagogische Aktivität*, die anregt und auffordert, die aber
zugleich den Freiraum für eine *selbsttätige Aneignung* eröffnet. Dieses dialektische Konzept hebt die
Paradoxie von Freiheit und Zwang nicht auf, vermeidet aber das technologische Missverständnis
einer Erziehung zur Mündigkeit.

Autonomie ist eine Leistung des Subjekts, die
nicht durch Erziehung *hervorgebracht* werden
kann, so Gruschka (2004, 57). Mündigkeit lässt
sich auch nicht in der »Eigenstruktur der Erziehung« verorten, wie Blankertz (1982, 306) meint.
Erziehung ziele auf »Freigabe des Erzogenen«
(ebd.), selbst wenn es den Erziehenden um Gehorsam und Einübung gehe. Hier wird Mündigkeit
zum inhärenten Ziel jeder Erziehung. Dagegen ist
auf die Differenz von Freigabe und Mündigkeit zu
verweisen. Erziehung kann Mündigkeit nicht hervorbringen, sie kann jedoch dazu anregen oder
auffordern und sie kann versuchen, gesellschaftliche und Lernbedingungen zu schaffen, die es dem
Subjekt ermöglichen, mündig zu werden (Adorno
1971). Angesichts biologischer Anlage, sozialer
Habitualisierung und gesellschaftlicher Zwänge ist
Autonomie jedoch immer auch eine Illusion
(Meyer-Drawe 1990). Daher sollte Mündigkeit weniger als positives Ziel oder erreichbarer Zustand,
sondern als kritisches Regulativ für pädagogisches
Handeln verstanden werden.

2.3 Zur Legitimation von Erziehung

Ab dem 19. Jahrhundert wird die Idee der universellen Moral zunehmend in Frage gestellt (Brumlik
2011). Nietzsche und Freud betrachten Moral primär unter funktionalen Gesichtspunkten und betonen ihren repressiven Charakter, Dilthey und die

Ethnologie zeigen ihre historische und kulturelle Gebundenheit auf, marxistische Ansätze diskreditieren die herrschende Moral als Ausdruck von Klasseninteressen. Im Zuge des sozialen Wandels wird auch die normative Basis von Erziehung fraglich. Vor dem Hintergrund der Unterdrückung und Ausbeutung von Kindern werden um 1900 radikale kinderrechtliche Positionen formuliert (Weyers 2011). In »Kinderrepubliken« wird mit Formen kindlicher Selbstregierung experimentiert. Die Ideen der Gleichwertigkeit und Gleichberechtigung des Kindes sowie das reformpädagogische Verständnis von Entwicklung als Selbstentfaltung führen zu einer Neubestimmung des Generationenverhältnisses und stellen Erziehung als Fremdbestimmung in Frage. Die Erziehungskritik gipfelt in der Antipädagogik, der zufolge *jede* Erziehung »totalitär« und »verbrecherisch« (Braunmühl 1975, 78) ist.

Auch in der akademischen Pädagogik wurde die Legitimität von Erziehung in Frage gestellt und wird der Erziehungsbegriff heute häufig vermieden. Mit Blick auf den Zwangscharakter von Erziehung, die Pluralisierung von Normen und den Einfluss von Medien und Peers hat Giesecke (1985) das »Ende der Erziehung« postuliert. Nicht beachtet werden hier die menschenrechtliche Universalisierung von Normen, der hohe Konsens im Kernbereich der Moral und der positive Einfluss von Perspektivenvielfalt auf die Moralentwicklung. Ignoriert wird auch die Notwendigkeit von Erziehung. Mit Brumlik (2004, II) ist sie nicht nur als »anthropologisches Faktum« zu verstehen, sondern als »moralische Pflicht, die die jeweils älteren Generationen den nachwachsenden schulden«. Auch Prange (2010, 13) spricht von »Erziehung als Pflicht«. Als legitimationsbedürftig gilt hier nicht, *dass* erzogen wird, sondern *wie* und *zu welchem* Zweck.

Ansätze der Moralerziehung haben die normative Frage zu beantworten, *zu welchem Zweck erzogen werden soll*, und die technologische Frage, *mit welchen Mitteln diese Zwecke erreicht werden können*. Die Klärung dieser Frage setzt Wissen über den Moralerwerb voraus. Daher stellt sich noch eine dritte Frage: *Wie bauen Menschen Moral auf?* Jede Moralerziehung beruht auf Annahmen über die moralische Entwicklung und Sozialisation: Wie erwerben Menschen ein Verständnis moralischer Normen und Prinzipien? Wie erwerben sie die Bereitschaft, moralischen Grundsätzen zu folgen?

3. Moralische Entwicklung und Sozialisation

Theorien der Sozialisation betrachten den Moralerwerb aus verschiedenen Perspektiven. Je nach Paradigma werden kognitive, affektive oder verhaltensbezogene Aspekte ins Zentrum gestellt. Dominierten zunächst Ansätze, die den Moralerwerb als Prozess der Transmission sozialer Normen und Werte ins Individuum verstehen, so richtete sich der Blick seit den 1960er Jahren auf die aktive Konstruktion und Transformation moralischer Urteile. Seit Ende der 1980er Jahre gibt es erneut eine Trendwende, die in der Hinwendung zu motivationalen Fragen und integrativen Erklärungsmodellen zum Ausdruck kommt.

3.1 Moralerwerb als Vergesellschaftung

Durkheim (1902/1984) versteht den Moralerwerb als radikale Vergesellschaftung, im Idealfall als vollständige Internalisierung sozialer Normen und Werte. Moral ist für ihn ein »System von Befehlen« (ebd., 85): »Gut handeln heißt, gut gehorchen« (ebd., 78). Er nennt drei Elemente der Moralität: den Geist der Disziplin, den Anschluss an die sozialen Gruppen und die Autonomie des Willens. Die Disziplin richtet sich auf Selbstbeherrschung und Pflichtbewusstsein, die Voraussetzung für Gehorsam und Respekt gegenüber den Regeln sind. Die Disziplin wird ergänzt durch den Anschluss an soziale Gruppen, die von der Familie bis hin zu Staat und Menschheit reichen. Neben dem sozialen Zwang sind also soziale Bindungen notwendig, der Mensch muss sich mit einem Kollektiv solidarisch fühlen.

Durkheim (1902/1984) versteht die Gesellschaft als höheres kollektives Wesen, in dessen Dienst die Moral steht. Gemäß seiner Lehre von den sozialen Tatsachen begreift er die Moral als Faktum, als »Natur der Gesellschaft«. Gegen Kant wendet er ein, die individuelle Vernunft könne »ebensowenig die Gesetzgeberin der Moralwelt sein wie die der materiellen Welt« (ebd., 161). Autonomie bedeute »aufgeklärte Zustimmung« (ebd.), d. h. die moralische Regel müsse »frei gewollt sein« (ebd., 165). Letztlich gibt es hier keinen Standpunkt außerhalb der Gesellschaft, die Autonomie des Individuums reduziert sich auf die »Einsicht« (ebd.) in die gesellschaftliche Notwendigkeit der Moral. Piaget hat diese Auffassung kritisiert, weil sie die Moral dessen beraube, »was ihren tiefsten und eigentümlichsten Charakter bildet: ihrer normativen Autonomie« (1932, 405). Ebenso kritisiert Piaget den »Zwangscharakter« (ebd., 423) der Pädagogik Durkheims, die vor allem auf Disziplinierung und Strafe setzt.

Der *psychologische* Moraldiskurs wurde lange Zeit von Psychoanalyse und Behaviorismus dominiert. Gemäß Freuds (1938/1972) Konzept der Internalisierung sozialer Normen durch Identifikation kommt es in der phallischen Phase der psychosexuellen Entwicklung zum Ödipus-Konflikt: Der drei- bis fünfjährige Junge sieht die Mutter als Liebesobjekt und den Vater als Rivalen an. Aus Angst vor Liebesverlust und Kastration verdrängt er seine inzestuösen Wünsche gegenüber der Mutter und identifiziert sich mit dem Vater. Aus der Bewältigung des Konflikts entsteht das Über-Ich als Instanz der Persönlichkeit, die die Forderungen der Eltern und letztlich der Gesellschaft repräsentiert. In diesem Prozess wird der äußere Konflikt zum inneren, äußere Regeln werden zu internen Standards, auf deren Verletzung das Über-Ich mit Schuldgefühlen reagiert. Freud beschreibt den Moralerwerb als Prozess, an dessen Anfang massive Konflikte, Zwänge und Ängste stehen. Bei Mädchen sind diese Zwänge geringer, an die Stelle der Kastrationsangst tritt u. a. der Penisneid, so dass Freud das weibliche Über-Ich als schwacher und instabiler ansah (Hauser 2007).

In diesem Konzept sind affektive Prozesse entscheidend für die Internalisierung von Normen: Triebe, Ängste, Identifikationen und Schuldgefühle. Vor allem die Fokussierung auf sexuelle Konflikte, die frühe Kindheit und den Ödipus-Konflikt sowie die Konzeption der weiblichen Entwicklung sind auf Kritik gestoßen (ebd.). Der Aufbau des Gewissens ist bei Freud Resultat eines tragischen Grundkonflikts und bleibt konflikthaft. Autonomie setzt die Ablösung von der (väterlichen) Autorität voraus, ist aber stark gefährdet (Adorno 1971). Spätere analytische Theorien betonen stärker die präödipale und adoleszente Entwicklung sowie die Bedeutung von Objektbeziehungen, Idealisierungen und Ich-Idealen. So sieht Hartmann den Ursprung der Moral in autoritären Beziehungen, postuliert für spätere Stadien aber eine »relative Autonomie« und die »Erkenntnis der eigenen moralischen Werte« (1960/1992, 28).

Aus psychoanalytischer Sicht erscheint eine begrenzte moralische Autonomie möglich; der *Behaviorismus* bezweifelt diese Möglichkeit strikt, denn der Mensch wird als Produkt seiner Konditionierungsgeschichte verstanden (Skinner 1973). Normen werden nicht internalisiert, also Teil einer inneren Instanz, sondern sozial konformes Verhalten hängt wie jedes andere Verhalten von äußeren Umständen ab. Die Idee einer intrinsischen oder gar autonomen Moral wird zurückgewiesen: Der Mensch ist »jenseits von Freiheit und Würde« (ebd.). Erziehung zielt daher nicht auf moralische Einsicht, sondern auf Verhaltenskontrolle. Die Theorie der operanten Konditionierung zeigt, wie Verhalten durch Verstärkungsprozesse aufrechterhalten oder durch Bestrafung und andere Mechanismen gelöscht oder reguliert wird. Der Ansatz kann jedoch nicht erklären, wie soziales Verhalten weitergegeben und durch Nachahmung erworben wird. Die Theorie des Modellernens (Bandura 1991), die soziale, kognitive und selbstregulative Prozesse verknüpft, bietet daher eine fruchtbarere Perspektive für die Analyse soziomoralischer Lernprozesse und gilt heute als dominierendes lerntheoretisches Paradigma.

3.2 Moralentwicklung als Konstruktion und Strukturgenese

Piagets (1932/1986) Studien über das kindliche Moralurteil markieren eine Wende in der Moralforschung. Sie wurden v. a. von Kohlberg (1984/1995) weiterentwickelt. Beide Theorien unterscheiden sich stark von den zuvor herrschenden Paradigmen (Weyers 2004, 24 ff.):

- Der Moralerwerb wird nicht als Transmission sozialer Normen und Verhaltensmuster, sondern als *aktive Konstruktionstätigkeit* des Subjekts verstanden.
- Moral wird primär *kognitiv* bestimmt: Im Zentrum stehen *moralische Urteile*.
- Entwicklung wird als *Strukturgenese* verstanden: als Aufbau und Transformation qualitativer Stadien des Denkens.

Demnach werden Normen und Werte nicht *übernommen*, sondern in der sozialen Interaktion *ko-konstruiert*, wobei das Subjekt den eigenen Erfahrungen Sinn verleiht. Unterschieden wird zwischen Struktur und Inhalt: Der *Inhalt*, die Moralvorstellungen, ist kulturell variabel. Die Urteils*struktur* hängt eng mit der kognitiven Entwicklung zusammen und gilt als universell.

Piaget (1932/1986) unterscheidet drei Phasen: In der *vormoralischen Phase* gibt es für das Kind noch keine verpflichtende Regel. Die *heteronome Moral* (ca. 5–9 Jahre) beruht auf einseitiger Achtung, v. a. auf Gehorsam gegenüber Autoritäten. In der *Phase der autonomen Moral* (ab ca. 10 Jahren) werden Normen dann als Übereinkunft von Gleichen verstanden. Für Piaget resultiert die Autonomie nicht aus der Einwirkung von Autoritäten, sondern aus der gegenseitigen Achtung und symmetrischen Kooperation unter Gleichaltrigen.

In Anschluss an Piaget unterscheidet Kohlberg (1984/1995) drei Niveaus und sechs Stufen des moralischen Urteils. Mit jeder Stufe zeigt sich eine stärkere Dezentrierung sozialer Perspektiven: Auf *präkonventionellem Niveau* urteilen Menschen egozentrisch (Stufe 1) oder beziehen eine andere Person mit ein (Stufe 2). Auf *konventionellem Niveau* orientieren sie sich an Erwartungen und Pflichten des sozialen Nahraums (Stufe 3) oder des sozialen Systems (Stufe 4). Auf *postkonventionellem Niveau* orientieren sie sich an dem Sozialvertrag (Stufe 5) oder an universalen ethischen Prinzipien (Stufe 6). Kohlberg nimmt an, dass mit jeder höheren Stufe die moralische Motivation und die Konsistenz zwischen Urteilen und Handeln zunehmen. Als entwicklungsförderlich gelten v. a. symmetrische Kooperationen, moralische Konflikte und Gelegenheiten zur Rollenübernahme (ebd., 31 ff.).

Kohlbergs Ansatz integriert verschiedene Motive und Theorieelemente: Die Stufen 1 und 2 ähneln behavioristischen Konzepten und der Rolle von Zwang und Disziplin bei Freud und Durkheim; Stufe 3 entspricht dem Anschluss an soziale Gruppen (Durkheim, Parsons); Stufe 4 erinnert an die Gewissensinstanz der Psychoanalyse und Durkheims Einsicht in die Regeln. Das Modell entspricht zudem dem philosophischen Verständnis, demzufolge Moralität nicht nur Produkt von Zwang, Verstärkung oder Identifikation ist, sondern mit Freiwilligkeit und Einsicht zu tun hat. Für die Pädagogik ist die Theorie attraktiv, weil sie eine schlüssige Entwicklungsperspektive bietet, die in der Idee moralischer Autonomie gipfelt.

Kohlbergs Theorie dominierte die Diskussion lange Zeit; sie hat Bestätigung, aber auch Kritik gefunden (Eckensberger 1998). Einwände richten sich u. a. gegen die Universalität der Stufen und den auf Gerechtigkeit verengten Moralbegriff. V. a. drei Einwände erzwingen eine Modifikation der Theorie:

Das Konzept der *präkonventionellen* Moral ist nicht haltbar. Zwar können Kinder komplexe Perspektiven noch nicht koordinieren, sie zeigen jedoch Empathie und orientieren sich nicht primär an Strafe und Autorität (Damon 1984). Zudem erkennen schon 4–5-Jährige die intrinsische Geltung moralischer Regeln (Nucci 2001; Turiel 1983). Diese Befunde widerlegen die Annahme einer strikten Heteronomie des kindlichen Urteils.

Kohlberg hat alle normativen Urteile der Moral zugeordnet. Turiel (1983) postuliert dagegen, dass Urteile in verschiedenen Wissens*bereichen* organisiert werden, die verschiedene soziale Erfahrungen repräsentieren. Menschen bewerten Handlungen demnach eher in Bezug auf den Bereich (Moral, Konvention, Person, Religion, Recht) als in Abhängigkeit von der Stufe. Studien belegen, dass normative Urteile weit über den Moralbereich hinausgehen und dass vielen Normenkonflikten bereichsspezifische Deutungen zugrunde liegen (Nucci 2001; Turiel 1983; Weyers 2012).

In Frage gestellt wird auch das Konzept der weitgehenden Einheit von Urteil, Motivation und Handeln. Zwar gibt es eine moderate Korrelation zwischen Urteilen und Handeln, häufig treten sie jedoch auseinander. Die These einer mit jeder höheren Stufe zunehmenden Motivation ist nicht haltbar (Garz u. a. 1999). Kohlbergs Theorie beschreibt die Entwicklung des *Gerechtigkeitsdenkens*, vernachlässigt jedoch die Moral im Alltag und die affektiv-motivationale Verankerung der Moral in der Person.

3.3 Integrative Erklärungsmodelle

Gegenwärtig gibt es einen Trend zu integrativen Ansätzen. Vor allem Blasi (1993) hat mit seinem Konzept des *moralischen Selbst*, das auf die Integration von Kognition, Motivation und Handeln zielt, die Diskussion stark beeinflusst. Er betont den kognitiven Gehalt der Moral, aber auch die Notwendigkeit, Denken in Motivation zu übertragen. Hierzu nennt er drei Thesen: Moralisches Denken müsse in Urteile »persönlicher Verantwortlichkeit« (ebd., 119) überführt werden; dazu bedürfe es der Integration von Moral in die Identität; daraus resultiere das Bedürfnis, »in Übereinstimmung mit den eigenen Idealen zu handeln« (ebd.). Moralische Urteile gewinnen somit v. a. dann motivationale Kraft, wenn moralische Normen und Werte zu einem wichtigen Teil des Selbst werden.

Wie Blasi schließt Nunner-Winkler (1993) an Frankfurts Konzept des »second-order desire« an. Das Selbst wird als Handlungszentrum verstanden, das sich willentlich an Ideale und Wertorientierungen bindet. Moralische Motivation wird als freiwillige Selbstbindung an moralische Werte verstanden, als »Metabedürfnis« (ebd., 299) mit dem Wunsch, das Rechte zu tun, weil es das Rechte ist. Der Erwerb moralischen Wissens und der Aufbau moralischer Motivation erfolgen unabhängig voneinander (ebd.). Während das Regelwissen von Kindern bereits früh erworben wird, gilt der Aufbau moralischer Selbstbindung als differenzieller Lernprozess, der – in Abhängigkeit von biografischen Erfahrungen und sozialen Kontexten – unterschiedlich schnell und erfolgreich absolviert wird.

Auch Banduras (1991) Lerntheorie integriert kognitive, affektive und konative Aspekte. Die Entwicklung des moralischen Selbst versteht Bandura als Prozess, in dem Menschen Standards aufbauen, an denen sie ihr Handeln in einem selbstregulativen Prozess ausrichten. Dafür bedarf es weniger abstrakten Denkens als vielmehr affektiv relevanter Prozesse der Selbstbewertung, Selbstverstärkung oder Selbstsanktionierung. Von großer Bedeutung sind der soziale Kontext des Handelns bzw. die Interaktion von individuellen und sozialen Faktoren. Sozial erlernt werden nicht nur moralische Standards, sondern auch Mechanismen ihrer Neutralisierung und Strategien der Verantwortungsabwehr (ebd.).

Für den Aufbau der Moral sind verschiedene Lernmechanismen von Bedeutung: kognitives und affektives Lernen, Inhalts- und Strukturlernen, Modell- und Verstärkungslernen. Der Moralerwerb lässt sich somit als Ergebnis unterschiedlicher Lernprozesse begreifen (Nunner-Winkler 2009). Allerdings bedarf es weiterer Forschung, um das Zusammenspiel dieser Prozesse genauer zu verstehen. Während kognitive Faktoren umfassend untersucht wurden, sind affektiv-motivationale Prozesse und ihre Interaktion mit Kognitionen noch kaum verstanden. Dies gilt auch für den Einfluss der frühen Kindheit und die Rolle moralischer Emotionen. Notwendig ist hier u. a. die Verknüpfung der Moral- mit der Identitätsforschung.

4. Moralische Erziehung

Für die Moralentwicklung ist zunächst die Erziehung in der Familie bedeutsam; hier gibt die Forschung zum Erziehungsstil wichtige Aufschlüsse. Erziehungsstile werden v. a. anhand der Dimensionen Wertschätzung und Kontrolle bestimmt. Gut belegt ist die Überlegenheit des *autoritativen* und *induktiven* Erziehungsstils für den Aufbau der Moral (Fuhrer 2009, 225 ff.; Montada 2008). Von Bedeutung sind liebevolle Beziehungen und eine feinfühlige Erziehung. Zudem werden Regeln hier nicht autoritär gesetzt, sondern u. a. mit Bezug auf Folgen für andere begründet, wodurch die Perspektivenübernahme, das Mitgefühl und die Selbstbindung an Normen angeregt werden. Nur wenn das Handeln auf eigene Motive und Überzeugungen zurückgeführt werden kann, kommt es zur Internalisierung von Normen, eine machtorientierte Erziehung verhindert die Selbstbindung und führt zur Anpassung. Neuere Studien zeigen, dass Kontrolle ein mehrdimensionales Konstrukt ist. Förderlich sind v. a. informierend-unterstützende Formen, eine stark einschränkende und überwachende Kontrolle hemmt dagegen die Entwicklung der Fähigkeit zur Selbstregulation (Fuhrer 2009).

Erziehungsstile sind idealtypische Konzepte, die den kulturellen Kontext, situative Faktoren und individuelle Merkmale vernachlässigen. Erziehung ist zudem kein einseitiger, sondern ein bidirektionaler Prozess, an dem Kinder aktiv beteiligt sind. Wichtig ist die *Passung* zwischen elterlichen Anforderungen und kindlichen Merkmalen, dies fördert sowohl die Effektivität der Steuerung als auch die kindliche Bereitschaft, sich erziehen zu lassen (ebd., Grusec 2006).

Neuere Konzepte der Moralerziehung richten sich auf öffentliche Einrichtungen, v. a. auf die Schule. Das Feld ist stark ausdifferenziert: Ein aktuelles Handbuch bietet in 30 Beiträgen einen Überblick über eine Vielzahl von Konzepten (Nucci/Narvaez 2008). Dabei lassen sich zwei große Richtungen unterscheiden: *Kognitiv-rational* orientierte Ansätze zielen auf die Förderung moralischer Urteilsfähigkeit; sie stehen in der Tradition Kants und lassen sich den konstruktivistischen Theorien zuordnen. Ansätze der *Tugend- und Charakterbildung* stehen in der Tradition von Aristoteles und können v. a. dem lerntheoretischen Paradigma zugeordnet werden. Daneben gibt es integrative Ansätze (Narvaez 2006; Reichenbach/Maxwell 2007).

Aus konstruktivistischer Sicht vollzieht sich Lernen v. a. durch die aktive Auseinandersetzung mit Perspektiven und Konflikten und nicht durch das Vermitteln von Normen und Werten (Kohlberg 1986). Statt um Werteübertragung oder Indoktrination geht es um die Gestaltung von Lern- und Entwicklungsbedingungen, die eigenverantwortliche Erfahrungen und Aushandlungen und ein autonomes Urteil ermöglichen. Strukturgenetische Konzepte zeigen, dass die Entwicklung sukzessive verläuft und dass neue Kompetenzen auf vorhandenen Fähigkeiten aufbauen und diese transformieren. Ähnlich wie bei Bernfeld (1921) gilt das Vertrauen in die Fähigkeit der Lernenden, die aktuell noch nicht verfügbar, sondern erst zu entwickeln ist, als zentrales Moment der Stimulation der Entwicklung. Oser (2001, 85) spricht von einem »Vorschuss an Vertrauen« und »Zu-Mutungen«.

In der Kohlberg-Tradition sind zwei Konzepte einflussreich: *Dilemma-Diskussionen* regen das Denken durch fiktive oder semi-reale moralische Konflikte an. Dieser Ansatz wird v. a. im Unterricht eingesetzt und führt zu einer Steigerung der Urteilsfähigkeit (Lind 2009), er ist jedoch primär kognitiv orientiert und geht nicht von realen Problemen der Akteure aus. Der *Just Community-Ansatz* knüpft an Deweys (1916/2000) Idee der Demokratie als Lebensform an. Durch institutionelle Reformen sollen demokratische Aushandlungen in einer moralischen Atmosphäre ermöglicht und dadurch der Gemeinschaftssinn und die Moralentwicklung gefördert werden (Kohlberg 1986; Power/Higgins-D'Alessandro 2008; Oser 2001). Dieser Ansatz fördert somit auch eher den Aufbau eines moralischen Selbst.

Die aktuelle Situation ist ambivalent: Zwar erleben Partizipationsmodelle auf Klassenebene wie der Klassenrat einen Aufschwung (Sliwka 2008), umfassende Modelle demokratischer Partizipation sind in der Schule jedoch sehr selten. In vielen Fällen wird institutionelle Mitbestimmung nicht gewährt, gibt es nichts Relevantes zu entscheiden oder wird Demokratie nur inszeniert. Wichtig ist daher nicht nur die Förderung von Partizipation, sondern auch die theoretische Reflexion struktureller Widersprüche und Grenzen demokratischer Erziehung und der Paradoxie von Autonomie und Zwang (Weyers 2011).

Auch Methoden wie die Deliberation richten sich auf diskursive Verständigungsprozesse und damit v. a. auf die Förderung rationalen Denkens und Sprechens (Sliwka 2008). Konzepte der *Tugend-* oder *Charaktererziehung* zielen dagegen auf unterschiedliche Dimensionen der Persönlichkeit. Dabei setzen viele Ansätze v. a. auf die Transmission moralischer Normen und Werte durch die prägende Kraft sozialer Umwelten. Solche Konzepte und Methoden lassen sich primär lerntheoretisch fundieren: Es geht um Vorbilder und Nachahmung, Einüben und Gewöhnung, Belehrung, Belohnung und Bestrafung, um das soziale Klima einer Institution sowie um selbstregulative Prozesse (Bandura 1991).

In ihrer Analyse von 111 Studien über Schulprogramme in den USA konstatieren Berkowitz u. a. (2006) signifikante Effekte v. a. im Hinblick auf moralische Kognitionen, Fähigkeiten zur Problemlösung, prosoziales Verhalten und die Verringerung von Gewalt. Daraus leiten sie acht Anforderungen an schulische Modelle ab (ebd., 696): (a) eine klare Vision bezüglich der Ziele der Schule; (b) gut ausgebildete und engagierte Lehrkräfte; (c) Empowerment-Strategien wie die Beteiligung der Schüler an Entscheidungen und Konfliktlösungen; (d) Service Learning; (e) Orientierung von Disziplinierungsstrategien an Entwicklungszielen statt an sofortigen Effekten; (f) regelmäßige Evaluation und Feedback; (g) Leadership Commitment; (h) Stärkung der Schüler-Lehrer-Beziehungen und der Schule als sorgende Gemeinschaft.

Diese Aspekte sind einleuchtend, die evaluierten Ansätze sind jedoch so verschieden, dass es kaum möglich ist, Wirkungen auf bestimmte Bedingungen zurückzuführen. Deutlich wird, dass sich einige Aspekte mit dem Just Community-Ansatz und seiner Weiterentwicklung (Oser 2001) überschneiden. Beide Konzepte fordern die aktive Partizipation von Kindern und Jugendlichen und sehen das soziomoralische Klima der Institution als entscheidend an.

Für die Bedeutung von Handeln *und* Reflexion sprechen auch Befunde zum Service Learning, dem Einsatz der Schüler und Schülerinnen in sozialen Einrichtungen, der in den USA häufig Teil des Schulcurriculums ist. Die Studien zeigen, dass Service Learning nur dann förderlich für moralische Urteile und Haltungen ist, wenn eine Reflexion und Diskussion im Unterricht stattfindet. Die unreflektierte ›Erfahrung‹ ist dagegen nicht wirksam (Hart u. a. 2006).

Auch im Feld der Moralerziehung zeigen sich integrative Tendenzen, festzuhalten ist jedoch: Der Aufbau der Moral beinhaltet zwar Anpassung und Zwang, letztlich gibt es aber keine Moralität ohne Freiwilligkeit, Einsicht und eigenes Urteil. Daran müssen sich Konzepte der Moralerziehung messen lassen. Trotz der Pluralität von Normen und Lebensformen in der Moderne gibt es zudem einen Konsens über eine ›Minimalmoral‹. In diesem Sinne bieten die Menschenrechte eine Perspektive für die Orientierung an universellen Grundsätzen wie der Menschenwürde. Bildungstheoretisch geht es jedoch nicht allein um die moralische Bildung von Kindern und Jugendlichen, sondern ebenso um die Herstellung von Lebens- und Lernbedingungen, die es ihnen ermöglichen, ihre Fähigkeiten zu entfalten (Nussbaum 2010).

Literatur

Adorno, Theodor W.: *Erziehung zur Mündigkeit* [1970]. Frankfurt a. M. 1971.
Bandura, Albert: »Social cognitive theory of moral thought and action«. In: William Kurtines, William/ Gewirtz, Jacob (Hg.): *Handbook of Moral Behavior and Development*. Hillsdale 1991, 45–103.
Benner, Dietrich/Brüggen, Friedhelm: »Mündigkeit«. In: Benner, Dietrich/Oelkers, Jürgen (Hg.): *Historisches Wörterbuch der Pädagogik*. Weinheim 2004, 687–699.
Berkowitz, Marvin u. a.: »Education for positive youth development«. In: Killen, Melanie/Smetana, Judith (Hg.): *Handbook of Moral Development*. Mahwah 2006, 863–701.
Bernfeld, Siegfried: *Kinderheim Baumgarten*. Berlin 1921.
Blankertz, Herwig: *Die Geschichte der Pädagogik*. Wetzlar 1982.
Blasi, Augusto: »Die Entwicklung der Identität und ihre Folgen für moralisches Handeln«. In: Edelstein, Wolfgang u. a. (Hg.): *Moral und Person*. Frankfurt a. M. 1993, 119–147.
Blasi, Augusto: »Was sollte als moralisches Verhalten gelten?« In: Edelstein, Wolfgang/Nunner-Winkler, Gertrud (Hg.): *Moral im sozialen Kontext*. Frankfurt a. M. 2000, 116–147.
Braunmühl, Ekkehardt von: *Antipädagogik*. Weinheim 1975.
Brumlik, Micha: *Advokatorische Ethik*. [1992]. Berlin ²2004.
Brumlik, Micha: »Moralerziehung«. In: Otto, Hans-Uwe/ Thiersch, Hans (Hg.): *Handbuch Soziale Arbeit*. München ⁴2011, 980–989.
Damon, William: *Die soziale Welt des Kindes*. Frankfurt a. M. 1984 (engl. 1977).

Dewey, John: *Demokratie und Erziehung* [1916]. Weinheim 2000.
Durkheim, Émile: *Erziehung, Moral und Gesellschaft* [1902]. Frankfurt a. M. 1984.
Eckensberger, Lutz H.: »Die Entwicklung des moralischen Urteils«. In: Keller, Heidi (Hg.): *Lehrbuch Entwicklungspsychologie*. Bern 1998, 475–516.
Fenner, Dagmar: *Ethik*. Tübingen 2008.
Freud, Sigmund: *Abriß der Psychoanalyse* [1938]. Frankfurt a. M. 1972.
Fuhrer, Urs: *Lehrbuch Erziehungspsychologie*. Bern ²2009.
Garz, Detlef/Oser, Fritz/Althof, Wolfgang (Hg.): *Moralisches Urteil und Handeln*. Frankfurt a. M. 1999.
Giesecke, Hermann: *Das Ende der Erziehung*. Stuttgart 1985.
Greve, Werner: »Die Entwicklung von Moral«. In: Hopf, Christel/Nunner-Winkler, Getrud (Hg.): *Frühe Bindungen und moralische Entwicklung*. Weinheim 2007, 245–272.
Gruschka, Andreas: *Negative Pädagogik*. Wetzlar 2004.
Grusec, Joan E.: »The development of moral behavior and conscience from a socialization perspective«. In: Killen, Melanie/Smetana, Judith (Hg.): *Handbook of Moral Development*. Mahwah 2006, 243–265.
Habermas, Jürgen: »Diskursethik«. In: Ders.: *Moralbewußtsein und kommunikatives Handeln*. Frankfurt a. M. 1983, 29–52.
Hart, Daniel/Atkins, Robert/Donelly, Thomas: »Community service and moral development«. In: Killen, Melanie/Smetana, Judith (Hg.): *Handbook of Moral Development*. Mahwah 2006, 633–656.
Hartmann, Heinz: *Psychoanalyse und moralische Werte*. Frankfurt a. M. 1992 (engl. 1960).
Hauser, Susanne: »Gewissensentwicklung in neueren psychoanalytischen Beiträgen«. In: Hopf, Christel/ Nunner-Winkler, Getrud (Hg.): *Frühe Bindungen und moralische Entwicklung*, Weinheim 2007, 43–68.
Herbart, Johann Friedrich: *Umriß pädagogischer Vorlesungen* [1835]. Darmstadt 2003.
Horster, Detlef: »Einleitung«. In: Ders. (Hg.): *Texte zur Ethik*. Leipzig, 11–72.
Kant, Immanuel: »Grundlegung zur Metaphysik der Sitten [1785]«. In: Ders.: *Kritik der praktischen Vernunft. Grundlegung zur Metaphysik der Sitten*. Frankfurt a. M. 1974, 7–102.
Kant, Immanuel: »Über Pädagogik« [1803]. In: Ders.: *Werke in 10 Bänden*, Bd. 10. Darmstadt 1968, 691–761.
Kohlberg, Lawrence: »Der Just Community-Ansatz der Moralerziehung in Theorie und Praxis«. In: Oser, Fritz u. a. (Hg.): *Transformation und Entwicklung*. Frankfurt a. M. 1986, 21–55.
Kohlberg, Lawrence: *Die Psychologie der Moralentwicklung*. Frankfurt a. M. 1995 (engl. 1984).
Langewand, Alfred: »Moralerziehung/Tugendbildung«. In: Benner, Dietrich/Oelkers, Jürgen (Hg.): *Historisches Wörterbuch der Pädagogik*. Weinheim 2004, 660–686.

Lind, Georg: *Moral ist lehrbar*. München ²2009.

Locke, John: *Gedanken über Erziehung*. Stuttgart 1980 (engl. 1714).

Meyer-Drawe, Käte: *Illusionen von Autonomie*. München 1990.

Mollenhauer, Klaus: *Vergessene Zusammenhänge*. Weinheim 1983.

Montada, Leo: »Moralische Entwicklung und Sozialisation«. In: Oerter, Rolf/Montada, Leo (Hg.): *Entwicklungspsychologie*. Weinheim 2008, 572–606.

Narvaez, Darcia: »Integrative ethical education«. In: Killen, Melanie/Smetana, Judith (Hg.): *Handbook of Moral Development*. Mahwah 2006, 703–732.

Nunner-Winkler, Gertrud: »Die Entwicklung moralischer Motivation«. In: Edelstein, Wolfgang u. a. (Hg.): *Moral und Person*. Frankfurt a. M. 1993, 278–303.

Nunner-Winkler, Gertrud: »Prozesse moralischen Lernens und Entlernens«. In: *Zeitschrift für Pädagogik* 55 (2009), 528–548.

Nucci, Larry: *Education in the Moral Domain*. Cambridge 2001.

Nucci, Larry/Narvaez, Darcia (Hg.): *Handbook of Moral and Character Education*. New York 2008.

Nussbaum, Martha: *Die Grenzen der Gerechtigkeit*. Frankfurt a. M. 2010 (engl. 2006).

Oelkers, Jürgen: *Pädagogische Ethik*. München 1992.

Oser, Fritz: »Acht Strategien der Wert- und Moralerziehung«. In: Edelstein, Wolfgang u. a. (Hg.): *Moralische Erziehung in der Schule*. Weinheim 2001, 63–89.

Pestalozzi, Johann H.: »Brief an einen Freund über seinen Aufenthalt in Stans«. In: Ders.: *Kleine Schriften zur Volkserziehung und Menschenbildung* [1822]. Bad Heilbrunn ⁷1998.

Piaget, Jean: *Das moralische Urteil beim Kinde*. München 1986 (frz. 1932).

Platon: *Der Staat*. München 1991.

Platon: *Sämtliche Werke Bd. 1*. Reinbek 1994.

Power, Clark/Higgins-D'Alessandro, Ann: »The Just Community approach to moral education and the moral atmosphere of the school«. In: Nucci/Narvaez 2008, 230–247.

Prange, Klaus: *Die Ethik der Pädagogik*. Paderborn 2010.

Reichenbach, Roland/Maxwell, Bruce: »Moralerziehung als Erziehung der Gefühle«. In: *Vierteljahresschrift für wissenschaftliche Pädagogik* 83.1 (2007), 11–25.

Rousseau, Jean-Jacques: *Emil oder Über die Erziehung*. Paderborn 1972 (frz. 1762).

Skinner, Burrhus F.: *Jenseits von Freiheit und Würde*. Reinbek 1973 (engl. 1971).

Sliwka, Anne: *Bürgerbildung*. Weinheim 2008.

Taylor, Charles: *Quellen des Selbst*. Frankfurt a. M. 1996 (engl. 1989).

Tugendhat, Ernst: *Vorlesungen über Ethik*. Frankfurt a. M. 1993.

Turiel, Elliot: *The Development of Social Knowledge*. Cambridge 1983.

Weber, Max: *Wirtschaft und Gesellschaft* [1922]. Frankfurt a. M. 2005.

Weyers, Stefan: *Moral und Delinquenz*. Weinheim 2004.

Weyers, Stefan: »Selbstverwaltung«; »Schulgemeinde«; »Demokratische Lebensform«. In: Ludwig, Luise u. a. (Hg.): *Bildung in der Demokratie II. Tendenzen, Diskurse, Praktiken*. Opladen 2011a, 141–152.

Weyers, Stefan: *Entwicklung von Rechts- und Menschenrechtsvorstellungen. Normenkonflikte und Menschenrechte aus Sicht junger Christen und Muslime*. Frankfurt a. M. 2012.

Stefan Weyers

3. Erziehung und Bildung

1. Vorbemerkung

In der deutschen Gegenwartssprache werden die Begriffe »Erziehung« und »Bildung« oftmals synonym verwendet und zumal in beinahe allen Fällen institutionalisierter Erziehung wird – wenn auch in zusammengesetzten Begriffen – von »[…]bildung« gesprochen, so etwa von »Fortbildung«, »Ausbildung«, »Weiterbildung«, »Grundschulbildung« »Erwachsenenbildung« oder auch »Berufsbildung«. Die Rede ist aber auch von »Bildungskatastrophe«, »Bildungspolitik« oder »Bildungsverwaltung«. Diesen geläufigen, technisch administrativen Verwendungsweisen des Begriffs steht entgegen, dass dem Begriff der »Bildung« im engeren Sinne im kanonischen *Historischen Wörterbuch der Philosophie* ein eigener, immerhin sechzehn Spalten langer Eintrag gewidmet ist, dem Begriff der »Erziehung« hingegen ein nur etwa eineindrittel Spalten langer Eintrag. Blickt man auf die großen, vom Lateinischen geprägten Sprachen Europas und Nordamerikas, vor allem auf die englische und französische Sprache, so wird jedenfalls für den deutschen Begriff der »Erziehung« in aller Regel der Begriff der »education« verwendet.

2. »Bildung« – ein kaum übersetzbarer, deutscher Begriff

Dort, wo sich die angelsächsische Erziehungsphilosophie mit dem deutschen Begriff der »Bildung« auseinandersetzt, weist sie dem Begriff eine historisch genau kontextuierte Deutung zu: »The romantic program of Bildung, of aesthetic education, stressed the cultivation of love, the development of the capacity of every individual to give and receive affection. This was essential to self-realization, to the development of our humanity, the romantics believed, because love is the very core of our humanity, the very center of our individuality« (Beiser 1998, 296).

In einem anderen Übersetzungsversuch, der sich eher an Hegel als an der Romantik orientiert, wird der Begriff versuchsweise anders übersetzt: »[…] is Bildung. This term might be translated as ›education‹, but it could also be rendered, more appropriately in many contexts, as ›formation‹, ›development‹ or ›culture.‹« (Wood 1998, 301).

3. Begriffsverhältnisse

Als besondere Schwierigkeit kommt hinzu, dass, abgesehen von den radikal unterschiedlichen Bedeutungen der beiden Begriffe, sie auch nicht in einem Inklusions- oder Unterordnungsverhältnis stehen. Während von den drei klassischen Grundbegriffen der Erziehungswissenschaft es der Begriff der »Sozialisation« – als des Prozesses des immer auch aktiven Erwerbs von Kompetenzen und Rollen durch ein menschliches Individuum im Rahmen einer gegebenen Gesellschaft – durchaus zulässt, »Erziehung« oder eben »Bildung« als einen spezifischen Fall von »Sozialisation« anzusehen, stehen »Erziehung« und »Bildung« in keinem Verhältnis der Unterordnung oder des Einschlusses. Weder ist »Bildung« ein Fall von »Erziehung«, noch »Erziehung« ein Fall von »Bildung«.

Zwar kann »Erziehung« eine (notwendige) Voraussetzung von »Bildung« sein, nicht aber »Bildung« eine Voraussetzung von »Erziehung«. Ob jedoch »Erziehung« eine (notwendige) Voraussetzung von »Bildung« darstellt, ist letzten Endes eine nur noch empirisch, nicht mehr begrifflich analytisch zu beantwortende Frage.

Es empfiehlt sich daher, zunächst den vermeintlich vertrauteren, auch im Alltag geläufigen Begriff der »Erziehung« zu klären, um in einem zweiten Schritt den der deutschen, philosophischen Bildungssprache entstammenden Begriff der Bildung (Menze 1970; Dörpinghaus 2006) zu klären und endlich deren Verhältnis noch einmal zu bestimmen.

4. Erziehung

Es war der ursprünglich von der normativen Pädagogik herkommende Wolfgang Brezinka, der in seiner klassisch gewordenen Schrift *Von der Pädagogik zur Erziehungswissenschaft* dem Begriff der »Erziehung« eine eindeutige Bedeutungszuweisung gegeben hat. Vor dem Hintergrund der ausgedehnten, angelsächsischen analytischen »Philosophy of Education« (Cahn 1970; Peters 1978; Scheffler 1970; Ryle 1970) erläuterte Brezinka den Begriff wie folgt: »Unter Erziehung werden soziale Handlungen verstanden, durch die Menschen versuchen, das Gefüge der psychischen Dispositionen anderer Menschen mit psychischen und (oder) sozial-kulturellen Mitteln in irgendeiner Hinsicht dauerhaft zu verbessern oder seine als wertvoll beurteilten Komponenten zu erhalten« (Brezinka 1971, 613).

Im Unterschied zu älteren Begriffen der Erziehung, wie sie etwa von der »Geisteswissenschaftlichen Pädagogik« entworfen wurden, enthält sich Brezinka bewusst aller inhaltlichen Bestimmungen und lässt die Frage nach »objektiv« richtigen Erziehungszielen bewusst offen. Welche psychischen Dispositionen von wem in welcher Kultur oder Gesellschaft als »wertvoll« angesehen werden, ist eine empirische Frage und nicht begrifflich vorzugeben. Die mögliche Frage nach der Differenz von »Erziehung« und »Dressur« würde nach Maßgabe dieser Definition durch den Hinweis zu beantworten sein, dass die zur »Erziehung« eingesetzten Mittel »psychischer« oder »sozial-kultureller«, aber eben nicht »körperlicher«, genauer »gewaltsamer« Art sind.

Andererseits verlässt Brezinka mit seinem Definitionsvorschlag durchaus den Rahmen der von ihm ansonsten vorausgesetzten analytischen »Philosophy of Education«, etwa von R.S. Peters, der schon früh befand: »The analysis of both of »aim« and of »education« should reveal the inappropriateness of conceiving of an aim of education as some end extrinsic to education which education might lead up to or bring about« (Peters 1973, 27). Peters und andere Vertreter der »Philosophy of Education« gehen mit John Dewey davon aus, dass Erziehungshandlungen selbst bereits ihnen implizite Normen aufweisen, womit es darauf ankäme, die je kulturabhängige Bestimmung des Begriffs einer »Educated Personality«, bzw. eines »Educated man« zu erläutern. Damit verschiebt sich der Fokus der Betrachtung von der erzieherischen Tätigkeit zum je kulturell unterschiedlichen Verständnis dessen, was als »erzogen« gilt; erzieherische Handlungen wären demnach genau jene von anderen vollzogenen Tätigkeiten, die dazu führen, dass sich jemand zu einer »erzogenen Persönlichkeit« entwickelt.

Die auf der von Niklas Luhmann entwickelten Systemtheorie aufbauende Erziehungswissenschaft (Luhmann/Schorr 1982; Luhmann 2002) hat in diesem Zusammenhang ein »Technologiedefizit« festgestellt, derart, dass es keine eindeutig und verlässlich kausal wirkenden Handlungen gibt, die das Erreichen eines je vorgegeben Erziehungsziels bei einzelnen oder einer Gruppe von Personen verlässlich garantieren, weshalb jedes Erziehungssystem und jede einzelne erzieherische Handlung notwendig mit einem erheblichen Kontingenzspielraum, d. h. mit ihrem möglichen Scheitern rechnen muss. Vor allem aber geht es beim System der Erziehung nicht um die Formung von Menschen, sondern um die Lenkung von »Personen«, also gesellschaftlichen Adressaten, Rollen, im Rahmen gesellschaftlich vorgegebener Lebensläufe. Den Begriff der Bildung kann Luhmann daher durch Ironisierung als theoretisch wertlos zurückweisen: »Das Wort Bildung stellt der Kontingenzformel des Erziehungssystems einen unbestreitbar schönen Wortkörper zur Verfügung. Es fließt leicht von der Zunge« (Luhmann 2002, 187).

5. Bildung

Der Begriff der »Bildung« hat sprachgeschichtlich seinen Ursprung in der deutschsprachigen, mittelalterlichen Mystik (Lichtenstein 1971, 921), wo es um die menschliche Seele als »Ebenbild« Gottes ging. Der über Jahrhunderte vergessene Begriff tauchte dann im Diskurs der deutschsprachigen Aufklärung im achtzehnten Jahrhundert wieder auf und wurde zu einem Leitbegriff geschichtsphilosophischen Denkens. Geprägt von Herder, hat er seine systematische Fassung vor allem in den Gedanken Wilhelm von Humboldts und Georg Wilhelm Friedrich Hegels gefunden (Forster 2012). Bei Herder, in seiner Schrift *Auch eine Philosophie der Geschichte zur Bildung der Menschheit* aus dem Jahre 1774 ging es um eine begrenzt optimistische Theorie des Fortschritts der menschlichen Gattung, in der Übernahme des Begriffs durch Hegel und Humboldt schließlich um jene Bedeutung, die auch heute noch mit dem Begriff verbunden wird: um eine von Individuen selbst geleistete Entwicklung zu einem Mehr an persönlicher Autonomie durch das Abarbeiten an vorliegenden bzw. von außen auferlegten Zwängen. Dabei unterscheiden sich die Entwürfe Humboldts und Hegels darin, dass Humboldt dem Begriff eine strikt individualistische, geradezu liberale Deutung gibt, während Hegel ihn nicht nur gattungsgeschichtlich, sondern spekulativ ontologisch einführt. Wilhelm von Humboldt (Gall 2011) erläuterte den Begriff 1791/92: »Der wahre Zweck des Menschen […] ist

die höchste und proportionierlichste Bildung seiner Kräfte zu einem Ganzen. Zu dieser Bildung ist
Freiheit die erste und unerlässliche Bedingung.
Diese Kraft nun und diese mannigfaltige Verschiedenheit vereint sich in der Originalität [...] wonach
der einzelne Mensch ewig ringen muß [...] ist Ei-
genthümlichkeit der Kraft und der Bildung« (Forster 2012, 77; Humboldt 1986). Ebenso wie Humboldt, der seinen Begriff der Bildung in einer politischen Schrift, den *Ideen zu einem Versuch, die
Grenzen der Wirksamkeit des Staates zu bestimmen*,
entfaltete, hat Hegel (Taylor 1978) seinen Begriff
der Bildung in seinen rechtsphilosophischen und
rechtspolitischen *Grundlinien* (Hegel 1970e) arti-
kuliert, um sie später sowohl in der *Logik* (Hegel
1970c) als auch zusammenfassend in der *Enzyklopädie* (Hegel 1970d) zu entfalten.

Der zunächst in der *Phänomenologie des Geistes*
verwendete Begriff der Bildung (Hegel 1970a, 13 f.)
wird in Hegels im engeren Sinn schulpädagogischen Überlegungen (Hegel 1970b) weitergeführt,
um schließlich in der Rechtsphilosophie seine sozi-
alphilosophische Zuspitzung zu erhalten:»Die Bildung« heißt es in § 187 der *Grundlinien*,»ist daher
in ihrer absoluten Bestimmung die Befreiung und
die Arbeit der höheren Befreiung, nämlich der absolute Durchgangspunkt zu der nicht mehr unmittelbaren, natürlichen, sondern geistigen, ebenso
zur Gestalt der Allgemeinheit erhobenen unend-
lich subjektiven Substantialität der Sittlichkeit«
(Hegel 1970e, 345).

Bildung erweist sich somit als ein prozessuales,
auf Freiheit und Selbstbestimmung sowohl der einzelnen Individuen als auch ihrer gesellschaftlich-
politischen Verfasstheit zielendes, aber auch von
ihnen vollzogenes, bzw. zu vollziehendes Geschehen, das sich freilich – und hier liegt der Unterschied zu Humboldt – in intersubjektiven Bezügen
und an objektiven Gegebenheiten, d. h. in Interaktion und Arbeit zu bewähren hat. Bildung stellt somit sogar eine absolute Bedingung rechtlich ver-
fasster Freiheit dar (Hopfner 2012).

6. Niedergänge?

Schließlich führte die inflatorische, ideologische
und missbräuchliche Verwendung des Begriffs vor
allem im deutschen Bürgertum der ersten Hälfte
des 20. Jahrhunderts (Bollenbeck 1994) nach der
Niederlage des nationalsozialistischen Deutsch-

land zu Versuchen der Neubestimmung bzw. der
Kritik. Während etwa H.J. Heydorn (Heydorn
1970) aus aufklärerisch marxistischer Perspektive
gegen die affirmative Lesart seine emanzipatorische Bedeutung hervorhob, wähnte Th.W. Adorno,
dass der gesellschaftliche Prozess der Subsumtion
von Wissen und Kultur unter die Zwänge der Kapi-
talverwertung das, was früher einmal unter »Bildung« verstanden wurde, unwiderruflich zum Ver-
schwinden gebracht habe, so dass alle vorfindliche
»Bildung«, gemessen an ihrem einstigen Anspruch,
nur noch »Halbbildung« sei (Adorno 1972). Die
neuere Diskussion folgt dieser Zeitdiagnose in weiten Teilen (Gruschka 2002; Winkler 2012), ohne
doch ihrerseits von den normativen Ansprüchen
des klassischen Bildungskonzepts abweichen zu
wollen. Neuere, dem Anspruch nach weiterführende Überlegungen (Lenzen 1997) hingegen zielen dahin, den Begriff der »Bildung« an Luhmanns
Theorie autopoietischer Systeme anzuschließen,
derart, dass etwa die Selbstorganisation der Kogni-
tionsvermögen von Personen genau dem entsprä-
chen, was die klassische Bildungstheorie im Sinn
hatte.

7. Noch einmal: Erziehung und Bildung

Die im Zeitalter der Aufklärung geprägten, sowohl
individuell als auch menschheitsbezogenen, uni-
versalistischen Begriffe von »Erziehung« und »Bildung« stehen von ihrer Sache her in einem unauf-
löslichen, systematischen Widerspruch, den niemand anders als Immanuel Kant, der den Begriff
der »Bildung« systematisch nicht verwendete, präzise zum Ausdruck brachte: »Eines der größten
Probleme der Erziehung ist, wie man die Unterwerfung unter den gesetzlichen Zwang mit der Fähigkeit, sich seiner Freiheit zu bedienen, vereinigen
könne. Denn Zwang ist nötig! Wie kultiviere ich
die Freiheit bei dem Zwange?« (Kant 1970, 711).

Setzt also »Bildung« »Erziehung« voraus, oder
jede »Erziehung« bereits nur gattungsgeschichtlich
nachvollziehbare Bildungsprozesse? Am Spannungsverhältnis von »Bildung« und »Erziehung«
erweist sich schlussendlich, dass Wilhelm von
Humboldts Begriff der »Bildung«, so sehr er auch
normativ unbestreitbar sein dürfte, der inneren
Dialektik von nur gesellschaftlich, d. h. immer auch
herrschaftlich geprägten Individuierungs- und Be-
freiungsprozessen nicht genügt. »Bildung«, so sah

es Hegel, ist eben die » Arbeit der höheren Befreiung«. So sehr ihre Voraussetzungen politisch zu garantieren sind, so wenig wird sie jemandem geschenkt.

Literatur

Adorno, Theodor W.: *Theorie der Halbbildung.* In: Ders.: *Gesammelte Schriften.* Bd. 8, Frankfurt a. M. 1972, 93–121.

Beiser, Frederick C.: »Bildung in early german romanticism«. In: Rorty, Amelie O. (Hg.): *Philosophers on Education. New Historical Perspectives* London 1998, 284–299.

Bollenbeck, Georg: *Bildung und Kultur. Glanz und Elend eines deutschen Deutungsmusters.* Frankfurt a. M. 1994.

Brezinka, Wolfgang: *Von der Pädagogik zur Erziehungswissenschaf.* Weinheim 1971.

Cahn, Steven M.: »Is there an Analytic Philosophy of Education?« In: Ders. (Hg.): *The Philosophical Foundations of Education.* NewYork 1970, 367–372.

Dörpinghaus, Andreas u. a.: *Einführung in die Theorie der Bildung.* Darmstadt 2006.

Forster, Michael N.: »Bildung bei Herder und seinen Nachfolgern: Drei Begriffe«. In: Vieweg, Klaus/Winkler, Michael (Hg.): *Bildung und Freiheit. Ein vergessener Zusammenhang.* Paderborn 2012, 75–89.

Gall, Lothar: *Wilhelm von Humboldt, Ein Preuße von Welt.* Berlin 2011.

Groothoff, Hans-Hermann: »Erziehung«. In: Ritter, Joachim (Hg.): *Historisches Wörterbuch der Philosophie,* Bd. 2. Darmstadt 1971, 733–735.

Gruschka, Andreas: »Unvermeidbar und ohnmächtig – Thesen zum Bedeutungswechsel der Bildung«. In: *Pädagogische Korrespondenz* 28 (2002), 6–31.

Hegel, Georg W.F.: *Phänomenologie des Geistes.* Frankfurt a. M. 1970a.

Hegel, Georg W.F.: *Nürnberger und Heidelberger Schriften 1808–1817.* Frankfurt a. M. 1970b.

Hegel, Georg W.F.: *Wissenschaft der Logik.* Bde. 1–2. Frankfurt a. M. 1970c.

Hegel, Georg W.F.: *Enzyklopädie der philosophischen Wissenschaften III.* Frankfurt a. M. 1970d.

Hegel, Georg W.F.: *Grundlinien der Philosophie des Rechts.* Frankfurt a. M. 1970e.

Hopfner, Johanna: »›Damit man den Gedanken des Rechts habe, muß man zum Denken gebildet sein‹ (Hegel). Einige Paradoxien des Rechts auf Bildung«. In: Vieweg, Klaus/Winkler, Michael (Hg.): *Bildung und Freiheit. Ein vergessener Zusammenhang.* Paderborn 2012, 55–62.

Humboldt, Wilhelm von: *Ideen zu einem Versuch, die Grenzen der Wirksamkeit des Staates zu bestimmen.* Stuttgart 1986.

Kant, Immanuel: *Über Pädagogik.* In: Ders. *Werke.* Bd. 10. Darmstadt 1970, 695–761.

Lenzen, Dieter: »Lösen die Begriffe Selbstorganisation, Autopoiesis und Emergenz den Bildungsbegriff ab? Niklas Luhmann zum 70. Geburtstag«. In: *Zeitschrift für Pädagogik* 6 (1997), 949–967.

Lichtenstein, Ernst: »Bildung«. In: Ritter, Joachim (Hg.): *Historisches Wörterbuch der Philosophie,* Bd. 1. Darmstadt 1971, 921–937.

Luhmann, Niklas/Schorr, Karl E.: *Zwischen Technologie und Selbstreferenz. Fragen an die Pädagogik.* Frankfurt a. M. 1982.

Luhmann, Niklas: *Das Erziehungssystem der Gesellschaft.* Frankfurt a. M. 2002.

Menze, Clemens: »Bildung«. In: Speck, Josef/Wehle, Gerhard (Hg.): *Handbuch pädagogischer Grundbegriffe.* München 1970, 134–184.

Peters, Richard S.: »Aims of Education – A conceptual inquiry«. In: Ders. (Hg.): *The Philosophy of Education.* Oxford 1978, 11–57.

Ryle, Gilbert: »Teaching and Training« In: Cahn, Stephen M. (Hg.): *The Philosophical Foundations of Education.* New York 1970, 413–424.

Scheffler, Israel: »Philosophical Models of Teaching« In: Cahn, Stephen M. (Hg.): *The Philosophical Foundations of Education.* New York 1970, 385–396.

Taylor, Charles: *Hegel.* Frankfurt a. M. 1978.

Winkler, Michael: »Bildung als Entmündigung. Die Negation des neuzeitlichen Freiheitsversprechens in den aktuellen Bildungsdiskursen«. In: Vieweg, Klaus/Winkler, Michael (Hg.): *Bildung und Freiheit. Ein vergessener Zusammenhang.* Paderborn 2012, 11–28.

Wood, Allen W.: »Hegel on Education«. In: Rorty, Amelie O. (Hg.): *Philosophers on Education.* London 1998, 300–317.

Micha Brumlik

II. Phasen und Orte

1. Frühe Kindheit

Im disziplinären Kontext von Pädagogik und Erziehungswissenschaft führt das Konzept der Erziehung die Konnotation von Einwirkung und Verbesserung mit sich (Oelkers 2009, 143). Mit Reinhard Hörster (Hörster 2005) sind dabei zwei Ebenen zu unterscheiden: Die Ebene des Erziehungsvollzugs, also der Tätigkeit des Erziehens, und die Ebene ihrer Resultate. Es macht keinen Sinn, von Erziehung zu sprechen, ohne ein antizipiertes Ergebnis mitzudenken, um dessentwillen erzogen wird und das in der Bemühung selbst bereits antizipiert wird. In diesem Sinne ist die Rede von Erziehung an eine Entwicklung der Persönlichkeit gebunden, aber auch an einen Entwurf, eine Konzeption, einen »Plan«, dem die Erziehungstätigkeit folgen muss, um sich diese Resultate zurechnen zu können. »Im ›Plan‹ bezieht sich das Erziehen auf sich selbst« (Hörster 2005, 440).

Diese Aussage trifft indes nur für die Perspektivität *pädagogischen Handelns* zu. Für ErzieherInnen beispielsweise sind die Tätigkeit des Erziehens und ihr intendiertes Ergebnis nicht voneinander zu trennen, sondern konstitutiv miteinander verwoben. Sie entwerfen ihre Arbeit im Hinblick auf ihre intendierten Wirkungen, auch wenn sie ständig nachgebessert werden muss und mit ihrem beständigen Scheitern konfrontiert ist: erst dadurch wird sie zu »Erziehung«. Pädagogisches Denken reflektiert die Erziehungswirklichkeit unter dem Gesichtspunkt ihrer besseren Möglichkeiten (Neumann 2003). Mit dem Ausdruck »Erziehung« meint es daher immer gelingende oder scheiternde Erziehung. Dritte dagegen, die von den Aufgaben der Erziehung entlastet sind, können die praxisreflexive Perspektive der Erzieherinnen als ein konstituierendes Moment der Erziehungswirklichkeit selbst erkennen. Sie beobachten Erziehung als ein kontextuelles soziales Geschehen, das moralische Erwartungen kommuniziert (Oelkers 2009, 259).

Von »Erziehung in früher Kindheit« zu sprechen, beinhaltet ein *lebensabschnittsspezifisches* Verständnis von Erziehung. Als frühe Kindheit gilt die Lebensphase vor der Schulpflicht. Indem sich die Pädagogik der frühen Kindheit mit dem Lebensalter der Kinder begründet, steht sie in einem spezifischen Verhältnis zu Familie und Schule. Daher konkurriert der Ausdruck »Pädagogik in frü-

her Kindheit« auch mit anderen Bezeichnungen, vor allem mit »Frühpädagogik«, »Vorschulerziehung«, »Elementardidaktik« und neuerdings »Kindheitspädagogik«. Was begründet die Unterscheidung zwischen einer Erziehung von 0- bis 3-Jährigen, von 3- bis 6-Jährigen und noch älterer Kinder? Als Teildisziplin der Erziehungswissenschaft gibt die Pädagogik der frühen Kindheit darauf eine *bereichspädagogische* Antwort: Sie versteht sich als eine Pädagogik der Krippe und des Kindergartens; an der Familienerziehung – wiewohl der primäre soziale Ort frühkindlicher Erziehung (vgl. zuletzt ZSE 2012) – ist sie lediglich im Rahmen von »Elternarbeit« bzw. einer »Erziehungspartnerschaft« mit Eltern interessiert, und das Verhältnis zum Bildungswesen ist in der Geschichte der nebenfamilialen Kleinkinderziehung in Deutschland notorisch von Abgrenzungen und Spannungsverhältnissen bestimmt (Reyer 2006).

Die folgenden Überlegungen untersuchen die Frage, wie der frühpädagogische Diskurs seiner Lebensalterspezifik Rechnung trägt und wie er seinen Organisationsbezug als Diskurs über Betreuung, Bildung und Erziehung in Kindertageseinrichtungen in sein Selbst- bzw. Gegenstandsverständnis aufnimmt. Der Beitrag vertritt die These, dass der deutschsprachige frühpädagogische Diskurs diesen doppelten Bezug primär unter einer Gestaltungsperspektive herstellt und insofern über keine Theorie der Erziehung in früher Kindheit verfügt. Ausgehend von Bernfelds Konzept der »Instituetik« (Bernfeld 1925/1967) schlägt der Beitrag einen erkenntnisbezogenen Zugang zur Betreuungs- und Bildungswirklichkeit vor. Er fasst Erziehung in früher Kindheit als eine *institutionelle Praxis* auf, statt sie als unvollendetes Bildungsprojekt zu verstehen.

1. Was in der Pädagogik unter »Erziehung in früher Kindheit« verstanden wird

Die deutschsprachige Pädagogik der frühen Kindheit positioniert den Begriff der Erziehung in einem semantischen Feld, das von den Konzepten Entwicklung, Betreuung Bildung, Lernen, Sozialisation, auch Prävention bestimmt wird (Fried u. a. 2012; Laewen 2006). Kindertageseinrichtungen werden weitreichende gesellschaftliche Funktionen zugeschrieben – Vereinbarkeit von Familie und Beruf, Gleichstellung von Männern und Frauen, Armutsbekämpfung, Inklusion von Benachteiligten und Minderheiten, Geburtenförderung, um nur einige besonders prominente zu nennen. Ihre – anders als in vielen anderen Ländern Europas (Scheiwe/Willekens 2009) – gegenüber der Familie subsidiäre und gegenüber der Schule prekäre Position begründet einen Primat von Dienstleistungsfunktion und Betreuungsaufgaben der Kindertageseinrichtungen. Europaweit war die Krippe bzw. die nichtfamiliale Betreuung der bis zu Dreijährigen noch bis in die 1960er Jahre hinein primär eine gesundheitspolitische Maßnahme zur Verhinderung von Säuglingssterblichkeit und ein sozialpolitischer Beitrag zur Armutsbekämpfung; pädagogisch ist sie daher seit jeher gegenüber den Erziehungseinrichtungen für Kinder im vorschulischen Alter in einer Randstellung (Bahle 2009; Reyer/Kleine 1997). Das soll sich nun grundlegend ändern: »Bildung beginnt mit der Geburt!« (Schäfer 2007; vgl. Ostner 2009). Im angelsächsischen Sprachraum wird die Debatte um die Pädagogik der Kindertagesbetreuung unter anderen Voraussetzungen geführt. *Early childhood education* bzw. *care* sind Konzepte, die institutionelle Trennungen spiegeln (Fried u. a. 2012, 32). »Betreuung« wird international im Kontext einer Debatte über *new models of care* (Ostner 2011) diskutiert – ganz unabhängig vom Erziehungsbegriff; mehr noch: Es findet eine heftige Auseinandersetzung darüber statt, ob die nichtfamiliale Betreuung überhaupt einen Erziehungsauftrag hat (Cohen u. a. 2007).

Es geht in der Pädagogik der frühen Kindheit also nicht lediglich um Erziehung und Bildung. Betreuung, Sozialisation, Prävention sind nichtpädagogische Aufgaben; sie müssen aber pädagogisch gestaltet werden. Theorien der Erziehung in früher Kindheit müssen daher eine Antwort darauf geben, wie Pädagogisches und Nicht-Pädagogisches aufeinander bezogen ist. Traditionell geschieht dies unter Bezugnahme auf die Kinder. Was versteht die Frühpädagogik unter »Kindern«?

In der frühen Kindheit sieht sich Erziehung unausweichlicher als in anderen Lebensphasen dem Körper der *educandi* gegenüber. Damit grenzt sich die Pädagogik der frühen Kindheit gegenüber anderen Pädagogiken ab. Der Körper des Kindes wird als Grenze der Erziehung zur Voraussetzung pädagogischer Reflexion (Schnoor 2010). Der frühpädagogische Erziehungsbegriff changiert dabei zwischen der Überwindung eines Zustands der Nicht-Erziehbarkeit durch Gewöhnung und Habitualisierung (»Das normale Kleinstkind wird, da es ›noch nicht eigentlich erziehbar ist‹, einer Art von Dressur unterworfen«, Lochner 1975, 404) und der Antizipation mündiger Subjektivität durch Orientierung an einem Konzept allgemeiner Menschenbildung. Betreuung, so Liegle, ist als »umfassende Sorge für das leibliche und seelische Wohl und das Wohlbefinden der Kinder« (Fried u. a. 2012, 36) ein Bestimmungsmerkmal von Erziehung, und Erziehung bestimmt er in Anlehnung an Benner als »Aufforderung zur Selbsttätigkeit« (Fried u. a. 2012, 39; vgl. Liegle 2008). Dabei geht im Konzept des »Selbst« der »Selbsttätigkeit« die Praxis von Erziehung in die Verwirklichung ihres Ziels, die Bildung des Subjekts, über.

In seiner Rousseau-Interpretation hat Benner dieses paradigmatische Kindheitskonzept in der Pädagogik der Moderne pointiert. Es erkennt in der Natur des Kindes die Natur des Menschen; sie besteht in der Unbestimmtheit seiner Bestimmung (Benner 1999), in seiner Potenzialität. Kinder sind Menschen im Übergang von Natur zu Vernunft in der Einheit von Möglichkeit und Wirklichkeit (Rustemeyer 2002). Eine pädagogische Anthropologie der Persönlichkeitsentwicklung (Fried u. a. 2012) verknüpft über das Konzept der Entwicklung einen zukunfts- und vernunftbezogenen Horizont der Möglichkeiten mit der *Natur des Kindes*; diese »Natur« bestimmt die Ontogenese eines bildsamen und lernfähigen Organismus. Auch wenn die Zeiten eines naiv-vervollkommnungstheoretischen Entwicklungsbegriffs vorbei sind, umfasst »Entwicklung« Voraussetzung und Ziel der Erziehung; empirisch betrachtet handelt es sich um eine Prämisse, unter der Erziehung in früher Kindheit erst gedacht werden kann. In ihrem Begriff des Kindes bezieht sie sich auf sich selbst.

Diese Prämisse lässt sich in den unterschiedlichen Ausprägungen der aktuellen frühpädagogischen Theoriediskussion zwanglos identifizieren. Dabei sind drei Theoriefamilien zu unterscheiden:

- *Erziehung als Selbst-Bildung.* Unter dem Einfluss der Forschung zur kindlichen Hirnentwicklung wird die Selbstorganisation des kindlichen Organismus betont und zu einer Weiterentwicklung der bildungstheoretischen Traditionen deutschsprachiger Frühpädagogik in einem Konzept frühkindlicher Selbst-Bildung genutzt (Schäfer 2011). Die Selbstreferenzialität des kindlichen Bewusstseinssystems fungiert dabei als neurobiologische Variante des Subjektbegriffs. Das Konzept nimmt die Erziehungswirklichkeit unter dem Gesichtspunkt der Selbsttätigkeit von Kindern wahr und nimmt diese zum Maßstab einer besseren Pädagogik. Die Unverfügbarkeit des kindlichen Bewusstseinssystems könnte als Grenze von Erziehung gefasst werden; aber das Selbst-Bildungskonzept leitet die Aufgabe der Erziehung aus der Natur des Kindes die Aufgabe der Erziehung ab. Die Ziele der Erziehung werden gleichsam in die Kinder hineinverlagert.

- *Erziehung als Technologie.* Die Konstrukte der empirischen Bildungsforschung basieren auf psychologischen Theorien der kognitiven Entwicklung. Erziehung bedeutet Entwicklungsförderung (Roßbach/Blossfeld 2008). Die Ziele dieser Förderungstätigkeit werden nicht den Entwicklungsprozessen entnommen, sondern ethisch bzw. politisch begründet und primär durch das Bildungssystem repräsentiert. Entwicklungsförderung wird als Anwendung von Wissen über entwicklungsförderliche Bedingungen verstanden und gilt dem einzelnen Kind im pädagogischen *setting* von Krippe, Kindergarten und Grundschule. Entsprechend folgt die Erziehung in früher Kindheit der zweckrationalen Logik einer (Elementar-)Didaktik und lässt sich im Lichte von Wirkungsannahmen optimieren (»pädagogische Qualität«). Die empirische Bildungsforschung versteht Pädagogik als eine Technologie; ihre Konstrukte nehmen gegenüber der Erziehungspraxis eine evaluative Haltung ein, deren Maßstäbe im Wesentlichen vom Bildungserfolg der Kinder bestimmt sind.
- *Erziehung als Beziehung.* Bindungstheoretische Ansätze der Erziehung in früher Kindheit operieren mit Modellen psychosozialer Entwicklung (Ahnert 2008). Untersuchungseinheit ist nicht das einzelne Kind, sondern sind die Beziehungen, die es mit seinen wichtigsten Bezugspersonen unterhält. Entsprechend bedeutet Erziehung Beziehungsgestaltung und ist ein wechselseitiger reflexiver Prozess. Die Bindungs-

forschung setzt die Familienerziehung als Bezugskontext voraus. Als Umgangserziehung operiert diese auf der Basis einer lebensweltlichen Rekursivität von Erziehungszielen und Erziehungspraxis in der Trias von Verwiesenheit, Abhängigkeit und Reziprozität, an der die professionelle Kleinkindererziehung anzuknüpfen sucht. Bindungstheorien erkennen an, dass die familiale Privatheit eigene Maßstäbe »guter Kindheit« entwickelt, bewerten diese aber unter Verweis auf psychische Effekte bei den Kindern. Die Natur des Kindes begründet hier gleichsam Ansprüche an die Qualität von Sorgebeziehungen.

So unterschiedlich die drei Ansätze sind – sie haben wesentliche Gemeinsamkeiten. Alle drei Theoriefamilien begründen und rechtfertigen sich durch ihre Bezugnahme auf ein Kind, das werden soll, was es werden kann. Es handelt sich daher auch eher um pädagogische Konzeptionen als um Theorien der Erziehung. Ihr Maßstab sind die *best interests of the child*. Der niederländische Erziehungshistoriker Jeroen Dekker (Dekker 2010) ordnet diesen Maßstab einer säkularen kindzentrierten Erziehungsambition zu, die auf die Romantik zurückweist und sich seit Beginn des 20. Jahrhunderts weltweit durchgesetzt hat, mit der UN-Kinderrechtskonvention von 1989 als ihrem repräsentativen Dokument. Sie hat, so Dekker, zwei charakteristische Ausprägungen gefunden: In der einen fungiert das Kind als »Ko-Manager seines Erziehungsprozesses« (a. a. O., 92), und pädagogisch kommt es darauf an, eine entsprechend anregungsreiche Umwelt zu schaffen. In der anderen Ausprägung steht die Sorge um Kinder im Vordergrund; sie verknüpft den Schutz der Kinder vor Vernachlässigung mit ihrem Recht auf Bildung und beinhaltet eine kritische Beobachtung von Eltern (ebd.). Im Lichte dieser Wertideen begründet und rechtfertigt sich die Erziehung in früher Kindheit als pädagogische Aufgabe. Dekker spricht von epochaltypischen *educational ambitions*. Sie machen den Austausch von »Kindern« und »Erwachsenen« überhaupt erst *als Erziehung* identifizierbar. Diese Wertideen betrachten das Erziehungsgeschehen als einen Prozess der Vervollkommnung, dessen Maßstäbe entweder in das Kind hineinverlegt werden – Pädagogik setzt dann voraus, was sie zu leisten beansprucht – oder bildungs- und sozial-

politischen Vorgaben überlassen werden: Dann
konkretisiert sich Pädagogik als Instruktion und
Disziplinierung. In beiden Fällen weiß sie nicht,
wie sie bewirkt, was sie leistet.

2. Erziehung als Instituetik

Die Kritik an einer Pädagogik, die nicht weiß, was
sie tut, hat in klassischer Weise Siegfried Bernfeld
formuliert. Im ersten Teil seines *Sisyphos* (Bernfeld
1925/1967) polemisiert er gegen eine Pädagogik,
die nicht halten kann, was sie verspricht. Bernfelds
Theorie der Erziehung setzt daher nicht an den
Versprechungen der Pädagogik, sondern an den
Grenzen der Erziehung an.

* Die erste Grenze liegt gleichsam im Erzieher: Es
  sind seine affektiven Gefährdungen, die aus
  unverarbeiteten Erfahrungen der eigenen Kindheit entstehen. Der Erzieher, so Bernfeld, steht
  gleichsam »vor zwei Kindern: dem zu erziehenden vor ihm und dem verdrängten in ihm«
  (Bernfeld 1925/1967, 141).
* Die zweite Grenze wird von den gesellschaftlichen Funktionen des Bildungssystems bestimmt,
  die Erzieher und Erziehung in ein System sozialer Ungleichheit einbinden. In den Worten von
  Bernfeld: »Jede Erziehung ist in Bezug auf die
  erziehende Gesellschaft konservativ organisiert;
  in Bezug auf die Machttendenzen [...] intensi-
  vierend« (Bernfeld 1925/1967, 121 f.).
* Die dritte Grenze der Erziehung ist die Grenze
  der Erziehbarkeit (Bernfeld 1925/1967, 143). Es
  sei eine wichtige Aufgabe der Erziehungswissenschaft, »Möglichkeiten und Grenzen der Beein-
  flussbarkeit des Kindes genauestens abzuwägen
  und zu bestimmen« (Bernfeld 1925/1967, 145).

Die erste Grenze lenkt die Aufmerksamkeit auf die
Psychodynamik der Erzieher-Kind-Beziehung und
kann nur durch die Reflexivität des Erziehers überwunden werden. Die zweite Grenze ist eine politische Aufgabe; hier geht Pädagogik in Politik über
und gestaltet die sozialstrukturellen Voraussetzungen von Bildungsverläufen. Die Einsichten in
die zweite und in die erste Grenze weisen Bernfeld
als marxistisch und psychoanalytisch geprägten
Pädagogen aus. Insbesondere mit der Einsicht in
die erste Grenze der Erziehung ist Bernfeld zu
einem Klassiker der psychoanalytischen Pädagogik

geworden (Niemeyer/Naumann 2006). Die dritte
Grenze ist die von »Anlage« und »Umwelt« bzw.
»Begabung« und »Lernen«; heute ist die Grenze
der Erziehbarkeit Thema entwicklungspsychologischer und neurobiologischer Forschung.

Bernfelds Theorie der Erziehung gilt einer Erziehung, die ihre Grenzen nicht kennt. Das Konzept der »Instituetik« ist der Schlüsselbegriff dieser
Theorie. Er thematisiert die sozialen Bedingungen
pädagogischen Handelns (vgl. Neumann i. Ersch.):
In der Beziehung zwischen Pädagoge und Kind
verschmelzen Psychologie und Gesellschaftsstruk-
tur gleichsam zu einer operativen Einheit, in der
Möglichkeiten und Grenzen der Erziehung beschlossen sind (vgl. Hörster 2005, 444 f.).

Erziehung begreift Bernfeld mit einer häufig zitierten Formulierung als »Summe der Reaktionen
einer Gesellschaft auf die Entwicklungstatsache«
(Bernfeld 1925/1967, 51). Maßstab für die Wissen-
schaftlichkeit von Pädagogik, so Bernfeld, ist die
Rationalisierung der Erziehung, das heißt: ihre
zweck-rationale Einrichtung (Bernfeld 1925/1967,
15). Die Rationalisierung der Erziehung sieht er
vergleichsweise am weitesten fortgeschritten im
schulischen Unterricht; ihre theoretische Form ist
die Didaktik. Die Didaktik weise aber einen entscheidenden »blinden Fleck« auf. In den Worten
von Bernfeld: »Indessen die Didaktik versucht, den
Unterricht des einzelnen Lehrers [...] zweckrational zu denken, bleibt die Schule als Ganzes, das
Schulwesen als System ungestört, ungedacht [...].
Diese Lücke müsste die Didaktik erst schließen
[...] Sie muß sich durch eine Disziplin ergänzen,
die man Instituetik nennen könnte. Sie hätte
zweckrational die Institution, die wir in ihrer
Gänze Schulwesen nennen, umzudenken« (Bernfeld 1925/1967, 26 f.). Das Konzept der Instituetik
meint also gleichsam eine vollständige Didaktik,
weil die Gestaltung des Unterrichts auch die Gestaltung »des Schulwesens als System«, konkret: die
Veränderung seiner gesellschaftskonservierenden
Funktionsweise umfasst.

Bernfeld sieht die Grenzen der Erziehung als
Grenzen ihrer Gestaltbarkeit, als Begrenzung der
Möglichkeiten von Erziehung. Anders gesagt: Er
markiert die Grenzen der Erziehung, um sie zu
überwinden; denn anderenfalls wäre es nicht wirk-
lich der Erzieher, sondern die Schule (oder der
Kindergarten) als Institution, die erzieht; das ist
Bernfelds Pointe (Bernfeld 1925/1967, 28). Die

»Tatbestands-Gesinnung« (Bernfeld 1925/1967, 13), die er von der Pädagogik fordert, untersucht, wie Erziehung bewirken kann, was sie intendiert, wie sie die Grenzen zwischen dem besseren Jenseits und dem schlechten Diesseits der Erziehung überwinden kann. Das hat Bernfeld zum Protagonisten einer sozialisationstheoretisch basierten empirischen Erziehungswissenschaft gemacht.

Das Konzept der Instituetik steht für eine »bewusstlose« Pädagogik *und* für eine Erziehung im Bewusstsein ihrer Grenzen, für eine politische und psychoanalytische Praxis der Überwindung dieser Grenzen. Bernfeld erkennt diese Doppelbedeutung des Konzepts nicht, weil er seine Frage nach den Grenzen der Erziehung nicht als eine erkenntnisbezogene Frage versteht: Er fragt nicht, wie Möglichkeiten und Grenzen der Erziehung sich bedingen, sondern was Erziehung daran hindert, ihre Ideale zu verwirklichen. Letztlich geht es also auch Bernfeld – wie den »Pädagogikern«, gegen die er polemisiert – um die richtigen Ideale. Daher verstrickt er sich unvermeidlich in Widersprüche, wenn er demselben Lehrer, den er als Funktionär eines gesellschaftskonservativen Schulsystems und einer unverarbeiteten Biografie bloßstellt, die Rolle eines politischen Aktivisten mit psychoanalytisch geschulter Selbstreflexivität zutraut.

3. Wie wird Erziehung in früher Kindheit möglich?

Bernfeld kann nicht sehen, dass die Grenzen der Erziehung es allererst *ermöglichen*, von »Erziehung« zu sprechen, weil er Erziehung lediglich als *Reaktion* auf eine objektive Gegebenheit betrachtet, die eigenen Gesetzen folgt – die Entwicklungstatsache – und nicht als sozialen Austausch im kulturellen Kontext (vgl. Oelkers 2009). Man könnte auch sagen: Bernfeld hat keinen Begriff vom Kind. Dies ist aber nicht spezifisch für Bernfeld, sondern kennzeichnend für einen evolutionstheoretisch verengten Entwicklungsbegriff.

Dieses theoretisch-empirische Defizit entwicklungstheoretischer Diskurse hat Ludwig Liegle aufgegriffen; er erinnert – unter Bezug auf Rogoff (Rogoff 2003) und Tomasello (Tomasello 2010) – daran, dass der Körper des Kindes auch eine kulturelle Repräsentation, dass die »Natur« des Kindes nicht lediglich eine biologische, sondern eine *kulturelle Natur* ist (Fried u. a. 2012, 14). Er verwandelt damit das Konzept der Natur des Kindes von einem bildungsphilosophischen in ein kulturtheoretisches Konzept; es findet in der Entwicklungspsychologie mittlerweile breite Unterstützung und ist auch aus der pragmatistischen Sozialisationsforschung bekannt.

Die »kulturelle Natur« des Kindes ist keine Gegebenheit; sie kann allenfalls diesen Anschein erwecken, weil sie in eine generationale Ordnung eingebettet ist, die scheinbar universal ist. Kinder »haben« diese kulturelle Natur nicht, und sie erwerben sie auch nicht; vielmehr existiert sie in den Praktiken ihrer sozialer Beziehungen. Entwicklung begreift Liegle als lebenslanges Beziehungsgeschehen im historisch-gesellschaftlichen und kulturellen Kontext (Fried u. a. 2012, 33 ff.). Kinder gestalten dieses Geschehen mit, und zwar in einer Weise, die pädagogisch nicht vorhersehbar ist. Sie setzen sich *als Kinder* – das heißt: nicht lediglich als Individuen, sondern im Kontext generationaler Ordnungen – mit ihren körperlichen und kognitiven Möglichkeiten und ihren Erfahrungen mit ihrer sozialen Umwelt auseinander und entwickeln in dieser Auseinandersetzung ihre Handlungsbefähigung. Erziehungspersonen sind ein Moment dieser Umwelt und gestalten ihren Anregungsgehalt mit. Dieser wechselseitige und veränderliche Austausch bringt »Kindheit« als ein historisch-kulturelles Konstrukt und mit ihm auch die Prämissen hervor, die es erlauben, ihn als Erziehung zu verstehen. Die »kulturelle Natur« des Kindes ist jener »Plan«, von dem Hörster spricht (s. o.), in dem sich Erziehung auf sich selbst bezieht und den sie hervorbringt, indem sie ihm folgt – aber nicht im Sinne eines individuellen Handlungsentwurfs oder Reflexionshorizonts, sondern als kulturelles Skript. Es unterlegt der Unterscheidung zwischen »Kindern« und »Erwachsenen« einen pädagogischen Sinn (Nemitz 1996).

Das Konzept der kulturellen Natur des Kindes geht über eine Begründung von Erziehung hinaus, wie sie pädagogische Anthropologien leisten, weil es die Erziehungsbedürftigkeit des Kindes nicht voraussetzt. Entsprechend verändert sich die Leitfrage einer Theorie der Erziehung (in früher Kindheit); sie lautet nicht mehr: Was kennzeichnet eine Erziehung, die der Natur des Kindes entspricht? Sondern: Wie nimmt pädagogisches Handeln auf Kinder Bezug, um sich als eine Erziehung in früher Kindheit auszuweisen?

Unter dieser Perspektive lässt sich das Konzept der Instituetik weiterdenken. Die dritte Grenze der Erziehung, die Grenze der Erziehbarkeit, setzt wie alle pädagogischen Anthropologien eine Natur des Kindes voraus; Bernfeld versteht sie als Entwicklungstatsache, als einen psychobiologischen Prozess (Bernfeld 1925/1967, 49), der jeder pädagogischen Ambition voraus geht. Allerdings gibt die Instituetik nicht vor, diese Natur bereits zu kennen. Sie ist ein unbekannter Kontinent, aber er lässt sich durch Forschung immer besser kennenlernen; dadurch lässt sich die Grenze der Erziehbarkeit von Kindern schrittweise hinausschieben. Versteht man die Natur des Kindes indes als eine »kulturelle Natur« und die Erziehung als einen sozialen Austausch, dann gewinnt die Grenze der Erziehbarkeit Bedeutung als Hinweis auf die Unverfügbarkeit von Kindern bzw. auf ein Kind jenseits des Erziehungsanspruchs der Erwachsenen. Diese Einsicht hat zur Konsequenz, dass es die Fremdheit von Kindern ist, an der sich pädagogisches Denken und Handeln *als* ein pädagogisches Handeln ausweisen muss. Anders gesagt: Es ist die Fremdheit der Kinder und nicht ihre Bildsamkeit, die Erziehung möglich macht – eine Einsicht, die sich zumal an jungen Kindern gewinnen lässt.

Daran schließen zwei empirische Fragen an: Zum einen die nach den sozialen Prozessen, in denen das fremde Kind pädagogisch relevant gemacht wird, zum anderen die nach dem Beitrag der Kinder zu diesem Austauschprozess – beide Fragen verwandeln Grenzen der Erziehung in Bedingungen ihrer Möglichkeit. Die Grenze der Erziehbarkeit wird von einer anthropologischen Prämisse von Erziehung zu einem erkenntnisbezogenen Zugang zur Erziehungswirklichkeit. Er geht über die Reflexivität eines Erziehers weit hinaus, dem die Differenz von Kindern und Erwachsenen, das Kind als Anderer, als Gegenüber, nur in der Verfügbarkeit über sich selbst zugänglich ist: »Dies Kind vor ihm ist er selbst als Kind« (Bernfeld 1925/1967, 140). Er rückt die bereichs- und lebensaltersspezifischen Vorgaben, welche die Pädagogik der frühen Kindheit so bereitwillig in ihr Gegenstandsverständnis übernimmt, in ein neues Licht und öffnet den Blick für Praktiken der Pädagogisierung und damit für eine Theorie der *Erziehung in früher Kindheit als institutioneller Praxis.*

4. Ausblick

Ein praxistheoretisch reformuliertes Konzept der Instituetik erlaubt, die Erziehung in früher Kindheit nicht als eine pädagogische *Praxis in Institutionen,* sondern als eine *institutionelle Praxis* zu konzeptualisieren. Es verlagert den Ausweis ihres pädagogischen Gehalts nicht in die bildsame Natur des Kindes, sondern sucht ihn in sozialen Praktiken (Reckwitz 2003) (früh-)pädagogischer Felder auf, die vollzugslogisch hervorbringen, was sie konzeptuell voraussetzen. Es stiftet eine Einheit der Differenzen von Handlung, Plan und Ergebnis, die Konzepte, Ziele und Absichten von Erziehung erst ermöglicht und erlaubt, pädagogischem Handeln »Ergebnisse« zuzurechnen. Institutionelle Praktiken lösen die Illusion einer Subjekt/Objekt-Relation von Erziehung (»Einwirkung«, »Verbesserung«) auf und öffnen den Blick für eine Rekursivität pädagogischer Phänomene als eines sozialen Geschehens, das mit den Aufgaben der Erziehung in früher Kindheit auch ihre Lösungen hervorbringt (vgl. Seyfert 2011). Eine Instituetik der Frühpädagogik wäre daher als eine Theorie der Institutionalisierung von (früher) Kindheit durch organisierte Erziehung zu entfalten.

Greift man Bernfelds Konzept der Instituetik in diesem Sinne als Problemstellung auf, dann eröffnet es einen Zugang zur Erziehungswirklichkeit als einem empirischen Geschehen (vgl. u. a. Cloos/Schulz 2011; Honig u. a. 2004; Kelle 2010; ZSE 2013). Praktiken institutioneller Pädagogik lassen sich als Praktiken der Repräsentation, der performativen Hervorbringung als substanziell vorausgesetzter Merkmale beobachten. Die Leitfrage lautet, wie es sich eine bestimmte Praxis ermöglicht, sich selbst als pädagogisch zu beobachten (vgl. Neumann 2012). Ein Teil der Antwort lautet: Es ist die Unverfügbarkeit des Kindes, seine Fremdheit. Diese Einsicht kann die Pädagogik der frühen Kindheit zu einer Theorie der Erziehung beitragen.

Literatur

Ahnert, Lieselotte (Hg.): *Frühe Bindung. Entstehung und Entwicklung.* München/Basel 2008.

Bahle, Thomas: »Public child care in Europe: Historical trajectories and new directions«. In: Scheiwe/Willekens 2009, 23–42.

Benner, Dietrich: »Der Begriff moderner Kindheit bei Rousseau im Philanthropismus und in der deutschen Klassik«. In: *Zeitschrift für Pädagogik* 45 (1999), 1–18.

Bernfeld, Siegfried: *Sisyphos oder die Grenzen der Erziehung* [1925]. Frankfurt a. M. 1967.

Cohen, Bronwen/Moss, Peter/Petrie, Pat/Wallace, Jennifer: *A New Deal for Children? Re-forming Education and Care in England, Scotland and Sweden.* Bristol ²2007.

Cloos, Peter/Schulz, Marc (Hg.): *Kindliches Tun beobachten und dokumentieren. Perspektiven auf die Bildungsbeteiligung in Kindertageseinrichtungen.* Weinheim/Basel 2011.

Dekker, Jeroen J.H.: *Educational Ambitions in History. Childhood and Education in an Expanding Educational Sphace from the Seventeenth to the Twentieth Century.* Frankfurt a. M. u. a. 2010.

Fried, Lilian/Dippelhofer-Stiem, Barbara u. a.: *Pädagogik der frühen Kindheit.* Weinheim/Basel 2012.

Hörster, Reinhard: »Erziehung«. In: Otto, Hans-Uwe/Thiersch, Hans (Hg.): *Handbuch Sozialarbeit/Sozialpädagogik.* München 2005, 438–447.

Honig, Michael-Sebastian/Joos, Magdalena/Schreiber, Norbert u. a.: *Was ist ein guter Kindergarten? Theoretische und empirische Analysen zum Qualitätsbegriff in der Pädagogik.* Weinheim/München 2004.

Kelle, Helga (Hg.): *Kinder unter Beobachtung. Kulturanalytische Studien zur pädiatrischen Entwicklungsdiagnostik.* Opladen/Farmington Hills 2010.

Laewen, Hans-Joachim: »Funktionen der institutionellen Früherziehung: Bildung, Erziehung, Betreuung, Prävention«. In: Fried, Lilian/Roux, Susanna (Hg.): *Pädagogik der frühen Kindheit. Handbuch und Nachschlagewerk.* Weinheim/Basel 2006, 96–107

Liegle, Ludwig: »Erziehung als Aufforderung zur Bildung«. In: Thole, Werner/Roßbach, Hans-Günther/Fölling-Albers, Maria/Tippelt, Rudolf (Hg.): *Bildung und Kindheit. Pädagogik der frühen Kindheit in Wissenschaft und Lehre.* Opladen/Farmington 2008, 85–113

Lochner, Rudolf: *Phänomene der Erziehung. Erscheinungsweisen und Ablaufformen im personalen und ethnischen Dasein.* Meisenheim am Glan 1975.

Nemitz, Rolf: *Kinder und Erwachsene. Zur Kritik der pädagogischen Differenz.* Hamburg 1996.

Neumann, Sascha: »Beobachtungsverhältnisse. Feldtheoretische Erkundungen zu einer Empirie des Pädagogischen«. In: Bernhard, Stefan/Schmidt-Wellenburg, Christian: *Feldanalyse als Forschungsprogramm.* Wiesbaden 2012, 221–242

Neumann, Sascha: »Die sozialen Bedingungen der Bildung. Beobachtungen im Feld der Frühpädagogik«. In: Breidenstein, Georg/Jergus, Kerstin u. a. (Hg.): *Interferenzen. Perspektiven kulturwissenschaftlicher Bildungsforschung.* Weilerswist, i. Ersch.

Niemeyer, Christian/Naumann, Marek: »Siegfried Bernfeld (1892–1953)«. In: Dollinger, Bernd (Hg.): *Klassiker der Pädagogik. Die Bildung der modernen Gesellschaft.* Wiesbaden 2006, 265–286.

Oelkers, Jürgen: »Erziehung«. In: Andresen, Sabine/Casale, Rita u. a. (Hg.): *Handwörterbuch Erziehungswissenschaft.* Weinheim 2009, 248–262.

Ostner, Ilona: »›Auf den Anfang kommt es an‹ – Anmerkungen zur ›Europäisierung‹ des Aufwachsens kleiner Kinder«. In: *Recht der Jugend und des Bildungswesens* 57.1 (2009), 44–62.

Ostner, Ilona: »Care – eine Schlüsselkategorie sozialwissenschaftlicher Forschung?« In: Evers, Adalbert/Heinze, Rolf G./Olk, Thomas (Hg.): *Handbuch Soziale Dienste.* Wiesbaden 2011, 461–481.

Reckwitz, Andreas: »Grundelemente einer Theorie sozialer Praktiken«. In: *Zeitschrift für Soziologie* 32.4 (2003), 282–301.

Reyer, Jürgen/Kleine, Heidrun: *Die Kinderkrippe in Deutschland. Sozialgeschichte einer umstrittenen Einrichtung.* Freiburg i. Br. 1997.

Reyer, Jürgen: *Einführung in die Geschichte des Kindergartens und der Grundschule.* Bad Heilbrunn 2006.

Rogoff, Barbara: *The Cultural Nature of Human Development.* Oxford/New York 2003.

Roßbach, Hans-Günther/Blossfeld, Hans-Peter: »Frühpädagogische Förderung in Institutionen«. In: *Zeitschrift für Erziehungswissenschaft* 10 (2008), 7–198.

Rustemeyer, Dirk: *Wie ist Pädagogik möglich?* Unv. Ms. Trier 2002.

Schäfer, Gerd E. (Hg.): *»Bildung beginnt mit der Geburt. Ein offener Bildungsplan für Kindertageseinrichtungen in Nordrhein-Westfalen* Berlin/Düsseldorf/Mannheim ²2007.

Schäfer, Gerd E.: *Was ist frühkindliche Bildung? Kindlicher Anfängergeist in einer Kultur des Lernens.* Weinheim/München 2011.

Scheiwe, Kirsten/Willekens, Harry (Hg.): *Childcare and Preschool Development in Europe. Institutional Perspectives.* Houndmills 2009.

Schnoor, Oliver: *Knowing to Give Voice to Children ... and Deal with Screaming, Babbling, and Silence. Impressions from an ethnographic study in a crèche.* Unv. Ms. Birmingham, UK 2010.

Seyfert, Robert: *Das Leben der Institutionen. Zu einer Allgemeinen Theorie der Institutionalisierung.* Weilerswist 2011.

Tomasello, Michael: *Warum wir kooperieren.* Frankfurt a. M. 2010.

Zeitschrift für Soziologie der Erziehung und Sozialisation 32.3 (2012). Themenschwerpunkt »Familienerziehung«.

Zeitschrift für Soziologie der Erziehung und Sozialisation 33.1 (2013). Themenschwerpunkt »Ethnographie der Frühpädagogik«.

Michael-Sebastian Honig

2. Kindheit

Die Kindheit stellt eine, evolutionär betrachtet, junge Lebensphase dar. Im Primatenlebenslauf erschien die Kindheit als eigene Entwicklungsphase erst beim *homo habilis*, der etwa vor 1,5 bis 2,1 Millionen Jahren lebte. Bei den nachfolgenden Primatenarten wurde die Kindheit immer länger und umfasst beim neuzeitlichen Menschen, dem *homo sapiens*, die Zeitspanne zwischen zwei Jahren und dem Beginn der Pubertät. Die kulturelle Auslegung dieser biologisch basierten Definition beinhaltet jedoch sehr unterschiedliche Aufgaben und Zielsetzungen. Die ersten beiden Lebensjahre gelten beim Menschen als Säuglingsalter, eine Entwicklungsphase, die, zwar unterschiedlich lang, bei allen Primatenarten auftritt.

Lange Zeit wurde die Phase der Kindheit trotz der evolutionären Evidenz als kulturelle Erfindung der nachmittelalterlichen Menschheitsgeschichte verstanden. Diese Einschätzung geht vornehmlich zurück auf das einflussreiche Werk von Philippe Ariès (1962), der aufgrund der Darstellung von Kindern in der Kunst, besonders der Malerei (und aus noblen Familien, die bildlich dargestellt wurden) zu dem Schluss kam, dass »medieval art until the twelfth century did not know childhood [...]« (Ariès 1962, 33). Kinder sollten demnach als kleine Erwachsene mit gleicher Kleidung und gleichen Tätigkeiten betrachtet worden sein. Demgegenüber steht eine kontinuierliche Dokumentation der Kindheit als eine eigene Lebensphase seit der Zeit der Ägypter (Sommerville 1982; Lancy 2008).

Die Logik der Kindheitsphase besteht in einem Moratorium, das benötigt wird, sich die kulturellen Werkzeuge anzuzeigen, die es erlauben, Kompetenzen für das Erwachsenenleben zu erwerben. Nach der ungeheuer schnellen Entwicklungsgeschwindigkeit des Säuglingsalters ist die Kindheit die Lebensphase mit dem zweithöchsten Entwicklungstempo und entsprechend vielen substanziellen Veränderungen. Kinder lernen Sprache(n), entwickeln eine Theory of Mind, Geschlechtsidentität, erwerben die Grundlagen moralischen Urteilens, kurz gesagt: eine Vielzahl sozialemotionaler und kognitiver Kompetenzen. Da diese Kompetenzen nicht reifen oder sich irgendwie entfalten (wie ältere Präformationstheorien angenommen haben), muss Entwicklung als ein in hohem Maße umweltabhängiger Prozess verstanden werden; d. h. Umwelteinflüsse sind maßgeblich bestimmend für Entwicklungsprozesse und -ergebnisse (Keller/Kärtner 2013). Dabei besteht eine beachtliche Kontinuität und damit notwendigerweise Kulturspezifität zu dem im Säuglingsalter gebahnten Selbst und den entsprechenden Beziehungskonzepten (Keller u. a. 2004; Keller 2007). Das bedeutet, dass die sozialen Erfahrungen, die Kinder im Säuglingsalter machen, strukturell und inhaltlich äquivalent sind mit den sozialen Erfahrungen in der Kindheit – falls nicht gravierende kontextuelle Veränderungen eintreffen, etwa durch familiäre Veränderungen, aber auch Kontextwechsel durch Migration. Das bedeutet, dass sowohl die zeitliche Definition der Kindheitsphase im Rahmen der evolutionär gesetzten Grenzsteine als auch die Inhalte wie die Mechanismen der Akquisition variieren müssen. Dass diese Variation keinesfalls zufällig ist, sondern systematisch mit kulturellen Modellen und damit verbundenen Sozialisationszielen im Zusammenhang steht, wird im Folgenden erläutert.

1. Unterschiedliche Weisen, sich und die Welt zu sehen

Menschenbilder, die jeder Mensch, ob Wissenschaftler oder Laie, hat, sind explizite und implizite Folien, in spezifischer Art und Weise Informationen aufzunehmen und zu verarbeiten – sie stellen also bestimmte Weltsichten dar. Diese Weltsichten sind durch zwei zentrale menschliche Bedürfnisse organisiert, die allerdings kulturspezifisch sehr verschieden aufgefasst und interpretiert werden können: Autonomie und Relationalität. Autonomie bedeutet Selbstwirksamkeit, Selbstbestimmung; Verbundenheit bedeutet Bindung und Zugehörigkeit (z. B. Deci/Ryan 1991; Kağitcibaşi 2007). In der Literatur wird Autonomie häufig mit Selbstbewusstsein, d. h. sich seiner selbst bewusst zu sein, gleichgesetzt. Das bedeutet auch, eigene Gefühle regulieren zu können, sich seiner eigenen Fähigkeiten und Möglichkeiten bewusst zu sein und sich als selbstwirksam zu erleben. Zentral ist dabei, Kontrolle über Situationen und Prozesse zu haben und selbstständig entscheiden zu können. Diese Definition von Autonomie bestimmt gleichzeitig, wie Bindungen und Beziehungen definiert werden, nämlich ebenfalls als selbstbestimmt und unter individueller Kontrolle. Die Reflexion der eigenen (sozialen) Bedürfnisse ist dabei handlungsleitend. Diese Definitionen von Autonomie und Relationalität sind allerdings nur einem bestimmten Lebenskontext angepasst, nämlich für Angehörige der westlichen Mittelschichtgesellschaft mit einem hohen Grad an formaler Bildung, später Elternschaft, wenigen Kindern und dem Leben in Kleinfamilien, in denen Eltern und Kinder quasi gleiche Rechte und Wahlen haben. Wir haben an anderer Stelle dieses Weltbild gekennzeichnet als durch psychologische Autonomie mit psychologischer Relationalität organisiert, da das Verständnis von Autonomie bestimmt, wie Beziehungen definiert werden. Psychologisch soll dabei bedeuten, dass die innere Welt der individuellen Bedürfnisse, Wünsche, Intentionen und Präferenzen Priorität hat für die Lebensgestaltung (Keller 2011). Dieses Weltbild bestimmt die Sicht aufs Kind als ein einzigartiges Wesen, das im Mittelpunkt der familiären Sozialisationsstrategie steht und das darin unterstützt werden muss, alle seine Fähigkeiten optimal zu entwickeln: »im Zentrum steht das Kind« ist das Credo der familiären wie der institutionellen Erziehung (Keller 2011). Säuglingen wird vom ersten Lebenstag an exklusive Aufmerksamkeit geschenkt, sie werden in Konversationen gebadet, die ihre Einzigartigkeit und ihre individuelle Bedeutung unterstreichen und es wird ihnen gespiegelt, dass sie abgegrenzte, eigenständige Persönlichkeiten sind. Die Konsequenzen dieser frühen Erfahrungen bestehen in der Ausbildung eines frühen unabhängigen Selbstkonzeptes, wenn sich Kinder aus westlichen Mittelschichtfamilien im Schnitt zwischen 16 und 19 Monaten im Spiegel selbst erkennen. Dies wird mit einem Verfahren festgestellt, das darin besteht, dass das Kind erkennen soll, dass in seinem Gesicht etwas verändert ist (z. B. ein roter Fleck auf der Wange) (Kärtner u. a. 2012). Diese frühe Ausprägung eines Selbstkonzeptes steht in Zusammenhang mit der sozialkognitiven Entwicklung im autonomen Modus. Kinder, die sich im Spiegel erkennen, entwickeln dann auch schnell das Gefühl der Empathie, nämlich dem Mitgefühl mit einem Anderen, dem ein Missgeschick widerfahren ist. Das mag paradox klingen, da hier doch

Relationalität angesprochen ist – diese Empathie besteht jedoch – psychologisch – auf der Annahme des Verständnisses getrennter Individuen, d. h. Empathie ist als Mitgefühl definiert auf der Grundlage der Erkenntnis, dass der – bemitleidenswerte – Andere von mir verschieden ist (Bischof-Köhler 1989). Auch die Theory of Mind entwickelt sich früh bei Kindern aus westlichen Mittelschichtfamilien, d. h. mit ungefähr 4 Jahren haben Kinder erkannt, dass andere anders denken, fühlen und empfinden können als sie selbst (Gopnik/Wellman 1992). Auch diese Definition beruht auf einer psychologischen Autonomieorientierung. Parallel dazu entwickeln Kinder auch eine narrative Repräsentation von sich selbst, die gerne in familiären Unterhaltungen über vergangene Ereignisse untersucht wird. Kinder entwickeln eine Gesprächskultur, die auf das Selbst ausgerichtet ist, die voluminös ist und den frühen Fokus auf mentale Strukturen, also Sprechen über Gefühle, Intentionen, Kognitionen, Präferenzen abbildet – und das Kind selbstverständlich als Mittelpunkt des Geschehens apostrophiert (Wang 2001; Schröder u. a. 2011). Erziehung in diesem Kontext besteht also darin, die Möglichkeiten des individuellen Kindes zu erkennen und auszuschöpfen, es in seiner Einmaligkeit und Bedeutsamkeit zu stärken und die Entwicklung eines egozentrierten Weltbildes zu ermöglichen. Die Förderung des individuellen Kindes ist das handlungsleitende Curriculum in Familie und Institution (Albers 2010).

Die westliche Mittelschicht, auf die dieses Weltbild und die entsprechende Erziehungsideologie zugeschnitten ist, umfasst allerdings nur etwa 5 % der Weltbevölkerung. Ein weitaus größerer Teil der Weltbevölkerung, nämlich ungefähr 40 %, lebt als sich subsistenzwirtschaftlich versorgende Bauern (Angaben von greenpeace) mit einem niedrigen Grad an formaler Bildung, früher Elternschaft, vielen Kindern und dem Leben in hierarchisch strukturierten und organisierten Großfamilien. Das an diesen Kontext angepasste Weltbild haben wir als hierarchische Relationalität mit Handlungsautonomie definiert (Keller 2012a; Keller/Otto 2011). Diese Kombination aus Autonomie und Relationalität stellt die durch Rollen und Verpflichtungen definierte Großfamilie ins Zentrum und definiert Autonomie anhand der selbstständig und eigenverantwortlich durchzuführenden Aufgaben und Pflichten. Diese Konzeption erfordert keine individuellen Verhandlungen und Wahlen und auch keine Reflexion der eigenen Befindlichkeiten, sondern die Erfüllung der Erwartungen, die durch die Sozialisation zur Selbstverständlichkeit geworden sind und auch nicht expliziert werden müssen. Das Selbst ist Teil eines übergreifenden Systems, einem kommunalen Handlungszusammenhang (Demuth/Keller 2011), in dem es als Glied einer Kette funktioniert. Selbstbewusstsein und Selbstvertrauen haben also eine ganz andere Basis als im System der psychologischen Autonomie, indem sie aus der Erfüllung von Verantwortlichkeiten gespeist werden. Entsprechend definieren Miller und Bersoff (1992) ebenfalls zwei grundsätzliche unterschiedliche Verstehensweisen von Moral; im euroamerikanischen Kulturkreis sehen sie die Entwicklung zu persönlichen moralischen Werten, während sie in indischen hinduistischen Familien eine Moral der interpersonalen Verpflichtungen sehen. Im Zentrum dieser Weltsichten steht also die Gruppe und darauf sind die Entwicklungsziele und die Sozialisationsstrategien abgestimmt.

Säuglinge werden in ein Netzwerk sozialer Beziehungen geboren, in dem vom ersten Tag an verschiedene Betreuungspersonen Zuständigkeiten haben. Diese multiplen Betreuungsarrangements sind dort besonders verbreitet und adaptiv, wo es der Mutter nicht möglich ist, ausschließlich Zeit mit einem Säugling zu verbringen, weil sie dafür Feld- und Hausarbeit vernachlässigen müsste. Daher ist Betreuung auch meistens koaktiv mit anderen Tätigkeiten, was die Fähigkeit, Aufmerksamkeit auf verschiedene Prozesse zu lenken, voraussetzt. Die multiplen Betreuungspersonen können ältere Geschwister, Großmutter, Tanten, Onkel oder Nachbarn sein. Diese Form der Betreuung impliziert auch, dass andere Verhaltenssysteme im Vordergrund stehen müssen. Als Pendant zu dem »Face-to-face«-Schema in westlichen Mittelschichtfamilien kann der Körperkontakt betrachtet werden, da Babys Tag und Nacht und andauernd am Körper ihrer Betreuungspersonen getragen und gehalten werden (Lancy 2008). Entsprechend ist auch die Sensitivität für körperliche Signale und die prompte Reaktion darauf das übliche Kontingenzmuster – auf leiseste körperliche Anzeichen beim Säugling wird gestillt, die Position verändert, das Baby für Ausscheidungen vom Körper weg gehalten. Rhythmisches motorisches Verhalten wird häufig gekoppelt mit rhythmischem Sprechen und Vokalisieren, so dass das Baby in eine soziale Gemeinsamkeit sozialisiert wird, in der die Ich-Andere-Grenzen fließend sind (Keller 2007). Motorische Stimulation ist eine weitere wichtige Komponente guter Betreuung, sei es durch Massage wie in Indien oder als rhythmische vertikale Bewegungen bei den kamerunischen Nso-Bauern. Diese Erfahrungen unterstützen die grobmotorische Entwicklung und akzelerieren frühes selbstständiges Laufen, was in zweierlei Hinsicht wichtig ist: Einmal wird der Betreuungsaufwand geringer und zum anderen kann das kleine Kind schon seinerseits dazu beitragen, Aufgaben im Haushalt zu übernehmen, z. B. durch kleine Botengänge. Die Kinder entwickeln daher ein frühes Verständnis von Compliance und somit von sozialer Kompetenz. Die frühe Entwicklung eines unabhängigen Selbst ist dagegen nicht erwünscht. Im Unterschied zur Elaboration der mentalen Welt entwickeln diese Kinder sehr früh das Verständnis für soziale Regulationen/Verantwortlichkeiten und Handlungsautonomie. Hilfe im Haushalt und auf dem Feld, Übernahme von Verantwortung als Babysitter erfordern eigenständiges Handeln mit allen Phasen der Planung, Ausführung und des Abschlusses – es erfordert jedoch nicht zwingend die Reflexion. Entsprechend steht in verschiedenen Kulturen die zeitliche Verortung des Selbst im Hintergrund, wenn sich Unterhaltungen im Wesentlichen auf das Hier und Jetzt beziehen (Demuth/Keller 2011) beziehungsweise nicht über das real Wahrnehmbare und Erfahrbare (Everett 2009) hinausgehen. Bei manchen Südseebewohnern haben Anthropologen eine »opacity of mind« erfahren (Duranti 2008), d. h. ein Verständnis des Geistes, das sich nicht mit der Motivation von Handlungen oder dem Erschließen von Handlungsintentionen auseinandersetzt.

Erziehung in diesem Kontext besteht also darin, das Kind an die Erfordernisse der Gruppe/Familie anzupassen, seinen Platz zu erkennen und auszufüllen, was soziale Verantwortung und Respekt zu zentralen Erziehungsthemen macht. Natürlich entwickeln auch diese Kinder Empathie, allerdings nicht als Folge des Selbsterkennens, sondern als ein Verständnis der situativen Erfordernisse (Barresi/Moore 1996; Kärtner u. a. 2012).

2. Unterschiedliche Sichtweisen auf Erziehung

Systeme, die durch psychologische Autonomie reguliert werden, fassen Erziehung als Selbstbildung auf. Das eigenverantwortliche und selbstbestimmte Kind wählt zwischen unterschiedlichen Angeboten aus und erwirbt Wissen und Können als individuellen Besitz. Das Erziehungssystem ist kindzentriert, d. h. Inhalte, Strategien und Tempi sind auf das einzelne Kind ausgerichtet (Behrensen u. a. 2011). Unter dem Label der Individualisierung werden Bildungspläne für Kitas und Schulen erstellt. Individualisierter Unterricht ist aber erstens nicht so einfach und zweitens in öffentlichen Schulen kaum durchführbar, weil kein Lehrer Einzelbetreuung leisten kann, wie der Erziehungswissenschaftler Andreas Helmke (2011) betont. Einseitige Betonung von Individualisierung und psychologischer Autonomie geht außerdem auf Kosten sozialer Kompetenzen und Teamfähigkeit (Helmke 2011; Keller 2012b). Hier sind zeithistorische und gesellschaftliche Strömungen beobachtbar, die reflektiert werden müssen und in ihrer Bedeutung für die kindliche Entwicklung und Erziehung und damit auch für das Konzept von Kindheit bedacht werden müssen.

Systeme, die durch relationale Anpassung reguliert werden, fassen Erziehung als Training und kontrollierte Anleitung auf dem Weg zu verantwortlichem Handeln auf. Kinder sind Lehrlinge und werden gemäß ihrer vorbestimmten Rollen in ihre Aufgaben und Pflichten von ihren Erziehern eingewiesen. Eine Nso-Bäuerin hat uns einmal auf die Frage, was ein dreijähriges Kind können sollte, geantwortet, dass sie (sie hatte ein Mädchen im Sinn) Geschirr spülen könnte und kleine Aufträge erledigen und den Boden wischen. Sie sagte dann, dass dies die Dinge seien, die sie kann, und dass sie an diesen Aufgaben lernen und wachsen kann, ja, dass dies der Kontext ist, in dem sie wächst und sich entwickelt. In diesem System wird Identität geteilt und das bedeutet auch das Teilen von Wissen. Wissen wird erworben, um es der Familie zur Verfügung zu stellen und auch um den Status der Familie zu erhöhen, nicht den des individuellen Kindes. Das Erziehungssystem ist also erwachsenenzentriert, d. h. die Älteren, die ja durchaus auch nur wenige Jahre ältere Kinder sein können, wissen, was gut für das Kind ist, damit es optimal zum sozialen System beitragen kann, zu seiner physischen Existenz wie auch dem sozialen Zusammenhalt, was beides unauflöslich verbunden ist. Das Bildungssystem ist, obwohl nach westlichem Vorbild aufgebaut, auf Kollektivität ausgerichtet. Kinder sprechen im Chor, marschieren auf Paraden. Auch in diesem System steckt sicherlich manches Risiko. Es ist allerdings nicht möglich, ein System durch das andere zu ersetzen, da sie völlig verschiedene Funktionen erfüllen (müssen).

Die universelle Entwicklungsphase der Kindheit wird also sehr unterschiedlich gelebt und erlebt. In diesem Beitrag sind nur zwei Möglichkeiten skizziert worden, sicherlich gibt es viele weitere. Der wesentliche Unterschied besteht in der Zentrierung von Verantwortung, Verantwortung für sich selbst oder das soziale System.

Literatur

Albers, Timm u. a. (Hg.): *Auf die ersten Jahre kommt es an*. Freiburg 2010.

Ariès, Philippe: *Centuries of Childhood*. New York 1962.

Barresi, John/Moore, Chris: »Intentional relations and social understanding«. In: *Behavioral and Brain Sciences* 19. (1996), 107–154.

Behrensen, Birgit u. a.: *Das einzelne Kind im Blick. Individuelle Förderung in der KiTa*. Freiburg 2011.

Bischof-Köhler, Doris: *Spiegelbild und Empathie. Die Anfänge der sozialen Kognition*. Bern 1989.

Deci, Edward/Ryan, Richard: »A motivational approach to self: Integration in personality«. In: Dienstbier, Richard (Hg.): *Nebraska Symposium on Motivation: 38. Perspectives on Motivation*. Lincoln, 1991, 237–288.

Demuth, Carolin/Keller, Heidi: »Culture, learning, and adult development (Kultur, Lernen und Entwicklung im Erwachsenenalter)«. In: Hoare, Carol (Hg.): *The Oxford Handbook of Adult Development and Learning*. New York ²2011, 425–443.

Duranti, Alessandro: »Further reflections on reading other mind«. In: *Anthropological Quarterly* 81.2 (2008), 483–495.

Everett, Daniel N.: *Das glücklichste Volk der Welt: Sieben Jahre bei den Piraha – Indianern am Amazonas*. Frankfurt a. M. 2010.

Gopnik, Alison/Wellman, Henry M.: »Why the child's theory of mind really is a theory«. In: *Mind and Language* 7.1–2 (1992), 145–171.

Helmke, Andreas: »Keine Angst vor Vielfalt«, Interview in der Zeit Online, www.zeit.de/2011/15/Interview-Helmke (01.02.2012).

Kağitcibaşi, Cigdem: *Family, Self, and Human Development across Countries. Theory and Applications*. Mahwah, N.J. ²2007.

Kärtner, Joscha u. a.: »The development of mirror self-recognition in different socio-cultural contexts«. In: *Monographs of the Society for Research in Child Development* 77.4 (2012).

Keller, Heidi: *Cultures of Infancy*. Mahwah, N.J. 2007.

Keller, Heidi: *Kinderalltag. Kulturen der Kindheit und ihre Bedeutung für Bindung, Bildung und Erziehung*. Heidelberg 2011.

Keller, Heidi: »Autonomy and relatedness revisited. Cultural manifestations of universal human needs«. In: *Child Development Perspectives* 6.1 (2012a), 12–18.

Keller, Heidi: »Die Autonomieillusion. Kindheit in Deutschland zwischen Anspruch und Wirklichkeit«. In: Braches-Chyrek, Rita/Sünker, Heinz (Hg.): *Kindheiten. Gesellschaften. Interdisziplinäre Zugänge zur Kindheitsforschung*. Leverkusen 2012b, 205–223.

Keller, Heidi/Kärtner, Joscha: »Development – The culture-specific solution of universal developmental tasks«. In: Gelfand, Michele J./Chiu, Chi-yue/Hong, Ying-yi (Hg.): *Advances in Culture and Psychology*. Bd. 2. Oxford 2013, 63–116.

Keller, Heidi/Otto, Hiltrud: »Different faces of autonomy«. In: Cheng, Xinyin/Rubin, Kenneth H. (Hg): *Socioemotional development in cultural context*. New York 2011, 164–185.

Keller, Heidi u. a.: »Developmental consequences of early parenting experiences: Self regulation and self recognition in three cultural communities«. In: *Child Development* 75.6 (2004), 1745–1760.

Lancy, Davis F.: *The Anthropology of Childhood*. New York 2008.

Miller, Joan G./Bersoff, David M.: »Culture and moral judgment: How are conflicts between justice and interpersonal responsibilities resolved?«. In: *Journal of Personality and Social Psychology* 62 (1992), 541–554.

Schröder, Lisa u. a.: »Cultural expressions of preschoolers' emerging self: Narrative and iconic representations«. In: Keller, Heidi (Hg.): *Culture and Cognition: Developmental perspectives. Journal of Cognitive Education and Psychology* 10.1 (2011), 77–95.

Sommerville, John C.: *The Rise and Fall of Childhood*. Beverly Hills, C.A. 1982.

Wang, Qi: »Did you have fun? American and Chinese mother-child conversations about shared emotional experiences«. In: *Cognitive Development* 16 (2001), 693–715.

Heidi Keller

3. Jugend

Als »Jugend« wird sowohl eine bestimmte Lebensphase (das Jugendalter) als auch die Personenmenge, die dieser Lebensphase zugeordnet ist (die Jugendlichen), bezeichnet. Aus entwicklungspsychologischer Perspektive wird das Eintreten der Geschlechtsreife (Pubertät) als Ende der Kindheit und Beginn des Jugendalters angesehen. Der Übertritt vom Jugendalter zum frühen Erwachsenenalter gilt als vollzogen, wenn zentrale, dem Erwachsenenalter zugeschriebene Rollen und Tätigkeiten (z. B. Erwerbstätigkeit, Elternrolle) übernommen wurden. Entsprechend kann das Bemühen, eindeutige Altersgrenzen für die Lebensphase Jugend anzugeben, zu ganz unterschiedlichen Ergebnissen führen. Vor allem das *Ende* des Jugendalters ist dabei nur schwierig zu bestimmen, da – maßgeblich durch die längeren Ausbildungszeiten bedingt – einige zentrale Aspekte der Erwachsenenrolle (Erwerbstätigkeit und damit ökonomische Selbstständigkeit, Heirat, Elternschaft) von den Heranwachsenden inzwischen relativ spät übernommen werden (Olk 1986). Gleichzeitig sind Jugendliche in anderen Bereichen, die früher dem Erwachsenenalter zugerechnet wurden (Sexualität und Partnerschaft, Bürgerrechte, Konsumbeteiligung), durchaus schon aktiv. Bezieht man sich auf die internationale entwicklungspsychologische Forschung zu Heranwachsenden (Adoleszenten), werden nach Steinberg (1993) drei Phasen altersmäßig differenziert: die frühe Adoleszenz von 11 bis 14 Jahren, die mittlere Adoleszenz von 15 bis 17 Jahren und die späte Adoleszenz von 18 bis 21 Jahren.

Im Folgenden werden mit der körperlichen, der kognitiven und der sozialen Entwicklung die zentralen entwicklungspsychologischen Veränderungen während des Jugendalters kurz beschrieben. Bei den hier dargestellten Forschungsergebnissen handelt es sich um Beobachtungen der heutigen Jugendlichen bzw. der während des letzten halben Jahrhunderts ihre Jugend erlebenden Menschen, die vorrangig westlichen Industrienationen bzw. postindustrialisierten Gesellschaften entstammen.

1. Körperliche Veränderungen

Die körperlichen Veränderungen der Pubertät gelten als die dramatischsten, die zeitlebens erlebt werden (Wigfield/Wagner 2005). Neben dem bei beiden Geschlechtern eintretenden Wachstumsschub (bei Mädchen im Mittel mit 12/13 Jahren, bei Jungen mit 14/15 Jahren) und der vor allem bei Jungen erfolgenden Zunahme der Muskelkraft wirkt sich insbesondere die Reifung der primären und sekundären Geschlechtsmerkmale auf die Selbst- und Fremdwahrnehmung aus. »The body intrudes upon one's sense of self and identity to a greater extent than in earlier years« (Brinthaupt/Lipka 2002, 6). Die Veränderungen der Pubertät akzentuieren die physischen Indikatoren, zu welcher Geschlechtsgruppe eine Person gehört und triggern entsprechend Fragen der Geschlechtsrollenangemessenheit (Finkenauer u. a. 2002). In verschiedenen Untersuchungen zeigte sich, dass geschlechtstypisiertes Verhalten zunehmend bedeutsamer wird und verstärkt an Geschlechtsrollennormen orientierte Erwartungen an die Jugendlichen gestellt werden (vgl. ebd.). Die individuellen Unterschiede im Beginn und im Tempo der Reifung sind beträchtlich. Die Forschung zu den psychologischen Auswirkungen einer im Vergleich zur Gleichaltrigengruppe früheren oder späteren Reifung zeigen, dass spätreifende Jungen im Durchschnitt weniger selbstbewusst sind als frühreifende Jungen, wohingegen die Befunde zu früh- versus spätreifenden Mädchen weniger eindeutig ausfallen. Zeigte sich in den USA in früheren Studien, dass frühreifende Mädchen besonders wenig selbstbewusst und auch weniger beliebt bei Gleichaltrigen waren und insgesamt in Bezug auf die Entwicklung psychischer Störungen sowie deviantem Verhalten besonders gefährdet schienen (vgl. Dreher/Dreher 2008), so fanden aktuelle Untersuchungen in Deutschland, dass frühreifende Mädchen gegen Ende der Adoleszenz zwar stärker nach Autonomie strebten, aber kein höheres Ausmaß an internalisierenden Störungen aufwiesen als Mädchen mit durchschnittlichen Entwicklungstempo (Büttig/Weichold 2007).

2. Soziale Veränderungen

Die Veränderungen in den sozialen Beziehungen
während der Adoleszenz sind durch das Streben
nach größerer Unabhängigkeit von den Eltern und
vor allem durch die zunehmende Bedeutung der
Beziehungen zu den Peers gekennzeichnet. In der
Forschung wird kontrovers darüber diskutiert, wie
groß der Einfluss von Peers im Gegensatz zum Einfluss der Eltern auf die Entwicklung von Heranwachsenden ist (vgl. Kessels/Hannover 2009).
Während Coleman (1961) für die Phase des Jugendalters eine eigenständige, von der Erwachsenenwelt vollständig abgegrenzte Jugendkultur pos-
tulierte und damit intergenerationale Konflikte als
unvermeidbar und sogar erwünscht beschrieb,
kommen jüngere Untersuchungen zu der Auffassung, dass auch die Familie weiterhin eine große
Rolle im Leben von Jugendlichen spielt (vgl. Wild
in diesem Band). Die emotionale Orientierung sowohl an der Familie wie an der Gleichaltrigengruppe ist weitaus häufiger als eine einseitige Ausrichtung an nur einem der beiden Bezugskontexte.
Allerdings orientieren sich Jugendliche, die an ihre
Eltern unsicher gebunden sind oder die eine
schlechte Beziehung zu ihnen aufweisen, stärker an
den Freunden oder Liebespartnern (vgl. Oswald/
Uhlendorff 2008). Insgesamt betont die jüngere
Forschung, dass auch die Art der Beziehungen zu
Gleichaltrigen auf der Grundlage dessen aufbaut,
was die Heranwachsenden im familiären Kontext
erfahren haben (Bindungsqualität, Erziehungsstil)
(vgl. von Salisch 2000), so dass die ab dem Jugendalter intensiveren Beziehungen zu den Peers die zu
den Eltern nicht abzulösen, sondern vielmehr zu
ergänzen scheinen (Schmidt-Denter 2005). Die
wahrgenommene Anerkennung durch die Peers ist
allerdings eine der wichtigsten Determinanten des
Selbstwertgefühls von Jugendlichen (z. B. Alsaker/
Olweus 2002). Eine besondere Relevanz bekommt
für Jugendliche die Frage, was andere über sie denken und wie sie dies beeinflussen könnten: »the
concern for social adequacy is reflected in their
struggle to control the image they convey to others«
(Roesner/Lau 2002, 33). Jugendliche wählen zunehmend ihre eigenen Referenzgruppen aus und
die Zugehörigkeit zu verschiedenen Gruppierungen oder Cliquen ist zentral für ihre Selbstdefinition (Flammer/Alsaker 2002).

3. Kognitive Veränderungen

Während der Adoleszenz sind in den Komponenten der Informationsverarbeitung, die für schulische Leistungen bedeutsam sind, beträchtliche
Fortschritte zu verzeichnen (zusammenfassend
Dreher/Dreher 2008). Sowohl die selektive Aufmerksamkeit (sich auf einen Reiz konzentrieren
und andere Reize ausblenden) als auch die geteilte
Aufmerksamkeit (gleichzeitig mehrere Reize beachten) verbessern sich, ebenso die Funktionsweise
des Arbeitsgedächtnisses und des Langzeitgedächt-
nisses. Die Verarbeitungsgeschwindigkeit steigt an
(was neurophysiologisch mit dem Prozess der
Myelinisierung in Zusammenhang gebracht wird).
Zudem verbessern sich die angewandten Strategien; Jugendliche gehen organisierter und planvol-
ler bei der Bearbeitung von Problemen vor. Die Zunahme der Fähigkeit, abstrakt und hypothetisch zu
denken, mehrere Dimensionen eines Problems
gleichzeitig zu betrachten, Dinge stärker relativ als
absolut aufzufassen, die Perspektivenübernahme
zu meistern und insgesamt sophistiziertere und
elaboriertere Informationsverarbeitungsstrategien
zu verwenden, gelten als die zentralen adoleszenz-
spezifischen Veränderungen der kognitiven Prozesse (vgl. Finkenauer u. a. 2002). Diese Verfeine-
rung der kognitiven Funktionen stoßen eine ju-
gendspezifische Tendenz zum »kritischen Denken«
an, die sich sowohl auf die Außenwelt als auch auf
das eigene Selbst richtet – »these faculties are in-
creasingly employed by adolescents to question
everything from self to society« (Roesner/Lau
2002, 93). Die wachsende metakognitive Fähigkeit,
das eigene Denken und Tun zu reflektieren, ermöglicht Introspektion und stärkt die selbstregulativen Kompetenzen von Jugendlichen.

4. Entwicklungsaufgaben
und Entwicklungsziele

Oerter (1987) betonte, im Jugendalter werde deutlich, dass sich Entwicklung nicht von selbst voll-
ziehe. Gerade in der Jugendzeit müsse eine Fülle
von sogenannten *Entwicklungsaufgaben* erledigt
werden, um den Übergang zum Erwachsensein zu
vollziehen. Hierbei ist natürlich, wie auch bei den
oben beschriebenen Veränderungen in der Adoleszenz, zu beachten, dass die jeweils von einer Ge-

neration erlebten spezifischen Entwicklungsaufgaben des Jugendalters (vgl. Havighurst [z. B. 1948] und Dreher/Dreher 1985) als ein historisch-kulturell bestimmtes Produkt zu verstehen sind (vgl. hierzu Reinders/Wild 2003). Trotzdem ist die Beschreibung der dem Havighurst'schen Konzept folgenden Entwicklungsaufgaben informativ, um die in der jeweiligen Gesellschaft gestellten Erwartungen an Heranwachsende inhaltlich zu beschreiben. Im deutschen Raum haben Dreher und Dreher (1985, zitiert nach Oerter/Dreher 2002) aufbauend auf Havighursts Arbeit einen Katalog von Aufgaben erstellt, die von Jugendlichen zwischen 15 und 18 Jahren als relevant charakterisiert wurden. Diese sind in Tabelle 1 aufgeführt.

Die Aufgaben »Selbst, Peer, Beruf« fanden sich bei den zur Einstufung ihrer Wichtigkeit befragten Jugendlichen auf den obersten Rangplätzen. Die Fülle der zu bewältigenden Entwicklungsaufgaben bzw. Entwicklungszielen macht das Jugendalter zu einem besonders anspruchsvollen und damit auch für Krisen anfälligen Lebensabschnitt. Dabei kann gerade das Rollenvakuum zwischen Kind- und Erwachsenenstatus bei den Betreffenden zu Statusunsicherheiten und Orientierungskrisen führen, weil Rechte und Verpflichtungen oft nicht ganz klar sind.

Entwicklungsaufgaben, die als subjektiv bedeutsam übernommen werden, erhalten den Charakter von *Entwicklungszielen*, was bedeutet, dass sie in Form bewusster, individuell angestrebter Zustände repräsentiert sind, die grundsätzlich, unter Einsatz der zur Verfügung stehenden Ressourcen, durch eigene Handlungen erreicht werden können. Im Rahmen des aktionalen Entwicklungsparadigmas werden die Jugendlichen vor allem als aktive Mitgestalter ihrer eigenen Entwicklung gesehen (zusammenfassend Kracke/Heckhausen 2008). Hier wird betont (z. B. Brandtstädter 1998), dass sich Jugendliche eigene Entwicklungsziele setzen und mithilfe entwicklungsregulativer Handlungen zu erreichen suchen. Handlungen, die zur Erreichung von Entwicklungszielen durchgeführt werden, sind unmittelbar an selbstregulatorische Prozesse gebunden: Ein Ziel muss formuliert werden, ein Plan zur Erreichung muss erstellt und Art und Ausmaß der Zielerreichung müssen überwacht und reflektiert werden.

5. Identitätsentwicklung

Die oben beschriebenen entwicklungsbedingten Veränderungen stehen wiederum selbst in Beziehung zu *der* zentralen Entwicklungsaufgabe des Jugendalters, der *Identitätsbildung* (Entwicklungsaufgabe »Selbst«). Seit Erikson (1959) wird die

Peer:	Aufbau neuer Beziehungen zu Gleichaltrigen beiderlei Geschlechts
Körper:	Akzeptieren der eigenen körperlichen Erscheinung und Veränderung; Lernen, mit dem Körper umzugehen
Rolle:	Finden einer individuellen Lösung für die Ausgestaltung der Geschlechterrolle
Beziehung:	Engere Beziehungen zu einem Freund/einer Freundin aufnehmen
Ablösung:	Erlangung emotionaler Unabhängigkeit vom Elternhaus
Beruf:	Vorbereitung auf eine berufliche Karriere, überlegen, was man werden möchte und welche Ausbildungswege dafür nötig sind
Partnerschaft/ Familie:	Vorstellungen davon entwickeln, wie man eine Familie/Partnerschaft gestalten will
Selbst:	Wissen, wer man ist und was man will; allen anderen übergeordnete Aufgabe
Werte:	Auseinandersetzung mit Werten und Aufbau einer eigenen ethischen »Richtschnur«, Weltanschauung
Zukunft:	Entwicklung einer Zukunftsperspektive, sein Leben planen und Ziele ansteuern

Tabelle 1: Entwicklungsaufgaben von Jugendlichen (Dreher/Dreher 1985)

Adoleszenz in der psychologischen Literatur als jene Periode bezeichnet, die in besonderem Maße auf die Suche nach der eigenen Identität ausgerichtet ist.

Die Veränderungen im kognitiven, sozialen und körperlichen Bereich führen dazu, dass die Frage danach, wer oder was man selbst ist, sowohl neu gestellt werden kann als auch neu gestellt werden muss: »adolescence poses identity tasks« (Finkenauer u. a. 2002, 26). Ab der frühen Adoleszenz beziehen sich Selbstbeschreibungen nicht mehr, wie in der Kindheit, auf sichtbare, äußere Merkmale (wie Besitztümer, körperliche Merkmale, typische oder bevorzugte Aktivitäten), sondern auf internale, psychologische, nicht sichtbare Dimensionen, wobei das Selbstkonzept zunehmend komplexer, differenzierter und multidimensional erlebt wird. Entsprechend erleben Jugendliche ihr eigenes Selbst als ein amorphes, veränderliches Konstrukt, als ein subjektives psychologisches Phänomen (Brinthaupt/Lipka 2002). Daraus resultieren auf der einen Seite mehr Selbstunsicherheit, mehr Introspektion, Desorientierung und innere Konflikte (ebd.), auf der anderen Seite eine intensive Exploration des eigenen Selbst und ein Experimentieren mit verschiedenen Rollen (Finkenauer u. a. 2002). »They become sometimes morbidly, sometimes curiously, preoccupied with what they appear to be in the eyes of others« (Erikson 1959, nach Finkenauer u. a. 2002, 33).

So werden im Jugendalter auch Impression Management und Selbstpräsentation zunehmend genutzt, um sich und Anderen zu zeigen, wer und was man selbst ist (Brinthaupt/Lipka 2002). Die Theorie der Symbolischen Selbstergänzung (Wicklund/Gollwitzer 1982) erklärt, wie wichtig solche Präsentationen des Selbst sind, wenn ein bestimmter Aspekt der angezielten eigenen Identität als noch nicht fertig oder unvollständig erlebt wird. Durch die Verwendung von bestimmten Symbolen, die auf die angezielte Selbstdefinition verweisen, können sich Heranwachsende selbst symbolisch »ergänzen«, indem sie Symbole einer jugendlichen Subkultur (z. B. ein bestimmter Kleidungsstil) oder auch der Erwachsenenkultur (z. B. Alkohol) zur Schau stellen. Ganz unterschiedliche Identitäten können dabei während des Jugendalters exploriert und erprobt werden.

6. Identitätsregulation im Kontext Schule

Für Jugendliche ist ein zentraler Ort ihrer Identitätsentwicklung die Schule. Hier verbringen sie einen Großteil ihrer Zeit, hier begegnen sie Gleichaltrigen und hier stellen sich ihnen viele der von ihnen zu bewältigenden Probleme. Durch die zunehmende Profilierung und Ausdifferenzierung ihrer Interessen und Kompetenzüberzeugungen stellen sich im schulischen Kontext zudem die Weichen für den weiteren Bildungs- und Lebensweg der Schülerinnen und Schüler. Dabei kann die durch Fachwahlen und Fachpräferenzen (bzw. -abneigungen) gezeigte differenzielle Nutzung des schulischen Angebots als funktional für die Regulation der Identität von Jugendlichen verstanden werden (Kessels/Hannover 2004).

Die vorliegende Empirie zur schulischen Interessenentwicklung zeigt, dass das Engagement in und die Wertschätzung von Schule während der Adoleszenz insgesamt bzw. im Durchschnitt abnimmt, was zum Teil der zunehmenden Ausdifferenzierung der individuellen Interessenprofile geschuldet ist. Dies entspricht durchaus auch den Erziehungszielen in unserer Kultur: Schüler/innen sollen eigene Interessenschwerpunkte entwickeln und diese selbst gewählten Bereiche als Ausdruck ihrer eigenen Persönlichkeit und Begabung verstehen und gerade dort ihre Anstrengung investieren (Boekaerts 1998). Persönlichen schulischen Wahlen und Schwerpunktsetzungen wird in westlichen, individualistischen Kulturen immer auch eine Bedeutung für die eigene Identität zugeschrieben. Gleichzeitig sind die unterschiedlichen Fachdomänen aber nicht alle gleichermaßen von diesem durchschnittlichen Absinken des Interesses betroffen, sondern vor allem die mathematisch-naturwissenschaftlichen Fächer (mit Ausnahme der Biologie). Um diese Abwendung vieler Jugendlicher von den Naturwissenschaften unter einer identitätsbezogenen Perspektive zu verstehen, sind die sozial geteilten Bedeutungen, die unterschiedlichen Fachdomänen anhaften (z. B. typische Merkmale des Faches sowie typische Merkmale von Personen, die das Fach besonders mögen oder dort tätig sind), in ihrer Interaktion mit der Identitätsentwicklung der Jugendlichen zu berücksichtigen. Je mehr sich Jugendliche die dem Fach zugeschriebene Bedeutung selbst zuschreiben möchten, umso größer ist das daran gezeigte Interesse. Andersherum wenden sich Jugendliche von jenen Bereichen ab, deren soziale Bedeutung sie nicht in ihr Selbst integrieren möchten. Mehrere Studien konnten zeigen, dass vor allem dem Fach Physik sowie Personen, die sich für Physik interessieren, soziale Bedeutungen zugeschrieben werden, die die meisten Jugendlichen, insbesondere weibliche, nicht als Teil ihrer eigenen Identität sehen möchten (z. B. Kessels 2005).

Zusammengefasst nutzen Jugendliche sowohl die Richtung (Fachinteressen) als auch das generelle Ausmaß ihres schulischen Engagements, um sich und Anderen zu demonstrieren, wer und was sie selbst sind und darstellen. Damit erfüllt die in der Sekundarstufe erfolgende Profilierung schulischer Interessen eine wichtige Funktion im Rahmen der aktiven Identitätsregulation. Vor diesem Hintergrund sind auch die stark geschlechtstypisierten Interessen und schließlich die Fachwahlen in der Sekundarstufe II (Mädchen wählen deutlich seltener als Jungen Chemie, Mathematik und vor allem Physik) als funktional zur Entwicklung der eigenen Geschlechterrolle zu verstehen. Die Art der Bewältigung zentraler Entwicklungsaufgaben und Entwicklungsziele im schulischen Kontext hat entsprechend weitreichende Folgen für den zukünftigen Ausbildungs- und Lebensweg der Jugendlichen.

Literatur

Alsaker, Françoise D./Olweus, Dan: »Stability and change in global self-esteem and self-related affect«. In: Brinthaupt, Thomas M./Lipka, Richard P. (Hg.): *Understanding Early Adolescent Self and Identity. Applications and Interventions*. Albany 2002, 193–224.

Boekaerts, Monique: »Do culturally rooted self-construals affect students' conceptualization of control over learning?« In: *Educational Psychologist* 33 (1998), 87–108.

Brandtstädter, Jochen: »Action perspectives on human development«. In: Damon, William/Lerner, Richard M. (Hg.): *Handbook of Child Psychology*. New York 11998, 807–863.

Brinthaupt, Thomas, M./Lipka, Richard, P.: »Understanding early adolescent self and identity: An introduction«. In: Dies. (Hg.): *Understanding Early Adolescent Self and Identity. Applications and Interventions*. Albany 2002, 1–21.

Büttig, Sabina/Weichold, Karina/Silbereisen, Rainer, K.: »Pubertäres Timing bei Mädchen und Folgen in der späten Adoleszenz«. In: *Zeitschrift für Entwicklungspsychologie und Pädagogische Psychologie* 39 3 (2007), 111–119.

Coleman, John. S.: *The Adolescent Society*. New York 1961.

Dreher, Eva/Dreher, Michael: »Entwicklungsaufgaben im Jugendalter: Bedeutsamkeit und Bewältigungskonzepte«. In: Liepmann, Detlev/Stiksrud, Arne (Hg.): *Entwicklungsaufgaben und Bewältigungskonzepte in der Adoleszenz*. Göttingen 1985, 56–70.

Dreher, Eva/Dreher, Michael: »Kognitive Entwicklung im Jugendalter«. In: Silbereisen, Rainer K./Hasselhorn, Marcus (Hg.): *Enzyklopädie Psychologie*, Serie V (Entwicklung), II: *Grundlegende Veränderungen während des Jugendalters*. Göttingen 2008, 55–107.

Erikson, Erik H.: *Identity and the Life Cycle* [1959]. Frankfurt a. M. 1973.

Finkenauer, Cathrin/Engels, Rutger, C./Meeus, Wim/Oosterwegel, Annerieke: »Self and identity in early adolescence: The pains and gains of knowing who and what you are«. In: BrinthauptThomas/Lipka, Richard (Hg.): *Understanding Early Adolescent Self and Identity. Applications and Interventions*. Albany 2002, 25–56.

Flammer, August/Alsaker, Françoise: *Entwicklungspsychologie der Adoleszenz. Die Erschließung innerer und äußerer Welten im Jugendalter*. Bern 2002.

Havighurst, Robert J.: *Developmental Tasks and Education*. Chicago 1948.

Kessels, Ursula/Hannover, Bettina: »Entwicklung schulischer Interessen als Identitätsregulation«. In: Doll, Jörg/Prenzel, Manfred (Hg.): *Bildungsqualität von Schule: Lehrerprofessionalisierung, Unterrichtsentwicklung und Schülerförderung als Strategien der Qualitätsverbesserung*. Münster 2004, 398–412.

Kessels, Ursula/Hannover, Bettina: »Gleichaltrige«. In: Wild, Elke/Möller, Jens (Hg.): *Pädagogische Psychologie*. Heidelberg 2009, 283–304.

Kessels, Ursula: »Fitting into the stereotype: How gender-stereotyped perceptions of prototypic peers relate to liking for school subjects«. In: *European Journal of Psychology of Education* 20.3 (2005), 309–323.

Kracke, Bärbel/Heckhausen, Jutta: »Lebensziele und Bewältigung im Jugendalter«. In: Silbereisen, Rainer K./Hasselhorn, Markus (Hg.): *Entwicklungspsychologie des Jugendalters (Enzyklopädie der Psychologie* Bd. 5). Göttingen 2008, 497–533.

Oerter Rolf/Dreher, Eva: »Jugendalter«. In: Oerter, Rolf/Montada, Leo (Hg.): *Entwicklungspsychologie* Weinheim 5 2002.

Olk, Thomas: »Jugend und Gesellschaft. Entwurf für einen Perspektivenwechsel in der sozialwissenschaftlichen Jugendforschung«. In: Heitmeyer, Wilhelm (Hg.): *Interdisziplinäre Jugendforschung*. Weinheim 1986, 41–62.

Oswald, Hans/Uhlendorff, Harald: »Die Gleichaltrigen«. In: Silbereisen, Rainer K./Hasselhorn, Marcus (Hg.): *Enzyklopädie der Psychologie* Serie V (Entwicklung), V: *Psychologie des Jugendalters*. Göttingen 2008, 189–228.

Reinders, Heinz/Wild, Elke: »Adoleszenz als Transition und Moratorium. Plädoyer für eine Integration gegen- warts- und zukunftsorientierter Konzeptionen von Ju- gend«. In: Reinders, Heinz/Wild, Elke (Hg.): *Jugend- zeit – Time Out? Zur Ausgestaltung des Jugendalters als Moratorium*. Opladen 2003, 13–36.

RoesnerRobert/Lau, Shun: »On academic identity forma- tion in middle school settings during early adole- scence«. In: Brinthaupt, Thomas/Lipka, Richard P (Hg.): *Understanding Early Adolescent Self and Identity. Applications and interventions*. Albany 2002, 91–131.

Salisch, Maria v.: »Zum Einfluss von Gleichaltrigen (Peers) und Freunden auf die Persönlichkeitsentwick- lung«. In: Amelang, Manfred (Hg.): *Enzyklopädie der Psychologie, Differentielle Psychologie 4, Determinanten individueller Unterschiede*. Göttingen 2000, 345–405.

Schmidt-Denter, Ulrich: *Soziale Beziehungen im Lebens- lauf*. Weinheim 2005.

Steinberg, Laurence: *Adolescence*. New York 1993.

Wicklund, Robert/Gollwitzer, Peter M.: *Symbolic Self- Completion*. Hillsdale, NJ 1982.

Wigfield, Alan/Wagner, A. Laurel: »Competence, motiva- tion, and identity development during adolescence«. In: Elliot, Andrew J./Dweck, Caroline S. (Hg.): *Hand- book of Competence and Motivation*. New York 2005, 222–239.

Ursula Kessels

4. Familie

In den Medien dominieren in den letzten Jahren Negativ-Schlagzeilen zur Familie. Berichtet wird von steigenden Scheidungsraten, Ein-Elternteil- und sog. Patchwork-Familien, die unter dem Verdacht stehen, ›defizitär‹ zu sein. Statistiken über eine steigende Inanspruchnahme von Beratungs- und Unterstützungsangeboten für Familien fügen sich in dieses ›Krisenbild‹ ebenso ein wie medial breit behandelte Fälle von Missbrauch und Vernachlässigung bis hin zur Kindestötung. Von Lehrerverbänden fortwährend beklagt wird ferner, dass sich Eltern aus ihrer Erziehungsverantwortung zögen und die Schule immer mehr traditionell der Familie obliegende Funktionen übernehmen müsse.

Aus familienwissenschaftlicher Sicht machen diese und andere in der Öffentlichkeit diskutierte Themen auf wichtige Problemstellungen und politische Handlungsfelder aufmerksam, vermitteln jedoch ein stark verzerrtes Bild von der Realität familialer Lebenswelten. Im Folgenden wird daher der wissenschaftliche Erkenntnisstand unter der Frage zusammengefasst, wie sich das Aufwachsen in der Familie für die Mehrheit der Kinder und Jugendlichen tatsächlich gestaltet und welche Herausforderungen sich Eltern heutzutage stellen. Die Ausführungen gliedern sich in vier Abschnitte, die grob an den (ersten) Phasen gängiger Modelle der Familienkarriere orientiert sind (Hofer/Wild/Noack 2002). Sie berücksichtigen zugleich, dass die Familie über das ganze Kindes- und Jugendalter hinweg eine zentrale Sozialisationsinstanz *und* Lernumgebung darstellt (Autorengruppe Bildungsberichterstattung 2012).

1. Wunsch und Wirklichkeit: Ursachen und Konsequenzen der Familienbildung

Die Einsicht, dass sich das Aufwachsen von Kindern heute grundlegend anders darstellt als in der vor- und frühindustriellen Zeit, ist inzwischen allgemein akzeptiert. Doch selbst in den letzten Dekaden sind globale gesellschaftliche Veränderungen in praktisch allen entwickelten Industrieländern auszumachen, die bereits die Familien*bildung* maßgeblich prägen (Nave-Herz 2012). Technologische Entwicklungen (wie die Weiterentwicklung von Verhütungsmethoden und Reproduktionstechnologien) haben im Verbund mit makro-strukturellen Entwicklungen (Frauenbewegung, Bildungsexpansion etc.) dazu beigetragen, dass junge Menschen zwar ungebrochen, aber zu einem immer späteren Zeitpunkt ihrer Biografie die Gründung einer Familie anstreben. In der Folge steigt die Wahrscheinlichkeit, dass Kinderwünsche nicht realisiert werden (können) oder durchschnittlich weniger Kinder in einer Familie aufwachsen, zumal sich die Motive für die Elternschaft geändert haben. Kinder werden nicht länger gezeugt, um die eigene Existenz und Altersversorgung zu sichern (›utilitaristischer Nutzen‹), sondern weil man – und nur wenn man! – sich eine persönliche Bereicherung verspricht (›psychologischer Nutzen‹).

Vor diesem Hintergrund ist der in vielen Ländern zu beobachtende Rückgang in den Geburtenraten keineswegs als Ausdruck einer zunehmend kritisch-distanzierten Grundhaltung gegenüber dem Wert von Ehe, Familie und Kindern zu interpretieren. Dessen ungeachtet wirft das veränderte generative Verhalten gerade auch in Deutschland – hier ist die Zahl der Entbindungen 2011 auf ein Rekordtief gesunken – grundlegende familien-, arbeits- und wirtschaftspolitische Fragen auf. Beispielsweise gilt es, dem Fachkräftemangel durch Ausschöpfung aller ›Begabungsreserven‹ zu begegnen, das auf dem Generationenvertrag basierende Rentensystem zu sichern und den in einer alternden Gesellschaft explodierenden Kosten im Gesundheitssystem entgegenzuwirken.

Ein besonderer Stellenwert wird hierbei dem Ausbau von Kindertagesstätten und Kindergärten zugesprochen, obwohl – oder gerade weil – in der Öffentlichkeit Bedenken gegenüber einer Fremdbetreuung gerade von (Kleinst-)Kindern hierzulande viel stärker verwurzelt sind als in anderen europäischen Ländern (Badinter 2010). Selbst hier übertrifft das verfügbare Angebot an vorschulischer Fremdbetreuung jedoch den hiesigen Bedarf deutlich.

Der von vielen jungen Paaren angestrebte Wunsch nach einer besseren Vereinbarkeit von Beruf und Familie dient nicht allein individuellen Lebenszielen. Sozialökonomen sind sich weitgehend darin einig, dass staatliche Investitionen im Krippen- und Kindergartenbereich ein aus volkswirtschaftlicher Sicht besonders wirksames Instrument zur Steuerung des generativen und weiblichen Erwerbsverhaltens darstellen – und ein ökonomisches dazu, da schätzungsweise gut 40 % der staatlichen Ausgaben über vermehrte Steuereinnahmen an den Staat zurückfließen.

Auch aus entwicklungs- und familienpsychologischer Perspektive ist die starke Nachfrage nach frühkindlichen Betreuungsangeboten weder überraschend noch bedenklich. Da Heranwachsende beiderlei Geschlechts heute zu gleichen Anteilen in den Genuss einer guten (Hoch-)Schulbildung kommen und jede dritte (in Großstädten jede zweite) Ehe geschieden wird, ist es nur rational, wenn beide Elternteile eine ausbildungsadäquate berufliche Beschäftigung verfolgen. Die so geschaffene Existenzgrundlage und materielle Unabhängigkeit kommt im Fall einer Trennung oft auch den Kindern zugute, denn Armut ist einer der wichtigsten Risikofaktoren für die kindliche Entwicklung und trifft besonders häufig alleinerziehende Mütter (Walper/Kruse i.Dr.). Umgekehrt profitieren (Kleinst-)Kinder mehrheitlich in sprachlicher, sozialer und kognitiver Hinsicht von einer institutionellen Betreuung. Entscheidend ist allerdings, dass der Umfang der Fremdbetreuung altersangemessen dosiert wird, die Eingewöhnungsphase angemessen gestaltet und die Qualität der Einrichtung sichergestellt ist (Belsky u. a. 2007).

Bezogen auf die *Gestaltung des Familienalltags* mit einem Vorschulkind ist hervorzuheben, dass sich im Zuge des Wertewandels eine kindzentrierte Familienphilosophie und, damit einhergehend, die Idee einer ›verantworteten Elternschaft‹ schichtübergreifend durchgesetzt hat. Dies ist grundsätzlich positiv zu werten, denn aus entwicklungspsychologischer Sicht sind Kinder in den ersten Lebensjahren aufgrund ihrer beschränkten motorischen und sozial-kognitiven Fähigkeiten in besonderem Maße auf die Fürsorge und Responsivität ihrer primären Betreuungspersonen angewiesen. So zeigen Längsschnittstudien (Suess/Grossmann/Sroufe 1992; Sroufe 2005) in Einklang mit Postulaten der Bindungstheorie, dass – unter sonst gleichen Bedingungen – sicher gebundene Kinder eher als unsicher-vermeidend oder ambivalent gebundene Gleichaltrige in der Lage sind, bindungsrelevante Stressoren konstruktiv zu bewältigen, zuträg-

liche Beziehungen zu Gleichaltrigen und relevanten Anderen (z. B. Lehrkräften) aufzubauen und aufgrund intensiver Explorationsaktivitäten die eigene Kompetenzentwicklung voranzutreiben.

Für den Aufbau einer sicheren Bindung ist – neben Merkmalen des Kindes – die elterliche Feinfühligkeit im Umgang mit kindlichen Bedürfnissen und Signalen entscheidend. Ein hohes Maß an Responsivität stellt sicher, dass Kinder ihre Welt als kontrollierbar und Bezugspersonen als zuverlässig wahrnehmen und ist Voraussetzung für eine altersangemessene Selbstständigkeitserziehung. Die hierdurch aufgebauten inneren und Umfeldressourcen dürften wiederum – im Verbund mit den fortlaufenden, phasenspezifisch variierenden Unterstützungsleistungen der Eltern – die gute psychosoziale und akademische Entwicklung dieser Kinder in späteren Entwicklungsphasen begründen.

Umso erfreulicher ist, dass die Mehrheit der Kleinkinder in deutschsprachigen Ländern als ›sicher gebunden‹ zu klassifizieren ist (vgl. Gloger-Tippelt/Vetter/Rauh 2000). Gleichwohl unterstreicht die Beobachtung, dass schätzungsweise jede fünfte Eltern-Kind-Bindung ›desorganisiert‹ ist, den Bedarf an nachweislich wirksamen Elterntrainings, Familienbildungsprogrammen und Angeboten der Kinder- und Jugendhilfe, die auf die Belange sozial benachteiligter und Multi-Problem-Familien zugeschnitten sind. Hier sind allerdings noch viele Fragen zur Inanspruchnahme und Wirkung non-formaler Angebote abzuklären (zusammenfassend Beelmann 2006; Lösel u. a. 2006).

2. Die Familie lernt laufen: Zur Bedeutung des Anregungsgehalts

Stehen in den ersten Lebensmonaten des Kindes fürsorgerische Tätigkeiten im engeren Sinn im Vordergrund, wird bereits in der zweiten Hälfte des ersten Lebensjahres der *häusliche Anregungsgehalt* (für einen Überblick siehe Bradley/Corwyn 2005) immer bedeutsamer. Unter diesem Begriff wird in der psychologischen Fachliteratur das gesamte Spektrum an kindlichen Erfahrungsmöglichkeiten gefasst, das von materiell bedingten Aspekten (z. B. Beengtheit des Wohnraums, Verfügbarkeit von Büchern und anderen stimulierenden Spielzeugen und Lernmaterialien) über soziokulturell geprägte Aktivitäten (z. B. gemeinsame Mahlzeiten, allabendliche Vorlese-Rituale, Art der gemeinsamen Freizeitgestaltung) bis hin zu interfamilialen variierenden Erziehungspraktiken (z. B. elterliche Disziplinierungsstrategien, Selbstständigkeitserziehung) und psychohygienischen Bedingungen (z. B. Familienklima, Regeln des Miteinander) reicht.

Vielfältige empirische Befunde weisen auf systematische und substanzielle Korrespondenzen zwischen diesen Merkmalen und Unterschieden in den Kompetenzmaßen von bis zu Sechsjährigen hin. Entscheidend ist jedoch, dass der häusliche Anregungsgehalt selbst dann einen Beitrag zur Vorhersage der kognitiven, sprachlichen und sozialen Entwicklung von Kindern leistet, wenn der Effekt der sozioökonomischen Lage kontrolliert wird (Alexander 2005). Im Licht dieser Ergebnisse ist das zunehmende Interesse an non-formalen und informellen Förder- und Unterstützungsangeboten bereits im Vorschulalter grundsätzlich zu begrüßen. Jedoch bliebe das Bild unvollständig, würden nicht auch sich abzeichnende Schattenseiten eines wachsenden Elternengagements in den Blick genommen.

»Eltern unter Druck« lautet der beredete Titel einer Studie der Konrad-Adenauer-Stiftung, in der Ergebnisse einer repräsentativen quantitativen Befragung von Eltern und ergänzender qualitativer Interviews zusammengefasst sind (Borchard u. a. 2008). In der Gesamtschau der Befunde wird deutlich, dass die regulative Idee einer »verantworteten Elternschaft« angesichts der zunehmend erkannten Bedeutung von Bildung(szertifkaten) leicht zu einem Zeit, Kraft und Geld verschlingenden Anforderungsprogramm auswachsen kann.

Um dem eigenen Kind – möglichst schon vor Schuleintritt – Startvorteile im Wettbewerb um Kenntnisse, gute Schulen und Studienplätze zu sichern, mutieren Eltern – und vor allem Mütter – zum Manager eines immer dichter mit Mal-, Turn-, Musik-, Sprach- und Schwimmkursen gefüllten Wochenplans. Die dahinter liegenden elterlichen Ängste und Ambitionen dürften auch dazu beitragen, dass immer mehr Eltern verunsichert sind und die Nachfrage nach Erziehungsratgebern und -beratung steigt (zusammenfassend Pikowsky/Wild 2009). Bislang offen ist indes, zu welchen Teilen sich hierin eine fragwürdige »Diktatur des Guten« (Stelzer 2009) wiederspiegelt, respektive das berechtigte Anliegen eines breiter werdenden Anteils der Elternschaft, der die Grenzen der eigenen Erziehungskompetenzen sensibler wahrnimmt (Fuhrer 2005).

3. Erziehung und Förderung im Grundschulalter

Nach sechs bis sieben Jahren tritt im Regelfall die Schule als eine (weitere) Bildungs- und Sozialisationsinstanz auf den Plan. Die fortdauernde Erziehungsverantwortung der Eltern erstreckt sich nun auch auf schulische Belange. Vorliegende Studien zum elterlichen »school involvement« und zur Eltern-Lehrer-Kooperation (z. B. Sheldon 2007; Epstein/Sanders 2002; Cooper/Robinson/Patall 2006) lassen den Schluss zu, dass Kinder in ihrer schulischen Entwicklung profitieren, wenn sich Eltern für deren Lernentwicklung und Schulerfahrungen interessieren und sich aktiv ins Schulleben (z. B. im Rahmen der Eltern-Lehrer-Kooperation oder der Mitwirkung in Elternpflegschaften) einbringen. Für den individuellen Kompetenzfortschritt besonders zuträglich ist allerdings eine angemessene Ausgestaltung häuslicher Lehr-Lern-Arrangements (›home-based instruction‹). Konstitutive Merkmale einer solchen Lernbegleitung zu Hause sind: ein hohes Maß an emotionaler und Autonomieunterstützung (nach der Maxime: soviel Hilfe wie nötig, so wenig Hilfe wie möglich) und damit einhergehend eine prozessorientierte Haltung (die auf das kindliche Lernverhalten und nicht auf das Lernergebnis fokussiert) sowie die Schaffung einer »passend« vorstrukturierten Lernumgebung. Kontraproduktiv sowohl für die Lernmotivation als auch für die Leistungsentwicklung ist hingegen, wenn Eltern die Verantwortung für den Lernprozess übernehmen und Druck ausüben oder das Lernverhalten ihrer Zöglinge kontrollieren und durch (monetäre) Anreize zu steuern versuchen (zusammenfassend Wild/Lorenz 2010).

Vor diesem Hintergrund ist also nicht nur ein elterliches Desinteresse an Erziehungs- und Bildungsfragen zu problematisieren, sondern auch ein überehrgeiziges Regime von Eltern, welches Kindern die Chance zum Erwerb von Selbstregulationskompetenzen nimmt, sie einem starken Leistungsdruck und Versagensängsten aussetzt und sie womöglich sogar zum ›Futter für Therapeuten, Nachhilfelehrer und die Pharmaindustrie‹ werden lässt (vgl. Largo 2010). Vorsichtigen Schätzungen nach macht die erste Gruppe der »allein gelassenen« Schülerinnen und Schüler zwischen 10 und 20 % aus – wie viele Heranwachsende der zweiten, zuletzt genannten Gruppe zuzuordnen sind, lässt sich derzeit nicht seriös beantworten. Bedenklich stimmt immerhin, dass die Verschreibung von Ritalin (einem verschreibungspflichtigen Mittel zur Reduktion von Hyperaktivitäts- und Aufmerksamkeitsproblemen) in den letzten Jahren sprunghaft gestiegen ist und Borchard und Kollegen (2008) ihre empirische ›Momentaufnahme‹ dahingehend zusammenfassen, dass schulische Belange mittlerweile in vielen Familien zum beherrschenden Thema geworden sind und sich die Eltern-Kind-Beziehung zunehmend in eine Schulbeziehung zu wandeln scheint, »in der Zuneigung nach Schulnoten dosiert und diese häufig in Form von Geldzuwendungen honoriert werden« (ebd., 13).

Mögliche Ansatzpunkte für gegensteuernde Maßnahmen – seien sie präventiver oder interventiver Natur – liefern Studien, die den Gründen für Variationen im Ausmaß (zusammenfassend Hoover-Dempsey u. a. 2005) und in der Qualität elterlicher Hilfe nachgehen (zusammenfassend Wild/Yotyodying 2012). Hier zeigt sich durchgängig, dass psychologische Faktoren (wie das Zutrauen von Eltern in die eigene didaktische Kompetenz, soziokulturell geprägte Konzeptionen der Zuständigkeit von Elternhaus und Schule oder auch im Zuge der eigenen Bildungsbiografie herausgebildete Haltungen der Eltern zu Schule) selbst bei Kontrolle relevanter Drittvariablen zur Erklärung von interindividuellen Unterschieden in Art und Ausmaß des elterlichen Schulengagements beitragen. An diesen proximalen Faktoren gilt es anzusetzen, um Eltern adaptiv bei der Realisierung eines effektiven Schulengagements zu unterstützen.

Dieses Ansinnen wird alles andere als obsolet angesichts des hierzulande stark forcierten Auf- und Ausbaus von Ganztagsschulen. Faktisch stammen vorliegende Erkenntnisse zum Mehrwert einer intensiven und konstruktiven Eltern-Lehrer-Kooperation vornehmlich aus anglo-amerikanischen Ländern, in denen eine bis in den Nachmittag hineinreichende Beschulung ohnehin die Regel ist. Doch selbst im Inland angestrengte Studien zur Entwicklung und Wirkung von Ganztagsschulen (vgl. dazu http://www.dipf.de/de/projekte/studie-zur-entwicklung-von-ganztagsschulen sowie http://www.isa-muenster.de/jugendhilfe-und-schule/bildungsberichterstattung-ganztagsschule-nrw/index.html) unterstreichen, dass die Wirksamkeit von Ganztagsschulen wesentlich von der erreichten Qualität der Kooperationsbeziehungen abhängt.

4. Erziehung und Förderung im Jugendalter

Erziehung – verstanden als intentionale, d. h. zielgerichtete Form der Einflussnahme auf das Kind – ist letztlich in allen frühen Phasen der Familienkarriere bedeutsam. Und dennoch werden Erziehungsfragen und -probleme typischerweise im Jugendalter besonders virulent.

Aus entwicklungspsychologischer Sicht (zusammenfassend Lohaus/Vierhaus 2013) geht die Pubertät mit vielschichtigen körperlichen, emotionalen und kognitiven Veränderungen einher. Die damit einhergehenden Anpassungsleistungen erklären die sprunghafte, im Regelfall aber zeitlich begrenzte Zunahme von Problemverhalten und die starke Orientierung an der Gruppe der Gleichaltrigen zum Zwecke der Identitätsfindung. Und doch nehmen betroffene Eltern Veränderungen im Erleben und Verhalten ihrer Kinder oftmals irritiert und mit großer Besorgnis wahr. Warum tut er / sie dieses oder jenes – waren womöglich alle bisherigen Erziehungsbemühungen vergebens? Und wie ist damit umzugehen, wenn die eigene Autorität permanent in Frage gestellt wird, während gleichzeitig die in der Gruppe der Gleichaltrigen ›angesagten‹ Regeln ebenso vehement wie unkritisch übernommen werden?

Familienpsychologische Studien und speziell an der Individuationstheorie orientierte Arbeiten (Hofer 2003) unterstreichen, dass moderate und konstruktiv ausgetragene Eltern-Kind-Konflikte im Jugendalter ein vielleicht mühseliges, aber nichtsdestotrotz funktionales »Vehikel« für eine entwicklungsangemessene Transformation der Eltern-Kind-Beziehung darstellen. Natürlich gelingt es nicht allen Familien, eine in diesem Sinne produktive Streitkultur zu etablieren. Auch stellt die Realisierung eines dafür und für die psychosoziale Entwicklung von Kindern nachweislich zuträglichen »autoritativen Erziehungsstils« (zusammenfassend Steinberg 2005) hohe Anforderungen an die Selbstreflexionsfähigkeit, Argumentationsfähigkeit und Geduld der Eltern. Und dennoch unterhält vorliegenden Surveys (z. B. World Vision Deutschland e.V. 2010) zufolge die Mehrheit der Heranwachsenden eine anhaltend enge Beziehung zu ihren Eltern und schätzt diese als auch im Jugendalter wichtige Ansprechpartner. Befunde wie diese stützen die Vermutung, dass die Herausbildung einer gleichberechtigte(ere)n Beziehung in den meisten Fällen gelingt und die Familie selbst für viele Jugendliche und junge Erwachsene das bleibt, was sie schon vorher war: eine wichtige Lern- und Entwicklungsumgebung.

Literatur

Alexander, Duane F.: *Child Care and Child Development. Results from the NICHD Study of Early Child Care and Youth Development.* New York 2005.

Autorengruppe Bildungsberichterstattung: *Bildung in Deutschland 2012. Ein indikatorengestützter Bericht mit einer Analyse zur kulturellen Bildung im Lebenslauf.* Bielefeld 2012.

Badinter, Elisabeth: *Der Konflikt. Die Frau und die Mutter.* München 2010.

Beelmann, Andreas: »Wirksamkeit von Präventionsmaßnahmen bei Kindern und Jugendlichen: Ergebnisse und Implikationen der integrativen Erfolgsforschung«. In: *Zeitschrift für Klinische Psychologie und Psychotherapie* 35 (2006), 151–162.

Belsky, Jay/Lowe Vandell, Deborah/Burchinal, Margaret/Clarke-Stewart, K. Alison/McCartney, Kathleen/Owen, Margaret Tresch: »Are There Long-Term Effects of Early Child Care?« In: *Child Development* 78.2 (2007), 681–701.

Borchard, Michael/Henry-Huthmacher, Christine/Merkle, Tanja/Wippermann, Carsten/Hoffmann, Elisabeth: *Eltern unter Druck. Selbstverständnisse, Befindlichkeiten und Bedürfnisse von Eltern in verschiedenen Lebenswelten; eine sozialwissenschaftliche Untersuchung von Sinus Sociovision GmbH im Auftrag der Konrad-Adenauer-Stiftung e.V.* Stuttgart 2008.

Bradley, Robert H./Corwyn, Robert F.: »Caring for children around the world: A view from HOME«. In: *International Journal of Behavioral Development* 26 (2005), 468–478.

Cooper, Harris/Robinson, Jorgianne Civey/Patall, Erika A: »Does Homework Improve Academic Achievement? A Synthesis of Research, 1987–2003«. In: *Review of Educational Research* 76.1 (2006), 1–62.

Epstein, Joyce L./Sanders, Mavis G.: »Family, School, and Community Partnerships«. In: Bornstein, Marc H. (Hg.): *Handbook of Parenting. Vol. 5, Practical Issues in Parenting.* Hoboken [2]2002, 407–438.

Fuhrer, Urs: *Lehrbuch Erziehungspsychologie.* Bern 2005.

Gloger-Tippelt, Gabriele/Vetter, Jürgen/Rauh, Hellgard: »Untersuchungen mit der »Fremden Situation« in deutschsprachigen Ländern: Ein Überblick«. In: *Psychologie in Erziehung und Unterricht* 47 (2000), 87–98.

Hofer, Manfred/Wild, Elke/Noack, Peter: *Lehrbuch Familienbeziehungen. Eltern und Kinder in der Entwicklung.* Göttingen 2002.

Hofer, Manfred: *Selbständig werden im Gespräch. Wie Jugendliche und Eltern ihre Beziehung verändern.* Bern [1]2003.

Hoover-Dempsey, Kathleen V./Walker, Joan M. T./Sandler, Howard M./Whetsel, Darlene/Green, Christa L./Wilkins, Andrew S. u.a: »Why Do Parents Become Involved? Research Findings and Implications«. In: *The Elementary School Journal* 106.2 (2005), 105–130.

Largo, Remo H.: *Kinderjahre. Die Individualität des Kindes als erzieherische Herausforderung.* München [19]2010.

Lohaus, Arnold/Vierhaus, Marc: *Entwicklungspsychologie des Kindes- und Jugendalters.* Berlin [2]2013.

Lösel, Friedrich/Schmucker, Martin/Plankensteiner, Birgit/Weiss, Maren: *Bestandsaufnahme und Evaluation der Angebote im Elternbildungsbereich – Expertise im Auftrag des Bundesministeriums für Familie, Senioren, Frauen, Jugend.* Erlangen-Nürnberg 2006.

Nave-Herz, Rosemarie: *Familie heute: Wandel der Familienstrukturen und Folgen für die Erziehung.* Darmstadt 52012.

Pikowsky, Birgit/Wild, Elke: »Pädagogisch-psychologische Beratung«. In: Wild, Elke/Möller, jens (Hg.): *Pädagogische Psychologie.* Berlin 2009, 429–455.

Sheldon, Steven B.: »Improving Student Attendance with a School-Wide Approach to School-Family-Community Partnerships«. In: *Journal of Educational Research* 100.5 (2007), 267–275.

Sroufe, L. Alan: »Attachment and Development: A Prospective, Longitudinal Study from Birth to Adulthood«. In: *Attachment & Human Development* 7.4 (2005), 349–367.

Steinberg, Laurence: *The Ten Basic Principles of Good Parenting.* New York 2005.

Stelzer, Tanja: »Ich will doch nur spielen«. In: *Die ZEIT* vom 30.07.2009 (32). http://www.zeit.de/2009/32/Das-therapierte-Kind-32.

Suess, Gerhard J./Grossmann, Klaus E./Sroufe, L. Alan: »Effects of Infant Attachment to Mother and Father on Quality of Adaptation in Preschool: From Dyadic to Individual Organisation of Self«. In: *International Journal of Behavioral Development* 15.1 (1992), 43–65.

Walper, Sabine/Kruse, Joachim: »Kindheit und Armut«. In: Hasselhorn, Marcus/Silbereisen, Rainer K. (Hg.): *Psychologie des Säuglings- und Kindesalters.* Göttingen (in Druck).

Wild, Elke/Lorenz, Fiona: *Elternhaus und Schule.* Paderborn 2010.

Wild, Elke/Yotyodying, Sittipan: »Studying at Home: With Whom and in Which Way? Homework Practices and Conflicts in the Family«. In: Richter, Martina/AndresenSabine (Hg.): *The Politicization of Parenthood.* Dordrecht 2012, 165–180.

World Vision Deutschland e.V. (Hg.): *Kinder in Deutschland 2010: 2. World Vision Kinderstudie.* Frankfurt a. M. 2010.

Elke Wild

5. Frühe Tagesbetreuung in Krippe und Kindertagespflege

Etwa jedes dritte Kind unter drei Jahren in Deutschland wird in einer Krippe oder Kindertagespflegestelle betreut. In wenigen Jahren werden es voraussichtlich mehr als 40 % sein. Die frühe Tagesbetreuung ist vermutlich der sich am dynamischsten entwickelnde Bereich im Feld institutioneller Bildung und Erziehung. Dabei ist eine außerhäusliche Betreuung in den ersten Lebensjahren des Kindes keineswegs mehr nur sozialer Notbehelf. Häufig sind es gerade die gut ausgebildeten Eltern, die ihrem Kind beste Startchancen bieten wollen und sich für eine die Familie ergänzende Bildung, Erziehung und Betreuung bereits vor dem dritten Geburtstag des Kindes entscheiden.

Auf den steigenden Bedarf hat die Politik mit einem massiven Ausbau der Plätze reagiert. Als Zielvorgabe wurde bereits 2007 auf dem sogenannten Krippengipfel unter Federführung der damaligen Bundesfamilienministerin Ursula von der Leyen beschlossen, dass bis Mitte 2013 insgesamt 750.000 Plätze für unter dreijährige Kinder zur Verfügung stehen sollen, davon etwa 70 % in Krippeneinrichtungen und 30 % in Kindertagespflege. Seit dem Ende der Ausbauphase besuchen mehr als zwei Drittel aller Zweijährigen, rund 40 % der Einjährigen und knapp 5 % der Kinder unter einem Jahr eine Krippe oder Kindertagespflegestelle. Seit dem 1.8.2013 besteht gemäß § 24 Abs. 2 SGB VIII für jedes Kind ab Vollendung des ersten Lebensjahres ein Rechtsanspruch auf frühkindliche Förderung in einer Tageseinrichtung oder in Kindertagespflege. Ein Großteil der Kinder in Deutschland verbringt – gemessen an der in den meisten Bundesländern üblichen vierjährigen Grundschulzeit – mehr Lebenszeit in einer Kindertageseinrichtung als in der Grundschule.

Rechtlich ist die frühe Erziehung, Bildung und Betreuung als Bestandteil der Kindertagesbetreuung im Sozialgesetzbuch VIII (SGB VIII/Kinder- und Jugendhilfegesetz) verankert. Der Förderungsauftrag von Tageseinrichtungen und Tagespflegepersonen umfasst gemäß § 22 SGB VIII »Erziehung, Bildung und Betreuung des Kindes und bezieht sich auf die soziale, emotionale, körperliche und geistige Entwicklung des Kindes. Er schließt die Vermittlung orientierender Werte und Regeln ein. Die Förderung soll sich am Alter und Entwick-lungsstand, den sprachlichen und sonstigen Fähigkeiten, der Lebenssituation sowie den Interessen und Bedürfnissen des einzelnen Kindes orientieren und seine ethnische Herkunft berücksichtigen.«

1. Ein Blick zurück

Frühe Tagesbetreuung ist keine Erfindung unserer Zeit. Seit Menschengedenken werden Kinder bereits in den ersten Lebensjahren in Ergänzung zur leiblichen Mutter von anderen Personen betreut. Eine sozial anregungsreiche Umgebung, die mehrere Personen einschließt, gehört zu denjenigen Voraussetzungen, welche die menschliche Evolution erst so erfolgreich gemacht haben. Anthropologen wie Sarah Hrdy weisen darauf hin, dass eine ausschließliche Betreuung der Kinder durch die leibliche Mutter schon aus ökonomischen Gründen nicht leistbar gewesen wäre. Die rasche Geburtenfolge in Verbindung mit dem langjährigen Angewiesensein des Kindes auf erwachsene Fürsorge hätte eine einzige Person völlig überfordert. »No creature in the world [...] takes longer to mature than a human child does. Nor does any other creature need so much for so long before his acquisition and production of resources matches his consumption. Sensitive to this mismatch, Evolutionists correctly concluded that someone had to have helped mothers make up the difference between what children need and what a mother by herself could provide« (Hrdy 2009, 146 f.).

Es muss also in Ergänzung zur Mutter weitere Personen geben, die bereit sind, Fürsorgeleistungen im Alltag zu übernehmen. Diese ergänzende Betreuung kann je nach gesellschaftlicher Organisationsform und Stellung einer Familie in der Gesellschaft sehr unterschiedlich geregelt sein. Frauen wie Männer, sowohl Mitglieder der erweiterten Familie – Vater, ältere Geschwister, Großeltern, andere Angehörige –, als auch Ammen, Freunde, Nachbarn oder Dienstpersonal können diese Aufgabe übernehmen. Weit verbreitet in unterschiedlichen Epochen und Kulturen ist auch die Betreuung der Kinder auf Gegenseitigkeit: Während ein betreuender Elternteil sich um die Kinder mehrerer Familien kümmert, können die Eltern der anderen

Kinder ihrer Arbeit oder anderen Beschäftigungen nachgehen.

Mit der beginnenden Industrialisierung im 18. und 19. Jahrhundert stießen die ausschließlich privat organisierten Betreuungsarrangements jedoch an ihre Grenzen. Das Auseinanderfallen von Lebensort und Arbeitsort führte zu einem Problem der Vereinbarkeit von Berufstätigkeit und Familie, mit besonderer Dringlichkeit für die Frauen. Vor allem allein erziehende Mütter sowie Mütter in armen Familien waren auf eine frühe und verlässliche außerhäusliche Betreuung ihrer Kinder dringend angewiesen. Die vorherrschende geschlechtsspezifische Arbeitsteilung, die dem Mann die Ernährerrolle und der Frau die Zuständigkeit für Haushalt und Kinder zuschrieb, verhinderte allerdings lange Zeit, dass dieser Konflikt offen ausbrach und zu einem Politikum wurde.

Nur wenige Jahre nach Eröffnung der europaweit ersten Crèche 1844 in Paris wurden auch in vielen deutschen Großstädten Krippen gegründet, zumeist unter ärztlicher Leitung. Ziel dieser Einrichtungen war es vor allem, ein noch größeres Übel – die Unterbringung des Kindes in einer Pflegefamilie bzw. in einem Säuglings- oder Kinderheim – zu verhindern. Ein eigenständiges elementarpädagogisches Motiv, Kinder in Krippen zu betreuen, existierte im Gegensatz zu der sich stürmisch entwickelnden Pädagogik des Kindergartens allerdings kaum.

Da Krippen bis in die Mitte des 20. Jahrhunderts in erster Linie als sozialhygienische Einrichtungen der Säuglingsfürsorge für mittellose oder erziehungsunfähige Mütter angesehen wurden, führten sie ein Jahrhundert lang ein Nischendasein. Trotz stetig steigender Frauenerwerbsquote besonders in den industriellen Ballungsgebieten hat die große Mehrheit der Eltern ihr Kind privat betreuen lassen. An dem wachsenden Missverhältnis zwischen Angebot und Nachfrage änderte sich auch in der Weimarer Republik und erst recht in der Zeit des Nationalsozialismus nichts. Die Betreuung von Kindern unter drei Jahren blieb fast ausschließlich den Familien überlassen und das Verhältnis zwischen erwerbstätigen Müttern mit kleinen Kindern einerseits und zur Verfügung stehenden Betreuungsplätzen andererseits verschlechterte sich sogar noch (Maywald 2008, 25 f.).

Nach dem Zweiten Weltkrieg nahm die Entwicklung des Krippenwesens in dem zunächst geteilten Deutschland einen sehr unterschiedlichen, geradezu gegensätzlichen Verlauf. Während die Krippenbetreuung in der DDR jedenfalls im zweiten und dritten Lebensjahr fester Bestandteil der Normalbiografie der meisten Kinder wurde, waren Krippen in der Bundesrepublik – abgesehen von der Situation in Westberlin, wo Ende der 1980er Jahre immerhin für ein Viertel der Kinder unter drei Jahren ein Krippenplatz bereitstand – weiterhin ein randständiges Phänomen.

Der massive Ausbau des Krippenwesens in der DDR und die marginale Position der Krippenbetreuung in der Bundesrepublik erfolgten in Ost wie West überwiegend nicht aus kindbezogenen Motiven. Während im Osten der große Bedarf der DDR-Wirtschaft an weiblichen Arbeitskräften und damit zusammenhängend die Forderung nach Gleichstellung der Frauen im Beruf die Motivlage bestimmte, bestand die politische Rechtfertigung für den eklatanten Notstand in punkto Kleinkindbetreuung im Westen Deutschlands aus einem Mix aus mangelnder Nachfrage nach weiblichen Arbeitskräften und einem überkommenem Familienideal.

Nach dem Ende des Kalten Krieges verblassten allmählich die stark ideologisch geprägten Argumentationsmuster sowohl der extremen Krippengegner wie auch der ausschließlichen Krippenbefürworter. In dem nun wiedervereinigten Deutschland fanden sich gänzlich unterschiedliche Traditionen und Erfahrungen hinsichtlich Krippenbetreuung plötzlich unter einem staatlichen und gesellschaftlichen Dach zusammen. Die Gelegenheit war günstig, endlich sowohl die Chancen als auch die Risiken früher Tagesbetreuung in den Blick zu nehmen und zu einer nüchternen Bewertung zu kommen.

2. Frühe Tagesbetreuung: Chance oder Risiko?

Die Frage, inwieweit frühe außerhäusliche Tagesbetreuung für ein Kind förderlich ist oder seine gesunde Entwicklung gefährdet, spaltet immer wieder Eltern, Fachleute und die Gesellschaft insgesamt. Die häufig ideologisch aufgeladene Debatte war lange dadurch erschwert, dass die Datenlage sehr dürftig gewesen ist. Dies hat sich teilweise geändert, vor allem dank der umfangreichen Ergebnisse aus der so genannten NICHD-Studie. Die

vom amerikanischen Gesundheitsministerium in
Auftrag gegebene und vom NICHD (National Institute of Child Health and Human Development)
koordinierte repräsentative Langzeitstudie hat sich
mit großem methodischen Aufwand vor allem vier
Fragen gewidmet: (1) Erhöht frühe außerhäusliche
Betreuung die Krankheitshäufigkeit der Kinder?
(2) Wird die Mutter-Kind-Bindung beeinträchtigt?
(3) Welche Auswirkungen ergeben sich für die intellektuelle und sprachliche Entwicklung? (4) Sind
die früh in Gruppen betreuten Kinder in späteren
Jahren sozial auffälliger als ausschließlich in der
Familie betreute Kinder?

Anfälligkeit für Erkrankungen
Die Wahrscheinlichkeit einer Erkrankung der obe-
ren Luftwege und von Ohrenentzündungen war
bei tagsüber in einer Gruppe betreuten Kindern
deutlich höher als bei Kleinkindern, die ausschließlich in der Familie betreut werden. Dies galt besonders für Ein- und Zweijährige. Je größer die Anzahl
der Kinder in einer Gruppe war, desto häufiger war
ein Kind in diesem Alter krank. Im dritten Lebensjahr erkrankten am häufigsten diejenigen Kinder,
die bis dahin ausschließlich familienbetreut waren.
Im Falle einer früh beginnenden öffentlichen
Betreuung wurden Kinder demnach auch früh resistent gegenüber weiteren Ansteckungserkran-
kungen. Ein Zusammenhang zwischen häufigen
Erkrankungen in den ersten Lebensjahren und
späteren Entwicklungsrückständen oder Verhaltensproblemen konnte nicht festgestellt werden.
Insgesamt kann gefolgert werden, »dass die erhöhte Erkrankungshäufigkeit von tagesbetreuten
Kindern in den ersten Lebensjahren dem hohen
Ansteckungsrisiko in einer Kindergruppe anzulas-
ten ist. Es ergeben sich daraus jedoch glücklicher-
weise keine unmittelbaren Folgen für die Entwicklung der Kinder« (Ahnert 2009, 13).

Sicherheit der Mutter-Kind-Bindung
Es zeigte sich, dass die für das Kind so wichtige
Qualität der Bindung zur primären Bindungsperson (in der Regel die Mutter) ausschließlich von
der Feinfühligkeit der Mutter abhing, unabhängig
davon, ob das Kind in den ersten Lebensjahren zusätzlich außerhäuslich betreut wurde oder nicht.
»Weder irgendeine bestimmte Art der nichtmüt-
terlichen Betreuung, noch deren Qualität, noch der
Beginn und die Anzahl der Stunden hatten einen

Einfluss auf die Bindungsqualität der Kinder zu ihren Müttern« (Ahnert 2009, 14).

Intellektuelle und sprachliche Förderung
Der Erwerb von Denk- und Sprachfähigkeiten
hing sowohl von der Feinfühligkeit (Qualität der
Kommunikation) als auch vom stimulierenden
Umgang durch die Eltern bzw. Erzieher(innen) ab.
Während die Feinfühligkeit vor allem im ersten Lebensjahr im häuslichen Milieu besser gewährleistet
war, hatten bei der Frage des stimulierenden Umgangs die Betreuungseinrichtungen die Nase vorn.
Einigkeit besteht darüber, dass für die intellektuelle
und sprachliche Förderung die Qualität sowohl des
häuslichen als auch des außerhäuslichen Milieus
entscheidend ist und dass Kinder aus anregungsar-
men Familien von Krippenbetreuung besonders
profitieren.

Sozial auffälliges Verhalten
Besonders umstritten war die Frage, ob Krippenbetreuung Kinder aggressiver und sozial auffälliger
macht. Die Ergebnisse der NICHD-Studie zeigen,
dass Kinder, die sehr früh täglich viele Stunden in
einer Krippe betreut wurden, zu problematischen
Verhaltensweisen neigten, die auch zu späteren
Zeitpunkten (im vierten und zwölften Lebensjahr)
nachweisbar waren. Ihr Aggressionspegel war höher, wenn auch weiterhin im Normbereich. Eine
Interpretation dieser Befunde legt nahe, dass die
Risiken für sozial auffälliges Verhalten vor allem in
denjenigen Einrichtungen bestehen, die das Grup-
pengeschehen nicht in den Griff bekommen (Ahnert 2009, 16f). Um diese Risiken zu minimieren,
muss also für eine gute Qualität der Einrichtungen
gesorgt werden.

Eine Auswertung von Daten des in Deutschland
durchgeführten Kinder- und Jugendgesundheits-
surveys (KiGGS) zum Einfluss außerfamiliärer
vorschulischer Kindertagesbetreuung auf Merkmale psychischer Gesundheit bei Kindern (Schlack/
Hölling u. a. 2007) kommt zu dem Ergebnis, dass
Tagesbetreuung weder zu einer Zunahme psychischer Auffälligkeiten noch zu einem Rückgang
prosozialen Verhaltens führt. Die Autoren fol-
gern dementsprechend, »dass eine außerfamiliäre
Kinderbetreuung wegen Berufstätigkeit der Eltern
nicht als solche die Entwicklung der Kinder be-
droht« (ebd., 1256).

3. Bindung und Trennung

Wenn ein Kind in eine Krippe oder Kindertagespflegestelle kommt, wird es in der Regel zum ersten Mal in die Welt außerhalb der Familie entlassen. Die Erweiterung seines bisherigen Horizonts ist mit neuen Chancen aber auch mit Risiken verbunden. In jedem Fall wird von dem Kind eine Anpassungsleistung verlangt, auf die es vorbereitet werden muss und bei deren Bewältigung es Begleitung und Unterstützung benötigt.

Damit der Übergang in frühe Tagesbetreuung gelingt, müssen die Erzieher(innen) bzw. Tagespflegepersonen für das Kind in Ergänzung zu den Eltern zu (sekundären) Bindungspersonen werden. Voraussetzung dafür sind eine allmähliche Eingewöhnung des Kindes (Andres/Hédervári-Heller/Laewen 2011) und der Aufbau einer tragfähigen Erziehungs- und Bildungspartnerschaft zwischen Familie und Krippe bzw. Kindertagespflegestelle. Das Angebot einer ergänzenden Bindungsperson ist eine wichtige Bedingung dafür, dass das Kind die vorhandenen Bildungsangebote für sich nutzen kann. Denn »die Erfahrung einer sicheren Bindung gilt als entscheidende Voraussetzung für die Bereitschaft und Aufrechterhaltung der Motivation von Kindern, Neuem und Unbekanntem mit Neugier, Interesse und Wissensdurst zu begegnen« (Becker-Stoll/Niesel u. a. 2009, 32).

Aufgabe der ergänzenden Bindungsperson ist es, das Kind bei der Bewältigung der Trennung von den Eltern zu begleiten und zu unterstützen. Hierzu gehört auch, die Trennungsleistung des Kindes zu würdigen und den damit verbundenen Schmerz nicht zu verleugnen Denn »Trennungsschmerz im Zusammenhang mit früher außerfamiliärer Betreuung ist nicht zu vermeiden. Er kann gemildert werden. Dazu braucht es Intuition und ein Bewusstsein vom individuellen Entwicklungsverlauf, von den Ausdrucksformen des Kindes bei Kummer und von den sensiblen Entwicklungsphasen des Kindes. Eine dem Rechnung tragende Vorbereitungs-, Übergangs- und Eingewöhnungszeit sollte selbstverständlich sein. Sie sollte nicht nur dem Kind, sondern auch der Mutter, den Eltern zugestanden werden« (Scheerer 2008, 133).

Der Aufbau sekundärer Bindungen führt nicht dazu, dass die primäre Mutter- bzw. Vater-Kind-Bindung ihre Bedeutung für das Kind verliert. Die dominierende Stellung der Eltern bleibt auch bei Nutzung früher Tagesbetreuung erhalten. »Der Einfluss von Familienvariablen wie Qualität der Mutter-Kind-Interaktion, mütterliches Bildungsniveau und Familieneinkommen ist bei Kindern mit mehr als 30 Stunden Fremdbetreuung nicht geringer als bei Kindern ohne jede Fremdbetreuung, und generell gilt, dass solche Familienmerkmale bessere und stärker Prädiktoren der Entwicklung sind als die Merkmale nichtelterlicher Betreuung. Die Familie bleibt somit auch unter sich wandelnden Bedingungen des Aufwachsens nach wie vor die wichtigste Sozialisationsinstanz« (Dornes 2008, 198). Durch das Hinzutreten einer Erzieher(in)-Kind-Bindung verschiebt sich jedoch der Schwerpunkt der Beziehung des Kindes zu den Eltern. Während der Eltern-Kind-Bindung vor allem die Bedeutung eines »sicheren Hafens« zukommt, dient die Erzieher(in)-Kind-Bindung in erster Linie der sicheren Exploration der Umwelt.

Damit Kinder von sicheren Bindungen an Eltern und Erzieher(innen) bzw. Tagespflegepersonen profitieren und die mit dem Übergang in Tagesbetreuung verbundene Trennung bewältigen können, müssen demnach zwei Extreme vermieden werden: Einerseits sollte das Betreuungsarrangement so übersichtlich und verlässlich gestaltet sein, dass die kindliche Anpassungsfähigkeit dadurch nicht überfordert wird. Andererseits profitieren Kinder von maßvoll multipler Betreuung und einer verlässlichen Alternierung der Betreuungsumwelten. Weder häufige und abrupte Wechsel, noch die ausschließliche Betreuung durch die Mutter werden Kindern gerecht. »Die kindliche Entwicklung erfordert zwar eine starke Mutterfigur, die ein hohes Engagement mitbringt, das Kind in seiner Entwicklung zu begleiten. Diese Konstellation muss jedoch als offenes System so funktionieren, dass weitere Entwicklungsimpulse Eingang in das Mutter-Kind-System finden können« (Ahnert 2010, 113).

4. Die Qualität entscheidet

Obwohl sich Wissenschaftler(innen) und Praktiker(innen) weitgehend darüber einig sind, was eine gute Krippe oder Kindertagespflegestelle ausmacht, existieren in Deutschland bisher keine verbindlichen, Länder und Träger übergreifenden Mindeststandards. Um diese Lücke zu schließen, hat beispielsweise die Deutsche Liga für das Kind

Eckpunkte für »Gute Qualität in Krippe und Kindertagespflege« entwickelt und in je einer Version für Fachleute und für Eltern veröffentlicht (www. fruehe-tagesbetreuung.de). Als wichtige Eckpunkte guter, aber in den meisten Einrichtungen nicht erreichter Qualität für Krippen können die folgenden Punkte gelten (Deutsche Liga für das Kind 2008; 2009):

Leitbild und schriftliches Konzept

Die Einrichtung verfügt über ein Leitbild und ein schriftliches Konzept, die explizit die Altersgruppe der Kinder unter drei Jahren einbeziehen. Das Leitbild orientiert sich am Wohl der Kinder, an ihren Grundbedürfnissen und Grundrechten. Der Vorrang pädagogischer Qualität vor anderen Gesichtspunkten ist gewährleistet. Das Konzept bezieht die Eltern im Sinne einer Erziehungs- und Bildungspartnerschaft ein und berücksichtigt die unterschiedliche soziale und kulturelle Herkunft der Familien. Leitbild und Konzept werden den Eltern vor der Aufnahme ihres Kindes unaufgefordert zur Verfügung gestellt.

Erzieher(innen)-Kind-Schlüssel

Der Erzieher(innen)-Kind-Schlüssel wird in Abhängigkeit vom Alter der Kinder festgelegt: Kinder im ersten Lebensjahr: 1:2; Kinder im Alter von ein bis zwei Jahren: 1:3; Kinder im Alter von zwei bis drei Jahren: 1:5. Bei altersgemischten Gruppen sind die Zahlen entsprechend anzupassen (Beispiel: bei zwei Kindern zwischen ein und zwei Jahren und zwei Kindern zwischen zwei und drei Jahren ergibt sich ein Schlüssel von 1:4). Bei Kindern mit besonderen Bedürfnissen (z. B. einer Behinderung) wird die Zahl der Kinder pro Erzieher(in) reduziert.

Gruppengröße

Die Gruppengröße wird in Abhängigkeit vom Alter und der Alterszusammensetzung der Kinder festgelegt. Je jünger die Kinder sind und je altershomogener die Gruppe zusammengesetzt ist, desto kleiner muss die Gruppe sein. Altershomogene Gruppen: sechs Kinder pro Gruppe bei unter Zweijährigen; acht Kinder pro Gruppe bei Kindern zwischen zwei und drei Jahren. Altersgemischte Gruppen: 15 Kinder pro Gruppe (darunter nicht mehr als fünf Kinder unter drei Jahren). Gehören der altersgemischten Gruppe Kinder unter einem Jahr

an, so umfasst die Gruppe nicht mehr als zehn Kinder. In altersgemischten Gruppen stehen den Kindern jeder Altersgruppe genügend gleichaltrige Spielpartner zur Verfügung.

Räumliche Voraussetzungen

Jede Gruppe verfügt mindestens über einen Gruppen- und einen Nebenraum mit zusammen mindestens 74 qm (bzw. 5 bis 6 qm pro Kind). Hinzu kommen ein Schlafraum, Sanitärräume und weitere Spielflächen. Um den Kindern vielfältige Sinneserfahrungen zu ermöglichen und ihrem hohen motorischen Aktivitätslevel gerecht zu werden, bietet der den Kindern zur Verfügung stehende Innenraum ausreichende Freiflächen zu freiem Spiel und zu Bewegungsaktivitäten sowie Ausruh- und Rückzugsbereiche. Das Spielmaterial ist altersangemessen und entwicklungsfördernd. Das Außengelände bietet den Kindern Gelegenheiten für Entdeckungen, Laufen, Springen und Klettern.

Qualifikation der Erzieher(innen)

Die in der Krippe tätigen Erzieher(innen) haben eine qualifizierte Ausbildung. Sie verfügen u. a. über entwicklungspsychologische, pädagogische, pflegerische und gesundheitsbezogene Kenntnisse, die in Ausbildungsgängen auf akademischem Niveau (BA-Abschluss) oder durch die Teilnahme an qualifizierten Fort- und Weiterbildungskursen erworben wurden.

Individuelle Eingewöhnung

Es findet eine qualifizierte, individuelle Eingewöhnung des Kindes nach anerkannten Standards unter Einbezug der Eltern statt. Die Eltern werden vor Aufnahme ihres Kindes über die Notwendigkeit der Eingewöhnung und ihre aktive Mitwirkung informiert.

Aufbau verlässlicher Bindungen

Jedem Kind wird ein(e) Bezugserzieher(in) zugeordnet. Die Erzieher(innen) gehen auf die Bindungsbedürfnisse der Kinder ein. Sie sind bereit und werden darin unterstützt, in Ergänzung zu den Eltern sekundäre Bindungen zu den Kindern aufzubauen und für sie zu vertrauten Bezugspersonen zu werden. Die/der Bezugserzieher(in) begleitet das Kind kontinuierlich während der Eingewöhnungszeit und soweit möglich während des gesamten Verbleibs des Kindes in der Einrichtung. Sie/er ist zugleich die zentrale Ansprechpartner(in) für die Eltern. Unvermeidliche Wechsel von Erzieher(inne)n werden rechtzeitig bekannt gegeben und der Übergang wird gemeinsam mit den Eltern geplant.

Beziehungsvolle Pflege und wertschätzender Dialog
Die Fähigkeit und die Bereitschaft der Erzieher(innen) zu beziehungsvoller Pflege und zum wertschätzenden Dialog mit den Kindern sind Grundlage des pädagogischen Handelns. Die Erzieher(innen) sind bereit und in der Lage, die Bedürfnisse und Signale der Kinder wahrzunehmen, sie richtig zu interpretieren und darauf angemessen zu reagieren. Aufmerksamkeit, Feinfühligkeit und Wertschätzung der Kinder sind Kennzeichen der Bildung, Erziehung und Betreuung. Die Erzieher(innen) vertreten eine demokratische Erziehungshaltung. Sie setzen altersangemessene Grenzen, ohne die Kinder zu bestrafen oder seelisch zu verletzen.

Struktur und Flexibilität im Tagesablauf
Bei der Gestaltung des Tagesablaufs besteht ein ausgewogenes Verhältnis zwischen einer klaren und überschaubaren Struktur und der notwendigen Flexibilität. Begrüßung und Verabschiedung, Mahlzeiten, Zeiten für strukturierte und freie Aktivitäten sowie Ruhe- und Schlafzeiten sind altersgerecht aufeinander abgestimmt und ausreichend veränderbar. Die Bedürfnisse jedes einzelnen Kindes und der Kindergruppe insgesamt werden gleichermaßen und ausgewogen berücksichtigt.

Individuelle Förderung
Die Angebote und Aktivitäten beziehen sich auf sämtliche Bereiche frühkindlicher Bildung (u. a. emotionale, geistig-kognitive, kreative, motorische, musikalische, soziale, sprachliche und religiöse Bildung) und ermöglichen die individuelle Förderung jedes Kindes. Die Förderung und Pflege von Kindern mit chronischen Gesundheitsstörungen oder besonderem Entwicklungsbedarf wird eng mit den medizinischen Diensten und Einrichtungen und mit den Eltern abgestimmt. Der Förder- und Entwicklungsplan des Kindes ist der Einrichtung bekannt und findet hier Berücksichtigung. Kontakte, Spielpartnerschaften und Freundschaften zwischen den Kindern werden entwicklungsangemessen unterstützt und gefördert.

Gesunde Ernährung
Die Nahrung der Kinder ist ausgewogen und gesund (optimierte Säuglings- und Mischkost gemäß den Empfehlungen des Deutschen Forschungsinstituts für Kinderernährung). Die Mahlzeiten werden kindgerecht gestaltet.

Schutz der Kinder vor Gefahren
Die Erzieher(innen) verfügen über Kenntnisse in Erster Hilfe. Ein Notfallmanagement ist vorbereitet und eingeübt. Die Einrichtung nimmt Hinweise auf Gesundheitsgefahren, Gewalt gegen Kinder und Vernachlässigung wahr und thematisiert diese mit den Eltern.

Altersgerechte Beteiligung
Die Kinder begegnen Riten und Regeln, die sie zugleich beeinflussen können. Sie werden an den sie betreffenden Entscheidungen entsprechend ihrem Alter und ihrer Reife angemessen beteiligt.

Beobachtung und Dokumentation
Beobachtung der Kinder und Dokumentation sind Bestandteil der pädagogischen Arbeit. Die Beobachtungen sind Grundlage für den Dialog mit den Kindern und die Gespräche mit den Eltern. Der Schutz persönlicher Daten wird dabei gewahrt.

Einbeziehung der Familien
Mütter und Väter sowie weitere Familienangehörige sind in der Einrichtung willkommen. Es bestehen ausreichend Raum und Zeit für die Übergabesituationen. Für die Eltern gibt es ausgewiesene Sprechzeiten.

Erziehungs- und Bildungspartnerschaft
Die Erzieher(innen) berichten den Eltern anhand ausgewerteter Beobachtungen regelmäßig mindestens zwei Mal jährlich (bei Kindern bis zu zwei Jahren häufiger) über die verschiedenen Bereiche der Entwicklung des Kindes. Erzieher(innen) und Eltern überlegen und planen im Rahmen ihrer Erziehungs- und Bildungspartnerschaft gemeinsam, wie das Kind bestmöglich unterstützt und gefördert sowie vor Gefahren für sein Wohl geschützt werden kann. Der Austausch mit den Eltern schließt den Gesundheitszustand (einschließlich Vorsorge- und Impfstatus) des Kindes ein. Hospitationen der Eltern in der Krippe sind nach Absprache möglich und erwünscht. Kontakte zwischen den Eltern wer-

den unterstützt. Es stehen Räume für Treffen der
Eltern in der Einrichtung (z. B. Elterncafé) zur Verfügung.

Wahl von Elternvertretungen
Die Eltern werden ermutigt, Wünsche, Fragen und
Kritik zu äußern. Es werden Elternvertreter(innen)
gewählt, die die Belange und Interessen aller Eltern
in die grundlegenden Entscheidungen der Einrichtung einbringen.

Öffnung in das Gemeinwesen
Die Einrichtung öffnet sich in das Gemeinwesen
hinein und ist für Anregungen von außen offen.
Die kulturellen, sozialen und anderen Dienste und
Einrichtungen im Umfeld der Krippe werden als
Erfahrungsorte für die Kinder genutzt.

5. Auf die Passung kommt es an

Kinderkrippen und Kindertagespflegestellen, die
den oben genannten Qualitätskriterien genügen,
sind in Deutschland bisher viel zu wenig vorhanden. Eltern, die ihr Kind in frühe Tagesbetreuung
geben möchten, stehen daher vor schwierigen Ab-
wägungsentscheidungen. Die Chancen für das Kind
und der Nutzen für die Eltern müssen gegen eventuelle Risiken abgewogen werden, die sich im Falle
mangelnder Qualität der Einrichtung ergeben können. Welche Entscheidung die »richtige« ist, hängt
vom individuellen Zusammenspiel – der Passung –
zwischen Kind, Eltern und Einrichtung ab.

Ob ein Kind in eine Krippe »passt«, hängt von
zahlreichen Faktoren ab. Entwicklungsstand und
Temperament des Kindes spielen ebenso eine Rolle
wie biografische Erfahrungen, Vorstellungen und
Wünsche der Mutter und des Vaters. Hinzu kommen örtliche Lage, Ausstattung und Qualität der
Krippe sowie Offenheit und Feinfühligkeit der für
das Kind zuständigen Erzieherinnen und der Leitung. Inwieweit negative Faktoren an Bedeutung
verlieren oder positive in einem ungünstigeren
Licht erscheinen, hängt nicht zuletzt vom Verlauf
des Kontaktes ab, der von vielen Unwägbarkeiten
geprägt ist. Objektive Qualitätsmerkmale können
und sollten den Eltern bei ihrer Entscheidung für
oder gegen eine Krippe eine Hilfestellung sein. Ob
jedoch eine bestimmte Krippe für ein bestimmtes
Kind die richtige Entscheidung ist, kann allein an-

hand von Checklisten nicht entschieden werden.
Da es um eine individuelle und nicht vollständig
standardisierbare Passung geht, spielen intuitives
»Bauchgefühl« und ein gesunder Menschenver-
stand bei der Gesamtbewertung und Entscheidung
eine unverzichtbare Rolle.

Zu beachten ist auch, dass Familie und Tagesbetreuung zwar kooperieren, ihre Unterschiede
jedoch nicht nivellieren sollten. Häufig sind es
gerade die Unterschiede, von denen Kinder profitieren. »Anstelle der häufig vorgenommenen
Forderungen nach einer möglichst hohen Anglei-
chung beider Lebenswelten sollten die unterschiedlichen Mikrosysteme anerkannt, reflektiert
und daraufhin untersucht werden, welche Potenziale und gegenseitigen Anregungen sie bereithalten. Aufwachsen in unterschiedlichen Welten hat
auch zur Folge, dass Entwicklungsprozesse zusätzlich angeregt werden, vorausgesetzt, es existieren unterstützende Verbindungen zwischen ihnen,
die durch Personen hergestellt werden, denen das
Kind vertraut« (Ahnert 2010, 250).

6. Ausblick

Frühe Tagesbetreuung gewinnt im Leben der meisten Kinder und Familien, aber auch für die Gesellschaft insgesamt zunehmend an Bedeutung. Damit
Kinder die Bildung, Erziehung und Betreuung in
einer Krippe oder Kindertagespflegestelle in Ergänzung zur Familie als Bereicherung erfahren
können, müssen die Einrichtungen eine hohe pädagogische Qualität haben. Krippen und Kindertagespflegestellen sind in erster Linie Einrichtungen
für Kinder. Der Vorrang des Kindeswohls gemäß
Artikel 3 Absatz 1 der UN-Kinderrechtskonvention muss daher Maßstab für alle Kinder betreffenden Entscheidungen sein.

Um frühe Tagesbetreuung zu einem hochwertigen Bestandteil des Bildungssystems zu machen,
braucht es – neben dem erforderlichen quantitativen Ausbau des Tagesbetreuungssystems – bundesweite Qualitätsstandards, deren Einhaltung
überwacht und gewährleistet wird. Die für Kinder
notwendige Erziehungspartnerschaft zwischen
Familie und Tagesbetreuung sollte durch den Ausbau der Kindertageseinrichtungen zu Kinder- und
Familienzentren gefördert werden. Schließlich sind
eine schrittweise Akademisierung des Berufsstands

der Erzieher(innen) und eine Verstärkung der frühpädagogischen Forschung erforderlich.

Literatur

Ahnert, Lieselotte: »Chancen und Risiken früher Tagesbetreuung«. In: *Frühe Kindheit* 6 (2009), 10–17.

Ahnert, Lieselotte: *Wieviel Mutter braucht ein Kind. Bindung-Bildung-Betreuung: öffentlich und privat.* Heidelberg 2010.

Andres, Beate/Hédervári-Heller, Éva/Laewen, Hans J.: *Die ersten Tage. Ein Modell zur Eingewöhnung in Krippe und Tagespflege.* Berlin ⁷2011.

Becker-Stoll, Fabienne/Niesel, Renate/Wertfein, Monika: *Handbuch Kinder in den ersten drei Lebensjahren. Theorie und Praxis für die Tagesbetreuung.* Freiburg 2009.

Deutsche Liga für das Kind: *Gute Qualität in Krippe und Kindertagespflege.* Berlin 2008.

Deutsche Liga für das Kind: *Die beste Betreuung für mein Kind. Worauf Sie achten sollten, wenn Sie Ihr Kind in eine Krippe, Kita oder Kindertagespflegestelle geben.* Berlin 2009.

Dornes, Martin: »Frisst die Emanzipation ihre Kinder? Mütterliche Berufstätigkeit und kindliche Entwicklung. Eine Neubetrachtung aus aktuellem Anlass«. In: *Psyche* 62 (2008), 182–201.

Hardy, Sarah B.: *Mothers and Others. The evolutionary origins of mutual understanding.* Boston 2009.

Maywald, Jörg: »Krippenerziehung in Deutschland – eine Bestandsaufnahme«. In: Maywald/Schön 2008, 10–47.

Maywald, Jörg/Schön, Bernhard (Hg.): *Krippen. Wie frühe Betreuung gelingt.* Weinheim 2008.

Scheerer, Ann K.: »Außerfamiliäre Betreuung als Trennungsaufgabe«. In: *Psyche* 62 (2008), 118–135.

Schlack, Robert/Hölling, Heike u.a.: »Inanspruchnahme außerfamiliärer vorschulischer Kindertagesbetreuung und Einfluss auf Merkmale psychischer Gesundheit bei Kindern«. In. *Bundesgesundheitsblatt – Gesundheitsforschung – Gesundheitsschutz 50* (2007), 1249–1258.

Jörg Maywald

6. Erziehung in Kindertagesstätten

Für die Betrachtung von Erziehung in Kindertagesstätten ist die Frage nach dem Verhältnis von privater und öffentlicher Erziehung evident. Diese Frage existiert seit der Entstehung der außerhäuslichen Betreuung von Kindern Anfang bis Mitte des 19. Jahrhunderts. Bereits zu diesem Zeitpunkt gab es verschiedene Antworten darauf. Auf der einen Seite ein eindeutig defizitärer Blick auf die familiale Erziehungsfähigkeit, der mit der Errichtung von Kinderbewahranstalten begegnet werden sollte. Ziel war es, Kinder vor der Verwahrlosung im und durch das Elternhaus zu schützen, ohne dabei jedoch auf die Ursachen der schwierigen Lebenslagen einzugehen. Auf der anderen Seite die schon in der Gründungszeit des Kindergartens von Friedrich Fröbel angestrebte Erziehung, wenn er formuliert, er selbst »erziehe und bilde seit einem Menschenalter für die Republik und zu ihr hin, ich bilde und erziehe für die Ausübung der demokratischen Tugenden« (Fröbel 1848, zit. bei Liegle 2006, 117). Dabei bezieht sich diese nicht nur auf die Erziehung und Bildung von Kindern aus dem Bürgertum, sondern ebenso auf deren Mütter über seine »Mutter- und Koselieder« (vgl. Neumann 2010) als eine Art früher Eltern- oder besser wohl Müttererziehung.

Bis in die Gegenwart sind in der Beantwortung dieser zentralen Frage Widersprüchlichkeiten zu erkennen ebenso wie in der Beantwortung der Frage, was denn nun Erziehung in Kindertagesstätten sei.

1. Erziehung als wandelbares Konstrukt

Wenn man sich den Wechsel von einer Industriegesellschaft zu einer Informations- und Wissensgesellschaft vergegenwärtigt, wird deutlich, dass momentan Erziehung nicht leicht bestimmbar ist. Individuen erhalten nicht mehr nur durch Normierungen oder gesellschaftliche Standards Orientierungen, sondern können und müssen sich diese in einer Welt der kulturellen Diversität und sozialen Komplexität erarbeiten. Wenn Orientierungen jedoch immer wieder neu bestimmt und erarbeitet werden müssen, stellen sich Fragen danach, welche Werte, Normen und ethisch-sozialen Prinzipien im Erziehungsprozess wie und zwischen wem verhandelt werden. Unbestritten scheint nur die Notwendigkeit und Möglichkeit von Erziehung zu sein, denn Erziehung ist »ein anthropologischer Grundsachverhalt menschlicher Existenz« (Mollenhauer 2008, 257).

Die Zielsetzung von Erziehung scheint jedoch nicht nur gegenwärtig spannungsreich, denn die Begrifflichkeit Erziehung »wird seit Jahrtausenden in vielen Kulturen und Gesellschaften in unterschiedlichen Sprachen und mit vielen Deutungen gebraucht. [...] Eine einheitliche Definition gibt es nicht« (Kron 2009, 44). Erziehung kann als »universales Phänomen bezeichnet werden, das vielfältigen Interpretationen und Verwendungszusammenhängen unterliegt« (ebd.). Eine allgemeingültige Auffassung von Erziehung ist demnach schon ob der Verwobenheit von Erziehung und Gesellschaft nicht möglich, aufgrund der »historischen Variabilität der Normen, Werte und Lebenseinstellungen, die, als allgemeine oder spezielle Erziehungsziele gefasst, in die jeweils konkreten Entscheidungen der pädagogisch Handelnden eingehen« (Sünkel 2011, 9 f.).

Wie dies geschieht, also wer wen erzieht, wird ebenso unterschiedlich beantwortet. Hier zeigt sich eine weitere Frage zur Erziehung: Wie ist das Verhältnis der Generationen zueinander konzipiert. Das Generationenverhältnis in der Erziehung ist in wenigstens zwei Auslegungen zu finden. Zum einen ganz klassisch nach Schleiermacher, wenn danach gefragt wird, was denn die ältere Generation von der jüngeren will (vgl. Wolff 2008) und somit vorausgesetzt wird, dass Menschen nicht fertig auf die Welt kommen. Und so brauche es die Erziehung, denn nicht »durch Reifung wird der Mensch erwachsen, sondern durch angeleitetes Lernen« (vgl. Mollenhauer 2008, 257). Dahinter verbirgt sich »die *grammatische Struktur* des Alltagssatz ›Der Erzieher erzieht den Zögling‹ [der] allzu leicht zu der Annahme einer ihr entsprechenden *logischen* Struktur des Sachverhaltes« führt (Sünkel 2011, 10). Gegen dieses Verständnis von Generationenverhältnis, in der Erwachsene die Jüngeren anleiten, setzt sich zum anderen immer mehr das Verständnis einer Erziehung als dialogischer und damit auf die beteiligten Personen unterschiedlichster Generationen rückwirkender Prozess durch. Dieser ist eine Folge eines gesellschaftlichen Wandels und einer neuen Konstruktion von Kind, der eine Wertschätzung der Individualität des Kindes sowie demokratische Erziehungsvorstellungen voraussetzt. »Gestiegener Respekt gegenüber den Wünschen der Kinder, mehr Mitbestimmung von Kindern und die Erziehungsziele wie Selbstständigkeit und Persönlichkeitsentfaltung haben traditionelle Werte wie Disziplin und Gehorsam abgelöst« (Knauf 2009, 165; vgl. dazu ebenso Liegle 2010; Neumann 2010).

Auch in Bezug auf Kindertagesstätten ist die inhaltlich-fachliche Auseinandersetzung zu Erziehung in ebensolchen seit der Gründungsphase nie abgeklungen, obwohl der Fokus und die Ziele wechselten, denn auch diese Einrichtungen spiegeln in ihrer historischen Genese die bildungspolitischen Vorstellungen sowie die bestehenden Konstruktionen von Kindern und Kindheiten wider. Reinhard Wolff hält dazu pointiert fest: »Nicht überraschend will die jeweils neue ›ältere‹ Generation allerdings immer wieder etwas anderes, als ihre Vorgängergeneration gewollt hatte, reagiert sie mit einer veränderten pädagogischen Konzeption und Praxis auf die Veränderung der Verhältnisse. Dabei lässt sich ein immer wieder kehrendes Muster beobachten: Je umfassender und schneller der Wandel [...] umso mehr wächst das Interesse und zugleich die Irritation, neu zu bestimmen, wie man Erziehung und Bildung der jüngeren Generation gestalten sollte« (Wolff 2008, 185).

2. Die Wiederentdeckung der Bedeutung von Erziehung und Bildung in Kindertagesstätten

Diese Wiederentdeckung hat zu einem Wandel im Bereich der Kindertagesstätten in den letzten 15 Jahren geführt. Mit der Einführung des Kinder- und Jugendhilfegesetzes 1990/91 wurde zwar erstmals der pädagogische Auftrag (§ 22, Absatz 3 SGB VIII) in der Trias Erziehung, Bildung und Betreuung in Abstimmung mit den familialen Vorstellungen gesetzlich verankert, brachte jedoch noch keine Neubestimmung des pädagogischen Auftrags. Einen Anstoß gaben dann die Ergebnisse der ersten internationalen Schulvergleichsstudien (Stichwort PISA, TIMSS, IGLU), die eine breite öf-

fentliche Diskussion über Bildung (und Erziehung) entfachten. Als Ergebnis dieser Diskussionen sind dann in allen Bundesländern Konzeptionen zu Erziehung und Bildung in Kindertagesstätten erarbeitet worden. Die Auseinandersetzung mit dem Bildungsbegriff erfährt dabei Hochkonjunktur und folglich ist auch die Ausgestaltung der pädagogischen Konzeption und der pädagogischen Praxis in Hinblick auf die Bildungsziele deutlich weiter fortgeschritten. Im Gegensatz dazu wird die Diskussion über die Ziele und Ausgestaltung von Erziehung eher stiefkindlich behandelt.

Dieses Bild zeigt sich auch bei der Sichtung der Bildungs- und Erziehungskonzeptionen der einzelnen Bundesländer, welche als wesentliche Folge des oben beschrieben Wandels zu sehen sind. Mit ihnen wurde erstmals die gesetzliche Verankerung pädagogisch-konzeptionell gedacht und sie bilden die Grundlage für die Ausgestaltung der pädagogischen Arbeit in Kindertagesstätten. »Die Leitvorstellung der Kontinuität des (früh-)kindlichen Bildungsprozesses ist in den pädagogischen Grundsätzen insofern verankert, als von der Voraussetzung ausgegangen wird, dass bei Kindern im Kindergartenalter informelle, erkundende und spielerische Lernformen vorherrschen« (Neumann 2010, 89), diese jedoch von Pädagog/innen begleitet und auch gesteuert werden müssten. »Dies kennzeichnet zugleich auch die Trennlinie, an der entlang die Unterschiede zwischen den derzeit im deutschen System implementierten Bildungsplänen festzumachen sind« (ebd.). Diese Trennlinie wird durch die unterschiedlichen Auffassungen zur Begleitung von Kindern in ihren ganz individuellen Bildungsprozessen gezogen und trennt eher instruierende Ansätze von den eher offenen Bildungsansätzen, die die Selbstbildungsprozesse von Kindern voraussetzen.

Die Ausgestaltung der pädagogischen Konzeption und Praxis in Hinblick auf die Bildungsziele ist deutlich weiter vorangeschritten als die Diskussion um Ziele oder Ausgestaltung von Erziehung. Ein äußerst heterogenes Bild ergibt sich bei der Sichtung der formulierten Erziehungsziele, wenn sie denn überhaupt ausformuliert sind. Nur in zehn der sechzehn Bildungscurricula wird darauf explizit eingegangen. Bei der Analyse der Curricula wird recht schnell deutlich, dass sich Erziehung offenbar als Container-Begriff herausstellt, der mit unterschiedlichsten Interessen und inhaltlichen

Konnotationen verwendet wird, in der die verschiedenen Autor/innen ihre pädagogischen Vorstellungen einbringen. Dabei zeichnen sich (wenigstens) vier Tendenzen ab: Erziehung wird als Notwendigkeit beschrieben, welche gleichzeitig ein temporäres Phänomen darstellt; Erziehung wird in eher ›alten‹ Lesarten der Gestaltung des angeleiteten Lernens verstanden und nicht zuletzt der Definitionsversuch von Erziehung in einem mehr oder weniger dialektischen Verhältnis zu Bildung.

Etwas salopp liest sich die Auffassung von Erziehung als Notwendigkeit in der »Bildungskonzeption für 0- bis 10-jährige Kinder in Mecklenburg-Vorpommern«: »Erziehung gab es und wird es geben, daran kam und kommt keine Gesellschaft und kein Kind zu keiner Zeit vorbei. Mittels Erziehung werden jeweilige Werte, Normen, Tugenden und Techniken an Kinder weitergegeben. Wer aber gibt Erziehung vor?« (Bildungskonzeption Mecklenburg-Vorpommern 2011, 1). Eine erste Antwort findet sich im »Orientierungsplan für Bildung und Erziehung im Elementarbereich niedersächsischer Tageseinrichtungen für Kinder«, wenn ausgeführt wird, dass »natürlich […] Kinder auch der Anleitung und des Vorbilds der Erwachsenen [bedürfen], um in eine bereits sozial und kulturell geprägte Umwelt hineinzuwachsen. Für die Anforderungen der Erwachsenen an das Kind kann auch der Begriff der Erziehung gesetzt werden« (Orientierungsplan Niedersachsen 2011, 11).

Dass Erziehung durch Eltern und pädagogische Fachkräfte geschieht, halten die Autor/innen des »Orientierungsplan für Bildung und Erziehung in baden-württembergischen Kindergärten und weiteren Kindertageseinrichtungen« fest und ebenso, dass es »auf indirekte Weise durch das Beispiel der Erwachsenen und durch die Gestaltung von sozialen Beziehungen, Situationen und Räumen [geschieht]. Auf direkte Weise geschieht sie beispielsweise durch Vormachen und Anhalten zum Üben, durch Wissensvermittlung sowie durch Vereinbarung und Kontrolle von Verhaltensregeln« (Orientierungsplan Baden-Württemberg 2011, 8). Ein fast schon normativer Ansatz lässt sich in »Erfolgreich starten. Leitlinien zum Bildungsauftrag in Kindertageseinrichtungen« von Schleswig-Holstein erkennen, wenn dort ausgeführt wird: »Erziehung verfolgt Erziehungsziele, will andere Menschen ›positiv beeinflussen‹. Erziehung verweist damit deutlich auf die Perspektive der Erwachsenen: Was

halten wir für wichtig und richtig? Wie sollen Kinder sein? Was sollen Kinder lernen? Diese Erziehungsziele werden durch Erziehungsmittel bewusst oder unbewusst zu erreichen versucht. Sie spielen insbesondere im sozialen Lernen eine Rolle (Welche Normen und Werte sollen Kinder sich aneignen?), aber auch im Bereich der Gesundheitserziehung (Kinder sollen Körperhygiene lernen! Kinder sollen sich gesund ernähren!) oder der Umweltpädagogik (Kinder sollen die Natur achten!). Eine Kernfrage der Pädagogik war seit jeher: Wie gelingt es, Kindern die Dinge zu vermitteln, die uns Erwachsenen wichtig sind?« (Leitlinien Schleswig-Holstein 2009, 13).

Eine gänzlich andere Lesart von Erziehung findet sich in Hessen im »Bildung von Anfang an. Bildungs- und Erziehungsplan für Kinder von 0 bis 10 Jahren in Hessen«, in dem sich die Autor/innen »verabschieden […] von so manchen alten Vorstellungen. Gemeint ist hier etwa die Auffassung, dass Erziehung vornehmlich Sache der Kindertageseinrichtungen, Bildung dagegen vornehmlich Sache der Schulen sei. Diese nicht haltbare Unterscheidung und die Zuordnung der Begriffe ist im Bildungs- und Erziehungsplan endgültig überwunden. Es ist eine Grundlage pädagogischen Handelns, dass die Vermittlung von Bildung immer auch erziehend wirkt, Bildung ohne Erziehung also nicht zu denken ist. Wir Erwachsenen sollten uns der Verpflichtung, die sich daraus für unser Leben und Arbeiten mit Kindern ergibt, sehr bewusst sein« (Hessischer Bildungs- und Erziehungsplan 2012, 6). Die Dialektik von Erziehung und Bildung ist in anderen Statements ebenfalls zu finden, denn es »hat sich aber nicht als sinnvoll erwiesen, Bildung und Erziehung jeweils streng zu trennen, wenn wir das selbst-lernende Kind in den Mittelpunkt stellen« (Orientierungsplan Niedersachsen 2011, 11) bzw. sind »Bildung und Erziehung […] zwei Seiten einer Medaille. Sie beschreiben verschiedene Perspektiven auf den Prozess, in dem sich Kinder die Welt aneignen. Vereinfacht gesagt, bedeutet Bildung die Aktivität des Kindes bei der Aneignung von Welt, während Erziehung auf den Beitrag der Erwachsenen dazu verweist« (Leitlinien Schleswig-Holstein 2009, 13). Dabei sei, so die Autor/innen des »Thüringer Bildungsplans für Kinder bis 10 Jahre« Erziehung ein bewusster, wenn auch temporärer Prozess, der mit »zunehmender Entfaltung der Identität eines Menschen an Bedeutung verliert und im Respekt vor der Persönlichkeit zu einem natürlichen Ende gelangt [...] Bildung [ist] ein Prozess, der mit der Geburt beginnt und im gesamten Leben eines Menschen bedeutsam bleibt. Bildung ist also (zunächst) auf Erziehung angewiesen, sie geht jedoch nicht in ihr auf« (Thüringer Bildungsplan 2008, 14).

3. Öffentliche und private Erziehung: Ein immer wieder neu zu bestimmendes Verhältnis

Die oben angeführten Beispiele zeigen sehr verschiedene Auffassungen von Erziehung und Bildung, die kaum das einlösen können, was beispielsweise im »Rahmenplan für Bildung und Erziehung im Elementarbereich« für Bremen in der Unterscheidung von familiärer und öffentlicher Erziehung ausformuliert wurde. So gehe die familiäre Erziehung von den eigenen Lebenserfahrungen, Einsichten und Werten aus, die Eltern ihren Kindern vermitteln. Hingegen werden in der »professionell betriebenen öffentlichen Erziehung [...] deren Ziele über öffentliche Diskussion und Bildungspläne festgelegt. Sie versucht, Kinder in ihrer Gegenwart zu orientieren und auch auf Anforderungen vorzubereiten, die sie in ihrer Zukunft erwarten. Verhaltensweisen und Normen ändern sich mit der sich wandelnden gesellschaftlichen Wirklichkeit. Kinder müssen sich mit den Einstellungen und Werten von Erwachsenen und anderen Kindern auseinandersetzen, um mit ihnen kreativ und situationsbezogen umgehen zu können« (Rahmenplan Bremen 2004, 9). Diese öffentliche bzw. wohl besser die disziplinäre und professionsbezogene Diskussion steht offensichtlich (noch) aus, ebenso wie die Bestimmung des Verhältnisses von öffentlicher und privater Erziehung, denn nach der bildungspolitisch-gesetzlichen Bestimmung sind die Adressatinnen und Adressaten der Elementarpädagogik nicht nur die Mädchen und Jungen selber, sondern ebenso deren Mütter und Väter. Das bedeutet, dass die Trias als Verbundenheit aufgefasst und gestaltet werden sollten und dies in enger Kooperation und Zusammenarbeit mit den Eltern, was für die Gestaltung von Erziehungsprozessen in Kindertagesstätten eine nicht zu unterschätzende Herausforderung darstellt. Dazu lassen sich Aufrufe finden wie »›Mut

zur Erziehung‹, d. h. Kindern in einer wertschätzenden Weise Orientierung zu geben, indem erwachsene Bezugspersonen ihnen gegenüber klare Standpunkte beziehen und Grenzen setzen – dies ist ein Anliegen, das Eltern und pädagogische Fachkräfte in Kindertageseinrichtungen in ihrer gemeinsamen Verantwortung für das Kind gleichermaßen betrifft« (Bayerischer Bildungs- und Erziehungsplan 2012, 16) oder auch die Aufforderung, diese »Erziehungspartnerschaft ist zu einer Bildungspartnerschaft auszubauen. Wie die Erziehung soll auch die Bildung zur gemeinsamen Aufgabe werden, die von beiden Seiten verantwortet wird« (Hessischer Bildungs- und Erziehungsplan 2012, 109).

Hier offenbart sich die Notwendigkeit eines Arbeits- oder Forschungsprogramms, denn die in den Curricula erkennbaren Ansätze zu einer Zusammenarbeit mit Eltern für ein gemeinsames Verständnis von Erziehung und Bildung bleiben (wie in fast allen wissenschaftlichen Beiträgen) sehr vage und berücksichtigen kaum die große Heterogenität von Familien, mit denen Pädagog/innen zusammen arbeiten, denn *die* Eltern gibt es schlichtweg nicht, »Eltern [bilden] die gesellschaftliche und kulturelle Vielfalt ab: Von der Teenagermutter bis zum ›späten Vater‹, von der Patchworkfamilie über Alleinerziehende bis hin zur ›klassischen Familie‹, von Arbeitssuchenden bis zu den durch den Beruf überlasteten Personen, mit und ohne Migrationserfahrung. Eltern und Familien bringen unterschiedlichste Hintergründe, Lebensvorstellungen, Ziele und kulturelle Einflüsse mit« (Eylert 2012, 286). Welche unterschiedlichen Vorstellungen zur Gestaltung des Familialen all diese Eltern haben, wird anhand der von Eylert analysierten Ergebnisse der Sinus Milieu®-Studie deutlich, in der nach der Heterogenität von elterlichen Einstellungen hinsichtlich Erziehungskonzepten, Mutter- und Vaterbildern, Erziehungsstilen und Problemen im familialen Alltag gefragt wurde. Aber ebenso kommt es zu einer starken Verunsicherung durch eine zunehmende Pluralisierung der Leitbilder hinsichtlich dessen, was es heißt, »eine gute Mutter/ein guter Vater«, zu sein (vgl. ebd., 287). Deutliche Unterschiede zeigen sich dann in der Rollenwahrnehmung und der Ausgestaltung dieser Rollen sowie des Erziehungsverhaltens. Das Erziehungsverhalten und -verständnis schwankt dabei zwischen den einzelnen Milieus erheblich. Auf diese unterschiedlichen familialen Erziehungskonzepte und -vorstellungen müsste dabei im Sinne einer Erziehungs- und Bildungspartnerschaft eingegangen werden.

Als Conclusio kann festgehalten werden, dass eine Auseinandersetzung mit Erziehungsvorstellungen und -zielen in Kindertagesstätten begonnen hat, jedoch ein breites Arbeits- und Forschungsprogramm noch ansteht. Selbst wenn man sicher davon ausgehen kann, dass Erziehung ob ihrer schwer zu fassenden Verallgemeinerung weiter als Containerbegriff gebraucht wird, so sind doch grundlegende Fragen zu klären. Dazu gehört sicherlich ein Diskurs darüber, wie Erziehung angesichts kultureller und sozialer Diversitäten gefasst und gemeinsam von Eltern und Pädagog/innen gestaltet werden könnte. Ebenso wäre sicherlich zu hinterfragen, wie Kinder in diese Erziehungsprozesse eingebunden werden. Denn es erscheint kaum vereinbar, dass zwar Kindern Selbstbildungsprozesse zugetraut werden, diese jedoch mit einer eher traditionellen Lesart von Erziehung verbunden sind.

Literatur

Bayrisches Staatsministerium für Arbeit und Sozialordnung, Familie und Frauen/Staatsinstitut für Frühpädagogik München (Hg.): *Der Bayerische Bildungs- und Erziehungsplan für Kinder in Tageseinrichtungen bis zur Einschulung.* Berlin [5]2012.

Die Senatorin für Soziales, Kinder, Jugend und Frauen/ Freie Hansestadt Bremen (Hg.): *Rahmenplan für Bildung und Erziehung im Elementarbereich. Frühkindliche Bildung in Bremen.* 2004. www.soziales.bremen.de/ sixcms/media.php/13/Jugendsenatorin_Rahmenplan_ 2012_web.pdf (02.02.2013).

Eylert, Andreas: »Vielfalt als Chance – Elternschaft als heterogenes Gebilde«. In: Henschel, Angelika u.a. (Hg.): *Erziehungs- und Bildungspartnerschaften. Grundlagen und Strukturen von Elternarbeit.* Wiesbaden 2012, 286–296.

Hessisches Kultusministerium/Hessisches Sozialministerium (Hg.): *Bildung von Anfang an. Bildungs- und Erziehungsplan für Kinder von 0 bis 10 Jahren in Hessen.* Wiesbaden [4]2012.

Knauf, Helen: »Zwischen Aufbruch und Abbau – Elementarpädagogik am Beginn des 21. Jahrhunderts«. In: Knauf, Helen (Hg.): *Frühe Kindheit gestalten. Perspektiven zeitgemäßer Elementarbildung.* Stuttgart 2009, 164–172.

Liegle, Ludwig: *Bildung und Erziehung in früher Kindheit.* Stuttgart 2006.

Ministerium für Bildung und Kultur des Landes Schleswig-Holstein (Hg.): *Erfolgreich starten. Leitlinien zum Bildungsauftrag in Kindertageseinrichtungen.* Kiel [3]2009.

Ministerium für Bildung, Wissenschaft und Kultur Mecklenburg-Vorpommern (Hg.): *Bildungskonzeption für 0- bis 10jährige Kinder in Mecklenburg-Vorpommern. Zur Arbeit in Kindertageseinrichtungen und Kindertagespflege.* 2011. www.bildung-mv.de/export/sites/ lisa/de/Fruehkindliche_Bildung/Bildungskonzeption_ fuer_0-_bis_10-jaehrige_Kinder_in_M-V/Endfassung_ Bildungskonzeption_0bis10jaehrige_NEU_opt.pdf (02.02.2013).

Ministerium für Kultus, Jugend und Sport: *Orientierungsplan für Bildung und Erziehung in baden-württembergischen Kindergärten und weiteren Kindertageseinrichtungen.* 2011. www.kultusportal-bw.de/servlet/PB/ show/1285728/KM_KIGA_Orientierungsplan_2011. pdf (02.02.2013).

Mollenhauer, Klaus: »Erziehung«. In: Kreft, Dieter/Mielenz, Ingrid (Hg.): *Wörterbuch Soziale Arbeit. Aufgaben, Praxisfelder, Begriffe und Methoden der Sozialarbeit und Sozialpädagogik.* Weinheim/München [6]2008, 257–259.

Niedersächsisches Kultusministerium (Hg.): *Orientierungsplan für Bildung und Erziehung im Elementarbereich niedersächsischer Tageseinrichtungen für Kinder.* Hannover 2011.

Neumann, Karl: »Frühpädagogische Ansätze und Programme und ihre Bestimmungen des Verhältnisses von öffentlicher und privater Erziehung«. In: Cloos, Peter/Karner, Britta (Hg.): *Erziehung und Bildung von Kindern als gemeinsames Projekt. Zum Verhältnis familialer Erziehung und öffentlicher Kinderbetreuung.* Baltmannsweiler 2010, 80–97.

Senatsverwaltung für Bildung, Jugend und Sport Berlin: *Berliner Bildungsprogramm für die Bildung, Erziehung und Betreuung von Kindern in Tageseinrichtungen bis zu ihrem Schuleintritt.* Berlin 2004.

Sünkel, Wolfgang: *Erziehungsbegriff und Erziehungsverhältnis. Allgemeine Theorie der Erziehung.* München/ Weinheim 2011.

Thüringer Ministerium für Bildung, Wissenschaft und Kultur (Hg.): *Thüringer Bildungsplan für Kinder bis 10 Jahre.* Berlin/Weimar 2008.

Winkler, Michael: »Erziehungs- und Bildungsziele«. In: Otto, Unas/Thiersch, Habs (Hg.): *Handbuch Soziale Arbeit. Grundlagen der Sozialarbeit und Sozialpädagogik.* München [4]2011, 353–365.

Winkler, Michael: *Erziehung in der Familie. Innenansichten des pädagogischen Alltags.* Stuttgart 2012.

Wolff, Reinhart: »Erziehungs- und Bildungspartnerschaft in der Frühpädagogik«. In: Balluseck, Heide von(Hg.): *Professionalisierung der Frühpädagogik. Perspektiven, Entwicklungen, Herausforderungen.* Opladen 2008, 185–194.

Cornelia Wustmann

7. Schule

1. Einführung

Die Schule ist eine gesellschaftliche Institution, die zum Ziel hat, die junge Generation auf ihre zukünftige Mitwirkung in der Gesellschaft vorzubereiten. In fast allen Kulturen ist es heute üblich, dass Kindern und Jugendlichen in einem strukturierten Lernumfeld gemeinsam mit Gleichaltrigen durch speziell dafür ausgebildetes Lehrpersonal grundlegende Kenntnisse und Werte vermittelt werden. Dabei beinhaltet das Lernumfeld Schule sowohl formalisierte Interaktionen (z.B. im schulischen Unterricht) als auch informellen Austausch (z.B. in der Interaktion zwischen den Gleichaltrigen). Durch die festgelegten Strukturen und Lerngruppen stellt Schule eine relativ stabile Umwelt dar, die langfristige, systematische und kumulative Lern- und Entwicklungsprozesse ermöglicht (Baumert 2006). Es ist also anzunehmen, dass die Schule die Entwicklung von Menschen nachhaltig beeinflusst und somit zu einem wichtigen Ort der Erziehung wird.

Das vorliegende Kapitel liefert eine Übersicht über empirisch nachgewiesene Effekte von Schule auf die Entwicklung von Kindern und Jugendlichen. Den Ausführungen liegt ein breiter Erziehungsbegriff zugrunde, der sich an der pädagogisch-psychologischen Literatur orientiert (Klauer 1981; Weinert 2010). Unter Erziehung werden solche Vorgänge und Maßnahmen verstanden, die das Verhalten und die Dispositionen von Menschen dauerhaft verändern. Damit beinhaltet der gewählte Erziehungsbegriff sowohl gezielte, absichtliche Einwirkungen als auch inzidentelle Lerngelegenheiten. Die Veränderung von Verhalten und Dispositionen umfasst sowohl Aspekte der Charakterbildung wie Förderung von Selbstständigkeit, Vermittlung sozialer Kompetenzen, Unterstützung politisch-demokratischer Urteilsbildung als auch die Vermittlung von Wissen und Förderung kognitiver Fähigkeiten. Auf die in der pädagogischen Praxis häufig vorgenommene Trennung zwischen »Erziehen« als Unterstützung der Persönlichkeitsentfaltung auf der einen und »Lehren« oder« Bildung« als Vermittlung von Kenntnissen auf der anderen Seite wurde bewusst verzichtet, da aus psychologischer Sicht kognitive Merkmale wie Wissen oder Fähigkeiten ebenfalls zu Persönlichkeitsmerkmalen (im Sinne von stabilen Dispositionen) gehören und sich kognitive und nicht-kognitive Merkmale in ihrer Entwicklung häufig gegenseitig beeinflussen (Pekrun/Fend 1991). Auch ist es schwer vorstellbar, dass das ultimative Ziel von Erziehung, die Entwicklung von »autonomen Individuen, die zu selbständigem wie selbstverantwortlichem Denken und Handeln befähigt sind« (Weinert 2010, 140), ohne die Fähigkeit zum schlussfolgernden Denken, kritisches Urteilen und eine solide Wissensbasis erreicht werden kann (vgl. Baumert/Kunter 2006). Weiterhin ist die Trennung von »Erziehung« und »Bildung« vor allem ein Phänomen des deutschen Sprachraums, das in der internationalen psychologischen Forschungsliteratur, wo generell von *education* gesprochen wird, nicht auftritt.

2. Schulische Erziehungsziele

Die Schule hat unterschiedliche Aufgaben zu erfüllen. Normative Festsetzungen schulischer Erziehungsziele, wie sie in Dokumenten der Bildungsadministration und Schulprogrammen zu finden sind, umfassen eine Vielzahl an Aspekten wie die Vermittlung von Kompetenzen, Befähigung zum eigenverantwortlichem Urteilen und Handeln, Demokratie- und Werteerziehung, Förderung des sozialen Handelns und politischer Verantwortlichkeit und Vorbereitung auf die Arbeitswelt (Sekretariat der Ständigen Konferenz der Kultusminister der Länder in der Bundesrepublik Deutschland, 2005). Diese Erziehungsziele lassen sich in die die Funktionen der Qualifikation (Vermittlung von berufsvorbereitenden Fähigkeiten und Kenntnissen), Enkulturation (Vermittlung kultureller Fertigkeiten und Werte) und Integration (Förderung der Zustimmung zum politischen Regelwerk) einteilen (Fend 2006). In ihrer Konkretisierung als Lern- und Lehrziele können diese abstrakten Zielsetzungen Unterschiedliches bedeuten, und sie sind darüber hinaus auch einem historischen Wandel unterworfen. So machen es zunehmend komplexere Sachverhalte und schneller Informationszuwachs notwendig, neben der Vermittlung einzelner Fakten oder Fertigkeiten speziell das Anwendungs- und Problemlösewissen sowie die Fähigkeit zum selbstregulierten Lernen zu fördern (Weinert 2001; Weinert/Schrader 1997). Weiterhin belegen Studien zur Wertevermittlung, dass die Förderung von Selbstständigkeit in zunehmendem Maße als wichtiges Ziel von Schule gesehen wird (Tarnai 2010).

Die Vielseitigkeit der schulischen Ziele hat immer wieder zu Diskussionen darüber geführt, ob diese Multikriterialität in der Praxis auch wirklich erreicht werden kann (Fölsch 1996). Die Befürchtung, dass eine zu deutliche schulische Schwerpunktlegung auf die Vermittlung von Kenntnissen und die damit verbundene Leistungsorientierung die Autonomie seitens der Schülerinnen und Schüler einschränken und somit die Entwicklung prosozialer und demokratischer Orientierungen verhindern könne, ist der Hintergrund für die Entwicklung vieler alternativer Schul- und Unterrichtskonzepte (Fauser/Schweitzer 1985). Forschung zur multiplen Zielerreichung von Schule belegt, dass es sowohl innerhalb dieser Reformprojekte als auch in regulären Schulkontexten durchaus möglich ist, Schule so zu gestalten, dass das Erreichen kognitiver Lernziele mit günstigen sozialen und persönlichen Entwicklungen der Schülerinnen und Schüler einhergeht (z. B. Kunter 2005; Watermann/Thurn u. a. 2005).

3. Empirische Befunde zu Effekten von Schule(n)

Wie sehr beeinflusst Schule tatsächlich die Entwicklung von Menschen? Allein durch die schiere Menge an Zeit, die Kinder und Jugendliche in der Schule verbringen, ist zu erwarten, dass ihr Einfluss beträchtlich sein muss. Die Forschung versucht seit langem, diese vermutete Wirkung auch empirisch nachzuweisen. Hierzu hat man einerseits den Effekt von Beschulung generell (*schooling effects*) und andererseits den Effekt unterschiedlicher Schulumwelten (*school effects*) untersucht. Während im ersten Fall also die Frage der *absoluten* Wirksamkeit von Schule im Fokus steht, wird im zweiten Fall nach der *relativen* Wirksamkeit gefragt.

3.1 Beschulungseffekte

Lange Zeit galt es als empirisch kaum möglich, den tatsächlichen Einfluss von Schule zu quantifizieren. Da Schule in fast allen Gesellschaften allgegen-

wärtig ist, sind übliche Designs zur Effektivitätsprüfung wie Experimental- vs. Kontrollgruppen kaum anzuwenden. Seit dem vielbeachteten Aufsatz von Ceci (1991), in dem er mögliche empirische Zugänge diskutierte, haben Forscher jedoch innovative Designs entwickelt, in denen natürliche Experimentalsituationen genutzt werden, die eine quantitative Abschätzung des Beschulungseffektes möglich machen. So zeigen beispielsweise Studien, die Effekte von zufällig bedingtem Schulausfall untersuchen, einen negativen Effekt von kürzerer Beschulungszeit auf die Leistungsentwicklung (z. B. Marcotte 2007). Ein weiterer interessanter Ansatz sind Stichtagsstudien, bei denen Schülerinnen und Schüler, die zwar das gleiche Alter haben, aber aufgrund von administrativen Regelungen in unterschiedlichen Klassenstufen sind, in ihren Leistungszuwächsen miteinander verglichen werden (z. B. Cahan/Davis 1987). Insgesamt lässt sich festhalten, dass ein Mehr an Schulzeit mit bedeutsamen Vorteilen in fachlichen Leistungen und allgemeinen kognitiven Fähigkeiten einhergeht. Ein weiterer wichtiger Befund ist, dass dieser Beschulungseffekt in der Regel größer für Kinder aus benachteiligten Familien ausfällt, da hier Schulausfall weniger gut durch familiäre Unterstützung aufgefangen wird (Alexander/Entwisle u. a. 2007).

3.2 Relative Schuleffekte

Studien zu relativen Schuleffekten untersuchen, ob es für die Entwicklung von Kindern einen Unterschied macht, *welche* Schule sie besuchen. Lange Zeit war man in der Schulforschung relativ pessimistisch, was die differenzielle Wirksamkeit einzelner Schulen betraf. Hintergrund hierfür war der in den 1960er Jahren veröffentlichte Coleman-Report (Coleman u. a. 1966), der aufzeigte, dass nur ein sehr kleiner Anteil der Schulleistungsvarianz auf Unterschiede zwischen Schulen zurückzuführen war. In der Zwischenzeit zeigen jedoch zahlreiche methodisch verbesserte Studien, dass der Schulkontext durchaus einen substanziellen Einfluss auf die Entwicklung von Kindern und Jugendlichen haben kann. In Zusammenfassung von Ergebnissen verschiedener Studien ist davon auszugehen, dass der Schulkontext etwa 10–20 % der Varianz der schulischen Leistungen und etwa 10 % der nicht-kognitiven Merkmale wie Motivation, Wohlbefinden oder Verhalten erklären kann

(Scheerens/Bosker 1997; Rutter 2002; Gadeyne/Ghesquire u. a. 2006). Allerdings variiert die Höhe des Schuleffektes in Abhängigkeit vom untersuchten Kriterium, Altersstufe oder Schulsystem. Mittlerweile liegen auch gesicherte Befunde vor, welche Aspekte des Schulkontexts denn bedeutsam sind. Viele dieser Merkmale sind keine reinen Schulmerkmale, sondern können auch innerhalb von Schulen variieren.

Dass die finanzielle und materielle Ausstattung einer Schule relativ geringe Bedeutung für die Entwicklung der Schülerinnen und Schüler hat, ist ein robuster Befund – zumindest, wenn sie sich in einem Rahmen bewegt, der für das jeweilige Schulsystem gängig ist (Rutter 2002; Hattie 2009). Zahlreiche Studien belegen, dass etwa finanzielle Ressourcen, die Schul- oder Klassengröße im Vergleich zu Merkmalen, die sich auf die Qualität der schulischen Interaktion beziehen, geringen Erklärungswert haben.

Die unterrichtsbezogenen Lehr-Lernprozesse üben entscheidenden Einfluss auf die Entwicklung von Kindern und Jugendlichen aus (Hattie 2009; Seidel/Shavelson 2007). Kurz zusammengefasst lässt sich festhalten, dass Unterricht, der die zur Verfügung stehende Lernzeit effektiv nutzt, der klar strukturiert ist, in dem Lernende Rückmeldung erhalten, und in dem eine bewusste Auseinandersetzung mit den zu lernenden Inhalten stattfindet, nicht nur günstige Effekte auf die Leistungsentwicklung, sondern auch auf motivational-affektive Zielkriterien hat. Spezielle Unterrichtsmethoden wie kooperative Lernformen werden von Lehrkräften gezielt eingesetzt, um soziale Kompetenzen und die Beziehungen in Klassen zu fördern; die Effektivität dieser Methoden ist vielfach belegt (Johnson/Johnson 1995). Neben diesen Aspekten der Unterrichtsqualität kann die Beziehung zwischen Lehrenden und Lernenden Erziehungsfunktionen übernehmen. So zeigt es sich, dass Beziehungen, die durch Respekt und Empathie gekennzeichnet ist, nicht nur mit besseren schulischen Leistungen, sondern auch mehr Mitarbeit, besserem Sozialverhalten und weniger Schulabbrüchen seitens der Schüler einhergehen (Cornelius-White 2007).

Die Schulklimaforschung hat darauf hingewiesen, dass sich in Schulen bestimmte Normen und Werte und auch bestimmte emotionale Qualitäten in den Beziehungen zwischen Schülerinnen und Schülern herausbilden können (Eder 2010; Fend 1977). Inwieweit dieses Schul- oder Klassenklima tatsächlich einen bedeutsamen Einfluss auf die kognitive oder motivational-affektive Entwicklung von Kindern und Jugendlichen ausübt, lässt sich anhand des derzeitigen Forschungsstandes nur schwer beurteilen, da die in den meisten Studien verwendeten Querschnittsdesigns kausale Schlussfolgerungen kaum erlauben. Unbestritten dürfte jedoch sein, dass gezielte Schulprogramme zur Verbesserung des sozialen Umgangs in Schulen durchaus ihre Wirkung auf sozio-emotionale Merkmale wie etwa Schulfreude, prosoziales Verhalten oder auch die Gewaltbereitschaft von Schülerinnen und Schüler haben können (Solomon u. a. 2000; Olweus 1995; Oser 1997).

Unabhängig vom allgemein herrschenden Klima einer Schule bilden sich Beziehungen und Freundschaften zwischen einzelnen Schülerinnen und Schülern heraus. Das Besondere dieser Schulfreundschaften ist, dass sie in einem leistungsthematischen Kontext entstehen und das Erreichen schulischer Ziele unterstützen oder verhindern können. So kann sicheres Eingebundensein mit Peers und ein Gefühl der Unterstützung zu besserem schulischen Engagement führen (Skinner/Belmont 1993). Die Beziehungen zu Gleichaltrigen ermöglichen Schülerinnen und Schülern – anders als etwa in der Familie – auch direkten sozialen Vergleich im Leistungskontext. Die Schule stellt somit einen sozialen Referenzrahmen dar, innerhalb dessen die Schülerinnen und Schüler ihre eigenen Leistungen einordnen und bewerten können. Dass dabei der spezifische Leistungsstand einer Lerngruppe die Selbstwahrnehmung eines Schülers erheblich beeinflussen kann, wird in der Forschung zu Bezugsgruppeneffekten dargestellt (Marsh/Kong u. a. 2000; Trautwein/Lüdtke 2005).

4. Zusammenfassung und Ausblick

Die Schule als ein gesellschaftlich verankerter Ort der Erziehung soll vielfältige Ziele erreichen. Schule beeinflusst die kognitive Entwicklung von Kindern und Jugendlichen, indem sie sie anregt, sich kontinuierlich mit fachlichen Inhalten auseinanderzusetzen und sich somit wichtige Kenntnisse für die Teilhabe an der Gesellschaft anzueignen. Je nach individuellen Lebensumständen kann Schule für viele Menschen die einzige Möglichkeit des institutionalisierten Kompetenzaufbaus darstellen. Schule kann aber auch die Motivation, das Selbstbild, die politischen und sozialen Orientierungen von Kindern und Jugendlichen beeinflussen, wenngleich die empirische Datenlage zu diesen Effekten weit weniger umfangreich ist. Wie dargestellt hat die Forschung der letzten Jahre beachtliche Fortschritte bezüglich der Quantifizierung von absoluten und relativen Schuleffekten und der Identifikation schulischer Wirkfaktoren gemacht. Auf Basis dieser Erkenntnisse eröffnen sich neue Fragen, die Ansatzpunkte für zukünftige Forschung sein können, die abschließend diskutiert werden.

Eine erste Anregung betrifft die Untersuchung der Beschulungseffekte, die in neuerer Zeit unter Nutzung kluger Forschungsdesigns vermehrt vorgenommen wird. All diese Untersuchungen beziehen sich jedoch ausschließlich auf schulische Leistungen oder allgemeine kognitive Fähigkeiten. Erkenntnisse über Beschulungseffekte auf andere schulische Zielkriterien liegen nicht vor.

Weiterhin ist es mittlerweile empirischer Konsens, dass im Vergleich zu strukturellen Schulmerkmalen, die distal zu den Lern- und Entwicklungsprozessen der Kinder und Jugendlichen liegen, die eigentlichen Interaktionen zwischen Lehrkräften und Schülern oder der Schüler untereinander die entscheidenden Wirkfaktoren sind. Die empirische Unterrichtsforschung und die Klimaforschung haben mittlerweile eine Reihe an Befunden herausgebracht, die Hinweise darauf liefern, wie entwicklungsfördernde Schulen aussehen könnten. Gleichzeitig stehen vielfach Einzelbefunde disparat nebeneinander und es fehlt an übergreifenden integrierenden theoretischen Modellen.

Hauptthema dieses Beitrags war der Effekt, den Schule auf die Entwicklung von Kindern und Jugendlichen ausübt. Es sei allerdings betont, dass die Entwicklung von Menschen immer in der Interaktion von individuellen Voraussetzungen und Lernumwelten stattfindet (Weinert 2010; Rutter 2002). Schule stellt ein Erziehungsangebot dar, dessen Nutzung in großem Maße auch von den persönlichen Fähigkeiten und Interessen der Schülerinnen und Schüler abhängt. Gleichzeitig gestalten die individuellen Voraussetzungen der Kinder die Lernumwelt, wie das Klima oder das Leistungspotenzial einer Klasse. Die Schule als Ort der Erziehung wird also selbst auch durch die unterschiedlichen Entwicklungsstände ihrer Schülerinnen und Schüler beeinflusst (Weinert 2010). Diese Reziprozität ist in der Forschung bisher kaum untersucht worden.

Abschließend sei darauf hingewiesen, dass nur wenige empirische Studien den Anspruch an Schule, junge Menschen für die aktive und erfolgreiche Mitwirkung in der Gesellschaft vorzubereiten, tatsächlich empirisch prüfen. Studien zu den Erträgen von schulischer Erziehung zeigen, dass gerade bei Risikokindern frühe Interventionen die Lebenswege günstig beeinflussen können (Heckman 2008) und dass längerer Schulbesuch in der Regel nicht nur mit höherem beruflichen Erfolg, sondern auch diversen Kriterien erfolgreicher Lebensführung wie Familienplanung und Erziehung, Gesundheitsverhalten oder politischem Engagement einhergeht (Dickson/Harmon 2011). Generell werden jedoch mehr echte Längsschnittstudien benötigt, die empirisch beschreiben, welche der durch die Schule geprägten Dispositionen und Verhaltensweisen das Leben der späteren Erwachsenen tatsächlich nachhaltig beeinflussen (Blossfeld/Schneider/Maurice 2010).

Literatur

Alexander, Karl. L./Entwisle, Doris. R./Olson, Linda Steffel: »Lasting Consequences of the Summer Learning Gap«. In: *American Sociological Review* 72.2 (2007), 167–180.

Baumert, Jürgen: »Was wissen wir über die Entwicklung von Schulleistungen?«. In *Pädagogik* 58.4 (2006), 40–46.

Baumert, Jürgen/Kunter, Mareike: »Stichwort: Professionelle Kompetenz von Lehrkräften«. In: *Zeitschrift für Erziehungswissenschaft* 9.4 (2006), 469–520.

Blossfeld, Hans-Peter/Schneider, Thorsten/Maurice, Jutta von: »Längsschnittdaten zur Beschreibung und Erklärung von Bildungsverläufen«. In: Quenzel, Gudrun/Hurrelmann, Klaus (Hg.): *Bildungsverlierer. Neue Ungleichheiten*. Wiesbaden 2010, 203–220.

Cahan, Sorel/Davis, Daniel: »A between-grade-levels approach to the investigation of the absolute effects of schooling on achievement«. In: *American Educational Research Journal* 24.1 (1987), 1–12.

Ceci, Stephen J.: »How much does schooling influence general intelligence and its cognitive components? A reassessment of the evidence«. In: *Developmental Psychology* 27.5 (1991), 703–722.

Coleman, James S. u. a.: *Equality of Educational Opportunity*. Washington 1966.

Cornelius-White, Jeffrey: »Learner-centered teacher-student relationships are effective: A meta-analysis«. In: *Review of Educational Research* 77.1 (2007), 113–143.

Dickson, Matt/Harmon, Colm: »Economic returns to education: What We Know, What We Don't Know, and

Where We Are Going – Some brief pointers«. In: *Economics of Education Review* 30.6 (2011), 1118–1122.

Eder, Ferdinand: »Schul- und Klassenklima«. In: Rost, Detlef H. (Hg.): *Handwörterbuch Pädagogische Psychologie*. Weinheim ⁴2010, 694–703.

Fauser, Peter/Schweitzer, Friedrich: »Schule, gesellschaftliche Modernisierung und soziales Lernen – Schultheoretische Überzeugungen«. In: *Zeitschrift für Pädagogik* 31.3 (1985), 339–363.

Fend, Helmut: *Schulklima: Soziale Einflussprozesse in der Schule*. Weinheim 1977.

Fend, Helmut: *Neue Theorie der Schule – Einführung in das Verstehen von Bildungssystemen*. Wiesbaden 2006.

Fölsch, Gustav: »Sind die Bildungsziele »Kompetenz« und »Autonomie« vereinbar? Ein Nachdenken über Erfahrungen in der Praxis«. In: *Die Deutsche Schule* 88.4 (1996), 392–405.

Gadeyne, Els/Ghesquire, Pol/Onghena, Patrick: »Psychosocial educational effectiveness criteria and their relation to teaching in primary education«. In: *School Effectiveness and School Improvement* 17.1 (2006), 63–85.

Hattie, John A.: *Visible learning: A synthesis of over 800 meta-analyses relating to achievement*. New York 2009.

Heckman, James J.: *Schools, Skills, and Synapses*. National Bureau of Economic Research Working Paper Series, No. 14064 (2008).

Johnson, David W./Johnson, Roger T.: »Cooperative learning and nonacademic outcomes of schooling: The other side of the report card«. In: Pedersen, Jon E./Digby, Annette D. (Hg.): *Secondary Schools and Cooperative Learning*. New York 1995, 81–150.

Klauer, Karl Josef: »Erziehung«. In: Schiefele, H./Krapp, A. (Hg.): *Handlexikon zur Pädagogischen Psychologie*. München 1981, 108–112.

Kunter, Mareike: *Multiple Ziele im Mathematikunterricht*. Münster 2005.

Marcotte, Dave E.: Schooling and test scores: A mother-natural experiment. In: *Economics of Education Review* 26.5 (2007), 629–640.

Marsh, Herbert W./Kong, Chit-Kwong/Hau, Kit-Tai: »Longitudinal multilevel models of the big-fish-little-pond effect on academic self-concept: Counterbalancing contrast and reflected-glory effects in Hong Kong schools«. In: *Journal of Personality and Social Psychology* 78.2 (2000), 337–349.

Olweus, Dan Ake: *Gewalt in der Schule: Was Lehrer und Eltern wissen sollten – und tun können*. Bern 1995.

Oser, Fritz K.: »Sozial-moralisches Lernen«. In: Weinert, Franz Emanuel (Hg.): *Psychologie des Unterrrichts und der Schule*. Göttingen ³1997, 461–501.

Pekrun, Reinhard/Fend, Helmut (Hg.): *Schule und Persönlichkeitsentwicklung: Ein Resümee der Längsschnittforschung*. Stuttgart 1991.

Rutter, Michael/Maughan, Barbara: »School Effectiveness Findings 1979–2002«. In: *Journal of School Psychology* 40.6 (2002), 451–475.

Scheerens, Jaap/Bosker, Roel J.: *The Foundations of Educational Effectiveness*. Oxford 1997.

Seidel, Tina/Shavelson, Richard J.: »Teaching effectiveness research in the past decade: The role of theory and research design in disentangling meta-analysis results«. In: *Review of Educational Research* 77.4 (2007), 454–499.

Sekretariat der Ständigen Konferenz der Kultusminister der Länder in der Bundesrepublik Deutschland: *Bildungsstandards der Kultusministerkonferenz Erläuterungen zur Konzeption und Entwicklung*. München 2005, 7.

Skinner, Ellen A./Belmont, Michael J.: »Motivation in the classroom: Reciprocal effects of teacher behavior and student engagement across the school year«. In: *Journal of Educational Psychology* 85.4 (1993), 571–581.

Solomon, Daniel u. a.: »A six-district study of educational change: Direct and mediated effects of the child development project«. In: *Social Psychology of Education* 4.1 (2000), 3–51.

Tarnai, Christian: »Erziehungsziele«. In: Rost, Detlef H. (Hg.): *Handwörterbuch Pädagogische Psychologie*. Weinheim ⁴2010, 168–190.

Trautwein, Ulrich/Lüdtke, Oliver: »The big-fish-little-pond effect. Future research questions and educational implications«. In: *Zeitschrift für Pädagogische Psychologie* 19.3 (2005), 137–140.

Watermann, Rainer/Thurn, Susanne/Stanat, Petra (Hg.): *Die Laborschule im Spiegel ihrer PISA-Ergebnisse – Pädagogisch-didaktische Konzepte und empirische Evaluation reformpädagogischer Praxis*. Weinheim 2005.

Weinert, Franz E.: »Entwicklung, Lernen, Erziehung«. In: Rost, Detlef H. (Hg.): *Handwörterbuch Pädagogische Psychologie*. Weinheim ⁴2010, 132–143.

Weinert, Franz E. (Hg.): *Leistungsmessung in Schulen*. Weinheim 2001.

Weinert, Franz E./Schrader, Friedrich W.: »Lernen lernen als psychologisches Problem«. In: Weinert, Franz E./Mandl, Heinz (Hg.): *Psychologie der Erwachsenenbildung*. Göttingen 1997, 295–335.

Mareike Kunter

8. Internat

1. Einleitung

Obwohl das Internat, dessen Anfänge sich bis in das europäische Mittelalter zurückverfolgen lassen, in der Vergangenheit auf wechselnde Anforderungen mit einer bemerkenswerten Flexibilität reagierte und seine Funktionalität immer wieder neu unter Beweis stellte (vgl. Ladenthin 2009), fristet es innerhalb der Erziehungswissenschaft noch immer ein Schattendasein. Es liegen zwar vereinzelte Beiträge vor, aber von einer intensiv betriebenen, systematisch angelegten Erforschung des Internats und seiner Bedeutung für die Organisation von Erziehungsprozessen kann kaum gesprochen werden. Und dies, obwohl das Internat sich besonderen Vorkehrungen organisatorischer Art verdankt, um auf die notorische Störanfälligkeit erzieherischer Maßnahmen zu reagieren. Als soziales Gebilde verweist es denn auch indirekt auf das von Eduard Spranger aufgestellte »Gesetz der ungewollten Nebenwirkungen in der Erziehung« (Spranger 1962) und verkörpert die Hoffnung, dass sich diese, wenn nicht vollständig ausschalten, so doch – durch die Etablierung raum-zeitlicher Arrangements sowie asymmetrischer Sozialbeziehungen – wenigstens kontrollieren lassen.

Diesem Forschungsdesiderat suchen wir in unserem Beitrag dadurch zu begegnen, dass wir die erziehungswissenschaftlichen Beiträge zum Internat, die nicht immer frei sind von Idealisierungen (vgl. Amos 2007), mit solchen aus der Soziologie konfrontieren sowie mit Thematisierungen im Medium der Literatur. Erst das Zusammenspiel von erziehungswissenschaftlichen Reflexionen, empirischen Studien und literarischen Beschreibungen sowie die Berücksichtigung internationaler Forschungsarbeiten vermögen den Zugang zum Internat als einer besonderen Form der sozialen Organisation von Bildung, Erziehung und Unterricht zu erschließen. Auf diese Weise sollen nicht allein die Chancen erhellt werden, die den Bemühungen um die Intensivierung pädagogischer Praktiken innewohnen, sondern auch die beträchtlichen Gefahren, die damit verknüpft sind. Gerade diese sind es, die seit dem Bekanntwerden des massenhaften sexuellen Missbrauchs an Internatsschulen im Jahr 2010 die öffentliche Debatte prägen (vgl. Amendt 2010; Oevermann 2010; Thole u. a. 2012).

2. Forschungsstand

2.1 Erziehungswissenschaftliche Erkundungen des Internats

Die Erziehungswissenschaft befasst sich mit der Geschichte des Internats, mit dessen Bedeutung und Funktion für das Schulsystem sowie insbesondere für Erziehungs- und Sozialisationsprozesse. Der Begriff des Internates (früher auch Alumnat, [Mädchen-] Pensionat, Kolleg oder Konvikt) bezeichnet seit etwa Mitte des 19. Jahrhunderts Bildungseinrichtungen, die Leben und Lernen bzw. Heim und Schule verbinden (vgl. Ladenthin 2009, 418; Gonschorek 1979, 6). Nach Ladenthin (2009) gibt es gegenwärtig etwa 300 Internate in Deutschland, die in Voll-, Wochen-, Tages- und Halbtagsinternate unterschieden werden. Einige Internate haben sich spezialisiert, z. B. auf die Förderung von sog. Lernstörungen, von Hochbegabung oder musischen Fähigkeiten. Zudem wird meist zwischen katholischen Jesuitenkollegs und reformpädagogischen Landerziehungsheimen – insbesondere als Internatsschulen auf dem Land – unterschieden.

Internate sind im europäischen Mittelalter z. B. als Kloster-, Ritter- und Hofschulen entstanden, die u. a. der Förderung des kirchlichen und adligen Nachwuchses dienten. Mit der Einführung der allgemeinen Schulpflicht veränderten sich ihre Funktionen: Sie wurden einerseits zu einem Komplement des Schulsystems in strukturschwachen Regionen, andererseits zu Orten alternativer Lernformen. Vielen ReformpädagogInnen galt die Internatserziehung etwa in Gestalt von Landerziehungsheimen als ideale Form, das pädagogische Geschehen zu organisieren (vgl. Becker 2007). Als aktuelle Funktionen werden außerdem Entlastung und Ergänzung der Familie, Berufsfindungsraum oder etwa Elitenbildung genannt (vgl. Gonschorek 1979, 200 ff.).

2.2 Soziologische Erkundungen des Internats

Innerhalb der (Bildungs-) Soziologie ist die Rolle der Schule für die Reproduktion sozialer Zugehörigkeit und Ungleichheit vergleichsweise intensiv erforscht. Kalthoff (2006) etwa zeigt, wie Schichtzugehörigkeit in sozialen Praktiken des Internats thematisch wird und wie sich Prozesse des *doing class* – aber auch des *undoing class* – vollziehen. Für die englischsprachige Diskussion des Internats als Ort der Reproduktion von Eliten lassen sich Studien von z. B. Bamford (1967), Wakeford (1969) und Lambert (1975) heranziehen. Während in England die Public Schools (vornehmlich die sog. *Clarendon Nine*) zentral sind für den Zugang zu Führungspositionen, sind es in den USA v. a. die privaten Eliteuniversitäten (vgl. Hartmann 2004). In Frankreich etwa ist der Besuch einer der drei Eliteuniversitäten, der *Grandes Écoles*, für den Zugang zu einer Spitzenposition in Politik, Wirtschaft oder Verwaltung so gut wie unabdingbar. Zugang zu einem Studium an einer Grande École finden fast ausschließlich Personen aus bürgerlichen Kreisen mit einem entsprechenden Habitus (vgl. Bourdieu 2004). Gleichwohl gilt auch, dass das Internat in England in der Armenerziehung verwurzelt ist und dass amerikanische Internate der Assimilierung der indigenen Bevölkerung Nordamerikas dienten (vgl. Amos 2007, 135; Archuleta/Child u. a. 2004).

2.3 Internate als totale Institution?

Neben der Exklusivität von Internaten, die sich häufig durch ein hohes Schulgeld ergibt, wird sowohl in der soziologischen als auch in der erziehungswissenschaftlichen Literatur der umfassende und über die Zeit des Unterrichts hinausgehende Zugriff auf die Zöglinge diskutiert. Sie werden im Rückgriff auf Erving Goffman (1972) als *totale Institutionen* – mithin als Institutionen, deren Angelegenheiten alle am selben (isolierten) Ort und innerhalb einer Gruppe stattfinden – verhandelt (vgl. z. B. Gonschorek 1979). Regulierte Zeitnutzung und durchgeplante Tagesabläufe, rigide Kontrollen und sanktionsbewehrte Regeln konstituieren diesen totalen Zugriff.

Neben der Trennung der Geschlechter ist Zeit ein zentrales Ordnungsmoment des Internats: »Zeit vergeht nicht einfach, sondern sie ist [...] ›sinnvoll gefüllt‹« (Kalthoff 1997, 205) – etwa mit Studium oder Freizeitaktivitäten, mit Mahlzeiten oder Gottesdiensten. Die den Zeiteinheiten entsprechenden Verhaltensregeln werden über deren permanente Erinnerungen und Durchsetzungen in den Körper der SchülerInnen gleichsam eingespeichert. Als Ziel der Internatserziehung gilt daher

nicht selten die Erzeugung von Wohlerzogenheit der anvertrauten SchülerInnen, die – in der stetigen Arbeit an sich selbst – ihre Fähigkeiten bzw. Talente entfalten (vgl. ebd., 243). Zum Ausdruck kommt dies etwa in der insbesondere in Jesuitenkollegs häufig zitierten Maxime: *Werde, der Du bist.*

3. Literarische Spiegelungen

3.1 Internatsromane als Erkenntnisquelle

Aufschlussreich ist es, wendet man sich vor dem Hintergrund dieser Befunde nun gezielt literarischen Texten zu. Dass diese als Erkenntnisquelle eigener Art gelten können (vgl. Koller/Rieger-Ladich 2013), scheint auch für jene Romane zuzutreffen, welche das Internat zum Gegenstand machen. Der Essayist Stephan Wackwitz etwa hält fest: »Internatsromane führen den Leser direkt ins Herz der Gesellschaften, in denen sie entstanden sind« (Wackwitz 2002, 144). Sie lieferten präzise, unbestechliche Nahaufnahmen jener Konstellationen von Kräften und Interaktionsformen, von Leitbildern und hegemonialen Semantiken, welche eine gesellschaftliche Ordnung auf charakteristische Weise prägten.

3.2 Das Internat als ambivalente Bildungs- und Erziehungseinrichtung

So weit verzweigt nun das Feld der Internatsromane ist, das von Schiller über Baudelaire zu zeitgenössischen Autoren wie Thomas Bernhard und Georges-Arthur Goldschmidt reicht, lässt es doch gewisse Muster und Strukturen erkennen, die Hinweise auf die Transformation pädagogischer Praktiken enthalten. Zunächst überrascht es nicht, dass das Internat fast durchgängig als Ort verdichteter Sozialisationsprozesse entworfen wird, der über die Stiftung von Gemeinschaft hochgradig wirkende soziale Kräfte freisetzt (vgl. von Hentig 2005). Schon die ersten Sondierungen zeigen, dass diese Kräfte durchaus nicht immer von den verantwortlichen ErzieherInnen kontrolliert und zum Besten der ihnen anvertrauten Zöglinge eingesetzt werden. Das Internat gerät daher von Beginn an als eine hoch ambivalente Bildungs- und Erziehungseinrichtung in den Blick, die immer wieder neu vor der Herausforderung steht, das sensible Verhältnis von Individuum und Gruppe, von Nähe und Distanz auszubalancieren – und dabei der Versuchung zu widerstehen, ein machtgesättigtes Erziehungsregime zu etablieren, welches der sozialen, emotionalen und kognitiven Entwicklung der InternatsschülerInnen nicht förderlich ist (vgl. Gonschorek 1979).

3.3 Körperliche Züchtigungen und seelische Grausamkeiten

Nimmt man nun einige Stichproben vor, zeigt sich eine charakteristische Veränderung in der Form, in der das Internat seine prägenden Kräfte entfaltet. Zu Beginn des 20. Jahrhunderts stehen im Zentrum der klassischen Internatsromane – etwa in Hermann Hesses *Unterm Rad* (1906) oder Robert Musils *Die Verwirrungen des Zöglings Törleß* (1906) – phänomenologisch genaue Schilderungen physischer Gewalthandlungen und seelischer Grausamkeiten (vgl. Johann 2003, 94 ff.). Lassen sich hier Täter und Opfer noch eindeutig identifizieren – den strafenden Pädagogen (oder Klassenkameraden) stehen meist wehrlose Zöglinge gegenüber, die Züchtigungen und Beschämungen sind eindeutig gerichtet und präzise adressiert –, wird dies in den zeitgenössischen Internatsromanen ungleich schwieriger: An die Stelle brutaler Disziplinierungen durch Einzelpersonen treten nun raffiniertere Abhängigkeitsverhältnisse, welche die InternatsschülerInnen zu KomplizInnen ihrer eigenen Unterwerfung machen.

3.4 Inkorporierte Regeln und symbolische Gewalt

Die sozialen Zwänge, welche etwa in Tobias Wolffs Roman *Alte Schule* (2005) oder in Kazuo Ishiguros *Alles, was wir geben mussten* (2005) eindringlich geschildert werden, lassen sich kaum noch verlässlich personalen AkteurInnen zurechnen: Sie verweisen stattdessen auf das Internat als ein symbolisches Universum, das eine besondere Aura besitzt, das höchste Ansprüche an ErzieherInnen und Zöglinge stellt – und das deshalb neue Formen des Zwanges ausübt, weil sich diesen Idealen kaum jemand entziehen kann, sobald über die Ausbildung bestimmter Habitus eine entsprechende Empfänglichkeit erzeugt ist. Auch wenn diese Formen der

Subjektivierung weitgehend ohne physischen Zwang auskommen, wirken sie auf die Betroffenen doch nicht weniger gewaltförmig (vgl. Rieger-Ladich 2007). Nicht allein die für das Internat typischen Machtverhältnisse, die sich der Tatsache verdanken, dass hier auf engstem Raum asymmetrische Sozialbeziehungen mit ausgeprägten Abhängigkeitsbeziehungen kombiniert werden, nehmen daher einen neuen Aggregatzustand an; es prägen sich auch neue Spielarten der Gewalt aus. Und so zeichnen die Internatsromane jenen Formenwandel der Gewalt präzise nach, der gegenwärtig auch in den Sozial- und Kulturwissenschaften beobachtet wird (vgl. Schroer 2000).

4.   Zeitgenössische Probleme

In der jüngeren Vergangenheit war das Internat als Bildungseinrichtung kaum einmal Gegenstand öffentlicher Debatten. Es steht zwar seit geraumer Zeit im Verdacht, die Reproduktion sozialer Ungleichheit zu befördern und von den VertreterInnen der gesellschaftlichen Eliten, welche die Umwandlung von ökonomischem in kulturelles Kapital möglichst geräuschlos zu betreiben suchen, instrumentalisiert zu werden (vgl. Hartmann 2004), aber die entsprechenden Befunde wurden zumeist nur innerhalb der *scientific community* diskutiert.

4.1 Sexueller Missbrauch an deutschen Internaten

Das Interesse an Internaten änderte sich hierzulande schlagartig, als im Jahr 2010 massenhaft Fälle sexuellen Missbrauchs durch – fast ausschließlich männliche – Internats-Erzieher und -Lehrer bekannt wurden. Eine ganze Reihe renommierter Internate – darunter auch zu einem großen Teil solche in kirchlicher Trägerschaft – geriet in die Kritik; es wurden in zahlreichen Fällen eklatante Formen des Fehlverhaltens der pädagogisch Verantwortlichen öffentlich, die ihre Fürsorgepflicht über viele Jahre hinweg auf zynische Weise missbrauchten.

Die Gefahren, die dem Internat als sozialer Organisationsform innewohnen, lassen sich besonders gut an der Odenwaldschule illustrieren: Diese galt lange als Vorzeigeprojekt der Reformpädagogik, als besonders innovativ in der Organisation

des Unterrichts und der Gestaltung des Internats-
lebens (vgl. Oelkers 2011). Entsprechend groß war
die mediale Resonanz, als die skandalösen Zustände öffentlich wurden. Folgt man den beklem-
menden Interviews und Berichten Betroffener,
sind an der Odenwaldschule zwischen 1965 und
1998 mehr als 120 zumeist männliche Schüler Opfer sexueller Gewalt geworden (vgl. Füller 2011;
Dehmers 2011). Fast durchgängig fanden die Misshandlungen, die von Berührungen unter der Du-
sche über erzwungenes Masturbieren bis hin zur
Vergewaltigung reichten, in den sog. Internats-
familien statt, in denen die InternatsschülerInnen
mit ihren ErzieherInnen auf engstem Raum zusammenleben. Nicht wenige der männlichen Erzieher waren pädophil (vgl. Amendt 2010); sie
nutzten das besondere pädagogische Setting, um
ihre sexuellen Neigungen auszuleben: »Die Idee
der Nähe zum Kind, des Lernens und Lehrens auf
Augenhöhe, […] die Struktur der Internatsfamilie
waren beides für Pädosexuelle: ein idealer Instru-
mentenkasten, um eine übergriffige Nähe zu Kindern und Jugendlichen herzustellen. Und zugleich
eine perfekt harmlose Tarnung für teilweise brutale
Übergriffe auf Schüler« (Füller 2011, 96).

4.2 Das Internat als *greedy institution*?

Stellt man nun in Rechnung, dass es in den genannten Fällen, die nicht auf Deutschland beschränkt sind – auch in den Niederlanden, in
Großbritannien und den USA wurden vergleichbare Fälle publik –, nicht nur um das eklatante
Fehlverhalten Einzelner geht, werden systemische
(Schuld-)Zusammenhänge deutlich, in die zahlreiche Personen involviert waren. Das Internat gerät
damit – wie schon in den literarischen Dokumenten – als eine problematische Organisationsform in
den Blick, welche die Herausbildung bestimmter
Macht- und Gewaltpraktiken mindestens begünstigt (vgl. Reh u. a. 2012; Rieger-Ladich 2013).

Mit seiner Stiftung der Differenz von Innen/Au-
ßen und der Etablierung symbolischer Ordnungen
entlastet es das Personal häufig davon, Mittel physischen Zwangs einzusetzen. Offensichtlich wurden zahlreiche SchülerInnen denn auch zu Opfern
sexueller Gewalt, die von ihnen zunächst als solche
nur schwer zu erkennen war, weil sie häufig als besondere Zuwendung getarnt war. Die Gewalt, am
Körper des Opfers vollzogen (vgl. Füller 2011, 25),

wurde von den fast ausschließlich männlichen Tä-
tern zuweilen erfolgreich *verschleiert*; sie kam häufig ohne Gesten des Drohens aus. Die Odenwaldschule wurde auf diese Weise – so scheint es – zu
einer *greedy institution* (Cozer), die Beziehungs-
muster eigener Art stiftete, Identifikationen för-
derte und die SchülerInnen zugleich der Willkür
ihrer ErzieherInnen auslieferte (vgl. Ley/Ziegler
2012). Abgesichert wurde sie durch eine charisma-
tische Gestalt im Zentrum, die es – in Gestalt ihres
langjährigen Leiters – offensichtlich verstand, in
ihrer Person *Eros und Herrschaft* (Oelkers 2011) zu
vereinen, die LehrerInnenschaft für sich einzunehmen und deren zeittypische libertäre Gesinnung
für die eigenen Zwecke einzusetzen (vgl. Füller
2011, 51).

5. Ausblick

Die Forschungsdesiderate sind – neueren Publikationen zum Trotz (vgl. Kalthoff 1997; Ladenthin
u. a. 2009; Thole u. a. 2012) – noch immer beträchtlich. Wir nennen an dieser Stelle nur besonders
wichtige Facetten des Internats, die es künftig systematisch zu bearbeiten und empirisch zu erforschen gilt.

Aus der Perspektive der *historischen Bildungsforschung* muss es als ein Mangel gelten, dass die
lange, überaus verzweigte Geschichte des Internats
(und seiner Vorläufer) noch nicht befriedigend rekonstruiert ist. Sozialhistorische und mentalitäts-
geschichtliche Befunde sind unverzichtbar, um den
Formenwandel des Internats, dessen fortwährende
Neuerfindung sowie seine Instrumentalisierung
durch die gesellschaftlichen Eliten (vgl. Flöter
2009) zu verstehen. Ergänzend wären von international vergleichenden Studien Aufschlüsse über die
unterschiedlichen Spielarten der Internate, der Public Schools in England oder etwa der Collèges und
insbesondere der Grandes Écoles in Frankreich zu
erwarten (vgl. Bourdieu 2004). Dass Untersuchungen dieser Art auch *bildungssoziologisch* aufschlussreich sind, zeigen die Arbeiten, welche für die Zeit
des Nationalsozialismus vorliegen: Sie erschließen
etwa die bedeutende Rolle, welche Internaten bei
der Reproduktion sozialer Ungleichheit zukommt
(vgl. Klare 2003).

Kaum weniger dringend ist die Erforschung des
Internats im Rückgriff auf *organisationstheoretische*

Konzepte: Die Stiftung von Gemeinschaft und die Erzeugung von Gefühlen haben sich nicht allein in Zeiten autoritärer politischer Verhältnisse auf wenig förderliche Weise wechselseitig verstärkt; bis in die Gegenwart hinein haben sich Internate abgeschottet, eine pädagogische *Gegenwelt* inszeniert und dabei eine latente Entmündigung der Zöglinge betrieben. Aus der Perspektive der *Bildungstheorie* gilt es daher, Internate künftig nicht nur auf ihre Programmschriften und Gründungsfiguren hin kritisch zu befragen, sondern auch auf die sozialen Praktiken, die sie freisetzen (vgl. Oelkers 2012). Nicht zuletzt gilt es zu erforschen, ob sie in der Gefahr stehen, zu Medien symbolischer Gewaltverhältnisse zu werden – mithin zu Orten jener »Gewalt ohne Gesicht« (Schroer 2000), die sich nur schwer identifizieren (und bekämpfen) lässt.

Schließlich haben die Missbrauchsfälle erneut in Erinnerung gerufen, dass das Internatsleben auch mit Blick auf *professionstheoretische Modelle* untersucht werden muss: Die zahllosen Übergriffe, zu denen es auch an renommierten, traditionsreichen Internaten kam, zeigen auf schmerzhafte Weise, dass die Ausbildung einer professionellen Haltung, die von Takt, Respekt und Wertschätzung geprägt ist, in vielen Fällen offensichtlich nur sehr unzureichend vollzogen wurde. Die sensible Regulierung des Verhältnisses von Nähe und Distanz, die bei dem pädagogischen Personal nicht durchgängig unterstellt werden kann (vgl. Oevermann 2010), wirft die Frage nach einer diese Aspekte beachtenden Professionalisierung (vgl. Bundschuh 2010, 59 ff.) sowie nach neuen Arrangements extrafamiliärer pädagogischer Verhältnisse auf, welche einen größeren Schutz vor dem eklatanten Fehlverhalten einzelner zu bieten vermögen.

Literatur

Amendt, Günter: »Sexueller Missbrauch von Kindern. Zur Pädophiliediskussion von 1980 bis heute«. In: *Merkur* 739 (2010), 1161–1172.

Amos, S. Karin: »Internate bei Bueb und anderen: Zwischen Heilserwartung und Elitereproduktion«. In: Brumlik, Micha (Hg.): *Vom Missbrauch der Disziplin. Antworten der Wissenschaft auf Bernhard Bueb*. Weinheim/Basel 2007, 134–168.

Archuleta, Margaret L./Child, Brenda J./Lomawaima, K. Tsianina (Hg.): *Away From Home: American Indian Boarding School Experiences, 1879–2000*. Phoenix/Arizona 2004.

Bamford, Thomas W.: *Rise of the Public Schools. A Study of Boys' Public Boarding Schools in England and Wales from 1837 to the Present Day*. London/Edinburgh 1967.

Becker, Gerold: »Hundert Jahre Landerziehungsheime – Pädagogik von gestern oder Pädagogik für morgen«. In: Fischer, Torsten/Lehmann, Jens (Hg.): *Bewerten – Orientieren – Erleben. Pädagogische Räume, Reflexionen und Erfahrungen*. Aachen 2007, 541–558.

Bourdieu, Pierre: *Der Staatsadel*. Konstanz 2004.

Bundschuh, Claudia: *Sexualisierte Gewalt gegen Kinder in Institutionen. Nationaler und internationaler Forschungsstand. Expertise im Rahmen des Projekts »Sexuelle Gewalt gegen Mädchen und Jungen in Institutionen«*. Deutsches Jugendinstitut e.V. München 2010. http://www.dji.de/sgmj/Expertise_Bundschuh_mit_Datum.pdf (29.08.2012).

Coser, Lewis A.: *Greedy Institutions. Patterns of Undivided Commitment*. New York 1974.

Dehmers, Jürgen: *Wie laut soll ich denn noch schreien? Die Odenwaldschule und der sexuelle Missbrauch*. Reinbek 2011.

Flöter, Jonas: *Eliten-Bildung in Sachsen und Preußen. Die Fürsten- und Landesschulen Grimma, Meißen, Joachimsthal und Pforta (1868–1933)*. Köln/Weimar/Wien 2009.

Füller, Christian: *Sündenfall. Wie die Reformschule ihre Ideale missbrauchte*. Köln 2011.

Goffman, Erving: *Asyle. Über die soziale Situation psychiatrischer Patienten und anderer Insassen*. Frankfurt a. M. 1972.

Gonschorek, Gernot: *Erziehung und Sozialisation im Internat. Ziele, Funktionen, Strukturen und Prozesse komplexer Sozialisationsorganisationen*. München 1979.

Hartmann, Michael: *Elitensoziologie. Eine Einführung*. Frankfurt a. M. 2004.

Hentig, Hartmut von: »Ganztagsschule und mehr«. In: *Neue Sammlung* 45/2 (2005), 237–252.

Johann, Klaus: *Grenze und Halt: Der Einzelne im »Haus der Regeln«. Zur deutschsprachigen Internatsliteratur*. Heidelberg 2003.

Kalthoff, Herbert: *Wohlerzogenheit. Eine Ethnographie deutscher Internatsschulen*. Frankfurt/New York 1997.

Kalthoff, Herbert: »Doing/undoing class in exklusiven Internatsschulen. Ein Beitrag zur empirischen Bildungssoziologie«. In: Georg, Werner (Hg.): *Soziale Ungleichheit im Bildungssystem. Eine empirisch-theoretische Bestandsaufnahme*. Konstanz 2006, 93–122.

Klare, Anke: »Die Deutschen Heimschulen 1941–1945: Zur Gleichschaltung und Verstaatlichung kirchlicher, privater und stiftischer Internatsschulen im Nationalsozialismus«. In: *Jahrbuch für Historische Bildungsforschung* 9 (2003), 37–58.

Koller, Hans-Christoph/Rieger-Ladich, Markus (Hg.): *Vom Scheitern. Pädagogische Lektüren zeitgenössischer Romane III*. Bielefeld 2013.

Ladenthin, Volker: »Internate«. In: Blömeke, Sigrid u. a. (Hg.): *Handbuch Schule. Theorie – Organisation – Entwicklung*. Bad Heilbrunn 2009, 418–425.

Ladenthin, Volker u. a. (Hg.): *Das Internat. Struktur und Zukunft. Ein Handbuch.* Würzburg 2009.

Lambert, Royston: *The Chance of a Lifetime? A Study of Boys' and Coeducational Boarding Schools in England and Wales.* London 1975.

Ley, Thomas/Ziegler, Holger: »Rollendiffusion und sexueller Missbrauch. Organisations- und professionstheoretische Perspektiven«. In: Andresen, Sabine/Heitmeyer, Wilhelm (Hg.): *Zerstörerische Vorgänge: Missachtung und sexuelle Gewalt gegen Kinder und Jugendliche in Institutionen.* Weinheim/Basel 2012, 264–280.

Oelkers, Jürgen: *Eros und Herrschaft. Die dunkle Seite der Reformpädagogik.* Weinheim/Basel 2011.

Oelkers, Jürgen: *Eros und Herrschaft: Was bleibt von der Reformpädagogik?* www.ife.uzh.ch/research/ap/vortraege profoelkers/vortraege2012/ZuerichErosdef.pdf (29.08. 2012).

Oevermann, Ulrich: »Sexueller Missbrauch in Erziehungsanstalten. Zu den Ursachen«. In: *Merkur* 734 (2010), 571–581.

Reh, Sabine u. a.: »Sexualisierte Gewalt in pädagogischen Institutionen – eine Einleitung«. In: Thole, Werner

u. a. (Hg.): *Sexualisierte Gewalt, Macht und Pädagogik.* Opladen/Berlin/Toronto 2012, 13–23.

Rieger-Ladich, Markus: »Erzwungene Komplizenschaft. Bruchstücke zu einer literarischen Ethnographie des Internats bei Tobias Wolff und Kazuo Ishiguro«. In: *Zeitschrift für Qualitative Forschung* 8 (2007), 33–49.

Rieger-Ladich, Markus: »Macht und Gewalt«. Erscheint in: Zirfas, Jörg/Wulf, Christoph (Hg.): *Handbuch Pädagogische Anthropologie.* Wiesbaden 2013.

Schroer, Markus: »Gewalt ohne Gesicht. Zur Notwendigkeit einer umfassenden Gewaltanalyse«. In: *Leviathan* 28 (2000), 434–451.

Spranger, Eduard: *Das Gesetz der ungewollten Nebenwirkungen in der Erziehung.* Heidelberg 1962.

Thole, Werner u. a. (Hg.): *Sexualisierte Gewalt, Macht und Pädagogik.* Opladen/Berlin/Toronto 2012.

Wackwitz, Stephan: *Selbsterniedrigung durch Spazierengehen. Essays.* Frankfurt a. M. 2002.

Wakeford, John: *The Cloistered Élite. A Sociological Analysis of the English Public Boarding School.* London/ Melbourne/Toronto 1969.

Angela Janssen/Markus Rieger-Ladich

9. Kinder- und Jugendhilfe

Die Kinder- und Jugendhilfe ist ein expandierendes Feld. Zwischen 2006 und 2010 stieg die Zahl der in diesem Feld Beschäftigten um mehr als 100.000 Personen. Im Kindertagesbereich sind derzeit fast 450.000, in den anderen pädagogischen Bereichen der Kinder- und Jugendhilfe gut 195.000 Personen beschäftigt (vgl. Fuchs-Rechlin/Rauschenbach 2012). Mit ihren öffentlichen, freien und privatgewerblichen Trägern und deren Angeboten (wie etwa den Kitas, der Schul- und Jugendsozialarbeit, Jugend(verbands)arbeit, Elternbildungsmaßnahmen, Beratungsangeboten, Frühen Hilfen oder Hilfen zur Erziehung) nimmt die Kinder- und Jugendhilfe gegenwärtig auf das Aufwachsen der meisten Kinder und Jugendlichen in Deutschland mittelbaren oder unmittelbaren Einfluss. Zwar ist das Ausmaß und die Form der Aktivitäten der Kinder- und Jugendhilfe ein (im Einzelnen umstrittener) Gegenstand politischer Entscheidungen, gleichwohl ist vor dem Hintergrund der Tatsache, dass der Bedarf an Unterstützung und Betreuung empirisch das Ausmaß an Angeboten nach wie vor übersteigt, auch künftig ein weiterer Ausbau der Kinder- und Jugendhilfe zu erwarten.

Der Auftrag der Kinder- und Jugendhilfe ist rechtlich im Kinder- und Jugendhilfegesetz (SGB VIII) verankert. Er umfasst die Sicherstellung des Rechtes von Kindern und Jugendlichen auf die Förderung ihrer Entwicklung und auf »Erziehung zu einer eigenverantwortlichen und gemeinschaftsfähigen Persönlichkeit« (§ 1 SGB VIII). Vor diesem Hintergrund überrascht, dass der Begriff der Erziehung in gegenwärtigen sozialpädagogischen Diskussionen eher eine untergeordnete Rolle spielt (vgl. Thole/Pfaffenberger 2011). Stattdessen wird die Bildungsfunktion sozialpädagogischer Angebote hervorgehoben, über den Stellenwert von Betreuungsaufgaben debattiert, die Sicherstellung des Kindeswohls betont, auf Kooperationsnotwendigkeiten mit den medizinisch-therapeutischen Berufen hingewiesen, Disziplinierungsmaßnahmen verteidigt etc. Statt von Erziehung ist häufig von »Aktivierung«, »Empowerment« oder »sozialräumlicher Arbeit« die Rede.

Die Frage, ob und in welcher Form die Kinder- und Jugendhilfe Erziehung betreibt, ist jedoch unabhängig von der Frage der semantischen Kon-junktur des Erziehungsbegriffs. Versteht man Erziehung als (intentionale) Handlungen, »durch die Menschen versuchen, die Persönlichkeit anderer Menschen in irgendeiner Hinsicht zu fördern« bzw. als Praktiken, die darauf gerichtet sind, »das Gefüge der psychischen Dispositionen anderer Menschen in irgendeiner Hinsicht dauerhaft zu verbessern oder seine als wertvoll beurteilten Komponenten zu erhalten oder die Entstehung von Dispositionen, die als schlecht bewertet werden, zu verhüten« (Brezinka 1990, 95), so betreibt die Kinder- und Jugendhilfe offensichtlich Erziehung. Allerdings ist die Frage, was als förderungswürdige Persönlichkeitsmerkmale oder als zu verhütende Dispositionen anzusehen ist, fachlich und politisch umstritten. Die Zielorientierung variiert dabei nicht zuletzt deshalb, da »[a]ls Maßstab [...] dabei die Wertordnung der jeweiligen Erzieher und ihrer Auftraggeber [dient]« (Brezinka 1978, 43 f.), die wiederum gesellschaftlich geprägt sind und einem historischem Wandel unterliegen (vgl. Brezinka 1990, 14). Sowohl Praktiken, die der Fremdbestimmung junger Menschen Vorschub leisten, als auch Handlungen, die auf Mündigkeit, Selbstbestimmung u. ä. abzielen, lassen sich als Erziehung beschreiben. Auch die rechtlich kodifizierten, gleichwohl jedoch tendenziell antagonistisch und darüber hinaus überwiegend unbestimmten Leitziele der Kinder- und Jugendhilfe, nämlich die *Autonomie* und *Gemeinschaftsfähigkeit* junger Menschen zu fördern, werden in unterschiedlichen Handlungsfeldern durchaus divergierend interpretiert. Um die Kinder- und Jugendhilfe als Erziehungsinstanz zu beschreiben, sollen im Folgenden die gegenwärtig diskursdominanten Zielorientierungen pädagogischer Maßnahmen in einigen ihrer zentralen Feldern (Kindertagesbetreuung, Jugendarbeit, Hilfen zur Erziehung) kursorisch dargestellt werden. Der Einbezug von Bildungszielen in die Betrachtung erzieherischer Intentionen ergibt sich dabei zum einen an dem oben explizierten weiten Erziehungsverständnis. Zum anderen scheint es geboten, der Verschleierung potenzieller gesellschaftlicher Instrumentalisierungen durch die Etikettierung als subjektbezogene »Bildungsziele« entgegenzuwirken, indem die Sinnhaftigkeit der Begriffsdifferenzierung im Zusammenhang mit der Diskussion von Leitorientierungen in Frage gestellt wird.

1. Kindertagesbetreuung

Die Kindertagesbetreuung ist das derzeit am stärksten expandierende Feld der Kinder- und Jugendhilfe. Der inhaltliche Fokus der Kindertagesbetreuung wurde in den letzten Jahren verstärkt auf einen Bildungsauftrag gelenkt, der sich im Wesentlichen als Ausbuchstabierung frühkindlicher Kompetenzen verstehen lässt, die zunächst die Schul- und perspektivisch die Arbeitsmarkttauglichkeit junger Menschen sicherstellen sollen (vgl. OECD 2006). Dies wird als funktional betrachtet, um das individuelle Wohlergehen der Kinder, aber vor allem auch das kollektive Wohlergehen in der Gesellschaft sicher zu stellen (vgl. Albus 2013). Ziele wie die »Entwicklung eines eigenen Welt- und Selbstbildes«, die für die klassischen kindzentrierten Ansätze frühkindlicher Erziehung (Fröbel, Montessori u. a.) handlungsleitend sind, oder die für gesellschaftskritische und gemeinschaftsorientierte Ansätze typische Betonung des sozialen und selbstbestimmten Lernens (z. B. Freinet- oder Reggio-Pädagogik) treten tendenziell in den Hintergrund gegenüber der (vermeintlichen) Notwendigkeit einer effektiven und frühzeitigen Förderung des Humankapitals der Kinder (vgl. Fried 2003, Gerspach/Naumann 2010). Entsprechend gelten verstärkt familiäre Verhältnisse als interventionsbedürftig, die dieser Förderung nicht entsprechen. Vor dem Hintergrund häufig kulturalisierender und teilweise auch stigmatisierender Deutungen (vgl. Dräger 2011) wird bei bestimmten Gruppen (Eltern mit Migrationshintergrund, Hartz IV-EmpfängerInnen, Alleinerziehenden etc.) individuelles elterliches Versagen bezüglich der Förderung wie der moralischen Erziehung ihrer Kinder vermutet, dem mit Elternkursen, Erziehungsberatung etc. und mit kompensatorischer außerfamilialer Förderung (in Kindertagesstätten) zu begegnen sei.

Moderne Kitas und Familienzentren, die Erzieherische Hilfen, Kinderbetreuung, Bildungsangebote etc. für Familien unter einem Dach anbieten, entsprechen sicherlich nicht mehr den Bewahranstalten des 19. und frühen 20. Jahrhunderts, die verwahrlosungsgefährdete Kinder der Unterschicht zu proletarischer Sittlichkeit führen sollten

(vgl. Reyer 1987). Ein auf die unteren Strata der Gesellschaft gerichteter Verwahrlosungsdiskurs, in dem Kinder, aber auch die Eltern als AdressatInnen einer Beeinflussung defektiver »psychischer Dispositionen« in den Blick genommen werden, findet sich jedoch auch gegenwärtig und ist nicht nur historisch rekonstruierbar.

2. Jugendarbeit

Die im SGB VIII in den §§ 11,12 gesetzlich verankerten Angebote der (Kinder- und) Jugendarbeit lassen sich in zwei Hauptbereiche einteilen: die größtenteils in öffentlich-kommunaler oder kirchlicher Trägerschaft befindliche offene Kinder- und Jugendarbeit und die auf ehrenamtlicher Selbstorganisation basierenden Jugendverbände. In beiden Ausformungen der Jugendarbeit wird das Prinzip der Freiwilligkeit und der Anspruch auf Offenheit für alle Kinder und Jugendlichen betont. Empirisch werden die Angebote der offenen Kinder- und Jugendarbeit jedoch tendenziell von jungen Menschen aus niedrigen Klassenlagen wahrgenommen, während die Jugendverbandsarbeit mittelschichtsdominiert ist.

Nicht zuletzt, um sich von disziplinierenden Maßnahmen und instrumentalisierenden Aufgabenzuschreibungen abzugrenzen, beschreibt sich die Kinder- und Jugendarbeit typischerweise weniger als Erziehungs-, sondern als Bildungsakteurin (vgl. Sturzenhecker 2002), die den Anspruch hat, an den »Interessen junger Menschen an[zu]knüpfen« und Angebote bereit zu stellen, die »von ihnen mitbestimmt und mitgestaltet werden, sie zur Selbstbestimmung befähigen und zu gesellschaftlicher Mitverantwortung und zu sozialem Engagement anregen und hinführen« (§ 11 Abs. 1 SGB VIII). Unabhängig davon, ob eine Gegenüberstellung von Erziehung und Bildung praktisch durchzuhalten ist und theoretisch zu überzeugen vermag, ist das auf Selbst- und Mitbestimmung bezogene Bildungsideal der Kinder- und Jugendarbeit in Bedrängnis geraten. Damit ist nicht nur gemeint, dass die offene Kinder- und Jugendarbeit eines der wenigen Felder der Kinder- und Jugendhilfe darstellt, das in den letzten 10 Jahren nicht expandiert ist, sondern finanziellen Kürzungen ausgesetzt war (vgl. Pothmann/Thole 2011). Vielmehr findet sich die Tendenz, dass die Kinder- und Jugendarbeit als Instanz

»außerschulischer« Förderung schultauglicher Kompetenzen vereinnahmt wird. Zugleich finden sich Bestrebungen, den Wert der Kinder- und Jugendarbeit an ihrem Beitrag zur Devianz- und Gewaltprävention zu bemessen. Trotz der fachlich-konzeptionellen Bestimmungen der Kinder- und Jugendarbeit als (jugend-)kultursensible, emanzipative und autonomiefördernde Bildungsinstanz ist sie dem (politischen) Erwartungsdruck ausgesetzt, als Instanz der präventiven Risikovermeidung und der Förderung schulbezogener Fähigkeiten von Kindern und Jugendlichen zu fungieren.

3. Hilfen zur Erziehung

Risikovermeidung und die Bearbeitung von Abweichungen von gesellschaftlich und kulturell gültigen Standards ist auch ein zentraler Gegenstand der Hilfen zur Erziehung (HzE). Während die absolute Zahl der klassischen stationären Erziehungshilfen weitgehend stabil geblieben ist, fand unter den Devisen »ambulant vor stationär« und »vorbeugen statt eingreifen« in den letzten 30 Jahren ein quantitativ beträchtlicher Ausbau ambulanter und teilstationärer Maßnahmen (Erziehungsberatung, SPFH, Erziehungsbeistandschaft, Soziale Gruppenarbeit, Tagesgruppen) statt. Die Unterbringung in Wohngruppen, Heimen oder Pflegefamilien werden nun stärker denn je als (letzte) Möglichkeit diskutiert, um manifesten Problemen im familiären Umfeld bzw. in der persönlichen Entwicklung von Kindern und Jugendlichen zu begegnen. Trotz vielfältiger programmatischer Forderungen – die vor allem in den 1990er Jahren auf das Konzept der Lebensweltorientierung rekurrierten (vgl. Thiersch 1992) –, Defizitzuschreibungen zu vermeiden, den Subjektstatus der AdressatInnen zu respektieren, Angebote zu individualisieren und nicht zuletzt den traditionellen Zwangscharakter der Fürsorgeerziehung abzustreifen, sind nach wie vor spezifische erzieherische Absichten in Form von Disziplinierung zu erkennen, die allerdings nicht immer so offensichtlich proklamiert werden wie in den neueren Diskussionen zur geschlossenen Heimunterbringung (vgl. Schwabe 2008). Anpassungserwartungen sind auch dort virulent, wo rhetorisch allfällige Forderungen nach Mitbestimmung und einer Individualisierung der Hilfen, um Bedürfnissen der AdressatInnen »maßgeschnei-

dert« gerecht zu werden, scheinbar umgesetzt werden. So ist z. B. bei Hilfeplanverfahren (§ 36 SGB VIII) zu beobachten, dass zwar individuelle Ziele der erzieherischen Prozesse vereinbart werden, diese aber in der Regel durchaus traditionellen Zielkategorien wie Schulerfolg/Arbeitsmarktintegration, sozialverträgliches Verhalten, Legalbewährung etc. zugeordnet werden können. Eine Tendenz der Responsibilisierung von AdressatInnen für den Erfolg der Hilfen und die Konzentration auf Verhaltenskonditionierung statt auf Verhältnisverbesserungen und flexibler Anpassung der pädagogischen Ziele an die Bedürfnisse der AdressatInnen zeigt sich dabei noch einmal verstärkt im Zuge einer manageriell ausgerichteten, sozialpolitisch forcierten wirkungsorientierten Steuerung der Hilfen zur Erziehung (vgl. Greschke/Klingler 2010).

Mit dem Blick zurück auf die Geschichte der Hilfen zur Erziehung lässt sich dennoch von bedeutsamen strukturellen und methodischen Veränderungen sprechen. Der Angebotscharakter der Maßnahmen wurde betont und strukturell abgesicherte menschenrechtsverletzende Erziehungspraktiken, wie sie noch in den 1960er Jahren alltäglich waren (vgl. Kuhlmann 2008), sind zumindest kein systematischer Bestandteil der Hilfeerbringung mehr.

4. Fazit

Die Kinder- und Jugendhilfe lässt sich als eine Instanz der Erziehung beschreiben, die in einem beachtlichen Ausmaß das Aufwachsen von Kindern und Jugendlichen mitgestaltet. Ihr allgemeiner Auftrag besteht darin, junge Menschen zu eigenständigen und gemeinschaftsfähigen Persönlichkeiten zu erziehen. Dieser Auftrag wird in unterschiedlichen Handlungsfeldern in verschiedener Weise interpretiert, wobei die Interpretationen jedoch durch sozial- und gesellschaftspolitische Diskurse mitgeprägt werden. Auch wenn es wenig Zweifel daran gibt, dass die Maßnahmen der Kinder- und Jugendhilfe einen substanziellen Beitrag zu einer Verbesserung der Aufwachsensbedingungen und der Lebensaussichten junger Menschen leisten, ist die Kinder- und Jugendhilfe funktional eine Instanz sozialer Kontrolle und der Reproduktion bestehender gesellschaftlicher Ordnungen.

Noch in den 1970er Jahren wurde das häufig emanzipatorische Selbstverständnis der Sozialen Arbeit durch neo-marxistische Analysen erschüttert, die die »aktive Proletarisierung« angehender Lohnarbeiter als zentrale, wenngleich latente, (sich »hinter dem Rücken« der AkteurInnen) vollziehende Funktion wohlfahrtsbezogener Dienste in kapitalistischen Gesellschaften identifiziert hatten (vgl. Lenhardt/Offe 1977). Demgegenüber scheint diese Funktion mit dem derzeitigen Fokus auf Schul- und Arbeitsmarkttauglichkeit nicht nur latent, sondern geradezu programmatisch als normative Zielformulierung durchgesetzt zu werden. Ob die Kinder- und Jugendhilfe in der Lage sein kann, eine eigenständige, fachliche Begründung ihrer Erziehungspraktiken zu formulieren und als eine autonome professionelle Praxis zu realisieren, scheint demgegenüber eine Frage zu sein, die bis zu Beginn der 1990er Jahre wichtige Reformimpulse setzen konnte, gegenwärtig jedoch in den Hintergrund gerückt ist. In dieser Hinsicht ist Hans-Uwe Otto (2011, 34) zuzustimmen, wenn er konstatiert, dass sich zeitgleich mit einer Expansion und zunehmenden Präsenz der Kinder- und Jugendhilfe in unterschiedlichen Bereichen des Aufwachsens junger Menschen die Tendenz zu einer professions- und gesellschaftpolitischen (Selbst-) »Verzwergung« findet, d.h. einer »Ignoranz gegenüber der eigenen Stärke, verbunden mit einer Scheu vor öffentlichen Kontroversen im Kontext der gegebenen Abhängigkeit von marktsimulierenden Organisationen eines neokonservativ und neoliberal strukturierten Gesellschaftsmodells«.

Literatur

Albus, Stefanie: »Erdbeereis als Schlüssel zum kindlichen Glück?! – Theoretische und empirische Perspektiven auf das Wohlergehen von Kindern«. In: Sektion Sozialpädagogik (Hg.): *Konstellationen und Kontroversen in der Sozialen Arbeit und der Pädagogik der frühen Kindheit*. Weinheim/München 2013, 220–227.

Brezinka, Wolfgang: *Grundbegriffe der Erziehungswissenschaft. Analyse, Kritik, Vorschläge*. München/Basel 1990.

Brezinka, Wolfgang: »Der Begriff der Erziehung«. In: Ders.: *Metatheorie der Erziehung*. München/Basel 1978, 42–46.

Dräger, Jörg: *Dichter, Denker, Schulversager*. München 2011.

Fried, Lilian: »Pädagogische Programme und subjektive Orientierungen«. In: Dies./Dippelhofer-Stiem, Barbara/Honig, Michael-Sebastian/Liegle, Ludwig (Hg.): *Einführung in die Pädagogik der frühen Kindheit*. Weinheim 2003, 54–85.

Fuchs-Rechlin, Kirsten/Rauschenbach, Thomas: »Kinder- und Jugendhilfe – ein Wachstumsmotor des Arbeitsmarktes?« In: *KomDat* 1/2012, 1–4.

Gerspach, Manfred/Naumann, Thilo: »Besorgte Nachfragen zur Debatte um die Elementarpädagogik«. In: *Zeitschrift für Inklusion* 4/3 (2010). http://www.inklusion-online.net/index.php/inklusion/article/view/72/76 (1.2.2012).

Greschke, Heike/Klingler, Birte/Messmer, Heinz: »Praxis im Modellprogramm – Fallstudien zum Hilfeplangespräch«. In: Albus, Stefanie/Greschke, Heike/Klingler, Birte/Heinz Messmer, Heinz/Heinz-Günter Micheel, Heinz-Günter/Hans-Uwe Otto, Hans-Uwe/Andreas Polutta, Andreas: *Wirkungsorientierte Jugendhilfe. Abschlussbericht des Evaluationsträgers des Bundesmodellprogramms »Qualifizierung der Hilfen zur Erziehung durch wirkungsorientierte Ausgestaltung der Leistungs-, Entgelt- und Qualitätsvereinbarungen nach §§ 78 a ff SGB VIII«*. Münster 2010, 79–142.

Kuhlmann, Carola: »*So erzieht man keinen Menschen!« Lebens- und Berufserinnerungen aus der Heimerziehung der 50er und 60er Jahre*. VS-Verlag 2008.

Lenhardt, Gero/Offe, Claus: »Staatstheorie und Sozialpolitik. Politisch-soziologische Erklärungsansätze für Funktionen und Innovationsprozesse der Sozialpolitik«. In: von Ferber, Christian/Kaufmann, Franz-Xaver (Hg.): *Soziologie und Sozialpolitik*. Opladen 1977, 98–127.

OECD: *Starting Strong II: Early Childhood Education and Care*. Paris 2006. http://www.oecd.org/dataoecd/14/32/37425999.pdf (30.11.2011).

Otto, Hans-Uwe: Verwaschene Identität. In: Thiersch, Hans/Treptow, Rainer (Hg.): *Zur Identität der Sozialen Arbeit*. Lahnstein 2011, 33–35.

Pothmann, Jens/Thole, Werner: *Trendbrüche – Kahlschlag oder geordneter Rückzug? Entwicklungen in der Kinder- und Jugendarbeit. Datenanalysen der Dortmunder Arbeitsstelle Kinder- und Jugendhilfestatistik (AKJStat)*. Dortmund 2011.

Reyer, Jürgen: »Geschichte der öffentlichen Kleinkinderziehung im Deutschen Kaiserreich, in der Weimarer Republik und in der Zeit des Nationalsozialismus«. In: Erning, Günter/Neumann, Karl/Reyer, Jürgen (Hg.): *Geschichte des Kindergartens*. Freiburg 1987, 43–81.

Schwabe, Mathias: *Zwang in der Heimerziehung? Chancen und Risiken*. München/Basel 2008.

Sturzenhecker, Benedikt: »Bildung – Wiederentdeckung einer Grundkategorie der Kinder- und Jugendarbeit«. In: Rauschenbach, Thomas/Düx, Wibken/Züchner, Ivo (Hg.): *Jugendarbeit im Aufbruch – Selbstvergewisserungen, Impulse, Perspektiven*. Münster 2002, 19–59.

Thiersch, Hans: *Lebensweltorientierte Soziale Arbeit. Aufgaben der Praxis im sozialen Wandel*. Juventa 1992.

Thole, Werner/Pfaffenberger, Hans: »Erziehung«. In: Deutscher Verein für öffentliche und private Fürsorge (Hg.): *Fachlexikon der sozialen Arbeit*. Frankfurt a.M. 2011, 246–248.

Stefanie Albus/Holger Ziegler

10. Heim und Heimerziehung

1. Einleitung

Wenn Kinder oder Jugendliche ihre leiblichen Eltern verlieren, sie aufgrund unüberbrückbarer Konflikte nicht mehr mit ihnen leben können oder Eltern die Erziehung oder Versorgung nicht leisten können oder wollen, stellt sich zu allen Zeiten und in allen Gesellschaften die Frage, wo, mit wem und wie sie stattdessen leben, versorgt und erzogen werden. Über die Vorstellungen, wie Kinder und Jugendliche in Heimen untergebracht werden und leben, welche Form der Betreuung, Erziehung und Unterstützung sie erhalten, welche Personen ihnen dabei zur Seite stehen, welche Ziele damit im besten Falle erreicht werden können und was das Hilfreiche an der Heimerziehung ist, wird gestritten, seit es Heime für Kinder und Jugendliche gibt.

2. Skandale und Ungleichzeitigkeiten

Die Geschichte der Heimerziehung ist ein Abbild dessen, welche Menschenbilder, Erziehungsideale, Erziehungsziele und -methoden es in der jeweiligen Epoche gab. Die Geschichte verläuft nicht gradlinig und eindeutig, sondern ist von Widersprüchen, Skandalen und gegenläufigen Entwicklungen, z.B. in reformpädagogischen Experimenten wie den Kinderrepubliken (vgl. Kamp 1995) geprägt. Auch Schattenseiten von Gewalt, Ausbeutung, brutaler Disziplinierung sowie von gewaltförmigen Erziehungspraktiken in Form »schwarzer Pädagogik« (vgl. Rutschky 1999) tun sich auf. Erste Wurzeln der Heimerziehung finden sich in den »Hospitälern« für Arme im Mittelalter (vgl. Schilling 2005, 61 ff.). Hier wurden ausgesetzte Kinder mit Behinderungen, Missbildungen oder die aufgrund von Armut von ihren Eltern oder anderen Menschen verstoßen worden waren, als Findelkinder verwahrt. Über Zucht- und Arbeitshäuser des 16. und 17. Jahrhunderts wird von Arbeitserziehung, Körperstrafen und Disziplinierung berichtet, was sich in den Industrieschulen des 18. Jahrhunderts fortsetzte (vgl. Kuhlmann/Schrapper 2001, 286 ff.). Mitte des 17. Jahrhunderts wurde von dem in Halle wirkenden August Hermann Francke die sog. Waisenhausbewegung forciert, die durch die religiöse Erweckungsbewegung des Pietismus geprägt war. Sie verfolgte das Ziel einer rigiden Frömmigkeit und die Bekehrung des »erbsündenbelasteten Kindes«. Eine Gegenbewegung deutet sich Ende des 18. Jahrhunderts mit dem »Waisenhausstreit« an. Kritik wurde von Philanthropen an der Ausbeutung der Arbeitskraft von Kindern und Jugendlichen in den Anstalten, am Verwahrungscharakter, an der Ächtung der von Armut Betroffenen, der Profitgier und der scheinheiligen Religiosität der Betreiber der vielen staatlichen Zucht-, Arbeits- und Waisenhäusern geübt (vgl. Meumann 1995, 297 ff.). Gegenbewegungen und Debatten um eine reformierte Erziehung und Bildung werden auch von dem Schweizer Johann Heinrich Pestalozzi und in der Rettungshausbewegung des Hamburger Theologen und Sozialreformer Johann Hinrich Wichern sichtbar. Wichern wollte verwaiste oder ausgestoßene Kinder und Jugendliche mit der Devise »arbeite und bete« von ihrer Sittenlosigkeit und »verderbten Natur« abbringen und ihnen »rettende Liebe« in einer Liebesgemeinschaft zukommen lassen (vgl. Thesing 2001). Die Kritik an Heimen wird um 1920 und 1930 erneut laut, denn »Fürsorgezöglinge« in den Anstalten wehren sich in den sog. Fürsorgeerziehungsskandalen (1927–1932) gegen militärischen Drill, brutale Prügelstrafen, Dunkelarrest, Kostentzug und sexuelle Übergriffe durch Erzieher (vgl. Banach 2007). Der Nationalsozialismus propagiert die Diagnose »moralisch schwachsinnig oder verwahrlost« für Kinder und Jugendliche, die als kriminell, unerziehbar oder behindert eingestuft wurden. Sie werden als schädlich für die Volksgesundheit und mitunter auch als krank und erbbiologisch geschädigt angesehen. Viele behinderte und als besonders erziehungsresistent geltende Jugendliche wurden auch mit Unterstützung von Trägern in Arbeitslagern und Konzentrationslagern misshandelt und gar vernichtet (vgl. Schrapper/Sengling 1988). In der Nachkriegsepoche beginnt die Geschichte der ost- und westdeutschen Heimerziehung (vgl. Mannschatz 1994). Die inzwischen durch Betroffene angeschobene Aufarbeitung durch den Runden Tisch der 50er und 60er Jahre bringt menschenunwürdige Zustände in den Heimen dieser Zeit in beiden deutschen Staaten zutage. Ausbeutung durch nichtbezahlte Zwangsarbeit, Straf- und Zwangserziehungsmentalitäten, intransparente Unterbringungsgründe führen 2010 zu Forderungen nach Rentenansprüchen und Entschädigungen. Mit der Heimkampagne am Ende der 60er Jahre setzt eine weitere Auseinandersetzung um Funktion und Legitimation der Heimerziehung ein (vgl. Schölzel-Klamp 2010). Anlass für diese »Heimkampagne oder Heimrevolte« waren die schlechte Personalsituation durch schlecht oder gar nicht ausgebildetes Personal, Verlegungen und Abschiebungen von Kindern und Jugendlichen sowie rigide Erziehungspraktiken und Erziehungsziele zur Ordnung, Sauberkeit und Gehorsam (vgl. IGfH 2000). Erst der im Jahr 1977 veröffentlichte Bericht der Kommission Heimerziehung (vgl. IGfH 1977) löst eine tiefgreifende Reform der Heimerziehung aus und führt zu Grundrechts- und Demokratiediskursen.

3. Ausdifferenzierung und Professionalisierung

Heimerziehung hat heute nichts mehr mit Verwahrung in Anstalten, Zwangs- oder Umerziehung und Sozialdisziplinierung zu tun, wenngleich es sein kann, dass es Formen geben kann, die von Jugendlichen als Sanktionsmaßnahme erlebt werden können. Auch kann sie Jugendlichen als Institution zur Abschreckung, Bestrafung, Umerziehung und Besserung vorgestellt werden (vgl. Wolf 2002, 637). Ihrem sozialstaatlichen Auftrag gemäß stellt sie sich als differenziertes professionelles Hilfesystem im Rahmen der Hilfen zur Erziehung (HzE) dar, das für Kinder und Jugendliche neben dem Elternhaus einen anderen sozialen Ort mit einer Unterbringungs- und Betreuungsmöglichkeit über Tag und Nacht bietet (vgl. Münder u. a. 2003, 319). Heimerziehung wird auch als Fremderziehung in öffentlicher Verantwortung bezeichnet, sie übernimmt auch informelle Bildungsaufgaben, insbesondere im Sinne sozialen Lernens. Sie versteht sich als Dienstleistung für Personensorgeberechtigte, die ihrerseits einen Leistungsanspruch auf Hilfe und Unterstützung bei der Erziehung ihrer Kinder und Jugendlichen haben. Seit der Projektbewegung der 1980er Jahre hat sich das gesamte Feld der Kinder- und Jugendhilfe ausdifferenziert. Verschiedene stationäre Settings etablierten sich in

Form sozialpädagogischer Lebensgemeinschaften, Betreuungsformen auf Segelschiffen bis hin zum milieunahen »Heim um die Ecke« und entwickelten sich weiter. Inzwischen haben sich Großeinrichtungen weitgehend dezentralisiert und ausdifferenziert und bieten verschiedene stationäre gruppen- oder individualpädagogische Arrangements in heilpädagogisch orientierten Kleinstheimen oder Intensivstationen, in betreuten familienähnlichen Außen- oder Innenwohngruppen, in Verselbständigungsgruppen, in Kinderdörfern oder in Form Betreuten Einzelwohnens an. Aufgrund der Vielfalt und Bandbreite der Größe, Lage oder Mitarbeiterstruktur von Heimen sprach Münstermann bereits 1990 von Heimerziehung als einem »konzeptionellen Begriff« (vgl. Münstermann 1990, 24). Sich verschlechternde Lebenslagen führten in den letzten Jahren zu steigenden Anforderungen an das Personal, was zu einem Anstieg der Professionalisierungsquote in der Heimerziehung geführt hat. In der Heimerziehung ist insbesondere der Anteil der Fachkräfte mit Universitäts- oder Fachhochschulabschluss angestiegen (vgl. Fendrich/Pothmann 2005, 85 ff.).

4. Zuständigkeit und Inanspruchnahme

Das Prozedere der Fremdplatzierung eines Kindes oder Jugendlichen in einem Heim, einer Wohngruppe oder einer sonstigen Wohnform liegt in der Verantwortung des örtlichen Jugendamtes. Sie ist gesetzlich in § 34 SGB VIII geregelt. Eine Heimunterbringung kann grundsätzlich entweder von Eltern beantragt oder vonseiten des Jugendamtes vorgeschlagen werden. Nur in Ausnahmefällen kann das Vormundschaftsgericht eine Heimunterbringung beschließen. Dem Jugendamt obliegt das Wächteramt, d. h. es setzt das öffentliche Interesse um, das Wohl von Kindern und Jugendlichen in unserer Gesellschaft zu gewährleisten. Der Allgemeine Sozialdienst des Jugendamtes übernimmt die Fallverantwortung und prüft im Rahmen eines notwendigen Hilfeplanverfahrens nach § 36 SGB VIII den erzieherischen Bedarf und entscheidet im Zusammenwirken der Fachkräfte und unter Beteiligung der Personensorgeberechtigten und der betroffenen Kinder und Jugendlichen über Ort, Länge und Ziele der Platzierung. Gemäß einer Kostenbeitragsverordnung werden Kinder bzw. Jugendliche selbst sowie ihre Eltern an den Kosten für eine vollstationäre Unterbringungsform entsprechend ihren Einkünften herangezogen.

Laut Statistischem Bundesamt wurden im Jahr 2011 insgesamt 35.495 Kinder und Jugendliche nach § 34 SGB VIII untergebracht, davon waren 19.107 männlich und 16.388 weiblich (vgl. www. destatis.de). Als Trend der Inanspruchnahme eines Heimplatzes verweist der Informationsdienst der Arbeitsstelle Kinder- und Jugendhilfestatistik auf eine generelle Steigerungsrate im gesamten Bereich der Hilfen zur Erziehung, vor allem aber bei den familienunterstützenden Hilfen (Sozialpädagogische Familienhilfe). Steigerungsraten in den Platzierungszahlen in der Heimerziehung werden vor allem in der Zeit zwischen 2005 und 2010 angegeben (vgl. Tabel u. a. 2011, 3). Im internationalen Vergleich zeigt sich Deutschland »als ein Land mit vergleichsweise hohen Fremdunterbringungsraten, d. h. ein im Europavergleich hoher Anteil von Minderjährigen ist zweitweise oder dauerhaft außerhalb der eigenen Familie untergebracht« (Trede 2001, 204). In Deutschland wird stärker auf ein »institutionelles professionelles System der Fremdplatzierung« gesetzt, denn auf Pflegefamilien (vgl. ebd.).

5. Methoden und Ansätze

In der Methodendebatte zur Heimerziehung lassen sich verschiedene Diskurse nachzeichnen. Zum einen leiten sich Methoden von dem Paradigma der Lebensweltorientierung (vgl. Thiersch 2005) ab. Dieses sozialpädagogisch fundierte Konzept warf die konkreten Struktur- und Handlungsmaximen der Prävention, Dezentralisierung/Regionalisierung, Alltagsorientierung, Integration/Normalisierung, Partizipation, Hilfe/Kontrolle auf (vgl. BMFSFJ 1990, 85 ff.). Heimerziehung will vor diesem Hintergrund zum gelingenden Alltag und zur Lebensbewältigung der jungen Menschen, aber auch zur Aktivierung von Herkunftsfamilien beitragen. Soziale Integration und Teilhabe des Menschen werden hier nicht nur an individuellen Kompetenzen festgemacht, sondern sie sind abhängig von dem sozialstaatlichen Bedingungsgefüge. Lebensentwürfe und Integrationsmuster folgen keinem normierten Modernisierungsmuster, sondern basieren auf dem Eigensinn jedes Individuums

(vgl. Böhnisch/Schefold 1985). Kinder, Jugendliche und ihre Eltern gelten angesichts dieses Zugangs als ExpertInnen ihrer eigenen Lebensentwürfe. Auf der Basis ihrer subjektiven Sinnkonstruktionen lassen sich unter Einsatz hermeneutischer Methoden in dichten professionellen Beziehungen zwischen Fachkräften, jungen Menschen und ihren Familien Bewältigungsstrategien für den Alltag herausarbeiten. Eine dieser Tradition folgende Methode haben Klaus Mollenhauser und Uwe Uhlendorf mit ihren Sozialpädagogischen Diagnosen ausgearbeitet (vgl. Mollenhauer/Uhlendorff 1992). Der Ansatz richtet sich auf eine Diagnostik und Interventionsplanung im Einzelfall. Aus Lebensthemen von Jugendlichen werden erlebnispädagogisch orientierte und kreative Maßnahmen im Sinne von Entwicklungsaufgaben abgeleitet und dem Jugendlichen vorgeschlagen. In den 1990er Jahren kam mit dem aus der Demokratietheorie kommenden »Just-Community-Ansatz« ein weiterer Zugang für gruppenpädagogische Settings auf. Gruppendiskussionen zu moralischen Dilemmata wurden hierbei als Katalysator genutzt für die Verbesserung der Moralentwicklung von Kindern und Jugendlichen genutzt. Fernziel war die Etablierung einer »gerechten Gemeinschaft«. Der Ansatz fasste in der Schulpädagogik Fuß, in der Heimerziehung wurde der nur ansatzweise aufgegriffen (vgl. Sohst-Westphal 1999).

Neben diesen sozialpädagogisch-hermeneutisch verwurzelten und auf Beziehungsarbeit fußenden Ansätzen gibt es einen mitunter klinisch-therapeutisch ausgerichteten Diskurs, der auf die Behandlung von Kindern und Jugendlichen abzielt. Man baut hier auf psychologischen, psychiatrischen, aber auch heilpädagogischen bzw. sonderpädagogischen Grundlagen auf. Ansatzpunkte sind psychologisch oder medizinisch diagnostizierte Verhaltensauffälligkeiten oder -störungen bzw. geistige, körperliche und sprachliche Beeinträchtigungen. Im Sinne der Einzelförderung oder -therapie oder des verhaltenstherapeutisch ausgerichteten Trainings erhalten Kinder, Jugendliche, aber auch Eltern Hilfe und Unterstützung. Beispielhaft sei hier auf die systemische Familientherapie verwiesen, die als zentrale Methode in der Elternarbeit in der Heimerziehung gilt. Ein neuer und inzwischen verbreiteter Ansatz findet sich in der Tiergestützten Therapie (vgl. Vernooij/Schneider 2010). Die auf die soziale Kompetenzsteigerung in Gruppen und die Steigerung individueller Resilienz aus-gerichtete »Positive Peer Culture« hat ebenfalls Eingang in das Handlungsfeld gefunden (vgl. Opp/ Unger 2006).

Die Menschenbilder und Zugänge zum Men-schen unterscheiden sich in den sozialpädagogi-schen, sonderpädagogischen, psychologischen und psychiatrischen Ansätzen. Dennoch gibt es viele Schnittstellen. Aufgrund der hohen Lebens- und Entwicklungsrisiken der Zielgruppe in der Heim-erziehung kann nur eine am Einzelfall orientierte interdisziplinäre und sich gegenseitig ergänzende Methodenvielfalt in Kooperationsbündnissen als sinnvoll angesehen werden.

6. Zielgruppe und Platzierungspolitiken

In der Geschichte der Heimerziehung stellten sog. »Waisenkinder« die primäre Population in Heimen dar. Will man die Zielgruppe heutiger Heimerzie-hung näher fassen, stößt man auf sehr unterschied-liche Zielgruppenbeschreibungen. Seit den 1990er Jahren spricht man über eine Überrepräsentanz junger Menschen aus benachteiligten Schichten in der Heimerziehung (vgl. Bürger 1990). Inzwischen kann man dies jedoch differenzierter belegen, denn betrachtet man die Heimpopulation unter einer Lebenslagenperspektive zeigt sich, dass Familien-status, Armutslagen und Migrationshintergrund als Ursachen für eine Heimplatzierung gelten müs-sen (vgl. Rauschenbach u. a. 2009, 9 ff.). Das Statis-tische Bundesamt weist aktuell aus, dass die Hälfte der jungen Menschen, die im Jahr 2010 in einem Heim oder einer Pflegefamilie untergebracht wur-den, zuvor mit einem alleinerziehenden Elternteil zusammenlebte. Es heißt hier weiter, dass mehr als drei Viertel (77 %) dieser alleinerziehenden Eltern-teile ganz oder teilweise von Transferleistungen des Staates abhängig waren (vgl. www.jugendhilfepor tal.de). Jeder dritte in der Heimerziehung aufge-nommene Kind oder Jugendliche hat zudem einen Migrationshintergrund. Die Arbeitslosigkeit eines Elternteils, der Sozialhilfebezug eines Elternteils, die Freistellung von der Heranziehung zu den Kos-ten der Heimerziehung oder das Nicht-Zusam-menleben mit Eltern gelten heute als Gründe für eine Platzierung in einem Heim oder einer sonsti-gen Betreuten Wohnform. Unter der Lebenslagen-perspektive und durch die Armutsforschung bestä-tigt, wirken soziale, kulturelle, materielle und ge-sundheitliche Mangelsituationen zusammen und können für viele materiell arme Kinder zu multi-plen Deprivationen führen (vgl. AWO Bundesver-band e.V. 2005). Materielle Armut von Kindern und Jugendlichen in benachteiligten Milieus sowie Erziehungsarmut erweisen sich somit als Mangelsi-tuationen, die zu Entwicklungsdefiziten in Soziali-sationsphase führen können.

Betrachtet man mit psychologisch-psychiatri-schen Kategorien auf die psychische Verfasstheit der Kinder und Jugendlichen, die in Heimen be-treut werden, so weisen Studien hohe psychische Belastungen dieser Zielgruppe auf. Ronald Hof-mann referiert diverse Diagnosen in Form von Regulationsstörungen der affektiven Entwicklung (u. a. Reizbarkeit, Depression, Angstzustände). In seiner Untersuchung einer Heimpopulation kommt er beispielsweise zu dem Ergebnis, dass 26 % der Jungen und 41 % der Mädchen aus seiner Stich-probe depressive Symptome aufweisen (vgl. Hof-mann 2002, 106). Er findet bei der Heimpopula-tion Auffälligkeiten in allen affektiven Bereichen, auch im Sexualverhalten und im Bindungsverhal-ten. Viele Jugendliche erhalten die Diagnose einer Borderline-Symptomatik und in vielen Fällen finden sich Abbrüche in den Hilfeverläufen (vgl. ebd.). Auch in einer Untersuchung von Marc Schmidt (2007) wird belegt, dass 60 % der unter-suchten Kinder und Jugendlichen in Heimen die Diagnosekriterien für eine kinder- und jugendpsy-chiatrische Störung aufweisen. Gerade in der stati-onären Kinder- und Jugendhilfe findet sich eine hohe Dichte traumatisierter und damit vulnerabler Kinder und Jugendlicher.

Eine soziologische Betrachtung der Zielgruppe nimmt die Makroperspektive ein und weist sozio-emotionale Mangelsituationen in der primären So-zialisationsphase aus, die als Ursachen und Gründe für Platzierungen gelten. Eine psychologische Be-trachtung nimmt hingegen eine Mikroperspektive ein und stellt die Wirkung der Lebenslage auf die psychosoziale Verfasstheit des jungen Menschen und ihre Familien aus. Beide Sichtweisen zusam-mengenommen sind erforderlich, um die Ziel-gruppe der Heimerziehung zu verstehen. Gleich-zeitig gibt es keine Indikationen, die als kausale Platzierungsgründe gelten könnten. Warum Kin-der und Jugendliche letztlich in einem Heim unter-gebracht werden, hat mit Definitions- und Entscheidungsprozessen bei der Hilfegewährung, mit demografischen Veränderungen in den Kohorten, aber auch mit der jeweils zur Verfügung stehenden regionalen Jugendhilfeinfrastruktur zu tun. So ist die Verfügbarkeit nichtstationärer und stationärer Hilfen auch abhängig vom Vorhandensein oder Fehlen primär-präventiver Leistungsstrukturen in der Jugendhilfe sowie von den politisch-fiskalischen Einflussnahmen auf die Jugendhilfeinfrastruktur in einem Landkreis, einer Gemeinde oder kreisfreien Stadt (vgl. Bürger/Lehning u. a. 1994). Inzwischen wird angesichts der ungleichen Infrastruktur der Jugendhilfe auch von regionalen Disparitäten gesprochen, d. h. auch die Inanspruchnahme einer Heimunterbringung unterliegt multiplen sozialstrukturellen Faktoren (vgl. van Santen 2011).

7. Ausblick: Multiperspektivische Wirkung und Stärkung von Klientenrechten

In den vergangenen Jahren haben Debatten um eine sozialraumorientierte und auf Prävention ausgerichtete Kinder- und Jugendhilfe (vgl. Hinte u. a. 1999; Früchtel u. a. 2001), aber auch Debatten um die Kostenexplosion (vgl. Schilling 2011) aufgrund gestiegener Fallzahlen im stationären Bereich dazu geführt, dass die Heimerziehung in Rechtfertigungszwänge geraten ist. Die großen Evaluationsstudien JULE-Leistungen und Grenzen von Heimerziehung (vgl. BMFSJ 1998), die JES-Jugendhilfe-Effekte-Studie (vgl. BMFSFJ 2002) und die EVAS-Evaluationsstudie erzieherische Hilfen (vgl. Macsenaere/Knab 2004) waren Reaktionen auf gestiegene Erwartungen zum Nachweis von Erfolgen, Wirkungen und Effekten durch Jugendhilfemaßnahmen. Solche Studien werden nur als langfristige Beobachtungsstudien Aussagekraft erzielen, zumal gemessene Erfolgsquoten ohne Vergleich und Bezug bleiben. Die Gefahr einer einseitigen Definitionsmacht darüber, wer Erfolg, Wirkung und Effekt definiert, erfordert den Einsatz multiperspektivischer Forschungsmethoden. Die jüngste Studie zur Wirkungsorientierung hat das Handlungsprinzip Beteiligung als maßgeblichen Faktor herausgestellt. Das Partizipationsempfinden der Kinder und Jugendlichen im Hilfeplangespräch und die Partizi-

pationsrechte im Alltag konnten als Wirkfaktoren für die Verbesserung der Befähigungs- und Verwirklichungschancen (Capabilities) nachgewiesen werden (vgl. ISA 2009).

Die im Jahr 2009 einsetzende historische Aufarbeitung der Heimerziehung der 50er und 60er Jahre, verbunden mit der Auseinandersetzung mit den 2010 öffentlich gewordenen Missbrauchsskandalen in Internaten, Schulen und Heimen (vgl. Runder Tisch Heimerziehung in den 50er und 60er Jahren 2010; Der Runde Tisch Kindesmissbrauch 2011; Andresen/Heitmeyer 2012) fordern zur Fortführung einer machtkritischen Analyse der Heimerziehung auf (vgl. Wolf 1999; Stork 2007). Professionalisierte Erziehungs- und Bildungsinstitutionen gelten inzwischen nicht mehr automatisch als sicher für Kinder und Jugendliche (vgl. Fegert/ Wolff 2002/2006). Settings bergen insbesondere dann Risiken des Machtmissbrauchs, wenn intensive professionelle, helfende Beziehungen aufgebaut werden (vgl. Helming u. a. 2011). Die Implementierung von Schutzmaßnahmen, insbesondere von Beteiligungs- und Beschwerdemöglichkeiten wird im 2012 in Kraft getretenen Gesetz zur Stärkung eines aktiven Schutzes von Kindern und Jugendlichen (BKiSchG) gilt als Voraussetzung für eine Betriebserlaubniserteilung von stationären Settings. Heimerziehung sollte sich auch im Sinne der Selbstverpflichtung als Ort verstehen, an dem eine vulnerable und vielfach vortraumatisierte Zielgruppe auf Professionelle stößt, die reflektierte professionelle Beziehungen gestalten, verlässlichen Regeln zur Nähe-Distanzregulation kennen und die Schutz- und Förderrechte in pädagogischen Prozessen für Kinder und Jugendliche erlebbar machen.

Literatur

Achter Deutscher Bundestag (Hg.): *Achter Jugendbericht. Bericht über Bestrebungen und Leistungen der Jugendhilfe.* Drucksache 11/6576. Bonn 1990.

Andresen, Sabine/Heitmeyer, Wilhelm (Hg.): *Zerstörerische Vorgänge. Missachtung und sexuelle Gewalt gegen Kinder und Jugendliche in Institutionen.* Weinheim/ München 2012.

Arbeitsgemeinschaft für Kinder- und Jugendhilfe (AGJ): *Abschlussbericht des Runden Tisches »Heimerziehung in den 50er und 60er Jahren«.* Berlin 2010.

AWO Bundesverband e.V. (Hg.): *Zukunftschancen für Kinder. Wirkung von Armut bis zum Ende der Grundschulzeit.* Frankfurt a. M. 2005.

Banach, Sarah: *Der Ricklinger Fürsorgeprozess 1930. Evangelische Heimerziehung auf dem Prüfstand.* Opladen/Farmington Hills 2007.

Böhnisch, Lothar/Schefold, Werner: *Lebensbewältigung.* Weinheim/München 1985

Bürger, Ulrich: *Heimerziehung und soziale Teilnahmechancen. Eine empirische Untersuchung zum Erfolg öffentlicher Erziehung.* Pfaffenweiler 1990.

Bürger, Ulrich/Lehning, Klaus/Seidenstücker, Bernd: *Heimunterbringungsentwicklung in der Bundesrepublik Deutschland. Theoretischer Zugang, Datenlage und Hypothesen.* Frankfurt a. M. 1994.

BMFSFJ (Bundesministerium für Familie, Senioren, Frauen und Jugend) (Hg.): *Leistungen und Grenzen von Heimerziehung. Ergebnisse einer Evaluationsstudie stationärer und teilstationärer Erziehungshilfen.* Stuttgart/Berlin/Köln 1998.

BMFSFJ: *Jugendhilfe-Effekte-Studie (JES). Effekte erzieherischer Hilfen und ihre Hintergründe.* Stuttgart 2002.

Colla, Herbert u. a. (Hg.): *Handbuch Heimerziehung und Pflegekinderwesen in Europa.* Neuwied/Kriftel 1999.

Crain, Fetzgerald: *Ich geh ins Heim und komme als Einstein heraus. Zur Wirksamkeit der Heimerziehung.* Wiesbaden 2012

Der Runde Tisch. Sexueller Kindesmissbrauch in Abhängigkeits- und Machtverhältnissen in privaten und öffentlichen Einrichtungen und im familiären Bereich: Abschlussbericht. Berlin 2011.

Fegert, Jörg M./Wolff, Mechthild (Hg.): *Sexueller Missbrauch durchProfessionelle in Institutionen. Prävention und Intervention. Ein Werkbuch.* Münster ²2006.

Fendrich, Sandra/Pothmann, Jens: *Hilfen zur Erziehung – über quantitative Ausweitungen und qualitative Strukturveränderungen.* Weinheim/München, 85–107

Früchtel, Frank u. a.: *Umbau der Erziehungshilfe. Umbau der Erziehungshilfe: Von den Anstrengungen, den Erfolgen und den Schwierigkeiten bei der Umsetzung fachlicher Ziele in Stuttgart.* Weinheim/München 2001.

Gabriel, Thomas/Winkler, Michael (Hg.): *Heimerziehung. Kontexte und Perspektiven.* München 2003.

Gehltomholt, Eva/Hering, Sabine: *Das verwahrloste Mädchen. Diagnostik und Fürsorge in der Jugendhilfe zwischen Kriegsende und Reform (1945–1965).* Opladen 2006.

Helming, Elisabeth u. a. DJI (Hg.): *Sexuelle Gewalt gegen Mädchen und Jungen in Institutionen. Rohdatenbericht.* München 2011.

Hinte, Wolfgang/Litges, Gerd/Springer, Werner: *Soziale Dienste. Vom Fall zum Feld. Soziale Räume statt Verwaltungsbezirke.* Berlin 1999.

Hofmann, Ronald: *Bindungsgestörte Kinder und Jugendliche mit einer Borderline-Störung. Ein Praxishandbuch für Therapie, Betreuung und Beratung.* Stuttgart 2002.

ISA (Institut für Soziale Arbeit) (Hg.): *Praxishilfe zur wirkungsorientierter Qualifizierung der Hilfen zur Erziehung. Bd. 9, Schriftenreihe: Wirkungsorientierte Jugendhilfe – Beiträge zur Qualifizierung der Hilfen zur Erziehung.* Münster 2009.

IGfH (Internationale Gesellschaft für Heimerziehung) (Hg.): *Zwischenbericht Kommission Heimerziehung der Obersten Landesjugendämter und der Bundesarbeitsgemeinschaft der Freien Wohlfahrtspflege. Heimerziehung und Alternativen. Analysen und Ziele für Strategien.* Frankfurt a. M. 1977.

Internationale Gesellschaft für erzieherische Hilfen (Hg.): *Aus der Geschichte lernen: Analyse der Heimreform in Hessen (1968–1983).* Frankfurt a. M. 2000.

Kamp, Johannes M.: *Kinderrepubliken. Geschichte, Praxis und Theorie radikaler Selbstregierung in Kinder- und Jugendheimen.* Opladen 1995.

Kuhlmann, Carola/Schrapper, Christian: »Zur Geschichte der Erziehungshilfen von der Armenpflege bis zu den Hilfen zur Erziehung«. In: Birtsch, Vera/Münstermann, Klaus/Trede, Wolfgang (Hg.): *Handbuch Erziehungshilfen.* Münster 2001, 282–328.

Macsenaere, Michael/Knab, Eckhart: *Evaluationsstudie erzieherische Hilfen (EVAS).* Freiburg 2004.

Mannschatz, Eberhard: *Jugendhilfe als DDR-Nachlaß.* Münster 1994.

Meumann, Markus: *Findelkinder, Waisenhäuser, Kindsmord. Unversorgte Kinder in der frühneuzeitlichen Gesellschaft.* München 1995.

Mollenhauer, Klaus/Uhlendorff, Uwe: *Sozialpädagogische Diagnosen I. Über Jugendliche in schwierigen Lebenslagen.* München 1992.

Münder, Johannes/Baltz, Jochem/Jordan, Erwin: *Frankfurter Kommentar zum SGB VIII: Kin-der- und Jugendhilfe.* Weinheim ⁴2003.

Münstermann, Klaus: »Welche Bedeutung hat die Jugendpsychiatrie für die Entwicklung der Jugendhilfe«. In: Gintzel, Ullrich/Schone, Reinhold (Hg.): *Zwischen Jugendhilfe und Psychiatrie. Konzepte – Methoden – Rechtsgrundlagen.* Münster 1990, 127–132.

Opp, Günther/Unger, Nicola: *Kinder stärken Kinder. Positive Peer Culture in der Praxis.* Hamburg 2006.

Pluto, Liane: *Partizipation in den Hilfen zur Erziehung. Eine empirische Studie.* München 2007.

Trapper, Thomas: *Erziehungshilfe: Von der Disziplinierung zur Vermarktung? Entwicklungslinien der Hilfen zur Erziehung in den gesellschaftlichen Antinomien zum Ende des 20.* Jahrhunderts. Bad Heilbrunn 2002.

Rauschenbach, Thomas/Pothmann, Jens/Wilk, Agathe: »Armut, Migration, Alleinerziehend – HzE in prekären Lebenslagen. Neue Einsichten in die sozialen Zusammenhänge der Adressaten der Kinder- und Jugendhilfe«. In: *KomDat* 12.1 (2009), 9–11.

Rutschky, Katharina (Hg.): *Schwarze Pädagogik. Quelle zur Naturgeschichte der bürgerlichen Erziehung.* Wien 1999.

Schmid, Marc: *Psychische Gesundheit von Heimkindern. Eine Studie zur Prävalenz psychischer Störungen in der stationären Jugendhilfe.* Weinheim/München 2007.

Schilling, Johannes: *Soziale Arbeit. Geschichte, Theorie, Profession.* München ²2005.

Schölzel-Klamp, Marita: *Das blinde Auge des Staates. Die Heimkampagne von 1969 und die Forderungen der ehemaligen Heimkinder.* Bad Heilbrunn 2010.

Schrapper, Christian/Sengling, Dieter (Hg.): *Die Idee der Bildbarkeit. 100 Jahre sozialpädagogische Praxis in der Heilerziehungsanstalt Kalmenhof.* Weinheim/München 1988.

Sohst-Westphal, Petra: »Gerechte Gemeinschaften – ein Mitbestimmungskonzept wirkt. Ein Modellprojekt zum Erlernen demokratischer Konfliktlösungen in der Jugendhilfe«. In: Kriener, Martina/Petersen, Martina (Hg.): *Beteiligung in der Jugendhilfepraxis.* Münster 1999, 144–156.

Stork, Remi: *Kann Heimerziehung demokratisch sein? Eine qualitative Studie zum Partizipationskonzept im Spannungsfeld von Theorie und Praxis.* Weinheim 2007.

Tabel, Agathe/Fendrich, Sandra/Pothmann, Jens: Warum steigen die Hilfen zur Erziehung? Ein Blick auf die Entwicklung der Inanspruchnahme. In: *KomDat* 14.3 (2011), 3–6.

Thesing, Theodor: *Leitideen und Konzept bedeutender Pädagogen.* Freiburg im Breisgau [2]2001.

Thiersch, Hans: *Lebensweltorientierte Soziale Arbeit. Aufgaben der Praxis im sozialen Wandel.* Weinheim/München 2005.

Trede, Wolfgang: »Stationäre Erziehungshilfen im europäischen Vergleich«. In: Birtsch, Martina/Münstermann, Klaus/Trede, Wolfgang (Hg.): *Handbuch Erziehungshilfen.* Münster 2001, 197–212.

van Santen, Eric: »Perspektiven, Erklärungsansätze und Analyseoptionen für regionale Disparitäten«. In: Rauschenbach, Thomas/Schilling, Matthias (Hg.): *Kinder- und Jugendhilfereport 3. Bilanz der empirischen Wende.* Weinheim/München 2011, 160–177.

Vernooij, Monika A./Schneider, Silke: *Handbuch der Tiergestützten Intervention. Grundlagen-Konzepte-Praxisfelder.* Wiebelsheim 2010.

Wolf, Klaus: *Machtprozesse in der Heimerziehung.* Münster [4]1999.

Wolf, Klaus: »Hilfen zur Erziehung«. In: Schröer, Wolfgang/Struck, Norbert/Wolff, Mechthild (Hg.): *Handbuch Kinder- und Jugendhilfe.* Weinheim 2002, 631–645.

Mechthild Wolff

11. Elternbildung und Erziehungsberatung

Die Frage nach der »richtigen« Erziehung des eigenen Kindes beschäftigt wohl alle Eltern und kann getrost als eine ihrer Hauptsorgen bezeichnet werden. Die gleichbleibend hohe Popularität von TV-Formaten wie die »Super-Nanny« oder auch die große Zahl von verheißungsvollen Erziehungsratgebern verdeutlichen zugleich, dass sich Eltern oftmals verunsichert fühlen und sich vermehrt Hilfestellung in Erziehungsfragen wünschen. Dabei spielen wahrscheinlich die veränderten Lebenssituationen von Eltern und Familien eine Rolle, die mit stärkerer Individualisierung von Eltern und Familien, dem Aufbrechen traditioneller Rollenverteilungen, einer stärken Belastung durch die gewollte Vereinbarkeit von Beruf und Familie, die bislang durch Betreuungsangebote nur unzureichend unterstützt wird, sowie höheren Ansprüchen an die Kindererziehung bei insgesamt mutmaßlich größerer Bedeutungszumessung nur schlagwortartig beschrieben sind. Heutigen Eltern fällt es offenbar schwer, intuitiv das richtige Erziehungsverhalten aus der Fülle an Ratschlägen auszuwählen. Das führt nicht selten dazu, dass selbst weitgehend »normale« Verhaltensweisen, wie etwa das Trödeln von Vorschulkindern, in einem größeren Ausmaß Erziehungsschwierigkeiten bereiten (Beelmann/Lösel/Stemmler u. a. 2006). Es gilt also, Alternativen zum offenbar fehlenden Unterstützungsnetzwerk von Eltern aufzuzeigen.

Professionelle Formen der Elternbildung haben sich daher zu einem wichtigen Präventions- und Interventionsfeld entwickelt. Dabei geht es sowohl um die optimale Förderung der Kinder als auch darum, Probleme der kindlichen Entwicklung und im Familienleben generell entgegenzuwirken. Professionelle Hilfen für Eltern werden unter dem Begriff Familien- oder Elternbildung gefasst. Der Begriff der Familienbildung ist konzeptionell breiter und betrifft alle Formen der Unterstützung von Familienmitgliedern in familienrelevanten Themen (Lösel/Schmucker/Plankensteiner 2006). Elternbildung wird dagegen im Folgenden auf die Unterstützung von Eltern im Rahmen ihrer Erziehungsaufgaben beschränkt. Sie ist als Teil der Familienbildung darauf ausgerichtet, die elterliche Erziehungsinstanz zu stärken und zur Schaffung eines entwicklungsförderlichen Sozialisationsumfelds beizutragen.

1. Erziehungspsychologische Grundlagen der Elternbildung

Die Familie ist zumindest in den frühen Lebensjahren das wichtigste Sozialisationssystem und damit die Eltern wichtige Bezugspersonen und Sozialisationsagenten, die wesentlich durch ihr Erziehungsverhalten wirken (Fuhrer 2009; Schneewind 2010). Entsprechend gilt ein nachteiliges elterliches Erziehungsverhalten als einer der wichtigsten Risikofaktoren für die Entwicklung von kindlichen Verhaltensproblemen (vgl. Beelmann/Raabe 2007). Die erziehungspsychologische Forschung hat sich ganz wesentlich mit der Frage befasst, was eine »gute«, d. h. entwicklungsförderliche Erziehung ausmacht und welche Elemente und Merkmale das Erziehungsverhalten aufweisen sollte. Dabei sind drei Ansätze zu unterscheiden:

Ein erster Ansatz ist eng mit der psychoanalytischen Entwicklungs- und Bindungsforschung in Anlehnung an Arbeiten von René Spitz und Jean Bowlby verbunden und befasst sich mit der Frage der notwendigen psychosozialen Bedingungen einer gesunden kindlichen Entwicklung. Neben der physischen Versorgung (Nahrung, Pflege) wird dabei insbesondere das Bedürfnis nach Geborgenheit, liebevoller Zuwendung, Sicherheit und positiv-emotionaler Bindung betont.

Ein zweiter, in den Sozialwissenschaften weit verbreiteter und traditionsreicher Forschungsansatz befasst sich mit den Wirkungen unterschiedlicher elterlicher Erziehungsstile. Unter einem Erziehungsstil wird – vereinfacht – ein intraindividuell relativ stabiles Konstrukt verstanden, das in Erziehungssituationen zu bestimmten Formen elterlichen Erziehungsverhaltens und zu spezifischen kindbezogenen Erziehungspraktiken führt. Bis heute bedeutsam ist dabei die Unterscheidung zwischen autoritativen, autoritären, permissiven (antiautoritären) und vernachlässigenden Erziehungsstilen, die anhand der Dimensionen Forderung/ Kontrolle sowie emotionale Unterstützung unterschieden werden können (vgl. Baumrind 1989). Dabei erwies sich der autoritative Erziehungsstil, der sich durch klare elterliche Anforderungen und konsequente Regeln einerseits sowie ausgeprägter Akzeptanz und Wärme gegenüber dem Kind andererseits auszeichnet, für eine positive Entwicklung des Kindes allen anderen Erziehungsstilen gegenüber deutlich überlegen. Autoritäre, permissive sowie vernachlässigende Erziehungsstile sind dagegen »Risikoerziehungsstile« und gehen mit höherer Wahrscheinlichkeit mit kindlichen Verhaltensproblemen einher.

Ein dritter und heute in der empirischen Forschung weitgehend vorangetriebener Ansatz greift diese eher globalen Ansätze auf, diskutiert Erziehungsmerkmale heute aber unter spezifischen Aspekten. Gefragt wird, welche konkreten Merkmale eine kompetente oder problematische Erziehung ausmachen. Sie hat die Tradition der an breiteren Konstrukten interessierten Ansätze (Bindungen, Erziehungsstil) wohl auch deshalb abgelöst, weil derart grobe Kategorisierungen die erforderlichen Erziehungsqualitäten nur sehr ungenau wiedergeben. Dabei wird eine Reihe von Charakteristika diskutiert (vgl. Fuhrer 2007).

- Bereitstellung von Geborgenheit, Vertrauen und emotionaler Unterstützung
- Gemeinsame Aktivitäten und positive Zeit mit dem Kind
- Elterliches Interesse an der kindlichen Lebenswelt und dessen Handeln
- Eltern als Agenten der Entwicklungsförderung insbesondere bei der Förderung der Eigeninitiative und der Bereitstellung interessanter Entwicklungsumgebungen
- Hilfe beim Aufbau lebenspraktischer Fertigkeiten (z. B. selbstständiges Essen)
- Hilfe beim Aufbau sozialer Kompetenz (z. B. durch die Vermittlung sozialer Regeln und eigenem Vorbild)
- Hohe Supervision und Verantwortungsübernahme durch Aufsicht
- Konsistente, nicht-aggressive Grenzsetzung bei Regelverstößen und sozial problematischen Verhaltensweisen (z. B. Aggression)
- Vermeidung problematischer Erziehungsmuster wie Vernachlässigung, übermäßiges Verwöhnen oder Funktionalisierung von Kindern bei chronischen Streitigkeiten oder in Trennungssituationen
- Keine körperliche oder psychische Gewalt in der Erziehung

Elterliche Erziehungskompetenzen, die diesen Merkmalen entsprechen, können auf unterschied-

liche Art erlernt und erworben werden. Nach Textor (2007) können neben institutionellen Angeboten (z. B. Erziehungsberatungsstellen), informelle (Mutter-Kind-Gruppen, Selbsthilfeorganisationen) und mediale Formen der Elternbildung (TV-Formate, Ratgeber, Elternbriefe) unterschieden werden. Inhaltlich lassen sich neben Ansätzen, die eher ganze Familien betreffen (Frühförderung, Familientherapie), vor allem die Erziehungsberatung und das systematische Elterntraining nennen, die speziell auf die Förderung der elterlichen Erziehungskompetenz fokussieren (Beelmann 2007).

2. Erziehungsberatung

Bei der Erziehungsberatung handelt es sich um ein etabliertes Angebot der Kinder- und Jugendhilfe, das sich durch professionelle Strukturiertheit im institutionellen Rahmen von informeller Beratung im Alltag unterscheidet. Keine andere pädagogisch-psychologische Maßnahme genießt einen derart hohen Grad an rechtlicher und institutioneller Verankerung in unserer Gesellschaft wie die Erziehungsberatung (Hörmann/Körner 2008). Das Kinder- und Jugendhilfegesetz (KJHG) im Sozialgesetzbuch VIII (SGB VIII) bildet dabei die gesetzliche Grundlage. In Erziehungsberatungsstellen sollen »Kinder, Jugendliche, Eltern und andere Erziehungsberechtigte bei der Klärung und Bewältigung individueller und familienbezogener Probleme und der zugrunde liegenden Faktoren, bei der Lösung von Erziehungsfragen sowie bei Trennung und Scheidung unterstützt werden« (§ 28 des KJHG). Das KJHG formuliert daher neben dem Anspruch auf Hilfe zur Erziehung auch die Verpflichtung zur Beratung bei Trennung und Scheidung sowie den betreuten Umgang. Dabei gilt die Kindeswohlorientierung als oberstes handlungsleitendes Prinzip. Eltern sollen in ihrer Erziehungsverantwortung so unterstützt werden, dass eine dem Wohle des Kindes entsprechende Erziehung sichergestellt wird, die zur umfassenden Entwicklung des Kindes beiträgt.

Das Angebot institutioneller Erziehungsberatung ist durch mehrere Merkmale gekennzeichnet. Der Zugang soll niedrigschwellig gestaltet sein, was u. a. durch eine einfache Anmeldung, schnelle Terminangebote und Gebührenfreiheit sowie Schweigepflicht erreicht werden soll (Zander/Knorr 2003).

Dabei sind geringe Wartezeiten insbesondere im Vergleich zur kinderpsychotherapeutischen Versorgung bedeutsam, denn tatsächlich wird ein Großteil aller Termine innerhalb von vier Wochen vergeben (Braunert/Günther 2005). Erziehungsberatungsstellen sind ferner als Institution bekannt, in der innerhalb eines multidisziplinären Teams mit wissenschaftlich qualifizierten Fachkräften (u. a. Sozialarbeiter, Sozialpädagogen und Psychologen) fundierte entwicklungspsychologische Kompetenzen in Diagnostik und Beratung bestehen. Da ein großer Anteil der Fachkräfte in Erziehungsberatungsstellen eine therapeutische Zusatzqualifikation hat, kommen neben reinen Beratungsgesprächen auch therapeutische Maßnahmen zum Einsatz (Hundsalz 1995). Mit einem Drittel verfolgt der überwiegende Teil der Vollzeitkräfte einen familientherapeutisch-systemischen Ansatz (Hundsalz 1995), aber auch Gesprächstherapie, Verhaltenstherapie und analytische Therapieausrichtungen lassen sich finden (Zander/Knorr 2003). Dadurch hat sich in den letzten Jahrzehnten ein Methodenpluralismus an den Beratungsstellen herausgebildet.

Die heterogene Angebotsstruktur umfasst viele Formate wie Einzelgespräche in der Beratungsstelle oder telefonische Angebote, Hausbesuche, Eltern-Kind-Gruppen, öffentliche Projekte wie Informationsveranstaltungen, begleitete Übergaben bzw. begleitete Umgänge bei hochstrittigen Scheidungsfamilien sowie Onlineberatung und Elternbriefe, wobei die individuellen Beratungen mit Eltern überwiegen (vgl. Hörmann/Körner 2008). In den letzten Jahren hat vor allem die Online-Beratung einen Aufschwung erlebt. Sie trägt zu einer Ausweitung der Erziehungsberatung bei, indem sie ihren tradierten Rahmen der Face-to-Face-Beratung verlässt. Die Arbeitsweise reicht von Email-Beratung bis zu Gruppenchats, wobei nicht nur aktive Teilnehmer durch das Aufschreiben des Problemzustandes reflektive Arbeit leisten, sondern auch die stillen Leser Informationen sammeln können (Hörmann/Körner 2008). Eine bundesweite Online-Beratung für Eltern bietet z. B. die Bundeskonferenz für Erziehungsberatung. Das gebührenfreie Angebot ist anonym und 24 Stunden täglich erreichbar (http://www.bke.de).

Die Bearbeitung von Problemen in der Erziehung erfolgt durch die Förderung der Ressourcen und Kompetenzen innerhalb der Möglichkeiten der individuellen Familie. Diese auf die spezifischen Lebenslagen von Familien zugeschnittenen Hilfen zur Selbsthilfe stärken die Autonomie der Familie und die eigenständige Suche nach Lösungen. Die Inanspruchnahme von Erziehungsberatung ist in den vergangenen Jahren kontinuierlich gestiegen. 2011 wurden über 300.000 Beratungen zur Erziehung in Anspruch genommen. Das ist eine Steigerung um etwa 100 % im Vergleich zu Beginn der 1990er Jahre. Damit ist die Erziehungsberatung die meistgenutzte Form der Hilfen zur Erziehung (Menne 2010; Statistisches Bundesamt 2012).

Die Zielgruppen einer Erziehungsberatungsstelle sind Eltern und andere Sorgeberechtigte, Kinder und Jugendliche selbst sowie Fachleute, die in ihrem beruflichen Feld mit der Erziehung von Kindern beschäftigt sind (z. B. Lehrer und Erzieher). In knapp der Hälfte der Fälle kommen die Eltern bzw. ein Elternteil alleine, in ca. 40 % der Fälle kommen die Eltern mit dem Kind oder Jugendlichen und in 13 % der Fälle lassen sich die Kinder und Jugendlichen selbst beraten. Dreiviertel der Ratsuchenden haben Kinder im Alter von drei bis 15 Jahre, wobei die Gruppe der Sechs- bis unter 12-Jährigen mit 41.2 % den größten Teil ausmachen (Menne 2010). Häufige Anlässe für das Aufsuchen der Erziehungsberatung sind Belastungen durch familiäre Konflikte u. a. bei Trennung und Scheidung (ca. 40 %). Weitere Anlässe sind Entwicklungsauffälligkeiten und seelische Probleme, schulische und berufliche Probleme, Auffälligkeiten im sozialen Verhalten sowie eine eingeschränkte Erziehungskompetenz der Eltern (Menne 2010; Statistisches Bundesamt 2008). Insgesamt ist die Erziehungsberatung ein relativ kurzfristiges Hilfsangebot. 2008 wurden 90 % aller Beratungen innerhalb eines Jahres vollendet und dreiviertel aller Fälle einvernehmlich nach Zielerreichung abgeschlossen (Menne 2010). In 39 % der Fälle begrenzt sich die Beratung dabei auf höchstens drei Monate (Statistisches Bundesamt 2008).

Systematische Evaluationen der institutionellen Erziehungsberatung sind ausgesprochen selten (vgl. Beelmann/Schmucker 2008; Vossler 2012). Die Ergebnisse vorliegender Studien zeigen aber eine positive Bilanz, wie Vossler (2006) in einer Überblicksarbeit zeigen konnte. Allerdings überwiegen retrospektive Nachbefragungen zur Zufriedenheit mit der Beratung, die aus verschiedenen

Gründen nicht sehr aussagekräftig sind. Immerhin zeigten sich etwa 80 % der Befragten als zufrieden mit der Beratung, 70 % berichteten sogar von einer hohen Besserungsrate hinsichtlich der Anmeldesymptomatik. Ähnliche Ergebnisse berichtet auch Menne (2008). Die Ergebnisse fielen dabei günstiger aus, wenn der Beratungsprozess länger andauerte und die betroffenen Kinder unter drei Jahre alt waren.

Ein erster Schritt in Richtung der wissenschaftlich fundierten Evaluation verschiedener Maßnahmen der Jugendhilfe ist die Jugendhilfe-Effekt-Studie (Schmidt u. a. 2002). Es handelt sich dabei um eine umfassend und systematisch durchgeführte Evaluation, die über einen Zeitraum von fünf Jahren durchgeführt wurde. Danach werden auch im Vergleich zu anderen Angeboten durchaus substanzielle Effekte erreicht. Insgesamt zeigen die genannten Evaluationsstudien eine hohe Konsistenz hinsichtlich der Wirkung von Erziehungsberatung. Zwar sagt die bei der Mehrheit der Evaluationen erfasste Zufriedenheit der Eltern nichts über die konkrete Wirksamkeit einer Beratung aus, jedoch kann sie als Zwischenschritt für eine erfolgreiche Teilnahme gewertet werden. Hinzu kommt, dass durch eine hohe Zufriedenheit die Wahrscheinlichkeit steigt, dass weitere Angebote in Anspruch genommen werden (Lösel u. a., 2006). Dies scheint gerade auch vor dem Hintergrund der demografischen Entwicklung auch nötig zu sein. In Zukunft wird jedenfalls erwartet, dass der Bedarf an Beratungen weiter steigt, vor allem im Hinblick auf Trennung- und Scheidungssituationen und Beratung von Eltern mit Migrationsgeschichte und teilweise unterschiedlichen Erziehungsphilosophien (Braunert/Günther 2005).

3. Systematische Elterntrainings

Während die Erziehungsberatung eine vorwiegend individualisierte Arbeit mit den Eltern in Beratungsstellen beschreibt, versteht man unter Elterntrainings strukturierte Programme, die dem konkreten Aufbau entwicklungsförderlicher und der Reduktion dysfunktionaler Erziehungsmethoden dienen. Dabei beziehen sich Elterntrainingsprogramme auf die oben beschriebenen Einzelmerkmale der Erziehung (Supervision, elterliches Disziplinierungsverhalten, Familienklima) sowie auf die

erziehungspsychologischen Arbeiten zum autoritativen Erziehungsstil und werden insofern durch die erziehungspsychologische Forschung theoretisch gestützt. Elterntrainingsprogramme werden in einer Vielzahl unterschiedlicher Problemfelder eingesetzt (z. B. internalisierendes Problemverhalten, für Eltern behinderter Kinder; vgl. Briestmeister/Schaeffer 1998), besonders häufig jedoch zur Prävention und Behandlung externalisierender Verhaltensprobleme bei Kindern und Jugendlichen (vgl. Kazdin 2003).

Standardisierte Elterntrainingsprogramme unterscheiden sich hinsichtlich ihrer theoretischen Ausrichtung (vgl. Beelmann 2007; Lösel/Runkel 2012, Tschöpe-Scheffler 2006). Es gibt lerntheoretisch orientierte Programme (z. B. »Triple P«), humanistische Programme (z. B. »Starke Eltern – Starke Kinder«, Gordon-Training), tiefenpsychologisch ausgerichtete Programme (z. B. »KESS erziehen«) oder auch eklektisch orientierte Programme. Zumeist werden die Programme in Gruppenformaten angeboten und beinhalten eine strukturierte Abfolge von Sitzungen. Der Inhalt der Sitzungen wird unter anderem durch Vorträge, Rollenspiele, Diskussionen, Hausaufgaben sowie Videosequenzen vertieft. Trotz der verschiedenen theoretischen Ausrichtungen ist der Inhalt der Elterntrainings oft sehr ähnlich. So werden in der Regel folgende Fertigkeiten vermittelt:

- Aufbau positiver Interaktionen, die durch gegenseitigen Respekt, Vertrauen und Zuneigung gekennzeichnet sind
- Bereitstellung von positiver emotionaler Unterstützung des Kindes insbesondere bei Problemsituationen
- Effektives Problemmanagement in schwierigen Erziehungssituationen
- Erlernen eines konsistenten Erziehungsverhaltens, der positives Verhalten verstärkt und negativem Verhalten (Aggression) Grenzen setzt
- Vermittlung der Vorbildfunktion von Eltern insbesondere bei der Einhaltung sozialer Regeln und in sozialen Konfliktsituationen
- Anleitung zum sozialen Lernen
- Vermeidung emotional negativ getönter Interaktionsmuster (gegenseitige Bedrohungen und Beschimpfungen)
- Aufbau positiver Kommunikation, die durch Akzeptanz und Wertschätzung gekennzeichnet ist

Neben diesen zentralen Themen werden in vielen Kursen auch grundsätzliche Themen der Elternschaft (Umgang mit beruflichem Stress und Konfliktsituationen, Förderung des Familienlebens) besprochen (vgl. Beelmann 2007). Durch den Austausch mit anderen Eltern entsteht zusätzlich ein Gefühl der Gemeinschaft, indem sie erfahren, dass sie nicht die einzigen Eltern mit Erziehungsproblemen sind.

Elterntrainingsprogramme haben international und auch in Deutschland eine weite Verbreitung erfahren (siehe Übersichten in Beelmann 2007; Lösel/Runkel 2012). In einer Bestandsaufnahme von Angeboten im Elternbildungsbereich von Lösel u. a. (2006) zeigte sich, dass 53 % der Kursleiter das Programm »Starke Eltern – Starke Kinder« nutzen, gefolgt vom Triple-P-Programm, das von 18.2 % der Kursleiter genutzt wird. Zur Wirksamkeit von Elterntrainings liegen eine Reihe von systematischen Überblicksarbeiten und Meta-Analysen vor (vgl. Beelmann/Raabe 2009). Insgesamt ist danach die Befundlage durchweg positiv, wenngleich die Ergebnisse vorwiegend auf anglo-amerikanischen Evaluationen basieren. Eltern lernen in Elterntrainings angemessene Erziehungsformen, die dazu führen, dass kindliche Verhaltensprobleme zum Teil beträchtlich nachlassen, wobei die Effekte zwischen den Studien relativ stark schwanken. Dies kann unter anderem mit unterschiedlichen Erfolgskriterien erklärt werden. So werden häufig nur Elternangaben ausgewertet, während unabhängige Beurteilungen des kindlichen Verhaltens zum Beispiel durch Lehrer selten sind. Zudem zeigten sich die größten Effekte bei kleinen Evaluationsstudien, was darauf hinweist, dass die Durchführungsqualität (in kleinen Studien oftmals besser) ein sehr entscheidender Faktor darstellt. Eisner und Humphreys (2011) haben zudem gezeigt, dass die hohen Effekte bei Elterntrainings vor allem in Untersuchungen auftreten, in denen zugleich eine erhöhte Mitwirkung und bestimmte Interessenlage der Programm-Entwickler vorlag. Dies zeigt, dass die Wirksamkeit von Elterntrainingsprogrammen auch von Faktoren beeinflusst wird, die nur wenig mit den Inhalten der Programme zu tun haben.

Weitere Probleme werden bei der der Umsetzung oder Implementation in den Praxisalltag deutlich. Lösel et at. (2006) stellten fest, dass manualisierte Elterntrainings in Jugendhilfeeinrichtungen oft frei (um-)gestaltet werden und insofern unklar ist, welche Inhalte und Maßnahmen konkret aus dem Manual übernommen wurden. Zudem kann die regelmäßige Teilnahme nicht vorausgesetzt werden. Die in der Literatur berichteten Dropoutraten schwankten zwischen acht und 48 %, was bedeutet, dass teilweise nur die Hälfte der ursprünglichen Teilnehmer im Programm verblieben waren (Assemany/McIntosh 2002). Prädiktoren für einen Trainingsabbruch sind neben Merkmalen der Teilnehmer (geringes Alter der Mütter, geringes Familieneinkommen) auch Teilnahmebarrieren wie fehlende Kinderbetreuung zum Zeitpunkt des Kurses oder ein langer Weg zum Trainingsort (Reyno/McGrath 2006). Elterntrainingsprogrammen erreichen somit oft nur eine bestimmte Klientel, die zudem offenbar besonders günstige Voraussetzungen mitbringt, wie etwa interessierte Eltern der Mittel- und Oberschicht. Im Vergleich dazu werden Eltern aus Hoch-Risiko-Kontexten sehr viel seltener erreicht, obwohl die Einrichtungsleiter einen Mehrbedarf bei der Versorgung von belasteten Gruppen wahrnehmen (Lösel u. a., 2006). Hinzu kommt, dass die Programme bei Eltern mit einem niedrigen sozioökonomischen Status wohl auch wegen des Gruppenformats weniger wirksam sind (Lundahl/Risser/Lovejoy 2006). Insofern stellt sich die Frage, ob nicht eine individualisierte Erziehungsberatung für Eltern aus benachteiligten Familien ein besseres Interventionsangebot darstellt. Darüber hinaus könnten Teilnahmehürden weiter gesenkt werden. Gerade sehr junge Familien sind allgemein bei Elternbildungsmaßnahmen unterrepräsentiert, obwohl sich gerade bei ihnen eine frühzeitige Prävention anbietet. Dies hat auch mit der Finanzierung von Elterntrainings zu tun, die zunehmend von den Eltern selbst getragen werden muss (Lösel u. a. 2006). Derartige Teilnahmebarrieren sind bedauerlich, weil systematische Elterntrainings einen wichtigen Beitrag zur Elternbildung und Unterstützung und Problementlastung von Eltern leisten können. Durch den Austausch mit professionellen Beratern oder mit anderen Eltern können Unsicherheiten entgegen gewirkt und Erziehungsprobleme gemindert werden. Insofern sollten die Chancen, die Elterntrainingsprogramme bieten, stärker als bislang genutzt und nach konstruktiven Lösungen für die skizzierten Probleme gesucht werden.

Literatur

Assemany, Amy E./McIntosh, David E.: Negative treatment outcomes of behavioural parent training programs. In: *Psychology in the Schools* 39 (2002), 209–219.

Baumrind, Diana: »Rearing competent children«. In: Damon, William (Hg.): *Child Development Today and Tomorrow*. San Francisco 1989, 349–378.

Beelmann, Andreas: »Elternberatung und Elterntraining«. In: Linderkamp, Friedrich/Grünke, Matthias (Hg.), *Lern- und Verhaltensstörungen. Genese, Diagnostik und Intervention*. Weinheim 2007, 298–311.

Beelmann, Andreas/Lösel, Friedrich/Stemmler, Mark/Jaursch, Stefanie: »Beurteilung von sozialen Verhaltensproblemen und Erziehungsschwierigkeiten im Vorschulalter. Eine Untersuchung zur deutschen Adaption des Eyberg Child Behavior Inventory (ECBI)«. In: *Diagnostica* 52 (2006), 189–198.

Beelmann, Andreas/Raabe, Tobias: *Dissoziales Verhalten von Kindern und Jugendlichen: Erscheinungsformen, Entwicklung, Prävention und Intervention*. Göttingen 2007.

Beelmann, Andreas/Raabe, Tobias: »The effects of preventing antisocial behavior and crime in childhood and adolescence: results and implications of research reviews and meta-analyses«. In: *European Journal of Developmental Science* 3 (2009), 260–281.

Beelmann, Andreas/Schmucker, Martin: »Wirksamkeit von Hilfen für gefährdete Familien nach dem SGB VIII (Kinder- und Jugendhilfegesetz)«. In: *Praxis der Rechtspsychologie* 18 (2008), 148–173.

Braunert, Sebastian/Günther, Manfred: *Erhebung zur Situation der erziehungs- und Familienberatungsstellen. Rahmenbedingungen, Prävention, Kooperation*. Bonn 2005.

Briesmeister, James M./Schaefer, Charles M. (Hg.): *Handbook of Parent Training: Parents as co-therapists for children's behaviour problems*. 2New York 1998.

Bundesministerium für Familie, Senioren, Frauen und Jugend (Hg.): *Kinder- und Jugendhilfe. Achtes Buch Sozialgesetzgebung*. Berlin 2007.

Eisner, Manuel/Humphreys, David: »Measuring conflict of interest in prevention and intervention research. A feasibility study«. In: Bliesener, Thomas/Beelmann, Andreas/Stemmler, Mark (Hg.): *Antisocial Behavior and Crime. Contributions of developmental and evaluation research to prevention and intervention*. Cambridge 2011, 165–180.

Fuhrer, Urs: *Erziehungskompetenz. Was Eltern und Familien stark macht*. Bern 2007.

Fuhrer, Urs: *Lehrbuch Erziehungspsychologie*. Bern 2009.

Hörmann, Georg/Körner, Wilhelm (Hg.): *Einführung in die Erziehungsberatung*. Stuttgart 2008.

Hundsalz, Andreas: *Die Erziehungsberatung. Grundlagen, Organisation, Konzepte und Methoden*. Weinheim 1995.

Kazdin, Alan E.: »Problem solving skills training and parent management training for conduct disorders«. In: Kazdin, Alan. E./Weisz, J. R. (Hg.): *Evidence-Based Psychotherapies for Children and Adolescents*. New York 2003, 241–262.

Lösel, Friedrich/Runkel, Daniela: »Empirische Forschungsergebnisse im Bereich Elternbildung und Elterntraining«. In: Stange, Waldemar/Krüger, Rolf/Henschel, Angelika/Schmitt, Cristof (Hg.): *Erziehungs- und Bildungspartnerschaften. Grundlagen und Strukturen von Elternarbeit*. Wiesbaden 2012, 267–278.

Lösel, Friedrich/Schmucker, Martin, Plankensteiner, Birgit/Weiss, Maren: *Bestandsaufnahme und Evaluation von Angeboten im Elternbildungsbereich*. Berlin/Bonn 2006.

Lundahl, Brad/Risser, H.J./Lovejoy, Christine M.: »A meta-analysis of parent training: Moderators and follow-up effects«. In: *Clinical Psychology Review* 26 (2006), 86–104.

Maccoby, Eleanor E./Martin, J.A.: »Socialization in the context of the family: Parent-child interaction«. In: Mussen, Paul Henry (Ser. Ed.)/Hetherington, E. Mavis (Vol. Ed.): *Handbook of Child Psychology. Vol. 4: Socialisation, personality, and social development*. New York ⁴1983, 1–101.

Menne, Klaus: »Differentielle Evaluation in der Erziehungs- und Familienberatung«. In: Scheurer-Englisch, Hermann/Hundsalz, Andreas/Menne, Klaus (Hg.): *Jahrbuch für Erziehungsberatung*. Bd. 7. Weinheim 2008.

Menne, Klaus: »Ratsuchende und Leistungen der Erziehungsberatung«. In: Hundsalz, Andreas/Menne, Klaus/Scheurer-Englisch, Hermann (Hg.): *Jahrbuch für Erziehungsberatung*. Bd. 8. Weinheim 2010.

Reyno, Sandra M./McGrath, Patrick J.: »Predictors of parent training efficacy for child externalizing behaviour problems – a meta-analytic review«. In: *Journal of Child Psychology and Psychiatry* 47 (2006), 99–111.

Schmidt, Martin/Schneider, Karsten/Hohm, Erika/Pickartz, Andrea/Macsenaere, Michael/Petermann, Franz/Flosdorf, Peter/Hölzl, Heinrich/Knab, Eckart: *Effekte erzieherischer Hilfen und ihre Hintergründe*. Stuttgart 2002.

Schneewind, Klaus: *Familienpsychologie*. 3Stuttgart 2010.

Statistisches Bundesamt: *16 Jahre Kinder- und Jugendhilfegesetz in Deutschland. Ergebnisse der Kinder- und Jugendhilfestatistiken Erzieherische Hilfen 1991 bis 2006. »Von der Erziehungsberatung bis zur Heimerziehung«*. Wiesbaden 2008.

Statistisches Bundesamt: *Statistiken der Kinder- und Jugendhilfe. Erzieherische Hilfe, Eingliederungshilfe für seelisch behinderte junge Menschen, Hilfe für junge Volljährige- Erziehungsberatung*. Wiesbaden 2012.

Textor, Martin R.: »Familienbildung«. In: Ecarius, Jutta (Hg.): *Handbuch Familie*. Wiesbaden 2007, 366–386.

Tschöpe-Scheffler, Sigrid (Hg.): *Konzepte der Elternbildung – eine kritische Übersicht*. Opladen 2006.

Vossler, Andreas: »Evaluation von Erziehungs- und Fa-
milienberatung in Deutschland«. In: Menne, Klaus/
Hundsalz, Andreas (Hg.), *Jahrbuch für Erziehungsbera-
tung*. Bd. 6. Weinheim 2006, 207–224.
Vossler, Andreas: »Erziehungs- und Familienberatung im
Spiegel der Forschung«. In: Stange, Waldemar/Krüger,
Rolf/Henschel, Angelika/Schmitt, Cristof (Hg.): *Erzie-
hungs- und Bildungspartnerschaften. Grundlagen und
Strukturen von Elternarbeit*. Wiesbaden 2012, 255–
266.
Zander, Britta/Knorr, Michael: *Systemische Praxis der Er-
ziehungs- und Familienberatung*. Göttingen 2003.

Andreas Beelmann/Linda Schulz

12. Freizeit, Erziehung und Bildung

Freizeit kommt in (post)modernen Gesellschaften im Hinblick auf die Lebensgestaltung und vor dem Hintergrund eines individuellen Biografieverlaufs ein zentraler Stellenwert zu. Freizeit spiegelt in aller Regel die Lebensqualität eines Individuums wider, bildet einen Seismografen für Lebenszufriedenheit und stellt somit nicht zuletzt im Zuge gesellschaftlicher Modernisierungsprozesse eine biografisch bedeutsame Ressource, ein weitreichendes Potenzial dar. Speziell im Jugendalter erfährt Freizeit einen großen und eigenständigen Bedeutungsgehalt. Hier werden neue Frei(zeit-)räume erschlossen, die für die weitere Biografie der heranwachsenden Personen mit determinierenden informellen Bildungsprozessen einhergehen. Im Kern geht es dabei primär um *ungeplante, beiläufige, offene* und zum größten Teil *unbewusst* ablaufende – retrospektiv nicht immer erkennbare – Lernprozesse (vgl. Düx/Sass 2005; Overwien 2009). Vernachlässigt wird dabei oft, dass insbesondere Erziehung im Sinne einer *aktiven* und *zielgerichteten* Einflussnahme diesbezüglich eine zentrale Rolle einnimmt. Entscheidende Bildungsimpulse werden in einem ersten Schritt stets durch Erziehungsprozesse gesetzt. So hat die (familiale) Erziehung einen starken Einfluss darauf, ob und wie die Inkorporierung von informellen Bildungsprozessen – das Erlernen von entsprechenden Fähigkeiten und Fertigkeiten – stattfindet (vgl. Harring 2011). Entsprechend ist es wichtig, dass bei der Betrachtung ganzheitlicher Bildung auch die Rolle von Erziehung und Erziehungsinstanzen berücksichtigt wird.

1. Die Bedeutung von Freizeit – eine historische Herleitung

Freizeit und ihre Bedeutung für die jeweiligen Mitglieder industrieller Gesellschaften obliegt einem ständigen Transformationsprozess und ihre Entwicklung ist von Zäsuren (vgl. dazu Opaschowski 2006, 32 f.) in einzelnen Epochen – auch in jüngster Vergangenheit – geprägt. Die bislang prägnanteste Veränderung des gesellschaftlichen Verständnisses von Freizeit betrifft – parallel zum Übergang von der Moderne zur Postmoderne, von der Industrie- zur Wissensgesellschaft – die Abkopplung dieses Begriffs vom Tätigkeitsbereich der Arbeit. Bis weit in die 1960er Jahre hinein wird Freizeit als Residualgröße gesehen, als ein Zeitabschnitt, der sich zeitlich negativ von der Arbeitsphase abgrenzt (vgl. Brake 2003, 83). Die Betonung liegt auf einem unmittelbaren – aber auch einseitigen – Zusammenhang zwischen Frei- und Arbeitszeit, wonach der Begriff Freizeit stets in seiner Wechselbeziehung zu Arbeit zu sehen ist, damit ohne den dazugehörigen Arbeitsbegriff nicht denkbar und interpretierbar wäre (vgl. z. B. Müller 1965, 11). Auch Habermas (1958) stellt Freizeit und Arbeit gegenüber, jedoch ausgehend von der Kompensationsleistung der Freizeit für nicht ausreichend vorhandene Arbeitszufriedenheit. Arbeit hat also letztendlich auch hier eine determinierende Wirkung auf die frei zur Verfügung stehende Zeit. Die genuine Funktion von Freizeit ist in diesem *arbeitsorientierten Modell* in der Regeneration von Erwerbstätigkeit zu suchen und stellt im Besonderen die Zeit dar, die nicht mit Schlaf, Hygiene, Essen, Bürokratie etc. (vgl. Prahl 2002, 136) ausgefüllt ist.

Zwar ist Freizeit auch nach heutigem Verständnis der Ort, an dem Erholung von Arbeit stattfindet, allerdings handelt es sich hierbei um eine Zeit, die nicht ausschließlich von Erholungsphasen geprägt ist (vgl. Opaschowski/Pries 2008, 424). Freizeit wird nicht mehr länger als Abwesenheit von Arbeit, als arbeitsfreie Zeit oder (ein wenig moderner) als »Freisein von zentralen Rollenzwängen« (Scheuch 1972, 31) definiert, sondern ist in diesem *arbeitszeitunabhängigen Modell* – oder besser formuliert: in dem *freizeitorien-*

tierten Modell – positiv konnotiert (vgl. Opaschowski 2006, 35). Bedingt durch weitreichende – zuweilen nicht abgeschlossene, weiterhin vorgängige – Veränderungen von Arbeitszeit und Arbeitsstrukturen wird unter Freizeit nunmehr die eigene und eigenverantwortliche, subjektive Verfügbarkeit von Zeit verstanden (vgl. Prahl 2010, 409). Der Faktor Zeit wird als wichtige Dimension in den Mittelpunkt gerückt, wo es in erster Linie um »Dispositions-Spielräume« (ebd., 408 f.), um Freizeitinhalte und ihre Funktionen geht. Somit verliert Freizeit zunehmend »ihre Bedeutung als arbeitsfreie Regenerationszeit«, erhält einen eigenständigen, arbeitsunabhängigen Wert (vgl. Opaschowski 1987, 20) und wird immer mehr »als Synonym für Lebensqualität und Wohlbefinden« (Opaschowski 2006, 35), »als relativ eigener Bereich der sozialen und individuellen Erfahrung und Sinnstiftung« (Prahl 2010, 409) interpretiert.

Gegenwärtig lassen sich allerdings in Bezug auf jenes Verständnis von Freizeit deutliche Modifikationen ausmachen, die jedoch keineswegs als gegenläufige Tendenzen, als eine Rückkehr zu einem arbeitszeitorientierten Modell, zu verstehen sind. Vielmehr handelt es sich dabei um eine Neuorientierung bzw. Neujustierung beider Bereiche, um eine Entwicklung hin zu einem reziproken Verständnis von Arbeit und Freizeit, so dass man – zugespitzt formuliert – von der Ausgestaltung eines *integrativen Modells* im Sinne einer Work-Life-Balance ausgehen darf. Entsprechend stellt jede Umschreibung von Freizeit lediglich einen Zwischenschritt, eine Entwicklungsstufe dar. Für den momentanen Trend heißt dies: Spätestens seit der Eintritt in das Arbeitsleben und das Ergreifen eines Berufes nicht ausschließlich rationalen Kriterien folgt, also nicht nur den Erwerbszwecken und der Sicherung des Unterhalts dient, sondern darüber hinaus die Funktion der Selbstverwirklichung erfüllt, sind die Grenzen zwischen Arbeitszeit und Freizeit fließend. »Das Hobby zum Beruf machen« wird zunehmend zu einem Zukunftsplan, einer obligatorischen Lebensphilosophie zahlreicher Schulabsolventinnen und Schulabsolventen, die auf einer Zusammenführung intrinsischer Motivation (Interesse an einer Tätigkeit) und extrinsischer Motivlagen (Erbringung des Lebensunterhalts) basiert. »Arbeit kann zur Freizeit und Freizeit zur Arbeit werden« (To-

karski 2000, 103). Freizeit und Arbeit werden in diesem Modell zeitlich entgrenzt und inhaltlich aufeinander ausgerichtet; damit treten sie anders als im arbeitsorientierten Definitionsversuch nicht als Gegenpole auf – der Dualismus von Arbeit und Freizeit (vgl. Opaschowski/Pries 2008, 422) verliert spätestens an dieser Stelle seine Relevanz. Auch hier liegt – ähnlich dem arbeitsunabhängigen Begriffsverständnis von Freizeit – der Schwerpunkt auf der Funktionalität der Freizeittätigkeit.

Gebündelt und auf einzelne Tätigkeitbereiche bezogen unterscheidet Prahl (2010) zwischen acht konkreten Funktionsbereichen der Freizeit: der Regeneration, der Rekreation, der Selbstverwirklichung, der Konsumzeit, der Bildungszeit, der Bewegungszeit (z. B. Sport), der Interaktions- und Kommunikationszeit sowie der Zeit für Passivität (vgl. ebd., 409).

2. Jugendmoratorien und die Rolle von Erziehungs- und Sozialisationsinstanzen

Die freizeitkontextuellen Orientierungen und Aktivitäten Jugendlicher haben sich in den letzten Jahrzehnten immer mehr ausgeweitet und zunehmend ausdifferenziert. Begünstigt werden derartige Veränderungen zum einen durch die Erschließung immer neuer Freizeiträume, die besonders in der Medialisierung nicht nur von Freizeitwelten, sondern aller gesellschaftlicher Handlungsspielräume sichtbar wird. Das heißt allerdings nicht, dass die von Heranwachsenden aktuell als besonders »in« bezeichneten Freizeitaktivitäten zwangsläufig ältere oder klassische Freizeitbereiche gänzlich ablösen. Vielmehr werden diese parallel nebeneinander ausgelebt, ergänzen sich und führen zum Teil zu einer Reaktivierung bereits vergessener freizeitkultureller Szenen, die jedoch selten in ihrer ursprünglich-klassischen Form bestehen, sondern dynamisch an die heutigen Möglichkeiten angepasst werden (vgl. hierzu auch Thole/Höblich 2008; Hurrelmann/Quenzel 2012; Opaschowski 2006). Zum anderen führt auch eine Reihe gesellschaftlicher Prozesse zu einer Neujustierung jugendlicher Freizeitwelten. So hat beispielsweise die seit Mitte der 1970er Jahre einsetzende Bildungsexpansion für eine wachsende Anzahl von Menschen nicht nur eine Etablierung eines Bildungs-, sondern auch eines Freizeitmoratoriums (vgl. Zinnecker 1991; Reinders 2006, 82 ff.) in der Lebensphase Jugend zur Folge.

Vergleicht man das Freizeitmodell mit dem des Bildungsmoratoriums, so lassen sich zwischen beiden deutliche merkmalstypische Differenzen feststellen: Entgegen dem Modell des Freizeitmoratoriums legt das Konzept des Bildungsmoratoriums als biografische Orientierung den Übergang in den Status des Erwachsenen nahe, womit eine deutlich an der Zukunft – und nicht wie im Modell des Freizeitmoratoriums an der Gegenwart – ausgerichtete Zeitorientierung einhergeht. Ein weiteres Unterscheidungskriterium betrifft das Generationsverhältnis, das im Freizeitmoratorium Ko- bzw. Präfigurativ an Peers, im Bildungsmoratorium in einem stärkeren Ausmaß postfigurativ, an erwachsenen Personen wie etwa Eltern und Lehrern ausgelegt ist (vgl. Reinders 2006, 99).

Betrachtet man diesbezüglich die Funktion und Rolle der einzelnen Sozialisations- und Erziehungsinstanzen in den jeweiligen Moratorien, so wird deutlich, dass zunächst einmal bezogen auf das Bildungsmoratorium beide Parteien, Schule und die in ihr tätigen Lehrkräfte sowie Eltern, einen genuinen Erziehungsauftrag haben, der in seiner Ausführung maßgeblich Einfluss auf die Bildungseinstellungen, die Bildungsambitionen und daraus resultierend auf den letztendlichen formalen Bildungserfolg von Kindern und Jugendlichen hat (vgl. Harring/Böhm-Kasper 2011). Beide Erziehungsagenten können direkt, beispielsweise in Form der gezielten Vermittlung von bestimmten Wertehaltungen, der unmittelbaren Unterstützungsleistung und des Aufzeigens von Alternativen, oder aber auch indirekt, indem sie bestimmte Signale setzen oder Botschaften senden, maßgeblich dazu beitragen entweder bildungskontextuelle Aufstiegsprozesse zu initiieren oder aber soziale Ungleichheit zu reproduzieren.

Eine weitaus indirekte und keineswegs steuerbare Funktion nehmen dagegen Peers in ihrer Rolle als *heimliche Erzieher* im Kontext des Freizeitmoratoriums ein. Von ihnen geht eine »Erziehungsmacht« aus, die sich insbesondere in der Gestaltung von Interaktion, Kommunikation und kultureller Präferenzen äußert und damit im Hinblick auf die Entwicklung von eigenen Lebensstilen,

Normen, Werten und Ausdruckweisen relevant wird (vgl. z. B. Krappmann 2002).

Die Gegenüberstellung der jugendlichen Moratorien offenbart zunächst einmal einen prinzipiellen Konflikt zwischen beiden Modellen, was allerdings nicht heißen soll, diese stünden einander unvereinbar gegenüber. Reinders (2006, 101) geht vielmehr empirisch begründet von einer Kombination beider Modelle aus. Demnach versucht ein Großteil der heutigen Jugendlichen beide Angebote und Erwartungsmuster miteinander zu verbinden. Entsprechend treten Freizeit und Bildung keineswegs als konkurrierende Elemente auf. Vielmehr kann man von einer ergänzenden Komplementarität zwischen den beiden Bereichen ausgehen. Insbesondere wenn Bildung aus einer ganzheitlichen Sicht betrachtet wird, kann informelle Bildung als Brücke zwischen Freizeit und formalisierter Bildung gesehen werden.

Deshalb ist es notwendig den Begriff der »informellen Bildung« zu schärfen und zentrale Diskurslinien nachzuzeichnen. In einem zweiten Schritt wird die erzieherische Funktion von Eltern und Peers im Hinblick auf informelle Bildungsprozesse anhand aktueller empirischer Befunde skizziert.

3. Informelle Bildung in der Freizeit – theoretischer und empirischer Stand der Forschung

3.1 Ein historisch-theoretischer Blick

Zwar ist in der Debatte um Bildung und lebenslanges Lernen schon lange ein Einvernehmen darin zu erkennen, dass Bildungsprozesse keineswegs nur in der Schule stattfinden, allerdings entwickelt sich dieser Blick auf das Kind und den Jugendlichen erst allmählich. Im deutschsprachigen Raum haben theoretische Arbeiten und empirische Studien (vgl. z. B. DJI 2000; Dohmen 2001; Otto/Rauschenbach 2004; Wahler/Tully/Preiß 2008; Harring/Rohlfs/Palentien 2007; Brodowski u. a. 2009) aufgezeigt, dass freizeitkontextuelle Settings Bildungsräume eröffnen, die schulisches und überfachliches Lernen, z. B. den Erwerb von sozialen Kompetenzen, fördern. Hier kommt insbesondere den informellen Bildungsorten und -prozessen eine zentrale Bedeutung zu.

Historisch gesehen handelt es sich hierbei um eine begriffliche Spezifizierung von Bildung, in Form der Unterscheidung nach »formal and informal education«, die von John Dewey (1916/1997, 9) bereits zu Beginn des 20. Jahrhunderts vorgenommen wurde und sich in der US-amerikanischen Forschung zu Beginn der 1950er Jahre (vgl. Knowles 1951) etabliert hat. Die Begriffe »informal education« und »informal learning« stellen seitdem, spätestens jedoch seit der Debatte um »Lebenslanges Lernen« (vgl. z. B. Dave 1976; Nacke/Dohmen 1996), einen festen Bestandteil der Adult Education dar.

In Deutschland wurde diese Debatte, die in anderen Ländern längst über die Grenzen des beruflichen Kontextes hinausgeht (vgl. z. B. Faure u. a. 1972; Livingstone 2006) lange Zeit kaum wahrgenommen. Erste Ansätze sind hierzulande Ende der 1980er Jahre und fast ausschließlich in der beruflich-betrieblichen (Erwachsenen-)Weiterbildung zu beobachten (vgl. z. B. Dehnbostel/Holz u. a. 1992). Eine Ausdehnung auf andere Disziplinen tritt in Deutschland in der Folgezeit nur zögerlich ein. Erst das mediale Interesse an den Ergebnissen der Schulleistungsuntersuchungen (wie etwa PISA 2000 und IGLU 2001) und die parallel verfassten Arbeiten von Dohmen (1999; 2001) haben einen breiten wissenschaftlichen Diskurs über die Differenzierung von Bildungsorten und -prozessen in der Erziehungswissenschaft angeregt.

Mit dieser »neuen« Lesensart wird der Fokus nicht nur auf Bildungs- und Erziehungsinstitutionen gelegt, vielmehr rücken Bildungsbiografien von Kindern und Jugendlichen aus einer ganzheitlichen Sicht in den Vordergrund. Dies erzwingt geradezu die Erkenntnis, dass Bildung sich keineswegs auf institutionelle Erziehungsräume reduzieren und dort verorten lässt. Zugespitzt formuliert: Bildung findet »potenziell immer und überall« (Rauschenbach 2008, 21), ein Leben lang statt. Ein Großteil von Bildungsgelegenheiten und -modalitäten wird diesem Ansatz folgend nicht explizit, sondern implizit, also »eher zufällig, nebenher und kaum bemerkt« hervorgerufen. Im Zentrum dieser Bildungsprozesse steht ein »informelles Lernen«, unter dem Dohmen (2001, 18 ff.) alle sowohl bewussten als auch unbewussten Lernprozesse subsumiert. Als die klassischen Instanzen informeller Lerngelegenheiten werden Familie, Peer Group sowie die Medienwelten bezeichnet – also jene Orte, die im freizeitkontextuellen Bereich angesiedelt sind. Diese Orte des informellen Lernens werden von Rauschenbach, Düx und Sass (2007, 7) einerseits als Voraussetzung, andererseits als Fortsetzung formeller Bildungsprozesse bezeichnet. Das heißt allerdings nicht, dass man von einer klaren Trennung zwischen den einzelnen Lernorten nach Bildungsprozessen ausgehen kann. So ist die Institution Schule ebenso wenig ein ausschließlich formalisierter Lernkontext wie die Freizeit rein informelle Lernsettings bereitstellt. Entscheidend ist in diesem Zusammenhang also keineswegs der Ort oder Zeitraum, sondern vielmehr die in diesem Setting stattfindenden Prozesse. Diese sind wiederum stark kontextabhängig und von der Erziehungsleistung der einzelnen Instanzen abhängig.

3.2 Ein empirischer Blick

Im deutschsprachigen Raum sind erst in der vergangenen Dekade eine Reihe von empirischen Arbeiten entstanden, die maßgeblich dazu beigetragen haben, auf das immense Potenzial hinzuweisen, das von außerschulischen Kontexten wie jenem der Freizeit im Hinblick auf Bildungsprozesse und den Erwerb von sowohl fachlichen als auch überfachlichen Kompetenzen ausgeht. Darauf basierend soll an dieser Stelle exemplarisch auf einige Studien verwiesen werden, um in erster Linie die von Erziehungs- und Sozialisationsinstanzen im Kontext von Freizeit ausgehenden Bildungsimpulse zu verdeutlichen.

Einen expliziten Fokus auf den Bildungs- und Erziehungsort Familie und die in dieser »privaten« Institution stattfindenden Lernprozesse haben Büchner und Brake (2006a) im Rahmen eines Forschungsprojektes zu mehrgenerativen Familien vorgenommen (vgl. Büchner/Brake 2006a). In einem Zeitraum von 2001 bis 2005 sind familiale Bildungsstrategien und kulturbezogene Austauschprozesse zwischen Eltern, Großeltern und Enkeln in verschiedenen Familienkulturen untersucht worden. Über die Rekonstruktion von individuellen und familialen Bildungsgeschichten benennt das Forschungsteam die originäre Bildungsleistung der Familie darin, dass sie in ihrer alltagskulturellen Praxis bei der Vermittlung von lebenspraktischen Kompetenzen und der Transmission von intergenerativen Handlungsmustern als Kollektiv und keinesfalls als Aggregat von Individuen mit je individuellen Interessen handelt (vgl. Büchner/Brake 2006b, 256) – und dies nicht in einem hierarchisch nach unten funktionierendem Prozess der Vermittlung, sondern vielmehr in einem wechselseitigen Austausch zwischen den Generationen.

Mit einem expliziten Blick auf die Kernfamilie postuliert Beckert-Zieglschmid (2006, 89 f.) auf der Grundlage der Berechnung von multinomialen logistischen Regressionen, dass sich Eltern im Hinblick auf informelles Lernen und speziell den Kompetenzerwerb von alltäglichen Verhaltensmodalitäten als einflussreich herausstellen. Die »vorgelebten elterlichen Lebensstilverhaltensweisen, (insbesondere unter den Bildungs- und ökonomischen Restriktionen)« weisen im Vergleich zu anderen Sozialisationsinstanzen die stärkeren Effekte auf.

Andere Studien zu informeller Bildung konzentrieren sich auf einzelne Freizeitbereiche und arbeiten den diesbezüglichen Stellenwert der Familie und von anderen Erziehungspersonen indirekt heraus: Wahler, Tully und Preiß (2008) untersuchen auf der Basis einer Fragebogenerhebung und einer geschichteten Stichprobe von insgesamt 2.064 15- bis 18-jährigen Jugendlichen sowie 15

qualitativer Interviews ausgewählte Felder des Lernens jenseits von Schule. Dabei richten die Autoren ihren Blick auf die außerschulischen Lebenskontexte u. a. der Musik und fragen danach, welche Lernerfahrungen Jugendliche durch die Beschäftigung mit bzw. in diesen Welten machen und wie der Lerneffekt im Zuge des Umgangs mit diesen Kontexten aus ihrer Sicht eingeschätzt wird. In Zusammenhang mit dem Lernfeld *Musik* konstatieren Wahler, Tully und Preiß, dass Musik sowohl in rezeptiver als auch in aktiver Form eine große Relevanz bei der Verselbstständigung zukommt (vgl. ebd., 213). Vermittelt werden »sozial-kommunikative, sprachliche, künstlerisch-kreative Fähigkeiten, aber ebenso Disziplin und Ausdauer sowie interkulturelle Kompetenzen [...] – Kompetenzen, deren frühzeitiger Erwerb auch für das spätere Berufsleben (Schlüsselkompetenzen) von erheblicher Bedeutung ist« (ebd., 210). Insbesondere beim Erlernen eines Musikinstrumentes geht auch der Erwerb dieses Kompetenzspektrums in erster Linie auf erwachsene Personen zurück, die zumeist über einen längeren Zeitraum in einem fest gesteckten Rahmen vielfältige Erziehungsprozesse auslösen und damit die Persönlichkeitsentwicklung von Kindern und Jugendlichen nachhaltig beeinflussen. Auch Eltern spielen, als feste Größen, als Begleiter dieser Lernprozesse, die nicht selten durch ein gezieltes Einwirken vor allem in Phasen jugendlicher Neuorientierung für eine extrinsisch motivierte Kontinuität im Lernprozess sorgen, eine wichtige Rolle.

Dass Eltern nicht nur in ihren genuinen Zuständigkeitsbereichen, sondern auch bei Themenbereichen wie der neuen Medien bei der Vermittlung von Kompetenzen einen bedeutenden Beitrag leisten, verdeutlicht u. a. die Studie von Raufelder u. a. (2009). Die Autoren zeigen anhand von semi-strukturierten Leitfadeninterviews mit 30 Berliner Schülerinnen und Schülern im Alter von 11 bis 14 Jahren, dass ein regelmäßiges Nutzungsverhalten des Internets erst in der Kombination mit einer unterstützenden Hinführung und Begleitung durch Eltern, bereits im Kindesalter nicht nur instrumentelle Fertigkeiten in der Anwendung und Informationsbeschaffenheit fördert, sondern auch die Grundbasis für ein reflexiv-medienkritisches Bewusstsein schafft, welches im späteren Biografieverlauf selbstständig weiterentwickelt wird (vgl. ebd., 47 ff.). Allerdings verdeutlichen Pietraß/Schmidt/Tippelt (2005) auf der Grundlage einer repräsentativen Befragung von 2.108 Personen, dass verfestigte milieuspezifische soziokulturelle Nutzervoraussetzungen, die Basis dafür schaffen, »wer durch selbstgesteuerte Mediennutzung welche informellen Lernzuwächse verzeichnen kann« (ebd., 419). Entsprechend scheinen sich die bereits für den formalen Bildungsbereich festgestellten Bildungsungleichheiten auch in Bezug auf informelle Lernarrangements zu verfestigen und maßgeblich von dem soziokulturellen Hintergrund und dem familialen Background abhängig zu sein.

Die Analyse der jeweiligen Zugänge und Zugangsmöglichkeiten zu informeller Bildung im Kontext heterogener Freizeitwelten Jugendlicher und ihrer Interdependenzen steht im Zentrum der von Harring (2011) durchgeführten empirisch-quantitativen Erhebung (n=520). Auf der Basis der Bourdieuschen Theorie der Sozialen Praxis – speziell des Kapitalkonstrukts – und mithilfe multivariater Verfahren zeigt der Autor, dass Freizeit in der Adoleszenz als ein substanzielles soziales Feld der Allokation zu verstehen ist, das von der jeweiligen Ressourcenausstattung des einzelnen Akteurs abhängig ist. Der Zugang zu Ressourcen bzw. die jeweilige Ausstattung mit diesen gibt den Ausschlag, ob und welche informellen Bildungsprozesse vom Heranwachsenden inkorporiert werden. Entsprechend ist die Frage nach der Ausgestaltung von informellen Bildungsprozessen stets auch eine Frage nach den Ressourcen eines Menschen – und zwar vor allem in sozialer und kultureller Hinsicht (vgl. Harring 2011, 329 ff.).

In dem Zusammenhang werden neben der Familie vor allem Peers als weitere zentrale Sozialisationsagenten als hoch relevant eingestuft und stellen als Kontexte informellen Lernens einen eigenen Forschungsstrang dar: Pfaff (2009) arbeitet auf der Grundlage qualitativer Daten die Bedeutung von im Peerkontext stattfindenden informellen Bildungsprozessen für die Herausbildung, Infragestellung und Negierung von Normen und Werten, Generierung von Wissen in verschiedenen Bereichen und die Verortung in der Gesellschaft über bestimmte Identifikations- und Abgrenzungsprozesse heraus. In einer auf sechs Jahre konzipierten Längsschnittstudie mit einem mehrstufig angelegten Erhebungsdesign zeigen Krüger u. a. (2008; 2010; 2012) kontrastive Muster zu der sich im Laufe der Adoleszenz verändernden und sich im ständigen Wandel befindenden Bedeutung von schulischen und außerschulischen Peerorientierungen für die formalen Bildungsbiografien auf. Daneben existiert eine Reihe weiterer empirischer Untersuchungen, die den Stellenwert von Peers – sowohl in positiver als auch negativer Hinsicht – für den Kompetenzerwerb in unterschiedlichen Themenfeldern und Lebensbereichen untermauern: So erörtert Böhm-Kasper (2010) basierend auf einer standardisierten Befragung von über 4.800 Schülerinnen und Schülern des 8. und 9. Jahrgangs und mittels der Berechnung von multiplen Regressionen den Beitrag von Gleichaltrigenkontakten bzw. jugendkulturellen Stilisierungen zur Entwicklung von politischen Orientierungen und Werthandlungen im Jugendalter (vgl. Böhm-Kasper 2010, 275 ff.; Helsper u. a. 2006). Hitzler/Pfadenhauer (2006, 243 ff.) dokumentieren ausgehend von geführten qualitativen Interviews Aneignungspraktiken in populärkulturellen Gemeinschaftsszenen, indem sie exemplarisch an der Techno-Party-Szene und auf der Grundlage einer Kategoriebildung szeneinterne und -externe relevante Kompetenzen thematisieren. Philipp (2010) geht mithilfe einer längsschnittlichen quantitativen Befragung und im Rahmen derer durchgeführten Regressionsanalyse der Frage nach, welche Bedeutung Gleichaltrigen – speziell Cliquen von 10- bis 11-Jährigen – bei der Leseorientierung und -motivation zukommt.

4. Ansatzpunkte und Perspektiven

Stellt man die vorliegenden Ergebnisse in einen Gesamtzusammenhang, um auf dessen Grundlage mögliche pädagogische Schritte und Interventionen im Hinblick auf konkrete Fördermöglichkeiten informeller Bildungsprozesse abzuleiten, so bedarf es zunächst einmal der Beantwortung der Frage nach dem Ort, der konkreten strukturellen Umsetzung von Maßnahmen. Die Schule als ein Bindeglied zwischen formalen, informellen und nonformellen Bildungsorten und -prozessen erhält hier – nicht zuletzt vor dem Hintergrund des flächendeckenden Ausbaus von (offenen) Ganztagsschulen und ausgehend von ihrem hohen sozialräumlichen Wirkungscharakter – zunehmend eine zentrale Bedeutung. Schule bietet in einem verstärkten Maß auch am Nachmittag im Rahmen von Freizeit und ihrer Gestaltung wichtige Anregungspunkte. Um aber mit den an der Schule verankerten Freizeitangeboten die zu fördernden Schülerinnen und Schüler erreichen zu können, bedarf es einer Angebotsstruktur, die an den Bedürfnissen und Interessen der jeweiligen Zielgruppe ansetzt. Dies scheint – zumindest an bestimmten Schulen – bislang nur bedingt gelungen zu sein (vgl. z. B. Harring 2011). Dies gilt ebenfalls für die Erreichbarkeit aller Eltern. Auch hier sind bislang eher neue Ausgrenzungsmechanismen zu beobachten (vgl. Richter/Müncher/Andresen 2008, 54).

Insgesamt bedeutet dies: Stellt sich Schule auf die Bedürfnisse von Schülerinnen und Schülern ein, kann sie einen wertvollen Beitrag zu einer ganzheitlichen, lebensweltorientierten und nachhaltigen Bildung in der nachwachsenden Jugendgeneration leisten. Hierzu bedarf es allerdings des gemeinschaftlichen Handelns, der Kooperation aller an Erziehungs- und Bildungsprozessen beteiligten Instanzen. Ein langfristiges Ziel muss darin bestehen, schulische und außerschulische Bildungsorte und -prozesse dauerhaft miteinander in Einklang zu bringen, aufeinander auszurichten sowie die klare Trennung von formalen, informellen und non-formalen Bildungsorten zugunsten neuer Bildungslandschaften zu überbrücken.

Literatur

Böhm-Kasper, Oliver: »Peers und politische Einstellungen von Jugendlichen«. In: Harring, Marius/Böhm-Kasper, Oliver/Rohlfs, Christian/Palentien, Christian (Hg.): *Freundschaften, Cliquen und Jugendkulturen. Peers als Bildungs- und Sozialisationsinstanzen*. Wiesbaden 2010, 261–281.

Brake, Anna: *Familie – Arbeit – Freizeit: Was zählt? Optionen der Lebensqualität in den Vorstellungen junger Erwachsener*. Opladen 2003.

Brodowski, Michael/Devers-Kanoglu, Ulrike/Overwien, Berd/Rohs, Matthias/Salinger, Susanne/Walser, Manfred (Hg.): *Informelles Lernen und Bildung für eine nachhaltige Entwicklung. Beiträge aus Theorie und Praxis*. Opladen/Farmington Hills 2009.

Brookfield, Stephen (Hg.): *Self-Directed-Learning. From Theory to Practice. New Directions for Continuing Education*. Nr. 25. San Francisco 1985.

Büchner, Peter/Brake, Anna (Hg.) (2006a): *Bildungsort Familie. Transmission von Bildung und Kultur im Alltag von Mehrgenerationenfamilien*. Wiesbaden 2006.

Büchner, Peter/Brake, Anna (Hg.) (2006b): »Transmission von Bildung und Kultur in Mehrgenerationenfa-

milien im komplexen Netz gesellschaftlicher Anerkennungsbeziehungen. Resümee und Ausblick«. In: Büchner, Peter/Brake, Anna (Hg.): *Bildungsort Familie. Transmission von Bildung und Kultur im Alltag von Mehrgenerationenfamilien*. Wiesbaden 2006, 255–277.

Dave, Ravindra: *Foundations of Lifelong Education*. Oxford 1976.

Dehnbostel, Peter/Holz, Heinz/Novak, Hermann (Hg.): *Lernen für die Zukunft durch verstärktes Lernen am Arbeitsplatz – Dezentrale Aus- und Weiterbildungskonzepte in der Praxis*. Berlin 1992.

Deutsches Jugendinstitut (DJI): *Informelles Lernen in der Freizeit. Erste Ergebnisse des Projektes »Lebenswelten als Lernwelten«*. Projektheft 2. München 2000.

Dewey, John (1997): *Democracy and Education*. New York 1997 (zuerst 1916).

Dohmen, Günther: »Das andere Lernen. Für einen entgrenzten Lernbegriff«. In: *Psychologie heute* (1999), 46–51.

Dohmen, Günther: *Das informelle Lernen. Die internationale Erschließung einer bisher vernachlässigten Grundform menschlichen Lernens für das lebenslange Lernen aller*. Hg. vom Bundesministerium für Bildung und Forschung. Bonn 2001.

Düx, Wiebken/Sass, Erich: »Lernen in informellen Kontexten. Lernpotenziale in Settings des freiwilligen Engagements«. In: *Zeitschrift für Erziehungswissenschaft* 8.3 (2005), 394–411.

Faure, Edgar/Herrera, Felipe/Kaddoura, Abdul-Razzak/Lopes, Henri/Petrovsky, ArthurV/Rahnema, Majid/Ward, Frederick Champion (1972): *Learning to Be: The World of Education Today and Tomorrow*. Paris: UNESCO 1972.

Habermas, Jürgen (1958): »Soziologische Notizen zum Verhältnis von Arbeit und Freizeit«. In: Giesecke, Hermann (Hg.): *Freizeit und Konsumerziehung*. Göttingen 1958, 105–122.

Harring, Marius: *Das Potenzial der Freizeit. Soziales, kulturelles und ökonomisches Kapital im Kontext heterogener Freizeitwelten Jugendlicher*. Wiesbaden 2011.

Harring, Marius/Böhm-Kasper, Oliver: »Individualisierungsbarrieren in der schulischen Sozialisation – Die Bildungsaspirationen von Hauptschülerinnen und Hauptschülern im Kontext des Unterstützungspotenzials des sozialen Nahraums«. In: Heitmeyer, Wilhelm/Mansel, Jürgen/Olk, Thomas (Hg.): *Individualisierung von Jugend. Jugend zwischen kreativer Innovation, Gerechtigkeitssuche und gesellschaftlichen Reaktionen*. Weinheim 2011, 43–65.

Harring, Marius/Rohlfs, Carsten/Palentien, Christian (Hg.): *Perspektiven der Bildung. Kinder und Jugendliche in formellen, nicht-formellen und informellen Bildungsprozessen*. Wiesbaden 2007.

Helsper, Werner/Krüger, Heinz-Hermann/Fritzsche, Sylke/Sandring, Sabine/Wiezorek, Christine/Böhm-Kasper, Oliver/Pfaff, Nicolle (Hg.): *Unpolitische Ju-*

gend? Eine Studie zum Verhältnis von Schule, Anerkennung und Politik. Wiesbaden 2006.

Hitzler, Ronald/Pfadenhauer, Michaela: »Bildung in der Gemeinschaft. Zur Erfassung der Kompetenzaneignung in Jugendszenen«. In: Tully, Claus J. (Hg.): *Lernen in flexibilisierten Welten. Wie sich das Lernen der Jugend verändert.* Weinheim/München 2006, 237–254.

Hurrelmann, Klaus/Quenzel, Gudrun: *Lebensphase Jugend. Eine Einführung in die sozialwissenschaftliche Jugendforschung.* Weinheim/München 2012.

Knowles, Malcolm Shepherd: *Informal Adult Education. A Guide for Administrators, Leaders, and Teachers.* New York 1951.

Krappmann, Lothar: »Sozialisation in der Gruppe der Gleichaltrigen«. In: Hurrelmann, Klaus/Ulich, Dieter (Hg.): *Handbuch der Sozialisationsforschung.* Weinheim/Basel 2002, 355–375.

Krüger, Heinz-Hermann/Köhler, Sina-Mareen/Zschach, Maren/Pfaff, Nicolle: *Kinder und ihre Peers. Freundschaftsbeziehungen und schulische Bildungsbiographien.* Opladen/Farmington Hills 2008.

Krüger, Heinz-Hermann/Köhler, Sina-Mareen/Zschach, Maren: *Teenies und ihre Peers: Freundschaftsgruppen, Bildungsverläufe und soziale Ungleichheit.* Opladen/Farmington Hills 2010.

Krüger, Heinz-Hermann/Deinert, Aline/Zschach, Maren: *Jugendliche und ihre Peers: Freundschaftsbeziehungen und Bildungsbiografien in einer Längsschnittperspektive.* Opladen/Farmington Hills 2012.

Livingstone, David W.: »Informal Learning: Conceptual Distinctions and Preliminary Findings«. In: Bekerman, Zvi/Burbules, Nicholas C./Silberman-Keller, Diana (Hg.): *Learning in Places. The Informal Education Reader.* New York 2006, 202–226.

Müller, Wolfgang C.: *Jugendpflege als Freizeit-Erziehung.* Weinheim 1965.

Nacke, Bernhard/Dohmen, Günther (Hg.): *Lebenslanges Lernen. Erfahrungen und Anregungen aus Wissenschaft und Praxis.* Würzburg 1996.

Opaschowski, Horst W.: *Einführung in die Freizeitwissenschaft.* Wiesbaden 2006.

Opaschowski, Horst W./Pries, Michael (2008): »Freizeit, freie Zeit, Muße und Geselligkeit«. In: Coelen, Thomas/Otto, Hans-Uwe (Hg.): *Grundbegriffe Ganztagsbildung. Das Handbuch.* Wiesbaden 2008, 422–431.

Otto, Hans-Uwe/Rauschenbach, Thomas (Hg.): *Die andere Seite der Bildung. Zum Verhältnis von formellen und informellen Bildungsprozessen.* Wiesbaden 2004.

Overwien, Bernd: »Informelles Lernen. Definition und Forschungsansätze«. In: Brodowski, Michael./Devers-Kanoglu, Ulrike/Overwien, Berd/Rohs, Matthias/Salinger, Susanne/Walser, Manfred (Hg.): *Informelles Lernen und Bildung für eine nachhaltige Entwicklung. Beiträge aus Theorie und Praxis.* Opladen/Farmington Hills 2009, 23–34.

Pfaff, Nicolle: *Informelles Lernen in der Peergroup – Kinder und Jugendkultur als Bildungsraum.* 2009. http://www.informelles-lernen.de/fileadmin/dateien/Infor melles_Lernen/Texte/Pfaff_2009.pdf (30.04.2012).

Philipp, Maik: *Lesen empirisch. Eine Längsschnittstudie zur Bedeutung von peer groups für Lesemotivation und -verhalten.* Wiesbaden 2010.

Pietraß, Manuela/Schmidt, Bernhard/Tippelt, Rudolf: »Informelles Lernen und Medienbildung. Zur Bedeutung sozio-kultureller Voraussetzungen«. In: *Zeitschrift für Erziehungswissenschaft* 8.3 (2005), 412–426.

Prahl, Hans-Werner: *Soziologie der Freizeit.* Paderborn 2002.

Prahl, Hans-Werner: »Soziologie der Freizeit«. In: Kneer, Georg/Schroer, Markus (Hg.): *Handbuch Spezielle Soziologien.* Wiesbaden 2010, 405–420.

Raufelder, Diana/Fraedrich, Eva/Bäsler, Su-Ann/Ittel, Angela: »Reflexive Internetnutzung und mediale Kompetenzstrukturen im frühen Jugendalter: Wie reflektieren Jugendliche ihre Internetnutzung und welche Rolle spielen dabei Familie und Peers?« In: *Diskurs Kindheits- und Jugendforschung* 1 (2009), 41–55.

Rauschenbach, Thomas: »Bildung im Kindes- und Jugendalter. Über Zusammenhänge zwischen formellen und informellen Bildungsprozessen«. In: Grunert, Cathleen/von Wensierski, Hans-Jürgen (Hg.): *Jugend und Bildung. Modernisierungsprozesse und Strukturwandel von Erziehung und Bildung am Beginn des 21. Jahrhunderts.* Opladen/Farmington Hills 2008, 17–34.

Rauschenbach, Thomas/Düx, Wiebken/Sass, Erich (Hg.): *Informelles Lernen im Jugendalter. Vernachlässigte Dimensionen der Bildungsdebatte.* Weinheim/München 2007.

Reinders, Heinz: *Jugendtypen zwischen Bildung und Freizeit. Theoretische Präzisierung und empirische Prüfung einer differenziellen Theorie der Adoleszenz.* Münster 2006.

Richter, Martina/Müncher, Vera/Andresen, Sabine: »Eltern«. In: Coelen, Thomas/Otto, Hans-Uwe (Hg.): *Grundbegriffe Ganztagsbildung. Das Handbuch.* Wiesbaden 2008, 49–57.

Scheuch, Erwin K.: »Die Problematik der Freizeit in der Massengesellschaft«. In: Scheuch, Erwin K./Meyersohn, Rolf (Hg.): *Soziologie der Freizeit.* Köln 1972, 23–41.

Thole, Werner/Höblich, Davina: »›Freizeit‹ und ›Kultur‹ als Bildungsorte – Kompetenzerwerb über non-formelle und informelle Praxen von Kindern und Jugendlichen«. In: Rohlfs, Carsten/Harring, Marius/Palentien, Christian (Hg.): *Kompetenz-Bildung. Soziale, emotionale und kommunikative Kompetenzen von Kindern und Jugendlichen.* Wiesbaden 2008, 69–94.

Tokarski, Walter: »Freizeit«. In: Landeszentrale für Politische Bildung NRW (Hg.): *NRW-Lexikon. Politik, Gesellschaft, Wirtschaft, Recht, Kultur.* Opladen 2000, 103–106.

Wahler, Peter/Tully, Claus J./Preiß, Christine: *Jugendliche in neuen Lernwelten. Selbstorganisierte Bildung jenseits institutioneller Qualifizierung.* Wiesbaden 2008.

Zinnecker, Jürgen: »Jugend als Bildungsmoratorium. Zur Theorie des Wandels der Jugendphase in west- und osteuropäischen Gesellschaften«. In: Melzer, Wolfgang/Heitmeyer, Wilhelm/Liegle, Ludwig/Zinnecker, Jürgen (Hg.): *Osteuropäische Jugend im Wandel. Ergebnisse vergleichender Jugendforschung in der Sowjetunion, Polen, Ungarn und der ehemaligen DDR.* Weinheim/München 1991, 9–25.

Marius Harring/Matthias D. Witte

13. Kinder- und Jugendarbeit

Die Orte der Kinder- und Jugendarbeit, an denen die viele Heranwachsende große Anteile ihrer »Freizeit« (vgl. dazu den Beitrag von Harring/Witte im vorliegenden Handbuch) verbringen, zählen vermutlich zu den einflussreichsten außerschulischen Erziehungs- und Bildungsorten in der Kindheits- und Jugendphase. Formal gesehen ist die Kinder- und Jugendarbeit einer der vier Leistungsbereiche der »Kinder- und Jugendhilfe« (vgl. dazu Albus/Ziegler). Dort ist die Jugendarbeit – neben der Kindertagesbetreuung, der Familienförderung und den Hilfen zur Erziehung – juristisch und fachlich verankert. Sie weist eine äußerst heterogene und wandlungsfähige Arbeitsstruktur auf, welche sich sehr stark in Bezug auf die Organisationsform (die Träger), die beruflichen und ehrenamtlichen MitarbeiterInnen, die Finanzierung sowie die Methoden und Zielsetzungen unterscheidet (vgl. Schmidt 2011; Sturzenhecker/Deinet 2009). Zu ihren essenziellen Aufgaben gehört es – im Sinne von § 1 SGB VIII (KJHG) – positive Lebensbedingungen für Kinder und Jugendliche zu schaffen. Die konkretere rechtliche Basis der Jugendarbeit findet sich in § 11 SGB VIII, worin ihr allgemeines Ziel normativ bestimmt wird. Dort heißt es, dass Jugendarbeit die Interessen von jungen Menschen wahrnehmen, die Heranwachsenden zur Selbstbestimmung befähigen, sie zum sozialen Engagement anregen und letztlich zur Übernahme gesellschaftlicher Mitverantwortung anleiten solle (vgl. Deinet/Nörber/Sturzenhecker 2002, 693).

Gemäß dieser ersten Kapiteleinordnung ist der vorliegende Artikel ähnlich zum gesamten Handbuch gegliedert: Zunächst erläutern wir die wesentlichen Organisations- und Personalstrukturen sowie AdressatInnengruppen der Jugendarbeit (1); im nächsten Abschnitt (2) benennen wir die häufigsten Themen und erörtern feldspezifische Differenzen zwischen Erziehung und Bildung in der Jugendarbeit; dann folgt (3) ein Überblick zu aktuellen wissenschaftlichen Forschungen über Jugendarbeit; schließlich erörtern wir (4) schlaglichtartig einige gesellschaftliche Herausforderungen für die Jugendarbeit (bei alledem benennen wir die Kinder- und Jugendarbeit meist mit der Kurzbezeichnung ›Jugendarbeit‹, wobei die pädagogische Arbeit mit 6- bis 13-Jährigen stets mitgemeint ist).

1. Orte: Organisation und Personal

Allgemein wird das Kindes- und Jugendalter als biografisch besonders wichtige Lebens- und Bildungszeit verstanden. In diesem Alter geschieht Erziehung, Sozialisation und Bildung an vielen Orten: Neben überwiegend formalen Bildungsorten – wie der Schule – auch an überwiegend non-formalen Orten, die – z. B. in Form der Kindertagesbetreuung oder der Jugendarbeit –, die dafür eigens pädagogisch arrangiert sind. Allerdings finden sich innerhalb des breiten Spektrums der Jugendarbeit sowohl formale Settings (z. B. Kurse zur Erlangung einer Jugendgruppenleiter-Card), als auch non-formale Settings (z. B. im Offenen Bereich eines Jugendclubs); dort finden sowohl formelle (z. B. Lernen von organisatorischen Fähigkeiten) wie auch informelle Bildungsprozesse statt (z. B. Nachdenken über Peer-Konflikte).

Unter den Anbietern von Jugendarbeit wird unterschieden zwischen Öffentlichen Trägern (Jugendämter, die etwas über 30 % der Angebote bereithalten) und Freien Trägern (Jugendverbände und -gruppen, -ringe, Wohlfahrtsverbände, Kirchen und sonstige Religionsgemeinschaften, Initiativen etc., mit über 60 % der Angeboten). Diese können zur Rechtsform haben: Verein, Genossenschaft, Stiftung, Eigenbetrieb einer Gebietskörperschaft, (g)GmbH oder GbR etc.

Quer zu dieser Unterscheidung nach Trägern lässt sich Jugendarbeit in zwei große organisationale Typen einteilen (vgl. Böhnisch/Gängler/Rauschenbach 1991; Deinet/Nörber/Sturzenhecker 2002; Deinet/Sturzenhecker 2005): die Jugendvereins- bzw. -verbandsarbeit einerseits und die Offene Kinder- und Jugendarbeit andererseits (daneben gibt es weitere Angebote in Form von Projekten und Veranstaltungen, z. B. internationale Begegnungen, Ferienfreizeiten und -angebote, Feste, Weiterbildungen, Konzerte etc.).

Zur verbandlichen Kinder- und Jugendarbeit gehören solche Aktivitäten von Jugendverbänden und -vereinen, die sich in ihrem Handeln an verbands- bzw. vereinsspezifischen Wertvorstellungen und dem damit verbundenen Menschenbild orientieren und die zudem von jungen Menschen selbst organisiert, gemeinschaftlich gestaltet und mitver-

antwortet sind (zur Demokratiebildung in Vereinen und Verbänden siehe Riekmann 2011). Angebote verbandlicher/vereinsbezogener Kinder- und
Jugendarbeit zeichnen sich zudem durch eine formale, nicht ausschließende Mitgliedschaft aus. Ihre
Angebote sind zumeist gruppenbezogen, welche
auf Dauer angelegt in regelmäßigen Abständen
(mindestens einmal im Monat) in einem zeitlich
begrenzten Rahmen durchgeführt werden. Typische Kurzzeitangebote sind z. B. Ferienfreizeiten
und Projekte; langfristige Angebote gehören zur
grundlegenden Struktur von Jugendverbänden
und -vereinen: Es sind meist Jugendliche, die sich
in überschaubarer Anzahl regelmäßig treffen und
gemeinsamen Aktivitäten wie Geselligkeit, Diskus-
sionsforen, Seminare, Festen, Basteln, Ausflüge,
Aktionen usw. nachgehen.

Zur Offenen Jugendarbeit gehören vor allem die
Häuser der offenen Tür, Jugendzentren, Kinder-
und Jugendtreffs, Jugendcafés, Jugendfreizeitstät-
ten oder -bildungseinrichtungen, Abenteuerspiel-
plätze, Spielmobile, aber auch solche Aktivitäten
der Jugendverbände/-vereine, die sich nicht (nur)
an ihre Mitglieder richten. Das abgedeckte Spektrum reicht von Angeboten mit konfessionell-welt-
anschaulicher, politischer, kultureller oder ökologischer Ausrichtung, über diverse Varianten sach-
und fachbezogener Angebote (etwa im Sport oder
im Naturschutz) sowie interkulturellen Begegnungen (über Workshops oder Ferienlager) bis hin zu
politischen Aktionen, Events und Musikveranstal-
tungen (vgl. Rauschenbach u. a. 2011, 18). Unter
offenen Angeboten sind solche mit einer Komm-
und Geh-Struktur zu verstehen, die keinen festen
Teilnehmerkreis aufweisen. Die offenen Angebote
können in eigenen, angemieteten oder zur Verfügung gestellten Räumlichkeiten sowie an öffentlichen Plätzen und pädagogischen Settings außerhalb von Räumlichkeiten stattfinden. Charakteristisch für diese Angebote ist, dass sie allen Kindern
und Jugendlichen offen stehen, nicht kommerziell
sind und sich so weit als möglich an den Bedürfnissen und Interessen der Kinder und Jugendlichen
orientieren.

Hinsichtlich der BesucherInnen von Jugendzentren zeigen Studien schon seit den 1950er Jahren,
dass ihre Sozialstruktur vor allem von Jugendlichen aus den unteren, eher belasteten Schichten
mit status-niedrigen Bildungszertifikaten geprägt
wird. Bei der Ermittlung der Altersstruktur lassen

sich auf den ersten Blick kaum konkrete Aussagen
treffen, da sie zwischen den einzelnen Einrichtungen stark variiert bzw. die Statistiken durch besondere Veranstaltungen verzerrt werden (vgl. Rauschenbach u. a. 2000). Tendenziell kann aber beobachtet werden, dass der Altersdurchschnitt der
BesucherInnen von Offenen Jugendeinrichtungen
in den letzten Jahrzehnten sinkt.

Seit etwa 40 Jahren finden wir ein recht einheit-
liches Bild in der Geschlechterstruktur der Besu-
cherschaft: Während es hinsichtlich der Altersgruppe der 6- bis 12-Jährigen kaum nennenswerte
statistische Unterschiede gibt, nimmt mit zunehmendem Jugendalter der Anteil der Mädchen stark
ab; je nach Stichprobenziehung liegt das Verhältnis
dann bei 2:1, in manchen Untersuchungen auch 3:1
(vgl. Schmidt 2011, 45–53).

Beim Blick auf die pädagogisch Tätigen überwiegen in der Verbandlichen Jugendarbeit die ehrenamtlich Tätigen; in der Offenen Jugendarbeit ist
der Anteil der Hauptamtlichen deutlich höher (daneben arbeiten in der Jugendarbeit noch Honorar-
kräfte, Personen im Freiwilligendienst – FSJ oder
BFD – und PraktikantInnen). Als ehrenamtlich/
bürgerschaftlich Tätige – der systematische Unterschied zwischen Wahlämtern und sonstigem Engagement verschwimmt in der Literatur immer
mehr – werden hier Personen angesehen, die sich
freiwillig und höchstens gegen eine geringfügige
Vergütung regelmäßig oder punktuell zur Verfügung stellen. Als hauptberuflich Tätige werden
Diejenigen bezeichnet, die mindestens mit der
Hälfte der tarifrechtlich geregelten wöchentlichen
Arbeitszeit für einen längeren Zeitraum bei einem
Träger angestellt sind. Es zeichnet sich ab, dass eine
hauptberufliche Tätigkeit in der Jugendarbeit bei
den Absolventinnen der Studien- und Ausbil-
dungsgänge keine allzu große Attraktivität mehr
besitzt (z. B. Koss/Fehrlen 2003) und Maßnahmen
erforderlich sind, diese Attraktivität wiederherzu-
stellen.

2. Aspekte: Themen und Formen

Zentrale Leitlinien im Handlungsfeld der Jugendarbeit sind vor allem die Prinzipien der Freiwilligkeit, der Bewertungsfreiheit, der Lebensweltorientierung, der Orientierung an den Bedürfnissen der
Kinder und Jugendlichen, der Partizipation/Mitbe-

stimmung und Integration, der Offenheit im Sinne einer Gemeinwesenorientierung sowie ein kritisches Verhältnis zu Missständen, die einer Persönlichkeitsentwicklung hinderlich sein könnten (vgl. Hornstein 2006, 42). Jugendarbeit ist dabei zunächst einmal nicht viel Anderes als ein Freiraum- und -zeitangebot an Kinder und Jugendliche. Deshalb erfolgt die Umsetzung eines Erziehungs- oder Bildungskonzept meist nicht oder wenig curricular. Dabei sind die thematischen Schwerpunkte in der Verbandlichen Jugendarbeit u. a.:

- natur- und umweltbezogene Angebote
- Rettungs- und Hilfstechniken
- religiöse Angebote
- Migration/Integration, Rechtsextremismus, Gender/Sexualität/Aufklärung
- medienpädagogische Angebote
- Hauswirtschaftliches
- Handwerken, Basteln, Kunst, Musik, Tanz, Theater
- Sport- und Bewegungsangebote
- Outdoorgames, Gesellschaftsspiele, Gruppenspiele

Neben diesen Themen kommen in der Offenen Jugendarbeit u. a. vor:

- spezifische Angebote für Mädchen bzw. Jungen
- interkulturelle Förderung
- Beratungsgespräche

Aufgrund der geringen institutionellen Zwänge im Arbeitsfeld der Jugendarbeit bietet sich die große Chance, dass sich »pädagogische Arbeitsbündnisse« (B. Müller 2002, 266) vergleichsweise autonom entwickeln. Indem eine explizite und intensive Aushandlung auf sachlicher und personaler Ebene erfolgt, entstehen Interaktionen, die dem pädagogischen Ziel gerecht werden, die Arbeit an Beziehungen nicht von der Arbeit an Inhalten zu trennen. Dabei unterscheidet sich die Jugendarbeit von anderen professionell-pädagogischen Institutionen – wie z. B. der Schule oder den Hilfen zur Erziehung – vor allem durch den Grad der Freiwilligkeit und damit der Grundmotivation der Beteiligten.

Anknüpfend an Burkhard Müller (1993) wird in der Fachdebatte oft differenziert »zwischen Erziehen als dem Vermitteln (manchmal auch Einbläuen) von gesellschaftlichen Werten und Bildung als dem Vorgang, durch den ein Individuum zu einer eigenen Wertorientierung und Lebensform

kommt« (Scherr 1996b, 89). Eine so konstruierte wertende Abgrenzung zwischen Erziehung und Bildung, bei der es im Falle von Bildung um Entwicklung und Entfaltung, um Subjektivität und Solidarität und vor allem um Selbstbestimmung geht, finden wir in der Jugendarbeitsdebatte nicht nur bei B. Müller, sondern auch in Scherrs Theorie zur subjektorientierten Jugendarbeit, in Mays Entwurf einer Emanzipationspädagogik oder in Graffs Genderansatz u. v. a. m. (vgl. Sturzenhecker 2008, 148–151). Seit gut zehn Jahren (vgl. als Ausgangspunkt Bundesjugendkuratorium 2002) gibt es zudem Versuche, die bis dahin eher randständigen Konzepte einer subjekt- und bildungsorientierten Jugendarbeit in eine politisch breit ausgerichtete Legitimationsdebatte zu integrieren (als Teil der politisch gesetzten ›Trias aus Erziehung, Betreuung und Bildung‹). Zwischen den gesellschaftlichen Anpassungszwängen an Normen – was in der Jugendarbeit häufig als ›Erziehung‹ angesehen und geringschätzig betrachtet wird – einerseits und Bildung als Selbstbestimmung andererseits gibt es in der Jugendarbeit nach wie vor weder einen theoretische noch eine konzeptionelle Brücke. Diese Lücke führt oft genug dazu, dass erfolgreiche »Persönlichkeitsbestimmung« und Erziehungsziele nicht in Übereinstimmung gebracht werden können (vgl. Bosselmann/Denker 2010, 301).

Jedoch ist Jugendarbeit in ihrer Praxis durch ihre unterschiedlichen Settings, Methoden und Prozesse ein Ort sowohl von Erziehung als auch von Bildung (vgl. Cloos u. a. 2007). Gerade dieser Doppelcharakter wird in der gegenwärtigen Bildungsdiskussion zuweilen verwischt. Vieles, was heute als »Bildungsprämisse und Bildungsvorgänge identifizierbar wird, ließe sich bei genaueren Blick ebenso gut als Erziehungsprämisse und Erziehungsvorgänge bezeichnen« (vgl. Rose 2011, 64). Dass also der Bildungsbegriff in der Jugendarbeit aktuell in aller Munde ist, ist weniger ein Ergebnis innovativer Weiterentwicklungen, als vielmehr Folge einer anhaltenden Legitimationsdiskussion, ob das Außerschulische überhaupt zur Bildung beitrage und falls ja, wie sie sich im Kontext von fachlichen, öffentlichen und gesellschaftspolitischen Arenen am erfolgreichsten ›vermarkten‹ lassen könne (vgl. Müller 2006, 295; Hafeneger 2008, 39).

Jedoch muss man einräumen, dass es die Diskussion um Bildung in der Jugendarbeit schon seit

Langem gibt: Bereits vor fast 50 Jahren fragten Müller/Kentler/Mollenhauer/Giesecke (1964) in ihrer Publikation »Was ist Jugendarbeit?« danach und plädierten ein emanzipatorisches Selbstverständnis. In den folgenden Jahren wurden diese »vier Versuche« – so der Untertitel des damaligen Bandes – immer wieder aufgegriffen. Zu erwähnen sind hier die Veröffentlichungen von Böhnisch/Münchmeier (1989), B. Müller (1996) sowie Rauschenbach/Düx/Züchner (2002) und einige andere. Daran anknüpfend gehen wir – siehe Coelen/Gusinde (2011) – einer analogen Fragestellung nach: »Was ist Jugendbildung?«, zumal in kaum einem Fachlexikon ein entsprechender Begriffseintrag zu finden ist. Unserem Verständnis nach könnte Jugendbildung als institutionenverbindender Begriff verwendet werden: Bildung von und mit Jugendlichen kann demnach – neben Erziehung und Sozialisation – in diversen Institutionen stattfinden (systematisch: Familie, Jugendhilfe, Schule; Medien, Peers; Sozialraum) und begrifflich gefasst werden.

3. Disziplinen: Forschungsmethoden und -erkenntnisse

Über Jugendarbeit wird am meisten in der erziehungswissenschaftlichen Teildisziplin Sozialpädagogik gelehrt und geforscht, zuweilen wird sie aber auch der Jugend- und Erwachsenenbildung zugeordnet oder als Gegenstand eines eigenständigen Fachgebiets angesehen (vgl. Thole 2010, 457).

Seit einigen Jahren gibt es zunehmend Bestrebungen, das Feld der Jugendarbeit zum Gegenstand empirischer Forschung zu machen. Dabei beschränkt man sich nicht nur auf die Erhebungen von statistischen Grunddaten zur Infrastruktur, sondern zielt auch darauf ab, die sozialen Prozesse und die Wirkungen von Jugendarbeit zu dokumentieren (Lindner 2008). Es gibt bisher jedoch lediglich eine erste umfassende Übersicht über Studien und deren Erkenntnisse zur Offenen Kinder- und Jugendarbeit (Schmidt 2011), obwohl in den letzten Jahren vermehrt Anstrengungen unternommen wurden, das gesamte Spektrum der Jugendarbeitsforschung zu systematisieren. Die Gründe für diese späten Systematisierungen sind vielfältig, zu nennen sind hier u. a.:

- strukturelle Unzulänglichkeiten: Dazu gehören der relativ schwache Organisationsgrad, der hohe

Anteil an freiwillig oder ehrenamtlich Engagierten im Arbeitsfeld, die große Anzahl der Organisationen, die oftmals nicht vernetzte kommunale Jugendpflege sowie sonstige regionale Unterschiede (vgl. Rauschenbach 2011, 21).

- mangelnde professionelle Kompetenz: Dieses Manko äußert sich u. a. darin, dass wenige Anstrengungen aus eigenem professionellen Antrieb unternommen werden, das Feld transparenter zu gestalten: entweder weil Fachkräfte wenig Selbstvertrauen oder aber Ignoranz gegenüber neuen Entwicklungen und Aufgaben in der Jugendarbeit zeigen oder sich »als Opfer der Marginalität und der schlechten Arbeitsbedingungen des Feldes [...] sehen« (Sturzenhecker 2008, 163).
- methodologische Vielfalt: Die Heterogenität des Arbeitsfeldes bringt es mit sich, dass eine große Anzahl an unterschiedlichen Forschungs- und Erhebungsmethoden zum Einsatz kommen. Jedoch: Abseits einer Weiterentwicklung der quantitativen Forschung wird es schwer, ein valides Instrument zu entwickeln, mit dem der Nachweis geführt werden kann, dass z. B. genau jene Wirkung bei NutzerInnen tatsächlich das Ergebnis von Jugendarbeit ist.

Holzschnittartig kann man in der empirischen Jugendarbeitsforschung seit Anfang des neuen Jahrtausends eine Verlagerung von Ergebnissen in Bezug auf erzieherische und präventive Effekte hin zu Fragen nach Bildungspotenzialen und -effekten aufzeigen (vgl. Müller/Schmidt/Schulz 2005; Cloos u. a. 2007). Und seit der PISA-Studie 2000 und der nachfolgenden gesellschaftlichen Bildungsdebatte gibt es in diesem Forschungsfeld auch eine zunehmende Bereitschaft, die Wirkungen von Kinder- und Jugendarbeit empirisch deutlich zu machen bzw. zu legitimieren (vgl. Lindner 2008).

Darüber hinaus stellt sich die Frage, mit welchen Methoden der empirischen Sozialforschung das Feld der Jugendarbeit erforscht wird, zu welchem Nutzen dies geschieht bzw. welche Auswirkungen durch Forschungsergebnisse zu erwarten sind (vgl. Lindner 2011, 89 f.). In Anlehnung an Scherr (2011, 210–211) können folgende forscherische Bereiche unterschieden werden:

- Quantitative Forschungsanstrengungen: meist auf Basis der Kinder- und Jugendhilfestatistik bzw. der amtlichen Statistik; Einbeziehung bzw.

Neuauswertung von Sekundäranalysen. Dazu gehören u. a. die Erfassung der quantitativen Verbreitung von Einrichtungen und Strukturen, des Personalwesens in der Jugendarbeit und deren finanzielle Ausstattung

- Analysen über BesucherInnen: Reichweite, pädagogische Interaktionen und Wirkungen: Dazu gehören u. a. Beziehungen zwischen MitarbeiterInnnen und BesucherInnen, geschlechtsspezifische Angebote, sozialräumliche Ansätze und Raumaneignung
- Qualitative Untersuchungen: Dazu zählen u. a. die Befragung von MitarbeiterInnen, Analysen von Konzeptionen und Programmen oder von Trägern und Einrichtungen der Jugendarbeit
- Kombinationen aus qualitativ und quantitativ angelegten Befragungen von MitarbeiterInnen und/oder NutzerInnen, mit dem Ziel, lebensweltrelevante Bereiche zu erschließen
- Ethnografische Methodentriangulationen: Diese dienen als Schnittstelle, damit professionell Tätige eine sozialökologische, lebenswelt-hermeneutische Deutung der Lebenssituation und der Lebenspraxis von Jugendlichen vornehmen können, um etwa Fragestellungen der Herstellung (Performativität) eines professionellen Habitus' oder Geschlechterinszenierungen in der Jugendarbeit beschreibbar zu machen.
- Evaluationsformen: Dazu gehören sowohl formative als auch summative Soll-Ist-Vergleiche als auch Klassifikationen hinsichtlich der Blickrichtung der Evaluation (externe vs. interne Evaluation).

Die Vielfalt der Untersuchungsformen führt zur Frage, welche empirisch relevanten Eckwerte im Arbeitsbereich der Jugendarbeit identifizierbar sind: Die Kinder- und Jugendhilfestatistik weist zum Stichtag 31.12.2010 etwa 16.800 Einrichtungen der Jugendarbeit aus (Bildungsstätten, Jugendzentren u. ä., Beratungsstellen, Initiativen der mobilen Jugendarbeit, Kunstschulen u. ä., betreute Spielplätze, Erholungseinrichtungen sowie Jugendherbergen). Die daraus initiierten Angebote nutzen schätzungsweise fast ein Drittel aller Kinder und Jugendlichen in der jeweiligen Reichweite zumindest zeitweilig (vgl. Rauschenbach 2009, 189). Wenn man die heranwachsenden Vereins- und Verbandsmitglieder hinzuzählt – die Erhebungen schwanken zwischen 35 und 55 % – kann man mit Sicherheit sagen, dass mindestens jedes zweite Kind bzw. jeder zweite Jugendliche Nutzer von Jugendarbeit ist.

Die Beschäftigtenzahlen haben sich, nach einem erheblichen Einbruch der Anzahl der qualifiziert Beschäftigen zu Anfang des Jahrzehnts, im Jahr 2006 von ca. 43.000 auf nun mehr 45.000 im Jahr 2010 erhöht (genaue Zahlen zu den ehrenamtlich Tätigen in der Verbandlichen Jugendarbeit gibt es nach wie vor nicht, werden aber oft auf 600.000 geschätzt).

Im Zeitraum von 2006–2010 ist eine Zunahme der Kosten um ca. 15 % zu verzeichnen, deren Ursache nicht die allgemeine Preissteigerungsrate sein kann. Somit ist zu vermuten, dass es in dem Bereich der Jugendarbeit tatsächlich einen realen Anstieg der Pro-Kopf-Ausgaben gegeben hat. Mehr als eine Vermutung kann jedoch nicht formuliert werden, da das Buchungsverfahren bei den Jugendämtern extrem unterschiedlich gehandhabt wird (für eine neue Jugendhilfestatistik laufen zurzeit Expertenanhörungen, Testerhebungen und Gesetzgebungsverfahren). Man kann als allgemeinen Trend für die letzten fünfzehn Jahre festhalten: Für die Jugendarbeit geben die Kommunen wieder etwas mehr Geld aus, streichen aber gleichzeitig nach wie vor Stellen; die Mehrausgaben dürften vor allem durch Kurzzeit-Projekte aus Honorarbasis zustande kommen, was hinsichtlich der pädagogischen Qualität sehr differenziert analysiert werden müsste.

4. Gesellschaft: Demografie und Exklusionen

Die gesellschaftlichen Entwicklungen in den letzten Jahren haben dazu geführt, dass auch die Jugendarbeit vor großen Herausforderungen steht. Insbesondere der demografische Wandel wird gravierende Folgen für das Kindes- und Jugendalter mit sich bringen. So werden die unter 20-Jährigen in etwa 20 Jahren von heute knapp 20 % auf nur noch 16 % der Bevölkerung der Bundesrepublik ausmachen. Zu erwarten ist, dass es vor allem auf dem Land zu einem deutlichen Rückgang der Zahlen von Kindern und Jugendlichen kommt (vgl. Rauschenbach 2009, 52–60). Eng daran ist die Frage gekoppelt, wie Kindern und Jugendlichen auch weiterhin eine flächendeckende Infrastruktur von Bildungs- und Freizeitangeboten geboten werden kann. Dazu bedarf es einiger innovativer Konzepte, wie z. B. lokalen oder regionalen Bildungslandschaften, welche Möglichkeiten und Chancen bieten, die Stärken der Schulen mit den Stärken der außerschulischen Bildungsakteure – insbesondere der Jugendarbeit – zu verbinden.

Vor allem die Veränderung der Schulstrukturen und bzw. der Ausbau von Ganztagsschulen ist in den letzten Jahren intensiv diskutiert und vorangetrieben worden. In dem Maße, in dem Ganztagsbetreuung mehr nachgefragt wird, reduziert sich die Freizeit von Kindern und Jugendlichen und erfordert eine Neupositionierung der Jugendarbeit zur Schule. Die eingeschlagene Richtung wird zeigen, inwieweit die Jugendarbeit in der Lage ist, ihr eigenständiges Profil zu erhalten und auszubauen, oder ob sie – was viele Fachkräfte befürchten – von der Schule in gewisser Weise inkorporiert wird. Dazu muss die Einsicht noch weiter reifen, dass die Jugendarbeit ein wichtiger Bildungsort ist, der durch einen hohen Grad an Selbstorganisation charakterisiert ist. Jugendarbeit unterscheidet sich vom schulischen Lern-Setting dadurch, dass sie abseits curricularer Pfade die Lebenswelt der Jugendlichen einbezieht und sie verstärkt zu Ko-Produzenten ihrer eigenen Bildungsbiografie werden lässt. Das bedeutet, dass Bildung hier als Unterstützung zur Selbstinitiative begriffen wird, also Elemente der Partizipation und der Selbstbestimmung fördert und auf diese Weise Handlungsformen entwickelt, die Heranwachsenden den Prozess zur Findung eigener Wertorientierungen und Lebensformen ermöglicht (vgl. Coelen/Gusinde 2011, 97).

Neben demografischem Wandel und Ganztagsschulentwicklung muss die Jugendarbeit in Zukunft weiterhin Position beziehen zu gesellschaftlichen Exklusionsprozessen. Die Jugendphase, mit ihren typischen jugendlichen Entwicklungsverläufen hat sich an ihren beiden Enden nicht nur ausgedehnt, sondern hat Statuspassagen und Entwicklungsaufgaben reversibel und gestaltbarer gemacht, sodass wir nun eine entgrenzte, verlängerte, entstrukturierte Jugend haben, deren Sozialisationsmuster sich nicht mehr im Sinne eines linearen Lebensverlauf aufbauen (vgl. Gusinde 2011). So hat zwar der Anteil junger Menschen ohne Schulabschluss zwischen 2005 und 2010 von 2,6 % auf 2,3 % abgenommen (vgl. Pressemitteilungen Deut-

scher Bundestag 2012), allerdings ist der Zugang zu höherer Schulbildung für Ausländer nach wie vor schwierig, so ist der Anteil der ausländischen Jugendlichen ohne Schulabschluss im Schuljahr 2008/2009 mit 7,3 % mehr als doppelt so hoch wie bei den deutschen Jugendlichen. Hier steht die Jugendarbeit vor der Frage, ob sie die richtigen fachlichen und fachpolitischen Konzepte für die Bearbeitung der damit verbundenen Herausforderungen hat (v. Santen/Seckinger 2011, 217) Insbesondere die Jugendverbände haben hier in den letzten Jahren einige Initiativen gezeigt.

Zur Überwindung einer anderen Exklusionsform, nämlich des *Digital Divide,* ist die bundesweite Initiative »Jugend ans Netz« zu nennen, das als Projekt des Bundesministeriums für Familie, Senioren, Frauen und Jugend mit dem Ziel gestartet ist, die informelle Bildung Jugendlicher durch den Ausbau außerschulischer Bildungsangebote im Internet zu stärken und Chancengleichheit bei der Nutzung der Neuen Medien zu schaffen. Daraus erwächst die sich ständig erneuernde gesellschaftliche Forderung, die auch an die Jugendarbeit gerichtet ist: Junge Menschen müssen darin unterstützt werden, sich diejenigen Kenntnisse und Fähigkeiten anzueignen, die zur Teilhabe an der Mediengesellschaft notwendig sind. Der Jugendalltag ist heute vernetzt, mobil und kommunikativ. Der Anteil des Zeitbudgets, die Kinder und Jugendliche mit Kommunikation, sozialen Netzwerken wie facebook, MySpace, YouTube oder schülerVZ aufwenden, steigt nicht nur kontinuierlich an, sondern ist auch mit Risiken behaftet. Neben Themen wie Datenschutz, Privatsphäre (Kontrolle der persönlichen Daten) spielen auch Mobbing, Verletzungen von Urheberrechten oder peinliche Fotos eine zunehmende Rolle und machen auch vor einem ›Haus der Offenen Tür‹ nicht halt.

Literatur

Böhnisch, Lothar/Gängler, Hans/Rauschenbach, Thomas (Hg.): *Jugendverbände und Wissenschaft.* Weinheim 1991, 162–171.

Bosselmann, Michael/Denker, Hannah: »Subjektorientierte (offene) Kinder- und Jugendarbeit als Bildungsarbeit«. In: Gaus, Detlef/Drieschner, Elmar (Hg.): *Bildung jenseits pädagogischer Theoriebildung?* Wiesbaden 2010, 283–310.

Coelen, Thomas/Gusinde, Frank (Hg.): *Was ist Jugendbildung? Definitionen – Positionen – Perspektiven.* Weinheim 2011.

Coelen, Thomas/Gusinde, Frank: »Jugendbildung und Schule«. In: Hafeneger, Benno (Hg.): *Außerschulische Jugendbildung*. Schwalbach 2011, 87–102.

Deinet, Ulrich/Nörber, Martin/Sturzenhecker, Benedikt: »Kinder- und Jugendarbeit«. In: Schröer, Wolfgang u. a.: *Handbuch Kinder- und Jugendhilfe*. Weinheim 2002, 693–713.

Deinet, Ulrich/Sturzenhecker, Benedikt (Hg.): *Handbuch Offene Kinder- und Jugendarbeit*. Wiesbaden 2005.

Dortmunder Arbeitsstelle für Kinder- und Jugendhilfestatistik: *Infrastruktur der Kinder- und Jugendarbeit in Ostdeutschland ist besser ausgestattet als in Westdeutschland*. 2012. http://www.akjstat.tu-dortmund.de/fileadmin/Analysen/Jugendarbeit/__11_1_juarb1_2012.pdf (03.11.2012)

Gusinde, Frank (Hg.): *Die Auswirkungen von Entgrenzungsprozessen auf die Lebenswelt von Hauptschülern* (Diss.) Siegen 2011.

Hafeneger, Benno: »Zur gegenwärtigen Situation der Kinder- und Jugendarbeit – ein Kommentar zur aktuellen Datenlage«. In: Lindner, Werner (Hg.): *Kinder- und Jugendarbeit wirkt*. Wiesbaden 2008, 37–50.

Hornstein, Walter: »Wenn Bildung großgeschrieben wird!« In: Lindner, Werner (Hg.): *1964–2004: Vierzig Jahre Kinder- und Jugendarbeit in Deutschland*. Wiesbaden 2006, 31–46.

Cloos, Peter u. a. (Hg.): *Die Pädagogik der Kinder- und Jugendarbeit*. Wiesbaden 2007/2009.

Lindner, Werner (Hg.): *Kinder- und Jugendarbeit wirkt*. Wiesbaden 2008.

Müller, Burkard (Hg.): »Der Bildungsauftrag der Jugendarbeit als Legitimationsstrategie«. In: *deutsche jugend* 54.7/8 (2006), 295–302.

Pressemitteilungen Deutscher Bundestag: *Unterrichtung durch die Beauftragte der Bundesregierung für Migration, Flüchtlinge und Integration*. 2012. http://dip21. bundestag.de/dip21/btd/17/085/1708540.pdf

Riekmann, Wiebke (Hg.): *Demokratie und Verein*. Wiesbaden 2011.

Rose, Lotte: »Jugendbildung statt Jugendarbeit«. In: Coelen, Thomas/Gusinde, Frank (Hg.): *Was ist Jugendbildung? Definitionen – Psitionen – Perspektiven*. Weinheim 2011, 62–69.

Rauschenbach, Thomas (Hg.): *Zukunftschance Bildung*. Weinheim/München 2009.

Rauschenbach, Thomas u. a. (Hg.): *Lage und Zukunft der Kinder- und Jugendarbeit in Baden-Württemberg*. Stuttgart 2010.

Santen, Erik von/Seckinger, Mike: »Forschungsperspektiven auf die offene Jugendarbeit«. In: Schmidt, Holger (Hg.): *Empirie der Offenen Kinder- und Jugendarbeit*. Wiesbaden 2011, 217–238.

Scherr, Albert: »Was misst und was nützt empirische Jugendarbeitsforschung?« In: Schmidt, Holger (Hg.): *Empirie der Offenen Kinder- und Jugendarbeit*. Wiesbaden 2011, 203–216.

Sturzenhecker, Benedikt: »Zum Bildungsanspruch von Jugendarbeit«. In: Otto, Hans-Uwe/Rauschenbach, Thomas (Hg.): *Die andere Seite der Bildung*. Wiesbaden 2004/2008, 147–166.

Thole, Werner: »Kinder- und Jugendarbeit«. In: Bock, Karin/Miethe, Ingrid (Hg.): *Handbuch Qualitative Methoden in der Sozialen Arbeit*. Opladen 2010, 457–465.

Thomas Coelen/Frank Gusinde

III. Aspekte der Erziehung

1. Ästhetische Erziehung

1. »Ästhetisches« und »Ästhetik« im Diskurs über Erziehung

»Ästhetisches« bzw. »Ästhetik« leitet sich wortgeschichtlich vom griechischen Wort *aisthesis* ab, das in einem umgreifenden Sinn das menschliche Wahrnehmen bezeichnet. Dadurch dass Ästhetisches auf die grundlegende Existenzweise des Menschen als sinnlich-leibliches Wesen bezogen wird, erhält das Ästhetische eine weitreichende Bedeutung für pädagogische Prozesse; denn jedes Bildungs-, Lern- und Vermittlungsgeschehen kann auf seine sinnlichen, leiblichen und affektiven Bezüge hin betrachtet werden. Solche ästhetischen Sinnbezüge kommen pädagogisch auf unterschiedliche Weise in den Blick: als zu berücksichtigender Rahmen beispielsweise bei didaktischen Planungen (Rumpf 1994; Egger/Hackl 2010) oder hinsichtlich der konstitutiven Bedeutung des wahrnehmenden Leibes in jedem Lernen (Meyer-Drawe 1996). Berücksichtigt man nun noch, dass die ästhetische Dimension sowohl im Spannungs- als auch im Ergänzungsverhältnis zu Prozessen rationaler und moralischer Erschließung gedacht werden kann, wird verständlich, dass die Behandlung des Ästhetischen bzw. der Ästhetik in der Pädagogik eine Tendenz zur Entgrenzung hat, d. h. sie wird polyvalent und mehrdeutig in differenten pädagogischen Dimensionen thematisiert.

Vorbereitend für die folgenden Ausführungen können jene pädagogischen Prozesse, die auf ästhetische Erschließungsweisen und Erfahrungen *abzielen*, von jenen Vorgängen unterschieden werden, in denen das Ästhetische zwar eine mehr oder minder bedeutsame Rolle spielt, das pädagogische Geschehen aber letztlich auf rationale und moralische Gesichtspunkte ausgerichtet bleibt. So kann eine schöne Geschichte auf ihre moralisierende Wirkung oder ihre Qualität für Verstehensleistungen hin betrachtet werden – oder eben auf die Art und Weise, wie Menschen im Zusammenhang der Darstellungs- und Auffassungsweisen der Geschichte Erfahrungen machen. Die folgenden Ausführungen konzentrieren sich auf den letztgenannten engeren Sinn von *ästhetischer Erziehung*.

Die Herausforderungen und Schwierigkeiten einer solchen enger gefassten »ästhetischen Erziehung« lassen sich am Leitfaden allgemein pädagogischer Reflexionen zur »Erziehung« verdeutlichen. Im erziehungstheoretischen Diskurs ist sowohl die Verfügung des Erziehers über den Prozess der Erziehung als auch deren pädagogische Legitimation hinterfragt worden. Beim Problem der Verfügung oder Steuerung bricht sich der Versuch eines erzieherischen Eingriffs an den Vorstellungen und Wünschen der pädagogischen Adressaten. Insofern als die Erziehung – in Abgrenzung zu gesellschaftlichen Funktionszusammenhängen – auf eine vernünftige Selbstbestimmung der pädagogischen Adressaten gerichtet ist, müssen die Adressaten des Erziehungshandelns überdies zugleich als frei *und* abhängig begriffen werden: Jedes Erziehungshandeln ist paradoxal in die Möglichkeit und Unmöglichkeit einer solchen Veränderungsvorstellung verstrickt.

Die Grenzen einer pädagogischen Legitimation der Erziehung werden dort greifbar, wo die Perspektive des pädagogischen Adressaten in ihrem Eigenrecht herausgestellt wird, wie dies im Zusammenhang des Topos der kindlichen Fremdheit Rousseau in seinem Roman *Émile ou de l'Éducation* (1762) getan hat. Wird »Erziehung« als ein Prozess konzipiert, der diese Fremdheit oder Alterität des Kindes nicht den rationalen Erfahrungsordnungen der Erwachsenen unterwirft, sondern den Eigenheiten des kindlichen Erlebens gerecht zu werden versucht, wird ineins das Problem der *Begründung* pädagogischen Handelns manifest. Es ist angesichts der paradoxalen Verfasstheit des modernen Erziehungsdenkens nicht verwunderlich, dass sich die Konzeptualisierung pädagogischer Prozesse bis heute zunehmend auf den Bildungsbegriff verlegt.

Mit Blick auf die »ästhetische Erziehung« verschärfen sich die genannten Herausforderungen und Schwierigkeiten des modernen Erziehungsdenkens noch, da die Annahme eines allgemeinen bzw. geteilten Erfahrungsraums bei der Zielbestimmung *ästhetischer* Erziehung voraussetzungsreich ist: In diesen Prozessen steht gerade die Sinnlichkeit des Menschen und also das je besondere Empfinden im Zentrum, die in der Gefahr steht, durch eine Bezugnahme auf das Allgemeine übergangen zu werden. Ein angemessenes Verhältnis der menschlichen Sinnes- und Verstandestätigkeit markiert daher seit Schillers Briefen *Über die ästhetische Erziehung des Menschen* (1795) den Einsatzpunkt der modernen ästhetischen Erziehung. So wird auch verständlich, dass »ästhetische Erziehung« und »ästhetische Bildung« begrifflich ein Spannungsfeld bilden, in dem eine Kritik an der gesellschaftlichen Funktionalisierung und Rationalisierung des menschlichen Lebens ebenso ihren Ort erhält wie die Hervorhebung subjektiver Empfindungen, die nicht unter allgemeine Erfahrungsordnungen gebracht werden können. Dieses begriffliche Spannungsfeld wird im Anschluss an den aktuellen Forschungsstand über die »ästhetische Erziehung« (2) weiter ausgeführt werden (3).

2. Forschungsstand zur »ästhetischen Erziehung«

Im Diskurs der ästhetischen Erziehung gibt es eine Polarisierung zwischen grundlagentheoretischen bzw. bildungs- und erziehungsphilosophischen Arbeiten auf der einen Seite und didaktisch und praktisch orientierten Arbeiten auf der anderen Seite. Zwischen diesen beiden zum großen Teil nebeneinander stehenden Thematisierungen gibt es Vermittlungsversuche, die besonders von Vertretern aus den Teildisziplinen der Pädagogischen Anthropologie oder der kulturwissenschaftlich orientierten Pädagogik unternommen worden sind. Im Folgenden werden diese drei verschiedenen Ausrichtungen unter Rückgriff auf ihre zentralen Fragestellungen und die Nennung exemplarischer Arbeiten skizziert.

Den grundlagentheoretischen Arbeiten zur ästhetischen Erziehung liegen wesentlich Friedrich Schillers Briefe *Über die ästhetische Erziehung des Menschen* (1795) zugrunde, welche philosophisch aus einer Auseinandersetzung mit Immanuel Kants »Kritik der Urteilskraft« (1790) hervorgegangen sind. In dieser Schrift weist Kant der Einbildungskraft eine produktive Bedeutung im Urteilen zu, so dass diese aus der Subordination unter den Verstand heraustritt: Ein ästhetisches Urteil bzw. Geschmacksurteil resultiert nicht aus der Unterordnung des Besonderen unter ein allgemeines Wissen; vielmehr geht es aus einer Empfindung hervor: Man kann nur reflektierend – nicht subsumierend – einholen, worauf die Stimmigkeit oder

Schönheit des Empfundenen beruht. Es sind die Befreiung der Einbildungskraft aus der Unterordnung des Verstandes sowie das interesselose Spiel der Erkenntnisvermögen, in der Schiller die Chance auf Humanität in einer zunehmend arbeitsteilig organisierten und entfremdeten Gesellschaft sieht. Dass bei Schiller den von Zwecken des alltäglichen Lebens losgelösten Kunstwerken eine besondere bildungstheoretische Bedeutung zukommt, ist dann folgerichtig. Noch Adorno nimmt in seiner postum erschienenen *Ästhetischen Theorie* (1970) diese Bedeutung der Kunst auf und problematisiert doch zugleich die Annahme, Kunst wäre gesellschaftlichen und politischen Zwecken entzogen.

Im Anschluss an diese klassischen Lektüren befassen sich die gegenwärtigen bildungs- und erziehungsphilosophischen Studien zur ästhetischen Erziehung mit den Bedingungen und Strukturmomenten ästhetischer Erziehung. Dazu gehört zuvörderst eine Diskussion um die Möglichkeit bzw. ›Verwirklichung‹ ästhetischer Bildung bzw. Erziehung: Auf welcher Grundlage lässt sich die ästhetische Dimension eines Bildungsprozesses behaupten bzw. identifizieren? Viel diskutiert sind die Lehrbarkeit des Ästhetischen und in dieser implizierte Sinnbestimmungen ästhetischer Erziehung, die in ein Spannungsverhältnis zur Zweckfreiheit, Ungeregeltheit und Ekstatik dieser Prozesse gebracht werden (Ruhloff 2010; Seel 1993). Kritisch folgt daraus: Ästhetisches bleibt »Sperrgut in einem Projekt von Pädagogik, das seine Fluchtpunkte in klaren Verstandesbegriffen und zuverlässigen ethischen Handlungsorientierungen sucht« (Mollenhauer 1990, 484). Dessen ungeachtet bleibt es Aufgabe der Bildungs- und Erziehungsphilosophie, die Strukturmomente ästhetischer Erziehung zu erschließen z. B. über die Leiblichkeit (Meyer-Drawe 1988), den Zusammenhang von Aktivität und Passivität (Lehmann-Rommel 2005) und die Medialität des Ästhetischen.

Während der theoretisierende Diskurs – nicht zuletzt aufgrund der Zweckfreiheit und Ungeregeltheit des Ästhetischen – auf einer abstrakt-allgemeinen Ebene ästhetischer Erfahrungsprozesse argumentiert, geht es im Diskurs praktisch orientierter Pädagogen und Kunstpädagogen um die Konzeption, Begleitung, Evaluation und Erforschung von ästhetischen Prozessen in pädagogischen Settings. Seit einigen Jahren findet die Vielfalt künstlerischer und ästhetischer Praxen in schulischen und außerschulischen Einrichtungen eine größere Beachtung (Bamford 2010). Zugleich wächst das Interesse an den so genannten Transferwirkungen künstlerischer Tätigkeiten, d. h. ihre Auswirkungen auf kognitive, soziale und moralische Fähigkeiten von Kindern und Jugendlichen (Rittelmeyer 2010).

Die Erforschung von Transferwirkungen hat die Diskussionslage um die Sinnbestimmungen des Kunstunterrichts, dem angesichts gegenwärtiger Lebens- und Sozialverhältnisse oft eine kompensatorische Funktion zugeschrieben wird, erweitert, nachdem die künstlerischen und musischen Fächer im Nachgang der internationalen Schulleistungsvergleichsstudien zunächst in eine nachgeordnete Position gerückt waren.

Angesichts des wachsenden Legitimationsdrucks pädagogischer Arbeit gegenüber öffentlichen Stellen und privaten Geldgebern ist die Ausdifferenzierung empirischer Forschung in der Kunstpädagogik nicht verwunderlich (Klepacki/Zirfas 2009). Es haben sich unterschiedliche qualitativ methodische Zugänge entwickelt und bewährt. Zugleich weitet sich der Blick auf verschiedene pädagogische Arbeitsfelder und Bereiche der Lebenswelt, z. B. Schule, Jugendkultur, Erwachsenenbildung (Peez 2000). Ungeachtet der damit einhergehenden Ausdifferenzierung der Adressatengruppen werden die frühe und mittlere Kindheit ein zunehmend wichtiger Fokus der Forschung (Mattenklott/Rora 2004).

Neben vorwiegend subjektzentrierten Wirkungsforschungen finden sich auch Studien, welche dem Ort der ästhetischen Erziehung im schulischen Erfahrungsraum nachgehen, z. B. mit Bezug auf Schulkultur (Bender 2010). Speziell auf den Unterricht bezogen und insbesondere auf den der Grundschule, bilden die Arbeiten von Constanze Kirchner (2009) und Bettina Uhlig (2005) die gegenwärtig einschlägigen Studien des in die einzelnen Kunstgebiete (Musik, Zeichnen etc.) ausdifferenzierten Diskurses der Kunstdidaktik. Mit der Ausdifferenzierung der Erforschung von ästhetischen Bildungsprozessen und ihrer Rückbindung an kulturelle Praktiken wird aber auch die Praxis der Forschung mit ihrem Anliegen verbindlicher Identifizierung problematisiert – sei es in der Form, dass über die Erforschung von Alltagsdingen diese und die Forschung selbst ästhetisiert wer-

den (Kämpf-Jansen 2000) oder sei es in der Frage danach, wie Kunstpädagogik mit ihrer Forschung das Wissenschaftsverständnis verändert, in Frage stellt oder neu justieren kann (Meyer/Sabisch 2009).

Eine vermittelnde Funktion zwischen Bildungsphilosophie und Kunstpädagogik nehmen Studien ein, die empirische Analysen und systematische Reflexionen gleichrangig zu verknüpfen suchen. An dieser Stelle kann Klaus Mollenhauers Studie *Grundfragen ästhetischer Bildung* (1996) genannt werden, welche erstmalig nach den kindlichen Erfahrungen beim Musizieren und bildnerischen Gestalten fragt, ohne an die ästhetischen Erfahrungen und Schöpfungen der Kinder den Maßstab der Entwicklung anzulegen. Cornelie Dietrich (1998) und Hans-Rüdiger Müller (1998) haben in ihren kulturwissenschaftlichen Studien diese Arbeit an der Eigenlogik ästhetischer Bildungsprozesse fortgesetzt.

Die Erschließung der Eigenlogik und Dignität ästhetischer Prozesse ist aber auch mit kategorialen und systematischen Reflexionen verbunden: Mollenhauer hat z. B. nach der Bedeutung von (vergangenem) Kritzelzeichnen für individuelle Selbstverhältnisse gefragt. Unter Bezugnahme auf »Mimesis« und »Ritual« hat Christoph Wulf (1991) kategoriale und empirisch fruchtbare Anschlüsse ermöglicht, welche eine starke Dichotomisierung von Kunst und Leben unterlaufen. Als vermittelnd zwischen Ideengeschichte und Kulturwissenschaft erscheint das groß angelegte Projekt einer Geschichte der ästhetischen Bildung (Zirfas u. a. 2009 ff.).

3. Grundzüge und Fragestellungen der »ästhetischen Erziehung«

3.1 Grundbestimmungen »ästhetischer Erziehung«

Der Diskurs um »Ästhetische Erziehung« profilierte sich seit den 1970er Jahren in Abgrenzung zur kunsthistorischen Wissensvermittlung. Während die Diskussionen in den 1970er Jahren vor allem ideologiekritisch motiviert und gegen die Funktionalisierung der Kunst gerichtet waren, verlegte sich seit den 1980er Jahren die Aufmerksamkeit auf das Aisthetische: auf ein Lernen mit allen Sinnen, das die Sensibilisierung und Übung aller

Wahrnehmungsmöglichkeiten beinhaltete, auch als Kompensation von Entsinnlichung und Erfahrungsverlust in einer rationalisierten Welt.

Ästhetische Erziehung wäre allerdings zu einseitig verstanden, wenn sie nur auf die sinnliche Erfahrung der Welt bezogen würde. Das ebenfalls von Welsch geprägte Konzept des »Ästhetischen Denkens« wurde zu einer wichtigen Referenz für die Konzeptualisierung intellektueller Leistungen, die für die ästhetische Erziehung zunehmend an Bedeutung gewonnen haben. Die Wortverbindungen »ästhetische Erkenntnis«, »ästhetische Rationalität« und »ästhetische Kommunikation« zeigen an, dass Ästhetik und Lebenswelt keine getrennten Sphären, sondern einen Kontinuitätszusammenhang bilden, wie übrigens schon 1938 der amerikanische Pragmatist John Dewey in »Art as experience« argumentiert hat. Indem ästhetische Erziehung auf die Fähigkeit ausgerichtet wird, Symbole zu verstehen, zu nutzen und hervorzubringen, wird sie – über die Einführung in künstlerische Praxen hinaus – allgemein lebensweltlich bedeutsam.

Die Erweiterung der Ästhetik zu Aisthesis und die Annahme einer Kontinuität zwischen Ästhetik und Lebenswelt führen zu zwei Grundbestimmungen ästhetischer Erziehung:

1. die Sensibilisierung und Übung der Aisthesis, verstanden als sinnlicher Wahrnehmung, und
2. die Befähigung zum rezeptiven wie produktiven Umgang mit ästhetisch-kulturellen Objekten der Kunst sowie mit alltäglicher Lebenswirklichkeit.

Gegen diese Grundbestimmungen der ästhetischen Erziehung ist kritisch eingewandt worden, dass die ästhetische Erziehung auf eine *Hineinführung* in Formen der Gestaltung des Lebens begrenzt wird. Die Befassung mit dem Ästhetischen, so argumentiert beispielsweise Martin Seel in seinen einschlägigen Beiträgen, schließt den Anspruch ein, ein reflexives Verhältnis zu kulturellen Formen und Objekten einzunehmen und damit Distanzierung und Durchbrechung von gegebenen Deutungs- und Handlungsmustern zu ermöglichen (Seel 1993, 48 f.). Demzufolge wäre eine weitere Grundbestimmung von ästhetischer Erziehung festzuhalten:

3. die Ermöglichung einer ästhetischen Erfahrung mit Ereignischarakter, die eine Loslösung von zeitlichen Bezügen, pragmatischen Zwecken und lebensweltlichen Deutungen mit sich bringen kann.

3.2 »Ästhetische Erziehung« und »ästhetische Bildung«

Die zuletzt genannte Grundbestimmung impliziert nun allerdings eine Schwierigkeit: Wie soll in Abgrenzung zu rein sinnlicher Wahrnehmung und im Bruch mit der Lebenswirklichkeit eine ästhetische Erfahrung durch ästhetische Erziehung hervorgerufen werden? Diese Frage markiert den Übergang der Rede von ästhetischer Erziehung zu ästhetischer Bildung: Der Ereignischarakter, aber auch die Herauslösung aus der Zeit, die Irritation und Distanzerfahrung zu geläufigen Deutungen von Welt entziehen eine so verstandene ästhetische Erfahrung dem intentionalen und planmäßig organisierten pädagogischen Zugriff. So werden ästhetische Erfahrungen im Sinne der Distanzierung von Lebenswelt als »ästhetische Bildung« gefasst: Das Welt- und Selbstverhältnis des Subjekts wird transformiert, anstatt nur kumulativ erweitert oder intensiviert zu werden. Der Bildungsbegriff, der seit Humboldt eng auf Individualität bezogen wird, kann »die selbstbestimmten Suchbewegungen und die Mitarbeit des Einzelnen sowie das Anarchisch-Unkontrollierte ästhetischer Erfahrungsprozesse« (Selle 1990, 23) präziser erfassen. Die programmatisch bzw. intentional angelegte Erziehung bricht sich demgegenüber an dem Anspruch ästhetischer Erfahrungen, da der Erziehung immer »ein fremdvorgestelltes Lernergebnis« anhaftet (ebd., 22).

Wenngleich der Begriff »ästhetische Bildung« häufiger Verwendung findet, so behauptet der Begriff der »ästhetischen Erziehung« dennoch sein Eigenrecht, da er einbehält, dass es in diesen pädagogischen Prozessen eine Angewiesenheit auf andere gibt. Des Weiteren ist der Begriff wichtig, weil er im Feld der Erziehung in doppelter Weise als Garant gegen Vereinseitigungen einsetzbar ist: Die ästhetische Erziehung bringt, wie zuvor gesagt, das oft marginalisierte Sinnliche in den Blick; sie entfaltet aber auch einen holistischen Blick auf die Sinnlichkeit, d. h. über die verschiedenen Sinne und ihre Qualitäten hinweg. Zum Begriff der »ästhetischen Bildung« ist hingegen kritisch festzuhalten, dass er eine Tendenz der Entgrenzung aufweist: So ergibt sich die Frage, wie ästhetische Bildung in einem weiten Sinn von dem zu unterscheiden ist, was sich ohnehin vollzieht (Wahrnehmung). Überdies stehen die Auseinandersetzung mit fixiertem Bildungskapital (Kunst) auf der einen

Seite und die außerordentlichen ästhetischen Erfahrungen auf der anderen Seite in einem Spannungsverhältnis; und doch werden beide Bestimmungen im Begriff der »ästhetischen Bildung« zusammengefasst. Auf dieser Grundlage erklärt sich die unübersichtliche und teilweise inkonsistente Verwendung der Konzepte »ästhetische Erziehung« und »ästhetische Bildung«.

3.3 Ästhetische Alphabetisierung und ästhetische Erfahrung

Die verwobenen Differenzierungen – zwischen Aus- und Herausbilden von Lebensformen, zwischen allgemeinem Aisthetischen und spezifischem Ästhetischen, zwischen dem reflexiven Verstehen von Symbolischem und der bildenden Überschreitung des Gegebenen – werden in Arbeiten zur ästhetischen Erziehung und Bildung immer wieder aufgegriffen. Besonders prägnant wurden sie in einem Disput über die pädagogische Bedeutung der Ästhetik zwischen Gunter Otto und Klaus Mollenhauer formuliert (vgl. Mollenhauer 1990; darauf Otto 1994 und wieder reagierend Mollenhauer 1994).

Der Disput zwischen Otto und Mollenhauer entfaltete sich um die beiden schon aufgenommenen Grundbestimmungen: die Einführung in die kulturell stilisierte Lebenswirklichkeit einerseits (dafür plädierte Otto) und die Distanzierung bzw. dem Bruch mit Letzterer andererseits (diese Bedeutung hob Mollenhauer hervor). Die erstgenannte Grundbestimmung der Einführung hatte Mollenhauer kritisch, aber auch in seiner Funktion anerkennend, mit dem Konzept der »ästhetischen Alphabetisierung« beschrieben. Damit ist ein Bildungsprozess bezeichnet, »in dem nicht-sprachliche kulturell produzierte Figurationen in einem historisch bestimmten Bedeutungsfeld lokalisiert, das heißt als bedeutungsvolle Zeichen ›lesbar‹ werden« (Mollenhauer 1990, 11). Durch Alphabetisierung können Individuen kulturelle Praktiken und künstlerische Artefakte in ihren symbolischen Aussagen erschließen (Rezeption). Die Sich-Bildenden erwerben außerdem die Fähigkeiten, sich auszudrücken und kreativ ihre Erfahrungen Anderen mitzuteilen (Produktion). Ästhetische Praxis – ob rezeptiv oder produktiv – ist dabei an die »kulturell eingespielten, […] regulierenden oder stilisierenden Ikonografien der historisch je herrschenden Bild-Welten« gebunden (Mollenhauer 1991, 2). Die konventionelle Bindung und der lebensweltlich verortete ästhetische Ausdruck ermöglichen eine relative Verfügbarkeit für das sich bildende Subjekt und den Erzieher.

In der Grundbestimmung der Distanzierung oder des Bruchs durch ästhetische Prozesse dominieren hingegen die Aspekte von Unverfügbarkeit und Nicht-Planbarkeit. Es ist vor allem das Konzept der »ästhetischen Erfahrung«, das die Bestimmung der Distanzierung und des Bruchs konturiert. In einer ästhetischen Erfahrung wird das Subjekt so vom ästhetischen Objekt affiziert bzw. überwältigt, dass sich ein Zwischenraum eröffnet, in dem das Subjekt zu bisher selbstverständlich gelebten Sinn-, Deutungs- und Kommunikationsmustern in Distanz treten kann. In der Befremdung und Selbstenteignung dieses Vorgangs entfaltet sich das Potenzial, (sich) anders zu verstehen und wahrzunehmen. Die Selbstenteignung und Überwältigung im ästhetischen Erfahrungsprozess bedeutet nun allerdings, dass das Subjekt über ästhetische Erfahrungen nicht verfügen kann und also auch in deren Initiierung und Vorwegnahme auf Grenzen stößt. Die ästhetische Erfahrung entzieht sich darüber hinaus aufgrund ihres Ereignischarakters dem Nachvollzug und der Dokumentation.

Dass die ästhetische Erfahrung mit der Schwierigkeit einer fremden Anleitung konfrontiert ist, wurde im Abschnitt zum Verhältnis von ästhetischer Erziehung und ästhetischer Bildung bereits angeführt. Die Erziehung kann zwar »als ein Eingreifen in lebendige Erfahrungsvollzüge« (vgl. Meyer-Drawe 1988, 126) vonstatten gehen, aber ihre bildende Wirkung lässt sich nicht zielführend bestimmen und handhaben. Aus systematischer Sicht ist demnach die Vorstellung einer plan- und absichtsvollen Einwirkung mit konkreten Zielen der Kompetenzerweiterung kaum mit der Vorstellung ästhetischer Erfahrung zu verbinden. Dieser Einwand gilt noch stärker für eine didaktische Initiative als für ein erzieherisches Handeln, das sich auf die Inszenierung von Möglichkeitsräumen ästhetischer Erfahrung begrenzen kann. Generell ist dennoch festzuhalten, dass sich das Konzept der »ästhetischen Alphabetisierung« besser mit einer anleitenden Ausbildung ästhetischer Fähigkeiten und Fertigkeiten zusammendenken lässt.

Aus der Widerständigkeit und Unverfügbarkeit der ästhetischen Erfahrung folgerte Mollenhauer jedoch gerade nicht, dass die ästhetische Erziehung sinnlos oder überflüssig sei – darin ist er oft missverstanden worden. Die ästhetische Erziehung darf nur nicht das von ihr Unfassbare marginalisieren. Dass diese Warnung heute noch ihre Berechtigung hat, zeigt sich bei einer gegenwärtigen Sichtung der Ziele ästhetischer Erziehung, in denen selten bis gar nicht die Forderung erhoben wird, dass es um eine Herausbildung oder kritische Distanzierung zum Gegebenen geht. Es dominieren die aisthetischen Übungen und im weitesten Sinne Symbolverstehen und Symbolisieren (vgl. z. B. Egger/Hackl 2010).

3.4 Ausdifferenzierung und Kategorisierung der ästhetischen Erziehung

Mit der Ausweitung des Feldes der ästhetischen Erziehung wird die Systematisierung von Zielen ästhetischer Erziehung zunehmend komplex. Zur groben Orientierung lassen sich unter dem Begriff der Aisthesis jene Ziele ästhetischer Erziehung fassen, die sich auf die Sensibilisierung des Empfindungsvermögens und die Übung der Wahrnehmung als einer Kultivierung der Sinne richten (Aissen-Crewett 2000). Demgegenüber lassen sich Ziele konzeptionell zusammennehmen, die auf die Ausbildung von ästhetisch rezeptiven und produktiven Fähigkeiten im Zusammenhang der Lebenswelt gerichtet sind. Hierunter fallen zum einen klassische Konzepte der Tradition, wie zum Beispiel die Übung von Einbildungskraft und ästhetischer Urteilskraft, von Geschmacksbildung und Genussfähigkeit. Zum anderen sind neuere Felder und kulturelle Konzepte hinzugekommen, zu denen die Fähigkeiten der Expressivität, das Ausdrucks- und Darstellungsvermögen sowie die »Befähigung zu Spiel und Geselligkeit« (Klafki 1986, 469) gehören.

Literatur

Aissen-Crewett, Meike: *Ästhetische-aisthetische Erziehung. Zur Grundlegung der Pädagogik der Künste und Sinne*. Potsdam 2000.

Bamford, Anne: *Der Wow-Faktor. Eine weltweite Analyse der Qualität künstlerischer Bildung*. Münster 2010.

Bender, Saskia: *Kunst im Kern von Schulstruktur. Ästhetische Erfahrung und ästhetische Bildung in der Schule*. Wiesbaden 2010.

Dietrich, Cornelie: *Wozu in Tönen denken? Historische und empirische Studien zur bildungstheoretischen Bedeutung musikalischer Autonomie*. Kassel 1998.

Egger, Rudolf/Hackl, Bernd (Hg.): *Sinnliche Bildung? Pädagogische Prozesse zwischen vorprädikativer Situierung und reflexivem Anspruch*. Wiesbaden 2010.

Kämpf-Jansen, Helga: *Ästhetische Forschung. Wege durch Alltag, Kunst und Wissenschaft. Zu einem innovativen Konzept ästhetischer Bildung*. Köln 2000.

Kirchner, Constanze: *Kunstpädagogik für die Grundschule*. Bad Heilbrunn 2009.

Klafki, Wolfgang: »Die Bedeutung der klassischen Bildungstheorie für ein zeitgemäßes Konzept allgemeiner Bildung«. In: *Zeitschrift für Pädagogik* 5.4 (1986), 455–476.

Klepacki, Leopold/Zirfas, Jörg: »Ästhetische Bildung – was man lernt und was man nicht lernt«. In: Klepacki, Leopold/Zirfas, Jörg (Hg.): *Die Kunst der Schule. Über die Kultivierung der Schule durch die Künste*. Bielefeld 2009.

Lehmann-Rommel, Roswitha: »*Tätigsein und Wirksamkeit in Deweys Ästhetik*«. In: Tröhler, Daniel/Oelkers, Jürgen (Hg.): *Pragmatismus und Pädagogik. Studien zur historischen Pädagogik und Sozialpädagogik*. Zürich 2005, 69–86.

Mattenklott, Gundel/Rora, Constanze (Hg.): *Ästhetische Erfahrung in der Kindheit. Theoretische Grundlagen und empirische Forschung*. Weinheim 2004.

Meyer-Drawe, Käte: »Der Leib als vorpersonale und vorreflexive Dimension menschlichen Handelns und Wissens – Strukturskizzen kindlicher Milieuwelten«. In: Schneider, Gerhard (Hg.): *Ästhetische Erziehung in der Grundschule*. Weinheim 1988, 125–141.

Meyer-Drawe, Käte: »Vom anderen lernen«. In: Borrelli, Michela/Ruhloff, Jörg (Hg.): *Deutsche Gegenwartspädagogik* 2. Baltmannsweiler 1996, 135–154.

Meyer, Torsten/Sabisch, Andrea (Hg.): *Kunst, Pädagogik, Forschung. Aktuelle Zugänge und Perspektiven*. Bielefeld 2009.

Mollenhauer, Klaus: »Ästhetische Bildung zwischen Kritik und Selbstgewißheit«. In: *Zeitschrift für Pädagogik* 36.4 (1990), 481–494.

Mollenhauer, Klaus: *Grundfragen ästhetischer Bildung. Theoretische und empirische Befunde zur ästhetischen Erfahrung von Kindern*. München 1996.

Mollenhauer, Klaus: »Schwierigkeiten mit der Rede über Ästhetik«. In: Lutz Koch/Winfried Marotzki/Helmut Peukert (Hg.): *Pädagogik und Ästhetik*. Weinheim 1994, 160–170.

Müller, Hans-Rüdiger: *Ästhesiologie der Bildung. Bildungstheoretische Rückblicke auf die Anthropologie der Sinne im 18. Jahrhundert*. Würzburg 1998.

Otto, Gunter: »Lernen und ästhetische Erfahrung. Argumente gegen Klaus Mollenhauers Abgrenzung von Schule und Ästhetik«. In: Koch, Lutz/Marotzki, Winfried/Peukert, Helmut (Hg.): *Pädagogik und Ästhetik*. Weinheim 1994, 145–159.

Peez, Georg: *Qualitative empirische Forschung in der Kunstpädagogik*. Hannover 2000.

Rittelmeyer, Christian: *Warum und wozu ästhetische Bildung? Über Transferwirkungen künstlerischer Tätigkeiten. Ein Forschungsüberblick*. Oberhausen 2010.

Ruhloff, Jörg: »Ist Kunst lehrbar? Kunstlehre in der Renaissance und ihre Infragestellung durch Kant«. In: Fuchs, Birgitta/Koch, Lutz: *Ästhetik und Bildung*. Würzburg 2010, 21–44.

Rumpf, Horst: *Die übergangene Sinnlichkeit*. Weinheim 1994.

Seel, Martin: »Intensivierung und Distanzierung. Ästhetische Bildung markiert den Abstand von der Allgemeinbildung«. In: *Kunst+Unterricht* 176 (1993), 48–49.

Selle, Gert: *Experiment Ästhetische Bildung*. Hamburg 1990.

Uhlig, Bettina: *Kunstrezeption in der Grundschule: Zu einer grundschulspezifischen Rezeptionsmethodik*. München 2005.

Wulf, Christoph: »Mimesis in der ästhetischen Bildung«. In: *Kunst+Unterricht* 151 (1991), 16–18.

Zirfas, Jörg/Klepacki, Leopold/Bilstein, Johannes/Liebau, Eckart: *Geschichte der ästhetischen Bildung* 1 und 2. Paderborn 2009 ff.

Gabriele Weiß

2. Erziehung und emotionale Entwicklung

Emotionen sind ein steter und alltäglicher Bestandteil unseres Erlebens und Handelns, die beeinflussen, ob und wie ein Individuum eine Beziehung zur Umgebung herstellt, erhält oder verändert (Saarni/Mumme/Campos 1998). Betrachtet man den Emotions*zustand,* so kann man anhand des weitgehend gleichzeitigen Auftretens von Emotionsausdruck, physiologischer Aktivierung, Handlungsaktivierung, Gefühl und kognitiver Merkmale (z. B. Aufmerksamkeit) auf eine bestimmte Emotion schließen. Aus einer solchen Perspektive heraus geht man davon aus, dass Emotionen bei Erwachsenen, zumindest hinsichtlich ihres Ausdrucks, universell (Izard 1994) und anhand der oben genannten Komponenten erkennbar sind. Beschäftigt man sich hingegen mit dem Emotions*prozess,* so betrachtet man mehr die Auslöser von Emotionen (z. B. Bewertung der aktuellen Situation, Erinnerungen) und deren Funktionen (z. B. Situationsveränderung, Kommunikation der eigenen Bewertungen an das soziale Umfeld, Beeinflussung der sozialen Umgebung durch den Ausdruck von Emotionen).

Obgleich bereits im Säuglingsalter einige basale Komponenten von Emotionen vorliegen, muss deren Koordination erst entwickelt werden und bestimmte soziale Emotionen wie z. B. Scham oder Schuld müssen im sozialen Miteinander erst erlernt werden. (vgl. Zimmermann/Pinquart 2011). Entwicklungsveränderungen im Bereich von Emotionen basieren also sehr auf sozialen Erfahrungen und sind somit durch Erziehung und Sozialisation beeinflusst. Dies wird im Folgenden ausführlicher dargestellt, hinsichtlich verschiedener Modelle der Sozialisation im Bereich Emotion, sowie spezifischer Auswirkungen auf einzelne Bereiche, wie die Auslöser von Emotionen, das Emotionsverständnis, sowie die Regulation von Emotionen.

1. Modelle der Sozialisation von Emotionen

In der entwicklungspsychologischen Forschung besteht aktuell Konsens darüber, dass Erziehungs- und Sozialisationseinflüsse für die emotionale Entwicklung eine sehr große Rolle spielen (Denham/Basset/Wyatt 2007; Holodynski 2005). Hierbei unterscheidet man gegenwärtig verschiedene theoretische Modelle, die alle versuchen, die Einflussmöglichkeiten durch Erziehung und Sozialisation und die vermittelnden Prozesse auf die emotionale Entwicklung herauszuarbeiten.

Malatesta-Magai (1991) unterscheidet fünf elterliche Strategien der emotionalen Sozialisation, nämlich Belohnen, Bestrafen, Übergehen, Ignorieren und Intensivieren der emotionalen Reaktion des Kindes. »Belohnung« wird hier allerdings nicht lerntheoretisch interpretiert, sondern als tröstende oder empathische Reaktion der Eltern auf das Kind verstanden. »Übergehen« bedeutet hier, dass die Emotionen des Kindes minimiert werden, also als »nicht so schlimm« bewertet werden. »Ignorieren« meint in diesem Ansatz, dass nicht auf den Emotionsausdruck des Kindes eingegangen wird und »Intensivieren« bedeutet, mit vergleichbarer Intensität wie das Kind zu reagieren.

Das Modell von Eisenberg und Kolleginnen (Eisenberg/Cumberland/Spinrad 1998; Eisenberg/Spinrad/Cumberland 1998) beschreibt vor allem den Einfluss emotionsbezogenen Sozialisationsverhaltens auf die emotionale Reaktivität und die emotionale Regulation von Kindern, sowie die daraus resultierenden Konsequenzen für die Entwicklung sozialer Kompetenz. Emotionale Sozialisation ist, nach diesem Ansatz, die Beeinflussung des Erlebens, des Ausdrucks und der Modulation von Emotionen bei Kindern. Zentrale emotionsbezogene Sozialisationsverhaltensweisen sind hierbei (1) die direkten elterlichen Reaktionen auf die gezeigten Emotionen der Kinder, (2) die Art der Kommunikation über Emotionen zwischen Eltern und Kind, (3) die emotionale Expressivität der Eltern selbst und (4) die aktive Gestaltung, Auswahl oder Vermeidung potenziell emotionaler Situationen durch die Eltern. Diese emotionsbezogenen Sozialisationsverhaltensweisen können die emotionale Welt des Kindes auf unterschiedliche Art und Weise beeinflussen. Primär können sie das Erregungsniveau des Kindes verändern. Dies zeigt sich dann in der Qualität und der Intensität der Emotion des Kindes und ist beobachtbar im Emotionsausdruck des Kindes oder in dessen sozialer Informationsverarbeitung. Das Erregungsniveau des Kindes bestimmt also auch, was das Kind in der

Situation über Emotionen lernt. Vermittelt über das Erregungsniveau des Kindes nehmen die emotionsbezogenen Sozialisationsverhaltensweisen potenziell Einfluss auf die Regulation von Emotionen, sowohl in der aktuell gegebenen Situation, als auch durch Wiederholung solcher Interaktionen, langfristig in habituellen Regulationsmustern. Weiterhin haben die emotionsbezogenen Sozialisationsverhaltensweisen Auswirkungen auf das Emotionsverständnis, auf die affektive Einstellung zu Emotionen und zur eigenen Person. Dies wiederum hat dann weitergehend Einfluss auf die Qualität der Eltern-Kind-Beziehung und auf den Aufbau von Schemata über das Selbst, über Beziehungen und die Welt (Eisenberg u. a. 1998). Ein Teil dieser emotionalen Sozialisationsverhaltensweisen wird absichtlich und bewusst von den Eltern ausgeführt und in Übereinstimmung mit ihren emotionsspezifischen Zielen und Einstellungen, so dass man dann von *direkter* emotionaler Sozialisation sprechen kann. Daneben gibt es jedoch sehr häufig *indirekte* emotionale Sozialisation, bei der die aktuelle Erziehungshaltung oder Interaktion mit dem Kind nicht auf emotionsbezogenen Zielen basiert, aber dennoch das emotionale Erleben oder die emotionale Reaktion des Kindes beeinflusst, z. B. wenn Eltern ihren Kindern beibringen wollen, sich an Regeln zu halten und dabei den Ausdruck negativer Emotionen beim Kind gleichzeitig ablehnen. Das Kind lernt somit etwas über emotionale Ausdruckskontrolle, obwohl das Ziel der Eltern der Regelerwerb ist.

Als Einflussfaktoren auf die konkrete Ausgestaltung und die Effektivität der emotionsbezogenen Sozialisationsverhaltensweisen führen Eisenberg und Kolleginnen (1998) die Charakteristika des Kindes (wie Temperament, Alter, oder Geschlecht), der Eltern (wie Geschlecht, Erziehungsstil, Haltung gegenüber Emotionen), sowie kulturelle (z. B. Geschlechtsstereotype) und situative Faktoren (z. B. aktuelle Intensität der Emotion) an. Die Wirkung emotionsbezogener Sozialisationsverhaltensweisen auf das Kind wird beeinflusst durch die Emotionsintensität von Eltern und Kind, die Passung der emotionsbezogenen Sozialisationsverhaltensweisen zur Situation, die Klarheit und Konsistenz des elterlichen Verhaltens, der Entwicklungsstand und das Temperament des Kindes sowie die Passung zwischen Temperament und dem elterlichen Verhalten (Moderatoreffekt).

Im Gegensatz zu Eisenberg und Kolleginnen (1998), die konkrete elterliche Verhaltensweisen in den Mittelpunkt stellen, betrachten Morris u. a. (2007) stärker den Einfluss des generellen familiären Kontexts auf die kindliche emotionale Entwicklung, spezifisch auf die Emotionsregulation. Familiäre Erfahrungen beeinflussen die Emotionsregulation und diese wiederum wirken sich auf die psychosoziale Anpassung des Kindes aus. Wichtige Prozesse der familiären Sozialisation von Emotionen sind dabei (1) Beobachtung von Emotionen, (2) Erziehungspraktiken und (3) das emotionale Klima in der Familie. Die Beobachtung von Emotionen umfasst hierbei die Bereiche Lernen am Modell der Erziehenden, die »emotionale Ansteckung« durch die emotionale Reaktion der Betreuungsperson und das »social referencing«, also die aktive Suche des Kindes nach einem emotionalen Bewertungsrahmen in der aktuellen sozialen Umwelt. Die Erziehungspraktiken, die im Modell als relevant betrachtet werden, sind das gezielte Emotions-Coaching durch die Eltern, die elterlichen Reaktionen auf die Emotionen der Kinder, die elterliche Ermutigung oder Kontrolle des Emotionsausdrucks und -erlebens beim Kind, intentionales Lehren von Emotionsregulation und die Auswahl oder Vermeidung potenziell emotionaler Situationen. Dies findet innerhalb eines spezifischen emotionalen Klimas statt, zu dem Morris und Kollegen (2007) die Eltern-Kind-Bindung, den Erziehungsstil, die emotionale Expressivität der Eltern, sowie die Qualität der elterlichen Paarbeziehung zählen. Eigenschaften der Eltern, wie deren emotionale Reaktivität, psychische Gesundheit und eigene familiäre Geschichte, werden als Prädiktoren der drei familiären Prozesse der emotionalen Sozialisation der Emotionsregulation des Kindes betrachtet, die direkt Einfluss auf die emotionalen Charakteristiken des Kindes (z. B. emotionale Reaktivität, Neigung zu negativen Emotionen) nehmen. Die Eigenschaften des Kindes wiederum beeinflussen die Zusammenhänge zwischen den Familieninteraktionen und der kindlichen Emotionsregulation und Anpassung.

Die drei genannten Modelle der emotionalen Sozialisation beschäftigen sich überwiegend mit der direkten Steuerung oder Modellierung der emotionalen Reaktion und der Emotionsregulation. Prüft man diese Modelle aus Sicht des Ansatzes der domänenspezifischen Sozialisation (Grusec

2011) hinsichtlich bereichsspezifischer Erziehung und deren bereichsspezifischer Auswirkungen, so kann man sehen, dass emotionale Sozialisation spezifisch für die fünf Domänen der Sozialisation, (1) Schutz, (2) Reziprozität, (3) Steuerung, (4) angeleitetes Lernen (scaffolding) und (5) Eingliederung in Gruppen und die Gesellschaft definiert werden muss. Im Bereich der Schutz-Domäne lernen Kinder ihre eigenen negativen Emotionen und ihr Stresserleben mithilfe der Bezugspersonen zu regulieren (im Fall einer sicheren Bindung) oder dass dies mit den Bezugspersonen nicht effektiv möglich ist (im Fall einer unsicheren Bindung). Die Schutzdomäne hat auch langfristig Einfluss auf Empathie oder prosoziales Verhalten (Fremmer-Bombik/Grossmann 1991). Im Bereich der Reziprozität lernen Kinder emotionale Regeln, wie z. B. die soziale Affektabstimmung, das Akzeptieren oder Abwerten des Emotionsausdrucks anderer.

In der Domäne Steuerung wird vor allem die emotionale Selbstregulation gefördert oder durch psychologische Steuerung und Verhaltenskontrolle (Roth u. a. 2009), wie (die Androhung von) Liebesentzug und die Induktion von Schuldgefühlen, die emotionale Selbstregulation eingeschränkt, was mit Emotionsregulationsproblemen zusammenhängt (Neumann/Koot 2011). Hauptsächlich im Bereich »Angeleitetes Lernen« beeinflusst die Eltern-Kind-Kommunikation die Emotionsregulation des Kindes (Gottman/Katz/Hooven 1996). In der der Domäne Eingliederung in die Gesellschaft ist das Erlernen emotionaler Ausdrucksregeln im Einklang mit sozialen Konventionen relevant. Das Modell von Grusec (2011) beinhaltet (a) Erziehende sind domänenspezifisch unterschiedlich kompetent und (b) förderliche Erziehung in einer Domäne führt nicht automatisch zu domänenübergreifender Kompetenz.

Die oben aufgeführten Modelle unterscheiden sich vor allem darin, welche Aspekte und in welchem Umfang familiäre Einflüsse und die Folgen für die emotionale Entwicklung der Kinder betrachtet werden. Während Eisenberg und Kolleginnen (1998) beispielsweise eng auf die Verhaltensweisen der Eltern eingehen, die direkt mit der Sozialisation von Emotionen zusammenhängen, gehen Morris und Kollegen (2007) zusätzlich auf Aspekte des sozialen Umfeldes ein, die als Ziel nicht direkt die Sozialisation von Emotionen haben, diese aber dennoch beeinflussen können. Allen Modellen gemeinsam ist, dass wichtige Moderatorvariablen, wie das Temperament des Kindes und das kulturelle Umfeld berücksichtigt werden. Während die erstgenannten Modelle weitestgehend beschreibend bleiben, bietet das Modell von Grusec (2011) durch seine Betonung der Spezifizität der Domänen und ihres Einflusses Möglichkeiten hypothesengeleiteter Forschung und einen Erklärungsansatz dafür, dass Erziehung und Sozialisation auf unterschiedliche Kompetenzen wirken.

Jedoch sind die zu erreichenden emotionalen Kompetenzen oft kulturspezifisch definiert. Die Emotionssozialisation eines Kindes ist somit geprägt durch die Werte und Normen des oder der Erziehenden (Friedlmeier/Corapci/Cole 2011), welche wiederum durch kulturelle Normen und die eigene Sozialisation beeinflusst werden. Die Erziehung hin zu emotionaler Kompetenz unterliegt somit kultureller Variation. Elterliche Sozialisationspraktiken vermitteln daher zwischen dem kulturellen Werte- und Normensystem und der emotionalen Kompetenz von Kindern (Friedlmeier u. a. 2011). Maßgeblich sind hier, auch bindungstheoretisch begründet, die Reaktionen der Eltern auf den negativen Emotionsausdruck ihrer Kinder (Fabes u. a. 2002). Friedlmeier und Kollegen (2011) unterscheiden zwischen einer individualistischen und einer relationalen, eher kollektivistischen Auffassung emotionaler Kompetenz. Die individualistische emotionale Kompetenz umfasst hierbei Sozialisationstechniken, in denen bei den Eltern ein Bewusstsein und Akzeptanz für negative Gefühle des Kindes besteht, das Erleben von Gefühlen unterstützt wird, eine soziale Regulation angeboten wird, aber vor allem auch die Fähigkeit zur Selbstregulation gefördert wird (Gottman, Katz/Hooven 1996). Die relationale emotionale Kompetenz hingegen definiert emotionale Kompetenz als Kontrolle selbstzentrierter, negativer Emotionen (Wang 2003).

2. Erziehungseffekte auf Auslösung und Ausdruck von Emotionen

Im Rahmen der Forschung zur emotionalen Entwicklung kann man feststellen, dass die Auslöser und die Ausdrucksformen von Emotionen sich über das Alter hinweg verändern und durch Sozialisation und das kulturelle Umfeld beeinflusst werden (Lewis 2008). Unterschieden wird zwischen basalen externen Auslösern, welche ihren Ursprung in der biologischen, evolutionären Vorprogrammierung des Menschen haben und zwischen sozialen und nicht-sozialen Auslösern, welchen erst in der kulturell geprägten Ontogenese ein spezifisches emotionales Reaktionsmuster zugeordnet wird (Lewis 2008). Es erfolgt eine Anpassung an kulturell geprägte Normen, die historisch entstanden sind. Kultur umfasst ihrer Definition nach »[…] ein Set von traditionellen, expliziten und impliziten Überzeugungen, Werten, Handlungen und physischer Umwelt, welche über Sprache, Symbolik und das Verhalten innerhalb einer überdauernden und miteinander interagierenden Gruppe von Personen weitergegeben werden« (nach Saarni u. a. 1998, 247).

2.1 Emotionsauslöser

Die Frage nach universellen oder kultur- bzw. erziehungsspezifischen Auslösern von Emotionen hängt davon ab, wie global oder spezifisch der Emotionsauslöser definiert wird. Bedrohung als Situationsmerkmal wird universell Angst auslösen, während der spezifische Anlass, was als bedrohend interpretiert wird, kulturabhängig ist. Es gibt deshalb kaum einheitliche Befunde hinsichtlich kulturspezifischer bzw. kulturübergreifender Emotionsauslöser (Boiger/Mesquita 2012). Dies hängt oftmals von der Art der Beschreibung der erfassten Emotionsauslöser ab. Erfassen Studien Emotionsauslöser auf einer abstrakten, allgemeinen Ebene, so finden sich kaum kulturspezifische Unterschiede in den Emotionsauslösern (Brandt/Boucher 1985). Sobald jedoch konkrete Beschreibungen von emotionsauslösenden Ereignissen erfasst werden, finden sich die meisten kulturabhängigen Unterschiede in den Emotionsauslösern (Boiger/Mesquita 2012). So führt einer anderen Person zugefügtes Leid bei Niederländern sowie Surinamesen zu Ärger und Trauer. Der Emotionsauslöser scheint demnach zunächst kulturunabhängig zu sein. Bei genauer Betrachtung zeigt sich jedoch, dass sich die Intensität der ausgelösten Emotion kulturabhängig unterscheidet. Niederländer berichten in dieser Situation deutlich mehr Trauer, wohingegen Surinamesen eine höhere Intensität an Ärger berichten. Dies lässt darauf schließen, dass der gleiche Auslöser von Emotionen kulturüber-

greifend zu den gleichen Emotionen führt (hier: Ärger und Trauer), dass sich jedoch kulturspezifische Unterschiede in der Intensität der ausgelösten Emotion zeigen. Vergleichbar ist Fremdeln, das in jeder Kultur zu finden ist, ob in westlichen Kulturen, in Japan oder Papua-Neuguinea. Wie vielen Personen gegenüber Fremdeln gezeigt wird und wie intensiv dies ausgedrückt wird, hängt jedoch von der Kultur ab (Grossmann/Grossmann 2010). Relevante kulturspezifische Unterschiede sind nach Saarni und Kollegen (1998) z. B. wie nah und wie oft das Kind am Körper getragen wird, der Schlafplatz des Kindes (bei den Eltern vs. im eigenen Zimmer), physische Aktivierung, das kulturell kultivierte Essverhalten sowie religiöse Traditionen. Als kulturspezifischer Einfluss auf Auslöser, aber auch auf die Regulation von Emotionen können kulturabhängige Unterschiede in der Häufigkeit der Bindungsklassifikation in der frühen Kindheit gesehen werden. Die Auslösung von Angst in der Fremden Situation (FST) durch die Trennung von der Bezugsperson und die (effektive) Regulation durch den Kontakt zu ihr, basieren möglicherweise auf der unterschiedlichen Häufigkeit von Fremdbetreuung in individualistischen oder kollektivistischen Ländern. Die Variation in elterlicher Feinfühligkeit innerhalb der Kultur erscheint aber noch bedeutsamer für die Entstehung der Bindungsunterschiede. Boiger und Mesquita (2012) fassen den Forschungsstand zur kulturellen Beeinflussung des Emotionsprozesses so zusammen, dass je nach Kultur unterschiedliche Häufigkeiten an Emotionserleben und Emotionsauslösern genannt werden, so z. B. häufiger Ärger in westlichen Kulturen (USA) und häufiger Scham in östlichen Kulturen (wie Japan).

2.2 Emotionsausdruck

Kulturelle Einflüsse zeigen sich auch beim Emotionsausdruck, so z. B. hinsichtlich der gleichzeitigen Aufnahme von direktem Augenkontakt in emotionalen Situationen oder in der Stärke des (para-) verbalen Emotionsausdrucks (z. B. Lautstärke) als Ergebnis der Sozialisation im kulturspezifischen emotionalen Klima (Saarni u. a. 1998). Unterschiede im Emotionsausdruck können im Gesichtsausdruck, in der Stimme, in der Körperhaltung und in der Lokomotion beobachtet werden (Lewis 2008). Der Emotionsausdruck wird über das Erlernen von Ausdrucksregeln beeinflusst, die einerseits in Fürsorgesituationen erlernt werden, was zu Bindungsmustern als Emotionsregulationsstrategien führt, aber auch über den elterlichen Affekt und positive, verstärkende oder negative, abschwächende Reaktionen auf den kindlichen Emotionsausdruck in Anleitungssituationen (McDowell/Parke 2005; Spinrad u. a. 2007).

Das Erlernen von kulturell akzeptierter Emotionsexpression umfasst hierbei vor allem eine Förderung von relationalen Emotionen, wie Sympathie, Empathie und Scham (Chan/Bowes/Wyver 2009). Es handelt sich jedoch bei den individualistischen und den relationalen Emotionssozialisationspraktiken um komplementär und nicht nur exklusiv auftretende Elternverhaltensweisen (vgl. Friedlmeier u. a. 2011). Die Gewichtung variiert lediglich von Kultur zu Kultur, aber auch in Abhängigkeit vom Bildungsniveau (Raval/Martini 2009). So wird in individualistischen Gesellschaften beruhend auf der zugrunde liegenden Kultur der Emotionsausdruck positiv verstärkt, wohingegen in kollektivistischen Kulturen, die Minimierung von Emotionen im Ausdruck eher als kompetent angesehen und somit darauf positiver reagiert wird (Tao/Zhou/Wang 2010). Allerdings muss man die Variation innerhalb einer Kultur beachten, da das Bildungsniveau der Eltern ebenfalls einen Einfluss auf ihre Sozialisationspraktiken im Umgang mit dem negativen Emotionsausdruck ihrer Kinder hat (Raval u. a. 2009). In Anbetracht dessen, dass kulturelle Unterschiede möglicherweise im Rahmen von Globalisierung und durch soziale, kulturübergreifende Netzwerke verringert werden, werden auf Bildungsunterschieden beruhende Sozialisationsunterschiede zukünftig eventuell zentraler.

Ein weiterer Faktor, welcher Einfluss auf die Emotionssozialisationspraktiken der Eltern hat, ist das Geschlecht. Den kulturellen und persönlichen Rollenmodellen entsprechend reagieren Väter und Mütter unterschiedlich auf den Ausdruck negativer Emotionen bei ihren Töchtern und Söhnen. So konnten Klimes-Dougan u. a. (2007) in ihrer Studie zunächst allgemein zeigen, dass Mütter auf den Ausdruck von Trauer, Ärger und Angst eher mit Trost oder Intensivieren reagieren. Väter hingegen ignorierten den Ausdruck negativer Emotionen ihrer Kinder eher. Auch hinsichtlich des Geschlechts der Kinder zeigten sich Unterschiede. Während der Ausdruck von Angst bei Mädchen eher intensiviert wird, wird bei Jungen der Ausdruck von Ärger bestraft, vor allem durch Väter.

Trotz kultureller Unterschiede gibt es auch kulturübergreifende Bereiche. Hierzu gehören innerhalb von Familien die Betonung des emotionalen Zusammenhalts mit den Kindern, der Gefühlsansteckung sowie das Wissen, dass sich die Generationen in einer Familie in ihrer Art der emotionalen Sozialisation auch unterscheiden. Dies spricht für ebenso viel Variation innerhalb einer Kultur, wie zwischen Kulturen (Parker u. a. 2012).

3. Erziehung und Emotionsverständnis

Das Emotionsverständnis bezieht sich auf Fähigkeiten des Benennens und Erkennens von Emotionen, auf das Wissen um Auslöser von Emotionen, den Einfluss von Wünschen, Vorlieben, Vorstellungen von der Situation auf Emotionen und auf die Gründe, warum man Emotionen in bestimmten Kontexten offen ausdrückt oder sie verbirgt und den Ausdruck kontrolliert (Harris/deRosnay/Pons 2005; Janke 2008).

Als wesentlicher erzieherischer Einflussfaktor auf Unterschiede im Emotionsverständnis gilt die Qualität des Eltern-Kind-Gesprächs, nicht jedoch die Menge, die miteinander gesprochen wird. Gerade die Referenz von Eltern im Dialog auf internale Zustände von Personen, auf deren Absichten, Wünsche, Erwartungen oder Gefühle, fördert die Fähigkeit von Kindern, auch bei anderen Personen internale Zustände und somit auch deren Emotionen besser zu verstehen. Die Emotionsqualität des Emotionsausdrucks der Eltern beeinflusst das Verständnis des Kindes. Bei positiven Emotionen ist das Emotionsverständnis der Kinder umso größer, je mehr positive Emotionen in der Eltern-Kind-Konversation ausgedrückt werden. Bei negativen Gefühlen zeigt sich, dass sowohl wenig als auch gehäufter Ausdruck negativer Gefühle im Eltern-Kind-Dialog mit einer geringen Fähigkeit zur Perspektivübernahme und niedriger emotionaler Kompetenz einhergeht. Bailey, Denham und Curby (2012) zeigen, dass mütterliches Fragen in einer (emotionalen) Interaktionsaufgabe mit erhöhtem Emotionswissen bei den Kindern assoziiert ist, jedoch nur bei Mädchen. Diese Befunde deuten auch auf geschlechtsspezifische Sozialisationseinflüsse in diesem Bereich hin, spezifisch auf die besondere

Bedeutung von Fragen in der Entwicklung des Emotionsverständnisses von Mädchen. Denham, Zoller und Couchoud (1994) konnten zeigen, dass Kommunikation und Erklärung von Emotionen, positive und negative Responsivität gegenüber den kindlichen Emotionen und das Niveau des Emotionsverständnisses der Kinder vorhersagen, auch nach Kontrolle des Alters der Kinder und der kognitiven und sprachlichen Fähigkeiten. Kinder mit geringem Emotionsverständnis haben Mütter, die sehr viel Ärger zeigen.

Die Bindungsqualität hat sich ebenfalls als wichtiger Einflussfaktor auf das Emotionsverständnis und das Emotionswissen erwiesen (Laible/Thompson 1998; Steele u. a. 1999), vor allem über negative Emotionen. Im Längsschnitt zeigte sich außerdem, dass eine sichere Bindung den Effekt eines elaborierten Eltern-Kind-Dialogs auf das Emotionsverständnis verstärkte (Ontai/Thompson 2002).

4. Erziehung und Emotionsregulation

Auch im Bereich der Emotionsregulation zeigen sich Erziehungseffekte und Kulturunterschiede. Menschen können Emotionen zur Anpassung aktiv beeinflussen und verändern (Zimmermann 1999). Emotionsregulation ist die Veränderung von Emotionen hinsichtlich der Qualität, Intensität, Dauer, Auslöseschwelle und des zeitlichen Verlaufs. Der Emotionsausdruck kann darüber hinaus ebenfalls reguliert und kontrolliert werden (ebd.). Es zeigt sich, dass verschiedene Erziehungs- oder Bindungserfahrungen hierbei zu stabilen interindividuellen Unterschieden führen (vgl. Zimmermann u. a. 2011).

Entwicklungsveränderungen im Bereich der Emotionsregulation sind in der Art der Regulation, der Anzahl an Emotionsregulationsstrategien und der Effektivität der genutzten Strategien zu beobachten (Zimmermann/Pinquart 2011). Das Repertoire an Regulationsstrategien nimmt im Entwicklungsverlauf deutlich zu, unter anderem im Hinblick auf aktive Regulationsstrategien. Die Effektivität der genutzten Strategien steigt mit dem Alter immer mehr an, so dass zunehmend Strategien verwendet werden, die der Situation angemessen sind. Eine grundsätzliche Veränderung stellt die zunehmende Selbstregulation dar. Im Säuglingsalter und der frühen Kindheit findet die Regulation von Emotionen primär durch die Bezugsperson statt. Im Laufe der Entwicklung reduziert sich der Anteil an Fremdregulation immer mehr und wird durch Selbstregulation abgelöst.

Da vor allem in der Kindheit eine erfolgreiche Regulation negativer Emotionen von der Bezugsperson abhängt, ist es im Erziehungskontext von großer Bedeutung, dass die Bezugsperson die emotionalen Signale des Kindes erkennt und angemessen darauf reagiert, damit das Kind diese Erfahrungen im Umgang mit negativen Gefühlen in sein Verhaltensrepertoire integrieren kann. Die Regulation von negativen Emotionen ist also eng verbunden mit der Bindung zwischen Kind und Bezugsperson. Bindungsmuster können als soziale Emotionsregulationsmuster verstanden werden (Zimmermann 2007b), eine sichere Bindung ist gekennzeichnet durch eine effektive soziale Emotionsregulation, unsichere Bindungsmuster gehen mit ineffektiven Regulationsstrategien einher. Eine sichere Bindung zwischen Kind und Bezugsperson basiert auf Erfahrungen der Verfügbarkeit der Bezugsperson und effektiver Regulation der kindlichen negativen Emotionen. Sicher gebundene Kinder nutzen nach Braungart und Stifter (1991) eher soziale Regulationsstrategien (z. B. social referencing oder direkte Hilfesuche), vermeidend gebundene Kinder hingegen eher selbstberuhigende Strategien oder Ablenkung. Im Jugendalter geht eine sichere Bindungsrepräsentation mit mehr aktiven und weniger vermeidenden Regulationsstrategien einher, eine unsichere Bindungsrepräsentation hingegen mit mehr vermeidender Regulation (Zimmermann 1999).

Neben Bindungseinflüssen auf die Nutzung von Emotionsregulationsstrategien lassen sich ebenfalls Erziehungseinflüsse feststellen. Elterliches Erziehungsverhalten, welches Autonomie, Bindung und Kompetenz fördert, hat positive Auswirkungen auf die Selbstregulation von Kindern und Jugendlichen (Wild 2001). Die Analyse zum Zusammenhang zwischen Erziehungsstilen (Anleitungsverhalten, autoritäres Verhalten und responsives Erziehungsverhalten) und Selbstregulationsstrategien (Folgsamkeit, Selbstkontrolle, Emotionsregulationsstrategien) ergab, dass je folgsamer die Kinder waren, desto mehr Anleitungsverhalten und desto weniger autoritäres Erziehungsverhalten haben sie von ihren Eltern erlebt. Emotionsregulationsstrategien oder Selbstkontrolle hingen jedoch nicht mit autoritärem Erziehungsverhalten, zum Teil auch nicht mit responsiver Erziehung zusammen (Karremann u. a. 2006).

Die Übersicht von Morris und Kollegen (2007) hingegen ergab für die Kindheit und das Jugendalter durchaus Zusammenhänge zwischen mütterlicher Responsivität und Selbstregulationsstrategien. Kinder, die mütterliche Akzeptanz berichteten, nutzten häufiger aktive oder soziale Regulationsstrategien, und Jugendliche, die mütterliche Unterstützung berichteten, wiesen ein größeres Repertoire an Emotionsregulationsstrategien auf und eine angemessenere Nutzung verschiedener Strategien. Psychologische Kontrolle durch die Eltern, fehlende Feinfühligkeit und Feindseligkeit ist mit ineffektiveren Emotionsregulationsstrategien assoziiert. Unterschiede in den Ergebnissen liegen zum Teil am Studiendesign und Unterschieden darin, wie »Erziehungsverhalten« und »Emotionsregulation« definiert wurden. Im Jugendalter findet man außerdem domänenspezifische und elternspezifische Einflüsse auf die Emotionsregulation (Zimmermann 2007a). So hing beim Vater eine Unterstützung im Bindungsbereich mit effektiver Emotionsregulation der Jugendlichen zusammen, wie z. B. aktive Suche nach Hilfe oder Selbstmotivation. Bindungsunterstützung durch die Mutter hingegen hing mit einem wenig blockierten Regulationsstil zusammen. Unterstützung von Autonomie und Kompetenz durch die Eltern hingen hingegen nicht mit den Emotionsregulationsstilen der Jugendlichen zusammen.

Neben den Erziehungsunterschieden innerhalb einer Kultur, gibt es darüber hinaus auch noch Unterschiede in der Regulation von Emotionen zwischen Kulturen. So nutzen Deutsche mehr adaptive, problemlösende Emotionsregulationsstrategien, während Israelis mehr soziale, vermeidende und dysregulierte Strategien nutzen (Iwanski/Scharf/Zimmermann 2011). Die dem zugrundeliegenden Erziehungspraktiken gilt es jedoch erst noch zu erforschen.

Zusammenfassend lässt sich feststellen, dass es sowohl Erziehungs- als auch Bindungseinflüsse auf die Emotionsregulation in Kindheit und Jugend gibt. Während Bindung die emotionale Beziehung zwischen Kind und Bezugsperson beschreibt, beschreibt Erziehung die (versuchte) Einflussnahme der Bezugsperson auf das Verhalten des Kindes (Zimmermann 2007a). Bindung und Erziehung

können als sich ergänzende Beziehungsfaktoren gesehen werden, welche beide Einflüsse auf die Emotionsregulation haben.

Emotionen sind evolutionär bedingte, kulturübergreifende Phänomene, ihre individuelle Organisation, also die Art und Weise, wie Menschen auf potenzielle Emotionsauslöser reagieren, Emotionen ausdrücken oder kontrollieren, sie verstehen oder sie regulieren, hängt stark von den Erfahrungen ab, also von Erziehung und Sozialisation. Emotionale Entwicklung ist ein durch den Erziehungskontext bedeutsam beeinflusster Veränderungsprozess.

Literatur

Bailey, Craig S/Denham, Susanne A./Curby, Timothy W.: »Questioning as a component of scaffolding in predicting emotion knowledge in preschoolers«. In: *Early Child Development and Care* 1 (2012), 1–15.

Barber, Brian K./Stolz, Heidi E./Olsen, Joseph A.: »Parental support, psychological control, and behavioral control: Assessing relevance across time, culture, and method«. In: *Monographs of the Society for Research in Child Development* 70 (2005), 1–137.

Boiger, Michael/Mesquita, Batja: »The construction of emotion in interactions, relationships, and cultures«. In: *Emotion Review* 4 (2012), 221–229.

Brandt, Mary/Boucher, Jill: »Judgments of emotions from the antecedent situations in three cultures.« In: Lagunes, Isabel/Poortinga, Ype (Hg.): *From a Different Perspective: Studies of Behavior Across Cultures*. Lisse 1985, 348–362.

Braungart, Julia M./Stifter, Cynthia A.: »Regulation of negative reactivity during the Strange Situation, temperament and attachment in 12-month-old infants« In: *Infant Behavior and Development* 14 (1991), 349–367.

Chan, Siu M., Bowes, Jennifer/Wyver, Shirley: »Parenting style as a context for emotion socialization«. In: *Early Education and Development* 20 (2009), 631–656.

Denham, Susanne A., Bassett, Hideko H./Wyatt, Todd: »The socialization of emotional competence«. In: Grusec, Joan/Hastings, Paul (Hg.): *Handbook of Socialization: Theory and Research*. New York 2007, 614–637.

Denham, Susanne/Zoller, Daniel/Couchoud, Elizabeth: »Socialization of preschoolers' emotion understanding«. In: *Developmental Psychology* 30 (1994), 928–936.

Eisenberg, Nancy/Cumberland, Amanda/Spinrad, Tracy L.: »Parental socialization of emotion«. In: *Psychological Inquiry* 9 (1998), 241–273.

Eisenberg, Nancy/Spinrad, Tracy L./Cumberland, Amanda: »The socialization of emotion: Reply to commentaries«. In: *Psychological Inquiry* 9 (1998), 317–333.

Fabes, Richard A./Poulin, Richard E./Eisenberg, Nancy/Madden-Derdich/Debra A.: »The coping with children's negative emotion scale (CCNES): Psychometric properties and relations with children's emotional competence«. In: *Marriage & Family Review* 34 (2002), 285–310.

Fremmer-Bombik, Elisabeth/Grossmann, Klaus E.: »Frühe Formen empathischen Verhaltens« (Early forms of empathic behavior). In: *Zeitschrift für Entwicklungspsychologie und Pädagogische Psychologie* 23 (1991), 299–317.

Friedlmeier, Wolfgang/Corapci, Feyza/Cole, Pamela M.: »Emotion socialization in cross-cultural perspective«. In: *Social and Personality Psychology Compass* 5 (2011), 410–427.

Gottman, John M./Katz, Lynn F./Hooven, Carole: »Parental meta-emotion philosophy and the emotional life of families: Theoretical models and preliminary data«. In: *Journal of Family Psychology* 10 (1996), 243–268.

Grossmann, Klaus E./Grossmann, Karin: »Kindliche Bindungen in Kultur vergleichender Sicht: Beobachtungen auf einer Südseeinsel«. In: Mayer, Boris/Kornadt, Hans-J. (Hg.): *Psychologie – Kultur – Gesellschaft*. Wiesbaden 2010, 71–99.

Grusec, Joan E.: »Socialization processes in the family: Social and emotional development«. In: *Annual Review of Psychology* 62 (2011), 243–269.

Harris, Paul L./de Rosnay, Marc/Pons, Francisco: »Language and children's understanding of mental states«. In: *Current Directions in Psychological Science* 14 (2005), 69–73.

Holodynski, Manfred: »Am Anfang war der Ausdruck. Meilensteine und Mechanismen der Emotionsentwicklung«. In: *Psychologie in Erziehung und Unterricht* 4 (2005), 229–249.

Iwanski, Alexandra/Scharf, Miri/Zimmermann, Peter: »Culture and age differences in emotion regulation and recognition among Israelis and Germans«, Poster presented at the SRCD Biennial Meeting, March 2011, Montréal (Canada).

Izard, Carroll: »Innate and universal facial expressions: Evidence from development and cross-cultural research«. In: *Psychological Bulletin* 115 (1994), 288–299.

Janke, Bettina: »Emotionswissen bei Kindern im Alter von 4 bis 10 Jahren. Untersuchungen zur intuitiven Psychophysiologie.« In: Janke, Wilhelm/Schmidt-Daffy, Martin/Debus, Günter (Hg.): *Experimentelle Emotionspsychologie: Methodische Ansätze, Probleme, Ergebnisse*. Lengerich 2008, 869–887.

Karreman, Annemiek/van Tuijl, Cathy/van Aken, Marcel/Dekovic, Maja: »Parenting and self-regulation in preschoolers: A meta-analysis«. In: *Infant and Child Development* 15 (2006), 561–579.

Klimes-Dougan, Bonnie/Brand, Ann E./Zahn-Waxler, Carolyn/Hastings, Paul D./Kendziora, Kimberly/Garside, Rula B.: »Parental emotion socialization in adolescence: Differences in sex, age and problem status«. In: *Social Development* 16 (2007), 326–342.

Laible, Deborah J./Thompson, Ross A.: »Attachment and

emotional understanding in preschool children«. In: *Child Development* 34 (1998), 1038–1045.

Lewis, Michael: »The emergence of human emotions«. In: Lewis, Michael/Haviland-Jones, Jeannette/Barrett, Lisa (Hg.): *Handbook of Emotions*. New York 2008, 301–320.

Malatesta-Magai, Carol: »Emotional socialization: Its role in personality and developmental«. In: Dante, Cicchetti/Toth, Sheree L. (Hg.): *Rochester Symposium on Developmental Psychopathology: Vol. 3. Internalizing and externalizing expressions of dysfunction*. Hillsdale, NJ 1991, 203–224.

McDowell, David J./Parke, Ross D.: »Parental control and affect as predictors of children's display rule use and social competence with peers«. In: *Social Development* 14 (2005), 441–457.

Morris, Amanda S./Silk, Jennifer S./Steinberg, Laurence/Myers, Sonya S./Robinson, Lara R.: »The role of the family context in the development of emotion regulation«. In: *Social Development* 16 (2007), 361–388.

Neumann, Anna/Koot, Hans M.: »Emotionsregulationsprobleme im Jugendalter«. In: *Zeitschrift für Entwicklungspsychologie und Pädagogische Psychologie* 43 (2011), 153–160.

Ontai, Lenna L./Thompson, Ross A.: »Patterns of attachment and maternal discourse effects on children's emotion understanding from 3- to 5-years of age«. In: *Social Development* 11 (2002), 433–450.

Parker, Alison/Halberstadt, Amy/Dunsmore, Julie/Townley, Greg/Bryant, Alfred/Thompson, Julie/Beale, Karen: »Emotions are a window into one's heart: A qualitative analysis of parental belief about children's emotions across three ethnic groups«. In: *Monographs of the Society for Research in Child Development* 77 (2012), 1–144.

Raval, Vaishali V./Martini, Tanya S.: »Maternal socialization of children's anger, sadness, and physical pain in two communities in Gujarat, India«. In: *International Journal of Behavioral Development* 33 (2009), 215–219.

Roth, Guy/Assor, Avi/Niemiec, Christopher P./Ryan, Richard M./Deci, Edward L.: »The emotional and academic consequences of parental conditional regard: Comparing conditional positive regard, conditional negative regard, and autonomy support as parenting practices«. In: *Developmental Psychology* 45 (2009), 1119–1142.

Saarni, Carolyn/Mumme, Donna L./Campos, Joseph: »Emotional development: Action, communication, and understanding«. In: Eisenberg, Nancy (Hg.): *Handbook of Child Psychology: Vol. 3. Social, Emotional and Personality Development*. New York ⁵1998, 237–240.

Spinrad, Tracy L./Eisenberg, Nancy/Gaertner, Bridget/Popp, Tierney/Smith, Cynthia L./Kupfer, Anne u.a.: »Relations of maternal socialization and toddlers' effortful control to children's adjustment and social competence«. In: *Developmental Psychology* 43 (2007), 1170–1186.

Steele, Howard/Steele, Miriam/Croft, Carla/Fonagy, Peter: »Infant-mother_attachment at one year predicts children's understanding of mixed emotions at six years«. In: *Social Development* 8 (1999), 161–178.

Tao, Annie/Zhou, Qing/Wang, Yun: »Parental reactions to children's negative emotions: Prospective relations to Chinese children's psychological adjustment«. In: *Journal of Family Psychology* 24 (2010), 135–144.

Wang, Qi: »Emotion situation knowledge in American and Chinese preschool children and adults«. In: *Cognition and Emotion* 17 (2003), 725–746.

Wild, Elke: »Familiale Bedingungen der Lernmotivation«. In: *Zeitschrift für Pädagogik* 47 (2001), 481–500.

Zimmermann, Peter: »Emotionsregulation im Jugendalter«. In: Friedlmeier, Wolfgang/Holodynski, Manfred (Hg.): *Emotionale Entwicklung*. Heidelberg 1999, 219–240.

Zimmermann, Peter: »Bindung und Erziehung – gleiche oder sich ergänzende Beziehungsfaktoren? Zusammenhänge zwischen elterlicher Autonomie- und Kompetenzförderung, Bindungsrepräsentation und Selbstregulation im späten Jugendalter«. In: *Psychologie in Erziehung und Unterricht* 54 (2007a), 147–160.

Zimmermann, Peter: »Bindungsentwicklung im Lebenslauf«. In: Hasselhorn, Marcus/Schneider, Wolfgang (Hg.): *Handbuch der Entwicklungspsychologie*. Göttingen 2007b, 326–335.

Zimmermann, Peter/Çelik, Fatma/Iwanski, Alexandra/Mohr, Corelia/Neumann, Anna: »Persönlichkeitsunterschiede und ihre Auswirkungen im schulischen Kontext«. In: Walthes, Renate/Hinz, Renate (Hg.): *Verschiedenheit als Diskurs*. Tübingen 2011, 151–162.

Zimmermann, Peter/Pinquart, Martin: »Emotionale Entwicklung.« In: Pinquart, Martin/Schwarzer, Gudrun/Zimmermann, Peter (Hg.): *Entwicklungspsychologie – Kindes- und Jugendalter*. Göttingen 2011, 175–196.

Peter Zimmermann/Alexandra Iwanski/
Fatma Çelik/Anna Neumann

3. Erziehungsstile und ihre kulturelle Überformung

Der Artikel geht zunächst der Frage nach, welche Bedeutungsfelder sich hinter dem Begriff der Erziehungsstile und dem damit verwandten Begriff der Erziehungsziele eröffnen. Daran anschließend werden die familialen Einflussfaktoren auf die Erziehungsstile vorgestellt und es wird die praktisch bedeutsame Frage gestellt, welche Erziehungsstile die kindliche Entwicklung günstig beeinflussen. Anschließend werden einige Befunde aus der bisherigen Forschung vorgestellt, die sich kritisch mit der Frage auseinandersetzen, wie groß der Einfluss elterlicher Erziehungsbemühungen auf kindliche Verhaltensmerkmale statistisch einzuschätzen ist. Daran anschließend wird kurz auf die Frage eingegangen, wie Erziehungsstile gemessen werden.

Der Beitrag schließt mit einem Exkurs zur Frage der kulturellen Übertragbarkeit von Erziehungsstilen und stellt anhand einer eigenen Studie einige Ergebnisse im interkulturellen Vergleich vor.

1. Begriff

Der Begriff der Erziehungsstile lässt sich nicht verstehen ohne eine Skizzierung des Begriffs der Erziehung: *Erziehung* lässt sich zunächst als ein Teil der »Sozialisation« beschreiben, nämlich als jener Bereich, in dem sowohl willentlich als auch ungewollt ein Einwirken nach kulturellen Werten, Normen und Verhaltensweisen vonseiten eines Individuums auf die Persönlichkeitsentwicklung eines anderen Individuums erfolgt (Gudjons 2006; Kron 1996). Zwar findet Erziehung auf verschiedenen gesellschaftlichen Ebenen und Institutionen statt (Kindertagesstätte, Schule, Medien etc.), aber in diesem Beitrag wird ausschließlich auf die familiale Erziehung fokussiert. Denn Familie ist für das Kind zum einen die erste Sozialisationsinstanz; zum anderen hat sie die höchste Dauer, die stärkste Dichte und Intensität vergesellschaftender Interaktionen (vgl. Schneewind u. a. 1983).

Darüber hinaus legen die Ergebnisse einer Vielzahl empirischer Untersuchungen den Befund nahe, dass in den letzten dreißig Jahren – zumindest in Deutschland – eine deutliche Entwicklung des Eltern-Kind-Verhältnisses hin zu einem partnerschaftlichen und gleichberechtigten stattgefun-

den hat (Fuhrer 2005). So wird der Umgang der Eltern mit ihren Kindern eher als liberal und unterstützend erlebt. Die Mehrzahl der Jugendlichen, wie die im Zweijahresturnus durchgeführten Shell-Studien zeigen, nimmt die Erziehung ihrer Eltern als gar nicht oder nicht besonders streng wahr; ein explizit autoritäres Erziehungsverhalten kommt recht selten vor (Shell 2006).

2. Komponenten

Unter Erziehungsstilen lassen sich zunächst »interindividuell variable, aber intraindividuell vergleichsweise stabile Tendenzen von Eltern, bestimmte Erziehungspraktiken zu manifestieren«, verstehen (vgl. Krohne/Hock 2001, 139). Es handelt sich also um konstante Verhaltensweisen, wie Erziehende dem Zu-Erziehenden begegnen. In einem erweiterten Verständnis beschreibt die Erziehungsstilforschung sowohl die Konsequenzen elterlichen Erziehungsverhaltens für die kindliche Persönlichkeitsentwicklung als zugleich auch die Auswirkung gesellschaftlicher, bzw. ökologischer sowie innerpsychischer Bedingungen des Kindes, die zu unterschiedlichen Entfaltungen des Erziehungsverhaltens führen (Krohne/Hock 2006).

Wenn auch Erziehungsstile – als Prädiktoren stabiler kindlicher Verhaltensmerkmale – diverse Entwicklungsverläufe tangieren, so ist doch eine Dominanz der Forschung erkennbar, die besonders den Anteil der elterlichen Erziehungsstile bei auffälligem, pathologischem oder externalisierendem Verhalten des Kindes (wie etwa Aggressivität) als Erklärungskonstrukt herausstellt.

Dabei sind jedoch Erziehung und Entwicklung als wechselseitige und einander bedingende Aspekte zu verstehen: Elterliche Erziehung muss zum einen auf die Entwicklungsgegebenheiten des Kindes Rücksicht nehmen; zum anderen wird jedoch gleichzeitig Entwicklung auch erst durch bestimmte erzieherische Prozesse ermöglicht. So kann Erziehung auch als Voraussetzung von Entwicklung begriffen werden. Wird Erziehung jedoch nur verstanden als eine Einwirkung der älteren Generation auf die jüngere, dann wird die Passivität der kindlichen Natur nur historisch fortgeschrieben. Deshalb gilt es, die Interaktion und die wechselseitigen Anregungen und Einwirkungen von Eltern und Kindern zu betrachten. Diese komplexen Wechselwirkungen, wie etwa, dass Eltern aufgrund des Verhaltens des Kindes ihrerseits ihre Erziehungsstile modifizieren, ist insbesondere in längsschnittlichen Studien der Jugendgewaltentwicklung überzeugend nachgewiesen worden sind (Noack/ Kracke 2003; Beelmann/Stemmler/Lösel u. a. 2007).

Begrifflich lassen sich Erziehungsstile abschließend als die verhaltensnahen Aspekte der Erziehung verstehen, wohingegen »Erziehungsziele« eher die kognitive Dimension elterlicher Erziehung markieren.

Die bisherigen Begrifflichkeiten lassen sich überblickshaft wie folgt darstellen:

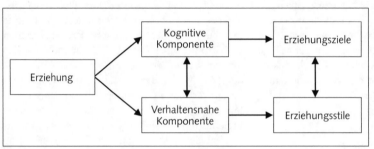

Erziehungsstile/Erziehungsziele: die verhaltensnahe und die kognitive Komponente der Erziehung: Elterlichen Erziehungshandlungen werden stets Ziele unterstellt – das Wohin der Erziehung –, zugleich sind jedoch Erziehungsziele zu ihrer Umsetzung auch an gewisse Erziehungsstile geknüpft (Köhne 2003). Vor diesem Hintergrund schlägt Lukesch eine Differenzierung der elterlichen Erziehung in eine verhaltensnahe (Erziehungsstile) und in eine kognitive (Erziehungsziele) Komponente vor, die sowohl miteinander, aber auch mit weiteren soziokulturellen Variablen, wie etwa der kulturell unterschiedlichen Wertigkeit von Kindern (siehe unten) zusammenhängen (Köhne 2003). Erziehungsziele orientieren erzieherisches Handeln; als hypothetische Konstrukte werden sie als Hintergrundvariablen elterlichen Verhaltens angenommen. Brezinka geht soweit zu behaupten, in den Erziehungszielen eine notwendige Voraussetzung jeder Erziehung zu sehen (Brezinka 1993). Mit Blick auf Erziehungsstile werden die elterlichen Verhaltensweisen gegenüber dem Kind häufig in ihrer Richtung und ihrer Intensität entlang bestimmter Inhalte beschrieben (Hobmair 2002). Bei diesen

dimensionsorientierten Konzepten werden die Erziehungsstil-Kategorien häufig mithilfe statistischer Klassifikationstechniken (wie etwa der Faktorenanalyse) gebildet und anschließend inhaltlich interpretiert (Krohne/Pulsack 1995). So gehen bspw. zahlreiche Autoren von der Existenz zweier grundlegender Merkmale im elterlichen Erziehungsverhalten aus, die, trotz uneinheitlicher Nomenklatur und Nuancierungen, inhaltlich ähnliche erzieherische Verhaltensweisen beschreiben: Dies ist zum einen eine Dimension, die auf elterliche Unterstützung oder Akzeptanz/emotionale Wärme fokussiert; auf der anderen Seite die Dimension, die das Ausmaß an Kontrolle, Lenkung des erzieherischen Verhaltens beinhaltet (Minsel/ Fittkau 1971). Diese beiden Grunddimensionen sind in leichten Variationen in zahlreichen Messinstrumenten enthalten (vgl. u. a. ESI von Krohne/Pulsack 1995; FDTS von Schneewind 1991; Marburger Skalen von Herrmann u. a. 1971).

Als eine bedeutsame Fragestellung werden die zeitlichen Schwankungen und Abweichungen, also die Konsistenz bzw. gebräuchlicher: die Inkonsistenz des Erziehungsverhaltens betrachtet. Begrifflich können dabei eine intraparentale von einer interparentalen Inkonsistenz unterschieden werden. Bei der ersten geht es um die Feststellung, wie das mütterliche bzw. das väterliche Verhalten in einer gleichen oder ähnlichen Situation über die Zeit ausgeprägt ist; bei der interparentalen Inkonsistenz darum, welche Unterschiede es im elterlichen Erziehungsverhalten zwischen Vater und Mutter in ähnlichen Erziehungssituationen gibt. Die Auswirkungen eines inkonsistenten Erziehungsstils auf das Kind sind in der Regel – insbesondere für jüngere Kinder – entwicklungsbeeinträchtigend; denn ein als inkonsistent erlebter elterlicher Erziehungsstil, bspw. als eine unberechenbar erlebte Mutter, mindert die Kompetenz des Kindes, das Elternverhalten zu antizipieren und auch elterliche Werte zu verinnerlichen. Die Kinder sind sich also weniger klar darüber, was Eltern von ihnen erwarten, können deshalb diese Erwartungen, Wünsche und Gebote ihrerseits auch nur schwer einlösen. Sie fühlen sich dann, auch wenn das von den Eltern nicht beabsichtigt ist, den elterlichen Reaktionen ausgeliefert und haben weniger Kontrolle über ihr eigenes Handeln. Folge können eine geringe Ausprägung eines internalen Kontrollbewusstseins sowie geringe Selbstwirksamkeitserwartungen sein. Denn das Kind kann durch eigenes Handeln nicht bestimmte elterliche Reaktionen »provozieren«, weil diese nicht konsistent, sondern willkürlich handeln, so etwa, wenn sie ein bestimmtes Verhalten manchmal belohnen, manchmal ignorieren oder es manchmal auch bestrafen.

3. Determinanten familialer Erziehungsstile

Das elterliche Erziehungsverhalten kann nicht als ein isoliertes Merkmal für sich betrachtet werden, sondern ist stets eingebettet in einen weiteren soziokulturellen Kontext. Sowohl für die Ausprägung der unterschiedlichen Erziehungsstile als auch der Erziehungsziele sind eine Reihe von intra- und extrafamiliären Determinanten zu berücksichtigen.

Familiäre Umwelt
Hiermit ist die kulturelle, gesellschaftliche bzw. intragesellschaftliche (subkulturelle) Bezugsgruppe der Familie gemeint, die sich in einer bestimmten Schichtzugehörigkeit, aber auch etwa an einer engen Bindung an bestimmte Religionsgemeinschaften oder andere ideologische Gruppierungen niederschlagen kann und insbesondere die elterlichen Erziehungsziele beeinflusst (Berry/Poortinga u. a. 1992).

Strukturelle Merkmale der Familie
Hierbei sind zum einen die interparentale Beziehungsqualität, die Intaktheit der Familie (Intensität und Häufigkeit der Streiteskapaden zwischen den Eltern), aber zum anderen auch die Anzahl der Kinder relevante Merkmale, die elterliche Erziehungsqualität sowie damit mittelbar verbunden den elterlichen Erziehungsstil moderieren.

Personengebundene Erzieher- und Erzogenenmerkmale
Mit dieser Merkmalsgruppe sind Variablen wie Alter, Geschlecht des Kindes sowie der Eltern, der Bildungshintergrund der Eltern, ihr sozialer Status (Nauck 1990; Kruse 2001), aber auch Rollenvorstellungen sowie die Persönlichkeitsmerkmale (Temperament) der an den erzieherischen Interaktionen beteiligten Individuen gemeint (Lukesch 1976; Minsel/Fittkau 1971; Reichle/Franiek 2009).

4. Der Value of Children (VOC)-Ansatz als Hintergrund elterlicher Erziehung

Das Value of Children (VOC)-Paradigma bietet einen höchst wertvollen Ansatz, was sowohl den Kinderwunsch, die Anzahl der Kinder, den Zeitpunkt der Elternschaft als auch die unterschiedliche Ausprägung elterlicher Erziehungsziele betrifft. Zentrale Überlegungen hierbei sind die Fragen nach dem Beitrag, den Kinder zum psychischen und ökonomischen Wohlbefinden (*comfort*) der Eltern leisten, also welche psychologische Wertigkeit sie haben und welche Kosten sie ihnen verursachen bzw. welchen Nutzen sie ihnen einbringen.

Vor allem Hoffmann/Hoffmann (1973) haben ein Modell entworfen, bei dem sich der Wert von Kindern in der Motivation zu gebären niederschlägt. Hinzu kommen, als weitere Prädiktoren, alternative Quellen, die denselben, an die Kinder gebundenen Nutzen auch realisieren können sowie Barrieren und Anreize, die die Realisierung der an die Kinder gebundenen Nutzen erleichtern oder auch erschweren können (vgl. Klaus 2008).

Grob verkürzt kann davon ausgegangen werden, dass in gesellschaftlichen Formationen, in denen der instrumentelle und ökonomische Wert der Kinder (also der Nutzen, den Eltern von den Kindern ziehen) die emotional-psychologische Wertigkeit übersteigt, auch eine Erziehung zu Gehorsam als Ziel aus elterlicher Sicht funktionaler betrachtet wird – denn die Abhängigkeit der Eltern von Kindern insbesondere in vorangeschrittenen Lebensphasen ist recht groß; eine Erziehung zu Selbstständigkeit, die stärker die Autonomie des Einzelnen und somit die Unabhängigkeit der Generationen voneinander fördert, wäre hier eher dysfunktional.

Doch zeigen die Studien, dass auch hierbei hohe Variationen mit Blick auf den Bildungshintergrund der Eltern bestehen: Je höher dieser ist, desto geringer schätzen Eltern den Beitrag der Kinder zu ihrem *comfort* bzw. den instrumentellen Wert der

Kinder ein, weil sie sich nicht im Alter oder in anderen kritischen Lebenslagen von diesen als abhängig erleben (Klaus/Suckow/Nauck 2007, 536).

5. Folgen der Erziehung für die kindliche Entwicklung

Bislang sind einige Begriffsbestimmungen und Skizzierungen unterschiedlicher Erziehungsdimensionen erfolgt; die relevante Frage jedoch, was Erziehung bewirkt bzw. welcher Erziehungsstil zur Ausprägung welcher kindlicher Merkmale führt, blieb ausgespart.

So ist es in der erziehungspsychologischen Forschung weitestgehend Konsens, dass ein autoritativer Erziehungsstil – hohe Zuwendung, Unterstützung, Wärme, hohe Selbstständigkeit bei gleichzeitig hohen Forderungen an das Kind – sich als optimal für die Entwicklung des Kindes erweist (Baumrind 1991; Darling/Steinberg 1993). Bei Eltern, die überwiegend diesen Erziehungsstil praktizierten, hatten die Kinder das höchste Maß an Selbstwirksamkeit, das höchste Maß an kognitiven Kompetenzen, ein hohes Maß an prosozialen Fähigkeiten sowie ein geringes Maß an oppositionellem Verhalten. Bei diesem Erziehungsstil herrscht eine Balance zwischen Eltern- und Kind-Bedürfnissen.

Bei einem permissiven Erziehungsstil, der sich durch eine starke Kindzentrierung mit geringen Anforderungen und geringer Kontrolle auszeichnet, zeigten Kinder in der Regel zwar auch recht hohe Werte in den genannten Dimensionen, waren jedoch im Vergleich zu den autoritativ Erzogenen weniger leistungsorientiert.

Als eher ungünstig für die Entwicklung des Kindes erwiesen sich ein autoritärer Erziehungsstil (rigide Durchsetzung der elterlichen Autorität, geringe Selbstständigkeit und hohe Kontrolle des Kindes) (elternzentriert) sowie ein vernachlässigender Erziehungsstil, der durch geringe elterliche Anforderungen sowie geringe Kontrolle des Kindes und geringer Unterstützung seitens der Eltern gekennzeichnet ist.

Diese Erkenntnisse sind insbesondere mit dem Namen Diana Baumrind verbunden, die mit einem recht anspruchsvollen Design (verschiedene Datenquellen benutzend, wie etwa direkte Feldbeobachtungen, Laborsettings, strukturierte Interviews sowie standardisierte psychologische Tests, und das mithilfe längsschnittlicher Studien) diese seit den 1970er Jahren in diversen Publikationen der wissenschaftlichen Öffentlichkeit zugänglich gemacht hat (Baumrind 1989; 1991).

Wenn auch bei Baumrind die elterlichen Erziehungsstile im Mittelpunkt stehen, so unterstreicht sie, dass die Ausprägung kindlicher Merkmale (als »Outcome«-variable) ebenso von den Temperamentsmerkmalen des Kindes abhängen: So können bspw. elterliche Interventionen und Konfrontationen Kinder mit ausgeglichenem Temperament stimulieren, hingegen Kinder mit einem eher introvertierten und vulnerablen Charakter verstören. In diesen Studien hatte der elterliche Erziehungsstil vor allem im Grundschulalter die stärksten positiven Auswirkungen auf das Sozialverhalten des Kindes; als zentrale Dimensionen einer kompetenten Erziehung wurden dabei folgende Aspekte herausgestellt:

(a) elterliche Unterstützung, wie etwa Akzeptanz und Zuneigung dem Kinde gegenüber, (b) Verhaltenskontrolle der Eltern (Grenzsetzung, Monitoring) sowie (c) Autonomieförderung. Auf der anderen Seite war eine restriktive Disziplin der Mütter oft mit einem höheren Maß an aggressivem Verhalten des Kindes verbunden (Baumrind 1989).

Gleichwohl gilt es, bei aller Relevanz elterlicher Erziehungsstile, deren Auswirkungen – sowohl was die Problemverhaltensweisen als auch die förderlichen Aspekte betrifft – nicht zu dramatisieren bzw. zu überschätzen, denn die Korrelationskoeffizienten zwischen elterlichen Erziehungsstilen und kindlichen Entwicklungsmerkmalen gehen selten über r =.3 hinaus. So betrugen bei der Studie von Reichle/Franiek (2009; 245) die höchsten Zusammenhänge nicht mehr als r =.34 (zwischen inkonsistenter elterlicher Erziehung und oppositionelles Verhalten des Kindes); für positives Elternverhalten und sozial-emotionale Kompetenzen des Kindes waren sie noch geringer (r =.27). Insgesamt ließ sich – mit Blick auf sozial-emotionale Kompetenzen des Kindes – eine Varianzaufklärung von etwa 25 % durch elterliche Erziehung ermitteln. Darüber hinaus fanden die Autoren auch bei der Validierung eines anderen Testes, und zwar des Alabama Parenting Questionnaire, lediglich Korrelationen zwischen r =.2 und r =.3 zwischen elterlichen Erziehungsstilen und den kindlichen Entwicklungsmerkmalen. Aber die Erziehungsstile ihrerseits erwiesen sich als recht stabil (über ein halbes Jahresintervall): so betrugen die Korrelationen r =.57 für verantwortungsbewusstes Verhalten bei den Vätern; am höchsten waren sie mit r =.77 beim positiven Elternverhalten bei den Müttern (Reichle/Franiek 2009, 22 f.). Auch in früheren Studien betrug bspw. die Korrelation zwischen Erziehungsstilen wie elterlicher Fürsorge und selbstberichteter Delinquenz nur zwischen r =.07 bis r =.25 (Ajudkovic 1990).

Darüber hinaus scheinen Jungen wie Mädchen den elterlichen Erziehungsstil unterschiedlich wahrzunehmen: so hatten bspw. Mädchen ihre Mütter als »wärmer« wahrgenommen als ihre Väter; in anderen Studien hatten dieselben mütterlichen Einflüsse stärkere Relevanz als väterliche (vgl. Mayer, Fuhrer/Uslucan 2005).

6. Die Messung von Erziehungsstilen

Grundsätzlich lässt sich die Messung von Erziehungsstilen in zwei Arten unterscheiden: (a) der selbstperzipierte Erziehungsstil (aus der Sicht des Educanden) und (b) der fremdperzipierte Erziehungsstil (oft aus der Sicht der Eltern/Bezugspersonen). Beide Typen haben ihre Vor- und Nachteile: So sind beispielsweise bei Kindern im Grundschulalter die Einschätzungen der Eltern oft valider als die der Kinder, weil deren kognitive Fähigkeiten noch nicht voll entwickelt sind. Insofern kommen für diese Altersphase nur Eltern als Informanten in Frage. Mit zunehmendem Alter gewinnen jedoch die Angaben des Educanden stärkere Prädiktionskraft (Reichle/Franiek 2009); dann nämlich ist die perzipierte Erziehung aussagekräftiger als die elterlich intendierte.

Aber auch aus forschungsökonomischer Sicht verspricht die Erfassung selbstperzipierter Erziehungsstile einige Vorteile; denn Kinder/Schüler sind für Befragungen deutlich leichter zugänglich als Eltern; über Schulen oder andere pädagogische Einrichtungen lassen sich leicht eine hohe Zahl an Probanden rekrutieren. Eltern hingegen sind häufig nur indirekt erreichbar.

Sehr früh betonte Lukesch schon, dass für ein Bild der elterlichen Erziehungsstile die Wahrnehmung der Eltern und die der Kinder getrennt erfasst und aufeinander bezogen werden sollten, womit der interaktionale Charakter des Erziehungs

prozesses unterstrichen wird (vgl. Uhlendorff 2001). Gerade durch einen Vergleich der verschiedenen Perspektiven lässt sich ermitteln, inwiefern Kinder die intendierten elterlichen Erziehungsstile tatsächlich auch so perzipieren. Denn nicht selten weichen elterliche Erziehungsabsichten und -vorstellungen häufig von dem ab, was das Kind tatsächlich erlebt.

Darüber hinaus lassen sich generell Erziehungsstile sowohl durch verschiedene Methoden als auch durch eine Vielzahl von Instrumenten erfassen. Neben direkten standardisierten oder nicht standardisierten Verhaltensbeobachtungen (Verhalten der Eltern sowie der Kinder) können retrospektive Befragungen (erinnerte Erziehungsstile), projektive Verfahren, Interviewleitfäden und standardisierte Fragebögen eingesetzt werden. Dabei bilden exemplarisch das FDTS von Schneewind u. a. (1985), das sich an 9 bis 15-jährige richtet, sowie das ESI (Erziehungsstilinventar) von Krohne und Pulsack (1995), das elterliche Erziehung aus kindlicher Perspektive erfasst, häufig eingesetzte Instrumentarien (für einen Überblick über häufig eingesetzte Verfahren vgl. Krohne/Hock 2006).

7. Erziehungsstile im Kulturvergleich

Kulturvergleichende Studien zu Erziehungsstilen haben unterschiedliche Zielsetzungen: So können zum einen kulturspezifische Ausprägungen und Auswirkungen von Erziehungsstilen erforscht und zum anderen als universell unterstellte Erziehungsstile oder deren Kombination in verschiedenen Kulturen miteinander verglichen werden.

Beispielsweise können neben einem direkten Vergleich der Erziehungsstile auch deren Zusammenhänge für kulturvergleichende Fragen relevant sein. So ergab eine Untersuchung zu Anomie bei deutschen und polnischen Jugendlichen aus Berlin und Warschau, dass die polnische Gruppe einen restriktiven Erziehungsstil der Eltern durchaus gleichzeitig als unterstützend empfinden konnte, während dieses bei den deutschen Jugendlichen hingegen nicht miteinander vereinbar schien (Claßen 1997). Deshalb gilt es, Annahmen über Wirkungszusammenhänge differenziert zu betrachten und Befunde, die in einem spezifischen kulturellen Kontext erforscht wurden, nicht unreflektiert auf andere bzw. auf die Lebenswirklichkeiten von Migranten zu ex trapolieren: Denn gerade Ergebnisse kulturvergleichender und schichtspezifischer Forschungen legen nahe, dass manchmal dieselben Erziehungspraktiken unterschiedliche Auswirkungen haben. Deater-Deckard und Dodge (1997) kommen in diesem Zusammenhang in ihren Studien über körperliche Bestrafung zu dem Ergebnis, dass diese erst dann negative Wirkungen entfalteten, wenn bestimmte Schwellenwerte überschritten wurden; es herrschten eher nichtlineare Beziehungen vor: leichte körperliche Bestrafungen führten bei afro-amerikanischen Familien zu geringeren Verhaltensproblemen, während dieselbe Maßnahme (Klaps auf den Po) in weißen amerikanischen Familien viel mehr als ein Zeichen mangelnder Erziehungskompetenz gedeutet wurde. Auch waren Effekte einer recht strengen Disziplinierung bei einer gleichzeitig emotional warmen Beziehung zwischen Eltern und Kindern nicht so gravierend wie bei einer emotional problematischen Beziehung (Beelmann, Stemmler, Lösel/ Jaursch 2007; Uslucan 2003).

Ferner unterstreichen andere kulturpsychologische Studien, dass eine autoritative Erziehung zwar für euroamerikanische Kinder den optimalen Erziehungsstil darstellt, nicht aber immer für chinesische und Kinder mit anderem Migrationshintergrund (Leyendecker 2003). So lenkt bspw. Schneewind (2000) den Blick darauf, dass ein straffer Erziehungsstil unter bestimmten Umständen als durchaus funktional und sinnvoll zu betrachten ist, und zwar dann, wenn das Kind unter entwicklungsgefährdenden bzw. delinquenzförderlichen Umwelten aufwächst, was in einigen Fällen für in Deutschland lebende türkische Jugendliche zu vermuten ist. Denn hier wäre eine dialogisch-verhandelnde Erziehungspraxis, also das Einbringen von »guten Gründen« seitens der Jugendlichen zum Beispiel bei der Entscheidung für eine Mitgliedschaft bzw. Teilnahme an delinquenten Gruppen wenig sinnvoll. Auch frühere Befunde sprechen für die Notwendigkeit einer höheren elterlichen Supervision, wenn Kinder in Kontexten sozialer Instabilität und Verunsicherung aufwachsen (Baumrind 1989), die vielfach für Migrantenfamilien zutreffen.

Migrantenfamilien stehen – im Vergleich zu einheimischen Familien – oft vor zusätzlichen Herausforderungen: Auf der einen Seite müssen sie, neben der alltäglichen Gestaltung des Familienlebens, ihr eigenes Verhaltensrepertoire erweitern und ändern, auf der anderen Seite erfahren sie aber, dass mit ihrer Akkulturation, also der Veränderung kulturbezogener Einstellungen, Werte und Verhaltensweisen zugleich auch eine Entfernung von den Einstellungen, Werten und Verhaltensweisen der Herkunftskultur statt findet. Für Jugendliche eröffnet sich ein zusätzliches Konfliktfeld in Bezug auf ihr Verhältnis zur Mehrheitsgesellschaft, also Fragen um ihre Integration, Assimilation oder Separation, die in dieser Form bei deutschen Jugendlichen nicht vorhanden sind (Seiser 2006). Im erzieherischen Kontext können Spannungen durch die Anforderungen, sich einerseits zu integrieren, zugleich aber auch die kulturellen Wurzeln zu bewahren, hervorgerufen werden. Vielfach akkulturieren sich Kinder und Jugendliche aufgrund ihrer schulischen Sozialisation im Einwanderungsland oft rascher als ihre Eltern, wodurch sie diese sprachlich und kognitiv »überflügeln«. Dadurch werden übliche Rollenerwartungen der Eltern-Kind Beziehung erschüttert und Eltern geraten in eine Situation, in der sie einen zunehmenden Verlust ihrer Autorität wahrnehmen.

Vor dem Hintergrund der unterschiedlichen Lebenswelten von Kindern und Eltern mit Migrationshintergrund stellt sich die Frage, welche Erziehungsziele und welche Erziehungsstile diese spezifische Gruppe angemessen auf den Umgang mit dieser Problematik vorbereitet. In deutschsprachigen Veröffentlichungen lassen sich häufig Studien finden, die eine deutsche Stichprobe mit einer zweiten in Deutschland lebenden kulturell unterschiedlichen Gruppe vergleichen. Dabei handelt es sich meistens um türkeistämmige Familien. Diese sind die zahlenmäßig größte ethnische Minderheit in Deutschland (Amt für Statistik Berlin-Brandenburg 2008; Uslucan u. a. 2005; Merkens 1997).

Zur Deutung der Eltern-Kind-Beziehungen in Migrantenfamilien werden häufig zwei Grundannahmen herangezogen: Die *Konfliktthese* und die *Solidaritätsthese*. In der Konfliktthese werden die Eltern-Kind-Beziehungen in Migrantenfamilien als spannungsreicher angenommen als in einheimischen Familien. Dabei liegen die Gründe sowohl in den angenommenen geringeren erzieherischen Kompetenzen der Eltern, aber auch in den allgemein schwierigeren lebensweltlichen Aufwachsensbedingungen der Kinder mit einem Migrationshintergrund. Trotz ihrer Augenscheinevidenz ist diese These jedoch nicht durchgehend empirisch bestätigt worden.

Hingegen zeigten sich stärkere Belege für die die Solidaritätsthese in den Studien von Baykara-Krumme/Klaus/Steinbach (2011), die eine weitere Grundannahme zur Deutung der Eltern-Kind-Beziehungen in Migrantenfamilien darstellt. Sie konnten im Allgemeinen eine höhere emotionale Verbundenheit bei Migrantenfamilien zwischen Eltern und Kindern nachweisen. Allerdings verweisen die Autoren darauf, dass in der zweiten Generation türkischer MigrantInnen durchaus beide Thesen wirksam sind. Diese hatten sowohl höhere Konflikte als auch eine höhere Verbundenheit mit den Eltern, wobei geschlechtsspezifische Differenzen auffielen: Die Töchter berichteten über eine höhere Verbundenheit als die Söhne; und beide Geschlechter zeigten sich mit der Mutter stärker verbunden als mit dem Vater.

Im Folgenden werden exemplarisch die Ausprägungen einiger Erziehungsstile in deutschen und türkischen Familien beleuchtet, die vor allem für externalisierendes Problemverhalten im Jugendalter relevant sind. Dabei wurde sowohl die Eltern-als auch die Jugendlichenperspektive berücksichtigt (vgl. Uslucan, Fuhrer/Mayer 2005). Die befragten Eltern setzten sich wie folgt zusammen: Es wurden 412 deutsche Elternteile (225 Mütter und 187 Väter) und 239 türkische Elternteile (131 Mütter und 108 Väter) einbezogen. Das Alter deutscher Mütter variierte von 29 bis 61 Jahre (Durchschnitt 43.2 Jahre; SD = 5.35), das der türkischen von 30 bis 61 Jahre (Durchschnitt 38.2 Jahre; SD = 4.9). Die türkischen Väter wie Mütter hatten im Vergleich zu ihren deutschen GeschlechtsgenossInnen tendenziell kürzere bzw. geringer wertige Bildungsbiografien.

Die Jugendlichenstichprobe setzte sich aus 304 deutschen und 214 Jugendlichen türkischer Her-kunft zusammen. Ihr Alter variierte zwischen 13 und 16 Jahren. Was die geschlechtsspezifische Zusammensetzung betrifft, so überwogen in der deutschen Stichprobe die Jungen (53%), in der türkischen die Mädchen (55%). Bei den türkischen Jugendlichen wurden nur jene in die Berechnung aufgenommen, bei denen beide Elternteile in der Türkei geboren waren; von den türkischen Jugendlichen waren annähernd 90% in Deutschland geboren.

Messtheoretisch wurden dabei folgende Erziehungsstilskalen eingesetzt: Skalen zur Erfassung der aggressiven Strenge der Eltern, der Unterstützung der Eltern, der Forderung der Eltern nach Verhaltensdisziplin (Seitz/Götz 1979) sowie die Ausprägung der elterlichen Inkonsistenz (Krohne/Pulsack 1995). Exemplarische Items zu den genannten Erziehungsstilen waren: »Ich darf nichts anzweifeln, was meine Mutter sagt« (aggressive Strenge); »Meine Mutter tröstet mich und hilft, wenn etwas schief gegangen ist« (Unterstützung); »Meine Mutter verlangt immer, dass ich ruhig am Tisch sitze« (Forderung nach Verhaltensdisziplin) und: »Ich werde von meiner Mutter getadelt, ohne dass ich genau weiß, wofür« (Inkonsistenz). Die Reliabilitäten dieser Konstrukte variierten zwischen Cronbachs Alpha =.73 und.85 und waren als relativ zuverlässig bzw. gut zu betrachten. Gefragt wurde nach der Zustimmungsintensität, wobei der Wert 1 = »stimmt nicht« und 5 = »stimmt genau« bedeutete (vgl. Tabelle 1).

Tabelle 1 zeigt, dass hinsichtlich des Erziehungsstils »aggressive Strenge« türkische Mütter als auch türkische Väter strenger gegenüber ihren Kindern sind. Diese Differenzen sind sowohl bei den Müttern als auch bei den Vätern signifikant. Was die elterliche Unterstützung betrifft, so berichten in bei-

Erzieherische Dimension	Deutsche Eltern				Türkische Eltern			
	Mütter		Väter		Mütter		Väter	
	M	SD	M	SD	M	SD	M	SD
Aggressive Strenge	1.58	.44	1.57	.50	1.74	.61	1.75	.63
Unterstützung	4.25	.44	4.01	.53	4.17	.67	3.90	.66
Verhaltensdisziplin	2.68	.62	2.57	.59	3.71	.77	3.47	.74
Inkonsistenz	1.75	.49	1.83	.58	2.04	.62	2.06	.63

Tabelle 1: Elterliche Erziehungsstile: Mittelwerte (M) und Standardabweichungen (SD)

den Gruppen Mütter von einer stärkeren Unterstützung als Väter; das Unterstützungsverhalten deutscher Eltern war tendenziell stärker ausgeprägt als das der türkischen Elternteile. Deutlich stärker waren die Unterschiede bei den Forderungen nach Verhaltensdisziplin: Hier zeigt sich, dass in beiden Gruppen Mütter stärker Wert auf ein diszipliniertes Verhalten legen; ferner wurde aber auch erkennbar, dass die Unterschiede nicht zwischen den Elternteilen, sondern zwischen den ethnischen Gruppen liegen: Türkische Eltern verlangten von ihren Kindern in deutlich stärkerem Maße ein diszipliniertes Verhalten in der Öffentlichkeit.

Hinsichtlich des inkonsistenten Erziehungsstils dagegen fiel auf, dass in beiden Gruppen Mütter von einem konsistenteren Erziehungsstil berichteten als Väter. Jedoch wiesen hier türkische Elternteile höhere Inkonsistenzwerte auf.

Allerdings ist hier, bevor unreflektiert lediglich ethnische Hintergründe betrachtet werden, vor Augen zu führen, dass sich die verglichenen Eltern insbesondere in ihren Bildungshintergründen auffallend stark unterschieden. Eine genaue Analyse der Daten zeigt, dass nicht allein der ethnische Hintergrund für die Ausprägung der Erziehungsstile verantwortlich ist, sondern vielmehr die Bildungsvoraussetzungen und -hintergründe. Ein diese Ungleichheiten parallelisierender Vergleich – so wurden bspw. nur Eltern in die Analyse einbezogen, die einen Hauptschulabschluss als höchsten Bildungsabschluss haben – brachte hingegen folgende Ergebnisse (vgl. Tabelle 2).

Wird der Bildungshintergrund der Eltern parallelisiert, so wird deutlich, dass die eher ungünstigen Erziehungsmuster in türkischen Familien zurückgehen bzw. bei deutschen Familien, die nur über einen Hauptschulabschluss verfügen, noch stärker ausgeprägt sind.

Als Erklärung dieses spannenden Befundes ist anzunehmen, dass türkische Eltern mit einem Hauptschulabschluss gegenüber ihrer eigenkulturellen Referenzgruppe über durchschnittliche bis hohe Bildung verfügen, da in der Türkei aufgewachsene Elternteile vielfach nur über einen Grundschulabschluss verfügen, während deutsche Eltern mit nur einem Hauptschulabschluss im Vergleich zu der (deutschen) Gesamtbevölkerung eher zu den Bildungsverlierern zählen (vgl. Uslucan 2008). So wird hieraus deutlich, dass vergleichende Studien – um aussagekräftig zu sein, den gleichzeitigen Einfluss von Geschlecht, Ethnie und Schicht untersuchen, um keiner falschen Homogenisierung zu erliegen (vgl. Leiprecht/Lutz 2006).

Im letzten Schritt wurde analysiert, inwiefern elterliche Erziehungsstile mit externalisierendem Problemverhalten Jugendlicher, hier der Gewaltneigung bzw. der aktiven Involvierung in Gewalttaten, zusammenhängen (vgl. Tabelle 3).

Erzieherische Dimension	Türkische Eltern			Deutsche Eltern				
	N	M	SD	N	M	SD	F	p
Aggressive Strenge (M)	33	1.67	.54	46	1.86	.54	2.44	.12
Unterstützung (M)	35	4.22	.70	47	4.11	.47	.82	.36
Verhaltensdisziplin (M)	36	3.51	.83	46	3.00	.52	11.74	**.00**
Inkonsistenz (M)	32	1.94	.48	44	2.03	.55	.60	.43
Aggressive Strenge (V)	32	1.77	.73	36	1.80	.69	.32	.86
Unterstützung (V)	30	3.97	.63	38	3.95	.60	.00	.92
Verhaltensdisziplin (V)	36	3.83	.68	38	3.09	.66	22.0	**.00**
Inkonsistenz (V)	34	2.11	.61	37	2.08	.74	.02	.88

Tabelle 2: Elterliche Erziehungsstile in Abhängigkeit des Bildungshintergrundes (Hauptschule als höchster Bildungsabschluss): Mittelwerte (M), Standardabweichungen (SD) und Stichprobengröße (N)

Erzieherische Dimension	Gewaltakzeptanz		Aktive Gewalttat	
	D	T	D	T
Aggressive Strenge (Mutter)	**.30**	**.33**	**.29**	**.29**
Unterstützung (Mutter)	–.08	–.10	**–.13**	**–.16**
Verhaltensdisziplin (Mutter)	**.17**	.05	.08	–.07
Inkonsistenz (Mutter)	**.25**	**.27**	**.31**	**.23**
Aggressive Strenge (Vater)	**.28**	**.34**	**.25**	**.36**
Unterstützung (Vater)	–.06	–.02	–.09	–.08
Verhaltensdisziplin (Vater)	**.19**	.11	.07	–.04
Inkonsistenz (Vater)	**.28**	**.21**	**.29**	**.23**

Tabelle 3: Zusammenhänge elterlicher Erziehungsstile (Jugendlichenperspektive) und der Gewaltbelastung deutscher (D) und türkischer (T) Jugendlicher; Pearson-Korrelationen (Korrelationskoeffizient r; signifikante Korrelationen fett; $p < .05$)

In beiden Gruppen zeigte sich, dass als ein aggressiv streng wahrgenommener Erziehungsstil der Eltern mit einer stärkeren aktiven Gewaltbelastung und Gewaltakzeptanz der Jugendlichen einher geht. Dagegen zeigte die elterliche Unterstützung, insbesondere die mütterliche, eine geringe gewalthemmende Wirkung im Hinblick auf Gewalttaten Jugendlicher. Die elterliche Forderung nach Verhaltensdisziplin ging bei deutschen Jugendlichen mit einer etwas höheren Gewaltbelastung einher; dieser Erziehungsstil zeigte hingegen keine gewalt verstärkende Wirkung bei türkischen Jugendlichen, obwohl sie dort deutlich stärker ausgeprägt war. Die wesentlich stärkeren, gleichwohl nur mäßigen, Korrelationen zwischen inkonsistenter elterlicher Erziehung und eigener Gewaltbelastung bei deutschen Jugendlichen könnten ein Hinweis dafür sein, dass türkeistämmige Jugendliche in ihrem Leben häufig Diversität und Kulturdifferenz austarieren müssen und deshalb eher gewohnt und gefordert sind, Widersprüche zu integrieren. Somit können sich eventuell ein Teil der schädlichen Effekte inkonsistenter Erziehung abpuffern lassen.

Die zuletzt präsentierten Daten sollten verdeutlichen, welche methodischen und inhaltlichen Besonderheiten im kulturellen bzw. interkulturellen Vergleich zu beachten sind. Die Erkenntnis, dass dieselben Erziehungsstile zum Teil gleichgerichtete, andere aber kaum vergleichbare Wirkungen entfalten, hat auch Implikationen für die Praxis. Erziehungsberatungseinrichtungen oder auch Erziehungsmanuale müssen dieser kulturellen und lebensweltliche Diffe-renzen ihres Klientels viel stärker eingedenk sein; Eltern Empfehlungen und Vorschläge für gute Erziehung auszusprechen, deren wissenschaftliche Grundlage oft die einheimische Mittelschicht bildet, werden kaum Wirkungen entfalten können.

Literatur

Ajudkovic, Marina: »Unterschiede im elterlichen Erziehungsstil bei weiblichen und männlichen vorkriminellen und kriminellen Jugendlichen«. In: *Psychologische Beiträge* (1990), 7–15.

Amt für Statistik Berlin-Brandenburg: *Statistischer Bericht* 2008 AI6-hj 2/07. http://www.statistik-berlin-brandenburg.de/Publikationen/Stat_Berichte/2008/SB_A1–6_h2–07_BEneu.pdf (30.04.2012).

Baumrind, Diana: »Rearing Competent Children«. In Damon, William (Hg.): *Child Dewevlopment Today and Tomorrow*. San Francisco u. a. 1989, 349–378.

Baumrind, Diana: »Effecting parenting during early adolescence transition«. In: Cowan, P.A./Hetherington, E. M. (Hg.): *Family Transitions*. New York 1991, 111–163.

Baykara-Krumme, Helen/Klaus, Daniela/Steinbach, Anja: »Eltern-Kind-Beziehungen in Einwandererfamilien«. In: *Aus Politik und Zeitgeschichte* 61.43 (2011), 42–49.

Beelmann, Andreas, Stemmler, Mark, Lösel, Friedrich/Jaursch, Stefanie: »Zur Entwicklung externalisierender Verhaltensprobleme im Übergang vom Vor- und Grundschulalter. Risikoeffekte des mütterlichen und väterlichen Erziehungsverhaltens«. In: *Kindheit und Entwicklung* 16.4 (2007), 229–239.

Berry, John W./Poortinga, Ype H./Segall, Marshall H./Dasen, Pierre R.: *Cross-Cultural Psychology. Research and Applications*. New York 1992.

Brezinka, Wolfgang: *Erziehung in einer werteunsicheren Gesellschaft*. München/Basel ³1993.

Claßen, Gabriele: *Zur Genese von abweichendem Verhalten. Die Bedeutung familiärer Erziehungsstile und Werteorientierungen für die Herausbildung eines anomischen Lebensgefühls bei deutschen und polnischen Jugendlichen.* Hamburg 1997.

Deater-Deckard, Kirby/Dodge, Kenneth A.: »Externalizing Behavior Problems and Discipline Revisited: Nonlinear Effects and Variation by Culture, Context and Gender«. In: *Psychological Inquiry* 8.3 (1997), 161–175.

Fuhrer, Urs: *Lehrbuch Erziehungspsychologie.* Bern 2005.

Gudjons, Herbert: *Pädagogisches Grundwissen. Überblick – Kompendium – Studienbuch.* Bad Heilbrunn ⁹2006.

Herrmann, Theo/Stapf, A./Krohne, W.: »Die Marburger Skalen zur Erfassung des elterlichen Erziehungsstils«. In: *Diagnostica* 17 (1971), 118–131.

Hobmair, Hermann: *Pädagogik.* Troisdorf ³2002.

Hoffman, Lois W./Hoffman, Martin L.: »The value of children to parents«. In Fawcett, James T. (Hg.): *Psychological Perspectives on Population.* New York 1973, 19–76.

Klaus, Daniela: *Sozialer Wandel und Geburtenrückgang in der Türkei.* Wiesbaden 2008.

Köhne, Claudia Isabelle.: *Familiale Strukturen und Erziehungsziele zu Beginn des 21. Jahrhunderts. Eine internet-basierte Befragung von Müttern.* Inaugural-Dissertation. Universität Duisburg-Essen 2003. http://deposit.ddb.de/cgi-bin/dokserv?idn=969833784&dok_var=d1&dok_ext=pdf&filename=969833784.pdf (19.08.08).

Krohne, H. W./Hock, Michael: »Erziehungsstil«. In: Rost, D. h. (Hg.): *Handwörterbuch pädagogischer Psychologie.* Weinheim ³2006, 139–146.

Krohne, Heinz Walter/Pulsack, Andreas: *Das Erziehungsstil-Inventar.* Weinheim 1995.

Kron, Friedrich W.: *Grundwissen Pädagogik.* München/Basel 1996.

Kruse, Joachim: »Erziehungsstil und kindliche Entwicklung: Wechselwirkungsprozesse im Längsschnitt«. In: Walper, Sabine/Pekrun, Reinhard (Hg.): *Familie und Entwicklung: Aktuelle Perspektiven der Familienpsychologie.* Göttingen 2001, 63–83.

Lukesch, Helmut: *Elterliche Erziehungsstile. Psychologische und soziologische Bedingungen.* Stuttgart 1976.

Leiprecht, Rudolf/Lutz, Helma: »Intersektionalität im Klassenzimmer: Etnizität, Klasse und Geschlecht«. In: Leiprecht, Rudolf/Kerber, Anne (Hg.): *Schule in der Einwanderungsgesellschaft.* Schwalbach/Ts. ²2005, 218–234.

Leyendecker, Birgit: »Die frühe Entwicklung in Migrantenfamilien«. In Keller, Heidi (Hg.): *Handbuch der Kleinkindforschung.* Bern ³2003, 381–431.

Merkens, Hans: »Familiale Erziehung und Sozialisation türkischer Kinder in Deutschland«. In Merkens, Hans/Schmidt, Folker (Hg.): *Sozialisation und Erziehung in ausländischen Familien in Deutschland.* Baltmannsweiler 1997, 9–100.

Minsel, Beate/Fittkau, Bernd: »Konstruktion eines Fragebogens zum Elternverhalten und Versuch einer Validierung«. In: *Zeitschrift für Entwicklungspsychologie und Pädagogische Psychologie* 3.2 (1971), 73–88.

Nauck, Bernhard: »Eltern-Kind-Beziehungen bei Deutschen, Türken und Migranten«. In: *Zeitschrift für Bevölkerungswissenschaft* 16 (1990), 87–120.

Noack, Peter/Kracke, Bärbel: »Elterliche Erziehung und Problemverhalten bei Jugendlichen – Analysen reziproker Effekte im Längsschnitt«. In: *Zeitschrift für Familienforschung* 1 (2003), 25–37.

Reichle, Barbara/Franiek, Sabine: »Erziehungsstil aus Elternsicht – Deutsche Erweiterte Version des Alabama Parenting Questionnaire für Grundschulkinder (DEAPQ-EL-GS)«. In: *Zeitschrift für Entwicklungspsychologie und Pädagogische Psychologie* 41.1 (2009), 12–25.

Schneewind, Klaus A./Beckmann, Michael/Engfer, Anette: *Eltern und Kinder.* Stuttgart 1983.

Schneewind, Klaus A.: *Familienpsychologie.* Stuttgart 1991.

Schneewind, Klaus A. (Hg.): *Psychologie der Erziehung und Sozialisation.* Göttingen 1994.

Schneewind, Klaus A.: »Kinder und elterliche Erziehung«. In: Lauterbach, W./Lange, A. (Hg.): *Kinder in Familie und Gesellschaft zu Beginn des 21sten Jahrhunderts – Konstanz und Wandel des Kindseins.* Stuttgart 2000, 187–208.

Seiser, Kismet: »Das ist bei türkischen Familien so …« Psychodynamische, kulturelle und migrationsspezifische Aspekte der Beratung von Migrantenfamilien.« In: Menne, Klaus/Hundsalz, Andreas (Hg.): *Jahrbuch für Erziehungsberatung.* Bd. 6. München 2006, 241–255.

Uslucan, Haci-Halil: »Soziale Verunsicherung, Familienklima und Gewaltbelastung türkischer Jugendlicher«. In: *Zeitschrift für Türkeistudien* 15.1–2 (2003), 49–73.

Uslucan, Haci-Halil/Fuhrer, Urs/Mayer, Simone: »Erziehung in Zeiten der Verunsicherung«. In: Borde, Theda/David, Matthias (Hg.): *Kinder und Jugendliche mit Migrationshintergrund.* Frankfurt a. M. 2005, 65–88.

Uslucan, Haci-Halil: »Gewalt und Gewaltprävention bei Jugendlichen mit Migrationshintergrund«. In: *Texte zur Inneren Sicherheit. Schwerpunkt: Gelingensbedingungen und Grundlagen nachhaltiger Gewaltprävention. Herausgegeben vom Bundesministerium des Innern.* Berlin 2008, 153–176.

Uslucan, Haci-Halil: »Erziehung und psychisches Wohlbefinden von jungen Migrant/inn/en«. In: *Zeitschrift für Kinderpsychologie und Kinderpsychiatrie* 58 (2009), 278–296.

Seitz, Willi/Götz, Winfried: *Familiäre Erziehung und jugendliche Delinquenz. Theoretischer Überblick. Ergebnisse einer empirischen Untersuchung. Folgerungen zur Delinquenzprophylaxe.* Stuttgart 1979.

Shell Deutschland Holding (Hg.): *Jugend 2006.* Frankfurt a. M. 2006.

Uhlendorff, Harald: *Erziehung im sozialen Umfeld. Eine empirische Untersuchung über elterliche Erziehungshaltungen in Ost- und Westdeutschland.* Opladen 2001.

Haci-Halil Uslucan

4. Körper

Der Thematik ›Körper‹ bzw. dem Verhältnis von Körper, Sozialität und Gesellschaft, von Körper und Geschichte sowie von Körper und Macht widmeten sich aus ethnologischen, soziologischen und philosophischen Perspektiven bereits früh einzelne Studien – so etwa *Les techniques du corps* (1935) von Marcel Mauss, *Der Prozess der Zivilisation* (1939) von Norbert Elias, die dreibändige *Histoire de la sexualité* (1976, 1984) von Michel Foucault, Georges Vigarellos Studie *Le corps redressé* (1978) oder Pierre Bourdieus *La distinction* (1979). Diese systematischen, meist historiographischen Analysen werden im aktuellen Diskurs über Körper als Klassiker verhandelt. Neben der feministischen und postfeministischen Kritik an der Essentialisierung und Naturalisierung des weiblichen Körpers haben primär sie dazu beigetragen, den Körper disziplinübergreifend in seiner Historizität und Sozialität zu begreifen (vgl. auch Sarasin 2001, 11–17). Seit den 1990er Jahren entstand eine kaum überblickbare Anzahl sozialwissenschaftlicher Publikationen über Körper, für welches Phänomen die Begrifflichkeiten *body turn*, *corporeal turn* aber auch *somatic turn* geprägt wurden, die auch in der Theater-, Geschichts-, Sport- und Politikwissenschaft Verwendung finden. Dabei stellt sich jedoch die Frage, inwiefern in den unterschiedlichen Disziplinen von einer Körper-Wende in *systematischer* Hinsicht, im Sinne eines Paradigmenwechsels gesprochen werden kann. Für die Soziologie zeigt Gugutzer (2006) auf, dass zwar auf der Ebene soziologischer Forschung eine ausgeprägte, empirische und theoretische Fokussierung auf den Körper als Forschungsgegenstand nachzuzeichnen ist, auf den Ebenen soziologischer Theoriebildung und der Epistemologie sei der *body turn* jedoch eine »erst noch zu leistende Aufgabe« (ebd. 10). Aus einer pädagogischen Perspektive ließe sich – in Anlehnung etwa an Elias (1939) und an Foucault, der darauf hinwies, dass die schulische Disziplinierung durch Methoden der Beobachtung, Überwachung oder Strafen den »Körper der Kinder zum Gegenstand höchst komplexer Manipulation und Konditionierung« (Foucault 1978, 43) machte – die Geschichte der Erziehung als eine Geschichte der Körperdisziplinierung betrachten (vgl. Zirfas 2004). Wie auf den Körper unintendiert oder intendiert ›eingewirkt‹, welche Umgangsweisen mit ihm in zahlreichen philosophischen, medizinischen oder pädagogischen Schriften propagiert wurden, divergiert im historischen Kontext je nach Begriff des Körpers, nach Ideologie sowie nach parallel verlaufenden Diskursen. Aus diesen Gründen lässt sich eine Auseinandersetzung mit der Thematik ›Körper‹ in pädagogischen Kontexten nur aus einer interdisziplinären Perspektive einholen.

Dementsprechend setzt vorliegender Beitrag bei den in der abendländischen Philosophiegeschichte divergierenden Konzeptionalisierungen des Körpers an (1) und skizziert die gegensätzlichen erkenntnistheoretischen Ansätze des Rationalismus und Empirismus über die Bedeutung des Körpers in der dualistischen Auffassung von Geist/Seele und Körper. Die Instrumentalisierung dieser Theorien im Rahmen pädagogischer Ansätze und ›erzieherischen Handelns‹ wird dabei ebenfalls berücksichtigt. Eingehender betrachtet werden (2) Ansätze, welche den cartesischen Dualismus auszuhebeln suchen, so etwa die Ausdrucksphilosophie Helmuth Plessners, der in seiner Anthropologie zwischen Leib-Sein und Körper-Haben, zwischen der Expressivität und Instrumentalität des Körperleibes systematisch differenziert. Auf diese analytische Unterscheidung wird hier zurückgegriffen, um die Kategorie ›Körper‹ näher bestimmen zu können. Die Relevanz dieser Differenzierung lässt sich insbesondere theoriesystematisch nachzeichnen: wenn phänomenologische Ansätze die *leibliche* Wahrnehmung relevant setzen, oder wenn poststrukturalistische Perspektiven ›Körper‹ als diskursiv Geformtes konstruieren. Betrachtet werden auch Auslegungen, welche die beiden miteinander scheinbar inkompatiblen theoretischen Richtungen der Phänomenologie und des Poststrukturalismus zu verbinden suchen. Dadurch lässt sich ein Begriff vom Körper als »sozial und damit als nicht natürlich (im Sinne von vorgesellschaftlich)« konzeptionalisieren, »ohne seine Materialität und die an diese geknüpfte Erfahrung des Selbst aus dem Blick zu verlieren« (Jäger 2004, 15). Dabei sollte ersichtlich werden, dass nicht nur Vorstellungen von Körper und Leib sozialem und historischem Wandel unterworfen sind, sondern ihre Unterscheidung ebenfalls. Für die Pädagogik

(3) erweisen sich diese Perspektiven aus mehreren Gründen als anschlussfähig: es lässt sich historisch nachzeichnen, wie stark die als pädagogisch bezeichnete Handlungspraxis auf den *Körper* ausgerichtet war. Durch den Fokus auf seine Materialität wurde dieser in unterschiedlicher Weise gestraft, diszipliniert, abgerichtet. Die mangelnde Berücksichtigung der *Leiblichkeit* des Selbst und des Sozialen scheint hierbei genauso bemerkenswert wie die *fehlenden Reflexionen* über den Körper und den Leib bzw. über den ›erzieherischen‹ Umgang mit ihnen im Rahmen pädagogischer Forschung und Theoriebildung. Aus einer historischen Perspektive lässt sich konstatieren, dass der in der Handlungspraxis der Pädagogik stets *an*wesende Körper sich auf der Ebene der *Reflexion* sowie der erziehungswissenschaftlichen *Forschung* eigentümlich *ab*wesend zeigte. Der Beitrag schließt mit theoretischen Reflexionen und weiterführenden methodologischen Überlegungen zu pädagogischer Forschung über den Körperleib.

1. Lesarten des Körpers in der abendländischen Philosophiegeschichte

Die Thematik ›Körper‹ begleitet die Philosophiegeschichte seit der griechischen Antike – vorwiegend als das ›Andere‹ der Vernunft, auch wenn seine Bedeutung in den verschiedenen historischen Epochen eine andere ist. Insbesondere in der Philosophie Platons, in der polarisierenden Darstellung von Geist/Seele und Körper spielte Letzterer eine untergeordnete Rolle. In dem Dialog *Phaidon* (Platon 1988, 17, § 64ace) argumentiert Sokrates, die Philosophie ziele auf den Tod, auf die Trennung der Seele vom Körper ab. Die Aufmerksamkeit eines Philosophen gelte seiner Seele und so sei er darauf bedacht, sie »von der Gemeinschaft mit dem Leibe [abzulösen]« (ebd. § 65a), denn die Seele sei »gebunden im Leibe und ihm anklebend und gezwungen, wie durch ein Gitter durch ihn das Sein zu betrachten« (ebd. 34, § 82e). Ihre Befreiung aus der »Gewalt dieses Kerkers« (ebd.), dessen Macht auf den Begierden basiere, sei dann möglich, wenn die Seele mittels der Philosophie erkenne, dass der Körper samt seiner Sinne die Wahrnehmung und die Erkenntnis *täusche* und sie so nur auf sich selbst vertrauen könne. Bereits in diesem Dialog argumentiert Platon, dass die Seele

als »etwas weit Göttlicheres« die Zustände des Körpers leiten und beherrschen könne (ebd. 45, § 94e). Dieser Logik folgend ist Platons Organisation des Staates in seiner Schrift *Politeia* und der darin angelegte ›Bildungsplan‹ wenig überraschend. Für die Charakterbildung der Wächter spricht Platon neben der Leibeserziehung auch der musischen eine zentrale Bedeutung zu, da nur »die vollkommene Seele durch ihre Tugend den Leib aufs bestmögliche ausbildet« (135, § 403d). Aristoteles legt in der *De anima* das Verhältnis von Körper und Seele wesentlich enger aus, die Seele sei »nach der Definition, das Wesen des Körpers, was den Körper zu einem solchen macht« (Aristoteles 1794, 81 f.). Sie ist »die endliche Vollendung und Hauptform eines natürlichen, organischen Körpers. Daher soll man eben so wenig fragen, ob Seele und Körper, Eins sind; als (man fragt:) ob das Wachs und dessen Figur; oder wohl gar, ob die Materie eines Dinges, und das, dessen Materie es ist, (die Form,) Eins sind« (ebd. 81). Indem Aristoteles die Einheit der Seele und des Körpers betont, kritisiert er eine Inanspruchnahme der Gymnastik, welche auf die Entfaltung eines gesunden Körpers gerichtet sei, für die Athletik entschieden, führe diese doch ohne Kompensation durch geistige Bildung eher zu ›Verrohung‹. Eine explizite Verhandlung der Differenz, in der ›Leibesübungen‹ einerseits als Teil einer allgemeinen Bildung sowie im Sinne einer Fürsorge für den gesunden Körper verstanden und andererseits im militärischen Sinne als Vorbereitung und Ertüchtigung für den Kampf bzw. Krieg betrachtet werden, spitzt sich in den ersten Jahrzehnten des 19. Jahrhunderts zu, so in Preußen spätestens nach der Einführung der Wehrpflicht 1813 sowie nach der gesetzlichen Verankerung des Kriegsdienstes als allgemeine Bürgerpflicht 1814 (Oelkers 2005, 46–48). Dabei stand etwa bei dem Philanthropen Johann Christoph GutsMuths »erziehliche *Gymnastik*« für die »allgemeine Menschenbildung in Hinsicht auf den Leib«, während »*Turnkunst*« »den besondern Zweck des künftigen Vertheidigers [des Vaterlandes] festhält und dadurch zu einer *Vorschule* der rein kriegerischen Uebungen wird« (GutsMuths 1817, Vorbericht). Nach Friedrich Ludwig Jahn sollte Turnen wiederum der »einseitigen Vergeistigung« entgegenhalten, wobei solche Forderungen nach ganzheitlicher Lerngestaltung durchaus auch volkserzieherische und nationalpolitische Resonanz besaßen (Oelkers 2005, 47).

Auch wenn sich die Philanthropen gern an die klassische Antike anlehnten, mit Aristoteles' Philosophie lässt sich diese ›Körpererziehung‹ im Sinne von Militarisierung des Körpers nicht vereinbaren, hatte doch bei ihm die geistige Bildung Vorrang. Indem Aristoteles den Menschen als *zoon logikon* betrachtet, führt er die Vernunft als Unterscheidungsmerkmal zum Tier ein. Diese Bestimmung verweist auf die Verortung im Zwischen von tierischem und göttlichem Dasein und hat in der abendländischen Philosophie hegemonialen Charakter.

Die insbesondere bei Platon dualistisch angelegte Auffassung von Körper und Geist/Seele lässt sich im christlich-mittelalterlichen Denken exemplarisch etwa bei Augustinus und Thomas von Aquin ebenfalls nachzeichnen, zumal beide die Unverfügbarkeit des Geistes durch die ›Geschlechtslust‹, durch die Widerständigkeit des Leibes problematisieren. Im 14. Buch von *De civitate Dei* argumentiert Augustinus (1979, 981 ff. § 24–26), dass sich die geschlechtliche Lust der willentlichen Kontrolle entziehe, und bezeichnet die Unverfügbarkeit des Geistes als beschämend. Während vor dem Sündenfall der Geist geherrscht habe, habe der Wille durch die Strafe die Kontrollmacht über die Zeugungsglieder verloren. Dieser Ungehorsam geschlechtlicher Lust symbolisiere den Ungehorsam des Menschen Gott gegenüber (Müller 2011, 60). Während diese machtlose Position des Geistes dem Körper gegenüber bei Augustinus in dem *einmaligen* Akt des Sündenfalls begründet liegt, ließe sich bei Thomas von Aquin – der in seiner *Summa Theologiae* die körperlichen Sünden zumeist »schändlicher« als die geistigen einschätzt (ebd. 62) – eine latente und *dauerhafte* Gefährdung durch unmäßige körperliche Begierde konstatieren.

Dass die Unterscheidung zwischen Körper und Geist ihre womöglich schärfste Zuspitzung bei René Descartes findet, lässt sich dem stets stark rezipierten und auf diese Spaltung verweisenden Begriff des ›cartesischen Dualismus‹ entnehmen. An Platons Auslegung erinnernd differenziert Descartes zwischen der *res cogitans* und *res extensa*, also zwischen der denkenden, geistigen, immateriellen und der ausgedehnten, körperlichen, materiellen Substanz und betont, dass nicht der sinnliche Körper, sondern der Geist Garant der sicheren Erkenntnis sei. Der Philosoph Dominik Perler (2008,

15 f.) verweist entgegen der gängigen Rezeption vehement auf einen dritten Begriff Descartes', den der »Körper-Geist-Einheit«, denn in der VI. Meditation formuliere er, dass der Geist dem Körper »nicht zugesellt [sei] wie ein Schiffer dem Schiff«, vielmehr »aufs innigste mit ihm vereint« (Descartes, zit. nach Perler ebd. 17).

Gegen eine Überhöhung des Geistes und der Seele wendet sich der materialistische Sensualismus, als dessen einflussreichster Vertreter John Locke gelten kann. In seiner Erkenntnistheorie hinterfragt Locke Platons Ansatz der angeborenen Ideen: »it seeming to me near a contradiction, to say, that there are truths imprinted on the soul, which it perceives or understands not: imprinting, if it signifies any thing, being nothing else but the making certain truths to be perceived« (Locke 1690/1836, 9 f.). Damit wertet er den sinnlichen und sinnhaften Körper sowie seine Wahrnehmungsfähigkeit auf, denn »*All ideas come from sensation or reflection.* – Let us then suppose the mind to be, as we say white paper, void of all characters, without any ideas; how comes it to be furnished? [...] To this I answer in one word, from experience« (ebd. 51). Wie die Ansätze von Locke und auch von Étienne Bonnot de Condillac, der an Locke anschließend eine sensualistische Theorie seelischer Entwicklung vorlegte, erziehungspraktisch instrumentalisiert wurden, zeigt sich beispielhaft an dem Gutachten des Mediziners Jean Itard (1801) über Victor von Aveyron. Der ›wilde Knabe‹ diente als prominentes ›Experimentalobjekt‹ der 1799 gegründeten Société des Observateurs de l'homme, deren anthropologisches Interesse primär der menschlichen Natur und der Bedeutung der Sprache galt (Pethes 2007, 81). Der »berühmte und berüchtigte Reformer der psychiatrischen Klinik« (ebd. 82) Philippe Pinel vergleicht in seiner Stellungnahme den ›souvage‹ mit den »jungen Idioten« und attestiert ihm Unfähigkeit von »Geselligkeit und Bildung« (Itard 1801/1972, 120). Dass ein naturhistorischer Zugang zur menschlichen Natur allmählich durch einen experimentalwissenschaftlichen abgelöst wird (Pethes 2007, 81), zeigt sich paradigmatisch an Itards dennoch einsetzendem sechsjährigem Erziehungsexperiment, das zunächst auch der empirischen Belegung Lockes und Condillacs Theorie an dem Kind dienen sollte (Itard 1801/1972, 161). Itard meinte in Victor einen Beweis für den bei den modernen Physiologen vermuteten eindeutigen Zusammenhang zwischen Sensibilität der Nerven und Zivilisation gefunden zu haben. Indem er durch massives Sinnentraining direkt auf die Entfaltung des Geistes auszuwirken intendierte (ebd. 128 f.), radikalisierte er die sensualistischen Ansätze. In seinen Darstellungen zeigt sich ein grenzenloser Glaube an die Macht der auf die moderne Medizin angestimmten Erziehung und daran, dass die Medizin den Weg der Erziehung und des Unterrichts »erleuchten« und »von allen Naturwissenschaften am stärksten zur Vervollkommnung der menschlichen Art beitragen« (ebd. 162) könne. In dem zweiten Gutachten von 1806 thematisiert Itard, der seine Arbeit mit dem Jungen im selben Jahr aufgab, stärker die Stagnierung Victors Entwicklung und die Grenzen seiner Experimente. Bei Itard zeigt sich eindrücklich, wie er die ›Natur des Menschen‹, die er zu analysieren beabsichtigt, selbst konstruiert (Pethes 2007, 86).

2. Gespürter Leib und diskursiver Körper? Zwischen phänomenologischen und poststrukturalistischen Auslegungen

Die kurz skizzierten, in der Geschichte der Philosophie und Pädagogik gern tradierten Dualismen zwischen Geist/Seele und Körper, Subjekt und Objekt, Kultur und Natur werden im Rahmen zahlreicher Ansätze in dem ersten Drittel des 20. Jahrhunderts aufzubrechen versucht. Als einer der bedeutendsten Kritiker dieser Dichotomisierungen und auch einer philosophischen Tradition, die vom »Unwert des Leibes und der materiellen Dinge« ausgeht und die Seele und den Geist in ihrer Unvergänglichkeit und ihrem ›wahren Sein‹ stilisiert, kann der Philosoph Helmuth Plessner (1924, 61; 1941, 232) gelten. Er denkt das Verhältnis zwischen Körper und Bewusstsein/Seele als genuin verschränkt, was sich in der Doppelrolle des Menschen abbildet: er »*ist* immer zugleich Leib [...] und *hat* diesen Leib als diesen Körper. [...D]as körperleibliche Dasein [ist] für den Menschen ein *Verhältnis*, in sich nicht eindeutig, sondern doppeldeutig, ein Verhältnis zwischen sich und sich [...] *Wer* in diesem Verhältnis steht, kann dabei offenbleiben« (Plessner 1941, 238 f.). In diesem doppeldeutigen Verhältnis, in der ›Zuständlichkeit‹ *und*

Gegenständlichkeit der körperlichen Situation (ebd. 242), in der Distanzierungsmöglichkeit vom ›Sein‹ zum ›Haben‹ lässt sich die menschliche Lebensweise als »exzentrisch« erkennen. Aus der ›exzentrischen Positioniertheit‹ heraus ist der Leib als Körper erfassbar, als etwas Gegenständliches, Objekthaftes, Bearbeitbares, Tätowierbares, über den man verfügen kann. Doch diese Verfügbarkeitsvorstellung über den Körper ist begrenzt, der Körper als Ding unterscheidet sich von anderen Dingen absolut, weil der Mensch dieser selbst *ist* (ebd. 246). Der Leib im Sinne von Körper-Sein ist demnach ›zuständlich‹ gegeben und kann als Mittel, als Instrument gebraucht werden, indem man diesen *hat*. Neben der *Instrumentalität* des Leibes betont Plessner seine *Expressivität* in der Gestik, Mimik, Haltung, Sprache, in dem Lachen und Weinen (ebd. 248). So lässt sich der Leib als Ausdrucksfläche, als »eine erlebte Grenzfläche gegen die Umwelt« (ebd. 249), um die der Mensch weiß, bestimmen.

Eine solche Differenzierung zwischen Körper und Leib wird im angloamerikanischen Kontext ebenfalls herbeigeführt, wenn zwischen ›*having* a body‹ und ›*being* a body‹ (Mellor/Shilling 1997, 49; Crossley 2001, 6) unterschieden wird. Eine weitere, dritte Dimension der Verkörperung berücksichtigt Bryan S. Turner (2008, 245), welche er mit »*doing a body* in the sense of producing a body through time« umschreibt. Im französischen Sprachraum verwendet etwa Merleau-Ponty in der *Phénoménologie de la perception* zur analytischen Differenzierung unterschiedliche Adjektive: »le corps vivant« (1945, 67), »corps phénoménal« (ebd. 123) sowie »corps propre« (ebd. 173) und betont, »le corps objectif n'est pas la vérité du corps phénoménal, c'est-à-dire la vérité du corps tel que nous le vivons« (ebd. 493).

Mit dieser *analytischen* Unterscheidung zwischen Körper und Leib, die für Plessners Philosophie zentral ist und seine Ansätze seit ca. zwei Jahrzehnten in (gefühls)philosophischen und (körper)soziologischen Arbeiten eine Renaissance erleben lässt, operieren zahlreiche phänomenologische Studien. Dies scheint wenig verwunderlich, war doch auch Plessners Philosophie früh von der Husserls stark beeinflusst. Husserl (1952/1991, 159) bezeichnet den Leib als »ein merkwürdig unvollkommen konstituiertes Ding«, u. a. da dieser zwar »Mittel aller Wahrnehmung« sei, zugleich sich »bei der Wahrnehmung seiner selbst im Wege« stehe. Diese Unvollkommenheit liege auch in dem Mangel an Distanzierungsmöglichkeit, in dem Gebundensein an das Hier und Jetzt. Husserl (ebd. 286) betont den Doppelcharakter des Leibes als Materialität und Geistigkeit und legt ihn als »Umschlagstelle von geistiger Kausalität in Naturkausalität« und vice versa aus. Mit einem solchen Begriff des Leibes scheint der cartesische Dualismus jedoch auf einer anderen Ebene fortgeschrieben, da darin – wie Judith Butler (1991, 221) an phänomenologischen Studien allgemein kritisiert – »das äußerliche und dualistische Verhältnis zwischen der bedeutungsverleihenden Immaterialität und der Materialität des Körpers« aufrechterhalten bleibe. Die Husserlsche Auslegung eröffne zwar nach Waldenfels (1980, 17) einer Perspektive des Entzugs des Leibes vom objektiven Zugriff den Weg, halte dabei jedoch an der Vorstellung eines dem Leib vorgängigen und diesen konstituierenden Bewusstseins fest. Der Leib als tatsächliche »Umschlagstelle« wird nach Meyer-Drawe (2001, 133) eher bei Merleau-Ponty berücksichtigt, der dadurch »Inter-Subjektivität als Zwischenleiblichkeit (*intercorporéité*) begreifen« könne. In Merleau-Pontys *Phénoménologie de la perception* ist der Leib nicht ein Gefängnis oder eine Art Festung, sondern die Öffnung für die Anderen und für die Welt. Bei ihm wird die Phänomenologie in der Traditionslinie von Heidegger und Husserl zu einer Philosophie der Erfahrung, unter welcher ein »leibliches Zur-Welt-sein« verstanden wird (ebd. 20).

An Merleau-Ponty anschließend konzeptionalisierte Hermann Schmitz eine *Neue Phänomenologie*. Schmitz (1965, xiii) beschreibt das Leibliche als »vertraut und dennoch unerkannt« und sieht seine Vernachlässigung in der Platonischen Traditionslinie der Abwertung des Materiellen sowie in der »Aufspaltung des ganzen Menschen in einen Körper und eine Seele« (ebd. xiiif.), in welcher Unterscheidung leibliche Regungen etwa des Schmerzes, der Angst, Erschöpfung oder Hunger keinen Platz finden. Schmitz schlägt einleitend vor, zwischen körperlich und leiblich so zu differenzieren, dass Ersteres als das sinnlich Wahrgenommene, Letzteres als das in der Gegend des Körpers ohne »Sinneswerkzeuge« Gespürte oder Empfundene bestimmt wird. Zur schärferen begrifflichen Unterscheidung entwickelt Schmitz ein ganzes »Alphabet der Leiblichkeit« (ebd. 170), das sowohl

für die Analyse menschlichen Selbstverhältnisses als auch für eine systematische Berücksichtigung der Leiblichkeit im Rahmen intersubjektiver Vollzüge weitreichend war, auch in gefühlsphilosophischen Ansätzen (vgl. Demmerling/Landweer 2007, 20–34).

Plessners Differenzierung zwischen Körper-Haben und Leib-Sein entwickelt Gesa Lindemann insofern weiter, als sie seinen Ansatz von dem »Erdenrest« (Plessner 1941, 210) quasi befreit. Bei Lindemann (1995, 139) kann es »weder einen natürlichen Körper noch eine natürliche Erfahrung des eigenen Leibes« geben. Der Körper wird als Körper-*Wissen* gefasst und die Plessnerschen Unterscheidungsmerkmale der Gegenständlichkeit und Zuständlichkeit des Körperleibes werden auf den Leib übertragen, durch die Unterscheidung zwischen einer aktiven und passiven Dimension der Leiberfahrung (ebd. 138 f.). Aktiv meint dabei die Erfahrung des Leibes als *Mittel* etwa des Handelns, der Darstellung sozialer Ordnung etc. Die Passivität der Leiberfahrung zeige sich im *Spüren* des Leibes, in dem Ausgeliefertsein Gefühlen, Schmerz oder Lust gegenüber. Indem der Leib nach Lindemann (ebd. 133) nur im Bezug auf ein bestimmtes *Wissen* über den Körper erfahrbar sei, seien leibliche Erfahrungen einverleibtes Körperwissen. In dieser Perspektive lässt sich der *Körper* als naturwissenschaftlich, medizinisch, anatomisch fundiertes Körper-Wissen und dadurch als eine »Form politischer Herrschaft« (ebd. 138) bestimmen. Weiterführend stellt sich dabei die Frage, in welchem medizinischen, biologischen Diskurs die Erfahrung des Leibes eingebettet ist, im Hinblick auf welches Körper-Wissen das Leib-Sein erfahrbar wird.

Mit dem *Körper-Wissen* setzen sich zahlreiche poststrukturalistische Ansätze auseinander. In diesen wird ›Körper‹ nicht als etwas ›Natürliches‹ gedacht, vielmehr entstehe er etwa nach Foucault in der Verschränkung von Macht und Wissen und ließe sich demnach bis in seine Materialität hinein als ›Effekt‹ machtvoller Praktiken und Diskurse betrachten (Siebenpfeiffer 2008, 56). Macht betrachtet Foucault (1978, 35) als repressiv und produktiv zugleich, welche »die Körper durchdringt, Dinge produziert, Lust verursacht, Wissen hervorbringt, Diskurse produziert«. Die Macht bringe Wissen hervor und das um den Körper strukturierte Wissen bestimme dabei die Umgangsweisen mit ihm.

Foucault (ebd. 108) zeigt, »wie die Machtverhältnisse in die Tiefe der Körper materiell eindringen können, ohne von der Vorstellung der Subjekte übernommen zu werden«. Im dritten Band der *Histoire de la sexualité* (1984) verschiebt er die Perspektive auf den Körper als Teil des Selbst, dem Fürsorge entgegengebracht wird. An diesem Gedanken knüpfen heutige Gegenwartsdiagnosen weiterführend an. Betont werden in diesen gesellschaftliche Normvorstellungen und Erwartungshaltungen hinsichtlich eines gesunden, schönen Körpers, an welchen Konstruktionen der ›materielle‹ Körper durch unterschiedliche ›Technologien des Selbst‹ in Form von Diäten, Wellness, Fitness angepasst und geformt werde (Duttweiler 2003; Klein 2008). Auch bei Judith Butler (1991) wird der Körper als mittels performativer Akte Hervorgebrachtes betrachtet, wodurch die für frühe feministische Ansätze relevante Differenzierung zwischen *sex* und *gender* hinfällig wird. Zentrale Bedeutung kommt bei Butler an dieser Stelle der Materialisierung zu, welche den Prozess der diskursiven Erzeugung materieller Wirklichkeit meint und dadurch über die Inkorporierung der normativen Ordnung hinausweist. Demnach ändert sich mit der Veränderung des Wissensdiskurses der Körper ebenfalls und lässt sich historisieren.

Einen Versuch, die beiden in methodischer und analytischer Hinsicht meist doch als unvereinbar geltenden Stränge der Phänomenologie und des Poststrukturalismus zu verbinden, unternimmt die Soziologin Ulle Jäger. Auch wenn es bei der hier aufgezeigten Diversität phänomenologischer und poststrukturalistischer Positionierungen ein Sprechen über »*die* phänomenologische Perspektive auf *den* Leib und *die* poststrukturalistische Perspektive auf *den* Körper« (Jäger 2004, 15 herv. VMH) schwer fällt, öffnet doch Jägers Ansatz – stark Lindemanns Perspektive folgend – den Weg, den Körper »als sozialwissenschaftliche[n] Gegenstand begrifflich und konzeptionell in der Gleichzeitigkeit von (diskursivem) Körperwissen einerseits und gelebter (leiblicher) Erfahrung andererseits« (ebd. 11) zu denken. Der poststrukturalistischen Kritik folgend scheint für Jäger ein phänomenologischer Leibbegriff jedoch ungeeignet, da dort dem wahrnehmenden Leib »kulturübergreifende und ahistorische Eigenschaften zukommen« (ebd. 17) und dieser als natürlich vorausgesetzt werde. So sucht sie in Anlehnung an die Verschränkungsthese von

Helmuth Plessner und an das Habituskonzept von Pierre Bourdieu einen Begriff des Leibes zu konzeptionalisieren, der die Ausgesetztheit auch des Leibes gegenüber den Prozessen diskursiver Materialisierung genauso berücksichtigt wie seine räumliche Ausdehnung (ebd. 80 f.). »Der Leib […] geht über den Körperdiskurs hinaus, auch wenn dieser Diskurs ihn formt. [Er] kann sowohl als Ort verstanden werden, an dem die Macht wirksam wird, als auch als potentieller Ort des Widerstands« (ebd. 81). Die These, dass auch Körperbilder keine schlichte Widerspiegelung der normativen Ordnung einer Gesellschaft sind, vielmehr ihrer Veränderung und Kontingenz zugleich, ließe sich nach Norbert Axel Richter (2009, 31) damit untermauern, dass »empirische Subjekte das Repertoire der leiblichen Ausdrucksformen in seiner ganzen Breite verwenden, um die ihnen zugemutete normative Ordnung zu bespielen«. Indem das Verhalten zu der Ordnung Möglichkeiten der mimetischen Einübung, Überschreitung und Umdeutung der Regel beinhaltet, zeigen sich die leiblichen Ausdrucksgestalten und die Subjekte ausschließlich in ihrer Vieldeutigkeit und Widerständigkeit eindeutigen Zuordnungsversuchen gegenüber (ebd.).

3. Bezüge zu gegenwärtiger pädagogischer Forschung über den Körperleib

An die skizzierten phänomenologischen Perspektiven anschließend kommt dem Leib in aktuellen sozialwissenschaftlichen Ansätzen – sowohl als konstitutives Merkmal als auch als Verkörperung des Sozialen – theoretisch und zunehmend auch empirisch (Böhle/Weihrich 2010; Hengst/Kelle 2003) eine zentrale Bedeutung zu. Im Kontext der empirischen Sozialforschung kann dabei der Körper – wie Gugutzer (2004, 10–14) propagiert – als Objekt und zugleich Subjekt der Forschung aufgefasst werden: Als *Forschungsobjekt* ließe sich der Körper als ›sprachlos‹ bezeichnen, da es aufgrund des vorherrschenden rationalistischen Menschenbildes in der abendländischen Tradition sowie der sozialen und sprachlichen Tabuisierung des Körpers im Zuge des ›Zivilisationsprozesses‹ (Elias 1939) an sprachlichen Mitteln für die Beschreibung körperlicher Phänomene eher mangele. Der eigene Körper sei dem Menschen aber auch so nah und derart selbstverständlich, dass es schwierig sei, diesen zur Sprache zu bringen oder bewusst wahrzunehmen, sofern es sich nicht um körperliche Schmerzen, Beeinträchtigungen oder bewusste Körper-Inszenierungen handelt. Als methodisches Problem stelle sich auch bei der qualitativen Sozialforschung die notwendige Verbalisierung und Verschriftlichung der Körper bei der Interpretation dar – eine Herausforderung, der sich mittlerweile die Kamera-Ethnographie und Videographie annehmen. Zur Relativierung der skizzierten Schwierigkeiten plädiert Gugutzer (2004, 14–16) für die Einbeziehung des Körpers als *Forschungssubjekt*, denn dieser nehme in seiner Anwesenheit am Forschungsprozess auch auf den Erkenntnisprozess Einfluss und fungiere dabei als Mittel und Quelle der Erkenntnis. Dieser Positionierung ließe sich zustimmen – obwohl der Begriff des *Leibes* im oben ausgelegten Sinne durchaus geeigneter erscheint. Über den Körper ist in seiner Zeichenhaftigkeit und Gegenständlichkeit ein ganzes sprachliches Instrumentarium entwickelt und diskursiv aufbereitet worden, während eine gewisse Sprachlosigkeit und distanzlose Nähe sich primär dem eigenen Leib gegenüber zeigt. Eine solche Perspektive, leibliche Stellungnahmen der Forscher/innen etwa im Kontext ethnographischer Forschung zu berücksichtigen, fungiert als adäquate Ergänzung zum rein rationalen Verstehen und bietet sich nicht nur in Anlehnung an die leibphänomenologische Forschung von Merleau-Ponty oder Schmitz an (ebd. 17), sondern vor allem an die Ansätze von Lindemann und Jäger. Gerade Jäger (2004, 35) sucht in ihrer Kritik an Butlers Materialitätsbegriff diesen so zu erweitern, dass er »Aspekte der Erfahrung und des Selbst berücksichtigt«, wodurch der Körper »in seiner Materialität als Ort der sinnlichen Wahrnehmung« quasi ›rehabilitiert‹ wird.

In der Pädagogik wurden phänomenologische Ansätze mit Ausnahmen von Wilfried Lippitz oder Käte Meyer-Drawe (2001) eher selten beachtet oder wenn, zumeist auf eine methodische Verfahrensweise reduziert. Eine Vernachlässigung der *systematischen* Berücksichtigung des Körpers und insbesondere des Leibes im Rahmen pädagogischer *Forschung* und *Theoriebildung* lässt sich historisch durchaus konstatieren, obwohl Aushandlungen, soziale Abstimmungsprozesse im pädagogischen Alltag primär körperlich-leiblich stattfinden und obwohl der Körper historisch stets

sog. physischen Erziehungsmaßnahmen, Normierungen, Abrichtungen ausgesetzt und Gegenstand der Erziehung und von Machtinteressen war (Vigarello 1978; Foucault 1976). Die geisteswissenschaftliche Tradition in der Pädagogik scheint ein leib- und körperloses Subjekt kultiviert zu haben, wodurch Machtverhältnisse kaum in den Analyseblick kommen konnten. Während im Zuge aktueller pädagogischer Forschung die Produktion von Körper bzw. Körper-Wissen, wie etwa in dem ethnographisch angelegten und kinderärztliche Vorsorgeuntersuchungen fokussierenden DFG-Projekt ›Kinderkörper in der Praxis‹ erforscht und in kritischer Anlehnung an Foucault analysiert wird (Bollig/Kelle 2008; Ott 2011), bleibt die Ebene leiblicher Erfahrung weiterhin eher ausgeklammert. Seltener berücksichtigt wird dementsprechend auch der Körperleib als Forschungs*subjekt*. Als Forschungs*objekt* gerät er wiederum auch im Rahmen einzelner, jüngst publizierter historisch-erziehungswissenschaftlicher Studien zwar nicht systematisch, jedoch durchaus prominent in den Blick. So zeigt der Wissenschaftshistoriker Michael Hagner (2010) auf, in Bezug auf welche Wissensordnungen der Hauslehrer Andreas Dippold um 1900 sein ›erzieherisches Handeln‹ sowie seine körperlichen Züchtigungen an den beiden Söhnen Heinz und Joachim der großbürgerlichen Familie Koch zu legitimieren suchte. Dippolds Erziehungsmaximen und -praxen bewegten sich im Kontext der Lebensreform, welche den Fokus auf den Körper lenkte, insbesondere auf eine bestimmte Körperkultur, gesunde Ernährungsweise, eine gewisse Kultivierung der Nacktheit und Wertschätzung der Natur (ebd. 22). Wie diese Konzeptionalisierungen in reformpädagogischen Ansätzen und Praxen in unterschiedlichen Landerziehungsheimen um 1900 als subtile Herrschaftsinstrumente fungieren konnten, zeigt die Studie von Jürgen Oelkers (2011), die sich explizit den ›dunklen Seiten‹ der Reformpädagogik widmet. Auch in Dippolds Erziehung äußerte sich die »sorgfältige Körperkultur« (Hagner 2010, 22) in Form von frühem Aufstehen, Kaltwasserduschen, regelmäßigem und intensivem Sport, Holzhacken und Ballspielen – wo Lehrer und Schüler nackt waren (ebd. 23). Der durchtrainierte, dünner werdende Körper der Jungen diente hier als sichtbares Zeichen der moralischen Besserung und Disziplinierung der Söhne, die als Voraussetzung für die

Besserung ihrer geistigen Leistungen angesehen wurden. Die einsetzenden körperlichen Misshandlungen seitens Dippolds legitimierte er gegenüber der Mutter mit den »geheimen Sünden« (ebd. 35) der beiden Jungen. Die »Sünden« standen stellvertretend für die Onanie, deren »schonungslose Bekämpfung zu den stabilsten Säulen des pädagogischen und medizinischen Diskurses über Sexualität« seit dem 18. Jahrhundert gehörten (ebd. 36). Insbesondere die jugendliche Onanie wurde pathologisiert, wozu die 1710 erschienene Schrift *Onania* des englischen Arztes Bekker sowie das 1758 in Latein, zwei Jahre später auf Französisch publizierte medizinische Pamphlet *L'Onanisme* des Lausanner Arztes Samuel André Tissot wohl am rezeptionsstärksten ihren Beitrag leisteten (Sarasin 2001, 405). Dass Onanie die Gesundheit, die körperlichen Funktionen, die Sinne, Nerven und das Gehirn schädige, war eine nahezu konstant benutzte Argumentationsformel, die seit Mitte des 18. bis zu Beginn des 20. Jahrhunderts hielt, ähnlich wie die hervorgehobenen Symptome: bleiches Gesicht, eingefallene Wangen, dunkle Augenringe, Erschöpfung (ebd. 406–9). Diese sichtbare Manifestationsvorstellung des Onanierens und seine potenzielle Identifizierbarkeit am körperlichen Ausdruck beförderte eine »Hermeneutik des Verdachts« und eine »Sexualisierung des gesamten Lebens« (ebd. 416). Zugleich wurden in den Schriften um die Antimasturbationskampagne massives Einschreiten gegen das ›Laster‹ propagiert (ebd. 408), wenn die oben skizzierten Kontrollen nicht ausreichten. In diesem »guerre contre l'onanisme qui a duré en Occident pendant prés de deux siècles«, äußere sich nach Foucault (1976, 138) die »pédagogisation du sexe de l'enfant«, die von zwei Prämissen ausging: von einer sexuellen Aktivität nahezu aller Kinder und von den Gefahren dieser Sexualität in psychischer und moralischer Hinsicht, nicht nur für das Kind, sondern auch für die Bevölkerung (ebd. 137 f.). Die Pädagogisierung sei eine der vier »grands ensembles stratégiques, qui développent à propos du sexe des dispositifs spécifiques de savoir et de pouvoir« (ebd. 137).

In den rekonstruierten Fällen bei Hagner und Oelkers zeigen sich die Umgangsweisen mit dem Körper in ›erzieherischer‹, *funktionaler* Absicht: hinsichtlich der Disziplinierung und Militarisierung des Körpers mittels Abrichtung und Beherr-

schung. Wie oben gezeigt, ist jedoch nicht nur der Körper, sondern auch der Leib gesellschaftlichen und diskursiven Formierungen ausgesetzt. Insbesondere wenn der »body« sozialontologisch gefasst wird, wie Judith Butler (2010) dies jüngst vornahm, lässt er sich durch seine Abhängigkeit von Anderen und von gesellschaftlichen, politischen, ökonomischen und ökologischen Bedingungen zugleich in seiner Ausgeliefertheit, Verwundbarkeit und Gefährdung erkennen. »The ›being‹ of the body« – das hier als ›Leib‹ gefasst werden kann – »is one that is always given over to others, to norms, to social and political organizations that have developed historically in order to maximize precariousness for some and minimize precariousness for others« (ebd. 2 f.). »Precariousness« meint dabei »not simply as a feature of *this* or *that* life, but as a generalized condition« (ebd. 22), welche eine politische, ethische und soziale Pflicht und Verantwortung hinsichtlich der vorherrschenden sozialen und materiellen Bedingungen ebenfalls begründet. Für eine pädagogische Perspektive bedeutet die Anerkennung der sozialen Angewiesenheit und konstitutiven Verletzbarkeit die Relevanz der Analyse sowohl der – nicht nur pädagogischen – Umgangsweisen mit der *Bedingtheit* des leiblichen Seins als auch der umgebenden *Bedingungen*. Eine politische Bildung, wie Carsten Bünger und Felix Trautmann (2012, 408–412) sie in Anlehnung an Butler konzipieren, verlangt geradezu die kritische Reflexion hegemonialer Wahrnehmungsraster, die Fragen nach den Grenzen der Wahrnehmbarkeit sowie nach der politischen Formung der Prekarität. Es geht also nicht um eine »paternalistische Pädagogik«, vielmehr um eine »*politische* Bildung der Empfänglichkeit«, »die danach fragt, warum ›wir‹ nur selten etwas wahrnehmen können, das ›uns‹ auf die geteilte Gefährdung aufmerksam macht und an deren Ungleichverteilung ›wir‹ Anteil haben« (ebd. 412). Eine reflexive Auseinandersetzung mit dieser Frage, welche die konstitutive Bedingtheit und Verletzbarkeit des körperleiblichen Seins und die soziale Ontologie des Körperleibes ernst nimmt, ließe sich durchaus als Aufgabe ausstehender pädagogischer Forschung und Theoriebildung formulieren.

Literatur

Aristoteles: *Über die Seele*. A.d. Griech. übers. v. Michael Wenzl Voigt. Frankfurt a. M./Leipzig 1794.

Augustinus, Aurelius: *Der Gottesstaat/De civitate Dei*. Bd. 1, Buch I-XIV. Übers. v. Carl Johann Perl. Paderborn 1979. 14. Buch, 911–989.

Böhle, Fritz/Weihrich, Margit (Hg.): *Die Körperlichkeit sozialen Handelns. Soziale Ordnungen jenseits von Normen und Institutionen*. Bielefeld 2010.

Bollig, Sabine/Kelle, Helga: »Kinderkörper in der Praxis. Ein Forschungsprojekt zur Kulturanalyse von entwicklungsbezogenen kindermedizinischen Untersuchungen«. In: *L.O.G.O.S. interdisziplinär*. 16.2 (2008), 108–113.

Bourdieu, Pierre: *La distinction: Critique sociale du jugement*. Paris 1979.

Bünger, Carsten/Trautmann, Felix: »›Demokratie der Sinne‹ – Judith Butlers Kritik der Gewalt als politische Bildung der Empfänglichkeit«. In: Ricken, Norbert/Balzer, Nicole (Hg.): *Judith Butler. Pädagogische Lektüren*. Wiesbaden 2012, 399–413.

Butler, Judith: *Das Unbehagen der Geschlechter*. Frankfurt a. M. 1991.

Butler, Judith: *Frames of War. When is Life Grievable?* London 2010.

Crossley, Nick: *The Social Body: Habit, Identity and Desire*. London 2001.

Demmerling, Christoph/Landweer, Hilge: *Philosophie der Gefühle. Von Achtung bis Zorn*. Stuttgart/Weimar 2007.

Duttweiler, Stefanie: »Body-Consciousness – Fitness – Wellness – Körpertechnologien als Technologien des Selbst«. In: *Widersprüche. Zeitschrift für sozialistische Politik im Bildungs-, Gesundheits- und Sozialbereich* 87 (2003), 31–43.

Elias, Norbert: *Über den Prozess der Zivilisation: soziogenetische und psychogenetische Untersuchungen*. 2 Bde. Basel 1939.

Foucault, Michel: *Histoire de la sexualité*. 3 Bde.: *La volonté de savoir* (1976). *L'usage des plaisirs* (1984). *Le souci de soi* (1984). Paris 1976, 1984.

Foucault, Michel: *Dispositive der Macht: Über Sexualität, Wissen und Wahrheit*. Berlin 1978.

Gugutzer, Robert: *Soziologie des Körpers*. Bielefeld 2004.

Gugutzer, Robert: »Der *body turn* in der Soziologie. Eine programmatische Einführung«. In: Ders. (Hg.): *body turn. Perspektiven der Soziologie des Körpers und des Sports*. Bielefeld 2006, 9–53.

GutsMuths, Johann Christoph Friedrich: *Turnbuch für die Söhne des Vaterlandes. Den Fürsten und dem Volke des Deutschen Bundes gewidmet*. Frankfurt a. M. 1817.

Hagner, Michael: *Der Hauslehrer. Die Geschichte eines Kriminalfalls. Erziehung, Sexualität und Medien um 1900*. Berlin 2010.

Hengst, Heinz/Kelle, Helga (Hg.): *Kinder – Körper – Identitäten: Theoretische und empirische Annäherungen an kulturelle Praxis und sozialen Wandel*. Weinheim 2003.

Husserl, Edmund: *Ideen zu einer reinen Phänomenologie und phänomenologischen Philosophie*. 2. Buch. Dordrecht 1952/1991.

Itard, Jean: »Gutachten und Bericht über Victor von Aveyron«. In: Malson, Lucien/Itard, Jean/Mannoni, Octave: *Die wilden Kinder*. Frankfurt a. M. 1801/1972, 105–163.

Jäger, Ulle: *Der Körper, der Leib und die Soziologie. Entwurf einer Theorie der Inkorporierung*. Königstein/Taunus 2004.

Klein, Gabriele: »Der schöne Körper«. In: *der blaue reiter. Journal für Philosophie* 26.2 (2008), 61–65.

Lindemann, Gesa: »Die Verschränkung von Körper und Leib als theoretische Grundlage einer Soziologie des Körpers und leiblicher Erfahrungen«. In: Friedrich, Jürgen/Westermann, Bernd (Hg.): *Unter offenem Horizont: Anthropologie nach Helmuth Plessner*. Frankfurt a. M. 1995, 133–139.

Locke, John: *An Essay Concerning Human Understanding*. London 1690/1836.

Mauss, Marcel: »Les techniques du corps«. In: *Journal de Psychologie Normale et Pathologique* 32.3–4 (1935), 271–293.

Mellor, Philip A./Shilling, Chris: *Re-forming the Body: Religion, Community and Modernity*. London 1997.

Merleau-Ponty, Maurice: *Phénoménologie de la perception*. Paris 1945.

Meyer-Drawe, Käte: *Leiblichkeit und Sozialität: Phänomenologische Beiträge zu einer pädagogischen Theorie der Inter-Subjektivität*. München 2001.

Müller, Jörn: »Scham und menschliche Natur bei Augustinus und Thomas von Aquin«. In: Bauks, Michaela/Meyer, Martin F. (Hg.): *Zur Kulturgeschichte der Scham*. Hamburg 2011, 55–72.

Oelkers, Jürgen: *Reformpädagogik. Eine kritische Dogmengeschichte*. Weinheim 2005.

Oelkers, Jürgen: *Eros und Herrschaft: Die dunklen Seiten der Reformpädagogik*. Weinheim 2011.

Ott, Marion: »Der (in)kompetente Kinderkörper. Performanz und Produktion von Körperwissen in entwicklungsdiagnostischen Praktiken«. In: Keller, Reiner/Meuser, Michael (Hg.): *Körperwissen*. Wiesbaden 2011, 229–247.

Perler, Dominik: »Bin ich nur ein Geist?« In: *der blaue reiter. Journal für Philosophie* 26.2 (2008), 14–18.

Pethes, Nicolas: *Zöglinge der Natur. Der literarische Menschenversuch des 18. Jahrhunderts*. Göttingen 2007.

Platon: »Phaidon. Politeia«. In: *Platon. Sämtliche Werke. Bd. 3: Phaidon, Politeia*. Hg. von Walter F. Otto u. a. Hamburg 1988.

Plessner, Helmuth: »Grenzen der Gemeinschaft. Eine Kritik des sozialen Radikalismus«. In: Plessner, Helmuth: *Gesammelte Schriften V*. Hg. von Günter Dux, Odo Marquard und Elisabeth Ströker. Frankfurt a. M. 1924/2003, 7–133.

Plessner, Helmuth: »Lachen und Weinen. Eine Untersuchung der Grenzen menschlichen Verhaltens«. In:

Plessner, Helmuth: *Gesammelte Schriften VII*. Hg. von Günter Dux, Odo Marquard und Elisabeth Ströker. Frankfurt a. M. 1941/2003, 201–387.

Richter, Norbert Axel: »Die Machtverhältnisse überziehen das Körperäußere. Uniformierte Körper im Nationalsozialismus und im Liberalismus«. In: *kursiv. Journal für politische Bildung* 2 (2009), 28–36.

Sarasin, Philipp: *Reizbare Maschinen: Eine Geschichte des Körpers 1765–1914*. Frankfurt a. M. 2001.

Schmitz, Hermann: »Der Leib.« In. Ders.: *System der Philosophie. Bd. 2*, Teil 1. Bonn 1965.

Siebenpfeiffer, Hania: »Der Körper als Diskurseffekt. Michel Foucaults Philosophie der Körperlichkeit«. In: *der blaue reiter. Journal für Philosophie* 26.2 (2008), 56–60.

Turner, Bryan S.: *The Body & Society*. London [3]2008.

Vigarello, Georges: *Le corps redressé: histoire d'un pouvoir pédagogique*. Paris 1978.

Waldenfels, Bernhard: *Der Spielraum des Verhaltens*. Frankfurt a. M. 1980.

Zirfas, Jörg: »Korporalität«. In: Ders.: *Pädagogik und Anthropologie. Eine Einführung*. Stuttgart 2004, 85–106.

Veronika Magyar-Haas

5. Soziale Kompetenz

Soziale Kompetenz ist ein zeitstabiles Merkmal, in dessen Ausprägung sich Menschen stark unterscheiden. Das Spektrum reicht vom schüchternen, zurückgezogenen Autisten bis zum überempathischen Kind mit einem Williams-Beuren-Syndrom, der lauten und wenig sensiblen Kollegin bis zum Missionar, der sich für seine Schützlinge in die Luft zu sprengen bereit ist (Oakley u. a. 2012) – mit dem sozial kompetenten Individuum jeweils in der Mitte. Ist dieses sozial kompetente Individuum besser oder kompetenter erzogen als die Anderen? In vielen Fällen wird es tatsächlich so sein. Der schüchterne Autist könnte jedoch sogar mehr und professionelle Erziehungsbemühungen erfahren haben, die ihn gelehrt haben, seine Veranlagung so auszubalancieren, dass er sich nach den Normen in seiner Umgebung sozial kompetent verhalten kann.

Soziale Kompetenz hat also eine genetische sowie eine Erziehungs- und Sozialisationskomponente, was sich an den beiden genannten Syndromen illustrieren lässt, die sich ganz gegensätzlich in der sozialen Kompetenz niederschlagen: Menschen mit einer Autismus-Spektrum-Störung haben große Mühe, sich in ihre Interaktionspartner hinein zu denken und wirken infolgedessen in ihren sozialen Interaktionen oft selbstbezogen; Menschen mit Williams-Beuren Syndrom sind so überempathisch und sozial orientiert, dass sie häufig anderen Anforderungen nicht nachkommen können. Für beide Syndrome liegen viele Nachweise einer genetischen Veranlagung aus Zwillingsuntersuchungen und molekulargenetischen Studien vor. Aber auch andere Varianten des menschlichen Sozialverhaltens haben eine solide genetische Komponente: Prosoziales Verhalten, Empathiefähigkeit, soziale Responsivität, Führungskompetenzen, Vertrauen, Bindungsfähigkeit sowie elterliche Wärme sind zu rund 60–40 % genetisch bedingt. Die verbleibenden 40–60 % sind Einflüsse der Umwelt, darunter ganz wesentlich die Erziehung, und Messfehler (vgl. Ebstein u. a. 2010). Darauf wird am Ende zurückzukommen sein.

Zuvor soll geklärt werden, was man unter sozialer Kompetenz versteht und wie man sie messen kann. Anschließend geht es um ihre Folgen und die Bedingungen, die ihre Entwicklung befördern. Aus dem Wissen darüber, wodurch die Entwicklung sozialer Kompetenz befördert wird, lassen sich schließlich Erziehungsinterventionen ableiten.

1. Soziale Kompetenz, Konsequenzen, Messung und Prädiktoren

In vielen Definitionen sozialer Kompetenz finden sich zwei Bestandteile: Die *Kompetenz, sich an die geltenden sozialen Regeln zu halten*, wozu auch das prosoziale Verhalten mit den Spielarten des altruistischen Verhaltens als konkretes Hilfeverhalten und die Höflichkeit gehören. Zum prosozialen Verhalten gehören Verhaltensweisen, die freiwillig und absichtlich zum Wohle anderer ausgeführt werden (Eisenberg/Fabes/Spinrad 2006). Die *Assertivität* bedeutet die Fähigkeit, eigene Interessen zu verfolgen, ohne sich ausnutzen oder abweisen zu lassen, und zu den eigenen Zielen und Wünschen zu stehen. Dieser Bestandteil zeigt an, dass soziale Interaktionen oft auch Aushandlungsprozesse beinhalten, in denen es um die Balancierung der Interessen der beteiligten Personen geht.

Die *sozialen Normen*, deren kompetente Befolgung zur sozialen Kompetenz gehört, variieren nach Kultur und Subkultur; was z. B. in einer Mittelschichtfamilie als sozial kompetente Begrüßung gilt, kann in einer Gruppe adoleszenter Punker als höchst inkompetent angesehen werden. Zudem gibt es historische Veränderungen, und kompetentes Sozialverhalten variiert mit dem kognitiven und sozialen Entwicklungsstand: Der Erstklässler darf seine Lehrerin duzen; wenn sein Vater dies beim Elternabend tut, gilt es als Regelverletzung. Wegen dieser drei Spezifika des menschlichen Sozialverhaltens kann sozial kompetentes Verhalten immer nur *kultur-, epochen- und entwicklungsstandsspezifisch* bestimmt werden. Daher findet man in *allgemeinen Definitionen* meist eher abstrakte Verhaltensbeschreibungen und den Rückgriff auf die Folgen von Verhaltensweisen: Soziale Kompetenz wird danach konstituiert durch »die Verfügbarkeit und Anwendung von kognitiven, emotionalen und motorischen Verhaltensweisen, die in bestimmten sozialen Situationen zu einem langfristig günstigen Verhältnis von positiven und negativen Konsequenzen für den Handelnden führen« (Hinsch/Pfingsten 2007, 5). Dies impliziert, dass die jeweils gültigen bzw. auf dem jeweiligen Entwicklungsstand umsetzbaren sozialen Normen eingehalten werden, ohne die individuellen Ziele des handelnden Individuums dieser Normkonformität zu opfern.

Eine *Konkretisierung für das Grundschulalter* findet man in den fünf Verhaltensfaktoren, die Caldarella und Merell (1997) metaanalytisch aus Untersuchungen zur sozialen Kompetenz in dieser Altersgruppe gewonnen haben: (1) Fähigkeiten zur Bildung positiver Beziehungen zu Gleichaltrigen, z. B. Perspektivenübernahme, prosoziales Verhalten, andere loben, (2) Selbstmanagementkompetenzen, z. B. Ärgerkontrolle und Konfliktfähigkeit, (3) akademische Kompetenzen bezogen auf die Interaktion mit Lehrkräften, z. B. der Lehrkraft zuhören, um Hilfe bitten, (4) kooperative Kompetenzen, z. B. soziale Regeln anerkennen, mit Kritik umgehen können und (5) Assertivität, Durchsetzungsfähigkeiten, z. B. Initiierung von Gesprächen, Schließen von Freundschaften. Im deutschen Sprachraum sind entsprechende *diagnostische Verfahren* als Selbstberichts- oder Fremdberichtsfragebögen zur Messung sozialer Kompetenz bei Kindern bisher nur als Teilskalen umfassenderer Testverfahren veröffentlicht worden (Überblick s. Petermann/Petermann 2008). Für *Erwachsene* existieren ein umfänglicher (Kanning 2009) und ein sparsamerer Selbstbeschreibungsfragebogen (Riemann/Allgöwer 1993). Da soziale Kompetenz ein sozial hoch erwünschtes Merkmal ist, könnte man erwarten, dass standardisierte Beobachtungsverfahren zu valideren und reliableren Ergebnissen führen als Selbstberichtsfragebögen. Allerdings sind solche Verfahren wesentlich aufwändiger in der Durchführung (vgl. Kanning 2003). In der Klinischen Psychologie gibt es Interaktions- und Beobachtungsverfahren zur Diagnose von Störungen mit einer Sozialkompetenzkomponente, wie z. B. Autismus-Spektrums-Störung, in denen das kritische Sozialverhalten in standardisierten Situationen ausgelöst und dann anhand der beobachteten Reaktionen diagnostiziert wird.

Der *Prozess*, der in mehr oder weniger sozial kompetentem Verhalten resultiert, wird z. B. nach dem Modell der sozialen Informationsverarbeitung von Crick und Dodge (1994) beschrieben. Danach bestimmen (1) die biologische und genetische Ausstattung und spezifische Lernerfahrungen, wie eine Person einen sozialen Reiz (2) wahrnimmt, (3) enkodiert und (4) interpretiert. Es folgt (5) eine Festlegung von Zielen für den Ausgang der sozialen Interaktion, (6) die Wahl einer passenden zielführenden Aktion aus dem Verhaltensrepertoire, (7) die Bewertung der möglichen Aktionen bezüglich Angemessenheit und Effizienz und (8) eine Aktion oder Unterlassung. Danach führen (9) die Konsequenzen zu (10) neuen Verarbeitungsprozessen, so dass ein beständiger Zyklus aus Reizwahrnehmung, Interpretation und Aktion entsteht. Diese Prozesse laufen automatisiert ab, nur im Falle eines Versagens des Automatismus setzt eine bewusste, reflektierende Kontrolle ein.

Ein Beispiel: Ein Kind wird während der Hofpause von einem anderen Kind, das in einer Gruppe spielt, herbeigerufen – das ist der soziale Reiz. Es könnte nun überhaupt keine Wahrnehmung stattfinden, weil das Kind schwerhörig ist (biologische Ausstattung) oder weil es den Reiz nicht auf sich bezieht (genetische Ausstattung, z. B. Autismus-Spektrums-Störung), oder eine Wahrnehmung und Enkodierung als negativ, weil das Kind die Erfahrung gemacht hat, dass es herbeigerufen und dann gehänselt wird, oder eine Enkodierung als positiv, weil es gelernt hat, dass sein Freund es beim Spielen gerne dabei hat. Je nach Wahrnehmung und Enkodierung kommt es zu keiner Interpretation oder zu einer Interpretation als Bedrohung oder freundliche Aufforderung. Entsprechend wird als Ziel festgelegt, sich der Aufforderung zu entziehen oder ihr nachzukommen. Die Zielbewertung könnte dann sein, dass es sicherer ist, sich taub zu stellen, oder dass es richtig ist, der Aufforderung zu folgen. Ein Vermeidungsverhalten wird kurzfristig dazu führen, dass man Entlastung von unangenehmen Befürchtungen verspürt und damit das Vermeidungsverhalten verstärkt wird, es wird also langfristig eine Wiederholungswahrscheinlichkeit aufgebaut. Gleiches gilt für Hingehen und Mitspielen, wenn damit eine positive Erfahrung verbunden ist. Geht man allerdings hin und trifft unerwartet auf den übelsten Streithahn der Klasse, wird der Automatismus unterbrochen. Die Bedrohungswahrnehmung führt dann dazu, dass man sich etwas Neues ausdenken muss, also im Prozess zurück geht zur Enkodierung.

Ergänzen lässt sich dieses einfache Modell um Komponenten aus dem Modell prosozialen Verhaltens von Eisenberg u. a. (2006) und dem Modell des

Hilfehandelns von Latané und Darley (1970). Danach haben neben den *Personenfaktoren* (genetische, biologische, Lernerfahrungen) auch noch *situative Faktoren* einen Einfluss darauf, wie ein sozialer Reiz wahrgenommen, enkodiert und interpretiert wird (z. B. der momentane Gefühlszustand des Akteurs oder ob die Situation einfach oder schwierig ist, etwa wenn viele Zuschauer anwesend sind). Die Zielbildung wird von *motivationalen Evaluationen und emotionalen Reaktionen* beeinflusst (z. B. könnte das ängstliche Kind die Motivation haben, sich nicht nur zu schützen, sondern auch mit den Anderen zu spielen).

Die angedeuteten *Konsequenzen* mehr oder weniger sozial kompetenten Verhaltens sind häufig das Resultat von zirkulären Prozessen: Mit der positiven Verstärkung, die sozial kompetentes Verhalten erfährt, wird die Wahrscheinlichkeit erhöht, dass es in der nächsten passenden Situation wieder ausgeübt wird, es kommt zu einer Übung und *Erhöhung der sozialen Kompetenz*. Wird sozial inkompetentes Verhalten bestraft, wird es möglicherweise nicht mehr auftreten, es wird aber keine Alternative gelernt, so dass es häufig zu *Vermeidungsverhalten* kommen wird. Dies wirkt negativ verstärkend, weil es die Furcht vor sozialen Situationen oder dem eigenen Fehlverhalten nimmt, es kann ein Teufelskreis entstehen (Petermann/Petermann 2010). Im Gegensatz zu vermeidendem Verhalten steht ein hoch assertives bis aggressives, dominantes Verhalten. Ist ein solches Verhalten erfolgreich, führt das Erlebnis, dass man durch Aggressivität und Dominanz die Oberhand behalten kann, zu einer Verminderung der sozialen Angst und damit einer negativen Verstärkung: Die unangenehme Angst verschwindet, die Person kann sich zum *Bully* oder *Angstbeißer* entwickeln. Längerfristig sind sowohl sozial Ängstliche als auch sehr Dominante *wenig beliebt*, sozial kompetente Menschen haben *mehr Freunde*, sind sozial eingebundener, *erfolgreicher* in Schule und Beruf und entwickeln sich insgesamt *positiver* (z. B. Eisenberg u. a. 2006).

Als *Prädiktoren* sozialer Kompetenz kommen alle Variablen in Betracht, die einen Einfluss auf die einzelnen Schritte des Prozesses einer sozial kompetenten Aktion haben können (Überblicke dazu bei Eisenberg u. a. 2006). Die am häufigsten untersuchten und am besten belegten Prädiktoren sind im kognitiven, sozial-kognitiven sowie Persönlich-

keitsbereich zu finden; viele haben eine biologisch-genetische Basis, werden aber auch zu einem erheblichen Anteil durch Sozialisation und Erziehung vermittelt: *Intelligenz* und kognitive Kapazität sind erforderlich, um eine Situation richtig zu entschlüsseln, Konsequenzen möglicher Handlungen zu antizipieren, die passende Handlung auszuwählen und im Repertoire zu identifizieren. Entsprechend haben sich hochintelligente Kinder und Jugendliche als signifikant sozial kompetenter erwiesen als durchschnittlich intelligente (Shechtman/Silektor 2012). Die *Fähigkeit zur Perspektivenübernahme* sowie *Emotionsverständnis* erleichtern das Verstehen eines Gegenübers in einer sozialen Situation und somit auch *Empathie*. Alle drei sagen prosoziales Verhalten vorher, besonders gut, wenn die erforderlichen sozialen Fertigkeiten (z. B. Assertivität), eine *emotionale Motivation* (z. B. Sympathie) und *moralische Normen* hinzu kommen (sind aber die beiden letzten Komponenten negativ, können gut ausgeprägte Perspektivenübernahme und Emotionsverständnis auch besonders perfide antisoziale Aktionen begünstigen!). *Soziabilität* versus *Schüchternheit* im Sinne von sozialer Ängstlichkeit sind insofern bedeutsam, als Menschen, die gerne mit Anderen zusammen sind, sich für Fremde interessieren und ihnen offen gegenüber treten, in höherem Ausmaß bereit sind, sich auf andere einzustellen und sich prosozial zu verhalten, insbesondere dann, wenn sie entsprechende moralische Werte und Normen internalisiert haben. Allerdings sind auch schüchterne Menschen mitunter sehr prosozial und um sozial kompetentes Verhalten bemüht, insbesondere dann, wenn es verlangt wird oder mit sozialer Anerkennung verbunden ist. Eine *positive Emotionalität* und ausgeprägte *Selbstregulationskompetenzen* sind weitere Prädiktoren: Die Fähigkeit, die eigenen Emotionen und das eigene Verhalten zu modulieren, wirkt impulsivem Verhalten entgegen und hilft, Distanz zu den eigenen Emotionen zu wahren, so dass der Blick für die Bedürfnisse der Sozialpartner nicht von den eigenen Befindlichkeiten und Bedürfnissen verstellt wird. Schließlich sprechen viele Befunde für eine höhere soziale Kompetenz des weiblichen *Geschlechts*. Bereiche, in denen Jungen und Männer überlegen sind, sind instrumentelle Hilfeleistungen und Heldentaten. Im *schulischen Umfeld* spielen *soziale Unterstützung* durch Lehrkräfte und Mitschüler eine wichtige Rolle sowie ein *Klima* der

gegenseitigen Unterstützung, Förderung und Forderung (Jerusalem/Klein-Heßling 2002).

Die Assertivitätskomponente der sozialen Kompetenz setzt *Selbstwirksamkeits- und Kompetenzüberzeugungen* voraus, für deren Entwicklung
sprachliche Kompetenzen von großer Bedeutung
sind: »Zweifel an den eigenen sozialen Fähigkeiten
führen nicht zu kompetentem Sozialverhalten sondern zur Vermeidung sozialer Situationen oder zu
sozial unsicherem Verhalten« (ebd., 165).

2. Zusammenhänge zwischen Erziehung, Sozialisation und sozialer Kompetenz

Unter *Erziehung* wird eine soziale Handlung verstanden, mit der eine Person beabsichtigt, bei einer
anderen Person eine dauerhafte psychologische
Veränderung im Sinne eines bestimmten Verhaltens, Erlebens, Denkens u. a. zu erreichen. *Sozialisation* umfasst hingegen Prozesse, mit denen Individuen gesellschaftsfähig werden, in denen sie
durch Vertreter der Gesellschaft in sozialen Interaktionen soziale Regeln, Normen, Umgangsformen usw. erwerben, was im Unterschied zu Erziehung nicht unbedingt intentional geschehen muss.
Wenn ein Kind beobachtet, wie sein Vater die anderen Familienmitglieder fragt, ob sie noch etwas
essen möchten, bevor er sich den letzten Rest der
Mahlzeit nimmt, handelt es sich um Sozialisation.
Fragt er aber das Kind, was mit dem Rest der Mahlzeit geschehen sollte, um ihm eine sozial verträgli-
che Lösung zu vermitteln, handelt es sich um Erziehung.

Erziehungsverhalten wird meist in Form von *Erziehungsstilen* untersucht, »interindividuell variable, aber intraindividuell vergleichsweise stabile
Tendenzen von Eltern, bestimmte Erziehungspraktiken zu manifestieren« (Krohne/Hock 2001, 139).
Erziehungsstile haben wesentlichen Einfluss auf
das *kindliche Sozialverhalten*, aber auch auf andere
Verhaltensbereiche. Allerdings hat das kindliche
Sozialverhalten auch Einflüsse auf die Erziehungsstile von Eltern und Erziehern und es gibt Wechselbeziehungen zwischen beiden Instanzen.

Prosoziales Verhalten wird positiv beeinflusst
durch *elterliche Wärme* und eine *unterstützende
Haltung der Eltern* im Umgang mit dem Kind (allerdings gibt es auch wenige gegenläufige Befunde).

Ein *induktiver Erziehungsstil*, der mit Begründungen und Erklärungen oder auch dem Bezug auf
Werte, die die Eltern selbst vorleben, Kinder und
Jugendliche verbal diszipliniert oder von ihnen
Verhaltensänderungen einfordert, fördert die Mo-
ral- und Empathieentwicklung und wirkt sich
günstig auf die Prosozialität aus. Dabei hat sich die
Kombination mit einem entwicklungsangemesse-
nen *demokratischen Stil* als besonders effektiv erwiesen (also keine ausführlichen verbalen Begründungen bei Zweijährigen). Positive Effekte haben
angemessene Kontrolle und Monitoring – ein Erziehungsstil, der es versteht, die Eltern in einem positiven Klima über ihre Kinder und Aktivitäten informiert zu halten, sowie von elterlichem *Modell-
verhalten*, das Kinder zu Hilfe und kompetentem
Verhalten anleitet und prosoziales und kompetentes Verhalten *bestärkt* – günstig sind *dispositionale
Verstärkungen*, die auf Kompetenz als Eigenschaft
des Kindes abheben. Ebenfalls günstig ist »*learning
by doing*«, wenn Eltern oder Erzieher Kinder und
Jugendliche in hilfreiche, kompetente Aktionen
einbinden, sei es bei der routinemäßigen Haus-
haltshilfe oder bei Freiwilligendiensten in Schule
und Freizeit, und ihnen so *Gelegenheiten zu Kom-
petenzerlebnissen* verschaffen, die ins Selbstkonzept
integriert werden. *Emotionssozialisation* im Sinne
einer verständnisvollen, akzeptierenden, nicht
strafenden Unterstützung der Eltern und Erzieher
bei der Bewältigung negativer Emotionen hilft
Übererregung, Verhaltensblockaden und inkompetentes Verhalten zu vermeiden und schafft damit
Kapazität für prosoziales und sozial kompetentes
Verhalten. Dazu gehören auch elterliches Modell-
verhalten im kompetenten Umgang mit Emotionen, nicht intrusive, modulierte Gespräche über
Emotionen, das Zeigen positiver Emotionen in der
Familie und Erklärungen negativer Emotionen
und Konflikte, so dass Kinder sich bei Konflikten
nicht eingeschüchtert zurück ziehen müssen.
Überwiegend negative Effekte auf prosoziales Verhalten werden hingegen von *machtorientiertem*
und *punitivem* Erziehungsverhalten berichtet
(Überblicke s. Eisenberg u. a. 2006; Jerusalem/
Klein-Heßling 2002; Reichle/Franiek 2009).

Sozial-emotionale Kompetenz von Grundschülern hängt positiv mit mütterlicher Sensitivität in
den ersten Lebensjahren, einem positiven (freund-
lichen, interessierten, verstärkenden), involviertem
(anteilnehmendem, das Kind in seinen Aktivitäten

unterstützendem) und verantwortungsbewusstem *Erziehungsstil* zusammen, negativ mit exzessiver außerfamiliärer Betreuung im ersten Lebensjahr (zusammenfassend Jacob 2009), einem inkonsistenten Erziehungsstil, geringem Monitoring und körperlichem Strafen (Reichle/Franiek 2009): Ein positiv verstärkendes, unterstützendes Erziehungsverhalten hilft beim Aufbau des erwünschten Verhaltens, Inkonsistenz verwirrt und unterminiert die Autorität der Erzieher, geringes Monitoring kann Gleichgültigkeit signalisieren und setzt die erzieherische Kontrolle zu früh aus, körperliches Strafen unterminiert den Selbstwert des Kindes und die Beziehung zu den Erziehenden.

Auch das *Konfliktbewältigungsverhalten der Eltern in Alltagskonflikten* beeinflusst die Sozialkompetenzentwicklung: Eltern, die ihre Partnerschaftskonflikte positiv und konstruktiv lösen, erziehen auch ihre Kinder in dieser Weise und die Kinder verhalten sich in ihren sozialen Interaktionen entsprechend sozial kompetent (Reichle/Franiek/Dette-Hagenmeyer 2010). Sowohl die Paar- als auch die Eltern-Kind-Beziehung sind also durch ein positives oder negatives Klima gekennzeichnet, das es im positiven Fall den Eltern ermöglicht, für ihre Kinder emotional verfügbar zu sein. Im negativen Fall, wenn Eltern bei Konflikten in der Partnerschaft zu Resignation bzw. Rückzugsreaktionen neigen, sind sie weniger konsistent in ihrem Erziehungsverhalten, was mit oppositionell-aggressivem Verhalten der Kinder einhergeht. Ein derartiges Konfliktverhalten in der Elternpartnerschaft beeinträchtigt also ein konsequentes und entwicklungsförderliches Erziehungsverhalten der Eltern, indem es Ressourcen der Eltern abzieht, die dann beim Erziehungsverhalten fehlen. Die kindliche Sozialentwicklung hängt also sowohl direkt mit dem Konfliktstil ihrer Eltern zusammen, als auch indirekt, vermittelt über das Erziehungsverhalten.

Untersuchungen zum *Zusammenspiel von Anlage- und Umwelteinflüssen*, das in allen Modellen zur Vorhersage sozial kompetenten Verhaltens postuliert wird, sind erst in den letzten Jahren verstärkt vorgelegt worden. Unter dem Paradigma der *differenziellen Empfänglichkeit* lässt sich zeigen, dass bestimmte Elternverhaltensweisen nur bei Kindern mit einer bestimmten *genetischen Ausstattung* problematisch sind, Kinder mit einer anderen biogenetischen Ausstattung sind hingegen robust: Kinder mit der Genotyp-Variante des DRD4-Do-

pamin-Rezeptor-Gens ohne 7-repeat-Allel erwiesen sich als vulnerabel gegenüber unsensiblem Mutterverhalten und entwickelten desorganisiertes Verhalten, Kinder mit diesem Allel waren dagegen robust (Gervai/Ronai/Lyons-Ruth 2007). Letztere erwiesen sich als sehr hilfsbereit, wenn sie eine sichere Bindung zu ihrer Bezugsperson hatten, aber kaum hilfsbereit, wenn sie unsicher gebunden waren. Die Hilfsbereitschaft von Kindern ohne dieses Allel lag zwischen diesen beiden Gruppen (Bakermans-Kranenborg/van IJzendoorn 2011). Solche Untersuchungen zeigen, dass das Zusammenspiel von biogenetischer Anlage und Umwelt nicht nur additiv sein kann, sondern dass es vielmehr komplexe Interaktionen zwischen Anlage und Umwelt sind, die dazu führen, ob sich ein Individuum zu einem sozial kompetenten oder inkompetenten Menschen entwickelt. Dieses Wissen kann man erzieherischen Interventionen zugrunde legen.

3. Förderung sozialer Kompetenz

Wenn man aus Forschungsbefunden weiß, welche Faktoren und Prozesse die Entwicklung sozialer Kompetenz günstig beeinflussen, kann man versuchen, diese Faktoren und Prozesse herzustellen. Wenn man darüber hinaus weiß, welche Umweltfaktoren und Veranlagungen ein besonderes Gefährdungspotenzial darstellen, kann man die Intervention genau dieser Zielgruppe zukommen lassen und so Zeit und Mittel bei Gruppen sparen, von denen man weiß, dass sie weniger auf die fraglichen Faktoren reagieren oder weniger gefährdet sind. So wurde z.B. eine groß angelegte »Fast Track« Intervention mit Erstklässlern in armen Vierteln durchgeführt, die im Kindergarten wegen aggressivem Verhalten aufgefallen waren, und die Eltern einbezogen, nachdem sich Armut, frühe Aggressivität, Schulversagen und misshandelnde Eltern als Risikofaktoren für eine kriminelle Karriere erwiesen hatten. Unter anderem wurden die soziale Informationsverarbeitung von Kindern trainiert und Eltern in positivem Elternverhalten unterwiesen. Im Vergleich zu einer Kontrollgruppe setzten die trainierten Eltern wesentlich weniger harte Erziehungsmaßnahmen ein, erwiesen sich die trainierten Kinder als signifikant sozial kompetenter, nach 8 Jahren als weniger kriminell und nach 9 Jahren als weniger verhaltensauffällig. Wenn eine kriminelle Karriere Kosten in Höhe von 1.3 Millionen Dollar verursacht und zehn Jahre »Fast Track« mit einem Risikokind 40.000 Dollar, lohnt sich das Präventionsprogramm bereits, wenn nur 3 % der Kinder weniger kriminell werden, rechnet Kenneth Dodge, einer der beteiligten Forscher vor (Crawford 2002).

Die Befunde über die positiven Konsequenzen sozialer Kompetenz sowie die negativen Konsequenzen sozial inkompetenten Verhaltens legen es nahe, entsprechende Interventionen zur Förderung sozial kompetenten Verhaltens zu entwickeln. Die Zielverhaltensweisen sind aus den Definitionen, Prozessmodellen und Diagnosekatalogen sozialer Kompetenz bekannt. Die Ansatzpunkte liefern Befunde über die Prädiktoren einer Entwicklung zu sozialer Kompetenz bzw. Inkompetenz. An diesen Prädiktoren, beispielsweise dem Emotionsverständnis, der Empathieentwicklung, der Stärkung des Selbstbewusstseins, dem elterlichen Erziehungsstil, den elterlichen Konfliktlösekompetenzen, der elterlichen Sensibilität im Umgang mit dem Kind, können Interventionen ansetzen. Oder sie können direkt das Zielverhalten zu vermitteln versuchen. Das kann entweder *universell-präventiv* für alle Kinder, Jugendlichen oder Erwachsenen geschehen oder, wie im oben genannten Beispiel, *indiziert-präventiv*, zugeschnitten auf eine Risikogruppe, von der man weiß, dass sie besonders gefährdet ist, z. B. Kinder mit einem Handicap aufgrund einer bestimmten biogenetischen Ausstattung oder Kinder, deren Eltern nicht in der Lage sind, einen Erziehungs- und Sozialisationshintergrund zu erzeugen, der die Entwicklung sozialer Kompetenz bei ihrem Kind unterstützt, weil sie beispielsweise ihre ganze Kraft für die Bewältigung kritischer Lebensereignisse benötigen. *Korrektiv* wird interveniert, wenn bereits Kompetenzdefizite vorliegen. Im Folgenden werden selektiv einige deutsche Programme als Beispiele für die verschiedenen Ansatzpunkte genannt, die evidenzbasiert evaluiert sind, d. h. in einem kontrollierten Vergleich mit einer nicht trainierten Kontrollgruppe signifikante Unterschiede in den angezielten Effekten zugunsten der Trainingsgruppen erbracht haben.

Zu den am weitesten verbreiteten evaluierten *universell präventiven* Programmen zählen »Second Step« und »Dinosaur Social and Emotional Skills Curriculum« für Kindergartenerzieher und Grundschullehrkräfte, inzwischen zur Serie »The Incredible Years« ausgebaut (Webster-Stratton 2011), mit einem universellen Training für Säuglingseltern, einem Kindergartenkinderprogramm, Risikogruppentrainings sowie Trainings für bereits auffällige Kinder und Jugendliche. Die Zielgruppen sind Eltern, Erzieher, Kinder, durchgeführt werden die Programme von Erziehern, Sozialarbeiterinnen, Lehrkräften sowie Psychologen. Eltern und Erziehern werden Bindungsaufbau- und Erziehungsverhalten auf der Grundlage der kognitiven sozialen Lerntheorie (z. B. konsistentes Erziehungsverhalten, Bekräftigung für angemessenes Verhalten, Emotionsverständnis, Vermeidung von Zwangsprozessen in der Erziehung, Aufbau von Selbstvertrauen bei allen Beteiligten) und der Modelllerntheorie vermittelt. Die Kinder lernen Emotionsverständnis, Perspektivenübernahme und Empathie, Konfliktlösetechniken, Reaktionskontrolle, höfliches Verhalten. Die deutsche Adaptation ist das sehr umfassende »Faustlos« (Cierpka u. a. 2001), das für *Kindergartenkinder, Grundschule und Sekundarstufe* vorliegt. Das wesentlich schlankere Prosozialitätstraining für Grundschulkinder »Ich bleibe cool« (Roth/Reichle 2008, Roth/Reichle 2007) greift einige Komponenten aus »Incredible Years« auf, enthält aber auch Techniken der kognitiven Emotionskontrolle (Montada 1989) und eignet sich besonders für Schulanfänger zur Einführung in die neue soziale Welt der Schule. Ein Programm mit einem indiziert-präventiven Zuschnitt für schüchterne, sozial ängstliche Grundschulkinder haben Ahrens-Eiper, Leplow und Nelius (2009) und Petermann und Petermann (2010) vorgelegt.

Für *Jugendliche* enthält das Lebenskompetenzprogramm »Fit for Life« (Jugert u. a. 2001) Module zum Sozialkompetenztraining. An *Erwachsene* wendet sich das »Gruppentraining sozialer Kompetenzen« (Hinsch/Pfingsten 2007), von dem auch eine Variante zum Selbststudium vorliegt (Hinsch/Wittmann 2003).

Primär präventive Programme mit einem frühen Ansatzpunkt bei *werdenden Eltern und Eltern von Säuglingen* vermitteln Bindungskompetenzen, Partnerschaftskompetenzen, Wissen über die frühkindliche Entwicklung und Erziehungskompetenzen (Ziegenhain u. a. 2006). Ein *Elterntraining*, das später einsetzt, ist das international verbreitete Programm Triple P (Heinrichs u. a. 2006).

Zusammengefasst ist soziale Kompetenz ein Sammelbegriff für verschiedene zeitstabile Kompetenzen, die sich mit der zunehmenden Erforschung von Teilkompetenzen nur noch schwer überschauen und bündeln lassen. Die Zukunft wird wohl eher in den Teilkompetenzen Prosozialität, Hilfsbereitschaft, Assertivität und Höflichkeit liegen. Jede dieser Teilkompetenzen ist zu einem erheblichen Teil durch elterliches Erziehungsverhalten sowie familiäre und schulische Sozialisation bedingt, zunehmend werden auch Wechselwirkungen mit der biologisch-genetischen Disposition sichtbar. Man wird daher bald genauer spezifizieren können, bei welchen Menschen welche Erziehungspraktiken zu sozialer Kompetenz oder Inkompetenz führen können. Eine ganze Reihe von Trainings nutzt die bekannten Ursachen und Erscheinungsformen, um soziale Kompetenz zu vermitteln, Gewalt zu reduzieren, Schulleistung zu fördern und andere positive Folgen sozialer Kompetenz zu erzielen. Ihre Effektivität ist in vielen Studien evidenzbasiert nachgewiesen. Die Bildungspläne der Schulen postulieren zunehmend die Erziehung zur sozialen Kompetenz, erste Versuche einer institutionalisierten, didaktisierten erzieherischen Vermittlung in Schule und Elternbildung liegen vor. Die Zukunft wird hoffentlich in einer weiteren Verbreitung einschlägiger Trainingsprogramme in der Schule sowie einer höheren Institutionalisierung und Professionalisierung der entsprechenden Elternbildung liegen (modellhaft z. B. in Großbritannien Scott 2010).

Literatur

Ahrens-Eipper, Sabine/Leplow, Bernd/Nelius, Karin: *Mutig werden mit Til Tiger. Ein Trainingsprogramm für sozial unsichere Kinder.* Göttingen [2]2009.

Bakermans-Kranenburg, Marian/van IJzendoorn, Marinus: »Differential susceptibility to rearing environment depending on dopamine-related genes: New evidence and a meta-analysis«. In: *Development and Psychopathology* 23 (2011), 39–52.

Caldarella, Paul/Merrell, Kenneth W.: »Common dimensions of social skills of children and adolescents: A taxonomy of positive behaviours«. In: *School Psychology Review* 26 (1997), 264–278.

Cierpka, Manfred/Schick, Andreas/Ott, Isabel/Schütte, Ilse: Faustlos. Ein Curriculum zur Prävention von aggressivem und gewaltbereitem Verhalten bei Kindern der Klasse 1 bis 3. Göttingen 2001.

Crawford, Nicole: »Science-based program curbs violence in kids«. In: *APA Monitor* 33.10 (2002), 38.

Crick, Nicki R./Dodge, Kenneth A.: »A review and reformulation of social information processing mecha-

nisms in children's social adjustment«. In: *Psychological Bulletin* 115 (1994), 74–101.

Ebstein, Richard P./Israel, Salomon/Chew, Soo Hong/Zhong, Songfa/Knafo, Ariel: »Genetics of human social behavior«. In: *Neuron* 65 (2010), 831–844.

Eisenberg, Nancy/Fabes, Richard A./Spinrad, Tracy L.: »Prosocial development«. In: Damon, William/Richard M. Lerner (Series Ed.)/Eisenberg, Nancy (Vol. Ed.): *Handbook of child psychology.* New York [6]2006, 646–718.

Gervai, Judit/Ronai, Zsolt/Lyons-Ruth, Karlen: »Infant genotype may moderate sensitivity to maternal affective communications: Attachment disorganization, quality of care, and the DRD4 polymorphism«. In: *Social Neuroscience* 2 (2007), 307–319.

Heinrichs, Nina/Hahlweg, Kurt/Bertram, Heike/Kuschel, Annett/Naumann, Sebastian/Harstick, Sylvia: »Die langfristige Wirksamkeit eines Elterntrainings zur universellen Prävention kindlicher Verhaltensstörungen: Ergebnisse aus Sicht der Mütter und Väter«. In: *Zeitschrift für Klinische Psychologie und Psychotherapie* 35 (2006), 82–96.

Hinsch, Rüdiger/Pfingsten, Ulrich: *Gruppentraining sozialer Kompetenzen. Grundlagen, Durchführung, Anwendungsbeispiele.* Weinheim [5]2007.

Hinsch, Rüdiger/Wittmann, Simone: *Soziale Kompetenz kann man lernen.* Weinheim 2003.

Jacob, Jenet I.: »The socio-emotional effects of non-maternal childcare on children in the USA: A critical review of recent studies«. In: *Early Child Development and Care* 179 (2009), 559–570.

Jerusalem, Matthias/Klein-Heßling, Johannes: »Soziale Kompetenz. Entwicklungstrends und Förderung in der Schule«. In: *Zeitschrift für Psychologie* 210 (2002), 164–174.

Jugert, Gert/Rehder, Anke/Notz, Peter/Petermann, Franz: *Soziale Kompetenz für Jugendliche: Grundlagen, Training und Fortbildung.* Weinheim 2001.

Kanning, Uwe P.: *Diagnostik sozialer Kompetenzen.* Göttingen 2003.

Kanning, Uwe P.: *ISK. Inventar sozialer Kompetenzen.* Göttingen 2009.

Krohne, Heinz W./Hock, Michael: »Erziehungsstil«. In: Rost, Detlef H. (Hg.): *Handwörterbuch Pädagogische Psychologie.* Weinheim [2]2001, 139–146.

Latané, Bibi/Darley, John M.: *The unresponsive bystander. Why doesn't he help?* New York 1970.

Montada, Leo: »Bildung der Gefühle?« In: *Zeitschrift für Pädagogik* 35 (1989), 293–312.

Oakley, Barbara/Knafo, Ariel/Madhavan, Guruprasad/Wilson, David S.: *Pathological altruism.* New York 2012.

Petermann, Ulrike/Petermann, Franz: »Diagnostik sozialer und kommunikativer Kompetenzen«. In: Irblich, Detlef/Renner, Gerolf (Hg.): *Diagnostik in der Klinischen Kinderpsychologie. Die ersten sieben Lebensjahre.* Göttingen 2008, 223–235.

Petermann, Ulrike/Petermann, Franz: *Training mit sozial unsicheren Kindern*. Weinheim [10]2010.

Reichle, Barbara/Franiek, Sabine: »Erziehungsstil aus Elternsicht – Deutsche Erweiterte Version des Alabama Parenting Questionnaire für Grundschulkinder (DEAPQ-EL-GS)«. In: *Zeitschrift für Entwicklungspsychologie und Pädagogische Psychologie* 41 (2009), 12–25.

Reichle, Barbara/Franiek, Sabine/Dette-Hagenmeyer, Dorothea: »Frühe Sozialisation und Erziehung in der Familie: Konfliktbewältigung in der Elternpartnerschaft, Erziehungsstil und das Sozialverhalten angehöriger Kinder«. In: Walper, Sabine/Wendt, Verena (Hg.): *Partnerschaften und die Beziehungen zu Eltern und Kindern*. Würzburg 2010, 241–267.

Riemann, Rainer/Allgöwer, Annette: »Eine deutschsprachige Fassung des »Interpersonal Competence Questionnaire« (ICQ)«. In: *Zeitschrift für Differentielle und Diagnostische Psychologie* 14 (1993),153–163.

Roth, Ina/Reichle, Barbara: »Beziehungsorientierte Intervention am Beispiel des »Ich bleibe cool«-Trainings zur Förderung prosozialer Verhaltensweisen und konstruktiver Konfliktlösestrategien bei Kindern im Grundschulalter«. In: *Praxis der Kinderpsychologie und Kinderpsychiatrie* 56 (2007), 463–482.

Roth, Ina/Reichle, Barbara: *Prosoziales Verhalten lernen. »Ich bleibe cool« – Ein Trainingsprogramm für die Grundschule*. Weinheim 2008.

Scott, Stephen: »National dissemination of effective parenting programmes to improve child outcomes«. In: *The British Journal of Psychiatry* 196 (2010), 1–3.

Shechtman, Zipora/Silektor, Anat: »Social competencies and difficulties of gifted children compared to nongifted peers«. In: *Roeper Review* 34 (2012), 63–72.

Webster-Stratton, Carolyn: *The incredible years. Parents, teachters, and children's training series. Program content, method, research, and dissemination 1980–2011*. Seattle 2011. http://www.incredibleyears.com/download/The-Incredible-Years-Parent-Teacher-Childrens-Training-Series-1980–2011p.pdf.

Ziegenhain, Ute/Gebauer, Sigrid/Kolb, Anne-Katrin/Reichle, Barbara/Franiek, Sabine: *Auf den Anfang kommt es an. Ein Kurs für junge Eltern*. Mainz 2006.

Barbara Reichle

6. Spiritualität

1. Einführung

Spiritualität ist ein noch relativ junger und vergleichsweise undefinierter Begriff. Es gibt heutzutage eine unüberschaubare Anzahl von Angeboten, etwa im Bereich der Psychotherapie oder der Esoterik, die mit dem Begriff der *Spiritualität* werben und damit beträchtlichen Umsatz generieren. Aber auch im Bereich der Kindheitsforschung hat Spiritualität in den letzten Jahren erheblich an Bedeutung gewonnen. Spiritualität ist *en vogue* und erfreut sich – im Gegensatz zu dem eher angestaubten Begriff der *Religion* – einer sehr positiven Konnotation. Spiritualität soll hier im Zusammenhang mit Faktoren angesprochen werden, die zu einer positiven Erziehung und Entwicklung von Kindern und deren Wohlbefinden bzw. Wohlergehen beitragen.

Einleitend sei darauf hingewiesen, dass die von der UNESCO einberufene *International Commission on Education for the Twenty-first Century* das Prinzip aufstellte, wonach Erziehung einen Beitrag leisten soll »to every person's complete development« und dass diese *completeness*, diese ganzheitliche Entwicklung, Folgendes betreffen müsse: »Mind and body, intelligence, sensitivity, aesthetic appreciation *and spirituality*« (www.unesco.org/delors/ltobe.htm: Hervorh. K.B.), Erziehung hat also dem holistischen Wohlbefinden von Kindern zu dienen, darunter auch dem *spirituellen*.

Das *European Institute of Education and Social Policy* (EIESP), das zusammen mit einem Stiftungskonsortium die Kampagne *Learning for Wellbeing* ins Leben gerufen hat, beruft sich nicht nur auf den Bericht der erwähnten UNESCO-Kommission, sondern verweist auch auf die Kinderrechtskommission: »The right to a sense of spiritual well-being is firmly embedded in the 1989 United Nations Convention on the Rights of the Child and a clear duty is placed on all those involved to ensure that a child or young person's spiritual well-being is nurtured along with his or her physical and intellectual well-being« (Kickbusch 2012).

Zum Gedeihen und Wohlbefinden von Kindern tragen (als Teil einer ganzheitlich verstandenen Erziehung) eine Reihe von elementaren Faktoren bei, nämlich: gesunde Ernährung, Zugang zu Gesundheitsdiensten, elterliche Zuwendung, frühe Stimulation (Spiel und Kindergarten), Schulbildung, Freizeitmöglichkeiten, Partizipationsmöglichkeiten, Freundschaften, Vorbilder, kreative Entfaltungsmöglichkeiten usw. Aber trägt auch Spiritualität zum Gedeihen von Kindern bei?

Ob die letzte Frage positiv beantwortet werden kann, hängt freilich von der Definition des Begriffs ›Spiritualität‹ ab. Allerdings gab es bislang kaum eine klare Definition, weshalb es auch noch nicht möglich war, eine positive Auswirkung der Spiritualität auf das Wohlbefinden von Kindern empirisch zu belegen. Es ist deshalb Ziel dieses Kapitels, Spiritualität im Sinne des Wohlbefindens von Kindern zu definieren, um dann aufzuzeigen, wie eine so definierte Spiritualität zur positiven Entwicklung und Erziehung von Kindern beitragen kann.

2. Spiritualität als neues Forschungsfeld

2004 veröffentlichte der Australier David Tacey sein Buch *The Spirituality Revolution – The emergence of contemporary spirituality*. Nach Tacey bezieht sich das Interesse an Spiritualität vor allem auf die Erwartungen, die im Hinblick auf ihre positiven Auswirkungen für Gesundheit und Wohlbefinden gehegt werden (Tacey 2004, 1). Schon 1990 hatte Robert Coles sein Buch *The Spiritual Life of Children* veröffentlicht, in dem er auf tiefgründige Analysen und Definitionen verzichtete und stattdessen Kinder zu ihrer eigenen Spiritualität befragte. Neben christlichen, muslimischen und jüdischen Kindern befragte er auch Kinder aus areligiösen Elternhäusern. Wir zitieren hier beispielhaft den 12jährigen Eric:

> Mit Religion habe ich's nicht so [...] Mein Dad macht sich über Religion lustig [...] Religion bedeutet mir nicht viel – in die Kirche gehen; aber manchmal stell ich mir Fragen [...] ich guck zum Himmel, frag' mich: was gibt's da oben – ich meine, außer Sonne, Mond und Sterne. Sonst noch was? Wer weiß? Ich hab' keine Ahnung. Die meiste Zeit lebe ich nur so von einer Minute zur nächsten [...] Nur wenn was Ungewöhnliches passiert, dann frag ich mich: Was geht da vor? Was soll das alles? [...] Dann frag ich mich, wie das

hier alles angefangen hat. Gibt es einen Gott? Hat er alles in Gang gesetzt? Gibt es noch andere im Universum? Das fragt man sich dann – und dann mach ich weiter wie sonst […] Aber wenn dann so ein Unfall passiert, ganz in der Nähe, und die Fahrerin stirbt […] dann frage ich mich, wie viel Zeit ich noch hab […] Ich denk dann, du bist hier, aber eines Tages bist auch du nicht mehr da. (Coles 1990, 280 ff.).

Nach Coles mögen Kinder zwar nicht alle religiös sein, aber alle haben zumindest Augenblicke, in denen sie zutiefst spirituell sind, »young human beings profane as can be one minute, but the next, spiritual« (ebd., xviii). Und Tobin Hart kommt zu dem Schluss, »that there is a growing body of evidence that children have spiritual capacities and experiences« (Hart 2006, 163).

Ein weiterer Meilenstein der wissenschaftlichen Beschäftigung mit Spiritualität war das Buch *The Spirit of the Child* von David Hay und dessen Doktorandin Rebecca Nye. Hay setzte sich mit Spiritualität theoretisch auseinander, während Nye Kinder befragte (Hay/Nye 2006). Auf der Basis ihres *grounded theory*-Ansatzes (Glaser/Strauss 1999) unternahm sie den Versuch, Spiritualität aufgrund der Aussagen von Kindern zu definieren. Das Ergebnis war das Konzept der *relational consciousness*, wobei sich dieses relationale Bewusstsein nicht nur auf Beziehungen zu andern (Familie, Freunde, Schulkameraden usw.) erstreckte, sondern auch auf die Beziehung des Kindes zur Welt, zu Gott und zu sich selbst (Hay/Nye 2006, 115). Nye zeigte, dass die Kinder auch über ihre eigene Selbstreflexivität reflektierten. Sie waren sich ihrer selbst als Subjekte bewusst. Nye sprach deshalb von *meta-consciousness*.

In den letzten Jahren gab es weitere Veröffentlichungen zur Spiritualität von Kindern wie das von Roehlkepartain u.a. herausgegebene *Handbook of Spiritual Development and Adolescence* (2006). Weitere Publikationen sind *Nurturing Children's Spirituality* (Allen 2008) und *Nurturing Child and Adolscent Spirituality. Perspectives from the World's Religious Traditions* (Yust u.a., 2005).

Es lässt sich also zeigen, dass Spiritualität nicht nur im Bewusstsein der Öffentlichkeit, sondern auch in der Kinderforschung derzeit große Aufmerksamkeit erfährt. »Children's spirituality is receiving attention from scholars like never before« (Boyatzis 2008, 54). Und wichtig ist dabei die Erkenntnis: Kinder besitzen »a natural inclination to-

wards spirituality« (ebd., 47). Kinder sind zuerst spirituell, erst dann werden sie sozialisiert und inkulturiert (ebd.). Manche ForscherInnen sprechen sogar von einer physischen Veranlagung zur Spiritualität (»bodily predisposition«, Hay/Nye 2006, 23), die durch kulturelle Erziehung verdeckt oder gefördert werden kann (ebd., 141). Um es etwas zugespitzt zu sagen: Kinder können durch entsprechende Erziehung ihre Spiritualität bewahren – oder verlieren.

3. Soziologische Gründe für das Aufkommen von Spiritualität

Es gibt Hinweise darauf, dass das wachsende Interesse an Spiritualität mit dem schwindenden Einfluss der Religionen einher geht. Zumindest für die westliche Welt gilt, dass Menschen sich zwar in zunehmendem Maße von religiösen Traditionen losgesagt haben, aber gleichwohl ein Bedürfnis nach Spiritualität verspüren. Besonders Jugendliche fühlen sich keiner bestimmten religiösen Tradition verpflichtet.

Auch gibt es Anzeichen dafür, dass ein Volk seine Religiosität in dem Maße verliert, je besser es sich wirtschaftlich entwickelt. Je mehr Wohlstand, desto mehr Gewicht wird auf individuelle Freiheiten und Entscheidungen gelegt (Lippman/Keith 2006, 117). Auch Bildung und Religion sind umgekehrt proportional zueinander (ebd.). Je gebildeter die Menschen werden, desto weniger religiös sind sie. Bildung fördert eine Säkularisierung, bei der traditionelle religiöse Weltanschauungen und Werte durch nicht-religiöse ersetzt werden.

Aber gerade wegen der in vielen Industrie- und Schwellenländern zunehmenden Säkularisierung entsteht der Wunsch nach spiritueller Orientierung. Säkularisierung kann kein Religions-Ersatz sein. »The problem is that no obvious alternative to religion has emerged with sufficient power to act as a vehicle for the nurture of spiritual awareness« (Tacey 2004, 48). Menschen genießen zwar die Segnungen der modernen Freiheit und Unverbindlichkeit, sind gleichwohl desillusioniert mit einer Säkularisierung, die keinen Lebenssinn verleiht und den spirituellen Hunger nicht stillt. »We need spiritual guidance, but for a variety of historical reasons we cannot return to organized religion or dogmatic theology in their old premodern form«

(ebd., 2004, 2). Aus diesem Grund konnten wir in den letzten Jahren eine Suche nach neuer Spiritualität feststellen, geprägt von der Sehnsucht nach Sinn und der Suche nach Orientierung, aber auch getrübt von der Unsicherheit, was denn Spiritualität überhaupt sei und wie die Sehnsucht nach ihr gestillt werden kann.

Robert Coles begründet das Bedürfnis nach Spiritualität weniger mit gesellschaftlichen Entwicklungen als vielmehr mit der elementaren Bedürfnislage des Menschen: »We are creatures who recognize ourselves as ›adrift‹ or as ›trapped‹ or as ›stranded‹ or as being in some precarious relationship to this world« (Coles 1999, 8). Nach Coles haben wir ein Bedürfnis »to gain for ourselves a sense of where we came from and where we are and where we're going« (ebd.). »Spirituality refers to something fundamental in the human condition, which is not necessarily experienced through the physical senses« (Kickbusch 2012, 40). Demnach wäre Spiritualität Ausdruck unserer menschlichen Entfremdung und Verlorenheit, unseres Gestrandetseins und unserer Sehnsucht nach Sinn und Orientierung. Kinder und Jugendliche brauchen Antworten auf die letzten Fragen nach dem Woher, Wohin und nach ihrer eigenen Identität und Bestimmung.

4. Spiritualität und Religiosität: Überlappung und Abgrenzung

Um Spiritualität besser zu verstehen, ist es nützlich, sie von Religion/Religiosität zu unterscheiden und zu klären, wo beide konvergieren oder divergieren. Es gibt hier Überlappungen ebenso wie Abgrenzungen. Manche Leute sehen keinen Unterschied, aber für die meisten gibt es eine klare Differenz zwischen beiden (Hay/Nye 2006, 19). Spiritualität wird oft als etwas individuell Erfahrbares, Religion als etwas Institutionelles angesehen (King/Benson 2006, 384). Nicht nur Erwachsene, auch Kinder und Jugendliche haben ein ambivalentes Verhältnis zur Religion. In einer internationalen Erhebung bezeichneten sich 34 % der befragten Kinder und Jugendlichen als spirituell *und* religiös. 24 % betrachteten sich als spirituell, aber nicht religiös. Etwa ein Drittel bewertete Religion als »usually bad« (Search Institute 2008, 6). David Hay ließ Jugendliche Assoziationen zu den Begriffen *Religion*

und *Spiritualität* niederschreiben. Religion wurde mit Kirchen, Moscheen, Bibeln, Gebetsbüchern, Pfarrern und religiösen Riten verbunden, zuweilen auch mit Langeweile, Engstirnigkeit, Althergebrachtem, Fanatismus, blindem Eifer, Härte, Verfolgung usw.; Spiritualität hingegen mit wärmeren Begriffen wie Inspiration, Ganzheit, Tiefe, persönliche Andacht, Gebet, Meditation (Hay/Nye 2006, 19). Dabei kommt die kritische Haltung gegenüber der Religion nicht nur aus der Richtung derer, die außerhalb der Religion stehen, sondern gerade auch von denen, die einer Religion angehören.

Spiritualität, so könnte man sagen, ist Religiosität ohne Religion. Religion ist für die Religiösen, Spiritualität für alle. »The spirituality revolution is also about finding the sacred everywhere, and not just where religious traditions have asked us to find it« (Tacey 2004, 4). Religion bedarf der Zugehörigkeit zu einer offiziellen religiösen Gruppe, Spiritualität ist das Privileg eines jeden, ungeachtet der Affiliation.

Wo sich Spiritualität und Religiosität überlappen bzw. unterscheiden wird dann deutlich, wenn wir nach der Definition von Religion fragen. Wir können zwischen dem funktionalen und dem substanziellen Religionsbegriff unterscheiden. Der *funktionale* hat zu tun mit äußeren Merkmalen von Religionen. Ninian Smart rechnete zu den Funktionen der Religion etwa das Ritual, die Mythologie, die Ethik, die Theologie, die Institutionen sowie äußere Erscheinungsformen wie religiöse Symbole, Kunstwerke und Architektur (Smart 1977/1988, 18).

Der *substanzielle* Religionsbegriff – also das, was Religion im Kern ausmacht – hat dagegen (nach R. Otto oder G. Mensching) mit der Begegnung mit dem Heiligen, dem Irrationalen, dem Transzendenten, dem Numinosen, dem *mysterium tremendum* (Otto 1917/2004) zu tun. Es geht um das Erleben oder das Widerfahrnis des *Göttlichen,* aber auch um des Menschen Antwort auf dieses Widerfahrnis. Nach P. Tillich ist das *Heilige* für ein Verständnis des Wesens der Religion und des Göttlichen von entscheidender Bedeutung (1951, 215). Das *Heilige* ist das den Menschen unverhofft Überwältigende und sich damit deutlich vom Profanen Abgrenzende. Religiöses Erleben könnte darum auch der Kern der Spiritualität sein.

Im religiösen (oder spirituellen) Erleben wird der Mensch mit einer Wirklichkeit außerhalb von ihm konfrontiert. Dabei geht der Mensch über sein

Selbst hinaus. Man könnte hier an Gebete, Kontemplationen, Meditationen, besondere Sinneserfahrungen und Ähnliches denken. Man spricht auch von der Entgrenzung des eigenen Selbst. »When a person is in that state he or she loses all sense of discrete being, and even the difference between self and other is obliterated.« (Newberg/ Newberg 2006, 185) Im spirituell-religiösen Erleben verbindet sich das Selbst mit einer größeren Realität. »The psychological distance between the self and the rest of reality is shortened or disappears« (Hay/Nye 2006, 164). Spirituelles Erleben wird beschrieben als das *Schmelzen von Grenzen,* das *Verschmelzen von Realitäten* oder *kosmisches Bewusstsein* (Newberg/Newberg 2006, 184).

Aber Spiritualität sollte nicht nur mit *Erlebnissen* in Verbindung gebracht werden, die dem Menschen unfreiwillig widerfahren, sondern auch als eine *Haltung* verstanden werden, die mich offen sein lässt für das Spirituelle. So gesehen, kann eine spirituelle Haltung zu spirituellem Erleben führen bzw. dazu, bestimmte Erfahrungen überhaupt erst als *spirituell* zu deuten; denn Erfahrung ist stets Erfahrung von etwas als etwas. Insofern gehen eine spirituelle Haltung und spirituelle Erfahrung ineinander über.

5. Spiritualität von Kindern

ForscherInnen haben sich gefragt, ob Kinder eine spirituelle Disposition besitzen und ob sie spirituelle Erlebnisse oder spirituelle Erfahrungen machen? Das Search Institute benannte eine Reihe von spirituellen Erlebnissen, von denen Kinder berichteten. Zu den spirituellen Erfahrungen der Jugendlichen gehörten u.a.: das Gefühl innerer Stärke in schweren Zeiten; das Gefühl tiefen inneren Friedens; das Gefühl der Verbundenheit und Liebe; die »Erfahrung einer Gottesbegegnung«, oder eine spontane Heilung. Nicht alle befragten Kinder hielten diese Art von Erlebnissen jedoch für spirituelle Erfahrungen (Search Institute 2008). Gleichwohl: Kinder haben offenbar eine spirituelle »Antenne«.

Kinder haben auch schon früh ein Gespür dafür, über sich selbst hinauszugehen und sich mit Anderen verbunden zu wissen. Erikson (1973) hat vom *Urvertrauen* gesprochen, das Kinder sehr früh entwickeln, sofern sie nicht durch Missbrauch, Ver-

nachlässigung oder Gewalt daran gehindert werden. *Urvertrauen* ist nötig, um *Selbstvertrauen* zu entwickeln. Dieses Urvertrauen richtet sich sowohl auf Menschen des eigenen kindlichen Vertrauens als auch auf eine himmlische Schicksalsmacht, von der das Kind vertrauensvoll erwartet, dass es die Dinge zum Guten führt. Das Urvertrauen erlaubt es Kindern, leidvolle Erfahrungen und Rückschläge zu meistern und gegen widrige Umstände doch zum Erfolg zu kommen. Es geht auch um Resilienz.

In diesem Zusammenhang wird Robert Louis Stephenson gerne zitiert: »Im Leben geht es wie beim Kartenspiel nicht nur darum, gute Karten in die Hand zu bekommen, sondern auch mit einer schlechten Hand gut zu spielen.« Schmerz, Leid und Widerstände können Kinder zermürben und zerschlagen oder aufbauen und stärken. *They can make or break the child.* Es gibt, nach L. B. Murphy, »ups and downs, downs and ups«, aber, wenn ausgestattet mit dem nötigen emotionalen und spirituellen Rüstzeug, »the growing child begins to feel that he can get out of the downs and help to make his life good« (Murphy 1987, 104). Auf Ingersoll (1998) verweisend, schreibt Illona Kickbusch: »Too frequently elements of spirituality, such as feelings of inner peace, strength, interconnectedness and a sense of the sacredness of life, have been linked *only* to religious values – but recently spirituality has begun to be recognized as a construct distinct from religion« (2012, 40).

Es darf vermutet werden, dass gesunde Spiritualität und intakte Emotionalität zum Gedeihen und zur Resilienz eines Kindes beitragen und es ihm ermöglichen, gegen Widerstände und Rückschläge ein gutes Leben (*the good life*) zu leben (*to thrive*). Aber: Dass Spiritualität zum Wohlergehen, Wohlbefinden und zur Resilienz beiträgt, ist zum gegenwärtigen Zeitpunkt noch eine These, die es zu untermauern gilt. Dafür aber bedarf es zunächst einer genaueren Definition des Begriffes *Spiritualität*.

6. Kerndefinition von Spiritualität

Dass der Spiritualität bisher zu wenig Bedeutung für die Erziehung von Kindern beigemessen wurde, ist u. a. der Tatsache geschuldet, dass es bisher keine einheitliche Definition von Spiritualität gab, die griffig genug gewesen wäre, um als ernstzunehmender Erziehungsfaktor in Betracht zu kommen. Einerseits ist Spiritualität etwas, bei dem sich fast alle als Experten verstehen (Gorsuch/Walker 2006, 101); andererseits weiß kaum jemand genau, was damit gemeint ist. »*Spirituality* is difficult to define because of deep ambiguities of everyday usage« (Alexander/Carr 2006, 74). Spiritualität zu definieren werde der Komplexität dieses Begriffes nicht gerecht, so R. Nye. »Spirituality is like the wind – though it might be experienced, observed and described, it cannot be ›captured‹« (Nye 1999, 58). Dennoch hat Nye einen beachtenswerten Versuch unternommen, aufgrund einer Befragung von Kindern zu einer Definition des Begriffes zu kommen. Ein Schlüsselprinzip war dabei das Konzept des *relational consciousness;* also Spiritualität als *Beziehungsbewusstsein.*

Im (vom amerikanischen *National Institute for Healthcare Research* finanzierten) *Consensus Report* wird Spiritualität definiert als »the feelings, thoughts, experiences, and behaviors that arise from a *search for the sacred*« (Larson u. a. 1998), kurz: Spiritualität ist die *Suche* nach dem *Heiligen.* Wichtig ist hier nicht nur der Begriff des *Heiligen,* sondern auch der des *Suchens.* Es geht weniger um eine spektakuläre Begegnung mit dem Heiligen, dem Numinosen, dem Transzendenten, dem Spirituellen, sondern um die beständige *Suche* danach. Koenig u. a. definieren Spiritualität als »the personal quest [Suche!] for understanding answers to ultimate questions about life, about meaning and about relationship to the sacred or transcendent« (Koenig u. a. 2001, 18). Es geht um letzte Sinnfragen und die Begegnung mit dem größeren Ganzen. Rohlkepartain u. a. bieten in ihrem *Handbook* eine prägnante Definition von spiritueller Entwicklung an, die Beachtung verdient und Ausgangspunkt für weitere Überlegungen sein soll:

Spiritual development is the process of growing the intrinsic human capacity for self-transcendence, in which the self is embedded in something greater than the self, including the sacred (Benson u. a. 2003).

Der entscheidende Begriff hier ist die *Selbst-Transzendenz,* also die Fähigkeit, über das eigene Selbst hinauszuwachsen und sich eingebettet zu wissen in etwas Größeres. Mit diesem *Größeren* kann eine transzendente Wirklichkeit gemeint sein (Gott, das All, ein universales Bewusstsein etc.), aber auch etwas weniger Großes, etwa die empathische Verbindung zu Geschwistern, Freunden oder anderen Menschen eigenen Vertrauens. Obige Definition scheint mir eine wegweisende Definition zu sein, die von anderen Autoren aufgegriffen wurde. Sie bezeichnet für mich den *Kern* von Spiritualität, auch wenn diese Definition noch nicht alle Facetten und Schattierungen benennt, die diesem komplexen Begriff sonst noch eigen sind. Roehlkepartain u. a. haben das erkannt und andere Autoren aufgefordert »to articulate their own approach and assumptions« in der Hoffnung, ein umfassenderes Verständnis von Spiritualität zu gewinnen (2006, 6). Spiritualität hat also etwas mit Selbst-Transzendenz und dem Eingebettetsein in etwas Größeres als das Selbst zu tun.

Diese Einbettung ins größere Ganze muss auch wesentlich mit *Selbstfindung* in Verbindung gebracht werden. Weiter oben wurde Coles zitiert, der vom entfremdeten, gestrandeten und auf sich selbst zurückgeworfenen Menschen sprach. Spiritualität könnte als eine Reise vom gestrandeten, isolierten, auf sich selbst gestellten Menschen hin zu dessen Einbettung in das größere Ganze begriffen werden; zu einer Einbettung, die es dem Menschen erlaubt, sich wieder neu zu definieren und neu zu sich selbst zu kommen; eine Reise zu einem neuen Selbst, das nicht mehr verloren, gestrandet, isoliert, sondern eingebettet und aufgehoben ist; *aufgehoben* im Sinne einer behüteten Geborgenheit, aber auch *aufgehoben* im Sinne einer Verschmelzung des Ich mit allem, mit dem Universum (oder mit Gott).

In diesem Zusammenhang darf auf eine urmenschliche, primordiale Erfahrung hingewiesen werden, die jeder von uns durchlebt und die unser ganzes spirituelles Sehnen erklären könnte: Solange sich der menschliche Embryo im Mutterleib befindet, weiß er sich eins mit dem einzigen Universum, das er kennt: mit der Gebärmutter. Das werdende Kind ist verschmolzen mit der einzigen ihm bekannten Welt, es ist gleichsam *aufgehoben* in ihr. Ich und Welt sind eins. Das ändert sich, wenn das Kind bei seiner Geburt in eine andere Welt hinauskatapultiert wird. Auf einmal ist es gestrandet am Rande eines neuen, ihm noch gänzlich unbekannten Universums. Zwar bleibt das ozeanische Gefühl der Verschmelzung mit allem noch eine Weile bestehen, doch dämmert es dem Kind allmählich, dass es ein eigenes Individuum ist, getrennt von Mutter und Vater und allem Anderen.

Zwischen dem 18. und dem 36. Monat erwacht die Individualität des Kindes. Es ist der Beginn der *Individuation*, des zu sich selbst Kommens. Aber dieser Prozess des Erwachens der Individualität und Identität ist nicht nur positiv besetzt, sondern macht auch Angst, weil damit oft das Bewusstsein des Getrenntseins und der Isolation einhergeht. Mit dem Erwachen des Ichbewusstseins geht auch das Entstehen eines Weltbewusstseins einher. Indem das Kind sich seiner selbst und seiner Individualität bewusst wird, wird es sich auch der (von ihm getrennten) Welt bewusst. Nicht nur das Ich entsteht, sondern auch die Welt (siehe dazu Bischof 1998).

Jedes Kind kennt somit die primordiale Erfahrung des Einsseins mit allem, bevor es die Erfahrung des Getrenntseins macht. Unser Unbewusstes erinnert sich dieser ehemaligen Einheit, dieses verlorengegangenen Paradieses und sehnt sich fortan nach einer neuerlichen Einheit. Wir sehnen uns nach einem eingebetteten Selbst, das sich im größeren Ganzen aufgehoben weiß, ohne sich in diesem zu verlieren oder darin aufzulösen. Durch diese Verbindung mit dem Ganzen fühlt sich das Selbst aufgehoben und kommt so ganz neu zu sich selbst: als ein aufgehobenes, aber nicht notwendigerweise aufgelöstes Selbst. Das ist, im Kern, Spiritualität.

7. Die Multiplizität von Spiritualität

Wenn die Selbst-Transzendenz, das Aufgehobensein in einem größeren Ganzen den *Kern* von Spiritualität ausmacht, was ist dann aber das *Fruchtfleisch* um den Kern herum? Spiritualität hat auch eine Multiplizität, Ganzheitlichkeit, Komplexität und Vielfältigkeit; sie ist nicht ein-, sondern mehrdimensional. Wir sollten nicht nur nach dem Kern, sondern auch nach einer umfassenden und konkreteren Definition von Spiritualität fragen. Kann Spiritualität im Hinblick auf das Wohlbefinden des Kindes konkretisiert werden?

Ich habe aus der Literatur Begriffe niedergeschrieben, die als Aspekte von Spiritualität erwähnt werden, die ich unter sechs Bereichen subsumiert habe und die ich als unverzichtbar für spirituelles Wohlbefinden von Kindern betrachte, ohne dass ich sie hier näher explizieren kann. Es sind dies: (1) Beziehungen zu Anderen; (2) Beziehung zu sich selbst; (3) Beziehung zu einer umfassenderen (transzendenten?) Wirklichkeit, die auch Gott genannt werden kann; (4) Aneignung von Überzeugungen und Werten; (5) Entwicklung eines Verantwortungsbewusstseins, und (6) eine gemeinschaftlich-soziale Einbettung. Wenn Spiritualität in diesen konkreten Ausformungen verstanden und gelebt wird, wird sie nach Meinung dieses Autors zum Wohlergehen und Wohlbefinden beitragen. Erziehung wäre dann der Prozess, mit dessen Hilfe Kinder zu diesen Befähigungen ertüchtigt werden.

8. Schlussfolgerungen

Kinder- und SpiritualitätsforscherInnen haben in den letzten Jahren erkannt, dass Spiritualität ein für das Wohlbefinden von Kindern bisher vernachlässigter Aspekt ist, dem gerade im Hinblick auf die Entwicklung und Erziehung von Kindern mehr Aufmerksamkeit geschenkt werden sollte. Im Zuge einer zunehmenden Säkularisierung, Entkirchlichung und Infragestellung religiöser Traditionen kommt der Spiritualität immer größere Bedeutung zu, nicht nur als gesellschaftliches Phänomen und als wissenschaftlicher Forschungsgegenstand, sondern vor allem auch als Beitrag zum Wohlergehen von Gesellschaften im Allgemeinen und Kindern im Besonderen. Spiritualität gilt heute weitgehend als ein angeborenes menschliches Grundbedürfnis, das gerade im Erziehungsprozess berücksichtigt werden sollte. Spiritualität ist ein elementarer Bestandteil menschlichen und kindlichen Lebens und Wohlergehens.

Obwohl heute viel und gern von Spiritualität geredet wird, litt die Beschäftigung mit diesem Thema bisher oft darunter, dass es bis vor Kurzem keinen allgemeinen Konsens hinsichtlich einer Definition von Spiritualität gab, so dass der Begriff zuweilen einen esoterischen Klang erhielt. Inzwischen haben sich Kinder- und SpiritualitätsforscherInnen zumindest auf eine Kerndefinition verständigt, wobei dem Begriff der *Selbsttranszendenz* eine Schlüsselfunktion zukommt; ebenso wichtig scheint aber auch das Konzept der *Einbettung in ein größeres Ganzes* zu sein, wobei über das Wesen dieses »Ganzen« durchaus uneinheitliche Vorstellungen vorherrschen. Neben einer theoretischen Kerndefinition ist es aber auch notwendig, Spiritualität in ihren unterschiedlichen Facetten und Ausprägungen zu verstehen und zu pflegen. Es wurden sechs solcher Aspekte benannt.

Es gehört zu den erziehungswissenschaftlichen Herausforderungen, den positiven Effekt von Spiritualität für das Wohlbefinden von Kindern empirisch zu untersuchen und zu belegen. Kann der positive Effekt belegt werden – wovon ausgegangen werden darf –, sollten sich PädagogInnen und ErzieherInnen verstärkt des Themas der spirituellen Erziehung (und Bildung) annehmen. Spirituelle Erziehung wäre zu verstehen als die Förderung eines Kindes, die Fähigkeit zur Selbsttranszendenz in sich zu entdecken und zu entwickeln. Wie dieser spirituelle Erziehungsprozess dann im Einzelnen umgesetzt und in die Wirklichkeit gesetzt werden kann, um die positiven Wirkungen einer spirituellen Erziehung zu maximieren, wäre dann eine weitere Aufgabe.

Literatur

Alexander, Hanan A./Carr, David: »Philosophical Issues in Spiritual Education and Development«. In: Roehlkepartain 2006, 73–91.

Allen, Holly C.: Nurturing Children's Spirituality. Christian Perspectives and Best Practices. Eugene 2008.

Benson, Peter L./Roehlkepartain, Eugene C./Rude, Stacey P.: »Spiritual development in childhood and adolescence: Toward a field of inquiry«. In: Applied Developmental Science 7 (2003), 204–212.

Bischof, Norbert: Das Kraftfeld der Mythen. Signale aus der Zeit, in der wir die Welt erschaffen haben. Munich 1998.

Boyatzis, Chris J.: »Children's Spiritual Development: Advancing the Field in Definition, Measurement, and Theory«. In: Allen, Holly C. (Hg.): Nurturing Children's Spirituality. Eugene 2008, 43–57.

Coles, Robert: The Spiritual Life of Children. Boston 1999.

Erikson, Erik H.: Identität und Lebenszyklus. Berlin 1973.

Glaser, Barney G./Strauss, Anselm L.: The Discovery of Grounded Theory: Strategies for Qualitative Research. New York 1999.

Gorsuch, Richard/Walker, Donald: »Measurement and Research Design in Studying Spiritual Development«. In: Roehlkepartain 2006, 92–103.

Hart, Tobin: »Spiritual Experiences and Capacities of Children and Youth«. In: Roehlkepartain 2006, 163–177.

Hay, David/Nye, Rebecca: The Spirit of the Child. London/Philadelphia 2006.

Ingersoll, Elliot R.: »Redefining dimensions of spiritual wellness: a cross-traditional approach«. In: Counselling and Values Vol. 42 (1998), 156–165.

Kickbusch, Ilona: Learning for Well-being: A Policy Priority for Children and Youth in Europe. A process for change. Universal Education Foundation 2012.

King, Pamela E./Benson, Peter L.: »Spiritual Development and Adolescent Well-Being and Thriving«. In: Roehlkepartain 2006, 384–399.

Koenig, Harold G./McCullough, Michael E./Larson, David B.: Handbook of Religion and Health. New York 2001.

Larson, David B./Swyers, James. P./McCullough, Michael E.: Scientific Research on Spirituality and Health: A Consensus Report. Rockville 1998.

Lippman, Laura H./Keith, Julie D.: »The Demographics of Spirituality Among Youth: International Perspectives«. In: Roehlkepartain 2006, 109–123.

Murphy, Lois B.: »Further Reflections on Resilience.« In: Anthony, E. James/Cohler, Bertram J. (Hg.): The Invulnerable Child. New York/London 1987, 84–104.

Newberg, Andrew B./Newberg, Stephanie K.: »A Neuropsychological Perspective on Spiritual Development«. In: Roehlkepartain 2006, 183–196.

Nye, Rebecca: »Relational consciousness and the spiritual lives of children: Convergence with children's theory of mind«. In: Reich, K. Helmut/Oser, Fritz K./Scarlett, W. Georg (Hg.): Psychological Studies on Spiritual and Religious Development. Vol. 2: Being Human: The Case of Religion. Lengerich 1999, 57–82.

Otto, Rudolf: Das Heilige. Über das irrationale in der Idee des Göttlichen und sein Verhältnis zum Rationalen [1917]. München 2004.

Roehlkepartain, Eugene C. u. a.: The Handbook of Spiritual Development in Childhood and Adolescence. Thousand Oaks/London/New Delhi 2006.

Roehlkepartain, Eugene C. u. a.: »Spiritual Development in Childhood and Adolescence: Moving to the Scientific Mainstream«. In: Roehlkepartain 2006, 1–11.

Search Institute: With Their Own Voices: A Global Exporation of How Today's Young People Experience and Think About Spiritual Development. Minneapolis 2008.

Ninian Smart: Die großen Religionen [1977]. München 1988.

Tacey, David: The Spirituality Revolution. The Emergence of Contemporary Spirituality. London/New York 2004.

Tillich, Paul: Systematic Theology. Chicago 1951.

United Nations: »UN-Kinderrechtskonvention«. New York 1989.

Yust, Karen M. u. a.: Nurturing Child and Adolescent Spirituality. Perspectives from the World's Religious Traditions. Lanham/Maryland 2005.

Kurt Bangert

7. Sprache

Sprache und Erziehung passen für viele Sprachwissenschaftler erst einmal nicht gut zusammen. Denn die Sprachwissenschaft, und auch die Spracherwerbsforschung, ist eine deskriptive Wissenschaft. Sie beschreibt und analysiert sprachliche Systeme. Sie versucht, deren zugrundeliegenden Kategorien, Regeln und Prinzipien zu entdecken. Erziehung hingegen ist etwas Normatives, sie verfolgt ein Ziel: Eltern, Pädagogen und Lehrer erziehen ein Kind, einen jungen Menschen, ein funktionierendes Mitglied der Gesellschaft zu werden. Dazu gehört auch, dass dieser Mensch mit Anderen kommunizieren und sprechen kann, und zwar in angemessener Form. Ein Ziel ist also, dass der/die Erzogene Sprache perfekt lernt. Insofern hat Sprache doch etwas mit Erziehung zu tun, könnte man meinen.

Für Sprachwissenschaftler ist das Faszinierende am Spracherwerb jedoch, dass er sich im Normalfall in jedem Kind vollzieht, ohne explizite Instruktion oder »Erziehungsmaßnahmen« jeglicher Art. Jedes gesunde Kind lernt die es umgebende(n) Sprache(n) perfekt, unabhängig von seiner Intelligenz oder dem sozio-ökonomischen Umfeld, in dem es aufwächst. Obwohl es ein gewisses Variationsspektrum gibt, verläuft der Spracherwerb doch höchstsystematisch und werden bestimmte Strukturen der Muttersprache von allen Kindern in derselben Reihenfolge erworben. Dieses Kapitel soll im Folgenden zunächst einen Überblick über die wichtigsten Entwicklungsschritte bieten, wobei sich die meisten Angaben auf das Deutsche als zu erlernende Sprache beziehen. Im Anschluss daran wird der Blick vom reinen Spracherwerb erweitert auf den Literalitätserwerb, bei dem Erziehung im Sinne von Sozialisation eine stärkere Rolle spielt. Abschließend werden zwei in der Spracherwerbsforschung zentrale Diskussionen umrissen: Ist Sprache angeboren? Und: Können nur Kinder Sprachen perfekt lernen?

1. Der frühe Spracherwerb

Wenn man Spracherwerb betrachtet, muss deutlich gemacht werden, dass er sich dabei immer auf gesprochene Sprache bezieht. Dies mag banal klingen – kleine Kinder können schließlich nicht lesen oder schreiben – aber der Unterschied zwischen geschriebener Sprache und gesprochener Sprache ist enorm. Dies muss man sich vor Augen führen, um die Sprachfähigkeiten von Kindern und ihre (vermeintlichen) Fehler angemessen beurteilen zu können.

Der frühe Spracherwerb lässt sich grob in vier Phasen unterteilen: die präverbale Phase, die Einwort-Phase, die Zweiwort-Phase, sowie die Drei- und Mehrwortphase. In der präverbalen Phase lernen Babys vor allem, welche Laute in ihrer Muttersprache vorkommen und in welcher Weise diese miteinander kombiniert werden können, um Wörter zu bilden. Schon Neugeborene bevorzugen sprachliche Laute gegenüber nicht-sprachlichen (Vouloumanos/Werker 2007), und können ihre Muttersprache (d. h., die Sprache, die die Mutter während der Schwangerschaft gesprochen hat) anhand des Rhythmus und der Melodie von anderen Sprachen unterscheiden (Moon/Panneton-Cooper u. a. 1993). Sie können nach einem Monat auch bereits verschiedene Lautkategorien voneinander unterscheiden, wie z. B. »pa« von »ba« (Eimas u. a. 1971). Interessant ist, dass Säuglinge bis zum Alter von ungefähr 6 Monaten alle Laute, die in den Sprachen der Welt vorkommen, unterscheiden können. Danach nimmt diese Fähigkeit ab, und sie können nur noch solche Laute voneinander unterscheiden, die in der Muttersprache bedeutungsunterscheidend wirken, wie z. B. *H*und – *b*unt (Werker/Tees 1984).

In der zweiten Hälfte des ersten Lebensjahres entwickeln Babys eine Sensibilität für die möglichen Lautkombinationen und deren Position in Silben und Wörtern (die so genannte Phonotaktik ihrer Muttersprache) – was ihnen wiederum den Einstieg in die Segmentierung von Wörtern ermöglicht. Während in geschriebener Sprache Leerzeichen angeben, wo das eine Wort aufhört und das andere anfängt, gibt es diese markierenden »Pausen« in der gesprochenen Sprache nicht. Jeder, der einmal einer ihm unbekannten Sprache zuhört, kennt dieses Problem. Babys hören also einen unablässigen Strom von Lauten, ohne jegliche Anhaltspunkte zu haben, was darin ein einzelnes Wort konstituiert. Doch bestimmte Regelmäßigkeiten helfen ihnen, dieses Problem zu lösen: So sind die

Lautfolgen »str« und »tm« im Deutschen nur an bestimmten Positionen möglich. »Str« kann nur am Anfang eines Wortes stehen (»Strang«), nicht aber am Ende; »tm« hingegen kann nicht am Anfang stehen, sondern kommt nur an Wortübergängen vor »kommt mit«. Auch wenn Pausen zwischen Wörtern sehr selten sind (z. B. wenn jemand anfängt zu sprechen), können die Kinder doch anhand der Verteilung von bestimmten Lauten im Sprachstrom Regelmäßigkeiten erkennen und können so mit ca. 7½ bis 9 Monaten Wörter ihrer Muttersprache isolieren, aber auch im Redestrom erkennen (z. B. Friederici/Wessels 1993). Noch bevor Kinder die ersten Wörter produzieren, sind sie in der Lage, viele Wörter zu verstehen.

Die ersten Äußerungen von Kindern sind oft Vokalisierungen, die Wörtern gleichen, z. B. »gogo«. Die ersten tatsächlichen Wörter produzieren Kinder in der Regel im Alter von einem Jahr, wobei allerdings starke Variationen auftreten. Mit dem Produzieren der ersten Wörter beginnt die Ein-Wort-Phase. Diese ersten Wörter sind häufig Nomen (»Papa«, »Auto«), Präpositionen (»auf«), Demonstrativa (»da«) oder auch Quantoren (»mehr«). Nach einigen Monaten werden die einzelnen Wörter in Zweiwortäußerungen kombiniert, dies ist der Beginn der Zwei-Wort-Phase. Diese Kombinationen stellen gleichzeitig auch erste syntaktische Konstruktionen dar. Dabei kann ein und dieselbe Äußerung unterschiedliche grammatische Beziehungen zwischen den beiden Wörtern ausdrücken: »Mama Socke« kann so bedeuten »Mama zieht mir die Socke aus«, oder auch »das ist Mamas Socke« (Bloom 1970). Interessanterweise hat man herausgefunden, dass Kinder in unterschiedlichen Sprachen mit ihren Zweiwortäußerungen die selben Beziehungen ausdrücken (Slobin 1970). Das lässt vermuten, dass dieser Entwicklung allgemeine kognitive Fähigkeiten zugrunde liegen, die unabhängig von der jeweilig gelernten Sprache sind. Eine mögliche Erklärung ist, dass Kinder in diesem Alter erkennen, dass Objekte unabhängig von ihnen (den Kindern) selbst permanent existieren. Das Verständnis von Objektpermanenz stellt in der kognitiven Entwicklungstheorie von Piaget (Piaget 1937/1967) einen wichtigen Meilenstein in der kindlichen Entwicklung dar. Wissen, dass Objekte und Handlungen mit Objekten getrennt vom Selbst existieren, bedeutet auch, dass sie im Raum lokalisiert sein müssen und ihre Anordnung verändern

können. Die Zwei-Wort-Äußerungen könnten die Verbalisierung(en) dieser Erkenntnisse darstellen (für eine ausführlichere Erläuterung, siehe Szagun 2010, 69 f.).

Mit dem Beginn der Dreiwortäußerungen (zwischen 2 und 2½ Jahren) sind auch die ersten Flexionen zu beobachten. Das heißt, dass die Kinder anfangen, an Nomen Plural, grammatisches Geschlecht und Kasus zu markieren und bei Verben Personen- und Tempusendungen anzufügen.

Erste Pluralmarkierungen werden recht früh produziert, wobei die Reihenfolge und die Schnelligkeit der verschiedenen Markierungen (es sind im Deutschen immerhin acht!) die Häufigkeit des Vorkommens spiegelt. Die Pluralmarkierungen sind häufig fehlerhaft und bleiben es auch für längere Zeit. Die Fehler der Kinder sind allerdings systematisch und zeigen damit, dass die jungen Sprecher bestimmte Regeln der Pluralbildung erworben haben, sie aber noch nicht korrekt anwenden. So hört man Wörter wie »Eimers« oder »Tieren«. Ein Fehler wie »Eimers« ist darauf zurückzuführen, dass die letzte Silbe in »Eimer« dem Vokal »a« wie in »Sofa« sehr ähnlich ist. Wörter, die auf »a« enden, werden häufig mit einem »s« pluralisiert. (Solche Fehler sind also viel besser zu verstehen, wenn man sich den Unterschied zwischen geschriebener und gesprochener Sprache vergegenwärtigt.) Die Pluralbildung »Tieren« folgt der Regelhaftigkeit, dass der Plural von Wörtern, die auf »e« enden, häufig mit »n« gebildet wird – wie in »Hasen«.

Erste Kasusmarkierungen findet man anfangs bei den Artikeln, sowohl unbestimmt als auch bestimmt. Nominativmarkierungen (»der«, »einer«) und Akkusativmarkierungen (»den«) treten früher auf und werden auch schneller korrekt produziert als Dativmarkierungen (»dem«, »einem«). Der häufig zu beobachtende Fehler, »den« statt »dem« zu benutzen, kann vermutlich darauf zurückgeführt werden, dass diese beiden Formen in der Erwachsenensprache akustisch nicht gut unterscheidbar sind.

Grammatisches Geschlecht wird von Kindern relativ schnell erlernt. Das ist erst einmal erstaunlich, denn grammatisches Geschlecht ist im Deutschen größtenteils unabhängig von biologischem Geschlecht (nichts ist inhärent männlich an einem Stuhl, oder sächlich an einem Mädchen). Die meisten Kinder produzieren mit ca. drei Jahren korrekt genusmarkierte Artikel zu 90 %. Wie auch bei der Pluralbildung stützen sich die Kinder hier auf Informationen im Wortauslaut. So sind Nomen mit mehreren Silben, die auf -er, -el, oder -en enden, häufig männlich (»Schneider«, »Löffel«, »Graben«). Die meisten Nomen auf »e« sind weiblich (»Nase«, »Ente«). Da es sich dabei aber nicht um eine 100 %ige Regel handelt (»Nadel«, »Mutter«, bzw. »Hase«, »Kunde«), treten noch für einige Zeit Fehler auf.

Relativ fehlerarm verläuft der Erwerb von Verbkonjugationen. Anfangs kommt es vor, dass Kinder das Präfix »ge« im Partizip Perfekt auslassen (»macht«, »funden«), und es finden sich auch Übergeneralisierungen der regelmäßigen Formbildung (»getrinkt«). Dies ist aber wiederum ein Zeichen für die Regelanwendung. Ebenso wie der Erwerb des grammatischen Geschlechts sind die meisten Verbkonjugationen mit dem Alter von 3 Jahren zu 90 % korrekt. Imperfektformen (»aßen«, »liefen«) kommen in der Kindersprache selten vor, dies entspricht jedoch auch der Erwachsenensprache. Auch die Wortstellung des Deutschen, wie die Verbendstellung in Nebensätzen (»dass ich nach Hause gegangen bin«), wird recht früh erworben.

Der Wortschatz von Kindern bewegt sich zwischen 12 und 18 Monaten oft um die 50 Wörter. Dabei handelt es sich um Wörter für Gegenstände, Lebewesen, Ereignisse und Handlungen in ihrer direkten Umgebung. Es überwiegen dabei Wörter für Gegenstände/Objekte, d. h. Nomen (z. B. Nelson 1973). Zwischen 17 und 28 Monaten ist bei vielen – jedoch nicht allen – Kindern ein so genannter »Vokabelspurt« zu beobachten (ebd.). Der Wortschatz nimmt dann »explosionsartig« zu. Unabhängig davon, ob sie einen Vokabelspurt aufweisen, lernen Kinder zwischen dem 2. und 6. Jahr neue Wörter sehr schnell: Der passive Wortschatz eines sechsjährigen Kindes wird auf 9000 (Templin 1957) bis 14000 Wörter (z. B. Bloom 1973) geschätzt, der aktive auf 3000 bis 5000 Wörter (Bates u. a. 1994). Kinder scheinen Wörter schon bei einmaligem Hören lernen zu können (Carey 1978). Einige Forscher nehmen an, dass die Kinder bei der Zuordnung von Wörtern zu Objekten bestimmten Prinzipen folgen (Markman 1993). So nehmen sie z. B. an, dass sich ein ihnen neu präsentiertes Wort auf einen ganzen Gegenstand bezieht und nicht auf dessen Teile (Ganzheitsannahme, engl. *whole-object assumption*), oder dass ein Objekt immer nur

eine Bezeichnung hat (Disjunktionsannahme, engl. *mutual exclusivity constraint*). Gerade zu Beginn des Wortschatzaufbaus machen Kinder charakteristische Fehler der Über- und Unterdehnung. Eine Überdehnung findet statt, wenn das Kind ein Wort für eine breitere Klasse von Objekten benutzt als es Erwachsene tun (z. B. alle Tiere als »Kuh« bezeichnen). Bei einer Unterdehnung wird ein Wort im Vergleich zum konventionellen Gebrauch enger gefasst (z. B. »Hund« nur für den Hund der Familie).

2. Die Rolle der Erziehenden

Wo ist nun in dieser Entwicklung die Rolle der Erziehenden, der Eltern? In europäischen, nordamerikanischen und japanischen Kulturen lässt sich beobachten, dass Erwachsene mit Babys und Kleinkindern (unter drei Jahren) anders sprechen als mit älteren Kindern oder Erwachsenen (vgl. Keller in diesem Band). Diese kind-gerichtete Sprache (KGS, engl. *motherese*) hat u. a. folgende Charakteristika: langsameres Sprechtempo, deutliche Artikulation, höhere Tonlage, stärkere Modulation (breiterer Frequenzbereich der Stimme), inhaltliche Wiederholungen, kurze Äußerungen, einfache Sätze, häufige Fragen, wenige Konjunktionen. KGS wird dabei in gleicher Weise von Eltern verwendet wie von Personen, die kaum Erfahrung im Umgang mit kleinen Kindern haben (Snow 1972). Einige Befunde deuten darauf hin, dass der Gebrauch von KGS von der Zugehörigkeit zu einer bestimmten sozialen Schicht abhängig ist. Eltern in sozio-ökonomisch schwächer gestellten Familien verwenden häufiger Aufforderungen (»Heb das auf«, »lass das«), während Eltern der Mittelschicht häufiger »W-Fragen« (was? wer? wann? wo? etc.) stellen (»Wie macht die Kuh?«) und die unvollständigen Äußerungen ihrer Kinder vervollständigen oder erweitern (z. B. Newport/Gleitman u. a. 1977). Es ist mittlerweile akzeptiert, dass KGS nicht verwendet wird, um Sprechen zu lehren, sondern weil die Erwachsenen mit dem Kind klar kommunizieren und auch Zuneigung ausdrücken wollen (man vergleiche hierbei KGS mit der Art und Weise, in der Menschen mit Tieren sprechen). Einige Forschungsergebnisse legen nahe, dass die Merkmale der KGS und ein bestimmter Gesprächsstil sowohl positive als auch negative Effekte auf die Sprachentwicklung haben können. So helfen viele Fragen und Erweiterungen dem Kind, Hilfsverbkonstruktionen und Verbfle-xionen zu erlernen. Imperative und wörtliche Wiederholungen des vom Kind Gesagten haben dagegen einen negativen Einfluss auf das Erwerbstempo. Es scheint dem Spracherwerb auch förderlich zu sein, wenn der/die Erwachsene dem vom Kind angesprochenen Thema folgt und sich im Gespräch auf Gegenstände und Ereignisse konzentriert. Nicht förderlich hingegen ist es, wenn das eigene Gesprächsthema verfolgt wird und sich die Konversation stark auf das Verhalten des Kindes konzentriert (Nelson 1973). Insgesamt ist der Einfluss von KGS aber als relativ gering einzuschätzen. Dies ist nicht verwunderlich, wenn man sich bewusst macht, dass KGS keineswegs ein universelles Phänomen ist. In einigen Kulturen (wie z. B. der der K'Iche Maya oder in Java) wird Sprache erst an Kinder gerichtet, wenn diese die ersten verständlichen Wörter produzieren. Die Inuit reagieren im Allgemeinen überhaupt nicht auf die Vokalisierungen von Kindern unter 2 Jahren, und die Kaluli (Papua Neuguinea) sind der Meinung, dass Kinder vor allem komplexen, also nicht-vereinfachten Sprachformen ausgesetzt sein müssen, um ihre Muttersprache richtig zu lernen. In diesen Kulturen sind die Kinder eher »Mithörer« denn Gesprächspartner (Ochs/Schieffelin 1995). Dennoch haben auch diese Kinder mit 2 Jahren den gleichen Entwicklungsstand wie »westliche« Kinder und werden vollauf kompetente Sprecher ihrer Sprache.

Kinder sind erstaunlich resistent gegenüber Korrekturen durch Erwachsene und beharren häufig auf ihren »falschen« Formen (Braine 1971); ein Kind, dessen Eltern es häufig korrigieren, lernt die Sprache daher nicht schneller als eines, das nicht korrigiert wird.

Ungeachtet dessen, ob Kinder also KGS ausgesetzt sind oder ob ihre Eltern mit ihnen einen eher direktiven Stil oder einen expandierenden Stil pflegen, haben Kinder im Alter von ca. 5 bis 6 Jahren die »Kerngrammatik« (d. h., Phonologie, Morpho-Syntax und Semantik) der sie umgebenden Sprache erlernt und werden als Muttersprachler erkannt und wahrgenommen. (Dabei kann die Muttersprache selbstverständlich auch ein regionaler Dialekt sein. Die Kinder beherrschen dann perfekt die Grammatik dieses Dialekts und wissen, dass es z. B. im Saarländischen korrekt »Das hedd nid misse sinn.« – *Das hätte nicht sein müssen* – lauten muss.)

3. Literalitätserwerb

Dieser Spracherwerb im engeren Sinn muss jedoch unterschieden werden von dem, was man in Anlehnung an den angelsächsischen Sprachraum Literalitätserwerb (*literacy acquisition*; *emergent literacy*) nennt.

Der Begriff der Literalität umfasst dabei mehr als die Fähigkeit zu lesen und zu schreiben. Literalität meint die Fähigkeit, verschiedene Sprachregister flexibel in unterschiedlichen kommunikativen Situationen angemessen zu benutzen (Ravid/Tolchinsky 2002) und schließt insbesondere auch die Produktion von syntaktisch dichteren Strukturen und hierarchisch organisierten Texten mit ein Berman 2000). Literalität, und vor allem die Beherrschung der »akademischen Sprache«, ist für den schulischen und späteren Bildungserfolg von zentraler Bedeutung (z. B. Rose 1999). Auch die »Sprache der Schule« (Gogolin 2003) ist eine Form der akademischen Sprache (Fang/Schleppegrell u. a. 2006; Leisen 1999), und der Übergang von der Alltagssprache in die Schulsprache stellt für viele Kinder beim Eintritt in die Schule eine Herausforderung dar (z. B. Michaels 1981; Schleppegrell 2004).

Akademische Sprache ist stark von Schriftlichkeit geprägt und weist Charakteristika auf der lexikalischen, der morphologischen und der syntaktischen Ebene auf, von denen hier nur einige exemplarisch aufgeführt seien (für eine Analyse der Schulsprache, siehe z. B. Schleppegrell 2004). In der Morphologie findet man unter anderem besondere Formen der Wortbildung, z. B. Komposita (»Sprachwissenschaftskonferenz«) oder auch Ableitungen von bestehenden Wörtern (»handeln«, »behandeln«, »Händler«, »Handlung«, »Handelnder«). Auch bei Flexionen von Verben und Substantiven gibt es Besonderheiten: Die erste Person Singular wird vermieden, es werden eher Konstruktionen mit unbestimmten Pronomen gewählt (»man«, »es«). Verben werden häufiger im Konjunktiv oder auch im Imperfekt (»schrieb«) verwendet, das Passiv ist verbreiteter. Substantive erscheinen öfter im Genitiv (»die Korrektur der Arbeiten der Kinder«). All diese Formen kommen in der Alltagssprache deutlich seltener vor. Auf der syntaktischen Ebene unterscheidet sich die akademische Sprache z. B. in der häufigeren Verwendung von bestimmten Nebensätzen wie Konditionalsätzen (»wenn«), Konzessivsätzen (»obwohl«) oder Adversativsätzen (»während«) (Roelcke 1999).

Vor allem aber ist akademische Sprache »dekontextualisiert« bzw. »rekontextualisiert«. Alltagssprache ist meist kontextualisiert: Insbesondere in der Erlebnis- und Erfahrungswelt von Kindern wird oft über das »Hier und Jetzt« gesprochen. Dadurch sind Referenten (d. h., Personen oder Objekte, über die etwas ausgesagt wird) allein durch ihre physische Anwesenheit identifizierbar (»der Mann da«). Auch haben Sprecher und Hörer häufig das gleiche Hintergrundwissen, so dass der Hörer auch bei vorher nicht explizit eingeführten Referenten direkt weiß, was der Sprecher meint (»die Lulu«). Dieser unmittelbare, außersprachliche Kontext fehlt im akademischen Register – und ebenso in Erzählungen – und muss durch sprachliche Mittel (wieder-)hergestellt werden.

Verschiedene Aktivitäten, wie gemeinsames Bücherlesen, Geschichten erzählen oder Diskutieren, können Kindern den Zugang zu diesem für sie zunächst ungewohnten Register erleichtern. Wenn Eltern mit ihren Kindern gemeinsam (Bilder-)Bücher lesen, Geschichten erzählen oder mit ihnen über allgemeine Themen sprechen, die Kinder interessieren (z. B. Tiere), verwenden sie dabei oft eine Sprache, deren linguistische Merkmale Ähnlichkeiten mit denen akademischer Sprache aufweisen (z. B. Beals 2001). Geschichten in Büchern stellen überdies einen ersten Zugang zu kohärent miteinander verbundenen Sätzen dar, in denen neue Wörter in einem semantisch reichen Kontext dargeboten werden und die es dem Kind ermöglichen, die spezifische Bedeutung dieser Wörter über den rein sprachlichen Kontext zu erschließen (Weizman/Snow 2001). Wenn Kinder dazu ermutigt werden, Erfahrungen zu verbalisieren oder fiktive Geschichten zu erzählen, erfordert dies von ihnen, den Bezugsrahmen deutlich zu machen. Die Ereignisse müssen in kohärenter Form geordnet werden und räumliche und kausale Zusammenhänge sowie Intentionen von Beteiligten erklärt werden, um die Erzählung verständlich zu machen (Haden/Haine u. a. 1997): Das Erzählte muss rekontextualisiert werden.

Familien unterscheiden sich jedoch stark sowohl im Inhalt als auch im Umfang, in dem solche literalitätsfördernden Aktivitäten zu Hause gepflegt werden. Anders als der »normale« Spracherwerb ist der Literalitätserwerb und der Zugang zum akademischen Sprachregister somit abhängig vom familiären Hintergrund, bzw. der Sprach- und Lesepraxis der Eltern. Kinder aus sozial benachteiligten Familien strukturieren ihre Erzählungen beispielsweise anders als Kinder aus Mittelschichtfamilien: Während die Erzählungen der letzteren *topic-centered* sind, das heißt, sich um einen Protagonisten drehen, einen klaren Anfang, Mittelteil und Endpunkt haben, sind die der Ersteren häufig *topic-associated*: Verschiedene Episoden werden dabei thematisch aneinander gereiht und können mehrere zentrale Personen beinhalten sowie in Zeit und Setting wechseln (Michaels 1981). Die produzierten Texte sind dabei jedoch von vergleichbarer syntaktischer Komplexität (Aksu-Koç 2004). Es ist die (fehlende) Kenntnis kanonischer Erzählstrukturen, die die Kinder voneinander unterscheidet, und nicht fehlende linguistische Kompetenz. Abweichende Erzählstrukturen werden von Lehrern jedoch negativ bewertet und sanktioniert (z. B. Michaels 1991), so dass sich derartige Unterschiede auf die spätere schulische Laufbahn auswirken. Zwischen dem so genannten *home literacy environment* (HLE) und beginnender Literalität sowie akademischem Erfolg gibt es daher einen starken Zusammenhang (z. B. Leseman u. a. 2007).

Nach dieser kurzen Betrachtung des Zusammenspiels von Erziehung/Sozialisation und Sprache im Bereich der Literalität soll nun abschließend noch kurz auf zwei zentrale Diskussionen in der Spracherwerbsforschung eingegangen werden, die auch für die (Sprach-)Erziehung von Bedeutung sind.

4. Ist Sprache angeboren?

Die erste Diskussion betrifft die Frage nach den Mechanismen, mit denen Sprache erworben wird. Im Vorangegangenen wurde dargelegt, dass alle Kinder in den verschiedensten Umgebungen Sprache erlernen. Es gibt zwei sich gegenüberstehende Standpunkte, wie dies möglich ist. Der eine Standpunkt ist der des Nativismus. Hier wird angenommen, dass Menschen eine natürliche Disposition zum Spracherwerb haben Es sind im menschlichen Gehirn mentale, spezifisch für die Sprache designierte Strukturen vorhanden, dank derer ein Kind durch – im Verhältnis zur Komplexität der Sprache – relativ wenig Input das Sprachsystem mühelos und letztendlich fehlerfrei erlernen kann. Es wird ferner postuliert, dass alle Sprachen gewissen grammatischen Beschränkungen (einer Universalgrammatik) unterliegen und allen Menschen Wissen über die in dieser Universalgrammatik möglichen sprachlichen Strukturen angeboren ist (z. B. Chomsky 1980). Die sprachliche Umwelt fungiert lediglich als Auslöser, der sozusagen einen genetisch determinierten Plan zum Sprachenlernen entfaltet. Die Sprache wird außerdem als von anderen kognitiven Fähigkeiten unabhängig betrachtet.

Als Beweise für diese Position werden vorgebracht, dass alle Kinder jede Sprache erlernen können und dies dann jeweils in gleicher Weise (gleiche Erwerbssequenz) tun. Dabei sei der Input, den die Kinder erhalten, nicht ausreichend, um auf dessen Basis die gesamte Struktur einer Sprache zu lernen (das so genannte *poverty of the stimulus*-Argument) (Crain 1991). Insbesondere würden Kinder kein explizites und konsistentes negatives Feedback erhalten, das es ihnen ermöglichen würde, von ihnen selbst unbewusst aufgestellte, falsche Annahmen über die Sprache zu korrigieren (»no negative evidence«) (Gold 1967). Als Beweis für die Unabhängigkeit der Sprache von anderen kognitiven Fähigkeiten, werden so genannte Doppeldissoziationen angeführt: Kinder mit Williams-Syndrom z. B. sollen trotz ihrer stark eingeschränkten generellen kognitiven Fähigkeiten (IQ < 60) über gute sprachliche Ausdrucksfähigkeiten verfügen (Pinker 1994). Umgekehrt gelte für Kinder mit spezifischer Sprachentwicklungsstörung (engl. *specific language impairment*, SLI), dass bei ihnen ganz bestimmte sprachliche Fähigkeiten gestört sind, obwohl sie ansonsten normale kognitive Fähigkeiten haben (Van der Lely 2005).

Die dem Nativismus gegenüber stehende Position soll hier als Kognitivismus bezeichnet werden. Es wird angenommen, dass Spracherwerb auf allgemeinen kognitiven Fähigkeiten beruht und – wie andere Aspekte des menschlichen Verhaltens auch – auf eine Interaktion zwischen genetischen Grundlagen und Erfahrungen mit der Umwelt zurückgeht. Sprache wird nicht losgelöst von der allgemeinen kognitiven Entwicklung eines Kindes erworben. Sie entsteht vielmehr im Zusammenspiel verschiedener kognitiver und sozialer Fähigkeiten, die das Kind in den ersten beiden Lebensjahren erwirbt, wie z. B. die Fähigkeit, in Handlungen, Gesten und Lauten absichtsvolle Kommunikation zu

erkennen, oder auch Objekte zu kategorisieren und Symbole zu bilden, wie es beispielsweise im symbolischen Spiel (ein Holzklotz repräsentiert ein Auto) beobachtet werden kann (Szagun 2010, 276). Das Kind baut sprachliche Strukturen auf, indem es ausgehend vom Input graduell zu Verallgemeinerungen gelangt, also die Grammatik selbst aus dem Umweltangebot »konstruiert« (Bates/MacWhinney 1987; Tomasello 2003). Die soziale Interaktion spielt dabei eine wichtige Rolle.

Vertreter des Kognitivismus führen an, dass die Behauptungen des Nativismus, die eine Erklärung im Sinne eines angeborenen »Sprachinstinkts« (Pinker 1994) erforderlich machten, widerlegbar seien. In Bezug auf das Argument des fehlenden *negative evidence* wird argumentiert, dass Kinder in der Interaktion mit Anderen sehr wohl Feedback über die Korrektheit ihrer Formulierungen bekommen, jedoch nicht explizit sondern implizit, indem Eltern auf ungrammatische Äußerungen anders reagieren als auf grammatische (z. B. durch Erweiterungen) (z. B. Hirsh-Pasek/Treiman u. a. 1984). Auch der Verlauf des Grammatikerwerbs sei keineswegs so uniform, wie es von Vertretern des Nativismus behauptet werde (Bates/Dale u. a. 1995). Mehrere Studien haben überdies darauf hingewiesen, dass z. B. die Dissoziation von Sprache und anderen kognitiven Fähigkeiten bei Williams-Syndrom-Patienten empirisch nicht haltbar sei (z. B. Karmiloff-Smith u. a. 2003), was gegen eine totale Unabhängigkeit der Sprachfähigkeit spreche. Auf dem Hintergrund dieser Befunde müsse die Annahme eines allgemeinen Lernmechanismus aus Gründen der theoretischen Sparsamkeit (engl. *parsimony*) daher der Annahme eines speziellen »Sprachmoduls« im Gehirn vorzuziehen sein.

5. Je früher, desto besser?

Die zweite Debatte betrifft vor allem den Bereich des Zweitspracherwerbs, auf den hier aus Platzgründen nicht weiter eingegangen werden konnte. Es geht um die Frage, welchen Einfluss das Alter bei Spracherwerbsbeginn auf den Erwerbsverlauf und das »Endstadium« der sprachlichen Fähigkeiten hat. Der *critical period hypothesis* (CHP) zufolge gibt es ein genetisch angelegtes neuronales Reifungsprogramm, infolgedessen ein Mensch ab einem bestimmten Alter die Fähigkeit verliert, eine

Sprache so erfolgreich zu lernen wie vor der Pubertät (Lenneberg 1967). Dabei werden Parallelen mit
dem Gesangserwerb bei Singvögeln gezogen, der
in einer bestimmten Lebensphase stattfinden muss,
um erfolgreich zu sein (Doupe/Kuhl 1999). Die
CHP wird unterstützt von Forschungsbefunden,
die nahelegen, dass Menschen, die eine weitere
Sprache nach der Pubertät erlernen, keine echte
muttersprachliche Kompetenz mehr erlangen können (z. B. DeKeyser 2000). Die CHP ist jedoch
stark umstritten. Es wird zum einen in Frage gestellt, dass es tatsächlich einen Vorteil für jüngere
Lerner gibt, zum anderen wird die biologische Erklärung bezweifelt. Kritiker der CHP führen Forschungsergebnisse an, die zeigen, dass es auch
Sprachlerner im Erwachsenenalter gibt, die noch
muttersprachliche Kompetenz erwerben können
(z. B. Birdsong 1999). Ferner wird argumentiert,
dass sich Kinder und Erwachsene in vielerlei Hinsicht beim Zweitspracherwerb unterscheiden würden, z. B. in der Motivation, eine Sprache zu lernen,
oder auch ihrer Einstellung der dazugehörigen
Kultur gegenüber (Bialystok/Hakuta 1994), und es
wahrscheinlicher sei, dass diese Faktoren den
Sprachlernerfolg beeinflussen.

Literatur

Aksu-Koç, Ayhan: »Role of home context in relations
   between narrative abilities and literacy practices«. In:
   Diskin Ravid, Dorit/Bat-Zeev Shyldkrot, Hava (Hg.):
   *Perspectives on Language and Language Development:
   Essays in Honor of Ruth A. Berman.* Dordrecht 2004,
   257–274.
Bates, Elizabeth/Dale, Philip S./Thal, Donna: »Individual
   differences and their implications for theories of lan-
   guage development«. In: Fletcher, Paul/MacWhinney,
   Brian (Hg.): *The Handbook of Child Language.* Oxford
   1995, 96–151.
Bates, Elizabeth/MacWhinney, Brian: »Competion, vari-
   ation and language learning«. In: MacWhinney, Brian
   (Hg.): *Mechanisms of language acquisition.* Hillsdale,
   NJ 1987, 157–193.
Bates, Elizabeth/Marchmann, Virginia A./Thal, Donna/
   Fenson, Larry/Dale, Philip/Reznick, Steven J. u. a.:
   »Developmental and stylistic variation in the composi-
   tion of early vocabulary«. In: *Journal of Child Language*
   21 (1994), 85–123.
Beals, Diane E.: »Eating and reading: Links between fa-
   mily conversations with preschoolers and later lan-
   guage and literacy«. In: Dickinson, David K./Tabors,
   Patton O. (Hg.): *Beginning Literacy with Language.*
   Baltimore, MD 2001.

Berman, Ruth A.: *Developing Literacy in Different Contexts and in Different Languages.* Tel Aviv 2000.
Bialystok, Ellen/Hakuta, Kenji: *The Other Words: The Sci-
   ence and Psychology of Second Language Acquisition.*
   New York 1994.
Birdsong, David: »Introduction: Whys and why nots of
   the Critical Period Hypothesis«. In: Ders. (Hg.): *Second Language Acquisition and the Critical Period Hypothesis.* Mahwah, NJ 1999, 1–22.
Bloom, Lois: *Language Development: Form and Function
   in Emerging Grammars.* Cambridge MA 1970.
Bloom, Lois: *One Word at a Time: The Use of Single Word
   Utterances before Syntax.* The Hague 1973.
Braine, Martin D. S.: »The acquisition of language in in-
   fant and child«. In: Reed, Carroll E. (Hg.): *The Learning of Language.* New York 1971.
Carey, Susan: »The child as word learner«. In: Halle, Mor-
   ris/Miller, George A./Bresnan, Joan (Hg.): *Linguistic
   Theory and Psychological Reality.* Cambridge 1978,
   264–293.
Chomsky, Noam: *Rules and Representations.* New York 1980.
Crain, Stephen: »Language-acquisition in the absence of
   experience«. In: *Behavioral and Brain Sciences* 14.4
   (1991), 597–611.
DeKeyser, Robert M.: »The robustness of critical period
   effects in second language acquisition«. In: *Studies in
   Second Language Acquisition* 22.4 (2000), 499–533.
Doupe, Allison J./Kuhl, Patricia K.: »Birdsong and hu-
   man speech: Common themes and mechanisms«. In:
   Annual Review of Neuroscience 22 (1999), 567–631.
Eimas, Peter D./Siqueland, Einar R./Jusczyk, Peter/Vigo-
   rito, James: »Speech perception by infants«. In: *Science*
   171 (1971), 303–306.
Fang, Zhihui H./Schleppegrell, Mary J./Cox, Beverly E.:
   »Understanding the language demands of schooling:
   Nouns in academic registers«. In: *Journal of Literacy
   Research* 38.3 (2006), 247–273.
Friederici, Angela D./Wessels, Jeanine M.: »Phonotactic
   knowledge of word boundaries and its use in infant
   speech perception«. In: *Perception and Psychophysics*
   54 (1993), 287–295.
Gogolin, Ingrid: »Chancen und Risiken nach PISA – über
   die Bildungsbenachteiligung von Migrantenkindern
   und Reformvorschläge«. In: Auernheimer, Georg (Hg.):
   *Schieflagen im Bildungssystem. Die Benachteiligung der
   Migrantenkinder.* Opladen 2003, 33–50.
Gold, Mark E.: »Language identification in the limit«. In:
   Information and Control 16 (1967), 447–474.
Haden, Catherine A./Haine, R. A.,/Fivush, Robyn: »De-
   veloping narrative structure in parent-child reminis-
   cing across the preschool years«. In: *Developmental
   Psychology* 33.2 (1997), 295–307.
Hirsh-Pasek, Kathy/Treiman, Rebecca/Schneiderman,
   Maita: »Brown and Hanlon revisited – mothers' sensi-
   tivity to ungrammatical forms«. In: *Journal of Child
   Language* 11.1 (1984), 81–88.
Karmiloff-Smith, Annette/Brown, Janice H/Grice/Sarah/

Paterson, S: »Dethroning the myth: Cognitive dissociations and innate modularity in Williams syndrome«. In: *Developmental Neuropsychology* 23.1–2 (2003), 227–242.

Leisen, Josef: *Methodenhandbuch des Deutschsprachigen Fachunterrichts (DFU)*. Bonn 1999.

Lenneberg, Eric H.: *Biological Foundations of Language*. New York 1967.

Leseman, Paul P. M./Scheele, Anna F./Mayo, Aziza Y./Messer, Marielle H.: »Home literacy as a special language environment to prepare children for school«. In: *Zeitschrift für Erziehungswissenschaft* 10.3 (2007), 334–355.

Markman, Ellen M.: »Constraints children place on word meanings«. In: Bloom, Paul (Hg.): *Language Acquisition: Core Readings*. New York 1993, 154–173.

Michaels, Sarah A.: »›Sharing time‹: children's narrative styles and differential access to literacy«. In: *Language in Society* 10.3 (1981), 423–442.

Michaels, Sarah A.: »The dismantling of narrative«. In: McCabe, Allyssa/Peterson, Carole (Hg.): *Developing Narrative Structure*. Hilsdale, NJ 1991, 303–351.

Moon, Christine/Panneton-Cooper, Robin/Fifer, William P.: »Two-day-olds prefer their native language«. In: *Infant Behaviour Development* 16.4 (1993), 495–500.

Nelson, Katherine: *Structure and Strategy in Learning to Talk. Monographs of the Society for Research in Child Development* 38. 1973.

Newport, Elissa L./Gleitman, Henry/Gleitman, Lila: »Mother, I'd rather do it myself: some effects and non-effects of maternal speech style«. In: Snow, Catherine E./Ferguson, Charles A. (Hg.): *Talking to Children: Language Input and Acquisition*. Cambridge 1977, 109–149.

Ochs, Elinor/Schieffelin, Bambi: »The Impact of Socialization on Grammatical Development«. In: Fletcher, Paul/MacWhinney, Brian (Hg.): *The Handbook of Child Language*. Oxford 1995, 73–94.

Piaget, Jean: *La construction du réel (The construction of reality in the child)*. Neuchâtel 1937/1967.

Pinker, Steven: *The Language Instinct: How the Mind Creates Language*. New York, NY 1994.

Ravid, Dorit/Tolchinsky, Liliana: »Developing linguistic literacy: a comprehensive model«. In: *Journal of Child Language* 29.2 (2002), 417–447.

Roelcke, Thorsten: *Fachsprachen*. Berlin 1999.

Rose, David: »Culture, competence and schooling: Approaches to literacy teaching in indigenous school education«. In: Christie, Frances (Hg.): *Pedagogy and the Shaping of Consciousness: Linguistic and Social Processes*. London 1999, 217–245.

Schleppegrell, Mary J.: *The Language of Schooling: A Functional Linguistics Perspective*. Mahwah, NJ 2004.

Slobin, Dan I.: »Universals of grammatical development in children«. In: D'Arcais, Flores/Levelt, Willem J. M. (Hg.): *Advances in Psycholinguistics* Amsterdam 1970, 174–186.

Snow, Catherine E.: »Mothers' speech to children learning language«. In: *Child Development* 43 (1972), 549–565.

Szagun, Gisela: *Sprachentwicklung beim Kind*. Weinheim 2010.

Templin, Mildred C.: *Certain Language Skills in Children*. Minnesota 1957.

Tomasello, Michael: *Constructing a Language: A Usage-Based Theory of Language Acquisition*. Cambridge, MA 2003.

Van der Lely, Heather K. J.: »Domain-specific cognitive systems: insight from Grammatical-SLI«. In: *Trends in Cognitive Sciences* 9.2 (2005), 53–59.

Vouloumanos, Athena/Werker, Janet F.: »Listening to language at birth: Evidence for a bias for speech in neonates«. In: *Developmental Science* 10.2 (2007), 159–164.

Weizman, Zehava O./Snow, Catherine E.: »Lexical input as related to children's vocabulary acquisition: Effects of sophisticated exposure and support for meaning«. In: *Developmental Psychology* 37.2 (2001), 265–279.

Werker, Janet F./Tees, Richard C.: »Cross-language speech perception: Evidence for perceptual reorganization during the first year of life«. In: *Infant Behavior and Development* 7 (1984), 49–63.

Laura de Ruiter

8. Werte

1. Einführung in die Thematik

Als anzustrebende Ideen oder Vorstellungen, die wir bestimmten Dingen oder Verhältnissen zuschreiben, bezeichnen Werte »die bewussten oder unbewussten Orientierungsstandards und Leitvorstellungen, von denen sich Individuen und Gruppen bei ihrer Handlungswahl leiten lassen« (Horn 2002, 290). Werte stellen grundlegende Vorstellungen über erwünschte (End-)Zustände dar, die ausdrücklich oder unausgesprochen für das Fortkommen eines Individuums, einer Gruppe bzw. einer Gesellschaft charakteristisch sind. Besteht aus gesellschaftlicher Perspektive ihre Aufgabe in der Aufrechterhaltung der Strukturen des Sozialsystems, haben Werte für Individuen handlungsleitende Funktion und regeln soziale Interaktionen zwischen ihnen. Nach Schmitz (2000, 350) sind Werte charakterisiert durch:

- Stabilität über die Lebensspanne, verbunden mit hohem Änderungswiderstand,
- hohe Abstraktheit (verglichen mit Einstellungen), korrespondierend mit situationsübergreifender Relevanz,
- eine hierarchische, nach Bedeutung der einzelnen Werte für das Selbstkonzept individuell unterschiedliche Ordnung sowie
- starke emotionale Komponenten vor allem bei Werten, die in enger Beziehung zum eigenen Lebenskonzept stehen.

Während des individuellen Sozialisations- und Enkulturationsverlaufs werden Werte vom Heranwachsenden verinnerlicht, in die emotional-affektiven Dimensionen seiner Persönlichkeitsstruktur integriert und schließlich als genuine Elemente der eigenen Individualität wahrgenommen (Hillmann 2005). Durch diesen Prozess werden sie zu persönlichen Wertvorstellungen und bis zu einem gewissen Grad als eigene Wünsche, Bedürfnisse, Interessen und Urteile empfunden (vgl. Standop 2005). Verkörpern sie zunächst grundlegende Erkenntnisinhalte und innere Stellungnahmen über unsere Beziehungen zur Welt, besitzen Werte zugleich Normcharakter. D. h., sie werden als soziale Regeln von den Individuen akzeptiert und ihren Interaktionen zugrunde gelegt. Aufgrund ihrer allgemeine-

ren Geltung können Werte daher Normen begründen. Jede Gesellschaft ist gekennzeichnet durch mehr oder weniger in ihr befindliche Wertesysteme. Diese umfassen die Gesamtheit der gesellschaftlichen Werte und sind bedeutsam für die Integration wie auch die Stabilität einer Gesellschaft. Durch die Ausbildung von Subkulturen (verschiedene Religions- und Weltanschauungsgemeinschaften, Parteien, Berufsgruppen usw.) und schicht- bzw. klassenspezifischen Wertemustern wird das übergeordnete Wertesystem stark differenziert. Eine Konsequenz solcher verschiedenen, in einer Gesellschaft befindlichen Systeme ist der Wertepluralismus. Diesem liegt die Annahme zugrunde, dass der »Mensch sich hinsichtlich der Ziele und Wege seiner Lebensverwirklichung vernunftgemäß selbst bestimmen kann« (ebd., 22). Wertepluralismus verkörpert die Idee vom »mündigen Bürger«. Seine Grenzen liegen dort, wo der Gruppenkonsens und die Integration der Gesellschaft gefährdet werden. Zugleich betrifft der Pluralismus auch das einzelne Individuum, das immer mehrere Motive für sein Handeln hat, weil es viele Werte simultan verwirklichen möchte. Sind verschiedene Werte nicht miteinander vereinbar, kann dieser intraindividuelle Wertepluralismus zur Ursache für das Erleben einer Dilemma-Situation werden: Konflikte zwischen einzelnen Zielen führen dann zumindest kurzfristig zur Blockierung von Entscheidungen und Handlungen. Die Auseinandersetzung mit dem Pluralismus von Werten führt schließlich zur Frage nach deren Relativität, d. h. danach, ob Werte abhängig von Standpunkten, Interessen und kulturellen Konventionen sind oder ob ihnen allgemeingültige Grundsätze zugrunde liegen. Die scheinbare Notwendigkeit, alle Werte aufgrund des Respekts vor der individuellen Gewissensfreiheit als gleichberechtigt zu akzeptieren, trifft allerdings in dem Moment auf ihre Grenzen, in dem die Freiheit anderer Menschen gefährdet ist (Oser/Althoff 2001). Absoluten Pluralismus kann es in keiner Gesellschaft geben. Nicht jede vorstellbare Werteordnung (u. a. Demokratie, Kommunismus, Faschismus) kann zur gleichen Zeit mit allen Anderen bestehen, gewisse Grundstrukturen der Gestaltung einer Gesellschaft schließen sich gegenseitig aus (ebd.).

2. Disziplinäre Positionierung zur Erziehung

Erziehungsprozesse sind niemals »wertfrei«, vielmehr sind Erziehungsaufgaben und die aus ihnen folgenden Handlungen aus Werten und Normen abgeleitet. Nach Putnam und Putnam (1999, 44) besteht das Ziel der Erziehung darin, »Individuen dazu zu befähigen, ihre Erziehung fortzuführen«. Über moralische Bindung hinaus ist das Ziel von Erziehung die Ausbildung der Fähigkeit, das Konzept für ein ›gutes‹ Leben zu entwerfen. Diese ist an die Verwirklichung von Werten gebunden. Das Kriterium für den Erfolg von Erziehung liegt neben den guten Gründen und überzeugenden Beispielen in der Weckung des entsprechenden Wunsches (vgl. Rinderle 2007). Die Überlegung, wer einem Individuum das Recht gibt, einen anderen Menschen mit Erziehungsmaßnahmen zu »traktieren« (Schroeder 1999), ist daher nicht nur eine politische (SGB VIII, § 1) oder pädagogische (vgl. Roth 1976, Liedtke 1997), sondern in besonderem Maße eine ethische (u. a. Bollnow 1959, Benner 1998). Aus philosophisch-anthropologischer Perspektive begründet sich nach Schroeder (1999) Erziehungsbedürftigkeit im Zuge »der positiven Bestimmung des Menschen als weltoffenes Wesen« (ebd., 48). Dem menschlichen Handeln vermittelt Erziehung Orientierungshilfe. Sie »soll durch Einführung in Werte und Kulturleben die Selbstentfaltung fördern« (ebd., vgl. Horn 2002) und zu personalen Stellungnahmen sowie Entscheidungen führen. Möglich wird Erziehung durch die Offenheit menschlichen Handelns und der Orientierung des Individuums auf seine Mitmenschen. Zugleich verdeutlichen diese Voraussetzungen die Verantwortung zur Erziehung, die der Erwachsene den Heranwachsenden gegenüber trägt. Allerdings darf Erziehung nicht allseitige Einflussnahme sein, sie ist einzuschränken auf die Bereitstellung von Handlungsmöglichkeiten und Lernangeboten, die es Kindern und Jugendlichen ermöglichen, sich in frei entwickelnder Selbstentfaltung als Person kritisch mit Regeln und Normen auseinanderzusetzen.

Die zur Umsetzung von Erziehung realisierten Werte sind nicht etwas Relatives, Abstraktes, sondern haben ihren Ursprung in der Bejahung der menschlichen Personalität. Diese verweist darauf, dass jede erzieherische Maßnahme neben der Abstimmung auf ein personbezogenes Erziehungsziel

unter Anerkennung der personalen Würde des Menschen zu ergreifen ist, aufgrund derer alle Menschen einen unaufhebbaren Wert haben. Erziehung muss in jedem Vorgang und auf jeder Stufe den Heranwachsenden ihre personale Würde zugestehen. Alle pädagogischen Handlungen und erzieherischen Vorgehensweisen haben diese zu achten. Zugleich gilt dieses Anerkennungsprinzip nicht nur für die Zielsetzung, sondern auch für den Prozess der Erziehung. Da erzieherisches Denken und Handeln ethischen Ansprüchen unterliegt, hat Erziehung immer eine Wertebindung, denn in jedem Augenblick sind vom Erzieher ethische Entscheidungen zu treffen. Erziehung findet stets in »Ernstsituationen« statt – es gibt keinen Probelauf und kein Löschen oder »wieder-aus-der-Welt-schaffen« bereits vollzogener Erziehungsvorgänge. Wäre Pädagogik eine erziehungstechnologische Anwendungsdisziplin, so entstünden lediglich sozialisationstheoretische Methodenprobleme. Aber da jeder Erziehung eine »menschliche Beziehung« zwischen dem Erzieher und dem Zu-Erziehenden zugrunde liegt, in der es dem Menschen in unbedingter Weise um sich selbst und um den Anderen geht und da Situationen einander nie gleichen, muss erzieherisches Handeln sich stets neu und anders durch verantwortungsethische Begründungen ausweisen. Die Achtung der Personalität von Kindern und Jugendlichen gründet in jeder Zielformulierung und Umsetzung von Erziehung auf einem »pädagogischen Ethos« der Erziehenden (ebd.). Sie berührt einerseits sowohl die eigenen emotionalen als auch ganzheitlichen Welterfahrungen und Begegnungen des Heranwachsenden und betrifft andererseits »nicht nur sein Eigen-Sein in der Welt, sondern auch die Anerkennung seines Wirkens und Handelns« (ebd.). Hiermit korrespondiert die Individualität des Subjekts als die »Gesamtheit der leiblichen und seelisch-geistigen Wesensmerkmale, die einen Menschen von allen anderen unterscheidet« (Standop 2008, 52), die ebenso in der praktischen Erziehungsarbeit zu berücksichtigen ist (vgl. Schröder 1999). Die ethische Durchdringung der pädagogischen Praxis wird zugleich deutlich am Phänomen der pädagogischen Verantwortung, die bei der Anwendung von Erziehungsmethoden und Erziehungsstilen eingefordert wird (z.B. Gaudig 1909, Oser/Althoff 2001), (Standop 2012). Diese fragt nach den jegliches Erziehungshandeln leitenden, strukturierenden und grundlegenden Werten und reflektiert diese in ihrer Bedeutsamkeit sowie ihrem sinnstiftenden Sollensanspruch für das praktische Erziehungshandeln. Pädagogische ethische Sollensforderungen müssen hierfür in ihrem tatsächlichen situativen Sinnzusammenhang aufgedeckt, im Hinblick auf Erziehung kritisch bedacht und hinsichtlich ihrer Verbindlichkeit legitimiert werden können. So ist beispielsweise nach Rinderle (2007, 329) die Einschränkung der Handlungsfreiheit eines Kindes, das noch nicht über die Fähigkeit verfügt, seine eigenen Wünsche zu bewerten »in seinem eigenen Interesse dadurch gerechtfertigt, die Fähigkeit zur Kritik seiner Wünsche und zur Identifikation mit ihnen zu erwerben«.

3. Werte im Kontext der Disziplinen

Im Anschluss an den Beginn des modernen philosophischen Diskurses über »Werte« setzte zeitlich verzögert im ersten Drittel des 20. Jahrhunderts die pädagogische Diskussion um die »richtige Werteerziehung« ein. Versucht wurde, »die philosophische Werttheorie für die Pädagogik fruchtbar zu machen« (Grunwald 1917, Sp. 797), sich abzugrenzen bzw. eine spezifisch pädagogische Werttheorie zu entwickeln. Das Forschungsgebiet »Werteerziehung« generiert sich also weniger aus einem pädagogischen Kontext, sondern vielmehr in Reaktion auf eine wieder einsetzende philosophische Thematisierung (Ladenthin 2010). Die Frage nach der Geltung von pädagogischen Werten mündet notwendig in die allgemeine Ethik, denn ohne den philosophischen Diskurs zur Werttheorie sind Genese und Entwicklung der pädagogischen Diskussion um Werteerziehung nicht nachvollziehbar. Zur Klärung der Ansichten über Werte ist andererseits die pädagogische Auseinandersetzung darüber wichtig, welche der philosophischen Werttheorien pädagogisch maßgeblich sind.

Wie die bisherigen Ausführungen bereits deutlich machen, ist die Philosophie – und hier insbesondere Ethik sowie Metaethik – eine wichtige Bezugswissenschaft für die erziehungswissenschaftliche Aufarbeitung des Themas. Nach Horn ist die grundlegende Aussage aller mit Werten befassten Philosophien »die Selbstständigkeit und Irreduzibilität der Werte gegenüber dem Bereich der Tatsachen und damit die Autonomie der Werte setzenden Vernunft gegenüber empirischen Gesetzmä-

ßigkeiten« (Horn 2002, 290). Dabei bestehen die wesentlichen philosophischen Unzulänglichkeiten des Wertebegriffs in seiner angeblichen oder realen Subjektivität und ontologischen Besonderheit (Existieren Werte-an-sich?) (ebd.). Bisher herrscht in der Philosophie keine Übereinstimmung darüber, was unter Werten verstanden werden soll. Vertritt z. B. Joas (2002) eine starke Personbindung der Werte, sind für Scheler (1980) Werte materiale Qualitäten, unabhängig von einer persongebundenen Wertung. Den Werten entsprechen moralische Normen, diesen liegen Handlungsanweisungen zugrunde, aus denen moralische Pflichten erwachsen (So folgt aus dem Wert »Ehrlichkeit« z. B. die Handlungsanweisung, die Wahrheit zu sagen. Diese wiederum führt u. a. zu der Pflicht, den Diebstahl eines Freundes anzugeben). »In die Wertehierarchie eines Individuums fließen subjektive und situative, soziale und kulturspezifische Aspekte ein; die Chancen für eine objektive oder wenigstens intersubjektiv verbindliche Werteordnung (Axiologie) scheinen daher eher ungünstig« (Horn, ebd.). Unter Bezugnahme auf Schaber (2000) ordnet Horster (2009) dem Wert (an-sich) die Werteigenschaft des »Zum-Wohl-Beitragens« zu, »etwas ist für einen Menschen wertvoll, wenn es zu seinem Wohl beiträgt« (ebd., 114). In seiner Definition tragen Werte zum Wohl der Menschen im ganzheitlichen Sinne bei. »Werte wie Gerechtigkeit, Friede, Freiheit, Schutz des Lebens oder Schutz der physischen und psychischen Integrität verpflichten uns zu Handlungen, weil es gut ist, Wertvolles zu realisieren, denn der Sinn moralischen Handelns ist es, Gutes zu tun und das Böse zu unterlassen« (ebd., 114). Das allen Werten zugrunde liegende ist das Gute. Da moralische Pflichten sich nach Ross (2002) aus der Aufgabe ergeben, das Wohl aller Menschen zu befördern, wird das Gute realisiert, sobald dies geschieht (ebd)

Hoerster (1976) trennt moralisches Urteilen von Werturteilen. Moralische Urteile normieren menschliches Handeln, Werturteile »als solche« (ebd., Hervorheb. vom Autor) haben hingegen keinen Handlungsbezug (Der Aussage »Gesundheitsvorsorge ist gut« folgt logisch, dass wir bei der Wahl zwischen einem Leben mit und einem Leben ohne Gesundheitsvorsorge uns für Ersteres aussprechen sollten. Daraus folgt nicht zwingend, dass wir aktiv handelnd die Herausbildung der Gesundheitsvorsorge bei uns selbst und Anderen fördern).

Werturteile über Menschen oder ihr Leben können sowohl moralischer als auch außermoralischer Natur sein. Ein moralisches Werturteil lässt sich auf ein normatives Handlungsurteil zurückführen (das Urteil »Er ist ein guter Mensch« besagt, dass jemand sich im Allgemeinen bemüht, moralisch richtig zu handeln). Ein gutes Leben (vgl. die Ausführungen von Horster oben) im moralischen Sinn ist insofern auf moralisch richtiges Handeln ausgerichtet, aber bedeutet nicht zugleich das Vorliegen eigenständiger Erlebniswerte (Vergnügen, Erkenntnis, Liebe etc.). Rinderle (2007) sieht daher die Moral selbst als einen Wert an, der neben anderen Werten steht und zu diesen in Konkurrenz treten kann. Allerdings ist die Moral nicht »nur ein Wert unter Werten« (ebd., 247), denn die Werte der Moral beziehen sich auf etwas »Gutes, Erstrebenswertes« (vgl. Horster 2009). Diese Güter können *mehr* oder *weniger* geschätzt werden. Normen hingegen beziehen sich auf ein Sollen und hier gibt es keine graduellen Abstufungen (eine Norm wird befolgt oder verletzt). Aus dieser Perspektive wird Moral zum Schutz von Werten in Anspruch genommen, die in vielen Fällen einen Vorrang gegenüber allen anderen Werten beansprucht. So wird der Konflikt eines beliebigen (nicht-moralischen) Wertes mit der Moral nach Rinderle (2007) immer zugunsten der Moral entschieden.

Bereits in den 70er Jahren versuchte Oerter, »den seit langem verpönten Wertbegriff wieder in die Psychologie einzuführen« (Oerter 1978, 10). So konstatierte er, dass seit Beginn des 20. Jahrhunderts hinsichtlich der Attitude-Forschung sich das Gewicht bei der Begriffsbestimmung zunehmend auf die Verhaltensseite verlagert habe. Als ein Bereich der Persönlichkeit realisieren sich Werte und Werthaltungen nach Asendorpf (2004) im Verhalten oder in Bewertungen von Qualitäten von Objekten (Personen, Dinge, Sachverhalte). Bisher existiert weder eine ausgearbeitete »Phänomenologie des Wertens« (Graumann/Willig 1983, 316), noch eine Theorie des Erlebens von Werten. Allerdings ist die Aufgabe, »eine schlüssige theoretische ›Verortung‹ von Werten und Werthaltungen im Rahmen der Persönlichkeit zu erarbeiten […], angesichts der engen konzeptionellen und funktionellen Verwandtschaft von Motiven, Zielen, Einstellungen, Interessen und Werten – noch dazu die oft übersehene affektive Grundlage von Bewertungen, ein schwieriges Unterfangen« (Krobath 2010,

378). Werden in der Psychologie nach Dollase (2010) Begriffe (im Anschluss an eine eher allgemeine Definition) wesentlich durch die Messmethode geklärt (z. B. werden Personen gefragt »Was ist für Sie wichtig?«) und die Antwort darauf als Wert akzeptiert, erfolgt die Klärung von Diskussionen darüber, ob die »Operationalisierung« im Geltungsbereich der Definition liegt, ebenfalls bevorzugt empirisch (z. B. durch eine Faktorenanalyse). Klassifikationen von Begriffen im Wortumfeld »Wert« unterscheiden die Beschreibung persönlicher Urteile z. B. als solche, in denen personale Präferenzen benannt werden (Siegler/DeLoache/Eisenberg 2008) sowie moralische (Unterscheidung zwischen »richtig« und »falsch«) und sozial konventionelle Urteile (z. B. die »richtigen« Manieren und Gewohnheiten). Die Untersuchung der Anerkennung von Normen aus der Perspektive des Individuums durch »richtig-falsch Urteile« sowie der Präferenzen in allen Bereichen betrifft im Allgemeinen die Anerkennung der Geltung von Normen, die die Moral einer Person ausmachen (Montada 1995). In den vergangenen Jahrzehnten hat sich die psychologische Forschung intensiv mit dem moralischen Urteil befasst (z. B. Gertrud Nunner-Winkler, Monika Keller oder Wolfgang Edelstein). Als Handlungswissenschaft greift Pädagogik u. a. auf Forschungserkenntnisse der Psychologie in Form konkreter Programme zur Verhaltensänderung bei Heranwachsenden, beispielsweise zu Themen der Moralerziehung oder Streitschlichtung zurück. Eine Reihe von theoretischen Entwürfen sowie empirischen Studien existieren zu Fragen, wie z. B. Werte in der Persönlichkeit »verankert« sind, welche Zusammenhänge es zwischen Werten und Verhalten gibt, wie Werte entstehen, sich ändern können sowie zu der Frage, wozu Werte, psychologisch betrachtet, gut sind (Krobath 2009).

Auch die soziologische Werteforschung korrespondiert eng mit der erziehungswissenschaftlichen Zugangsweise. Im soziokulturellen Lebenszusammenhang der Menschen und in der Persönlichkeitsstruktur jedes Einzelnen nehmen Werte nach Hillmann (2005) eine zentrale Position ein. Sie durchziehen »in prägender, bestimmender Weise alle Bereiche der Gesellschaft, haben maßgeblich Anteil an der Steuerung des Verhaltens« (ebd., 123) und begründen eng verbunden mit Ideen, Weltanschauungen und Ideologien das Zentrum einer

Kultur, indem sie aus der Perspektive kulturanthropologisch geprägter Ansätze und strukturell-funktionaler Theorien »grundlegende, zentrale und entscheidende Elemente der höchsten Sinngebungs-, Integrations- und Kontrollebene des gesellschaftlichen Zusammenlebens von Menschen« (ebd.) hervorbringen. Aufgrund vielgestaltiger Beziehungen, »wechselseitiger Abhängigkeiten und Verstärkungen, Über- und Unterordnungen, Spannungen und Antagonismen« (ebd., 124) bilden sie Teile hierarchisch strukturierter Wertsysteme, in denen die Ideal- bzw. Grundwerte oder auch Terminalwerte (Rokeach 1973) (z. B. Freiheit, Gerechtigkeit, Nächstenliebe) die höchsten Rangstufen einnehmen. Auf den darunter liegenden Systemebenen befinden sich instrumentelle Werte (ebd.), die als Sollensvorstellungen die Mittel und Handlungsweisen betreffen, mit denen die höchsten Werte erreicht werden können sollen. Weniger abstrakt und umfassend entsprechen sie den persönlichkeitsnahen Kompetenz- und Selbstverwirklichungswerten sowie zwischenmenschlich wichtigen moralischen Werten und Tugenden im traditionellen Sinne (z. B. ehrgeizig, hilfreich, verantwortlich). Im Alltagsleben wirken instrumentelle Werte häufig machtvoller auf das tatsächliche Handeln.

Neben der Frage nach verhaltensmodifizierenden Erziehungskonzepten bezogen auf das Zusammenleben geht es in der pädagogischen Praxis immer auch um die Frage, inwiefern die Vermittlung von Werten einen dauerhaft positiven Einfluss auf das Verhalten hat gegenüber von Konzeptionen, die die Übernahme wertgebundenen Verhaltens durch eine Erziehungskultur und das Beispiel der Erwachsenen in den Vordergrund stellen.

4. Stand der Forschung

Aufgrund der Vielzahl der Beiträge aus den verschiedenen wissenschaftlichen Disziplinen zu den unterschiedlichsten Zusammenhängen im Kontext des Themas Werte ergibt sich ein sehr ausgedehntes Feld. Im Folgenden kann nur ein kleiner Ausschnitt beispielhaft betrachtet werden. In der Erziehungswissenschaft sind, ebenso wie in der Psychologie, Untersuchungen vorzugsweise bezogen auf den Bereich der moralischen Urteils- und Handlungsfähigkeit durchgeführt worden (z. B. Regen

brecht 1998, Oser 2001). Die Ursache hierfür ist u. a. in der disziplinbezogenen Tatsache zu sehen, dass Erziehungswissenschaft von ihrem Ursprung als Pädagogik in die Umwelt gestaltend einwirken will (s. o.). Stellen Werte wichtige Orientierungspunkte für die Entwicklung von Theorien dar, geht es im Weiteren vor allem um die Frage, wie Kinder und Jugendliche sich in ihrer Umwelt handelnd zurechtfinden können.

Die Veränderungen der Lebensverhältnisse innerhalb einer Gesellschaft (Ausweitung des Wissens, Wandel von Weltanschauungen u. a. m.) führen zu einer Modifikation der Wertvorstellungen, allgemein mit »Wertewandel« bezeichnet (auch, wenn Werte selbst sich nicht wandeln, sondern sich die gesellschaftlichen und individuellen Einstellungen bzw. Haltungen diesen gegenüber verändern, vgl. Lucke 2000). Die soziologische Forschung befasst sich u. a. mit der Frage der Entwicklung und der Veränderungen gesellschaftlicher Wertüberzeugungen. Neben der Veränderung von Einstellungen, sozialem Handeln und sozialer Wahrnehmung führt Wertewandel zu einer Veränderung von Institutionen, Normen (Gesetze) und den Formen des Zusammenlebens. Daher ist ebenso der interindividuelle Vergleich von Wertüberzeugungen zwischen verschiedenen Bevölkerungsteilen (z. B. Frauen/Männer, Christen/Moslems) ein Thema soziologischer Forschung. Zu den klassischen Ansätzen, die sich um eine Erklärung des Wertewandels bemühen, gehören die Theorie des intergenerationellen Wertewandels nach Inglehart (1998), der einen Wandel von den materialistischen zu den postmaterialistischen Werten ermittelt sowie der Mehrebenenansatz der Speyerschen Werteforschung (Klages 1988, 2002), demzufolge die gesellschaftliche Modernisierung und ihr zunehmender Bedarf an individualistisch gelagerten Selbstentfaltungsorientierungen die wesentlichen Ursachen darstellen. In internationalen Studien seit den 70er Jahren wurde eine zunehmende Verlagerung der Akzeptanz der Werte weg von Anpassungs- und Konformitätswerten hin zu Selbstentfaltungswerten konstatiert (vgl. Inglehart 1997). Wurde die Veränderung in der individuell geäußerten Werteakzeptanz und -klassifikation zunächst mit Pessimismus wahrgenommen, wird in der Gegenwart diese Veränderung als notwendig betrachtet. So befähigen nach Klages (2002) gerade Werte der Selbstständigkeit und Eigenaktivität in

Verbindung mit Mitmenschlichkeit und Solidarität gegenüber sozialen Minderheiten und Außenseitern den Einzelnen zu einem erfolgreichen, »guten« Leben in der globalisierten Welt mit ihren spezifischen Ansprüchen.

Schwartz (1996) hat ein Modell mit insgesamt elf Wertetypen entworfen (Selbstbestimmung, Universalismus, Wohlwollen, Konformität, Tradition, Sicherheit, Macht, Leistung, Hedonismus, Stimulation, Spiritualität) und Untersuchungen in diesem Kontext durchgeführt. Drei evolutionäre Motive lenken danach menschliches Handeln: die Sicherung des eigenen Überlebens, das Überleben der Gemeinschaft und die Kooperation innerhalb der Gemeinschaft. Die einzelnen Wertetypen werden dabei unterschiedlich stark auf die motivationalen Dimensionen bezogen. Allgemein zeigt sich in internationalen Studien, dass weltweit über alle Kulturen und ethnische Gruppen hinweg den drei Werten der Universalität, des Wohlwollens und der Sicherheit die größte Bedeutung zugesprochen wird. Am wichtigsten wird der Wert des Universalismus erachtet, dessen motivationales Ziel in dem Verständnis, der Wertschätzung und der Toleranz für das Wohlergehen aller Menschen sowie der ganzen Natur beruht, ergänzt um den Schutz wie auch der Bewahrung dieses Wohlergehens. Allerdings betonen Frauen in allen Gesellschaften Werte wie Wohlwollen und Sicherheit signifikant stärker, Männer hingegen schätzen Werte wie Leistung und Macht höher ein. Schwartz und Rubel (2005) untersuchten das Ausmaß der geschlechtsbezogenen und kulturellen Wertunterschiede in einer Metastudie (Datenmaterial aus 73 Ländern bzw. kulturellen Gruppen). Zwar erweisen sich Geschlechtsunterschiede als signifikant, bleiben aber wesentlich geringer als Unterschiede aufgrund kultureller und altersbezogener Differenzen.

Regelmäßig befasst sich die Shell Deutschland Holding im Rahmen ihrer Jugendstudien mit der Wertorientierung Heranwachsender. Exemplarisch sei auf die Shell Jugendstudie aus dem Jahre 2010 verwiesen. Gensicke (2010, 195) definiert Wertorientierungen als »durch Erziehung, Erfahrung und soziale Kontakte verinnerlichte Persönlichkeitsmerkmale […], die in Form von allgemeinen Lebenszielen erfragt werden können, mit denen sich der Einzelne in Bezug auf seine gesellschaftliche Umwelt subjektiv verortet«. Feststellen lässt sich, dass bei den befragten Jugendlichen mikrosoziale

Bindungen im Laufe des vergangenen Jahrzehnts zunehmend wichtiger geworden sind. Sie führen die Rangreihe der erfragten persönlichen Wichtigkeit vollständig an. ›Spitzenreiter‹ unter den abgegebenen Werturteilen ist das Item »Gute Freunde haben, die einen anerkennen« mit einer Zustimmung von insgesamt 97 %, gefolgt von den Aussagen »Einen Partner haben, dem man vertrauen kann« (Zustimmung 95 %) und »Ein gutes Familienleben führen« (Zustimmung 92 %). Diesen Präferenzen folgt unmittelbar der Wunsch nach Selbstständigkeit, formuliert durch die Items »Eigenverantwortlich leben und handeln« (Zustimmung 90 %) sowie etwas schwächer gerankt »Von anderen Menschen unabhängig sein« (Zustimmung 84 %). Dass ein selbstständiges Leben auf eine entsprechende Leistungsbereitschaft angewiesen ist, scheint den jungen Menschen bewusst zu sein, wie die Zustimmung zu der Aussage »Fleißig und ehrgeizig sein« mit 83 % zeigt. Alle die bisher genannten Items haben seit 2002 an Zustimmung bei den Heranwachsenden gewonnen. »Zusammen mit einem Partner, mit einer Familie und mit Freunden sein Leben eigenverantwortlich zu gestalten« (a.a.O), ist für die befragten jungen Menschen ein wesentliches Lebensziel, für welches sie die entsprechenden Rahmenbedingungen durch ihren persönlichen Einsatz schaffen wollen. Hinsichtlich gesellschaftlich-politischer Werte und solcher, die für das eigene Leben wichtig sind, unterscheiden Jugendliche deutlich, denn Erstere erhalten wesentlich geringere Zustimmung. So erfährt die Aussage »Sich unter allen Umständen umweltbewusst verhalten« eine Zustimmung von 59 % (geringer als 2002), für die Unterstützung sozial Benachteiligter und Randgruppen wollen sich 58 % einsetzen und politisches Engagement halten lediglich 24 % für wichtig. Der soziale Nahbereich und das eigene Lebensumfeld erweisen sich in der Shell-Studie von 2010 insgesamt bei Jugendlichen bedeutsamer als gesellschaftsbezogenes Engagement.

Schwierig wird die Interpretation der Untersuchungsergebnisse, da nur wenige Vergleichswerte aus früheren Generationen vorliegen. Darüber hinaus muss auch die in einstellungsbezogenen Befragungen bestehende Tendenz des Antwortens in Richtung der sozialen Erwünschtheit berücksichtigt werden sowie der mögliche Bruch zwischen Urteil und Handlung (Blasi 1983). D.h. es ist nicht sicher, ob die genannten Präferenzen im Ernstfall zu entsprechenden Handlungen führen. So besteht durchaus die Wahrscheinlichkeit, dass sogenannte ›Spaßwerte‹ (»Das Leben in vollen Zügen genießen«) zugunsten von Pflichtwerten aufgegeben würden (z. B. aufgrund eines Notfalls im familiären Bereich). Schließlich bleibt auch hinsichtlich der positiv konnotierten Werte des sozialen Engagements (»Sozial Benachteiligten und Randgruppen helfen«) die Frage offen, ob in der Realsituation entsprechend dieses Wertes gehandelt würde. Zu unterscheiden ist darüber hinaus zwischen einem tatsächlichen Wandel der Werte und der Verschiebung traditioneller, oftmals konservativer Normen hin zu liberaleren Ausprägungen. So verweist Gensicke (2010) auf eine anscheinend nach wie vor hohe Akzeptanz grundlegender Werte (Familie) bei Heranwachsenden. Geklärt ist aber nicht, inwieweit diese nach wie vor in Umfragen hoch geschätzten Werte tatsächlich Einfluss auf das alltägliche Handeln haben, das nach anderen Aussagen scheinbar stärker durch den Wunsch nach individueller Selbstverwirklichung geprägt ist (Hondrich 1989).

5. Ausblick

Die Auseinandersetzung mit dem weiten, interdisziplinären Bereich der Werte wird für die Erziehungswissenschaft zeitüberdauernd ein wesentlicher Ausgangspunkt für die Begründung, Zielsetzung und Klärung von Erziehung sowie die Entwicklung von Handlungsmöglichkeiten bleiben. Stärker als bislang sollten künftig allerdings Konzepte und Modelle entwickelt werden, die eine Verkopplung von Werteerziehung mit Theorien zur Entwicklung moralischer Urteilsfähigkeit ermöglichen, denn die Frage nach dem »Warum Werteerziehung?« führt nahezu zwangsläufig zur Erkenntnis über die Bedeutung moralischer Urteils- und Handlungsfähigkeit für eine Erziehung zur Mündigkeit (Benner 1998; Klafki 1996). In höherem Maße als bisher sollte darüber hinaus die Person des Erziehers Gegenstand der Forschung sein. Die Subjektivität in der Ausbildung der persönlichen, oftmals unbewusst vorhandenen Wertpräferenzen dürfte einen erheblichen Einfluss auf das Verhalten des Erziehenden gegenüber Heranwachsenden und die (insbesondere auch institutionell begründete) Beziehung zwischen beiden ha-

ben (vgl. die Erziehungsstilforschung), der sich unter anderem im (implizit vorhandenen) Menschenbild (Fahrenberg 2007) des Erziehenden äußert.

Vor dem Hintergrund der gesamtgesellschaftlichen Veränderungen in den vergangenen Jahrzehnten und den damit einhergehenden Wandlungen der Einstellungen und Haltungen sollte es eine wesentliche Aufgaben der Werteforschung sein, neben einer Darstellung von ursprünglichen so wie im Laufe der Zeit sich wandelnden Verwendungen von Begriffen zu einer zeitgemäßen Klärung dieser beizutragen. Die Notwendigkeit hierfür ist u. a. deutlich geworden an der vor einigen Jahren intensiv entbrannten Debatte um den Begriff »Disziplin«, die nicht zuletzt deshalb so erhitzt geführt worden ist, da mit dem Begriff sehr unterschiedliche Haltungen und Grundeinstellungen verbunden werden (vgl. Standop 2012). Gerade solche Auseinandersetzungen aber führen dazu, dass eine Gesellschaft sich bewusst macht, welche Orientierungsmuster sie ihren Erziehungsprozessen zugrunde legen will.

Insbesondere aus der Perspektive der institutionellen und professionellen Erziehungsarbeit (aber nicht nur dort) ist schließlich nach wie vor forschungsbasiert der langfristige Einfluss der beiden wesentlichen Vorgehensweisen auf das wertorientierte Verhalten von Heranwachsenden zu klären: Einerseits inwieweit Werte einen »Gegenstand« von Erziehungsprozessen darstellen, also z. B. unterrichtlich vermittelt sind und andererseits, inwiefern die gesamte Institution, vertreten durch die in ihr geltenden Regeln und Rituale, die in ihr arbeitenden Personen, die Ausgestaltungen der räumlichen Gegebenheiten, der persönliche Umgang aller Beteiligter miteinander und die regionale Eingebundenheit die Wertorientierung von Kindern und Jugendlichen beeinflussen.

Literatur

Asendorpf, Jens: *Psychologie der Persönlichkeit*. Berlin u. a. 2004.

Benner, Dietrich: »Erziehung, Bildung und Ethik«. In: *Zeitschrift für Pädagogik* 2.44 (1998), 191–204.

Blasi, Augusto: »Moral cognition and moral action: a theoretical perspective«. In: *Developmental Review* 3 (1983), 178–210

Bollnow, Otto Friedrich: *Existenzphilosophie und Pädagogik*. Stuttgart u. a. 1959.

Dewey, John: *Erfahrung, Erkenntnis und Wert.* Frankfurt a. M. 2004.

Dollase, Rainer: »Psychologische Sicht«. In: Zierer, Klaus (Hg.): Schulische Werterziehung: Kompendium. Baltmannsweiler 2010, 24–33.

Fahrenberg, Jochen (2007): *Menschenbilder. Psychologische, biologisch, interkulturelle und religiöse Ansichten.* http://www.jochen-fahrenberg.de/uploads/media/Menschenbilder_e-Buch_01.pdf (05.01.2012).

Gaudig, Hugo: *Didaktische Präludien.* Leipzig 1909.

Gensicke, Thomas: »Wertorientierungen«. In: Shell Deutschland Holding (Hg.): *Jugend 2010. Eine pragmatische Generation behauptet sich.* Frankfurt a. M. 2010.

Graumann, Christian F./Willig, Rolf: »Wert, Wertung, Werthaltung«. In: Thomae, Hans (Hg.): *Theorien und Formen der Motivation.* In: Ders. u. a. (Hg.): Enzyklopädie *der Psychologie, Themenbereich C, Motivation und Emotion.* Göttingen u. a. 1983, 312–395.

Hillmann, Karl Heinz: »Werte und Wertwandel aus soziologischer Perspektive«. In: Baumgartner, Wilhelm/Reimherr, Andrea (Hg.): *Werte. Brentano Studien.* 11 (2004/05), 123–138.

Hillmann, Karl Heinz: *Wertwandel: zur Frage soziokultureller Voraussetzungen alternativer Lebensformen.* Darmstadt 1986.

Hoerster, Norbert: »Ethik und Moral«. In: Birnbacher, Dieter/Ders. (Hg.): *Texte zur Ethik* (9–24). München 1976.

Hondrich, Karl Otto: »Value Changes in Western Societies – the Last Thirty Years«. In: Strümpel, Burkhard (Hg.): *Industrial Societies after the Stagnation of the 1970s – Taking Stock from an Interdisciplinary Perspective* (131–158). Berlin u. a. 1989, 131–158.

Horn, Christoph: »Wert«. In: Höffe, Otfried (Hg.): *Lexikon der Ethik.* Weinheim u. a. 2002, 290–291.

Horster, Detlef: *Ethik.* Stuttgart 2009.

Inglehart, Ronald: *Modernisierung und Postmodernisierung: kultureller, wirtschaftlicher und politischer Wandel in 43 Gesellschaften.* Frankfurt/M. 1998.

Joas, Hans: *Die Entstehung der Werte.* Frankfurt/M. 2002.

Klafki, Wolfgang: *Neue Studien zur Bildungstheorie und Didaktik.* Weinheim ²1991.

Klages, Helmut: *Wertedynamik. Über die Wandelbarkeit des Selbstverständlichen.* Zürich 1988.

Klages, Helmut: *Der blockierte Mensch. Zukunftsaufgaben gesellschaftlicher und organisatorischer Gestaltung.* Frankfurt/M. u. a. 2002.

Krobath, Hermann T.: *Werte. Ein Streifzug durch Philosophie und Wissenschaft.* Würzburg 2009.

Liedtke, Max: *Evolution und Erziehung.* Göttingen ⁴1997.

Lucke, Doris: »Wirklichkeitskonstruktion als Ware: ›Der Wertewandel‹ in der westlichen Welt«. In: *Internationale Politik und Gesellschaft* 4 (2000), 389–398.

Montada, Leo: »Moralische Entwicklung und moralische Sozialisation«. In: Oerter, Rolf/Montada, Leo (Hg.): *Entwicklungspsychologie.* Weinheim u. a. 1995, 862–894.

Oerter, Rolf: *Struktur und Wandel von Werthaltungen.* München 1978.

Oser, Fritz: »Acht Strategien der Wert- und Moralerziehung«. In: Edelstein, Wolfgang/Oser, Fritz/Schuster, Peter (Hg.): *Moralische Erziehung in der Schule.* Weinheim u. a. 2001, 63–89.

Oser, Fritz/Althoff, Wolfgang: *Moralische Selbstbestimmung.* Stuttgart 2001.

Regenbrecht, Aloysius: »Reflektierende Urteilskraft als Kriterium moralischer Erziehung im Unterricht«. In: Rekus, Jürgen (Hg.): *Grundfragen des Unterrichts. Bildung und Erziehung in der Schule der Zukunft.* Weinheim u. a. 1998.

Rinderle, Peter: *Werte im Widerstreit.* Freiburg u. a. 2007.

Ross, William D.: *The Right and the Good* [1930]. Hg. von Philip Stratton-Lake. Oxford u. a. 2002.

Roth, Heinrich: *Pädagogische Anthropologie.* Bd. 1–2. Göttingen u. a. 1976.

Rokeach, Milton: *The Nature of Human Values.* New York 1973.

Scheler, Max: *Der Formalismus in der Ethik und die materiale Wertethik. Neuer Versuch der Grundlegung eines ethischen Personalismus.* Bern u. a. 1980.

Schmitz, Britta: »Werte und Emotionen«. In: Otto, Jürgen H./Euler, Harald A./Mandl, Heinz (Hg.): *Emotionspsychologie. Ein Handbuch.* Weinheim u. a. 2000, 349–359.

Schroeder, Hartwig: *Theorie und Praxis der Erziehung.* München 1999.

Schwartz, Shalom H.: »Value Priorities and Behavior: Applying a theory of integrated Value Systems«. In: Seligman, Clive (Hg.): *Ontario Symposium on Personality and Psychology 8: the psychology of values.* Hillsdale 1996.

Schwartz, Shalom H./Rubel, Tammy: »Sex Differences in Value Priorities: Cross-Cultural and Multimethod Studies«. In: *Journal of Personality and Social Psychology* 89.6 (2005), 1010–1028

Speck, Otto: *Erziehung und Achtung vor dem Anderen.* München u. a. 1996.

Standop, Jutta: »Das Kind als Subjekt im Lernprozess«. In: Jürgens, Eiko/Standop, Jutta (Hg.): *Taschenbuch Grundschule.* Bd. 3: *Das Grundschulkind.* Baltmannsweiler 2008.

Standop, Jutta: *Werte-Erziehung. Einführung in die wichtigsten Konzepte der Werteerziehung.* Weinheim u. a. 2005.

Standop, Jutta: »Menschenbild und Humanität«. In: Jürgens, Eiko/Miller, Susanne (Hg.): *Ungleichheit in der Gesellschaft und Ungleichheit in der Schule – eine interdisziplinäre Sicht auf Inklusions- und Exklusionsprozesse.* Weinheim u. a. 2012.

Jutta Standop

IV. Verschiedene Disziplinen

1. Evolutionstheorie/Biologie

1. Stand der Forschung

Den Stand der Forschung zur thematischen Rolle von erziehungsrelevanten Phänomenen in den Biowissenschaften im Überblick darzustellen, erfordert eine differenzierte Sicht. Die Lebenswissenschaft ist eine große Disziplin, die sich in sehr unterschiedliche Subdisziplinen gliedert und deren Forschungsstand sich angesichts des Booms dieser Disziplin schnell verändert. Das Gebiet in Gänze zu überblicken, ist wohl kaum möglich. Inhaltlich geht es den Biowissenschaften um das Verständnis des Lebens aus einer naturwissenschaftlichen Perspektive – und für die Erziehungswissenschaft relevant ist in diesem Kontext vor allem der Blick auf den Menschen. Dabei kommen für die Erziehungswissenschaft relevante thematische Zugänge in unterschiedlichen biowissenschaftlichen Subdisziplinen mit je unterschiedlichen Fragestellungen, Forschungsdiskursen und methodischen Zugängen in den Blick, die sich in zwei große Gruppen sortieren lassen:

1.1 Theorien des Erkennens: Neurowissenschaften und Evolutionäre Erkenntnistheorie

Mit der Entwicklung der bildgebenden Verfahren seit den 1990er Jahren haben die Neurowissenschaften eine erhebliche Entwicklung genommen. Das Wissen über die physiologischen Grundlagen des Denkens wurde sehr viel differenzierter (vgl. in zusammenfassenden und für Laien verständlicher Darstellung Roth 2003; Singer 2002; Markowitsch/ Brand 2006; vgl. auch den Beitrag von Braun und Bock in diesem Band). Zudem entwickelte sich mit der evolutionären Erkenntnistheorie eine Metareflexion der Bedingungen menschlichen Erkennens, die sich als philosophische Disziplin bewusst auf naturwissenschaftlich fundierte Erkenntnisse bezog (vgl. Engels 1989). In der Erziehungswissenschaft entstand eine Diskurslinie, in der man sich um eine seriöse Bilanzierung neurowissenschaftlicher Erkenntnisse für die Lerntheorie und Didaktik bemühte (vgl. z.B. Herrmann 2009; Blakemore/ Frith 2005). Unter anderem konnten für die Erziehungswissenschaft nicht neue, aber nun mit neuer empirischer Evidenz vorgetragene Hinweise über die Bedingungen der Möglichkeit für Lernen, wie Schlaf, Ernährung oder Sozialität, benannt werden (vgl. z.B. OECD 2002; Scheunpflug 2004; Stern u.a. 2005). Mit der »prinzipiellen Unterbestimmtheit der Hirnforschung im Hinblick auf die Gestaltung schulischen Lernens« (Schumacher 2006, 167) wurde jedoch auch darauf deutlich, dass neurowissenschaftliche Forschung zwar Erkenntnisse im Hinblick auf die Bedingung der Möglichkeit von Lernprozessen gerade im Bereich des privilegierten Lernens (also der Lernprozesse, die quasi automatisch durch genetische Programme in distinkten Umwelten ablaufen, wie Laufenlernen, Erstspracherwerb etc.) liefere, erziehungswissenschaftliche Reflexion aber nicht in ihr aufgehe, da sich gerade schulisches Lernen überwiegend mit nicht-privilegiertem Lernen beschäftige (vgl. Scheunpflug 2007).

Mit dieser Diskussion einher ging eine populäre Rezeption neurowissenschaftlicher Zusammenhänge in der Erziehungswissenschaft, die ungeheure Resonanz entfaltete. Nicole Becker (2006) hat herausgearbeitet, dass die pädagogische Rezeption der Hirnforschung vor allem nach sehr konkreten Anweisungen für die didaktische Gestaltung von Unterricht fragt, diese jedoch kaum durch die Neurowissenschaften selbst geliefert werden können.

1.2 Theorien des Verhaltens: Soziobiologie und Evolutionäre Psychologie

Während die Erkenntnisse der Neurowissenschaften auf großes Interesse in der Erziehungswissenschaft stoßen, sind die Fragen des Verstehens von Verhalten, die vor allem in der Soziobiologie, der Evolutionären Psychologie und der Evolutionären Spieltheorie diskutiert werden, deutlich weniger im Blickfeld. In diesen Subdisziplinen der Lebenswissenschaften wurden im letzten Jahrzehnt umfangreiche Studien zu Fragen von Geschlechterdifferenzen, Fürsorgeverhalten, sozialem Lernen, zur Entstehung und Ausbreitung von Kooperation und Konkurrenz in menschlichen Populationen sowie zur Bindung publiziert, die unmittelbar erziehlich relevante Themenfragen tangieren (vgl. Barett u.a. 2002; Voland 2000; Buss 2004).

Quer zu diesen vor allem auf empirischen Ergebnissen der Biowissenschaften fußenden Rezeptionssträngen liegen interdisziplinäre Diskurse zu den Biowissenschaften, die vor allem auf die Logik ihrer Theoriebildung abzielen. Spätestens mit der Theorieofferte Charles Darwins wurde in den Lebenswissenschaften die damals noch dominante Schöpfungslogik zugunsten einer teleonomen Theoriebildung, nach der Entwicklung als ein Wechselspiel zwischen Variation und Selektion ohne intentionalen Durchgriff interpretiert wird, abgelöst. Diese Theorieofferte bietet zahlreiche Anschlussmöglichkeiten für die erziehungswissenschaftliche Theoriebildung, die in den letzten zehn Jahren wohl am konsequentesten durch Alfred K. Treml für eine Allgemeine Erziehungstheorie genutzt wurde (vgl. Treml 2002; 2006; Scheunpflug 2001).

Darüber hinaus spielen die Biowissenschaften dann eine Rolle, wenn sie Gegenstand der Wissenschaftsforschung in der Erziehungswissenschaft werden, etwa in der historischen Bildungstheorie im Hinblick auf die Frage nach der Rezeptionsgeschichte des Darwinismus in der Erziehungswissenschaft (vgl. z. B. Bernstorff 2009). Zudem sind sie Gegenstand der Biologiedidaktik, die in diesem Beitrag jedoch nicht gesondert dargestellt werden kann.

2. Erziehungswissenschaftliche Positionierung

Für Erziehungswissenschaftler ist es nicht selbstverständlich, die Biowissenschaft als eine Bezugsdisziplin ihrer Wissenschaft zu sehen. Im Vergleich zur Psychologie, zur Soziologie oder zu den historischen Wissenschaften ist der Bezug auf die Biologie eher selten anzutreffen. Folgende Fragestellungen sind im interdisziplinären Dialog für die erziehungswissenschaftliche Reflexion von Bedeutung:

2.1 Freiheit und Determination

Aus einer erziehungswissenschaftlichen Perspektive wird biowissenschaftlichen Argumentationsmustern häufig mit dem skeptischen Einwand begegnet, dass diese Lernen und Verhalten, ja sogar den ganzen Menschen, als determiniert beschreiben würden und dass damit letztlich die Freiheit des Menschen negiert würde. Und in der Tat beto-

nen Biologen, dass Menschen in ihrem Lernen und in ihrem Verhalten evolvierte Mechanismen bedienen, die in ihrer Grundstruktur genetisch fixiert seien. Das Gehirn verarbeite nur das, was als Grundlage möglicher Verarbeitungspotenziale bereits genetisch angelegt sei, oder anders gesagt: »Lernen exekutiert Programme« (Voland 2006, 105 f.). Diese Beschreibungsformen sind vor dem Hintergrund zu lesen, dass von genetischen Programmen ausgegangen wird, die im Kontext einer jeweils bestimmten Umwelt ausgelöst werden. Wenn Biowissenschaftler von Determinismus sprechen, meinen sie also nicht, dass Umwelteinflüsse keinen Einfluss ausüben. Welcher Umwelteinfluss jedoch zur Geltung komme, sei nicht zufällig. Damit wird ein Determinismus beschrieben, der, aufgrund der Komplexität und Vielfalt der Umwelteinflüsse, nicht zu einer Vorhersagemöglichkeit von Lernen und Verhalten führt.

Ob und wie vor diesem Hintergrund von Freiheit zu sprechen ist, ist eine in den letzten Jahren intensiv diskutierte Frage (vgl. z. B. Elsner/Lüer 2005). Erziehungswissenschaftliche Diskussionen können sich jedoch in der Regel *unterhalb* dieser Tiefendimension des Problems bewegen: Einig ist man sich schließlich in beiden Wissenschaftstraditionen, dass die in der Umwelt dargebotenen Anregungen eine bedeutende Rolle für Lernen und Verhalten spielen.

2.2 Zwischen Reduktion und Komplexität

Eine weitere Dimension des unterschiedlichen Wissenschaftsverständnisses beider Disziplinen ist die Frage, ob und inwiefern sich menschliches Denken und Verhalten auf materielle Substrate und Algorithmen des Verhaltens zurückführen lasse oder ob die Komplexität menschlichen Lernens und Verhaltens sich einer derartigen Außenreflexion entzöge. Mit den Aufsätzen von Jürgen Habermas (2004; 2005) über die »richtige Weise der Naturalisierung des Geistes« (Habermas 2005, 156) und den Erwiderungen von Wolf Singer (2004) und Gerhard Roth (2004; 2005) liegen seit mehreren Jahren nun zwei unterschiedliche Vorschläge vor, das, »was wir von Kant über die transzendentalen Bedingungen unserer Erkenntnis gelernt haben, mit dem, was uns Darwin über die natürliche Evolution gelehrt hat, in Einklang [zu] bringen« (Habermas 2005, 157). Habermas vertritt einen »weichen Naturalismus«, wonach nur das als real bezeichnet werden könne, »was in wahren Aussagen dargestellt werden kann« (ebd.). Damit sei das Verständnis der Interaktion zwischen Geist und Gehirn »Ergebnis philosophischer Reflexion und nicht selbst naturwissenschaftliche Erkenntnis« (ebd.). Singer und Roth vertreten hingegen die Position, dass sich zwar die subjektive Wahrnehmung der Gehirnleistung von der naturwissenschaftlich beschreibbaren Gehirnfunktionalität unterscheide, sich der Geist aber auf naturwissenschaftlich beschreib- und erklärbare Gehirnfunktionen zurückführen lasse. In diesem Sinne vertreten beide eine reduktionistische Position.

Für die Erziehungswissenschaft könnte es attraktiv sein, jeweils auf beide Positionen Bezug zu nehmen (vgl. Liebau/Zirfas 2006), wobei die Habermas'sche Position dem Mainstream der Erziehungswissenschaft entspricht. Aber auch das reduktionistische Muster bietet Anschlussmöglichkeiten, z. B. im Hinblick auf den Zusammenhang zwischen Gendefekten und kognitiver Kompetenz bei Kindern mit Down-Syndrom (vgl. Stern u. a. 2005, 65) oder im Hinblick auf das Verständnis von Dyslexie (vgl. Goswami 2004; Huss u. a. 2011).

2.3 Naturalistischer Fehlschluss und implizite Normativität

Die Geschichte der Rezeption der Biowissenschaften ist reich an Beispielen für den sogenannten naturalistischen Fehlschluss. Biologische Forschung, z. B. im Hinblick auf Erklärungsmuster zur Kindesvernachlässigung durch ihre Eltern, legt nicht die Argumentation nahe, dass dieses Verhalten deshalb »natürlich« oder gar zu akzeptieren sei. Für die Erziehungswissenschaft ist dieses in Bezug auf die Rezeption der Biowissenschaften Aufgabe und Herausforderung zugleich: Aufgabe im Hinblick auf die Identifizierung naturalistischer Fehlschlüsse bzw. die Vermeidung derselben und Herausforderung in der klaren Ableitung von Schlussfolgerungen aus empirischen Befunden über die explizite Einführung und Begründung einer normativen Prämisse bzw. im klaren Verzicht auf die Perspektive auf Handlung.

3. Diskussionslinien

In meinen Augen sind es zwei Impulse, die sich im Anregungsmilieu zwischen Bio- und Erziehungswissenschaften im Hinblick auf eine evolutionstheoretische Fundierung der pädagogischen Anthropologie erkennen lassen:

3.1 Menschenbild

Für die Erziehungswissenschaft ist es zentral, das implizite wie explizite Menschenbild diskursiv zu klären (vgl. Ricken 2011). Evolutionäre Theoriebildung regt zu einem bescheidenen Menschenbild an, das weniger die Exklusivität des Menschen im Bereich des Lebendigen heraushebt als vielmehr seine strukturelle Ähnlichkeit mit anderen Lebewesen. Damit wird eine kulturvergleichende, kulturübergreifende sowie zwischen Menschen und Tieren interdiziplinäre Forschung und Theoriebildung gefördert. Verhalten kommt dann als die Bilanz eines universellen Algorithmus selbstbezogener Gene in distinkten Umwelten in den Blick (vgl. z. B. Tomasello 2006). Dieses Theoriemuster für unterschiedliche Formen erziehlich relevanten Verhaltens empirisch durchzuarbeiten (z. B. im Hinblick auf Elterninvestment, Lehrerverhalten, Lernmotivation etc.), könnte eine der zentralen Diskussionslinien der Zukunft sein.

3.2 Entwicklungsverständnis

Die Evolutionstheorie legt ein komplexes Entwicklungsverständnis nahe, dessen Potenzial noch nicht hinreichend ausbuchstabiert und ausdiskutiert ist. Ein teleonomes Entwicklungsverständnis lässt Platz für Kontingenz und den Zufall. Es bietet Anregungspotenzial für

- das Verständnis der Individualentwicklung,
- das Verständnis universeller Entwicklungsherausforderungen z. B. in der Adoleszenz,
- ein komplexes Verständnis nicht-linearer Kausalfolgen in der Unterrichtstheorie
- sowie für eine anspruchsvolle Theorie der Entwicklung der Schule (vgl. dazu Bätz/Scheunpflug 2006).

4. Ausblick: Forschungs-
herausforderungen

Angesichts der bisher nicht sehr dichten interdisziplinären Kommunikation zwischen Erziehungs- und Biowissenschaft stellt sich die zentrale Herausforderung zunächst in der Intensivierung der interdisziplinären Arbeit. Die kulturwissenschaftlich geprägte pädagogisch-historische Anthropologie ist breit aufgestellt (vgl. die Publikationsreihe der Kommission für Pädagogische Anthropologie in der Deutschen Gesellschaft für Erziehungswissenschaft), eine naturwissenschaftlich-biologisch geprägte pädagogische Anthropologie, die sich auf die heute aktuelle Biologie (und nicht jene Portmanns oder Gehlens aus dem Anfang des 20. Jahrhunderts bezieht) bietet noch ein breites Forschungsfeld. Dabei käme es darauf an, eine naturwissenschaftlich fundierte pädagogische Anthropologie nicht nur philosophisch, sondern auch empirisch zu fundieren.

Literatur

Bätz, Roland/Scheunpflug, Annette: »Anschlussmöglichkeiten. Vor-Überlegungen zu einer Theorie der Schulentwicklung aus kulturalistischer und evolutionstheoretischer Perspektive«. In: *Journal für Schulentwicklung* 3 (2006), 57–68.

Barett, Louise/Dunbar, Robin/Lycett, John: *Human Evolutionary Psychology*. Princeton 2002.

Becker, Nicole: *Die neurowissenschaftliche Herausforderung der Pädagogik*. Bad Heilbrunn 2006.

Bernstorff, Florian: *Darwin, Darwinismus und Moralpädagogik. Zu den ideengeschichtlichen Voraussetzungen des Darwinismus und seiner Rezeption im deutschsprachigen pädagogischen Diskurs des späten 19. Jahrhunderts*. Bad Heilbrunn 2009.

Blakemore, Sarah-Jayne/Frith, Uta: *Wie wir lernen – Was die Hirnforschung darüber weiß*. München 2005.

Buss, David: *Evolutionäre Psychologie*. München 2004.

Engels, Eve-Marie: *Erkenntnis als Anpassung? Eine Studie zur Evolutionären Erkenntnistheorie*. Frankfurt/M. 1989.

Elsner, Norbert/Lüer, Gerd (Hg.): *» ... sind eben alles Menschen«. Verhalten zwischen Zwang, Freiheit und Verantwortung*. Göttingen 2005.

Goswami, Usha: »Neurosciences and Education«. In: *British Journal of Educational Psychology* 74 (2004), 1–14.

Habermas, Jürgen: »Freiheit und Determinismus«. In: *Deutsche Zeitschrift für Philosophie* 52.6 (2004), 871–890.

Habermas, Jürgen: *Zwischen Naturalismus und Religion*. Frankfurt a. M. 2005.

Herrmann, Ulrich (Hg.): *Neurodidaktik*. Weinheim 2009.

Huss, Martina/Verney, John P./Fosker, Tim/Mead, Natasha/Goswami, Usha: »Music, rhythm, rise time perception and developmental dyslexia: Perception of musical meter predicts reading and phonology«. In: *Cortex* 47 (2011), 674–89.

Liebau, Eckard/Zirfas, Jörg: »Erklären und Verstehen. Zum methodologischen Streit zwischen Bio- und Kulturwissenschaften«. In: Wulf, Christoph/Scheunpflug, Annette (Hg.): *Biowissenschaft und Erziehungswissenschaft 5. Beiheft der Zeitschrift für Erziehungswissenschaft*. Wiesbaden 2006, 231–244.

Markowitsch, Hans J./Brand, Matthias: »Was weiß die Hirnforschung über Lernen?« In: Wulf, Christoph/Scheunpflug, Annette (Hg.): *Biowissenschaft und Erziehungswissenschaft 5. Beiheft der Zeitschrift für Erziehungswissenschaft*. Wiesbaden 2006, 21–42.

Roth, Gerhard: *Fühlen, Denken, Handeln*. Frankfurt a. M. 2003.

Roth, Gerhard: »Worüber Hirnforscher reden dürfen – und in welcher Weise?« In: *Deutsche Zeitschrift für Philosophie* 52.8 (2004), 223–234.

Roth, Gerhard: »Wer entscheidet, wenn ich entscheide?« In: Elsner, Norbert/Lüer, Gerd (Hg.): *» ... sind eben alles Menschen«. Verhalten zwischen Zwang, Freiheit und Verantwortung*. Göttingen 2005, 223–241.

Scheunpflug, Annette: *Evolutionäre Didaktik*. Weinheim 2001.

Scheunpflug, Annette: »Lernen als biologische Notwendigkeit«. In: Duncker, Ludwig/Scheunpflug, Annette/Schultheis, Klaudia: *Schulkindheit. Anthropologie des Lernens im Schulalter*. Stuttgart 2004, 172–230.

Scheunpflug, Annette: »Gene – Gehirne – Gesellschaft Erkenntnisse der Biowissenschaften bildungstheoretisch kommentiert«. In: Brumlik, Micha/Merkens, Hans (Hg.): *Bildung – Macht – Gesellschaft. Beiträge zum 20. Kongress der Deutschen Gesellschaft für Erziehungswissenschaft*. Opladen 2007, 95–108.

Ricken, Norbert: »Menschen: Zur Struktur anthropologischer Reflexionen als einer unverzichtbaren kulturwissenschaftlichen Dimension«. In: Jaeger, Friedrich/Liebsch, Burkhard (Hg.): *Handbuch Kulturwissenschaften. Bd. 1: Grundlagen und Schlüsselbegriffe*. Stuttgart 2011, 152–172.

Schumacher, Ralph: »Die prinzipielle Unbestimmbarkeit der Hirnforschung im Hinblick auf die Gestaltung schulischen Lernens«. In: Sturma, Dieter (Hg.): *Philosophie und Neurowissenschaft*. Frankfurt a. M. 2006, 167–186.

Singer, Wolf: *Der Beobachter im Gehirn*. Frankfurt a. M. 2002.

Stern, Elsbeth/Grabner, Roland/Schumacher, Ralph u. a.: *Lehr-Lern-Forschung und Neurowissenschaften: Erwartungen, Befunde und Forschungsperspektiven*. Berlin 2005.

Tomasello, Michael: *Die kulturelle Entwicklung des menschlichen Denkens*. Frankfurt a. M. 2006.

Treml, Alfred K.: *Evolutionäre Pädagogik*. Stuttgart 2002.

Treml, Alfred K.: »Wie ist Erziehung möglich? Perspektiven einer evolutionspädagogischen Antwort«. In: Wulf, Christoph/Scheunpflug, Annette (Hg.): *Biowissenschaft und Erziehungswissenschaft 5. Beiheft der Zeitschrift für Erziehungswissenschaft.* Wiesbaden 2006, 163–176.

Voland, Eckart: *Grundriss der Soziobiologie.* Heidelberg 2000.

Voland, Eckart: »Lernen – die Grundlage der Pädagogik in evolutionärer Charakterisierung«. In: *ZfE* 9. Beiheft 5 (2006), 103–116.

Annette Scheunpflug

2. Erziehung als Begriff der Erziehungswissenschaft

»Über die Erziehung schreiben, heißt beinahe über alles auf einmal schreiben«. Dieser Gedanke findet sich in der Vorrede zu Jean Pauls Schrift *Levana oder Erziehlehre* (1806). Er macht darauf aufmerksam, dass Erziehung, modern gesprochen, als ein polykontextualisiertes, ubiquitäres Phänomen anzusehen ist, das aus genau diesem Grund – als Phänomen eben – keine Fach-, Disziplin- oder Professionsgrenzen kennt. Denn die Funktion der Erziehung zeigt sich in Form einer eigentümlichen Zweiteilung in Lebensalter der Erziehungsbedürftigkeit und in Lebensalter der Erzogenheit (vgl. Loch 1979a). Dementsprechend wird Erziehung einerseits als Prozess wirksam (man wird erzogen), andererseits aber auch als Habitus (man wurde erzogen und muss damit in seinem Leben etwas anfangen). Als Prozess wie als Habitus unterliegt Erziehung den Strukturen der Lebenswelt und bringt sich in den kulturell und sozial vorgeformten Mustern des Lebenslaufes zur Geltung. Der Prozesscharakter der Erziehung verweist auf Lernen als die dafür notwendige Bedingung, gibt es doch Lernen ohne Erziehung, nicht aber Erziehung ohne Lernen. Diese Gegenüberstellung ist insofern unscharf, als das Lernen, sprachlogisch gesehen, ein Gegenstandsbegriff ist (man lernt immer »etwas«); Erziehung und das Erziehen hingegen sind reflexiv gewonnene Klassenbegriffe, die eine Vielzahl von Gegenstandsbegriffen umfassen (z. B. ernähren, pflegen, anerkennen, bekräftigen, loben und ermuntern wie auch tadeln, mahnen, strafen oder darstellen, aufklären, erklären, unterrichten), was wiederum die Ubiquität des Phänomens, also seine Einbettung in mannigfaltige Formen alltäglicher Praktiken, zum Vorschein bringt. Kurzum: als Phänomen impliziert Erziehung eine Differenz. Sie steht dem individuellen Lernen zunächst gegenüber und versucht, es auf spezifische Weise zu beeinflussen und bringt es gerade dadurch erst zum Vorschein. So ist Erziehung buchstäblich eine »Provokation«, sie ruft etwas hervor, was sich ohne sie nicht zeigen würde. Als repraesentatio mundi pädagogisiert sie gleichsam die Welt, indem sie Lebensprobleme in Lernprobleme transformiert. In modernen Gesellschaften ist sie als intentional fundierte Einflussnahme auf Lernprozesse kulturell institutionalisiert, ethisch-normativ fundiert, rechtlich legitimiert, sozialräumlich organisiert, thematisch spezifiziert, didaktisch elaboriert und operativ inszeniert – und seit 1779, als Ernst-Christian Trapp den ersten pädagogischen Lehrstuhl an einer deutschen Universität besetzte, zudem auch im Wissenschaftssystem disziplinär repräsentiert.

Allerdings: ein Phänomen ist etwas anderes als der wissenschaftliche Zugriff hierauf. Diese Unterscheidung begründet die Sonderstellung dieses Abschnittes im Vergleich mit den anderen disziplinären Perspektiven, die in diesem vierten Teil des Handbuches zur Sprache kommen. Denn jede wissenschaftliche Disziplin bearbeitet einen bestimmten Weltausschnitt nach Maßgabe ihrer jeweils geltenden Grundbegriffe und methodischen Möglichkeiten, die ihre spezifische Grenze markieren. Insofern kommen bestimmte Phänomene in verschiedenen Wissenschaften auf verschiedene Weise vor und werden dort daher eben auch verschieden behandelt. Das gilt auch für Erziehung, und deswegen wird sie, wie die anderen Beiträge zeigen, *auch* in anderen Disziplinen zum Thema, Problem oder Forschungsgegenstand (Gesellschaftstheorie, um nur ein Beispiel zu nennen, ist ohne Blick auf Erziehung nicht zu denken). Aber nur in der Erziehungswissenschaft wird Erziehung exklusiv zum Grundbegriff, der als semantischer Generator die Entwicklung der Disziplin antreibt und für die (im Vergleich mit anderen beeindruckende) Expansion der Pädagogik als Wissenschaft sorgt, die mittlerweile zu den sechs größten akademischen Disziplinen in Deutschland gehört und über alle Insignien einer »normal science« verfügt (vgl. Kraft 2012).

Vor diesem Hintergrund lautet die *erste* Antwort auf die Frage nach »Erziehung« als Begriff der Erziehungswissenschaft: Der gegenwärtig erreichte Stand der Ausdifferenzierung der Disziplin in seinen vielfältigen Verästelungen bringt zum Vorschein, wie in der Erziehungswissenschaft über Erziehung gesprochen wird. Diese erste, disziplinär eingefärbte Antwort mag enttäuschend sein, ist aber nicht verwunderlich, wenn man andere Disziplinen in den Blick nimmt. Denn wann immer ein Sachverhalt unter wissenschaftliche Ansprüche gestellt wird, vervielfältigen sich die Perspektiven, steigt der Auflösungsgrad der Analysen und konkurrieren die theoretischen Antworten miteinander. In dieser Hinsicht ist die Erziehungswissenschaft keine Ausnahme, sondern tatsächlich »normal science«.

Richtet man den Blick von der Außenseite der Disziplin auf ihre Innenseite, lässt sich eine *zweite* Antwort formulieren: Hier sieht man sich einer Vielzahl von systematischen Bemühungen gegenüber, die in Gestalt von Richtungen, Schulen oder mehr oder weniger ausgearbeiteten Theorien den Wissensvorrat der Disziplin ausmachen. Da das jeweilige Verständnis von Erziehung in starkem Maße der Veränderung soziokultureller Lebensformen unterliegt, lässt sich dieser Wissensvorrat allerdings nicht (oder nur in wenigen spezifischen Hinsichten) als Abfolge von Entdeckungen darstellen, sondern muss vielmehr als kollektives Reflexionsgedächtnis begriffen werden, in dem die Disziplin ihr Wissen aufbewahrt. Gleichwohl gibt es eine Reihe von Reflexionsdimensionen, die in den jeweils entwickelten Erziehungstheorien auf jeweils unterschiedliche Weise zur Geltung gebracht werden und ihnen so ihre besondere Gestalt verleihen: die Frage nach der Bedingung der Möglichkeit von Erziehung (prinzipientheoretische Reflexion); die Frage nach den pädagogisch bedeutsamen Tatbeständen (phänomenologisch-empirische Reflexion); die Frage nach den die Erziehung intentional bestimmenden Menschenbildern (anthropologische Reflexion) sowie den dabei leitenden Werten, Normen und Zielen (ethische Reflexion); die Frage nach der sozialen Funktion der Erziehung (gesellschaftlich-politische Reflexion), die technologische Frage nach den operativen Mechanismen (didaktisch-methodische Reflexion) und die Frage nach den institutionellen Formen (institutionell-organisatorische Reflexion). Innerhalb der Disziplin ist allerdings ein Sachverhalt unstrittig: Eine umfassende pädagogische Systematik, die in der Lage wäre, das Gesamt des Faches phänomenologisch zu fundieren, in Forschung und Lehre theoretisch zu orientieren und terminologisch zu regulieren, wird derzeit entweder als nicht möglich, als nicht notwendig oder als einzulösendes Desiderat angesehen. Mit anderen Worten: Ob »Erziehung« nicht nur nominell, sondern systematisch als Grundbegriff der Erziehungswissenschaft Geltung beanspruchen soll, ist umstritten. Dieser Befund, der für Außenstehende befremdlich erscheinen mag, hat verschiedene Gründe, die hier nicht erörtert werden können. Er soll aber darauf aufmerksam

machen, dass die folgenden Ausführungen eine bestimmte erziehungswissenschaftliche Position markieren, die nicht von allen geteilt wird.

Die *dritte* Antwort, die hier gegeben werden soll, nimmt ihren Ausgang von einem genau bestimmten Verhältnis zwischen Disziplinarität und Interdisziplinarität, wie Herbart es in der Einleitung zu seiner *Systematischen Pädagogik* so formuliert hat: »Nur wenn sich jede Wissenschaft auf ihre Weise zu orientieren sucht, und zwar jede mit gleicher Kraft wie ihre Nachbarinnen, kann ein wohltätiger Verkehr unter allen entstehen« (1806/1989, 8). Erst also kommt das disziplinäre Wissen, dann der interdisziplinäre Austausch. Darin steckt die Aufforderung an die Pädagogik, sich zunächst eben »auf ihre Weise« der Erziehung zuzuwenden, mit »einheimischen Begriffen« also. Die kurze Skizze von zwei theoretischen Positionen soll nun beispielhaft zeigen, wie diese Aufforderung eingelöst werden kann.

In der »*Biographischen Erziehungstheorie*«, wie Werner Loch (1979a) sie maßgeblich entwickelt hat, bildet das Spezifikationsprinzip aller pädagogischen Bemühungen der *Lebenslauf*, in dem den sich entwicklungslogisch entfaltenden *curricularen Kompetenzen* des Kindes spezifische *pädagogische Paradigmen* gegenüberstehen (vgl. Loch 1979b). So antwortet, um nur die ersten dieser den gesamten Lebenslauf umspannenden Reihe zu nennen, das trophologische Paradigma auf die Einverleibungsfähigkeit, das organologische auf die sensomotorische Kompetenz, das ökologische auf die lokomotorischen Fähigkeiten wie das mimetische auf die Nachahmungsfähigkeit. Auf diese Weise folgt die Erziehung dem kindlichen, zwischen Reifung und Entwicklung oszillierendem Lernen, das sich auf jeder einzelnen Stufe jeweils in vier Dimensionen zur Geltung bringt: in dem Verhältnis von *Lernfähigkeiten* und *Lernaufgaben* auf der einen Achse und in dem Verhältnis von *Lernhemmungen* und *Lernhilfen* auf der Anderen. Diese vier Dimensionen können gleichsam als Kern einer *pädagogischen Lerntheorie* verstanden werden. Zudem werden aus dieser Perspektive der Prozess der Erziehung und der durch sie sich entwickelnde, im weiteren Lebenslauf nachhaltig wirksame Habitus als Einheit einer Differenz erkennbar. Dieses Modell, in dem Erziehung den Schnittpunkt zwischen Lebenslauf und Lebenswelt besetzt, zeigt nicht nur, wie die Pädagogik »auf ihre Weise« das Problem theoretisch erfassen kann, sondern auch, dass sie gerade dadurch interdisziplinär anschlussfähig und produktiv zu werden vermag. Denn es eröffnet sich gewissermaßen die Möglichkeit einer »pädagogischen Diagnostik«, durch die Sachverhalte (oder zumindest Varianten von Sachverhalten) zum Vorschein gebracht werden können, die zum Beispiel in diagnostischen Modellen der Psychologie gar nicht vorkommen oder zumindest anders gesehen werden.

Das zweite erziehungstheoretische Modell, auf das hier verwiesen werden soll, ist maßgeblich von Klaus Prange entwickelt worden und wird als »Operative Pädagogik« bezeichnet (vgl. Prange 2000; Kraft 2009; Prange 2012). Grundlegend für diese Theorie ist ebenfalls eine Differenzannahme, die hier als »pädagogische Differenz« bezeichnet wird und »lernen« und »erziehen« als zwei grundlegend verschiedene, eigenständige Operationen auffasst. Das Erziehen wird in diesem Konzept durch einen Gegenstandsbegriff zweiter Ordnung ersetzt, dem *Zeigen*. Zeigen ist, sprachlogisch gesprochen, ein mehrstelliges Prädikat, das Selbst-, Fremd- und Objektbezug miteinander verbindet. Es ist, als Deixis bezeichnet, von eminenter kulturanthropologischer Bedeutung und zudem, wie zahlreiche Befunde der modernen Entwicklungsforschung deutlich machen, ein spezifischer Merkmalskomplex in der Ontogenese. Pädagogisch bedeutsam wird das Zeigen durch seinen Bezug auf das Lernen: erziehen heißt demnach, jemandem etwas so zu zeigen, dass er es selbst wieder zu zeigen vermag. Die von Kant der Pädagogik aufgegebene Frage nach dem »Mechanismus in der Erziehungskunst« verweist auf das Problem, wie zeigen und lernen, diese zwei eigenständigen Operationen, zueinander ins Verhältnis gesetzt, also synchronisiert werden können. Die erziehungstheoretische Antwort hierauf lautet: durch *Artikulation*. Durch diesen verbindenden Mechanismus wird das Zu-Zeigende zergliedert und dem lernenden Bewusstsein auf eine spezifische Weise, in einer bestimmten Form also, präsentiert. Es sind also die Formen, die erziehen. Und diese richten sich nach dem, was gelernt werden soll, seien es Fertigkeiten, Kenntnisse oder Haltungen. Insofern lassen sich verschiedene Formen des Zeigens unterscheiden, denn in der familiären Erziehung zeigt sich das

Zeigen anders als im Schulunterricht und in einer sozialpädagogischen Beratungssituation wiederum anders als in Familie oder Schule. Allerdings führt kein direkter Weg vom Zeigen zum Lernen, denn über die Annahme, Aufnahme und Vertiefung des Gezeigten entscheidet allein das lernende Bewusstsein selbst. Darin liegt die Grenze aller Bemühungen, in denen mit kommunikativen Mitteln versucht wird, auf andere Menschen Einfluss zu gewinnen.

Auch dieser nur flüchtige Blick in die Operative Pädagogik verdeutlicht, wie es der Pädagogik möglich ist, das Problem der Erziehung »auf ihre Weise« zu bearbeiten und so für die Forschungsfragen anderer Disziplinen ein anerkannter Gesprächspartner zu sein. Denn gerade die Befunde der Operativen Pädagogik erlauben, Erziehung als Problem in einer Weise aufzufassen und zu bearbeiten, die anderen Disziplinen fremd ist: eben primär als ein Formproblem, in dem kulturelles Gedächtnis und individuelles Bewusstsein, interaktiv vergegenwärtigt, so in einen Austausch treten, dass Zukunft möglich wird. Genau darin liegt die wesentliche Leistung der Erziehungswissenschaft im interdisziplinären Austausch.

Literatur

Herbart, Jochann F.: »Allgemeine Pädagogik aus dem Zweck der Erziehung abgeleitet (1806)«. In: *Sämtliche Werke*. Bd. II. 1887. Aalen 1989, 8.

Kraft, Volker: »Operative Triangulierung und didaktische Emergenz, Zur Zeigestruktur der Erziehung«. In: Ders.: *Pädagogisches Selbstbewusstsein. Studien zum Konzept des Pädagogischen Selbst*. Paderborn 2009, 106–127.

Kraft, Volker: »Erziehungswissenschaft-Pädagogik«. In: Klaus P. Horn u. a. (Hg.): *Klinkhardt Lexikon Erziehungswissenschaft* Bd. 1. Bad Heilbrunn 2012, 348–351.

Loch, Werner: *Lebenslauf und Erziehung*. Essen 1979a.

Loch, Werner: »Curriculare Kompetenzen und pädagogische Paradigmen. Zur anthropologischen Grundlegung einer biographischen Erziehungstheorie«. In: *Bildung und Erziehung* 32.3 (1979b), 241–266.

Prange, Klaus: *Plädoyer für Erziehung*. Hohengehren 2000.

Prange, Klaus: *Die Zeigestruktur der Erziehung. Grundriss der Operativen Pädagogik*. Paderborn ²2012.

Volker Kraft

3. Gesundheitswissenschaften

1. Einleitung

Gesundheit und Krankheit werden als wissenschaftliche Begriffe und Phänomene auch heute noch weitgehend der Medizin als zentraler Gesundheitsdisziplin und den Ärzten als zentraler Berufsgruppe des Gesundheitswesens zugeordnet. Dennoch ist es evident, dass jede Krankheit nicht nur eines Trägers in der Person des Kranken bedarf, sondern dass die Entstehung, der Verlauf und die Behandlung einer Erkrankung ganz wesentlich vom Erleben und Verhalten eines Menschen sowie von seinem sozialen, gesellschaftlichen, historischen und ökologischen Umfeld abhängen. Mit dem schwerer fassbaren Begriff und Phänomen Gesundheit ist es ganz ähnlich; auch Gesundheit umfasst mindestens eine körperliche, psychische und soziale Ebene, und es herrscht heute weitgehend wissenschaftlicher Konsens, dass Gesundheit mehr ist als die Abwesenheit von Krankheit. Wenn aber Gesundheit und Krankheit nicht nur medizinisch fassbare körperlich-biologische Phänomene sind, sondern auch wesentlich psychische und soziale Prozesse umfassen, dann stellt sich die Frage ihrer Gestaltbarkeit sowohl durch gesellschaftliche Institutionen als auch durch ein individuelles und soziales Handeln. Damit wird Gesundheit auch zu einem Gegenstand von Erziehung und Bildung, weil sich gesundheitsrelevantes Wissen, Einstellungen und Gewohnheiten im Kontext von Erziehung vermitteln und verändern lassen; traditionell wird für diese Fragen seit langem der Bindestrichbegriff der Gesundheitserziehung verwendet, moderner ist der Begriff der Gesundheitsbildung. Die vielen Disziplinen der Gesundheitswissenschaften, die im Folgenden skizziert werden, umfassen also auch das erziehungswissenschaftliche Feld, obwohl es bisher in diesem Kontext keine prominente Rolle spielte. Dieser Beitrag wird zunächst die Tradition und das interdisziplinäre Feld der Gesundheitswissenschaften beschreiben, wird dann auf ihre zentralen Fragestellungen eingehen und dabei insbesondere erziehungswissenschaftlich relevante Aspekte hervorheben. Anschließend werden als zentrale Praxisfelder der Gesundheitswissenschaften die Prävention und Gesundheitsförderung dargestellt und dabei die Erziehungs- und Bildungsprozesse fokussiert.

2. Die Gesundheitswissenschaften: Tradition und interdisziplinäres Feld

Die Gesundheitswissenschaften bzw. ihr englischsprachiges Pendant »Public Health« befassen sich mit Gesundheit und Krankheit in der Bevölkerung und versuchen, wissenschaftliche Erkenntnisse zu sammeln, die dazu beitragen sollen, die Gesundheit in der Bevölkerung zu erhalten und zu verbessern (vgl. Hurrelmann/Laaser/Razum 2006; Kolip 2002). Eine zentrale Rolle spielen dabei traditionell epidemiologische Studien, welche die Häufigkeit und Verteilung von Krankheiten in der Bevölkerung untersuchen. Ihre Ergebnisse können bereits Hinweise auf die Ursachen dieser Krankheiten, auf den medizinischen Versorgungsbedarf und auch auf Möglichkeiten geben, diese Krankheiten zu verhindern (ebd.). Im Gegensatz zur Medizin und zum medizinischen Versorgungssystem, die primär auf die Diagnostik und Behandlung von spezifischen Krankheiten im einzelnen Fall konzentriert sind, sehen die Gesundheitswissenschaften Krankheiten mehr in ihren sozialen Kontexten und konzentrieren sich auf die Gesundheit der Bevölkerung und ihre Bedingungen. Bereits im frühen 20. Jahrhundert haben sozialmedizinische Arbeiten auf die soziale Verteilung von Krankheiten hingewiesen, die Häufung vieler Krankheiten in den ärmeren Bevölkerungsgruppen wurde inzwischen weltweit vielfach belegt und hat damit neben der medizinischen Behandlung auch auf die Notwendigkeit sozialpolitischer Maßnahmen verwiesen. Zudem haben die lange Tradition der Psychosomatik und die sich stark entwickelnde psychologische Erforschung von Krankheiten zu empirischen Erkenntnissen geführt, die enge Zusammenhänge zwischen körperlichen und psychischen Vorgängen belegen. Auch aus diesen empirischen Argumenten heraus entwickelte sich gegen Ende des 20. Jahrhunderts zunehmend Kritik an einem als zu eng gesehenen (bio-) medizinischen Krankheitsmodell, die in der Folge zur Formulierung eines erweiterten bio-psychosozialen Krankheitsmodells führte (Faltermaier 2009). In dieser Phase entstanden auch neue wissenschaftliche Modelle, die sich stärker auf Gesundheit konzentrierten und nicht mehr einzelne Krankheiten als zu erklärende

Phänomene verstanden; die Salutogenese als Frage nach den gesund erhaltenden Kräften wurde als neues Paradigma propagiert, theoretisch und empirisch weiter entwickelt und einer pathogenetischen Orientierung entgegen gesetzt (vgl. Faltermaier 2005).

Im Zuge der zunehmenden Konzeption von Gesundheit und Krankheit als biopsychosoziale und multidimensionale Phänomene war es erforderlich, die Forschung stärker interdisziplinär zu organisieren. Die Gesundheitswissenschaften verstehen sich als breite wissenschaftliche Perspektive, die zwar auf Kerndisziplinen wie Epidemiologie und Sozialmedizin aufbaut, die sich aber zunehmend disziplinär differenziert hat (Hurrelmann u. a. 2006; Kolip 2002). Neben den medizinischen Feldern gewannen insbesondere sozialwissenschaftliche und psychologische Bereiche an Bedeutung. Viele neu entstandene Gesundheitsdisziplinen (wie z. B. Gesundheitsökonomie, Gesundheitssoziologie, Gesundheitspsychologie, Gesundheitsbildung, Pflegewissenschaft) wurden in die Gesundheitswissenschaften integriert oder in Verbindung gebracht. In den deutschsprachigen Ländern wurde die lange Tradition von Public Health (bereits seit den 1920ern in den angloamerikanischen und skandinavischen Ländern) erst spät nachvollzogen, als in den 1990er Jahren die bevölkerungsbezogene Gesundheitsforschung umfangreich gefördert wurde und neue Studiengänge zu Public Health entstanden. Inzwischen kann in Deutschland auf eine Tradition von mehr als 20 Jahren Public Health in Forschung, Lehre und Praxis zurückgeblickt werden (vgl. Schott/Hornberg 2011); dabei gewann vor allem die Praxisperspektive an Bedeutung, etwa in der Versorgungsforschung, die auf die Optimierung des Gesundheitssystems zielt, oder im Feld von Prävention und Gesundheitsförderung. Insbesondere die Aktivitäten der WHO (Weltgesundheitsorganisation) haben der Prävention und Gesundheitsförderung wichtige Impulse gegeben. Die 1986 von der WHO verabschiedete Ottawa-Charta zur Gesundheitsförderung formulierte eine neue Perspektive für die Prävention, die auf der Grundlage gesundheitswissenschaftlicher Erkenntnisse mehrere Handlungsebenen für die Förderung von Gesundheit definierte: Sie reichen von der Förderung persönlicher Kompetenzen, über die Unterstützung gesundheitsbezogener Gemeinschaftsaktionen, der Schaffung gesundheitsförderlicher

Lebenswelten bis hin zu einer gesundheitsförderlichen Gesamtpolitik (Blättner/Waller 2011; Faltermaier 2005). Entscheidend sei es, die Selbstbestimmung von Menschen über ihre Gesundheit zu stärken und sie im Alltag und ihren Lebenswelten zu entsprechenden Aktivitäten zu befähigen. Als Handlungsrahmen für professionelle Maßnahmen der Gesundheitsförderung werden vor allem Settings wie z. B. Betriebe, Schulen, Gemeinden gesehen, weil in diesen überschaubaren Lebenswelten die Zielgruppen besser erreicht und alltagsrelevante Veränderungen erzielt werden können (ebd.). Deutlich wird dabei, dass Prävention und Gesundheitsförderung nicht nur im traditionellen Gesundheitssystem stattfinden kann, das zudem bisher wenig Gewicht auf diese Aufgaben legt, sondern in allen Institutionen und Lebenswelten, in denen Einflüsse auf Gesundheit erfolgen und verändert werden können. Damit stellt auch das Bildungssystem einen zentralen institutionellen Kontext für die Förderung von Gesundheit dar. Die Gesundheit von Menschen wird im Laufe ihres Lebens in Einrichtungen der vorschulischen Kinderbetreuung, in allgemeinen und berufsbildenden Schulen, in den Hochschulen und Einrichtungen der Erwachsenenbildung nicht nur wesentlich geprägt, sondern in diesen Institutionen können auch wichtige Impulse gegeben werden, um gesundheitsrelevantes Wissen und Einstellungen zu vermitteln und damit langfristig gesunde Lebensweisen zu etablieren.

3.   Fragen der gesundheitswissenschaftlichen Forschung

Im Folgenden wird ein Einblick in die Gegenstände einer gesundheitswissenschaftlichen Forschung gegeben (vgl. Hurrelmann u. a. 2006; Faltermaier 2005), dabei werden Bezüge zu erziehungswissenschaftlich relevanten Themen hergestellt.

Eine zentrale, aber schwierige Fragestellung der Gesundheitswissenschaften ist die Ätiologie von Krankheiten. Ihre Bedeutung liegt vor allem darin, dass aus Erkenntnissen über die Ursachen einer Krankheit auch spezifische Maßnahmen für die Prävention und Therapie entwickelt werden können. Seit ihren Anfängen hat die Public-Health-Forschung die Ursachen von in der Bevölkerung sich häufenden Krankheiten untersucht. Dabei standen im 19. Jahrhundert die dominanten Infektionskrankheiten (wie z. B. Cholera, Ruhr, Tuberkulose) im Mittelpunkt; so konnten etwa aus der epidemiologischen Verteilung von Krankheitsfällen in den Städten schon früh Hinweise auf deren Ursachen (verschmutztes Trinkwasser) gewonnen werden, die dann oft wirksame präventive Interventionen ermöglicht haben. Im 20. Jahrhundert wandte sich das Interesse der Forschung dann den sogenannten Zivilisationskrankheiten (Herz- und Kreislauferkrankungen, Krebserkrankungen, psychische Erkrankungen, Suchterkrankungen) zu, die das Krankheits- und Sterbegeschehen in den Industrienationen zunehmend beherrschten. Insbesondere in den USA wurden große und repräsentative Studien in der Bevölkerung durchgeführt und jene Faktoren identifiziert, die in Populationen die Wahrscheinlichkeit zu erkranken erhöhen und daher Risikofaktoren genannt werden. Die Risikofaktorenforschung hat beispielsweise bei koronaren Erkrankungen neben somatischen Faktoren (Bluthochdruck) immer mehr auch Faktoren identifiziert, die auf der Verhaltensebene (Rauchen, Übergewicht) oder der psychosozialen Ebene (Stress) liegen. In der Folge wurden zunehmend auch Fragen aus einer salutogenetischen Perspektive gestellt: Die ätiologische Fragestellung nach den Ursachen von Krankheiten wurde erweitert um die Frage nach den die Gesundheit erhaltenden Bedingungen, die als Schutzfaktoren oder Widerstandsressourcen bezeichnet wurden und die ebenso somatische, psychische, soziale und kulturelle Ebenen umfassen (Faltermaier 2005).

Das zunehmende Wissen über die psychosozialen Einflussfaktoren auf die Entstehung von körperlichen Erkrankungen bestätigte nicht nur die Notwendigkeit eines biopsychosozialen Krankheitsmodells. Sie führte auch zu immer differenzierteren Erkenntnissen über die Interaktion zwischen somatischen, psychischen und sozialen Prozessen in der Pathogenese und Salutogenese. Psychische und soziale Phänomene wie Stressoren und ihre Bewältigung oder wie Risikoverhaltensweisen (z. B. Rauchen, ungesunde Ernährung, Bewegungsmangel) und ihre Bedingungen wurden vor allem in der Gesundheitspsychologie intensiv untersucht (vgl. Faltermaier 2005). Auf der gesellschaftlichen Ebene sind riskante Bedingungen in der Arbeitswelt, die soziale Ungleichheit von Krankheiten und ihre Ursachen (niedriger sozialer Status) sowie die zwischen Frauen und Männern unterschiedliche Verteilung von Krankheiten (und Mortalität) und ihre Ursachen (Geschlechtsrollen) zu zentralen Forschungsfragen der Gesundheitswissenschaften geworden (vgl. Hurrelmann u. a. 2006). Zunehmend werden auch riskante Bedingungen von Gesundheit in Relation zu protektiven Bedingungen gestellt: Vor allem soziale Ressourcen (z. B. soziale Unterstützung und Netzwerke) und personale Ressourcen (z. B. Kontrollüberzeugungen oder Selbstwirksamkeitsüberzeugungen) werden Stressoren und Risikofaktoren gegenüber gestellt; verschiedene Gesundheitsverhaltensweisen (wie z. B. gesunde Ernährung, Bewegung oder Früherkennungsuntersuchungen) werden heute intensiv in ihren motivationalen Bedingungen untersucht und Strategien zur Modifikation von riskanten zu gesunden Lebensstilen entworfen und evaluiert (vgl. Jerusalem/Weber 2003).

Um riskante und protektive Faktoren für Gesundheit erklären zu können, müssen die dahinter stehenden psychischen und sozialen Prozesse untersucht werden. Gesundheitspsychologische Modelle zur Erklärung von Gesundheitsverhalten enthalten kognitive Überzeugungen und Einstellungen wie z. B. Risikowahrnehmung, soziale Normen, Kontrollüberzeugungen oder Selbstwirksamkeitsüberzeugungen, die nach sozialem Status, Alter und Geschlecht, aber auch individuell stark variieren (Faltermaier 2005; Jerusalem/Weber 2003). Diese Kognitionen müssen auf dem Hintergrund des Erwerbs von gesundheitsbezogenem Wissen und Einstellungen im Lebenslauf sowie einer Sozialisation des Körpers verstanden werden.

Gesundheit und Krankheit sind somit keine bloß natürlichen, biologisch beschreibbaren Phänomene, sondern sie werden in ihren zentralen Determinanten sozialisiert. Damit werden für die Forschung viele noch kaum bearbeitete Fragen aufgeworfen: Wie ist es zum Beispiel zu erklären, dass Männer sich über den gesamten Lebenslauf riskanter verhalten und weniger aktiv für ihre Gesundheit werden als Frauen? Wie wird der Umgang mit dem eigenen Körper und seinen Einschränkungen sozialisiert? Wie lassen sich die deutlichen Unterschiede in diversen Gesundheitsparametern zwischen den sozialen Schichten erklären, welchen Anteil haben dabei soziale Strukturen und welche gesundheitsbezogene Lebensstile? – Diese Fragen verweisen auf formelle und informelle Lern- und

Bildungsprozesse und auf gesellschaftliche Strukturen. Viele elementaren Einstellungen und Gewohnheiten von Kindern im Umgang mit ihrem Körper werden im Kontext von Familie und Peers sozialisiert. Hier wird heute in den Gesundheitswissenschaften von einem wissenschaftlich lange nicht beachteten, weil im Alltag verborgenen »Laiengesundheitssystem« gesprochen, in dem medizinische Laien als zentrale Akteure zur Aufrechterhaltung von Gesundheit und zum Umgang mit alltäglichen Beschwerden und Krankheiten wirken (Faltermaier 2005). Dieses Laiensystem steht in einem Ergänzungsverhältnis zum professionellen Gesundheitssystem und bestimmt auch mit, wann Menschen professionelle Hilfe in Anspruch nehmen. Grundlegende subjektive Konzepte von Gesundheit und Krankheit bestimmen das gesundheitsbezogene Handeln von Laien und diese werden im Lebenslauf sozialisiert (ebd.). Aufgrund dieses breiten Spektrums an Fragen und Disziplinen müssen die forschungsmethodischen Zugänge der Gesundheitswissenschaften sehr vielfältig sein: Sie reichen von quantitativen Designs (Quer- und Längsschnitt) mit standardisierten und validen Messinstrumenten für große, bevölkerungsweite Erhebungen bis hin zu qualitativen (Interview- oder Beobachtungs-) Studien von subjektiven Sichtweisen, sozialen Interaktionen und komplexen biografischen Prozessen (vgl. Faltermaier 2005; Kolip 2002).

Schließlich stellt sich auch die Frage, welchen Beitrag Bildungsinstitutionen zum bewussten Umgang von Menschen mit der eigenen Gesundheit leisten können. Über die traditionellen Inhalte des Lehrplans an den Schulen hinaus, die Gesundheitserziehung auf ein Wissen über den Körperbau und seine Funktionen im Biologieunterricht oder auf das Bewegungslernen im Sportunterricht konzentriert, lassen sich aus Ergebnissen der Gesundheitswissenschaften neue Herausforderungen für die Gesundheitsbildung erkennen. Es geht nicht nur darum, Menschen zu einem gesunden Lebensstil zu erziehen, sondern es gilt auch, jene personalen und sozialen Ressourcen und Kompetenzen zu entwickeln, die einen reflektierten und bewussten Umgang mit der eigenen Gesundheit, den gesundheitlichen Risiken in verschiedenen Lebensphasen und einen Beitrag zur Gesundheit seines sozialen Umfeldes ermöglichen (Faltermaier 2010). In der vorschulischen, schulischen und beruflichen Bildung könnten gesundheitliche Themen eng mit anderen Bildungsinhalten verbunden werden, auch Gesundheit und Krankheiten von Kindern, Jugendlichen und Erwachsenen könnte selbst zum Thema gemacht und in ihren normativen Aufladungen (kritisch) reflektiert werden. Dann wäre Gesundheit nicht mehr ein zusätzliches Thema in einem überfrachteten Bildungskatalog, sondern sie könnte sowohl als notwendige Voraussetzung als auch als langfristige Folge von Bildungsprozessen verstanden werden (vgl. Paulus 2010).

4. Praxisfelder der Gesundheitswissenschaften: Prävention, Gesundheitsförderung, Gesundheitsbildung

Die Gesundheitswissenschaften zielen auf eine Verbesserung der Gesundheit in der Bevölkerung und damit auf die Praxis. Neben der immer wieder neu zu klärenden Frage, wie das Gesundheitssystem an Veränderungen im Krankheitsgeschehen (Zunahme chronischer Erkrankungen) und in der Bevölkerung (informierte mündige Patienten) anzupassen ist, stellt insbesondere die Prävention eine große Herausforderung dar. Das Wissen über die Ursachen von Krankheiten und ihre Modifikation ist heute auch durch die gesundheitswissenschaftliche Forschung so ausgeprägt, dass sich viele ernste und chronische Krankheiten vermeiden ließen, wenn angemessene Maßnahmen ergriffen würden. Damit könnte nicht nur viel menschliches Leiden verhindert werden, sondern auch immense Kosten der Behandlung vermieden. Leider wird nur ein Bruchteil der gesellschaftlichen Ausgaben für Gesundheit in den präventiven Bereich gesteckt, obwohl sich die meisten Experten grundsätzlich über die Dringlichkeit der Stärkung von Prävention einig sind. Zwei Ansätze lassen sich unterscheiden. Die primäre Prävention von spezifischen Krankheiten setzt ein Wissen über Risikofaktoren voraus und besteht im Wesentlichen darin, Risiken im Verhalten und in Verhältnissen abzubauen, bevor erste Symptome einer Krankheit erscheinen; sekundäre und tertiäre Prävention setzen erst nach Krankheitsbeginn ein. Die Verhaltensprävention zielt auf Individuen und wählt Strategien der Verhaltensmodifikation, die Verhältnisprävention zielt auf soziale und organisatorische

Strukturen und wählt systemische Strategien, im Idealfall können beide Strategien kombiniert werden. Dagegen würde der Ansatz der Gesundheitsförderung mehr auf die Förderung von gesundheitlichen Ressourcen konzentriert sein und damit im Sinne der Salutogenese allgemein erkannte Bedingungen von Gesundheit stärken. Gesundheitserziehung und Gesundheitsbildung könnten beiden Ansätzen zugeordnet werden und jeweils einen Beitrag dazu leisten, durch Erziehung und Bildung riskantes Verhalten zu vermeiden bzw. abzubauen oder gesundheitsbewusste Verhaltens- und Lebensweisen zu entwickeln und zu fördern. Aber auch die psychischen und sozialen Prozesse im Umgang von Patienten mit (chronischen) Krankheiten sind ein wichtiges Feld der Gesundheitswissenschaften geworden (vgl. Schaeffer 2009). Auch hier spielen Bildungsprozesse eine wichtige Rolle, etwa in der Unterstützung von Patienten bei der Bewältigung von krankheitsbedingten Belastungen (Patientenberatung) oder bei der persönlichen Anpassung an eine chronische Krankheit und an dauerhafte Behandlungen (z. B. durch Patientenschulungen). Ein zentrales Thema der Praxis ist die Sicherung ihrer Qualität und die Gesundheitswissenschaften leisten dazu einen wesentlichen Beitrag, indem sie Interventionen wissenschaftlich fundieren und indem sie durch Evaluationsstudien die Wirksamkeit einer professionellen Praxis nachweisen (also ob etwa Maßnahmen der Prävention und Gesundheitsförderung auch die angestrebten Ziele erreichen). Die Auseinandersetzung von Menschen mit Gesundheit und Krankheit setzt Lern- und Reflexionsprozesse über den gesamten Lebenslauf voraus. Sie können durch eine erziehungswissenschaftlich fundierte Praxis und durch systematische Bildungsimpulse unterstützt und gefördert werden.

Literatur

Blättner, Beate/Waller, Heiko: *Gesundheitswissenschaft. Eine Einführung in Grundlagen, Theorie und Anwendung.* Stuttgart [5]2011.

Faltermaier, Toni: *Gesundheitspsychologie.* Stuttgart 2005.

Faltermaier, Toni: »Gesundheit: Körperliche, psychische und soziale Dimensionen«. In: Bengel, Jürgen/Jerusalem, Matthias (Hg.): *Handbuch der Gesundheitspsychologie und Medizinischen Psychologie.* Göttingen 2009, 46–57.

Faltermaier, Toni: »Gesundheitsbildung im Setting Schule: Salutogenetische Strategien«. In: Paulus, Peter (Hg.): *Bildungsförderung durch Gesundheit. Bestandsaufnahme und Perspektiven für eine gute gesunde Schule.* Weinheim 2010, 249–271.

Hurrelmann, Klaus/Laaser, Ulrich/Razum, Oliver (Hg.): *Handbuch Gesundheitswissenschaften* Weinheim [4]2006.

Jerusalem, Matthias/Weber, Hannelore (Hg.): *Psychologische Gesundheitsförderung. Diagnostik und Prävention.* Göttingen 2003.

Kolip, Petra (Hg.): *Gesundheitswissenschaften. Eine Einführung.* Weinheim 2002.

Paulus, Peter (Hg.): *Bildungsförderung durch Gesundheit. Bestandsaufnahme und Perspektiven für eine gute gesunde Schule.* Weinheim 2010.

Schaeffer, Doris (Hg.): *Bewältigung chronischer Krankheit im Lebenslauf.* Bern 2009.

Schott, Thomas/Hornberg, Claudia (Hg.): *Die Gesellschaft und ihre Gesundheit. 20 Jahre Public Health in Deutschland: Bilanz und Ausblick einer Wissenschaft.* Wiesbaden 2011.

Toni Faltermaier

4. Geschichtswissenschaft

Die Geschichte der Erziehung ist Gegenstand einer eigenen Fachdisziplin, der Historischen Bildungsforschung, die sich aus der Historischen Pädagogik als einem Fach der Lehrerausbildung entwickelt hat. Der Einfluss der Geschichtswissenschaft auf sie ist ein vermittelter, der zudem weitere historisch arbeitende Disziplinen einschließt. Die Relevanz historischer Forschung, die in der Erziehungswissenschaft oft begründungsbedürftig erscheint, begründet sich aus der Geschichtlichkeit von Bildung und Erziehung (1). Paradigmenwechsel der Geschichtswissenschaft und der historischen Sozialwissenschaften haben auch die bildungshistorische Forschung beeinflusst (2). Aktuelle Entwicklungen in der historischen Forschung weisen auf weitere Potenziale einer Erziehungsgeschichte als Gesellschaftsgeschichte (3).

1. »Die Vergangenheit ist nicht tot, sie ist nicht einmal vergangen«

Der gern zitierte Satz von William Faulkner (hier dem Motto von Christa Wolfs Roman *Kindheitsmuster*, 1976, entnommen) hat für das Erziehungssystem seine spezielle Bedeutung. Bildungs- und Erziehungssysteme sind nicht Ergebnis tagespolitischer Entscheidungen, sondern historische Mitgiften. Das beginnt bei der für Deutschland charakteristischen begrifflichen Unterscheidung von Bildung und Erziehung, reicht über die institutionellen Strukturen bis zu den Bildungsinhalten und schließt das Verhältnis von privater und öffentlicher Erziehung ein. Sichtbar wird das an der Langlebigkeit ständischer Traditionen im Schulsystem, das – in Westdeutschland anders als in der DDR – erst in den 1960er Jahren »aus der Traditionsverhaftung an das 19. Jahrhundert heraustrat« (Herrlitz/Hopf/Titze 1993, 233). Auch die Diskurse über Bildung und Erziehung zeigen historische Kontinuitäten. Die Steuerung des Schulsystems, neue Unterrichtsformen, soziale und regionale Disparitäten der Bildungsbeteiligung oder Erziehungsaufgaben der Familien waren schon Themen der Reformdiskussion der 1960er/1970er Jahre, die oft auf die Weimarer Republik zurückgehen. Vergleichbar gilt das für die Jugendhilfe mit ihrer spezifischen Herkunft aus Armenpflege,

Fürsorge und Jugendbewegung. Der historische Untergrund reicht aber weit hinter das 20. Jahrhundert zurück, in Schul- und Lehrerbildungsstrukturen, im Verständnis allgemeiner Bildung, im Bild vom Kind, in institutionenkritischen Diskursen.

Der Blick auf Kontinuitäten darf nicht Wandel und Eigenlogiken des Bildungssystems (Herrlitz/Hopf/Titze 1993) ausblenden. So steigerte oder begrenzte der institutionelle Ausbau selbst Nachfrage und Beteiligung und veränderte die Institutionen, auch unabhängig von politischen Initiativen. Die negativ häufig als Entwertung der Bildungstitel gedeutete Eigendynamik sorgte zugleich für Innovation und Inklusion (Titze 2004). Zum Eigensinn der historischen Entwicklung gehört die Wirkmächtigkeit demografischer Faktoren im Bildungssystem (Leschinsky 1982). Geschichte und Gegenwart sind in engster Weise verknüpft.

In gegenwärtigen Debatten über Bildung und Erziehung herrscht demgegenüber ein historisch kurzfristiger Blick vor. Der Link zwischen früheren und gegenwärtigen Diskursen wird nur selten hergestellt, das ist in Deutschland – abseits der je aktuellen pädagogischen Initiativen – der Historischen Bildungsforschung vorbehalten. Diese ist nach dem Professionalisierungsschub in der zweiten Hälfte des 20. Jahrhunderts heute das historische Gedächtnis der Bildungsforschung – nicht mehr als Tradierung scheinbar überzeitlicher pädagogischer Grundsätze, sondern in der Untersuchung der Erziehung als einer jeweils historisch konkreten sozialen Praxis (Tenorth 2009, 135 f.; Depaepe 2010; vgl. z. B. das *Jahrbuch für Historische Bildungsforschung*, das *International Journal for the Historiography of Education* und *Historische Bildungsforschung Online*). Erreicht hat sie das durch Orientierung an geschichtswissenschaftlichen Standards und Offenheit gegenüber historischen Zugängen weiterer Disziplinen.

2. Paradigmenwechsel historischer Forschung

In der historischen Forschung muss von einer tradierten Arbeitsteilung gesprochen werden: Die Historische Bildungsforschung verortet sich mit ihrer Anbindung an die Lehrerbildung disziplinär nicht in der Geschichtswissenschaft, sondern in der Erziehungswissenschaft. Sie bezieht sich dem Anspruch nach auf erziehungswissenschaftliche Konzepte und Theorien und versteht sich als »erziehungswissenschaftliche Subdisziplin« (Glaser 2012, 46). Charakteristisch für die Geschichtswissenschaft ist demgegenüber die Professionalisierung als eigenständige Disziplin, womit sie sich »separiert«, aber auch »außerwissenschaftlicher Indienstnahme« entzieht (Kocka 2008, 23). Zu dieser Professionalisierungsgeschichte gehörte Ende des 19. Jahrhunderts die Abgrenzung von der Geschichtsdidaktik (Jordan 2009, 61 f.).

Eher selten hat sich die Geschichtswissenschaft, die erst in den 1960er Jahren als (an Max Weber orientierte) Gesellschaftsgeschichte konzeptualisiert wurde (Wehler 1998, 146), mit Erziehung und Bildung befasst. Auf dem Portal »Docupedia-Zeitgeschichte«, das »das Spektrum der in der zeithistorischen Forschung behandelten Themen und der damit verbundenen methodischen Fragen und Zugriffe« vorstellt (Docupedia 2012), sind die Stichwörter »Bildung und Bildungsgeschichte« sowie »Schul- und Universitätsgeschichte« noch Leerstellen; »Wissensgesellschaft« und »Generation« kommen ohne Hinweis darauf aus, dass die Konstruktion von Wissen und die Generationenordnung zentrale Themen der Bildungsgeschichte sind. Beispiel für die Arbeitsteilung ist die Professionengeschichte: Während Juristen, Mediziner, Ingenieure, Professoren, Pfarrer – übrigens ebenso wie die sozialen Milieus der Angestellten und Arbeiter – selbstverständliche Gegenstände der Geschichtswissenschaft sind, blieben die pädagogischen Berufe die Domäne der Historischen Bildungsforschung. Kindheit, Jugend und Familie sind allmählich zum Gegenstandsbereich beider geworden, wobei wesentliche Anstöße aus der Geschichtswissenschaft, v. a. aus der Bürgertumsforschung und der Jugendforschung zum Nationalsozialismus, kamen.

Wie in der Geschichtswissenschaft wirken in der Erziehungswissenschaft andere Disziplinen als »Ideen-, Theorien- und Methodenspender« (Wehler 1998, 144; Tenorth 2009). So fanden wesentliche Paradigmenwechsel der Geschichtswissenschaft früher oder später Eingang in die Historische Bildungsforschung. Sie beeinflussten Gegenstände, Forschungsansätze, Quellen- und Methodenwahl.

In den 1960er/1970er Jahren erfolgte der Paradigmenwechsel von der Ideengeschichte der Pädagogik zur Sozialgeschichte von Bildung und Erziehung. Einflussreich war hier besonders die Annales-Schule mit der Untersuchung der »longue durée« gesellschaftlicher Entwicklungen anhand statistischer Zeitreihen oder serieller Quellen (Bloch/Braudel/Febvre 1977). Die bildungshistorische Forschung wandte sich ausdrücklich von den »Zäsuren der politischen Geschichte« ab und der realgeschichtlichen Entwicklung der Institutionen zu (Lundgreen 1981, 14). Fortan galt es als »Missverständnis«, dass die »Bildungspolitik (oder überhaupt politische Maßnahmen) entscheidende Bestimmungsfaktoren für die tatsächliche Entwicklung des Bildungssystems und seiner Benutzung wären« (ebd., 13). Wissenschaftstheoretisch vollzog sich der Abschied von der Personen- und Konzeptgeschichte – hin zu Systementwicklung, Kollektivbiografien und Generationen (Titze 2001). Die sozialgeschichtliche Ausrichtung fand ihren Niederschlag v. a. in Untersuchungen zur Schulgeschichte. Ihre Höhepunkte waren die Datenhandbücher zur deutschen Bildungsgeschichte (u. a. Müller/Zymek 1987) sowie – im Konzept einer Gesellschaftsgeschichte – das sechsbändige »Handbuch der deutschen Bildungsgeschichte« (u. a. Langewiesche/Tenorth 1989).

Seit den 1990er Jahren gewannen mit dem »Cultural Turn« – bzw. einer Vielzahl an »Cultural Turns« – erfahrungsgeschichtliche und konstruktivistische Perspektiven an Bedeutung, die (als Alltagsgeschichte, Mikrogeschichte, Historische Anthropologie) die Akteure mit ihren Praktiken, Deutungen und Erfahrungen innerhalb der Strukturbedingungen in den Blick rückten (Sieder 1994). Geschichte wird seitdem verstanden als »Ensemble von Praktiken (Erzählungen, Thesen, Erinnerungen, Forschungen, Deutungen, symbolischen Akten, Ritualen, Vergegenständlichungen, Sammlungen)« (Kocka 2008, 14 f.), nicht als »vergangene Wirklichkeit«, sondern als »Relation […] zwischen Vergangenheit und Gegenwart« (ebd., 15), in der Wissenschaft in Zugriffen und Gegenständen stets aktiv Wirklichkeit mit konstituiert.

In der Historischen Bildungsforschung wurden solche Perspektiven vielfach aufgenommen, Wissen und Bildung, Erziehung und Sozialisation als individuelle und kollektive Konstruktionsprozesse untersucht. Lokal- und regionalhistorische Forschungen unter Nutzung neuer Quellenbestände und -kombinationen binden Bildungsprozesse an Akteure und Orte zurück (Kemnitz/Tenorth/Horn 1998). In der Biografieforschung rücken Fragen autobiografischer Selbstinszenierung und der Konstruktion von Erinnerung in den Blick. Diskursanalysen zeigen, wie pädagogische Diskurse konjunkturell wechseln oder wie kulturkritische Stimmungen, antiinstitutionelle Affekte und Defizitzuschreibungen gegenüber Kindern, Jugendlichen und Familien kontinuierlich reproduziert und darauf reformpädagogische Begründungsmuster aufgebaut werden (Oelkers 1996; Dudek 1999). Von den sozial- und kulturgeschichtlichen Zugängen profitierte ab 1990 beispielsweise die erziehungshistorische Forschung zur DDR, was mit einer Agonie des politikgeschichtlichen Ansatzes einherging und Grenzen ideengeschichtlicher Zugänge zeigte. Sie warf systematische Fragen des Verhältnisses von Erziehungsprogrammen und -praxis und der historischen Kontextualisierung der Diskurse auf.

Die Paradigmenwechsel lassen sich nicht einfach als sich ablösende Stufen, sondern als Pluralisierung – von Quellen, Methoden und Erkenntnissen – beschreiben. In der Klassikerrezeption als einem Feld der professionellen Selbstverständigung über die Funktion historischer Bildungsforschung werden den Kanonisierungen Lesarten entgegengesetzt, Traditionen als selektive Wahrnehmungen herausgestellt, die Produktion von Ideen mit Rezeptionsweisen konfrontiert (Casale/Tröhler u. a. 2006). Ideengeschichtliche Ansätze sind Instrument der Ideologiekritik und der Dekonstruktion (Tenorth 2009, 139). Kulturgeschichtliche Zugänge haben nicht nur die Quellen- und Methodenbasis erheblich erweitert, sondern auch das Wissenschaftsverständnis verändert und Theoriedebatten angestoßen.

3. Neuere Entwicklungen und Fazit

Historische Bildungsforschung ist unerlässlich, um gegenwärtige Phänomene von Bildung und Erziehung zu verstehen. Wie in den Nachbardisziplinen ist es immer wieder sinnvoll, »aktuelle Analysen historisch zu fundieren und historische Analysen durch einen aktuellen Filter zu schicken« (Lindner 2008, 8). Einige neuere Entwicklungen in der Ge-

schichtswissenschaft und den historisch orientierten Nachbardisziplinen bieten auch Anknüpfungspunkte für die Historische Bildungsforschung.

Können Gefühle Geschichte machen? Denkt man an die Bilder vom Zusammenbruch der DDR und vom Mauerfall oder an die Wirkungsgeschichte der »Leiden des jungen Werthers«, die junge Männer zum Selbstmord veranlassten, wird man die Frage bejahen. In Anknüpfung an die Mentalitätsgeschichte der Annales-Schule gibt es einen »Emotional Turn« in der historischen Forschung (Verheyen 2010 2). Eingedenk der Warnschilder in der »Goldgräberstimmung« (ebd.) – z. B. vor der Annahme einer natürlichen »emotionale[n] Disposition, die durch soziale Normen nachträglich überlagert und eingehegt würde« (ebd., 6) – scheint die Untersuchung von Gefühlen und Affekten als kommunikativen, medial beeinflussten sozialen Phänomenen für die Erziehungsgeschichte mehr als lohnend.

Erziehung ist eine ernste Sache. Doch wo ist eigentlich die Geschichte des Vergnügens (Maase 2007) in der Historischen Bildungsforschung? Entgegen schulkritischen Konventionen ist auch die Schule stets Ort des Vergnügens gewesen, wie Literatur, Spielfilm, Comics und wiederkehrende Beschwerden in Archivakten verraten. Zeugnisse kalkulierter Regelverstöße und der Umdeutung von Regeln sind reichlich vorhanden. Rumpf (1991) hebt beispielsweise die karnevalistische Komponente und die Funktion des Lachens hervor. Maase (2012, 289 ff.) zeigt am pädagogischen Kampf gegen den »Schund«, wie Jugendliche den Schundbegriff umdeuten, auf belehrende Filme anwenden und so die eigene Kultur behaupten. Eine solche alltagspraxisorientierte Blickrichtung, in der Erziehungsgeschichte als emanzipatorische Auseinandersetzung der Generationen mit dem institutionalisierten »Vernunftzwang« (Titze 2001, 330) wahrgenommen wird, würde wichtige Forschungslücken schließen.

Mit Blick auf ein neues mediales Interesse an Pädagogik und Sozialpädagogik, das allzu oft auf Kosten der Schwächsten in der Gesellschaft geht (z. B. in Filmen über Hauptschulen: »Die Hartz IV-Schule«, »Klassenkampf«, »Kampf im Klassenzimmer«), wäre den »Großstadtphänomenen« (Titze 2001, 345) der Erziehung in der Historischen Bildungsforschung neue Aufmerksamkeit zu wünschen (ebenso viel wie den Landerziehungsheimen). Vor dem Hintergrund alter und neuer Formen sozialer Exklusion und moralisch konnotierter Debatten über Lebensführung, die dem 19. Jahrhundert verhaftet scheinen (Lindner 2008), erscheint mehr Forschung zur nicht-bürgerlichen und außerschulischen Erziehung umso dringlicher.

Interessant sind neuere Diskussionen in der Geschichtswissenschaft um die Funktionalisierung von Geschichte (Hardtwig 2011, 7). Hier lässt sich ein Bogen zur Historischen Bildungsforschung schlagen: Hat sie nur illustrative Funktion, oder besteht Professionalisierung gerade in der historischen Fundierung durch kritische Analyse, Dekonstruktion und Delegitimation von Praktiken – auch auf die Gefahr hin, dass die Historiker dann »Spielverderber« (ebd., 6) sind? Diese Frage verbindet sich eng mit der Frage der Professionalisierung der Erziehungswissenschaft bzw. der Bildungsforschung insgesamt, aber sie geht darin nicht auf. Nicht zuletzt wäre zu fragen, welche Potenziale die wachsende mediale Nachfrage einerseits nach Geschichte und andererseits nach Bildung für die Historische Bildungsforschung bietet.

Wer mit der Geschichte des Erziehungssystems vertraut ist, muss weder fatalistisch die Wiederkehr des Immergleichen befürchten, noch wird er naiv den kurzfristigen Umbau oder ein Abwerfen historischer Hypotheken erwarten. Vor dem Hintergrund von Quellen- und Methodenpluralismus erscheinen die Anschlussmöglichkeiten für die Historische Bildungsforschung an andere historisch arbeitende Disziplinen besser als je zuvor, wenn sie sich nicht nur als Teil der Pädagogik, sondern als Beitrag zur Gesellschaftsgeschichte oder historischen Kulturwissenschaft sieht.

Literatur

Bloch, Marc/Braudel, Fernand/Febvre, Lucien u. a.: *Schrift und Materie der Geschichte. Vorschläge zur systematischen Aneignung historischer Prozesse*. Frankfurt a. M. 1977.

Casale, Rita/Tröhler, Daniel/Oelkers, Jürgen (Hg.): *Methoden und Kontexte. Historiographische Probleme der Bildungsforschung*. Göttingen 2006.

Depaepe, Marc: »The Ten Commandments of Good Practices in History of Education Research«. In: *Zeitschrift für Pädagogische Historiographie* 16. 1 (2010), 31–34.

Docupedia-Zeitgeschichte Begriffe, Methoden und Debatten der zeithistorischen Forschung. http://docupedia.de/zg/Hauptseite (28.10.2012).

Dudek, Peter: *Grenzen der Erziehung im 20. Jahrhundert. Allmacht und Ohnmacht der Erziehung im pädagogischen Diskurs*. Bad Heilbrunn 1999.

Glaser, Edith: »Historische Bildungsforschung«. In: Horn, Klaus-P. u. a. (Hg.): *Klinkhardt-Lexikon Erziehungswissenschaft*. Bd. 2. Bad Heilbrunn 2012, 45–47.

Hardtwig, Wolfgang: »Verlust der Geschichte – oder wie unterhaltsam ist die Vergangenheit? Version: 1.0«. In: *Docupedia-Zeitgeschichte* 17. 6 (2011). https://docupedia.de/zg/Diskussion_Angewandte_Geschichte_-_Co-Artikel?oldid=80395 (21.07.2012).

Herrlitz, Hans-G./Hopf, Wulf/Titze, Hartmut: *Deutsche Schulgeschichte von 1800 bis zur Gegenwart. Eine Einführung. Mit einem Kapitel über die DDR von Ernst Cloer*. Weinheim/München 1993.

Jordan, Stefan: *Theorien und Methoden der Geschichtswissenschaft*. Paderborn 2009.

Kemnitz, Heidemarie/Tenorth, Heinz-E./Horn, Klaus-P.: »Der Ort des Pädagogischen. Eine Sammelbesprechung bildungshistorischer Lokal- und Regionalstudien«. In: *Zeitschrift für Pädagogik* 44.1 (1998), 127–147.

Kocka, Jürgen: »Geschichte als Wissenschaft«. In: Budde, Gunilla/Freist, Dagmar/Günther-Arndt, Hilke (Hg.): *Geschichte. Studium – Wissenschaft – Beruf*. Berlin 2008, 12–30.

Langewiesche, Dieter/Tenorth, Heinz-E.: *Handbuch der deutschen Bildungsgeschichte. Bd. V: 1918–1945. Die Weimarer Republik und die nationalsozialistische Diktatur*. München 1989.

Leschinsky, Achim: »Volksschule zwischen Ausbau und Auszehrung. Schwierigkeiten bei der Steuerung der Schulentwicklung seit den zwanziger Jahren«. In: *Vierteljahreshefte für Zeitgeschichte* 30.1 (1982), 27–81.

Lindner, Rolf: »Unterschicht«. Eine Gespensterdebatte. In: Lindner, Rolf/Musner, Lutz (Hg.): *Unterschicht. Kulturwissenschaftliche Erkundungen der »Armen« in Geschichte und Gegenwart*. Freiburg/Berlin/Wien 2008, 9–17.

Lundgreen, Peter: *Sozialgeschichte der deutschen Schule im Überblick*. Teil II: 1918–1980. Göttingen 1981.

Maase, Kaspar: *Grenzenloses Vergnügen. Der Aufstieg der Massenkultur 1850–1970*. Frankfurt a. M. ⁴2007.

Maase, Kaspar: *Die Kinder der Massenkultur. Kontroversen um Schmutz und Schund seit dem Kaiserreich*. Frankfurt/New York 2012.

Müller, Detlef K./Zymek, Bernd: *Datenhandbuch zur deutschen Bildungsgeschichte II/1: Sozialgeschichte und Statistik des Schulwesens in den Staaten des deutschen Reiches, 1800–1945. Höhere und mittlere Schulen*. Göttingen 1987.

Oelkers, Jürgen: *Reformpädagogik. Eine kritische Dogmengeschichte*. Weinheim/München ³1996.

Rumpf, Horst: »Über die notorische Ernsthaftigkeit des pädagogischen Wissens – Erörtert an drei Schulbankinschriften und zwei Lehrgesprächen«. In: Oelkers, Jürgen/Tenorth, Heinz-E. (Hg.): *Pädagogisches Wissen*. 27. Beiheft der *Zeitschrift für Pädagogik*. Weinheim 1991, 377–392.

Sieder, Reinhard: »Sozialgeschichte auf dem Weg zu einer historischen Kulturwissenschaft«. In: *Geschichte und Gesellschaft* 20 (1994), 445–468.

Tenorth, Heinz-E.: »Historische Bildungsforschung«. In: Tippelt, Rudolf/Schmidt, Bernhard (Hg.): *Handbuch Bildungsforschung*. Wiesbaden ²2009.

Titze, Hartmut: »Das Lernen der Generationen seit der Aufklärung«. In: Büschenfeld, Jürgen/Franz, Heike/ Kuhlemann, Frank-M. (Hg.): *Wissenschaftsgeschichte heute. Festschrift für Peter Lundgreen*. Bielefeld 2001, 328–351.

Titze, Hartmut: »Bildungskrisen und sozialer Wandel 1780–2000«. In: *Geschichte und Gesellschaft* 30 (2004), 339–372.

Verheyen, Nina: »Geschichte der Gefühle, Version: 1.0«. In: *Docupedia-Zeitgeschichte*, 18. 6.2010. https://docupedia.de/zg/Geschichte_der_Gef.C3.BChle?oldid= 75518 (18.05.2012).

Wehler, Hans U.: *Die Herausforderung der Kulturgeschichte*. München 1998.

Petra Gruner

5. Erziehung aus islamisch-religionspädagogischer Sicht

ar-ra'yu bi-ġayri 'ilmin ḍalāl
wa-l 'ilmu bi-ġayri 'amalin wabāl
(sinngemäß:
Meinung ohne Wissen ist Irreführung,
Wissen ohne Handlung ist Belastung)

Erziehung – im Sinne von Einwirken mit einer bestimmten Zielsetzung – ist das Anliegen einer jeden Religion, und auf dieser Grundlage bemühen sich seit jeher Religionen im Allgemeinen, Menschen und in erster Linie ihre Glaubenden bzw. Anhänger in eine bestimmte Richtung zu führen. Muslime bitten im Idealfall täglich mindestens 17-mal Gott im Gebet darum, ihnen den richtigen Weg aufzuzeigen. Getragen von konkreten Glaubensüberzeugungen sollen diese Menschen im Erziehungsprozess zur Übernahme bestimmter Werte und Handlungen geführt werden. Die Praktiken und Normen sind in unterschiedlichen Zeiten und an verschiedenen Orten selbstverständlich jeweils kulturell bedingt, werden entsprechend theoretisch untermauert und praktiziert. Die Kerngedanken der Erziehung und ihrer Ziele als identitätsstiftende Größen bleiben jedoch weitestgehend gleich. Hierbei darf Erziehung weder mit Zwang und Zucht noch mit Indifferenz und Beziehungslosigkeit assoziiert werden.

1. Stand der Forschung

Ein Forschungsdesiderat liegt bezüglich der Untersuchung islamischer Bildungseinrichtungen in Geschichte und Gegenwart durch westliche wie auch muslimische Gelehrte sicherlich nicht vor. Die konzeptionell-theoretische Auseinandersetzung mit dem Begriff der Erziehung (*tarbiya-ta'dīb*) ist keine Seltenheit. Die Frage der Erziehung ist demnach zwar innerhalb der islamischen Theologie und westlichen Islamwissenschaft umfassend erforscht, es fehlen aber auf Deutschland bezogene empirische Untersuchungen quantitativer Art. Andererseits liegen uns zahlreiche qualitative Studien zu Deutschland vor; diese sind jedoch eher auf sozialwissenschaftliche und pädagogische Fragen fokussiert, anstatt auf spezifisch islamische. Erst die genaue Kenntnis der Wechselbeziehungen zwischen Theorie und Lebenswirklichkeit, die vornehmlich durch die empirische Forschung festzustellen ist, wird den konzeptionellen Zuschnitt einer ausgewogenen islamischen Erziehungstheorie verorten helfen. Alles andere wäre eine einseitige und unreflektierte Übertragung von historisch gewachsenen Positionen auf eine säkular und christlich geprägte Gesellschaft, in der Muslime als Minderheit leben.

2. Definition von Erziehung aus islamischer Sicht

Zwischen Kenntnissen (*ma'lūmāt*), Wissen (*'ilm*), Wahrheit (*ḥaq*), Glaube (*'īmān*) und Erziehung (*tarbiya*) bestehen wechselseitige Verbindungen. Wer »etwas« umfassend und tiefgründig kennt, seinen Sinn und seine Bedeutung versteht, erlangt im Idealfall die Wahrheit hierüber bzw. gelangt zur Wahrheit. Zwischen diesen Teilwahrheiten und der *absoluten* Wahrheit, als der Urheberin jeglicher Wahrheit, besteht wiederum eine weitere – wohlgemerkt *hypothetische* – Verbindungslinie, wobei das Bekenntnis hierzu deshalb nur über einen Glaubensakt gelingen kann. Das Ziel jeglicher prophetischer Bemühungen ist die Menschen eben zu dieser Erkenntnis und Wahrheit (*ḥaq*) zu führen bzw. ihre Erziehung darauf auszurichten (Koran, 13/14). Folglich sind die Propheten aus islamischer Sicht die bedeutendsten Instanzen, die zu dieser Wahrheit einladen (Koran, 46/31) und gelten damit bereits als die wichtigsten Erzieher. Die Gelehrten werden wiederum durch Mohammed selbst als die Erben der Propheten bezeichnet (vgl. Buḫārī, *'ilm*, Nr. 10).

Der Glaube wird nur von Gott gegeben, aber der Mensch kann durch sein Denken, Wirken und Handeln zur Ausgestaltung des Glaubens beitragen. Letztlich ist die Glaubensentscheidung auch im Islam als göttlicher »Gnadenakt« zu verstehen und damit nicht durch menschliche Bemühung vermittelbar.

Als Erzieher gelten neben den Propheten und Gelehrten aber vornehmlich auch die Eltern. Sie besitzen die Obhutspflicht und damit die Verantwortung und Erziehungsaufgabe gegenüber ihren

Kindern. Vor dem Hintergrund dieser Konstellationen haben sich im Islam verschiedene Begrifflichkeiten herausgebildet, die im Laufe der Zeit wiederum unterschiedliche Prägungen und Konnotationen entwickelt haben.

Al-'Iršād (Koran, 16/125), ad-Da'wā (Koran, 61/7; 57/8), at-Tablīġ (Koran, 5/67) und al-'Amri bi-l ma'rūf wa-n nahyi 'ani-l munkar (Koran, 3/104; 3/114; 7/157) werden vornehmlich im Bedeutungsfeld der Einladung zur Religion verortet, wobei dies bereits als ein Erziehungsakt verstanden werden kann. Vor allem der Begriff *'iršād* erscheint interessant, wenn man ihn mit »auf den rechten Weg führen« übersetzt. Im Koran wird dieser Akt an einer Stelle direkt auf Gott bezogen (siehe Koran, 18/17).

3. Das islamische Verständnis von Bildung und Erziehung

Was genau die islamische Erziehung ausmacht, kann direkt aus den Primärquellen – Koran und Sunna – abgeleitet sowie unter Rückgriff auf die Traditionen von Bildungseinrichtungen oder das Gedankengut islamischer Gelehrter der Vergangenheit und Gegenwart expliziert werden. Unter den Gelehrten aus der Frühzeit und dem Mittelalter sind insbesondere Ibn Saḥnūn (gest. 869) Adabu-l mu'allimīn, Ǧāḥiz (gest. 869) Risālatu-l mu'allimīn, al-Kabīsī (gest. 1014) ar-Risālatu-l mufaṣṣila li-aḥwāli-l muta'allimīn wa aḥkāmi-l mua'llimīn wa-l muta'allimīn, al-Ġazzālī (gest. 1111) Ayyuha-l walad, az-Zarnūǧī (gest. 1196) Ta'līimu-l muta'allim, Ibn Ǧamā'a (gest. 1333) Taḏkiratu-s sāmi' wa-l mutakallim fī 'adabi-l 'ālimi wa-l muta'allim und Ibn Ḥaldūn (gest. 1402) al-Muqaddima zu nennen. Diese Gelehrten haben im Wesentlichen die Grundkonzepte entworfen, an denen sich die meisten Gelehrten orientiert haben.

Weiterhin sind bestimmte Schlüsselbegriffe konstitutiv für eine Definition und Begründung von islamischem Denken in Bezug auf religiöse Bildung und Erziehung: *tadrīs* (vgl. Koran, 6/105 und 3/79) als das Unterrichten, *ta'līm* (vgl. Koran, 2/31, 151 und 55/2) als das Lehren und schließlich *tarbiya* (vgl. Koran 17/24 und 26/18) als die Erziehung und Einweisung sind hier von besonderer Relevanz. Im Kontext islamischer Bildung und Erziehung können verschiedenste Schwerpunkte gesetzt

werden. Während Bildung im Sinne eines Idealziels vielleicht eher bei Erwachsenen als Ergebnis eines jeweiligen religiösen Einwirkens verwirklicht werden kann, gilt Erziehung zunächst primär Kindern und Jugendlichen; dementsprechend handelt es sich also um zwei separate pädagogische und theologische Komplexe (vgl. Ceylan 2008, 37 ff.).

Das Kind als Geschenk Gottes, für das man zu Dank verpflichtet ist (vgl. Koran, 14/39; 7/15), gilt vor der Pubertät – wie auch der Prophet betont (vgl. Ḥanbal 1313, 116) – als religiös unmündig, fällt somit noch nicht in das Normengefüge des Islams. Gleichzeitig werden dem Kind im Koran positive Eigenschaften zugesprochen und es gilt als eine Prüfung (*fitna*) für die Eltern (vgl. Koran, 8/28). In der Erwachsenenbildung hat wiederum das Prinzip der Erleichterung Bestand: »Lehret und erleichtert, erschwert nicht!« (vgl. Ḥanbal 1313, 239; vgl. auch Ḥazm 1961, 62). Bereits Ibn Ḥazm (gest. 1064) betont im Umgang mit Kindern den Empfehlungscharakter eines Ratschlags, da sich auch der Empfehlende irren könne (vgl. ebd. 1961, 48). Wiederholt werden in diesem Zusammenhang seitens diverser Gelehrter auf die göttliche Nachsicht, Geduld, Liebe und Barmherzigkeit hingewiesen. Selbst Ibn Taymiyya (gest. 1328) betont, dass alles von der göttlichen Liebe (*maḥabbatullah*) herrühre und hierin seinen Grund habe. Ja, jede Bewegung auf der Welt gehe hierauf zurück (vgl. Taymiyya o. J., 373).

Dass Bildung mehr umfasst als die Erlangung von Wissen und Kenntnissen und für eine gute Erziehung und Gläubigkeit Weiteres nötig ist, geht nicht nur aus islamischen Primärquellen und der Gelehrtenkultur hervor, sondern wird auch von der modernen Pädagogik unterstrichen. Notwendig sind ferner Urteilsvermögen, kritische Distanz gegenüber dem breiten Informationsangebot sowie ein aktives Sich-Einlassen auf bzw. ein selbstverständliches Ur-Vertrauen in die Voraussetzungen von *īmān*. Nach dem islamischen Glaubensverständnis liegt die Basis für die Erlangung von Informationen, Kenntnissen und im Grunde für jede Art von Bildung, Erziehung und Werten bei und in Gott, als Ausgangspunkt des ontologischen Gesamtgeschehens, Dreh- und Angelpunkt von Existenz und Wissen.

Bei der Glaubensvermittlung im Sinne der Beschreibung, Lehre und Verkündigung – sei es nun in der Kindererziehung, in der Erwachsenenbildung oder in der Ausbildung von Lehrern für den islamischen Religionsunterricht – steht folglich keine reine Informationsvermittlung im Vordergrund. »Und sag: mein Herr, mehre mein Wissen (*'ilm*)« (Koran, 20/114). In dieser wie auch in anderen Textstellen im Koran bedeutet das arabische Wort *'ilm* nicht allgemeines Wissen, sondern ist immer bezogen auf Gott und wird überhaupt erst durch das Verhältnis zu Gott sinn- und wertvoll. Darüber hinaus stehen Wissen und Handlung in einer elementaren Wechselwirkung zueinander. »Wahrlich am ehesten haben vor Gott von Seinen Dienern die Wissenden Ehrfurcht. Wahrlich Gott ist erhaben und verzeihend« (Koran, 35/28; siehe hierzu auch AT Spr 1,7; 9,10; Ps 111,10 AT Spr 1,7; 9,10; Ps 111,10: Das Fundament der Weisheit ist nach der Bibel die Frömmigkeit). Wer also wissend ist, jedoch nicht entsprechend handelt, stellt seinen Anspruch auf *īmān* selbst infrage. Ausgesprochener *īmān* aus dem Munde eines Menschen ist Bekenntnis, These und Aussage und bedarf eines Nachweises. »Ist etwa jener, der zu Allah in den Nachtstunden – sich niederwerfend und stehend – betet, der sich vor dem Jenseits fürchtet und auf die Barmherzigkeit seines Herrn hofft (einem Ungehorsamen gleich)? Sprich: ›Sind solche, die wissen, denen gleich, die nicht wissen?‹ Allein nur diejenigen lassen sich warnen, die verständig sind« (Koran, 39/9).

Das Lehren und Predigen, ohne das Gelehrte und Gepredigte selbst verinnerlicht und praktiziert zu haben, ist im Islam verpönt: »Wollt ihr den Menschen Aufrichtigkeit gebieten und euch selbst vergessen, wo ihr doch das Buch lest! Habt ihr denn keinen Verstand? Und helft euch durch Geduld und Gebet; dies ist wahrlich schwer, außer für Demütige, welche es ahnen, daß sie ihrem Herrn begegnen und daß sie zu Ihm heimkehren werden« (Koran, 2/44–46; siehe auch Koran, 62/5).

Zahlreiche Koranverse und Hadithe heben die Rolle der Vernunft hervor und machen deutlich, dass ohne den richtigen Einsatz dieses menschlichen Ermessensorgans (*'aql* und *qalb*) eine Einsicht in religiöse Fragen gar nicht erst möglich sei (vgl. Koran, 42/52, 6/74–79; siehe auch Bulaw 2000, 364 f., 376 ff.; Rahman 1965, 151–157; Kermani 1997, 56–68), was letztendlich auch bedeutet, dass das Wissen in Beziehung zum Wissenden gestellt, verinnerlicht und umgesetzt werden muss.

Seit der Frühzeit wird der Koran bzw. werden die islamischen Normen in vier Kategorien einge-

teilt: in Glaubenslehre (*i'tiqād*), Moral (*ādāb* bzw. *aḫlāq*), Gottesdienst (*'ibādāt*) und Verhalten im Sinne der zwischenmenschlichen Regelungen (*mu'amalāt* bzw. *'uqūbāt*) (vgl. Kašmīrī o. J., 6). Das Fundament für diese vier Bereiche wird im Islam durch die Grundlagen des Glaubens gebildet und vorgegeben, denn ohne den Glauben können der Gottesdienst und die Moral im Sinne einer Konkretisierung und dauerhaften Anwendung nach islamischer Lehre nicht existieren. »Die Handlungen (bemessen sich) nur nach den Intentionen, und jedermann kommt nur das zu, was seiner Intention entspricht« (Al-Buḫārī, Īmān, 54), so ein bekannter Hadith. Glaube und Absicht bilden letztlich Ausgangspunkt und Basis für weitere praxisbezogene Normen.

Zusammenfassend zeichnet sich islamische Bildung und Erziehung durch einen bekennenden Glauben, authentische Lehrende und einen aktiven Prozess der Wissensbildung und dessen Umsetzung auf dem Fundament islamischer Werte und Normen aus (vgl. Ucar 2010, 71–81).

4. Bedeutsame Diskussionslinien

Glaube gilt als das Fundament im Islam, die Handlungen sind das Produkt der Glaubensüberzeugungen und das sittliche Handeln, die Verinnerlichung von Werten und das Einhalten von ethischen Maßstäben, was in der Regel zu einer ausgewogenen Charakterbildung führt, gilt als Ziel religiöser Normen (vgl. Ucar/Sarikaya 2010, 51–62). Dass die Erziehung von der lehrhaften Unterweisung und lebenspraktischen Einübung sowie der Einweisung in die Lehre und Dogmatik der Religion bis hin zur Vermittlung von Werten und einem religiösen Verhalten reicht, scheint unbestritten.

Bildung im Sinne von Selbstreflexion und Selbsterkenntnis ist zwar für die Erziehung des Einzelnen sekundär, aber mittelbar ebenso bedeutsam, da aufgrund des göttlichen Geistes im Menschen Selbsterkenntnis zu Gotteserkenntnis führt (vgl. Koran, 15/29; 32/9; 50/16) und Selbsterkenntnis wiederum nur durch sittliches Handeln und Selbstdisziplin zu erreichen ist. Somit schließt sich an dieser Stelle der Kreis, und eine Polarisierung von Bildung und Erziehung erübrigt sich mithin; anstatt von einem Spannungsverhältnis ist bei ihnen vielmehr von einer Wechselbeziehung auszugehen.

Religiös geprägte und vernunftbegründete Wertvorstellungen sowie sittliches Handeln sind auf der Zielebene für jede Religion von existenzieller Bedeutung. Daher darf in diesem Zusammenhang der Kritik an der Funktionalisierung von Erziehung kein exponierter Status zugemessen werden. Vielmehr dient jede Form der religiösen Erziehung auch als Anregung von religiösen Lernprozessen für den Erziehenden wie auch den Zu-Erziehenden selbst.

Benötigt wird neben der Aufbereitung von historisch gewachsenen und tatsächlich in Deutschland praktizierten Formen der islamischen Erziehung auch eine ausführliche Auseinandersetzung mit unterschiedlichen islamischen Erziehungstheorien, die sich teilweise sicherlich auch noch konstituieren müssen. Die Etablierung von Lehrstühlen im akademischen Bereich wird diesem Ansatz sicherlich einen wichtigen Vorschub leisten.

5.   Ausblick

Der moderne Mensch möchte nicht belehrt werden, er will aber lernen. Manche Begriffe, wie derjenige der Erziehung, scheinen auf viele irritierend zu wirken, da sie zu stark an dunkle Seiten der eigenen Autobiografie bzw. den finsteren Kapiteln des gesellschaftlichen kollektiven Gedächtnisses erinnern. Zu häufig werden solche Begriffe mit einseitiger Indoktrination, Zucht und Gewalt in Verbindung gebracht, und Erziehung beinhaltet für viele Menschen reaktionäres Gedankengut. Nicht ohne Grund haben sich in den vergangenen Dekaden viele Ministerien mittlerweile solcherlei Zuschreibungen entledigt. Dennoch bleibt der Mensch als sozial geprägtes Wesen mit relativ überschaubaren Instinkten stark auf Erziehung angewiesen. Auch in Bezug auf die Religion gilt Erziehung als elementar. Menschen sollen auf freiwilliger Basis zu Gott, den Ritus und an die Werte der Glaubensgemeinschaft (heran)geführt werden. Nur über eine solche

Form der Erziehung können religiöse Überzeugungen und Praktiken überhaupt in einer säkularen Gesellschaft überleben. Neben der Religionsfreiheit ermöglicht auch das Erziehungsrecht der Eltern deren Einwirkung bis zur Religionsmündigkeit ihrer Kinder. Mit Liebe, Erleichterung, Geduld, Einsicht und Nachsicht lassen sich religiöse Normen am besten internalisieren, wobei immer zu berücksichtigen ist, was bereits vom Kalifen Ali überliefert ist: »Erzieht eure Kinder anders als ihr erzogen wurdet, denn sie leben in einer Zeit, die nicht die eure ist.«

Literatur

Al-Buḫārī, Īmān.

Bulaw, Ali: Islam düqüncesindedin-felsefe, vahiy-akxl iliqkisi, Iz yay. Istanbul 2000.

Buḫārī, 'ilm, Nr. 10.

Ceylan, Rauf: Islamische Religionspädagogik in Moscheen und Schulen. Hamburg 2008.

Ibn Ḥanbal, Musnad, Bd. 1, Ägypten 1313.

Ibn Ḥazm, al-aḫlāqu wa-s siyar fi mudāwāti-n nufūs, Beirut 1961.

Ibn Taymiyya, at-Tuḫfatu-l 'irāqiyya, hg. V. Dr. Yahya b. Muhammad b. Abdullah al-Hunaydi, Riad o. J.

Muḥammad Anwar Kašmīrī [gest. 1352], Fayḍ al-bārī šarḥ al-Buḫārī, Bd. 1.

Kermani, Navid: »Appelliert Gott an den Verstand? Eine Randbemerkung zum koranischen Begriff 'aql und seiner Paret'schen Übersetzung«. In: Rahman, Fazlur (Hg.): Islamic Methodology in History, Karachi 1965.

Scyska, Edzard/C.: Encounters of Words and Texts – Intellectual Studies in Honor of Stefan Wild on the Occasion of his 60th birthday March 2, 1997. Hildesheim 1997, 56–68.

Ucar, Bülent: »Principles of an Islamic Religious Education«, in: Hikma. Journal of Islamic Theology and Religious Education 1 (2010), 71–81.

Ucar, Bülent/Sarikaya, Yasar: »Moralisches Handeln aus der Perspektive des Koran«. In: Ucar, Bülent/Yavuzcan, Ismail: Die islamischen Wissenschaften aus Sicht muslimischer Theologen. Quellen, ihre Erfassung und neue Zugänge im Kontext kultureller Differenzen. Frankfurt a. M. 2010, S. 51–62.

Bülent Ucar

6. Kinder- und Jugendpsychiatrie

*Ich werde das Verhältnis von Therapie und
Erziehung aus der Perspektive des Therapeuten
behandeln, der besorgt darüber ist, dass zuweilen
zu Erziehende irrtümlicherweise therapiert und
Patienten ebenso irrtümlich erzogen werden.*
(Kurt Ludewig, 1987)

1. Definition: Erziehung

In diesem Kapitel soll die Beziehung zwischen
dem medizinischen Fach der Kinder- und Jugendpsychiatrie und -psychotherapie einerseits, und
dem Begriff der Erziehung (und den verschiedenen
wissenschaftlichen und praktischen mit Erziehung
befassten Disziplinen) andererseits diskutiert werden. Erziehung im Sinne Kants (1977) umfasst vier
Bereiche: die Einführung in die Kultur (»Kultivierung«), die Befähigung zur Selbstbeherrschung
(»Disziplinierung«), zum Zusammenleben mit anderen Menschen (»Zivilisierung«), und zum selbstbestimmten und an Werten orientiertem Leben
(»Moralisierung«). Erziehung in diesem Sinne hört
nicht bei einer bestimmten Altersgrenze auf, sondern wird als ein lebenslanger Prozess verstanden,
an dem alle Menschen – in wechselnden Rollen
und Funktionen – Teil haben. Alle vier Bereiche
der Erziehung sind zentral mit der Entwicklung in
Kindheit und Jugend verbunden. Für den Kinder
und Jugendpsychiater und -psychotherapeut sind
Entwicklungsverläufe in Kindheit und Jugend das
zentrale Thema, vor allem natürlich die als auffäl-
lig, schwierig, störend, gestört oder krank bezeichneten; ihn interessiert somit zwingend auch der
normale Entwicklungsverlauf, seine Grenzen und
Varianten, und die Möglichkeit im Sinne einer
Behandlung oder Therapie diese Entwicklungsverläufe zu beeinflussen (vgl. auch Herpertz-Dahlmann u. a. 2007). Die Nähe der Kinder- und Jugendpsychiatrie und -psychotherapie zur Erziehung ist somit offensichtlich, keinesfalls aber
einfach oder konfliktfrei.

2. Unterscheidung: Erziehung und Therapie

Aus der Perspektive des Kinder- und Jugendpsychiaters kann es sehr hilfreich und nützlich sein,
sich mit der Unterscheidung von Erziehung und
Therapie zu beschäftigen, um Klarheit über die
eigene Rolle und Funktion, aber auch Respekt und
Verständnis für pädagogische Erkenntnisse, Methoden und Institutionen zu erlangen. Versuche zu
dieser Unterscheidung gibt es viele, insbesondere
Problemschilderungen. In diesem Kapitel wird bewusst ein Modell ausgewählt und im Weiteren verwendet, welches für die Kernbereiche der Tätigkeit
des Kinder- und Jugendpsychiaters und -psycho-
therapeuten eine nützliche und handhabbare
Unterscheidung liefert – vor allem in Situationen,
in denen Erziehung und Therapie sich berühren
und miteinander interagieren. Die vier gemeinten
Kernbereiche sind (1) die ambulante, (2) die stationäre Krankenbehandlung, (3) die wissenschaftliche Tätigkeit und (4) die Funktion als Fachkundiger in unterschiedlichen gesellschaftlichen
Funktionen, so beispielsweise als Gutachter, Ko-
operationspartner in medizinischen und sozialen
Unterstützungssystemen und Berater in politischen Fragen.

Das hier vorgestellte Modell der Unterscheidung
von Therapie und Erziehung beruht auf der
Theorie der differenzierten autopoetischen gesellschaftlichen Systeme Luhmanns (1990), und die
Argumentation folgt im Weiteren Schleiffer (1995)
und Ludewig (1987). Das Gesundheitssystem unterscheidet im Sinne Luhmanns mit der binären
Kodierung »krank« versus »gesund«; die »Eintritts-
karte« zum Gesundheitswesen ist die Klassifika-
tion als »krank«. Leistungen des Gesundheitswesen
sind limitiert auf den Zeitraum, in dem die Klassi-
fizierung als »krank« existiert, und Ziel der Interventionen im Gesundheitswesen ist es dieser Definition nach im besten Fall, sich selbst überflüssig
zu machen. Ludewig (1987) folgend zielt die Therapie seelischer Krankheiten oder Störungen als
Teil des medizinischen Systems darauf, die Probleme oder Schwierigkeiten, die zur Inanspruchnahme führten, zu lösen. Therapie ist zeitlich begrenzt, und sie wird durch bestimmte Haltungen

und Handlungen des Behandelnden bzw. Therapeuten verwirklicht. (Dies bedeutet nicht, dass der Patient nicht entscheidend auf den Prozess der Therapie einwirkt, sondern bezieht sich nur auf die Entstehung des therapeutischen Systems durch ein Verhalten des Therapeuten). Eine binäre Unterscheidung wie im Gesundheitssystem ist im System Erziehung nicht möglich; nach Luhmann »fungiert die Absicht zu erziehen als eine die Einheit des Systems [Erziehung] vermittelndes Symbol«, und Adressat der erzieherischen Absicht ist »der lernfähige Mensch«. Erst in der Veränderung des Adressaten geschieht Erziehung (Ludewig 1987). Erziehung ist somit weder zeitlich noch in der Zielgruppe begrenzt. Die angestrebte Veränderung des Anderen kann dabei die unterschiedlichsten Bereiche zum Ziel haben. Deutlich wird die Weite dieses Erziehungsbegriffes, wenn gemäß der Lernzieltaxonomie von Bloom unterschieden wird zwischen kognitiven, psychomotorischen und affektiven Lernzielen (»educational objectives« nach Bloom u. a. 1956; vgl. auch Richterich und Schulte-Markwort 2007a).

Zusammenfassend unterscheiden sich Therapie und Erziehung in diesem Modell in folgenden Punkten: »Während Therapie die Lösung von Lebensproblemen zum Thema hat, ist das Thema von Erziehung die gezielte Veränderung des Anderen; während Therapie konstitutiv zeitlich begrenzt sein muss, ist dies keine notwendige Bedingung für Erziehung; und während Therapie vom Therapeuten verwirklicht wird, wird Erziehung vom Erzogenen vollzogen« (Ludewig 1987).

Erziehung enthält einen vom Individuum unabhängigen, also äußeren Veränderungswunsch; der relevante Unterschied in der Therapie liegt in der Abwesenheit dieses äußeren Veränderungswunsches und der Freiheit, sich auf das Individuum in seinem Ringen um eigene Ziele, Vorstellungen, Werte und Selbstverständnis zu konzentrieren. Während Erziehung eine gesellschaftliche Aufgabe mit dem Ziel einer funktionierenden sozialen Gemeinschaft ist und somit als konstituierendes Element die Lenkung und Leitung enthält (unabhängig vom Individuum), so ist Therapie davon grundsätzlich inhaltlich getrennt. In therapeutischen Systemen geht es nicht um die äußere Ordnung und Funktionalität der Gesellschaft als Ziel, sondern um die innere Ordnung, die individuelle Lösung des Lebensproblems, mit dem der Hilfesu-

chende zu ihm kommt. Jerome D. Frank (1993) folgend, kann dieser zentrale Punkt der Psychotherapie auch in vorwissenschaftlichen gesellschaftlichen als Funktion und Aufgabe des »Heilers« beschrieben werden.

Aufgabe des von Frank (1993) beschrieben »Heilers« oder »Schamanen« ist also die innere Ordnung. Im Gegensatz dazu wäre in einer frühen Gesellschaft der »Häuptling« zu benennen als derjenige, der für die äußere Ordnung und Funktionalität der Gesellschaft verantwortlich ist, für Disziplinierung und Zivilisierung – im Kantschen Sinne also für die Erziehung. Insbesondere in der stationären kinder- und jugendpsychiatrischen Therapie sollte genau unterschieden werden, wann soziale Kontrolle und Regulation (und somit Erziehung) ausgeübt wird, und wann Therapie, also wann wir quasi die Häuptlingsfeder tragen oder den Schamanenschmuck. Denn wir unternehmen ja beides und kommen auch gar nicht darum herum: Wenn Eltern ihre Kinder einer stationären Behandlung anvertrauen, dann sind Themen wie »aufstehen« »sich ordentlich kleiden« »mit anderen umgehen« »Regeln einhalten« auch unsere Aufgabe – und da erziehen wir. Aber das ist nicht alles. Neben dem Erziehungsraum existiert ein zweiter – der therapeutische Raum. Beide Systeme sind eng miteinander verwoben und beeinflussen sich; aber es gilt, den therapeutischen Raum zu schützen! Denn nur in diesem geht es eben nicht um Anpassung und von außen gesetzte Werte, sondern um die eigene innere Freiheit der Kinder und Jugendlichen. Der Psychotherapeut hat in diesem Sinne ganz bewusst die Schamanenkappe auf und damit das Recht, nicht zu erziehen. In dieser Betrachtung wird auch deutlich, warum die Haltung des Therapeuten so wesentlich ist und nach Ludewig (1987) durch diese Therapie erst »verwirklicht« wird.

3. Kinder- und Jugendpsychiatrie und -psychotherapie und Erziehung

Laut Beschluss der Bundesärztekammer (1992) umfasst die Kinder- und Jugendpsychiatrie und -psychotherapie als medizinisches Fachgebiet »die Erkennung, nicht operative Behandlung, Prävention und Rehabilitation bei psychischen, psychosomatischen, entwicklungsbedingten und neurologischen Erkrankungen oder Störungen sowie bei psychischen und sozialen Verhaltensauffälligkeiten im Kindes- und Jugendalter und bei Heranwachsenden auch unter Beachtung ihrer Einbindung in das familiäre und soziale Lebensumfeld.« Das Fach ist durch die benannten Aufgaben Nachbardisziplin vieler weiterer akademischer Disziplinen; dies sind – ohne den Anspruch auf Vollständigkeit – zum einen benachbarte medizinische Bereiche wie Pädiatrie (insbesondere Sozial-, Entwicklungs- und Neuropädiatrie) und Psychiatrie, zum anderen aber auch Psychologie, Psychotherapie und Pädagogik. Nicht immer ist eine exakte Grenzziehung zwischen diesen Bereichen einfach. Es wurde ausführlich über die Schwierigkeiten der Abgrenzung und die Spannungen zwischen den Bereichen geschrieben, beispielsweise im von Renate Harter-Meyer, Michael Schulte-Markwort und Peter Riedesser herausgegebenen Buch *Perspektiven einer Kooperation von Pädagogik und Kinder- und Jugendpsychiatrie* (1999) oder in den Darstellungen von Roland Schleiffer, beispielsweise im Positionsartikel »Zur Unterscheidung von (Sonder)Erziehung und (Psycho)Therapie« (1995). Die Nähe und Überlappung kann mit dem vorgeschlagenen Modell der Unterscheidung von Erziehung und Therapie gut ausgehalten werden, denn es gibt eine Klarheit und damit Sicherheit für die eigene Rolle. Diese Klarheit hilft im besten Fall, pädagogische und therapeutische Kompetenzen zu kombinieren, ohne die Besonderheit der jeweiligen eigenen Ansätze zu verwischen oder zu verneinen, und dient somit den Kindern, Jugendlichen und ihren Familien. Kinder- und Jugendpsychiatrie ist ein auf Kooperation und Zusammenarbeit angewiesenes Fach; es kann in der Zusammenarbeit einen wesentlichen und besonderen Beitrag liefern, der sich durch die psychotherapeutische Rolle und die gleichzeitige Betrachtung biologischer, psychischer und sozialer Prozesse definiert. Es ist hierbei essenziell, Kinder- und Jugendpsychiatrie und -psychotherapie nicht auf eine »Pathologieorientierung« zu reduzieren. Richtig ist, dass als medizinisches Fach in der offiziellen Fachdefinition der Ärztekammer die Begriffe Krankheit bzw. Störung verwendet werden, und auch dass – allein schon aus formalen Gründen – die Verwendung medizinischer Nomenklatur- und Klassifikationssysteme Pflicht ist. Dies gibt aber nicht die Gesamtheit des Wissens und des Verständnisses psychischer Probleme wieder. In der entwicklungspsychopatholo-

gischen Sicht sind psychische Probleme, die zu einer Inanspruchnahme führen, nie als alleinstehende »Wesensmerkmale« des Patienten zu verstehen, sondern stets multidimensional zu betrachten als Ergebnis biologischer, psychischer und sozialer Vorgänge, die den Patienten, aber eben auch seine Familie, sein Umfeld betreffen. Um »das Problem«, die Störung oder auch die Krankheit verstehen und verändern zu können, muss der diagnostische Blick stets auch das Lebensumfeld des Kindes berücksichtigen. Die verschiedenen Aspekte und Funktionen der Diagnostik, einschließlich der Anteile des multiaxialen Klassifikationssystems, wurden beispielsweise von Richterich und Schulte-Markwort (2007b) zusammenfassend dargestellt.

Durch die Bezogenheit auf Kinder, Jugendliche und ihre Familien ist dieses Fachgebiet der Medizin in einem doppelten Sinne auf Entwicklung bezogen. Zum einen sind Kliniker und Forscher mit den *Störungen der normalen psychischen, körperlichen und seelischen Entwicklung* des Kindes beschäftigt, sowohl in der Beeinträchtigung der einzelnen Bereiche als auch in der Verschränkung und gegenseitigen Beeinflussung; zum anderen wird durch den Bezug auf das Kindes- und Jugendalter eine *Entwicklungsphase* des Menschen angesprochen, in dem dieser die größten Entwicklungsschritte und fundamentalsten Veränderungen durchläuft (Richterich 2007b). Die Entwicklungsorientierung ist zentral; sie bestimmt die Sichtweise auf Genese, Epidemiologie, Art und Ausprägung einer psychischen Störung und somit auch auf die Diagnostik, Therapie, Rehabilitation, Prävention und Strukturierung kinder- und jugendpsychiatrischer Versorgung. Entwicklung umfasst Abläufe und Veränderungen auf unterschiedlichen Prozessebenen, die mit jeweils spezifischen Methoden beschrieben werden können. Zentral sind dabei stets drei Ebenen zu betrachten: die biologisch-somatische, die psychische und die sozial-kommunikative. Die Herausforderung für den klinisch tätigen Kinder- und Jugendpsychiater und Psychotherapeuten besteht darin, angesichts der Komplexität in jeder Einzelnen dieser Ebenen handlungsfähig zu bleiben und dabei sowohl bezüglich des Verständnisses von Krankheiten als auch deren Behandlung alle drei Ebenen ausreichend im Blick zu behalten. In dieser Betrachtungsweise ist Erziehung in all ihren Facetten und Auswirkungen beim Verständnis von psychischen Erkrankungen und

Störungen stets mit zu denken, und zwar als Teil der sozial-kommunikativen Umwelt mit Auswirkungen sowohl auf die psychische als auch auf die biologische Ebene. Gleichzeitig wird deutlich, dass Erziehung an sich nicht zentrales Thema der Kinder- und Jugendpsychiatrie und -psychotherapie ist, sondern ein wichtiges und wesentliches neben Weiteren. Dies mag als Erklärung dafür verstanden werden, wenn bei Durchsicht der Literatur festgestellt wird, dass Kinder- und Jugendpsychiater nicht in wesentlichem Umfang den Begriff Erziehung in Primär und Sekundärliteratur aufgreifen und untersuchen.

Nur am Rande erwähnt werden kann die Frage der Erziehung im Zusammenhang mit der Weiterbildung von Fachärzten für Kinder- und Jugendpsychiatrie und Psychotherapie. Die pädagogischen Aufgaben des weiterbildenden Arztes in unserem Bereich umfassen spezifische Inhalte wie das Verständnis der Triangulierung im therapeutischen Prozess (die Eltern sind für den Kinder- und Jugendpsychiater immer relevante Personen, nicht nur der Patient), gehen aber über das Vermitteln kognitiver Lernziele weit hinaus und umfassen insbesondere affektive Lernziele wie die Regulation eigener Emotionen auf der Basis wissenschaftlicher Erkenntnisse und das Bestimmtsein durch Werte (also »Disziplinierung« und »Moralisierung« im Sinne Kants). Eine ausführliche Darstellung findet sich bei Richterich und Schulte-Markwort (2007a).

4. Aufgaben und Ausblick

Makrostrukturelle gesellschaftliche Veränderungen der Rahmenbedingungen für Entwicklung und Erziehung sind vielfältig (vgl. Resch, Brunner und Richterich 2004). Aus der Sicht des Kinder- und Jugendpsychiaters ist an erster Stelle die Veränderung des Zeitrahmens von Pubertät und Adoleszenz zu nennen: die somatische Reifung beginnt früher und ist schneller abgeschlossen, die psychosoziale Reifung im Sinne einer Adoleszenzphase beginnt zwar ebenfalls früher, die Zeit bis zum Eintritt der psychosozialen Reife ist aber teilweise erheblich verlängert. Psychotherapeutisch und pädagogisch ist weiterhin die Veränderung der Akzeptanz sozialer Kontrolle interessant. Die Gegenwart sozialer Kontrolle ist rückläufig, individuelle Freiheit nimmt zu. Diese Veränderung ist innerhalb weniger Jahrzehnte geschehen, und es scheint als nähme diese Entwicklung noch an Geschwindigkeit zu; als Beispiel sei die Wirkung des Internet auf die Erziehung und Psychopathologie genannt. Mehr Freiheitsgrade und wegfallende soziale Kontrollmechanismen erfordern einen höheren Grad interner Kontrolle. Freiheit geht einher mit der Notwendigkeit der Entscheidung: unter allen denkbaren Möglichkeiten bezüglich Lebensstil, Beschäftigung und Lebensinhalten kann und darf, muss aber eben auch selbst gewählt werden. Schon früh muss Verantwortung übernommen werden für den eigenen Entwicklungsweg. Dieser zunehmende Druck ist im klinischen Kontext für sehr viele Hilfesuchende eine spürbare Belastung. Die Behandlung psychischer Störungen in Kindheit und Jugend kann nicht ohne die Betrachtung auch von Fragen der Erziehung geschehen; der Kinder- und Jugendpsychiater und -psychotherapeut ist in der täglichen Arbeit mit Fragen der Eltern und der Schulen, im stationären Kontext auch mit jenen des pflegerisch-pädagogischen Teams und der Schulen für Kranke konfrontiert; in vielen Fällen kommen auch durch notwendige Maßnahmen der ambulanten und stationären Jugendhilfe weitere mit Erziehung als Aufgaben betraute Spezialisten hinzu. Es ist eine Selbstverständlichkeit, dass neben den Eltern auch weitere relevante Berufsgruppen in die Planung und Behandlung mit eingebunden werden, mit unterschiedlichen Aufgaben und Kompetenzen, aber gleicher Wertigkeit. Antworten können nur gemeinsam und konstruktiv »auf Augenhöhe« formuliert werden; hierbei den jeweilig anderen Standpunkt zu kennen und zu respektieren erfordert einen intensiven Austausch zwischen den Bereichen, insbesondere bei der Ausbildung sowohl von Fachärzten als auch von Spezialisten im Bereich der Erziehung wie Lehrern, Sozialpädagogen und vergleichbarer Berufsgruppen.

Literatur

Herpertz-Dahlmann, Beate/Resch, Franz/Schulte-Markwort, Michael/Warnke, Andreas (Hg.): *Entwicklungspsychiatrie. Biopsychologische Grundlagen und die Entwicklung psychischer Störungen.* Stuttgart 1997.

Kant, Immanuel: *Werke Bd. XI: Schriften zur Anthropologie, Geschichtsphilosophie, Politik und Pädagogik – 1.* Frankfurt a. M. 1977.

Schleiffer, Roland: »Zur Unterscheidung von (Sonder) Erziehung und (Psycho)Therapie«. In: *Sonderpädagogik* 25.4 (1995), 193–204.

Ludewig, Kurt: »Therapie und Erziehung – Widerspruch oder Ergänzung?«. In: Rotthaus, W. (Hg.): *Therapie und Erziehung in systemischer Sicht.* Dortmund 1987, 90–100.

Bloom, Benjamin S. u.a. (1956): *Taxonomy of Educational Objectives: the Classification of Educational Goals. Handbook I: Cognitive Domain.* New York 1956.

Richterich A./Schulte-Markwort, Michael (2007a): »Besonderheiten bei der Vermittlung der Lernziele zu Kinder- und Jugendpsychiatrie, Psychosomatik und Psychotherapie«. In: Voderholzer, Ulrich (Hg.): *Lehre im Fach Psychiatrie und Psychotherapie.* Stuttgart 2007.

Frank, Jerome D./Frank, Julia B.: *Persuasion and Healing. A Comparative Study of Psychotherapy.* Baltimore 1993.

Bundesärztekammer. *MWBO-Richtlinien/I.18. Kinder- und Jugendpsychiatrie und -psychotherapie.* Köln 1992.

Harter-Meyer, R./Schulte-Markwort, M./Riedesser, P. (Hg.): *Hilfen für psychisch kranke Kinder und Jugendliche. Perspektiven einer Kooperation von Pädagogik und Kinder- und Jugendpsychiatrie.* Münster 1999.

Resch, F./Brunner, R./Richterich, A.: »Mental Health services for children and adolescents: Key challenges«. Vortrag. WHO Task Force CAP, September 2004.

Richterich, Andreas/Schulte-Markwort, Michael (2007b): »Entwicklungspsychiatrische Aspekte aus Sicht der Kinder- und Jugendpsychiatrie«. In: *Die Psychiatrie* 4 (2007), 245–251.

Andreas Richterich

7. Literaturwissenschaft

Literatur zählt zu den wichtigsten Medien der Erziehung; dementsprechend sind Literaturwissenschaft und (National-)Philologien – Germanistik, Anglistik, Romanistik und Klassische Philologie – im gesellschaftlichen Erziehungssystem fest verankert: an den Universitäten und Schulen, in der Ausbildung von Lehrerinnen und Lehrern sowie in der öffentlichen Wahrnehmung von Erziehungsaufgaben. Obwohl die Literaturwissenschaft auch historisch den Erziehungsinstitutionen ihre Existenz verdankt, wird die erzieherische Leistung von Literatur und Literaturwissenschaft dennoch selten reflektiert. Die literaturwissenschaftliche Thematisierung von Erziehung kann unter zwei Gesichtspunkten erfolgen. In theoretischer und bildungsgeschichtlicher Perspektive begreift die Literaturwissenschaft ihre Objekte – literarische Werke, Fiktionen, Romane, Dramen, Gedichte, aber auch Filme und Sachtexte – als spezifische Medien der Erziehung sowie als Bestandteile der mit Erziehung beauftragten Bildungsinstitutionen. Theorien über Literatur haben sich stets auch mit der Frage befasst, auf welche Weise die Lektüre und die Interpretation literarischer Texte imstande sind, zur allgemeinen, individuellen und gesellschaftlichen Erziehung beizutragen. Im Rahmen dieser übergeordneten Fragestellung haben sich im 20. Jahrhundert spezifisch damit befasste akademische Forschungszweige der Literaturwissenschaft entwickelt: etwa in der Erforschung von Kinder- und Jugendliteratur (vgl. Brüggemann/Brunken/Steinlein 1987–2008) oder in Form fachdidaktischer Überlegungen zur Vermittlung von Literatur in der Schule (vgl. Bogdal/Korte 2006). Literaturwissenschaft beschäftigt sich – zweitens – mit der Darstellung von Erziehung innerhalb der Geschichte der Literatur; zahlreiche literarische Werke aller historischer Epochen thematisieren Erziehungsprozesse und Erziehungsinstitutionen als Teil ihrer literarischen Handlung: Lehrer-Schüler-Verhältnisse, Kindheit und Jugend, Eltern und Kinder, Schulen, Universitäten, Entwicklungs- und Bildungsprozesse.

1. Erziehung durch Literatur

Seit ihren Anfängen diente die Poesie – versifizierte Gesänge, Heldenlieder, Spruchdichtung – auch als allgemeines Erziehungsinstrument zur Einübung und Übernahme spezifischer kollektiver Wertvorstellungen. Die sich seit dem 8. Jahrhundert v. Chr. in Griechenland etablierende Schriftkultur führte zu ersten theoretischen Reflexionen über die Erziehungsfunktion der Dichtung. In seinem *Staat* hat Platon, ausgehend von der These, dass Dichtung nur ›Bilder‹ und nicht die ›Dinge‹ selbst (oder die sie produzierenden ›Ideen‹) hervorbringt, die erkenntnistheoretische Bedeutung der Literatur und damit auch ihre Rolle in der Erziehung grundlegend in Frage gestellt. Statt zur ›Vernunft‹ werde die ›Seele‹ unter dem Einfluss der Dichtung zu widersprüchlichen, künstlich hervorgebrachten Empfindungen und unklaren Vorstellungen verleitet; in einem staatlichen Gemeinwesen seien die Künste deshalb, insbesondere im Hinblick auf junge und noch nicht gefestigte Menschen, stark einzuschränken und streng zu kontrollieren (vgl. Platon 1961). Dagegen rehabilitiert Aristoteles die ›nachahmende‹ Darstellung der Künste (*mimesis*) als eine Funktion der philosophischen Erkenntnis auch und besonders in der Erziehung: Kinder würden durch Nachahmung lernen; die Poesie sei ein wertvolles, zu erlernendes Handwerk (*techne*) wie andere gesellschaftliche Tätigkeiten auch; ihr Erkenntniswert (*episteme*) bestehe in der Darstellung von Modellsituationen des menschlichen Lebens, die – anders als die einzelnen und ›besonderen‹ Ereignisse der Geschichtsschreibung – wichtige Einsichten über die ›allgemeine‹ Natur des Menschen und die spezifischen Modalitäten des menschlichen Handelns erteilen (vgl. Aristoteles 2009). Als Lehre vom ›Allgemeinen‹, bald auch in der verengten Bedeutung des moralisch Verbindlichen und Vorbildlichen, wird die Poesie Bestandteil der Ethik und hat ihre Erziehungsfunktion dadurch auch in philosophischer Hinsicht wiedererlangt. In seiner *Ars Poetica* hat Horaz der Dichtung mit der Belehrung (*docere*) eine Aufgabe zugewiesen, die eine Vermittlung von Sach-, Verhaltens- und Orientierungswissen legitimierte; erst die Autonomieästhetik mit ihrer Gattungstrias Epik, Lyrik und Dramatik schloss um 1800 die bis dahin sehr umfangreiche didaktische Literatur aus dem Bereich der Kunst weitgehend aus. Von der Antike bis ins 18. Jahrhundert wurde die Poesie in der Regel als Teil der Rhetorik verstanden, die zusammen mit Grammatik und Logik das *trivium* innerhalb der *septem artes liberales* bildete. Damit gehörte sie zum obligatorischen Bestandteil des seit dem Mittelalter auch universitär verankerten Ausbildungsprogramms der Oberschichten. Gestritten wurde indessen, ob der Logik oder der Rhetorik und Grammatik, ob der mathematisch-geometrischen oder einer literarisch-pragmatischen Gelehrsamkeit der Vorrang gebühre. Als eine sich an der mündlichen Rede ausrichtenden Kommunikationstheorie leitete die Rhetorik mit ihren Regeln und Mustern zum richtigen, d. h. zum angemessenen wie wirkungsvollen Sprechen und vor allem zum Schreiben an. In den literarischen Werken der (antiken und/oder modernen) Klassiker zeigte sich sprachliche Kompetenz in hoher Vollkommenheit, die es nachzuahmen (*imitatio*) und zu übertreffen (*aemulatio*) galt.

Dies ändert sich grundlegend um 1800 – zunächst durch eine umfassende Historisierung des Wissens. Der literarische Text ist nicht mehr länger der unverändert bleibende Bestandteil eines durch Rhetorik und Poetik geregelten Schreibsystems, sondern ein geschichtlich zu verstehender Text, bei dem der historische Zeitenabstand überbrückt werden muss. Für die Erziehungsfunktion von Poesie und Literatur hat dies vor allem zwei wichtige Konsequenzen. Zum einen verliert die Literatur als nunmehr historischer Gegenstand ihren Status als ein ›überzeitliches‹ Beispiel vorbildhaften Schreibens. Entscheidend ist nunmehr nicht, *dass* kanonisch gewordene Dichtung überhaupt geschrieben und gelesen, sondern *wie* sie gelesen wird; aus diesem Grund gewinnen Fragen der Interpretation, der unterschiedlichen Lektüren sowie der Vermittlung von Literatur an Bedeutung (vgl. Weimar 1989). Ausgebildet werden jetzt Leser – und nicht mehr potenzielle Produzenten von Literatur. Zum anderen entwickeln sich Kunst/Literatur und Wissenschaft zu eigenständigen Teilbereichen in einer modernen funktional differenzierten Gesellschaft. Die Beschäftigung mit Kunst erhält im Rahmen einer »ästhetischen Erziehung« (Friedrich Schiller) eine besondere Funktion für eine individualisierte ›Bildung‹ (vgl. Bollenbeck 1996).

Aus diesem Grund avancierte der Sprach- und Literaturunterricht zu einem der wichtigsten Fächer der Humboldtschen Bildungs- und Universitätsreform. Zunächst die ›alten‹ Sprachen, die lateinische und griechische Literatur, dann zunehmend auch die nationale Literatur, wurden im 19. Jahrhundert zum zentralen Bestandteil der gymnasialen Ausbildung. Der Philologe wurde zum Synonym für Lehrer an den höheren Schulen; noch heute heißt deren Interessenorganisation Philologenverband. Erziehung und Pädagogik bilden demnach eine grundlegende Referenz der Literaturwissenschaft, bleiben im Selbstverständnis und der wissenschaftlichen Selbstreflexion jedoch eher marginal. An den Universitäten sind mit der ›Klassischen Philologie‹ und den Nationalphilologien – Germanistik, Anglistik, Romanistik – eigenständige wissenschaftliche Disziplinen entstanden, die zwar vorrangig Gymnasiallehrer ausbilden, eine didaktische Orientierung aber ablehnen. Eine besondere Rolle an den Universitäten und Gymnasien des 19. und frühen 20. Jahrhunderts spielte die deutsche Literaturgeschichte, die sich in den Dienst einer z. T. aggressiven Nationalbildung stellte (vgl. Fohrmann/Voßkamp 1994). Um 1900 begann sich eine sachlich-systematische Binnendifferenzierung der Philologien in Sprach- und Literaturwissenschaften durchzusetzen; vor allem die Erfordernisse der Lehrerausbildung hält jedoch die Teilfächer – heute: Sprachwissenschaft (Linguistik), Ältere deutsche Sprache und Literatur (Mediävistik), Neuere deutsche Literatur – zusammen. In der zweiten Hälfte des 20. Jahrhunderts, im Zeichen von Bildungsexpansion, Bildungsreformen und einer neuen Professionalisierung des Lehrerberufs, wurden Sprach- und Literaturdidaktik in den philologischen Fächern der Universitäten zu eigenständigen wissenschaftlichen Teilfächern ausgebaut. In Anknüpfung an spezifische ›Methodiken‹ des Deutschunterrichts wurden literaturdidaktische Fragestellungen und Modelle entwickelt, die sich auf die altersspezifische Vermittlung von Literatur in sämtlichen Schularten konzentrierten. Neben der Integration neuerer literaturwissenschaftlicher Theorien in die Ausbildungsprofile vor allem gymnasialer Lehrpläne und den Deutschunterricht wurden zunehmend pädagogische und erziehungswissenschaftliche Lern- und Lehrtheorien berücksichtigt (vgl. Abraham/Kepser 2006, Bogdal/Korte 2006, Kämper-van den Boogaart 2011), die für

Konzepte eines schülerorientierten Literaturunterrichts sowie die angestrebte Formierung kreativer literarischer und ästhetischer Bildungsprozesse genutzt werden sollten. Aufgrund der in den 1960er und 1970er Jahren zum Teil heftig geführten Kanondebatten (vgl. zum aktuellen Diskussionsstand: Heydebrand 1998; Arnold 2002; Beilein u. a. 2011; Rippl/Winko 2013) wurde der Bereich der schulrelevanten literarischen Texte stark erweitert: Neben der ›klassischen‹ (Goethe, Schiller) und der inzwischen ebenfalls kanonisierten modernen Literatur (Kafka, Brecht) wurden zunehmend Werke der Gegenwartsliteratur sowie der Serien- und Trivialliteratur in den Literaturunterricht mit einbezogen; dem entstehenden Problem der Komplexität begegnete man mit der Bereitstellung zahlreicher Unterrichtsmaterialien und ›Lehrerhilfen‹. Die Frage einer Erziehung durch Literatur auch jenseits der Bildungsinstitutionen erhielt in den letzten Jahrzehnten besondere Bedeutung durch die Entwicklung spezifisch theoretischer, fachdidaktischer und literaturpädagogischer Forschungsgebiete: Fragen der literarischen Sozialisation (vgl. Eggert/Garbe 1995), der Rezeptionsästhetik und der Leseforschung (vgl. Franzmann u. a. 2006), neuerdings – im Hinblick auf eine zu bildende »Medienkulturkompetenz« (Schönert 1998) – zunehmend auch der Medienkonkurrenz, insbesondere im Hinblick auf das digitale Zeitalter (Hurrelmann/Becker 2003).

2. Erziehung in Literatur

Literatur ist nicht nur ein Instrument und Medium der Erziehung, sondern fungiert ebenso als eine Art Reflexion und Beobachtung des Erziehungssystems. In literarischen Werken werden häufig Erziehungsprozesse dargestellt; Literarisierung und Fiktionalisierung dienen der Vermittlung erzieherischer Normen, seit dem 18. Jahrhundert zunehmend auch der möglichen Kritik an Theorien und Praktiken zeitgenössischer Erziehung (vgl. Geulen/Pethes 2007; Borgards u. a. 2013, 317–321). Prominentes Beispiel hierfür ist Jean-Jacques Rousseaus Roman *Émile ou de l'Éducation* (1762). Als die Literatur sich um 1800 vor allem in Deutschland in ein Medium der ›Selbstbildung‹ verwandelte, begann der Aufstieg des Bildungsromans zu einer der wichtigsten literarischen Gattungen (vgl. Hohen-

dahl 1999). Als Karl Morgenstern zwischen 1810 und 1820 diese Bezeichnung prägte, führte er drei Bildungsprozesse zusammen: Die Bildung des Autors schlägt sich im Roman in der Bildung einer Figur nieder, die wiederum die Bildung des Lesers befördern sollte (vgl. Morgenstern 1988). Bildung in und durch Literatur erfolgt unter dem Vorzeichen von Freiheit und Individualität – weitgehend außerhalb der etablierten Erziehungsinstitutionen. Diese Tendenz wurde von einer Literaturwissenschaft aufgegriffen, die ihre eigene institutionelle Erziehungsleistung ebenfalls dethematisierte. Den Bildungsroman – angefangen mit Goethes *Die Lehrjahre des Wilhelm Meister* (1795/96) – interpretierte sie als Verkörperung eines spezifisch ›deutschen‹ Bildungsideals; gerade in Abgrenzung zum ›Erziehungs-‹ und ›Entwicklungsroman‹ zielte der ›Bildungsroman‹ auf die harmonische Entfaltung der ›inneren‹ Anlagen eines Helden in der Auseinandersetzung mit der ›äußeren‹ Welt. Die Literaturwissenschaft hat diesen ›Idealtypus‹ in einer Reihe von Romanen des 19. und 20. Jahrhunderts – Novalis' *Heinrich von Ofterdingen* (1801), Gottfried Kellers *Der grüne Heinrich* (1854/55), Adalbert Stifters *Der Nachsommer* (1857), Wilhelm Raabes *Der Hungerpastor* (1863/64), Thomas Manns *Der Zauberberg* (1925) und Hermann Hesses *Das Glasperlenspiel* (1943) – verwirklicht gesehen; inzwischen ist oft darauf hingewiesen worden, dass die Wissenschaft damit ein normatives Erziehungsideal hervorgebracht hat, dem die Romane selbst oftmals gar nicht entsprechen (vgl. Köhn 1969). Die Literaturwissenschaft als akademische Institution konstruierte ihren Gegenstand demnach als ein Medium der (Selbst-)Bildung, gerade in Abgrenzung zu einer eher ›äußerlichen‹ Erziehung; die Lebenswege der dargestellten Protagonisten, mit ihren Brüchen, ihren Fehlschlägen, ihrem riskanten Verlauf und ihrem häufigen Scheitern, stimmen mit den von den Erziehungsinstitutionen und der Wissenschaft propagierten Zielen oftmals nicht überein (vgl. Hörisch 1983; Gutjahr 2006; Voßkamp 2009). Mit den um 1900 in großer Zahl erscheinenden ›Schülerromanen‹, z. B. Emil Strauß' *Freund Hein* (1902), Hermann Hesses *Unterm Rad* (1905), Robert Musils *Die Verwirrungen des Zöglings Törleß* (1906), Friedrich Huchs *Mao* (1907), werden die Protagonisten deutlich jünger, und es geraten vor allem die Bildungsinstitutionen in den Blick (vgl. Mix 1995; Dainat 2007). Der Fokus liegt jetzt auf dem Scheitern der Zöglinge. Das ist einerseits – parallel zur Reformpädagogik – als Kritik am Erziehungssystem zu verstehen, andererseits resultiert es aus einem veränderten Subjektkonzept: An die Stelle einer generalisierbaren Individualität, die Harmonie mit der Gesellschaft anstrebt, tritt eine zunehmend exzentrische Identität, die sich über die Auseinandersetzung und in Differenz zu den Institutionen, sozialen Konventionen und Normen definiert. Die Literatur reflektiert mit ihren fiktiven Darstellungen eine sonst eher verborgene Geschichte der Erziehung, sie thematisiert die an ihr leidenden Subjekte ebenso wie die nicht eingelösten utopischen Potenziale. Noch in den gegenwärtigen *campus novels* und den Universitätsromanen des späten 20. und frühen 21. Jahrhunderts werden die akademischen Praktiken und Rituale satirisch kommentiert (Showalter 2009), zugleich aber in einer Art Metareflexion dahingehend befragt, welche ›anderen‹ Formen von Erziehung und Bildung in den dafür vorgesehenen zeitgenössischen Institutionen nicht mehr oder noch nicht realisiert werden konnten.

Literatur

Abraham, Ulf/Kepser, Matthis: *Literaturdidaktik Deutsch. Eine Einführung.* Berlin [2]2006.

Aristoteles: *Poetik.* Hg. von Otfried Höffe. Berlin 2009.

Arnold, Heinz Ludwig (Hg.): *Literarische Kanonbildung.* München 2002.

Beilein, Matthias/Stockinger, Claudia/Winko, Simone (Hg.): *Kanon, Wertung, Vermittlung. Literatur und Wissensgesellschaft.* Berlin u.a. 2011.

Bogdal, Klaus-Michael/Korte, Hermann (Hg.): *Grundzüge der Literaturdidaktik.* München [4]2006.

Bollenbeck, Georg: *Bildung und Kultur: Glanz und Elend eines deutschen Deutungsmusters.* Frankfurt a.M. 1996.

Borgards, Roland u.a. (Hg.): *Literatur und Wissen. Ein interdisziplinäres Handbuch.* Stuttgart/Weimar 2013.

Brüggemann, Theodor/Brunken, Otto/Steinlein, Rüdiger (Hg.): *Handbuch zur Kinder- und Jugendliteratur.* 6 Bde. Stuttgart 1987–2008.

Dainat, Holger: »Von Wilhelm Meister zu den wilhelminischen Schülern. Bildungs- und Schulromane im Kontext institutionalisierter Erziehung«. In: Geulen, Eva/Pethes, Nicolas (Hg.): *Jenseits von Utopie und Entlarvung. Kulturwissenschaftliche Untersuchungen zum Erziehungsdiskurs der Moderne.* Freiburg i.Br. u.a. 2007, 123–159.

Eggert, Hartmut/Garbe, Christine: *Literarische Sozialisation.* Stuttgart u.a. 1995.

Fohrmann, Jürgen/Voßkamp, Wilhelm (Hg.): *Wissenschaftsgeschichte der Germanistik im 19. Jahrhundert.* Stuttgart/Weimar 1994.

Franzmann, Bodo/Hasemann, Klaus/Löffler, Dietrich/Schön, Erich (Hg.): *Handbuch Lesen.* Baltmannsweiler [2]2006.

Geulen, Eva/Pethes, Nicolas (Hg.): *Jenseits von Utopie und Entlarvung. Kulturwissenschaftliche Untersuchungen zum Erziehungsdiskurs der Moderne,* Freiburg i.Br. u.a. 2007.

Gutjahr, Ortrud: *Einführung in den Bildungsroman.* Darmstadt 2006.

Heydebrand, Renate von (Hg.): *Kanon, Macht, Kultur. Theoretische, historische und soziale Aspekte ästhetischer Kanonbildung.* Stuttgart u.a. 1998.

Hohendahl, Peter Uwe: »Die Autorität des Bildungsromans«. In: Jürgen Fohrmann/Ingrid Kasten/Eva Neuland u.a. (Hg.): *Autorität der/in Sprache, Literatur, Neuen Medien. Vorträge des Bonner Germanistentages 1997.* Bd. 1. Bielefeld 1999, 653–667.

Hörisch, Jochen: *Gott, Geld und Glück – Zur Logik der Liebe in den Bildungsromanen Goethes, Kellers und Thomas Manns.* Frankfurt a.M. 1983.

Hurrelmann, Bettina/Becker, Susanne (Hg.): *Kindermedien nutzen: Medienkompetenz als Herausforderung für Erziehung und Unterricht.* Weinheim u.a. 2003.

Kämper-van den Boogaart, Michael (Hg.): *Deutsch-Didaktik. Leitfaden für die Sekundarstufe I und II.* [4]2011.

Köhn, Lothar: *Entwicklungs- und Bildungsroman. Ein Forschungsbericht.* Stuttgart 1969.

Mix, York-Gothart: *Die Schulen der Nation. Bildungskritik in der Literatur der frühen Moderne.* Stuttgart/Weimar 1995.

Morgenstern, Karl: »Ueber das Wesen des Bildungsromans«. In: Selbmann, Rolf (Hg.): *Zur Geschichte des deutschen Bildungsromans.* Darmstadt 1988.

Platon: *Der Staat.* Hrsg., übers. und erl. von Otto Apelt. Hamburg [8]1961.

Rippl, Gabriele/Winko, Simone (Hg.): *Handbuch Kanon und Wertung. Theorien, Instanzen, Geschichte.* Stuttgart/Weimar 2013.

Schönert, Jörg: »›Medienkulturkompetenz‹ als Ausbildungsleistung der Germanistik«? In: *Der Deutschunterricht* 50.6 (1998), 62–69.

Showalter, Elaine: *Faculty Towers. The Academic Novel and its Discontents.* Philadelphia 2009.

Voßkamp, Wilhelm: *Roman des Lebens. Zur Aktualität der Bildung und ihre Geschichte im Bildungsroman.* Berlin 2009.

Weimar, Klaus: *Geschichte der deutschen Literaturwissenschaft bis zum Ende des 19. Jahrhunderts.* München 1989.

Holger Dainat/Walter Erhart

8. Ökonomie – am Beispiel frühkindlicher Bildung und Erziehung

Wie alle Sozialwissenschaften beschäftigt sich auch die Ökonomie mit menschlichem Entscheidungsverhalten und mit der Abwägung von Alternativen, die gegebenenfalls vor dem Hintergrund von Zielkonflikten bewertet werden. In der Ökonomie geht es insbesondere darum, menschliches Entscheidungsverhalten im Kontext knapper Ressourcen zu erklären, wobei die Ökonomie einen sehr breiten Ressourcenbegriff verwendet, der von monetären Ressourcen bis hin zu zeitlichen Ressourcen reicht.

Auch bei dem Thema »Erziehung« geht es in der Ökonomie, vor allem der Bildungsökonomie, darum, wie individuelles Verhalten erklärt werden kann, und zwar in einer Welt knapper Ressourcen. Dabei bedient sich die Bildungsökonomie nicht spezifischer Theorien, sondern wendet ökonomische Theorien und Konzepte auf Fragestellungen im Kontext von Erziehung und Bildung an (vgl. auch Wolter 2001). Unter ökonomischen Gesichtspunkten betont die Bildungsökonomie den investiven Charakter von Bildungsausgaben – sowohl auf gesellschaftlicher wie auf privater Ebene werden die Aufwendungen für Bildung als Investitionen mit Ertragserwartung betrachtet (»Humankapitalansatz«; vgl. z. B. Hummelsheim/Timmermann 2002; Wolter 2001).

Es finden sich sowohl in der Makro- als auch der Mikroökonomie bildungsbezogene Analysen. In makroökonomischen Modellen wird Bildung im Sinne des Humankapitals einer Volkswirtschaft als ein Faktor für wirtschaftliches Wachstum betrachtet. Bei Berücksichtigung der qualitativen Dimensionen des Humankapitals wird in sogenannten wachstumstheoretischen Modellen gezeigt, dass Investitionen in das Humankapital durchaus volkswirtschaftliche Renditen erwirtschaften (vgl. z. B. Hanushek/Kimko 2000). In diesem Sinne hat Erziehung bzw. Bildung einen hohen volkwirtschaftlichen Nutzen.

In der Mikroökonomie wird die Frage gestellt, welchen Nutzen einzelne Wirtschaftssubjekte bzw. Individuen aus Bildung und Erziehung haben und wie dieser Nutzen in dem Sinne gesteigert werden kann, dass die Rendite in Bildungsinvestitionen möglichst hoch ist. Dabei geht es um den Produktionsprozess von Bildung, als einem sehr spezifischen Gut bzw. einer spezifischen Humandienst-

leistung. Die Spezifizität besteht unter anderem in dem Doppelcharakter (»Kuppelprodukt«) von Bildung als Konsum- und Investitionsgut (vgl. auch Hummelsheim/Timmermann 2002). Es geht darum, welche Inputfaktoren in diesen Produktionsprozess eingehen. Neben diesen Inputfaktoren und einem bestimmten Niveau derselben wird die Frage gestellt, inwiefern damit ein möglichst maximaler Output erreicht werden kann. Dies sind Fragen nach der Effizienz von Produktionsprozessen. Aufgrund vielfältiger Schwierigkeiten, die mit dieser Effizienzmessung verbunden sind (vgl. Worthington 2011 und Ausführungen unten), sind in der bildungsökonomischen Literatur, wie auch in anderen Disziplinen der Bildungsforschung, vermehrt Effektivitätsanalysen zu finden, welche sich »nur« darauf konzentrieren, die Effekte bestimmter Bildungsmaßnahmen zu untersuchen. Fragen der Effizienz gehen insbesondere mit Fragen einer optimalen Allokation von Ressourcen einher. Effektivitätsanalysen sind darüber hinaus mit distributiven Fragen, d. h. Fragen einer gerechten Verteilung von Ressourcen, verbunden. Für die Bildungsökonomie nicht untypisch sind Zielkonflikte zwischen dem Ziel der Effizienz und dem der Bildungsgerechtigkeit.

In der Bildungsökonomie wird darüber hinaus Markt- und Staatsversagen analysiert. In diesem Kontext geht es auch um Fragen der institutionellen Struktur des Bildungssystems, um Finanzierungs- und Steuerungsfragen und somit auch um die Autonomie und Entscheidungsbefugnis von Bildungsnachfragern und -anbietern.

1. Das Beispiel der frühen Kindheit

Im Folgenden wird am Beispiel der frühen Kindheit illustriert, wie ökonomische Perspektiven im Bereich Erziehung und Bildung angewandt werden. Die hier illustrierten Perspektiven werden auch im Kontext anderer Bildungsbereiche, wie der Schule, der tertiären Bildung oder auch der Weiterbildung eingenommen. Bei der frühen Kindheit handelt es sich um einen Anwendungsbereich, der insbesondere in den letzten Jahren an Bedeutung gewonnen hat, was auch damit in Zusammenhang steht, dass sich renommierte US-Ökonomen, wie der Ökonomienobelpreisträger James J. Heckman, mit dieser frühen Phase beschäftigen.

Im Sinne bildungsökonomischer Betrachtungen wird die Kindesentwicklung als (Produktions-)prozess verstanden, der zu bestimmten Zeiten bestimmte Inputs (wie z. B. Anregung und Zuwendung) benötigt. Das Ergebnis dieses Prozesses sind Fähigkeiten. Die Ökonomie analysiert, inwiefern es sensible Perioden gibt, in denen bestimmte Inputs geleistet werden müssen, um spätere Fähigkeiten zu entwickeln. Fähigkeiten sind selbstproduktiv, d. h. eine erworbene Fähigkeit erhöht die Wirkung späterer Inputs (vgl. z. B. Cunha/Heckman 2007). Insgesamt weist die neue Bildungsökonomie auf die hohe Effizienz früher Inputs hin und betont, dass die Rendite von Bildungsinvestitionen im Vergleich zu anderen Phasen im Lebenszyklus am höchsten ist, d. h., mit zunehmendem Alter immer geringer wird. Dieser Zusammenhang wird insbesondere aufgrund anglo-amerikanischer Forschungsergebnisse für Kinder aus bildungsbenachteiligten Familien konstatiert (vgl. Heckman 2006; 2007). Von daher erscheint es aus einer Lebensverlaufsperspektive besonders effizient, Bildungsinvestitionen im frühen Kindesalter zu tätigen, insbesondere bei Kindern aus benachteiligten Familien. Darüber hinaus sind diese Investitionen nicht nur besonders effizient, sondern sie sind auch vor dem Hintergrund von Gerechtigkeitsüberlegungen sinnvoll, denn sie erhöhen die Chancengleichheit einer Gesellschaft (vgl. Wößmann 2008). Dies bedeutet allerdings nicht, dass aus einer Querschnittsbetrachtung heraus Investitionen in die Bildung von Jugendlichen oder auch Erwachsenen nicht rentabel sind. Aber auch aus einer Lebensverlaufsperspektive sind spätere Bildungsinvestitionen sinnvoll, da sie frühkindliche Bildungsinvestitionen komplementieren können und diese langfristig noch rentabler werden.

2. Effizienzstudien

Empirische Studien, die insbesondere die Effizienzfrage frühkindlicher Bildungsinvestitionen auf der Basis von Individualdaten untersuchen, existieren bisher vorrangig im anglo-amerikanischen Raum (vgl. Barnett 2011). Dabei geht es um Studien, welche die Kosten sehr spezifischer Bildungs- und Betreuungsprogramme mit deren Nutzen vergleichen. Methodisch wenden diese Studien Kosten-Nutzen-Analysen an, d. h., es werden Kosten und Nutzen monetär bewertet. Insbesondere die monetäre Bewertung unterschiedlicher Nutzenkomponenten ist eine große Herausforderung und mit vielfachen Schwierigkeiten und Annahmen verbunden. So sollten idealerweise z. B. alle messbaren Nutzenströme erfasst und bewertet werden, die durch die entsprechenden Programme induziert werden.

Grundsätzlich ist zwischen *kindinduzierten* und *elterninduzierten* Nutzenströmen zu unterscheiden (vgl. Spieß 2013). Eine grobe Zuordnung könnte beispielsweise die Betreuungsfunktion von Kindertageseinrichtungen mit elterninduzierten Nutzenströmen in Verbindung bringen, während die kindinduzierten Nutzenströme mit der Erziehungs-, Bildungs- und Sozialisationsfunktion von Kindertageseinrichtungen einhergehen. Dies verkennt allerdings, dass auch die reine Betreuungsfunktion, die beiden Elternteilen eine Vereinbarkeit von Familie und Beruf ermöglicht, für die Entwicklung von Kindern von Bedeutung sein kann, wenn eine Erwerbstätigkeit beider Elternteile die wirtschaftliche Stabilität der Familie sichert und Armutsrisiken signifikant verringert. Darüber hinaus sind im weiteren Sinne *lehrpersonalinduzierte* Nutzenströme festzumachen, die in gesamtwirtschaftlichen Arbeitsmarkteffekten bestehen, wenn z. B. an das Arbeitsfeld für Erzieherinnen und Sozialpädagogen gedacht wird.

Neben den Schwierigkeiten einer monetären Bewertung vielfältiger Nutzenkomponenten besteht die Herausforderung auch darin, nicht nur den kurzfristigen, sondern idealerweise den Nutzen über den gesamten Lebenszyklus von Individuen zu bewerten. Kurz- und mittelfristig kann sich z. B. der Besuch einer qualitativ guten Kindertageseinrichtung positiv auf die Entwicklung der kognitiven Fähigkeiten und die Schulleistungen eines Kindes auswirken. Dies kann eine Verminderung von Klassenwiederholungen oder Zuweisungen zu einer Sonderschule zur Folge haben, wodurch öffentliche Kosten eingespart werden. Langfristige Effekte können dann auftreten, wenn die Nutzung von guten außerfamilialen Bildungs-, Erziehungs- und Betreuungsangeboten, z. B. zu einem höheren Lebenszeiteinkommen und eine geringere Abhängigkeit von Fürsorgeleistungen nach sich ziehen. Alle Nutzenkomponenten, die nach Abschluss des Programms anfallen, werden auf den Zeitraum des Kostenanfalls diskontiert. Dahinter steckt die Überlegung, dass ein vom Zeitpunkt der Investition aus betrachteter künftiger Nutzen umso weniger Wert ist, je weiter er in der Zukunft anfällt.

3.   Beispiele für Kosten-Nutzen-Analysen

Die vorliegenden Kosten-Nutzen-Analysen frühkindlicher Bildungs- und Erziehungsangebote bewerten in der Regel sehr spezifische Programme, die regional sehr begrenzt waren (z. B. Spieß 2013). Einige der Programme sind in ihrer Evaluation als klassische Interventionsstudien mit einem randomisierten Experimental- und Kontrollgruppendesign konzipiert. Die bekannteste unter diesen Studien ist das Perry Preschool Projekt, das bereits seit über 50 Jahren läuft und noch heute Nutzenmessungen einer Intervention misst, die in den 1960er Jahren in Ypsilanti/Michigan durchgeführt wurde (für aktuelle Analysen vgl. Heckman u. a. 2010 oder Belfield u. a. 2006). Teilnehmer an dem Programm waren 123 drei- und vierjährige Kinder mit niedrigen Intelligenzwerten aus benachteiligten Sozialschichten. Die Experimentalgruppe nahm an einem Piaget orientierten Programm teil. In den Kosten-Nutzen-Analysen wurden die Kosten und der Nutzen für die Teilnehmer und ihre Familien selbst (private Kosten und privater Nutzen) sowie für den Steuerzahler erfasst. Die Summen aus Kosten und Nutzen für Teilnehmer und Steuerzahler ergeben Kosten und Nutzen für die Gesellschaft insgesamt. Die Kosten-Nutzen-Analyse für das Perry Preschool Projekt ergibt, dass der Nutzen die Kosten dieses Programms für benachteiligte Kinder deutlich übersteigt. Dabei wurden Nutzenkomponenten erfasst, die in dem größeren Schulerfolg, der höheren Erwerbstätigkeit, dem höheren Einkommen, der geringeren Fürsorgeabhängigkeit und Delinquenz der Programmteilnehmer bestehen. Neuere Ergebnisse beziehen sich auf einen Zeitraum von 40 Jahren. Unberücksichtigt bleiben bei Kosten-Nutzen-Analysen alle intangiblen – d. h. schwierig messbaren und bewertbaren – Nutzenkomponenten, z. B. in Bezug auf eine verbesserte Lebensqualität der Programmteilnehmer.

Ähnliche Kosten-Nutzen-Analysen liegen für die Abecedarian Study vor, einer ebenfalls regional begrenzten Studie, mit randomisiertem Experimental- und Kontrollgruppendesign (vgl. Masse/Barnett 2007). Mit einem quasi-experimentellen Ansatz wurde das Chicago-Child-Parent Programm evaluiert. Die mit diesem Programm verbundene Kosten-Nutzen-Analyse basiert auf einem sehr viel größeren Sample von über 1.000 Kindern. Spezifisch für dieses Programm ist, dass eine Intervention nur in der frühen Kindheit, eine weitere nur im Grundschulalter und eine dritte Intervention in der frühen Kindheit und im Grundschulalter durchgeführt und auf ihre Effizienz hin geprüft wurde. Im Ergebnis zeigt sich, dass die frühkindliche Intervention die höchste Rendite einbringt (Reynolds u. a. 2002). Auch wenn nicht von einer 1:1-Übertragung der internationalen Studien auf deutsche Verhältnisse auszugehen ist, können sie doch vielfältige Hinweise auf einen volkswirtschaftlichen Nutzen von qualitativ hochwertigen außerfamilialen Bildungs- und Erziehungsangeboten geben.

Im deutschsprachigen Raum liegen bisher keine vergleichbaren mikrodatenbasierten Kosten-Nutzen-Analysen vor. Vereinzelte Nutzen-Analysen erfassen elterninduzierte Nutzenkomponenten von Kindertageseinrichtungen (vgl. dazu z. B. Spieß u. a. 2002). Sofern kindbezogene Nutzenkomponenten bewertet werden sollen, können in Deutschland häufig nur Daten bis zur Schulzeit ausgewertet, aber kaum Arbeitsmarkteffekte auf individueller Ebene gemessen werden.

4.   Marktversagen

Die Ergebnisse von Effizienzstudien sind auch für die empirische Untermauerung theoretischer Überlegungen zum Marktversagen in Märkten für außerhäusige Bildungs- und Erziehungsangebote von Relevanz. Grundsätzlich geht die Ökonomie davon aus, dass das Angebot und die Nachfrage für Güter, zu denen auch außerfamiliale frühpädagogische Dienstleistungen zählen, am (freien) Markt geregelt werden. Der Käufer trägt letztlich alle Kosten für das erworbene Gut, er zieht aber auch den entscheidenden Nutzen aus diesem Gut. Das Marktmodell geht weiter davon aus, dass die Käufer über die Qualität eines Gutes ausreichend informiert sind, um Qualität und Preis abwägen zu können. Staatliche Maßnahmen sind grundsätzlich nur dann notwendig, wenn die beschriebenen Mechanismen nicht funktionieren. Die Ökonomen sprechen dann von Marktversagen. Für den Bereich der frühkindlichen Bildung und Erziehung zeigt sich ein solches Marktversagen, so dass in ökonomischer Perspektive staatliche Interventionen erforderlich werden (vgl. Spieß 1998; Blau/Currie 2006).

Der erste Mechanismus, der nicht hinreichend funktioniert, hängt damit zusammen, dass frühkindliche Erziehung und Bildung nicht nur einen Nutzen für die betroffenen Kinder und deren Familien verursacht, sondern ebenfalls einen erheblichen gesellschaftlichen Nutzen hat (siehe oben). Die Ökonomie spricht in diesem Zusammenhang von sogenannten positiven externen Effekten, d. h. von positiven Auswirkungen auf unbeteiligte Dritte. Wird im Falle von solchen externen Effekten der Staat nicht aktiv und überlässt er die Bildungs- und Erziehungsangebote dem Markt, so würde es im freien Markt zu einem zu geringen Angebot bzw. einer zu geringen Nachfrage kommen. Familien würden außerfamiliale frühkindliche Bildungs- und Erziehungsangebote nur soweit nachfragen, wie es dem Nutzen für sie selbst entspricht. Zudem können einkommensschwache Familien u. U. nicht die Kosten für ein Angebot bezahlen, das die erstrebten gesellschaftlichen Nutzeneffekte hat. Darüber hinaus bestehen Kreditbeschränkungen dahingehend, dass zukünftige Bildungserträge in den üblichen Kreditmärkten nicht als ausreichende Sicherheit gelten (»Kreditmarktrestriktion«). Dies sind ökonomische Argumente, die für eine öffentliche Finanzierung von (außerfamilialen) Erziehungs- und Bildungsangeboten sprechen. Hier handelt es sich um ökonomische Argumente, die ganz allgemein für eine staatliche Finanzierung von Bildung sprechen, auch wenn der empirische Nachweis positiver externer Effekte in seinem Umfang durchaus diskutiert wird.

Der zweite Mechanismus, der ein Versagen des freien Marktes bei der Dienstleistung frühkindlicher Bildungs- und Erziehungsangebote erwarten lässt, ist die Schwierigkeit, für die Nachfrager die pädagogische Qualität dieser Angebote angemessen beurteilen zu können (vgl. z. B. Spieß/Tietze 2002 oder Mocan 2007). Ein außerfamiliales frühpädagogisches Angebot ist für Kinder und ihre Familien kein »Erfahrungsgut«, sondern in ganz be-

sonderem Ausmaß ein »Vertrauens- oder Glaubensgut«. D. h., die Qualität dieser Dienstleistung kann nicht durch Kauf und eventuelle Rückgabe getestet werden, vielmehr müssen die Nachfrager den Anbietern »vertrauen«. Die Nachfrager unterliegen dabei einem Informationsdefizit und können im Vorfeld ihrer Entscheidung für ein bestimmtes Angebot sowie während der kindlichen Nutzung des Angebots seine Qualität nur unzureichend beurteilen. Aufgrund dieses Informationsdefizits kann es in Märkten für außerfamiliale Bildungs- und Erziehungsangebote zu Marktversagen kommen, indem die Anbieter kurzfristig ihren Gewinn darüber maximieren, dass sie eine schlechte Qualität anbieten. Von daher muss es in ökonomischer Perspektive in Märkten für Bildungs- und Erziehungsangebote staatliche Regelungen geben, die für eine Qualitäts(mindest)sicherung sorgen. Letztlich handelt es sich hier um Argumente, die für eine staatliche Gewährleistung von Bildungsstandards sprechen.

5. Finanzierungs- und Steuerungsfragen

Vor dem Hintergrund des gesellschaftlichen Zusatznutzens einer frühkindlichen Erziehung ist es ökonomisch betrachtet sinnvoll, öffentliche Ressourcen in frühkindliche Erziehung zu investieren. Wir konzentrieren uns hier auf die Internalisierung des Nutzens außerfamilialer Erziehungs- und Bildungsangebote. Grundsätzlich ist es möglich, dass der Staat diese selbst anbietet, indem er z. B. Kindertagesstätten betreibt (er agiert z. B. als »kommunaler Träger«). Zweitens kann der Staat andere Träger fördern, die Kindertageseinrichtungen anbieten (er kann z. B. gemeinnützige und privat-gewerbliche Träger fördern). In der Ökonomie spricht man hier von einer Objektförderung. Drittens kann der Staat aber auch die Subjekte – also die Eltern – fördern, indem er sie mit Finanzmitteln zum Erwerb von Kinderbetreuungsangeboten unterstützt, die ihren Präferenzen entsprechen. Wird Eltern über eine Subjektförderung die »Finanzierungsmacht« gegeben, bestimmen sie über die Ausgestaltung des Angebots mit (vgl. Kreyenfeld u. a. 2001).

Innerhalb der Subjektförderung gibt es wiederum verschiedene Ausgestaltungsmöglichkeiten.

So können die Subjekte z. B. über direkte, zweckungebundene Transfers, d. h. Geldleistungen, gefördert werden. Allerdings ist bei dieser Transferart nicht gewährleistet, dass der Transfer für frühkindliche Bildung und Erziehung ausgegeben wird. Damit ist nicht sichergestellt, dass der gesellschaftliche Zusatznutzen realisiert werden kann, der wiederum eine der ökonomischen Begründungen für eine öffentliche Förderung darstellt, gleichwohl die Individuen den Transfer gemäß ihren Präferenzen verwenden können. Eine andere Steuerungswirkung kann über eine steuerliche Anrechnung der Kosten von Kinderbetreuung erzielt werden. Allerdings profitieren von diesem Instrument nur steuerzahlende Haushalte. Eine dritte Ausprägung der Subjektförderung sind zweckgebundene Transfers (»Gutscheine«) für den Erwerb von Bildungs- und Erziehungsangeboten. Über die Zweckbindung können öffentliche Gelder in Angebote gelenkt werden, die die oben dargestellten positiven Effekte versprechen (vgl. z. B. Spieß 2010). Die Wirkungsweise solcher Finanzierungsformen im Bildungsbereich hängen allerdings von bestimmten Gelingensbedingungen ab, deren Nichterfüllung dazu führen kann, dass ein potenziell erreichbarer Nutzen nicht realisiert werden kann (vgl. Wolter 2001).

Angesichts der beschriebenen unzureichenden Informationen der Eltern über die Qualität der außerfamilialen frühpädagogischen Angebote, muss, unabhängig von der Art des Förderinstrumentes, von staatlicher Seite eine Qualitätskontrolle und -sicherung der Anbieter gewährleistet sein; der Staat muss sie allerdings nicht selbst durchführen – dies ist in der Ökonomie ein zentraler Aspekt. Klassische Instrumente der Qualitätssicherung sind Markteintrittsbarrieren, z. B. in der Form einer Betriebserlaubnis und die Setzung von Qualitätsmindeststandards. Darüber hinaus sind Instrumente denkbar, die, basierend auf einer Mindestqualität, einen Qualitätswettbewerb der Anbieter anregen und damit die Autonomie der Bildungsanbieter fördern. Ein solches System im frühkindlichen Bereich könnte z. B. über ein mehrstufiges Qualitätsgütesiegel für Kindertageseinrichtungen realisiert werden (vgl. Spieß/Tietze 2001). Im Schulkontext, im tertiären Bereich oder bei der Weiterbildung werden teilweise ähnliche Diskussionen geführt.

Literatur

Barnett, W. Steven: »Effectiveness of Early Educational Intervention«. In: *Science* 333 (2011), 975–978.

Belfield, Clive R./Nores, Milagros/Barnett, Steve/Schweinhart, Lawrence: »The High/Scope Perry Preschool Program: Cost-Benefit Analysis Using Data from the Age-40 Follow up«. In: *Journal of Human Resources* 41.1 (2006), 162–190.

Blau, David M./Currie, Janet: »Pre-School Care, Day Care, and After-School Care: Who's minding the Kids?«. In: Hanushek, Erik A./Welch, Finis (Hg.): *Handbook of the Economics of Education*, Vol. 2. Amsterdam 2006, 1163–1278.

Cunha, Flavio/Heckman, James J.: »The technology of skill formation«. In: *American Economic Review* 97.2 (2007), 31–47.

Hanushek, Eric A./Kimko, Dennis D.: »Scholling, Labor-Force-Quality, and the Growth of Nations«. In: *American Economic Review* 90.5 (2000), 1184–1208.

Heckman, James J.: »The economics, technology, and neuroscience of human capability formation«. In: *Proceedings of the National Academy of Sciences* 104 (2007), 13250–13255.

Heckman, James: »Skill formation and the economics of investing in disadvantaged children«. In: *Science* 312 (2006), 1900–1902.

Heckman, James J./Moon, Seong H./Pinto, Rodrigo/Savelyev, Peter A./Yavitz, Adam: »The rate of return to the High/Scope Perry Preschool Program«. In: *Journal of Public Economics* 94.1–2 (2010), 114–128.

Hummelsheim, Stefan/Timmermann, Dieter: »Bildungsökonomie« In: Tippelt, Rudolf (Hg.): *Handbuch zur Bildungsforschung* (2002), 93–134.

Kreyenfeld, Michaela/Spieß, C. Katharina/Wagner, Gert G.: *Finanzierungs- und Organisationsmodelle institutioneller Kinderbetreuung. Analysen zum Status quo und Vorschläge zur Reform.* Neuwied 2001.

Masse, Leonard.N./Barnett, W. Steven: »Comparative benefit-cost analysis of the Abecedarian program and its policy implications«. In: *Economics of Education Review* 26 (2007), 113–125.

Mocan, Naci: »Can consumers detect lemons? An empirical analysis of information asymmetry in the market for child care«. In: *Journal of Population Economics* 20 (2007), 743–780.

Reynolds, Arthur J./Temple, Judy A./Robertson, Dylan. L./Mann, Emily A.: »Age 21 Cost-Benefit Analysis of the Title I Chicago Child-Parent Centres«. In: *Educational Evaluation and Policy Analysis* 24.4 (2002), 267–304.

Spieß, C. Katharina: *Staatliche Eingriffe in Märkte für Kinderbetreuung. Analysen im deutsch-amerikanischen Vergleich.* Frankfurt a. M. 1998.

Spieß, C. Katharina: »Effizienzanalysen frühkindlicher Bildungs- und Betreuungsprogramme – das Beispiel von Kosten-Nutzen-Analysen«. In: *Zeitschrift für Erziehungswissenschaft* 16 (2013), 333–354.

Spieß, C. Katharina: »Zehn Mythen über Kinderbetreuungsgutscheine«. In: Betz, Tanja/Diller, Angelika/Rauschenbach, Thomas (Hg.): *Kita-Gutscheine. Ein Konzept zwischen Anspruch und Realisierung.* München 2010, 99–112.

Spieß, C. Katharina/Tietze, Wolfgang: »Qualitätssicherung in Kindertageseinrichtungen – Gründe, Anforderungen und Umsetzungsüberlegungen für ein Gütesiegel«. In: *Zeitschrift für Erziehungswissenschaft* 5.1 (2002), 139–162.

Wolter, Stefan C.: »Ökonomie« In: Andresen, Sabine/Casale, Rita/Gabriel, Thomas/Horlacher, Rebekka/Larcher Klee, Sabina/Oelkers, Jürgen (Hg).: *Handwörterbuch Erziehungswissenschaft.* Weinheim 2001, 606–620.

Worthington, Andrew C.: »An Empirical Survey of Frontier Efficiency Measurement Techniques in Education«. In: *Education Economics* 9 (2011), 245–268.

Wößmann, Ludger: »Die Bildungsfinanzierung in Deutschland im Licht der Lebenszyklusperspektive: Gerechtigkeit im Widerstreit mit Effizienz?« In: *Zeitschrift für Erziehungswissenschaft* 2 (2008), 214–233.

C. Katharina Spieß

9. Erziehung ohne »Ich«. Sartres philosophischer Beitrag zur aktuellen Erziehungsdiskussion

»Werde, der du bist«. In diesem Appell des altgriechischen Dichters Pindar lässt sich das Anliegen der Philosophie zusammenfassen, soweit sie für die Erziehung Bedeutung gewonnen hat. Der Mensch muss erst werden, was er ist, weil sich sein natürliches »Lebenspotenzial« (Bedürfnisse, Fähigkeiten) nicht von selbst entwickelt, sondern erst im Verlauf seines Lebens genau die Gestalt gewinnt, die der Einzelne ihm durch sein freies Handeln gibt. Mit dem eigenen Potenzial ist dem Menschen auch schon das »natürliche« Ziel seines Werdens vorgegeben, aber auch dieses Ziel kann nur wirklich werden, wenn der Handelnde es frei anerkennt und in seinem Handeln selbst konkretisiert.

Mit diesem »Menschenbild« hat die Philosophie bis in die Gegenwart hinein die Notwendigkeit von Erziehung begründet und zugleich deren Eigenständigkeit gesichert. Notwendig ist Erziehung, weil der Einzelne auf Hilfe und Unterstützung angewiesen ist, ehe er, indem er »mündig« wird, seine »Selbstverwirklichung« in eigene Hände nehmen kann. Eigenständig ist sie, weil sie primär nicht an individuelle oder gesellschaftliche Interessen gebunden ist, sondern ihr zentrales Ziel in der menschlichen »Natur« finden kann. Nicht erst individuelles oder soziales Wollen, sondern natürliches »Sollen« bildet die Basis von Erziehung.

Spätestens mit der »postmodernen« Wendung der Philosophie ist die skizzierte Basis ins Wanken geraten, denn das aktuelle Denken in seinen »konstruktivistischen« und »dekonstruktivistischen« Spielarten hat die Aufgabe individueller Selbstverwirklichung als bloße Fiktion entlarvt. Statt sein Leben selbst zu führen, wird der Einzelne z. B. zum Schnittpunkt überindiviueller »Machtdispositive« (Foucault) oder entwickelt sich in einem »autopoietischen« Prozess optimaler Umweltverarbeitung (Maturana).

Zusammen mit dem traditionellen »Menschenbild« wird auch Erziehung fragwürdig und letztlich überflüssig, denn sie ist entweder Teil der wirksamen Machtstrategien des »Überwachens und Strafens« (Foucault), oder eine der vielfältigen »Störungen«, die das sich selbst konstruierende Lebewesen seinen internen Regeln gemäß verarbeitet (Maturana). Als Grundvorgang des sozialen Le-

bens, der gegen alle aktuellen Zwänge »Selbstverwirklichung« ermöglicht, kommt Erziehung nicht mehr in den Blick. Die »Antipädagogik« scheint die Pädagogik endgültig aus dem Felde geschlagen zu haben.

In dieser prekären Situation möchte ich auf das Denken J. P. Sartres aufmerksam machen, das in der Pädagogik bisher kaum Beachtung gefunden hat, aber m. E. erst gegenwärtig seine volle sachliche Relevanz beweist. Im Gegensatz zu postmodernen Ansätzen besteht Sartre auf einer grundlegenden Erfahrung, die jeder mit sich selbst macht: Unsere Handlungsziele legen sich nicht »von selbst« fest, sondern müssen, wie explizit auch immer, von uns »gewählt« werden, um überhaupt *Ziele* zu werden. Insofern hält Sartre an der Aufgabe freier Selbstgestaltung fest. Zugleich aber teilt er die postmoderne Skepsis gegenüber einer menschlichen »Natur«, die der Lebensgestaltung ihr natürliches Ziel vorzeichnet. Statt schon auf ein Ziel gerichtet zu sein, ist der Mensch »von Natur« pures unbestimmtes »Da-sein« (»existentia«), das nicht schon sein natürliches »Wesen«, sein »Was-sein« (»essentia«) als Potenzial mitbringt, sondern sein »Was« erst in der Abfolge seiner Entscheidungen festlegt. In Sartres Worten: »Der Existentialismus […] hält daran fest, dass beim Menschen – und nur beim Menschen – die Existenz dem Wesen vorausgeht.«

Obwohl in Sartres Konzept das eigene Leben dem Einzelnen gänzlich selbst »überlassen« bleibt, ist es nicht seiner zufälligen Willkür ausgeliefert. Denn Sartre zeigt, dass menschliche Freiheit durch und durch »endlich« ist, d. h. von Voraussetzungen abhängt, über die sie selbst nicht verfügt. Wir können, wie im Folgenden zu zeigen sein wird, unsere eigenen Ziele nur »wählen«, weil wir bereits bestimmte »Welt«-Umstände vorfinden, von denen wir ausgehen können. Ebenso sind wir für unsere »Wahl« auf die »Anderen« angewiesen, die ihrerseits frei ihre eigenen Ziele verfolgen. Indem wir diese unverzichtbaren Bedingungen unseres Handelns anerkennen und »wollen«, können sie zu neuen Orientierungen für unsere Freiheit werden, die nicht mehr »naturgegeben« sind, sondern in unserer endlichen Freiheit selbst liegen. Deshalb ist für Sartre (auch ohne Rückbezug auf »Natur«) noch ein »richtiges« Leben möglich, nämlich ein selbstbestimmtes Leben *für* die »Welt« und *für* die »Anderen«. Freilich ist diese »Hingabe« nicht mit dem Verzicht auf die eigene Selbstverwirklichung verbunden, denn es gibt kein »Selbst« mehr, dessen natürliches Potenzial seine »Verwirklichung« fordern würde. Die einzelne Freiheit ist für Sartre »ich-los« geworden.

Sartres pädagogische Relevanz sehe ich nun darin, dass er Erziehung auch unter veränderten Voraussetzungen noch als notwendig und sinnvoll rechtfertigt. Zwar kann der verantwortliche Erzieher nicht mehr von einer »natürlichen Bestimmung« seines Zöglings ausgehen, aber kann immer noch zu dessen »richtigem« Leben beitragen, indem er ihm seine endliche Freiheit offen hält und ihn dabei in seiner »Hingabe« an die »Welt« und die »Anderen« bestärkt und fördert. Es wird im Folgenden zu zeigen sein, dass mit dieser Neuausrichtung der Erziehung aktuelle Probleme lösbar werden könnten, die sich bisher als erstaunlich »erziehungsresistent« erwiesen haben: Trotz aller Appelle sind wir zumeist auch heute noch bereit, unsere Umwelt als »Gegenstand« (Humboldt) und Ressource unserer Selbstverwirklichung aufzufassen. Indem Sartre das »Selbst« in Frage stellt, schafft er Raum für eine freie »Hingabe« an die »Welt«. Genauso erleben wir die »Anderen« meist noch als Konkurrenten, die »sich selbst« genauso verwirklichen wollen, wie wir. Auch hier kann die Befreiung vom »Ich« zu einem Umdenken führen, das soziale Diskrepanzen nicht nur durch »Toleranz« bewältigen will, sondern die freie »Hingabe an die Anderen« und ihre Ziele sinnvoll macht.

2. Sartres Konzept der ich-losen Lebenspraxis

Bereits in seiner ersten philosophischen Publikation *Die Transzendenz des Ego* begründet Sartre seine Ablehnung des »Ich« mit dem Hinweis auf die »ich-lose« Dimension menschlicher Freiheit: Wir erfahren uns ursprünglich als frei, weil wir unser Leben selbst führen müssen, indem wir beständig zwischen Handlungsalternativen wählen. Dabei sehen wir uns kontinuierlich mit unserer Zukunft konfrontiert, die von sich her völlig offen ist und uns beständig vor die Frage: Wie weiter? stellt.

Wir antworten »praktisch«, indem wir unsere Zukunft auf ein Handlungsziel festlegen. So ist uns unser Leben radikal selbst überlassen: Wir können zwar nicht selbst entscheiden, ob wir es führen wollen, aber unsere Zukunft lässt die jeweilige Art unserer Lebensführung vollkommen offen.

Diese ursprüngliche Offenheit wird durch das »Ich« wesentlich eingeschränkt. Mit seinen »natürlichen« Bedürfnissen und Entwicklungschancen, die jeder Wahl vorausgehen, stellt es schon Ansprüche, die wir in unserer Lebenspraxis zu erfüllen haben. Statt uns unsere Identität selbst schaffen zu können, sind wir auf ein »Ich« festgelegt, dessen Potenzialen wir in unserer Lebenspraxis gerecht werden müssen. So entpuppt sich das »Ich« als Instanz einer verdeckten Fremdbestimmung, die auf soziale Machtverhältnisse verweist.

In der Tat entsteht für Sartre das »Ich« erst dadurch, dass wir vom »Blick« der Anderen getroffen werden, der uns fixiert und einschätzt. Im fremden »Blick« bündeln sich all die Wertungen und Zuschreibungen, durch die die Anderen mir ein Selbstbild aufdrängen, das ihren Interessen entgegen kommt. Doch auch meinem Interesse an Lebenssicherheit entspricht dieses Bild, denn es gibt mir Halt und Orientierung für mein Handeln. Es bildet mit seinen Eigenschaften mein »Innerstes«, gleichsam meinen »Wesenskern«, den ich im Leben zu verwirklichen habe und gibt damit meinem Leben seine Richtung vor. Ich bewege mich nicht mehr in die Offenheit meiner Zukunft hinein, sondern weiß grundsätzlich, »wozu« ich da bin. Doch damit verkenne ich meine ursprüngliche Freiheit. Franz Kafka hat sie in ein prägnantes Bild gefasst: »Solange du nicht zu steigen aufhörst, hören die Stufen nicht auf, unter deinen steigenden Füßen wachsen sie aufwärts«.

Das eigene Ich schränkt nicht nur unsere genuine Freiheit ein, sondern begründet vor allem den »Egozentrismus« unserer Lebenspraxis. Denn es legt mich darauf fest, mich im Handeln beständig um die Verwirklichung meines »Wesenskerns« zu kümmern. In jeder Lebenssituation stehe ich also vor der Aufgabe, in meinem Handeln meinem »Ich« gerecht zu werden und es »authentisch« zur Geltung zu bringen. Erst dadurch werden die Welt und die Anderen zu meinem »Gegenüber«. Sie interessieren mich nur unter dem Gesichtspunkt, ob sie mir nützlich sind, oder meine Selbstverwirklichung behindern. Die Welt der Dinge wird auf diese Weise zur Ressource oder noch häufiger zum Hindernis, das meine Selbstverwirklichung einschränkt oder unmöglich macht. Immer wieder geraten wir in Situationen, in denen wir nicht tun können, was wir wollen, weil die Umstände es nicht zulassen. Ebenso werden auch die Anderen zur Bedrohung für uns, wenn sie uns z. B. durch den »Blick« für ihre eigene Selbstverwirklichung instrumentalisieren. Sie fordern dadurch unsere Selbstbehauptung heraus und verwickeln uns in Machtkämpfe.

Die ich-lose Lebenspraxis dagegen bezieht die Welt nicht auf sich selbst, sondern macht sich deren Gestaltung zur Lebensaufgabe. Mit unserem Handeln greifen wir stets in die Welt ein, und deshalb ist jede Wahl »Entwurf« einer künftigen »Welt«, die wir zuerst in unserer Vorstellung »erfinden« und dann in unserem Handeln herbeiführen. So geht es uns in unserer Lebenspraxis nicht um uns selbst, sondern um die Welt, die wir so reich wie möglich zu entfalten und zu gestalten suchen.

Doch diese erfinderische Freiheit ist zwingend auf konkrete »Weltumstände« angewiesen, die sie bereits als »gegeben« vorfindet und hinnehmen kann. Sie bilden die jeweilige »Situation«, die unserer Freiheit erst die Anhaltspunkte für ihre Entwürfe bietet. Unsere Wahl bliebe nämlich völlig orientierungslos, wenn sie sich nicht auf ganz bestimmte Vorgegebenheiten stützen könnte. Deshalb ist die Situation niemals Hindernis für unsere Freiheit, sondern die notwendige Bedingung dafür, sich überhaupt bestimmte Ziele setzen zu können. Trotzdem bleiben sie unsere eigenen Schöpfungen, denn die Umstände zeigen nicht von sich her, was sich aus ihnen machen lässt. Vielmehr *verleihen* wir ihnen erst ihre »Verwendbarkeit«, indem wir sie von eigenen Zielen her in den Blick bringen. Wir entwerfen unsere Ziele also konkret in der Weise, dass unsere schöpferische Vorstellungskraft den faktischen Umständen gleichsam »ansieht«, was unter ihrer Voraussetzung für uns möglich ist. Die selbst-lose Freiheit muss dabei nicht den Ansprüchen eines Ich genügen, sondern kann sich vorbehaltlos auf die Situation einlassen und ihren Einzelheiten voll gerecht werden. Weil sie von sich her völlig unbestimmt ist, findet sie in der Situation ihr einzig mögliches Kriterium dafür, »richtig«, nämlich situationsgerecht zu handeln. So zeigt sich, dass für die ich-lose Freiheit die Welt kein Ge-

genspieler ist, sondern Freiheit erst möglich macht: Sie ist gleichzeitig Gestaltungsaufgabe, Grundlage und Orientierung für uns; nicht *trotz* unserer Weltbindung, sondern *wegen* ihr sind wir frei.

Der neue Weltbezug der ich-losen Freiheit schließt auch ein neues, nämlich konkurrenzfreies Verhältnis zu den Anderen ein. Ihre neue Rolle ergibt sich aus der Größe der Aufgabe, die uns die Freiheit stellt: Auf mich gestellt, wäre ich mit der Gestaltung der Welt gänzlich überfordert; mein eigenes begrenztes Handeln gewinnt erst Sinn und Berechtigung, wenn es von dem aller Anderen begleitet und ergänzt wird. Dabei gewinnt das fremde Handeln für mich dadurch seinen Wert, dass es sich von der von mir gewählten Praxis unterscheidet. Mit meiner eigenen will ich also notwendig auch die fremde Freiheit gerade in ihrer Differenz zu mir. Was uns verbindet, sind nicht gemeinsame Wertmaßstäbe, sondern unser gemeinsames Projekt: eine möglichst reich gestaltete Welt. Deshalb teile ich mit allen Anderen ihre Ziele, auch wenn ich notgedrungen nur meine eigenen verfolgen kann.

Aber unsere wechselseitige Abhängigkeit voneinander reicht noch weiter: Auf sich gestellt, könnte niemand seiner Ziele sicher sein, denn wir können niemals alle Umstände überblicken, von denen unser Handlungserfolg abhängig ist. So bleibt unser Handeln immer riskant und sein Erfolg ungewiss. Deshalb bin ich, genauso wie alle Anderen, auf fremde Hilfsbereitschaft angewiesen. Weil ich jedoch die fremden Ziele grundsätzlich genauso wie die eigenen bejahe, bin ich auch meinerseits jederzeit zur Hilfe gegenüber Anderen bereit. Dabei verzichte ich auf jede Bewertung der unterstützten Ziele, denn sie haben ihren Eigenwert für mich gerade dadurch, dass sie sich von meinen unterscheiden.

Solche prinzipiell »grenzenlose« Hilfsbereitschaft muss nur in der fremden *Freiheit* ihre definitive Grenze anerkennen: Berechtigte Hilfe ist darauf angewiesen, dass uns der Andere zur Hilfe auffordert, indem er uns im »Appell« an uns sein Projekt »anvertraut«. So eingeschränkt, ist Hilfe keine souveräne Hinwendung zum anderen, sondern stets nur »Antwort« auf den »Appell«, der von der fremden Freiheit ausgeht. Deshalb beschreibt Sartre die Hilfe als wechselseitige »Hingabe«: Der Helfer kann sich nur an ein fremdes Ziel »hingeben«, wenn die hilfsbedürftige Freiheit es ihm zunächst »hingibt«, nämlich im »Appell« anvertraut. So ist die fremde Aufforderung das einzige Kriterium für »berechtigte« Hilfsbereitschaft. Dagegen beginnt die »Gewalt« dort, wo jemand ungebeten Hilfe leistet, denn er ignoriert (wie jede Form von Gewalt) die fremde Freiheit und fordert damit den Widerstand des Betroffenen heraus. So zeigt sich auch hier, dass erst meine Selbstbezogenheit die Anderen in Gegenspieler verwandelt. Von sich her sind die Anderen, wie schon die »Welt« Grundlage meiner Freiheit, indem sie mein Ziel mit rechtfertigen und seine Realisierung potenziell unterstützen.

Zugleich mit einem neuen Weltbezug ermöglicht die ich-lose Lebenspraxis auch eine neue Einstellung zum eigenen Handeln, die der selbstbezogenen entgegengesetzt ist. Durch die Zentrierung auf ein »Ich« legen wir uns auf ein Selbstbild fest, dass unsere »wesentlichen« Potenziale, gleichsam unseren »Kern« definiert, dem wir in unserer Lebenspraxis so weit wie möglich gerecht werden müssen. Folglich beurteilen wir unsere Handlungen jeweils unter dem Gesichtspunkt, ob und in wieweit sie diesem »Kern« entsprechen. Angesichts der »rauen« Wirklichkeit machen wir die schmerzliche Erfahrung, dass wir oft nicht so handeln können, wie wir wollen, weil widrige Umstände unsere Ziele verhindern. So bleiben wir ohne eigenes Verschulden immer wieder hinter unserem Selbstbild zurück und können eine skeptische und resignative Haltung zu unserer Praxis entwickeln: Lohnt es sich angesichts dieser Umstände überhaupt, die mir eigentlich gemäßen Ziele zu verfolgen? Hier zeigt sich die verhängnisvolle Entlastungsfunktion des »Ich«: Es schafft uns Raum für vielfältige »Entschuldigungen« für unzulängliche Handlungen und bewahrt uns davor, jede Handlung ernst nehmen zu müssen: Sind wir doch immer »reicher« als das, was in einer einzelnen Tat von uns sichtbar werden kann.

Dagegen stützt sich die ich-lose Freiheit nicht auf ein Bild, sondern sieht sich als stets noch offene Zukunft, die wir selbst erst dadurch festlegen, dass wir ein Handlungsziel verfolgen. So gesehen, *haben* wir keine »Eigenschaften« und Potenziale, sondern *schaffen* sie immer neu, indem wir wechselnde Ziele entwerfen. Für diese »schöpferische« Freiheit gilt: »Du bist, was du tust«, denn mit jeder neuen Handlung und dem resultierenden »Werk« bestimmen wir selbst, was wir sind. So gehören wir uns (abgesehen von unserer puren Existenz) vollkommen selbst und sind allein für unser Handeln verantwortlich.

Diese Einsicht ermöglicht mir eine ganz neue Ernsthaftigkeit meinem Handeln gegenüber: In jeder Handlung geht es neu um die Frage: Wer bin ich?, denn ich bin jeweils nur das, wozu ich mich mache. Das gibt jeder Tat ihr eigenes Gewicht und verlangt meine ganze Konzentration auf sie, die Sartre als »Hingabe an das Werk« bezeichnet. Zugleich weiß ich, dass mit der je aktuellen Selbstfestlegung nicht über meine totale Zukunft entschieden ist. Denn jede neue Situation stellt mich vor die Aufgabe, mich erneut zu »definieren«, indem ich mich auf ein Ziel festlege. So sehr ich mich auch durch meine aktuelle Tat binde, so sehr bleibt mir auch die Freiheit, mich in der Zukunft neu und anders zu definieren. Zwar führen wir immer nur das Leben fort, das wir schon früher begonnen haben, aber unsere vergangenen Taten »haben« nur genau die Konsequenzen, die wir ihnen geben.

In ihrer Radikalität lässt Sartres »Destruktion des Ich« sicherlich noch viele Fragen offen, macht ihr »praktisches« Anliegen jedoch sehr deutlich: Sartre betrachtet das »Ich« als Lebenshindernis, das zwar einem eigenen Sicherheitsbedürfnis entgegenkommt, von dem wir uns aber auch befreien können. Es hindert uns daran, unser Leben *selbst* zu führen, indem es unser Handeln an den Verwirklichungsanspruch eines »natürlichen« »Ich« bindet, uns unseren Gegensatz zur Welt und den Anderen vortäuscht und unser jeweiliges »Werk« entwertet. Mit der Befreiung vom Ich »gehören« wir dagegen uns selbst, *gerade weil* wir uns auf eine jeweils bestimmte Welt und die Anderen stützen können.

Welche Konsequenzen die Befreiung vom Ich für die Erziehung haben könnte, soll im folgenden Abschnitt skizziert werden.

3. Erziehung als Freihalten von falschen Selbstbildern

Die »Erziehung ohne Ich« kann sich, wie gezeigt, nicht an einer »Natur« des Zöglings ausrichten, sondern muss auch dem Kind schon eigene Freiheit zugestehen. So betont Sartre denn auch, dass das kindliche Verhalten bereits grundsätzlich frei ist, d. h. niemals nur instinktgebunden erfolgt, sondern immer auch eigener »Initiative« entspringt.

Damit erscheint Sartre als ein Vorläufer der »anti-autoritären« Erziehungsbewegung, die eine nicht-repressive Erziehung gefordert hat. Doch dieser Schein trügt: Von Sartre aus gesehen, muss man dieser pädagogischen Befreiungsbewegung vorhalten, dass sie lediglich das bürgerlich deformierte »falsche« Ich durch ein »wahres« ersetzt, ohne damit den Widerspruch zwischen Ich und (sozialer) Welt anders als in einer Gesellschaftsutopie überwinden zu können. Aber auch das Kind hat für Sartre kein »Ich«, sondern ist Freiheit, die im pädagogischen Verhältnis immer schon anderer Freiheit begegnet. Deshalb ist Erziehung keine einzigartige Tätigkeit, sondern nur eine der Formen freier Intersubjektivität. Mit dieser These stellt Sartre das verbreitete Subjekt-Objekt-Schema von Erziehung in Frage: Der Erzieher wirkt nicht souverän auf seinen von ihm abhängigen Zögling ein, sondern ist seinerseits auf dessen freie »Hingabe« seiner Ziele angewiesen, um ihn mit seiner pädagogischen Hilfsbereitschaft überhaupt erreichen zu können. Erziehung setzt also schon die Erziehbarkeit des Zöglings voraus, die erst dadurch entsteht, dass sich das Kind seinem Erzieher mit seinen Initiativen anvertraut. Dieses kindliche »Urvertrauen« schließt Erziehung als Machtverhältnis aus und reduziert die Aufgabe des Erziehers darauf, auf den freien kindlichen »Appell« zu antworten, indem er das Kind als eigenständiges Subjekt seines Lebens anerkennt und in seinen Zielen so weit wie möglich unterstützt. Sich als Erzieher die eigene Abhängigkeit vom Zögling vor Augen zu halten, kann ein wichtiges Korrektiv für das pädagogische Handeln sein.

Vor diesem Hintergrund erweist sich die traditionelle Erziehung als »Alltagsgewalt«, gerade auch dann, wenn sie ganz und gar »Erziehung vom Kinde aus« sein will. Indem sie das kindliche Entwicklungspotenzial so genau wie möglich ermittelt und so aufwendig wie möglich fördert, schafft sie erst das »Ich«, das sie immer sorgfältiger zu erkennen glaubt. Für Sartre ist das Kind mit seinen individuellen Eigenschaften und Fähigkeiten nur ein Konstrukt der Erwachsenen, mit dem sie sich über die aktuellen kindlichen Initiativen hinwegsetzen. Auf diese Weise opfern sie die kindliche Gegenwart einer Zukunft, die der Sicht und Gestaltung des Zöglings noch gänzlich entzogen ist. Die Folgen des fiktiven kindlichen Selbstbildes sind unübersehbar: Das »Ich« begründet auch schon bei Kindern eine Anspruchshaltung gegenüber der Welt und eine latente Konkurrenz mit den Anderen.

Sartres Kritik an pädagogischer Alltagsgewalt legt eine einfache Konsequenz nahe: Erziehung sollte alle Maßnahmen vermeiden, die dem Kind ein Bild von sich selbst nahelegen. Damit aber wird der Erzieher selbst und nicht der Zögling zum bevorzugten »Objekt« der Erziehung. Das Loslassen, der Verzicht, das Geltenlassen sind Forderungen einer zutiefst »negativen« und gerade dadurch gewaltfreien Erziehung. Die möglichst weitgehende Vermeidung von Anweisungen ist eine naheliegende Forderung, denn Imperative entwerten immer reale Initiativen des Kindes und legen es auf ein ideales Bild von sich fest. Auch die verbreiteten Tests, Diagnoseverfahren und Entwicklungsmodelle fixieren den Zögling auf ein Selbstbild, das ihm seine freie Initiative nimmt. Stattdessen fordert Sartre eine pädagogische Selbstbescheidung, die das kindliche Handeln als das nimmt, was es ist, ohne es als Indiz oder Ausdruck für ein »Ich« zu betrachten. So gesehen, werden nur die geduldige Unvoreingenommenheit und das Vertrauen in die kindliche Produktivität der kindlichen »Natur« gerecht. Kinder sind für ihre Umwelt Rätsel, aber nicht, weil sie in ihrer Tiefe und Komplexität unergründlich sind, sondern weil grundsätzlich auch sie bereits in spontanen Zielsetzungen ihre offene Zukunft selbst gestalten.

Trotz ihrer »Negativität« ist Erziehung jedoch keineswegs überflüssig: Sie kann das Kind von den falschen Selbstbildern, die ihm durch die »Blicke« der Anderen aufgenötigt werden, so weit wie möglich freihalten, es in seiner Spontaneität ermutigen und in seinen Initiativen bestärken. Deshalb muss man jedoch kindliche Absichten nicht überschätzen oder verklären. Wir sollten uns als Erzieher allerdings vor Augen halten, dass jedes Verbot nicht nur eine bestimmte Handlung unterbindet, sondern zugleich die grundsätzliche Bereitschaft zu eigener Initiative abwertet und schwächt.

Auch wenn Sartre das Kind bereits als Freiheit anerkennt, ist er für den Unterschied zwischen Kindheit und Reife nicht blind. Kinder »entwerfen« noch sehr nahe liegende und elementare Ziele und erschließen sich dadurch nur sehr enge und undifferenzierte »Welten« des für sie Brauchbaren. So geraten sie öfter als Erwachsene in »Bedrängnis«, weil sie die tatsächlich bestehenden Bedingungen für ihr Handeln noch weitgehend ausblenden. Doch auch als Erwachsene sind wir nie ganz unserer »Welt« gewachsen und sind deshalb (als »Freiheit in Bedrängnis«) grundsätzlich auf solidarische Hilfe angewiesen. Zugleich sind auch schon Kinder, nicht anders als Erwachsene, zunächst fest von der Durchführbarkeit ihrer Projekte überzeugt. Denn auch die kindliche Fantasie »entwirft« Ziele nur in der Weise, dass die für sie bestehenden Umstände scheinbar von sich her zeigen, was sich mit ihnen »anfangen« lässt. So passen auch die kindlichen Absichten notwendig zu ihrer Situation und die Kinder verfolgen sie unbeirrt, bis sie unerwartete Widrigkeiten nicht mehr ignorieren können. Deshalb sind (auch noch so wohlbegründete) Verbote unfruchtbar, weil sie dem kindlichen Augenschein widersprechen und lediglich die verbotenen Zielsetzungen des Kindes entwerten. Nicht Verbote, sondern erst die selbst erlebte Frustration belehrt das Kind, in der es seine eigene Abhängigkeit von Gegebenheiten erfährt, die sich seinen Zielen nicht fügen, sondern ihrerseits Bedingungen seiner Initiative sind, auf die es sich einlassen muss.

Zugleich entspringt erst in solcher Frustration das Verlangen nach Wissen, denn erst hier zeigt die kindliche Welt ihre Unzulänglichkeit. So erscheint es fragwürdig, von einem ungerichteten Wissensdrang auszugehen und Kinder nach curricularen Prinzipien über die Welt zu informieren. Erst das eigene situationsbezogene Scheitern wirft die kindliche Frage nach dem »Warum« auf und zielt von sich her auf ein »know how«, das dem praktischen Interesse dient. So ist effektive Wissensvermittlung von der richtigen Situation abhängig und sollte den Kontakt mit kindlichen Anliegen und Interessen nicht verlieren. Das unverlangte Wissen dagegen konfrontiert das Kind mit einem eigenen Mangel, der gar nicht seiner Welterfahrung entspringt, sondern erst im Vergleich mit der Weltkenntnis des Anderen entsteht. So aber demonstriert der eigene Wissensmangel zugleich die fremde Überlegenheit und begünstigt die Entmutigung eigener Initiative.

Die skizzierte Frustration durch »harte« Fakten wird jedoch nur für den kindlichen Weltbezug fruchtbar, wenn das Kind grundsätzlich die Chance hat, die Welt als Spielraum zu erfahren, der Ziele ermöglicht und nahe legt. Auch dazu wird vom Erzieher ein Verzicht verlangt, gemessen an der Überfülle von heute angebotenen Unterhaltungs- oder Lernwelten, die Kindern jeweils bestimmte Ziele suggerieren. Statt dieses Angebot zu nutzen, muss der Erwachsene bereit sein, Kinder sich selbst (und ihresgleichen) zu überlassen und ihnen den Zugang zur unpräparierten Realität zuzugestehen. Nur so kann sich die kindliche Kreativität an der Frage entzünden, was sich mit den Gegebenheiten anfangen lässt, ohne sie von vornherein von vorgefassten Bedürfnissen her zu bewerten. Diese neugierige Offenheit für die Situation erlebt die Welt nicht als kargen Gegenspieler, der Verzicht verlangt, sondern als Grundlage und Hilfe, um das gerade hier und jetzt Mögliche zu entdecken. Hier liegt offensichtlich der Ausgangspunkt für eine Umwelterziehung, die den Kindern die Welt vorbehaltlos nahebringt und sie ermuntert, sich in ihre Einzelheiten zu vertiefen. Denn grundsätzlich alles, was dem Handelnden begegnet, ist potenzielle Anregung zu seiner Weltgestaltung und gewinnt darin seinen Wert. So wird die Welt jeweils »wahllos« Gegenstand kindlicher »Hingabe«, statt nur selektiv in den Einzelheiten wichtig zu werden, die das jeweilige kindliche »Ich« ansprechen und interessieren.

Der von Sartre (zumindest implizit) erhobene Anspruch, dem Zögling sein eigenes Handeln als produktive Weltgestaltung erfahrbar zu machen, scheint auf besondere Schwierigkeiten zu stoßen, zumindest solange wir das Kinderzimmer als genuin kindliche »Welt« betrachten, in der alles möglich und erlaubt ist, wenn am Ende aufgeräumt wird. Aber vielleicht sollten wir uns vor Augen halten, wie viel an Selbstgewissheit und Lebenssicherheit wir Kindern vorenthalten, wenn wir sie in diese Welt der Folgelosigkeit einschließen oder ihnen den resignierten Rückzug dorthin gestatten. Mit frei übernommenen, echten Aufgaben in das gemeinsame Leben einbezogen, kann schon das Kind durchaus freie Intersubjektivität erleben: Es erfährt sich in seinem »Werk«, dessen Wert sich darin zeigt, dass und wie es von Anderen benötigt und genutzt wird. So ist das Kind in und mit seiner sozialen Umwelt am gemeinsamen Projekt der Realitätsgestaltung beteiligt. Oft versuchen wir, einen künstlichen Ersatz für diese Partizipation zu schaffen, indem wir Kinder »aus pädagogischen Gründen« mit Aufgaben und Pflichten versehen, die die Erwachsenen ohne Not selbst viel rascher und gekonnter erledigen könnten. Diesem gut gemeinten erzieherischen Ansinnen verweigern sich Kinder häufig, vielleicht weil sie sich nicht als Frei-

heit ernst genommen, sondern auf ein Bild ge-
wünschter »sozialer Kompetenz« bezogen fühlen.

Wenn ein Kind seinen Zielen vertraut und sich
dabei auch von den Anderen anerkannt weiß, dann
wird es durch fremde Lebensentwürfe nicht in
Frage gestellt; vielmehr können sich Wert und Gewicht des eigenen »Werks« steigern, wenn es nicht
auch von Anderen geschaffen wird. Sofern der Erzieher zugleich konsequent die Bewertung fremder
(gewaltfreier) Ziele vermeidet, kann das Kind dadurch lernen, dass es ein fremdes Ziel nur aus dem
einzigen Grunde nicht verfolgt, weil es sein eigenes
erreichen will. So kann es Fremdheit nicht primär
als Bedrohung, sondern als willkommene Kompensation eigener Enge erfahren. Dadurch kann
eine Form von Toleranz entstehen, die nicht nur
Fremdheit duldet, sondern vielmehr bejaht und
will. Hier liegt offensichtlich der Ausgangspunkt
für ein soziales Lernen, das Fremdheit als notwendige Ergänzung anerkennt, die mir meine eigene
Produktivität erst ermöglicht. Das gibt allen (gewaltfreien) fremden Zwecken ihren eigenen Wert
und begründet die wahllose »Hingabe« an die Anderen. So kann eine Solidarität entstehen, die nicht
auf gemeinsamen Werten beruht, sondern darauf,
dass jeder die Freiheit des Anderen will, weil er sie
als Bedingung der eigenen erkannt hat.

Im Rückblick zeigt sich, dass Sartre das letzte
Ziel der Erziehung darin sieht, dem Zögling seine
endliche Freiheit offen zu halten und sie zu ermutigen. Zwar ist der Mensch frei, sogar »zur Freiheit
verurteilt«, denn er muss ein Leben lang wählen,
ob er will oder nicht. Aber wir können vor unserer
Freiheit in die »Unaufrichtigkeit« fliehen und uns
durch die Fiktion eines »Ich« Halt und Sicherheit
vortäuschen, die unsere unbestimmte Freiheit uns
nicht bietet. Wir können uns aber auch unserer
endlichen Freiheit stellen und mit Entschiedenheit
sein wollen, was wir faktisch schon sind. Damit
machen wir unsere Freiheit selbst zum ausschließlichen Ziel unseres Lebens und erreichen unsere
»Authentizität«. So gilt das anfangs zitierte Wort
Pindars auch noch für Sartre: Der Mensch kann
und muss erst derjenige »werden«, der er faktisch
schon »ist«, indem er seine unaufgebbare Freiheit
selbst bejaht und will. Deshalb braucht er Erziehung zur »Authentizität«.

Literatur

Böhm, Winfried: *Geschichte der Pädagogik*. München
    2004.
Sartre, Jean P.: »Der Existenzialismus ist ein Humanismus
    und andere philosophische Essays«. In: Ders.: *Gesam-
    melte Werke. Philosophische Schriften I*. Hg. v. Vincent
    Wroblewsky u. a. Reinbek b. Hamburg 1994.
Sartre, Jean P.: »Die Transzendenz des Ego. Philosophi-
    sche Essays 1931- 1939«. In: Ders.: *Gesammelte Werke.
    Philosophische Schriften I*. Hg. v. Vincent Wroblewsky
    u. a. Reinbek b. Hamburg 1994.
Sartre, Jean P.: »Die Kindheit eines Chefs«. In: Ders. *Ge-
    sammelte Werke, Romane und Erzählungen*. Bd. 2. Hg.
    v. Traugott König. Reinbek b. Hamburg 2000.
Sartre, Jean P.: *Entwürfe für eine Moralphilosophie*. Rein-
    bek b. Hamburg 2005.

Martin Bartels

10. Psychoanalyse

1. Von »Erziehung als Prävention neurotischer Störungen« zur »Aufsuchenden Psychoanalyse im interdisziplinären Dialog«

Bekanntlich begleitete das Interesse an der kindlichen Entwicklung und damit auch an Erziehungsfragen die Psychoanalyse von Beginn an. Freud (1933) sah in der Anwendung der Psychoanalyse in Bereich der Erziehung eine der wichtigsten Aktivitäten der Psychoanalyse. In den 1920er Jahren kam es zu vielen optimistischen Versuchen, durch adäquate Erziehung neurotischen Entwicklungen vorzubeugen, ja sie im besten Falle sogar zu verhindern. So engagierten sich u. a. Anna Freud, Bernfeld, Hoffer und Aichhorn gemeinsam für die Anwendung psychoanalytischen Wissens auf die Pädagogik (vgl. Young-Bruehl 1988, Datler 2001; Füchtner 1979; Muck/Trescher 2001; Naumann 2010). Als wichtiges Kommunikationsorgan diente dazu die *Zeitschrift für psychoanalytische Pädagogik*, gegründet von Anna Freud, Heinrich Meng und Paul Federn. Von verschiedenen Initiativen wurde darin berichtet, z. B. vom ersten psychoanalytischen Kindergarten geleitet von Nelly Wolffheim in Berlin und von den zahlreiche individualpsychologischen Erziehungsberatungsstellen, initiiert von Alfred Adler. Im Frankfurter Psychoanalytischen Institut bildeten erziehungswissenschaftliche Fragestellungen einen ersten Forschungsschwerpunkt. »Dass diese Bemühungen bei aller Unterschiedlichkeit ihrer Akteure aus einem emanzipatorischen Impetus heraus entstanden, dem eine Verbindung von Psychoanalyse, Pädagogik und kritische Gesellschaftstheorie zugrunde lag, zeigt besonders deutlich das Buch *Sisyphos oder die Grenzen der Erziehung* (Siegfried Bernfeld 1925/2006). Hier machte Bernfeld klar, dass Erziehung zunächst durch die Wirkmacht der herrschenden gesellschaftlichen Verhältnisse begrenzt wird« (Naumann 2010, 114).

Durch die Vertreibung und Verfolgung der Psychoanalyse in der Zeit des Nationalsozialismus kamen all diese frühen Ansätze einer psychoanalytischen Pädagogik zu einem vorläufigen Stillstand und erlebten in Europa erst durch die 68er Studentenbewegung einen medial beachteten, neuen Aufschwung. Die Psychoanalyse wurde oft in problematischer Weise als Patin der antiautoritären Erziehung benutzt, ein Thema, das in der Kommission »Psychoanalytische Pädagogik« der Deutschen Gesellschaft für Erziehungswissenschaften und im Frankfurter Arbeitskreis für Psychoanalytische Pädagogik (FAPP) kritisch diskutiert und mit der Frage verbunden wurde, wie diese Disziplin institutionell zu verorten sei. Kontroversen dazu leben bis heute immer wieder neu auf: Fritz Redl (1932) stellte z. B. grundsätzlich in Frage, ob Erziehung die Entwicklung von Neurosen verhindern kann. Daher stand für ihn in Zweifel, ob es eine »Psychoanalytische Pädagogik« überhaupt geben kann.

In diesem Rahmen kann die Geschichte der Psychoanalytischen Pädagogik, die sich oft um dieses Spannungsfeld drehte, nicht zusammengefasst werden. So nutzt z. B. Hans Zulliger (1977) psychoanalytische Techniken wie das freie Assoziieren direkt im Schulunterricht und verfolgte dabei das Ziel, unbewusste Dimensionen im störenden Verhalten seiner Schüler zu erkennen und damit zu verändern. Heute wird oft diskutiert, ob die charakteristische psychoanalytische Haltung mit ihrer radikalen Offenheit bei der Erforschung unbewusster Fantasien und Konflikte in der analytischen Situation mit der Haltung eines Erziehers zu verbinden ist, der implizit und explizit seinem Handeln immer bestimmte Ziele zugrunde legt (vgl. dazu u. a. Leuzinger-Bohleber 2009).

Bittner (1989) hingegen plädierte für eine intensive Kooperation zwischen Psychoanalyse und Pädagogik. Trescher (1987) verstand die Psychoanalytische Pädagogik als Teil einer kritisch-hermeneutischen Sozialwissenschaft (vgl. Kreuzer 2007, 42). Fatke (1985) sprach sich in vielen seiner Schriften für einen produktiven Austausch zwischen Psychoanalyse und Pädagogik aus, betonte allerdings, dass die Psychoanalyse, analog zur Soziologie, für die Pädagogik lediglich eine Hilfswissenschaft darstelle. Körner (1983) plädierte für eine strikte Trennung von Psychoanalyse und Pädagogik, während Datler (2001) und Figdor (2006, 2007) weniger die gegenseitige Abgrenzung als ihre Befruchtung z. B. in der frühen Bildung, in der Elternarbeit sowie in der Prävention betonten. Besonders die Forschergruppe um Wilfried Datler in Wien lässt sich zudem von einer psychoanalytisch inspirierten, empirischen Säuglings- und Bindungsforschung anregen, die sie in vielen ihrer Projekte mit pädagogischen Fragestellungen verbindet.

Jonathan Cohen (2007) zeigte in seiner Übersichtsarbeit: *Interdisciplinary Psychoanalysis and the Education of Children. Psychoanalytic and Educational Partnership*, dass die Tradition der Psychoanalytischen Pädagogik in England und den USA – im Gegensatz zum kontinentalen Europa – auch während der Zeit des Nationalsozialismus fortgesetzt wurde. Zusammenfassend unterscheidet er vier verschiedene Modalitäten, in denen Psychoanalytiker und Pädagogen zusammengearbeitet haben, bzw. immer noch zusammenarbeiten(2007, 182 ff.). Er vermittelt dabei eine originelle Sicht auf die Geschichte des Begriffs »Erziehung« in der Psychoanalyse:

2. Psychoanalytisch inspirierte Schulen für normale und/oder problematische Schülerinnen und Schüler

Willie Hofer und Siegfried Bernfeld gründeten schon in den 1920er Jahren das Baumgarten-Institut in Wien, das sich jüdischen Waisen und von ihren Eltern verlassenen Kindern widmete. August Aichhorn führte zur gleichen Zeit die Oberhollabrünn-Schule für delinquente Jugendliche und berichtete in seinem berühmt gewordenen Buch: *Verwahrloste Jugend* (1925) über seine Erfahrungen. Anna Freud unterstützte die Schule von Eva Rosenfeld in Wien in den 1920er Jahren und schloss in ihren Hampstead Nurseries (zusammen mit Dorothy Burlingham) in London 1937 daran an. Dieser psychoanalytisch begründete Kindergarten beeinflusste ganze Generationen von Kinderpsychoanalytikern bis in die 1980er Jahre z. B. durch systematische psychoanalytische Feldbeobachtungen, die z. T. in den kontinuierlichen Konzeptualisierungen »normaler und pathologischer Entwicklungslinien« im sogenannten Hampstead Index eingingen (vgl. Anna Freud 1968).

In den USA engagierten sich viele Psychoanalytikerinnen und Psychoanalytiker in ähnlicher Weise. Anny Katan gründete das erste psychoanalytische Programm der Früherziehung, das später Teil des Hanna Perkins Center wurde (Furmann/

Katan 1969). Sie arbeitete in engem Austausch mit Anna Freud (London), Peter Neubauer (New York) und Albert Solit (New Haven). Sehr bekannt geworden ist Bruno Bettelheims Orthogenic School. »Today, there are a number of vital, analytically informed early childhood schools: the Allen Creek Preschool, Ann Arbor, Michigan; the Hanna Perkins Center, Cleveland, Ohio […], Harris School, Houston/Galveston, Texas […], the Cornerstone Project in San Francisco […]; and Lucy Daniels Center for Early Childhood, Cary, North Carolina […]. In fact, these schools are founding members of the recently formed Alliance of Psychoanalytic Schools […] (Cohen 2007, 184).

Diese Entwicklungen in England und den USA hatten eine breite internationale Ausstrahlung. Um nur ein Beispiel zu erwähnen: Yecheziel Cohen (2007) entwickelte in den 1970er Jahren in Jerusalem das Konzept des *residential treatments*, mit dem er mit erstaunlichem Erfolg schwer verwahrloste Kinder und Kinder mit einer Borderlinediagnose behandelte. Ähnliche Ansätze gab es auch in anderen Ländern, etwa den Niederlanden, der Schweiz und Schweden (vgl. Beiträge im Jahrbuch für Psychoanalytische Pädagogik).

3. Psychoanalytische Supervision und Konsultationen mit Lehrerinnen und Lehrern, Schulen oder weiteren Bildungsinstitutionen

Viele Psychoanalytiker engagieren sich als Supervisoren und Berater von Teams in verschiedenen Bildungsinstitutionen. Historisch entscheidend war dabei das Committee on Psychoanalytic Education (COPE), das, initiiert von Anna Freud, ein »Curriculum to Teach Courses on Psychoanalytic Thinking Applied to Community and Social Problems« vorgelegt hatte (vgl. Wilkinson 2004). In den letzten Jahren engagierten sich Psychoanalytiker und andere Entwicklungsforscher u. a. im National Center for Infant, Children and Families/ Zero to Three sowie im Early Head Start Programm der NIMH (vgl. u. a. Emde 2013). Twemlow und sein Team führten in Jamaica verschiedene Gewaltpräventionsprogramme durch (Twemlow 2010). Cohen und seine Mitarbeiter am Center for Social and Emotional Education (CSEE) haben ein breites, weitweites Netzwerk vor allem zur psychoanalytisch begründeten Elternarbeit aufgebaut (Cohen 2007). Eine ähnlich erfolgreiche Initiative entfaltete Fidgor (2006, 2007) in Wien während Jahrzehnten.

Nach Cohen (2007, 197 ff.) lagen schon 2007 mehr als 300 Studien zur Evaluation psychoanalytischen Projekte inbesonders zur Gewaltprävention in amerikanischen Schulen vor.

4. Entwicklung von psychoanalytisch basierten, replizierbaren Erziehungsprogrammen

In den letzten Jahren engagierten sich verschiedene psychoanalytische Forschergruppen in den USA, Europa und Asien in der Entwicklung von psychoanalytisch basierten, replizierbaren Erziehungsprogrammen vor allem zur Arbeit mit Kindern in Bildungsinstitutionen oder mit ihren Eltern. »Perhaps the largest and most validated programmatic effort ist he Life Space Crisis Intervention (LSCI) model for working with children in crisis [...]« (Cohen 2007, 192). Ein anderes bekannt gewordenes Project ist das School Based Mourning Project, das Kindern nach Verlusten und Traumatisierungen zu unterstützen versuchte (Sklarew u. a. 2002). Seit 1969 arbeitete Henri Parens mit Randgruppen in Philadelphia und entwickelte das viel beachtete Programm *Educating Children for Parenting* (ECP). In einem kürzlichen Vortrag berichtete er von positiven Ergebnissen dieses Programms in einer systematischen Nachuntersuchung nach 30 Jahren (Parens 2013). Twemlow, Sacco und Fonagy evaluierten in verschiedenen Studien ein Gewaltpräventionsprogramm in Schulen, in denen u. a. Mitläufer und Zuschauer von Gewalttaten eine besondere Beachtung finden (Twemlow 2010). Weitere Programme versuchen das Schulklima positiv zu beeinflussen und stützen sich dabei auf psychoanalytische Konzepte (vgl. auch Cohen 2007, 195 ff.).

Im deutschen Sprachraum wurden in den letzten Jahren analoge psychoanalytisch inspirierte Programme entwickelt, die zudem Ergebnisse der empirischen Säuglings-, Bindungs- und Mentalisierungsforschung aufnehmen, blühende Forschungsfelder, die seit den 1970er Jahren aus der Psychoanalyse hervorgegangen sind. Bekannt geworden sind u. a. FAUSTLOS, STEEP, Circle of Se-

curity (Ramsauer 2010), »Das Baby verstehen [...]« und »Keiner fällt durchs Netz« (beide in Cierpka u. a. 2011, 1090 ff.). Am Sigmund-Freud-Institut in Frankfurt werden seit 2001 ebenfalls eine Reihe psychoanalytischer Präventionsangebote entwickelt und wissenschaftlich untersucht (vgl. 5.).

5. Psychoanalytische Beiträge in der Aus- und Weiterbildung von Pädagogen

Nach Cohen (2007, 197) haben sich viele Psychoanalytikerinnen und Psychoanalytiker in der Aus- und Weiterbildung von Erzieherinnen und Erziehern engagiert. Er erwähnt vor allem die Kurse an der Hampstead Clinic und das Bank Street College of Education, sowie das bereits erwähnte National Center for Infants, Children and Families/Zero to Three. Doch auch für Lehrerinnen und Lehrer von Grundschülern und Adoleszenten liegen entsprechende Angebote vor, u. a. the National Council for Accreditation of Teacher Education 2007 (vgl. Cohen 2007, 197 ff.).

In Europa waren vor allem nach 1968 viele Psychoanalytikerinnen und Psychoanalytiker in der Ausbildung von Lehrern, Erziehern und Sozialarbeiter aktiv, denken wir nur an einflussreiche Persönlichkeiten wie A. Leber oder H. Reiser in Frankfurt oder die vielfältigen Aktivitäten des FAPP (vgl. Eggert-Schmid/Noerr 2009; Finger-Trescher 2009, Naumann 2010; Gerspach i. Dr.). In Kassel gehört die Psychoanalyse bis heute zu einem Alleinstellungsmerkmal der Kasseler Lehrerbildung, u. a. mit dem Studienprogramm »Konfliktberatung für Pädagogen« (vgl. Leuzinger-Bohleber 2012).

6. Aufsuchende Psychoanalyse in der Frühprävention

In diesem letzten Abschnitt berichten wir kurz von unseren eigenen Versuchen, in unseren Frühpräventionsprogrammen Psychoanalyse und Erziehung im interdisziplinären Dialog »auf gleicher Augenhöhe« zu verbinden (vgl. Leuzinger-Bohleber u. a. 2011). Sowohl in der Frankfurter Präventionsstudie, in STARTHILFE, dem EVA Projekt, dem MAKREKI Projekt und nun auch in ERSTE SCHRITTE (vgl. www.sigmund-freud-institut.de)

verbinden wir die eben skizzierten Möglichkeiten von psychoanalytischen Supervisionen (2.), psychoanalytischen Therapien als Teil eines psychoanalytischen Präventionsprogramms in den Einrichtungen selbst (3.) mit Elternarbeit und Fortbildungen für die Erzieherinnen (4.). Im Gegensatz zu den oben skizzierten Ansätzen der psychoanalytischen Pädagogik, verfolgen wir damit eine Art »aufsuchende Psychoanalyse«, eine Psychoanalyse, die ins Feld geht, um unbewusste Prozesse bei einzelnen Kindern, in der Gruppe und im Team – gemeinsam mit den Erzieherinnen – möglichst differenziert zu verstehen. Ein differenziertes Verstehen komplexer, meist unbewusster Prozesse beim einzelnen Kind, die sich in seinem idiosynkratischen Verhalten den Erzieherinnen und anderen Kindern gegenüber manifestieren und bei den Erzieherinnen viele verschiedene Affekte, Gegenübertragungsreaktionen, Projektionen und projektive Identifizierungen sowie Fragmentierungen und Ausstoßungswünsche mobilisieren, scheint uns Voraussetzung für ein adäquates professionelles, »containendes« Handeln in dem schwierigen Feld von Früherziehung in Stadtteilen mit besonderer sozialer Problemlage, in denen wir unsere Projekte anbieten. Bezugnehmend auf die psychoanalytische Resilienzforschung, hoffen wir durch eine solche »aufsuchende Psychoanalyse« die Erzieherinnen dazu zu befähigen, trotz der tagtäglichen Überlastung und der oft frustrierenden institutionellen Strukturen den vielen traumatisierten Kindern in ihren Einrichtungen alternative, tragende Objektbeziehungen anbieten zu können, die für die zukünftige Entwicklung dieser Kinder im besten Fall entscheidend sein können. So steht das vertiefte Verstehen einzelner Kinder im Zentrum der vierzehntäglichen Supervision in diesen Institutionen und schult, wie wir hoffen, einen psychoanalytischen Blick auf einzelne Kinder und ihre spezifische (Trauma-) Geschichte.

Eine zweite Dimension der »aufsuchenden Psychoanalyse« entsteht durch die Anwesenheit einer erfahrenen Kindertherapeutin in den Einrichtungen an einem Tag pro Woche. Sie stellt ihre professionelle Wahrnehmung und Reflexionsmöglichkeit sowie das breite psychoanalytische Erfahrungswissen zur Frühentwicklung und ihren Störungen, Traumatisierungen, Migration etc. dem Team und den Eltern im Einzelgespräch zur Verfügung. In Einzelfällen werden auch Kindertherapien (mit den dazu gehörigen Elterngesprächen) in den Einrichtungen selbst durchgeführt, da diese Familien meist den Weg in die psychoanalytische Praxis nicht finden. Im Gegensatz zu manchen Ansätzen der psychoanalytischen Pädagogik wird hier nicht ein psychoanalytisch basiertes Erziehungskonzept vermittelt, sondern ein professioneller, interdisziplinärer Dialog geführt: Die Erzieherinnen erfüllen ihren Erziehungsauftrag (inkl. seiner sozialarbeiterischen Anteile, Kontakt mit dem Jugendamt etc.) – und die kinderanalytischen SupervisorInnen und TherapeutInnen führen die psychoanalytischen Supervisionen bzw. Therapien durch. Die Kompetenzen werden nicht miteinander vermischt, sondern im gegenseitigen Austausch genutzt, um die psychische und psychosoziale Situation der einzelnen Kinder zu verstehen und anschließend gemeinsam zu beraten, wie das jeweilige Kind und seine Familie am ehesten unterstützt werden kann. Die Erzieherinnen bleiben Erzieherinnen, die SupervisorInnen SupervisorInnen, die TherapeutInnen TherapeutInnen. Die professionellen Identitäten werden respektiert: Der professionelle, interdisziplinäre Austausch erfolgt auf gleicher Augenhöhe.

Literatur

Aichhorn, August: *Verwahrloste Jugend* [1925]. Bern [5]1925.

Bernfeld, Siegfried: *Sisyphos oder die Grenzen der Erziehung* [1925]. Frankfurt a. M. 2006.

Bittner, Günther: »Pädagogik und Psychoanalyse«. In: Röhrs, Hermann u. a. (Hg): *Richtungsstreit in der Erziehungswissenschaft und pädagogische Verständigung*. Frankfurt a. M. 1989, 215–288.

Cierpka, Manfred u. a.: »Der Übergang zur Elternschaft«. In: Keller, Heidi (Hg): *Handbuch der Kleinkindforschung*. Bern 2011, 1090–1112.

Cohen, Jonathan: »Interdisciplinary psychoanalysis and the education of children. Psychoanalytic and educational partnership«. In: *The Psychoanalytic Study of the Child* 62 (2007), 180–207.

Datler, Wilfried: »Zur Frage nach dem Bildungsbegriff (in) der Psychoanalytischen Pädagogik«. In: Muck/Trescher 2001, 100–130.

Emde, Robert: »Early prevention«. In: Ders./Leuzinger-Bohleber, Marianne (Hg.): *Early Parenting and the Prevention of Disorders*. London 2013 (i.Dr.).

Eggers-Schmid Noerr, Annelinde:« Psychoanalytische Pädagogik und Bildung«. In: Haubl, Rolf u.a (Hg): *Riskante Kindheit: Psychoanalyse und Bildungsprozesse*. Göttingen 2009, 181–196.

Fatke, Reinhard: »Krümel vom Tisch der Reichen? Über das Verhätnis von Pädagogik und Psychoanalyse aus pädagogischer Sicht«. In: Bittner, Günther u. a. (Hg): *Pädagogik und Psychoanalyse*. Würzbürg 1985, 47–60.

Fidgor, Helmuth: *Praxis der Psychoanalytischen Pädagogik*, Bd. I und II. Giessen 2006/07.

Finger-Trescher, Urte: »Grundlagen der Arbeit mit Gruppen – Methodische Arbeiten im Netzwerk der Gruppen«. In: Muck, Mario//Trescher, Hans G.: *Grundlagen der psychoanalytischen Pädagogik*. Gießen 2001, 205–237.

Freud, Sigmund: *Neue Folge der Vorlesungen zur Einführung in die Psychoanalyse*, G.W., Bd. 15. 1933.

Freud, Anna: *Wege und Irrwege der Kinderentwicklung*. Bern 1968.

Füchtner, Hans: *Einführung in die Psychoanalytische Pädagogik*. Frankfurt a. M. 1979.

Furmann, Robert A./Katan, Anny: *The Therapeutic Nursery Schools*. New York 1969.

Gerspach, Manfred: *Psychoanalyse an der University* (i. Dr.)

Körner, Jürgen: »Psychoanalytische Pädagogik«. In: Mertens, Wolfgang (Hg): *Psychoanalyse*. München 1983, 5–11.

Kreuzer, Tillmann: *Psychoanalytische Pädagogik und ihre Bedeutung für die Schule*. Würzburg 2007.

Leuzinger-Bohleber, Marianne: *Frühe Kindheit als Schicksal? Trauma, Embodiment, Soziale Desintegration. Psychoanalytische Perspektiven. Mit kinderanalytischen Fallberichten von Angelika Wolff und Rose Ahlheim*. Stuttgart 2009

Leuzinger-Bohleber, Marianne/Haubl, Rolf (Hg.): *Psychoanalyse: interdisziplinär – international – intergenerationell. Zum 50-jährigen Bestehen des Sigmund-Freud-Instituts*. Göttingen 2011.

Leuzinger-Bohleber, Marianne: »Forschende Grundhaltung als abgewehrter »common ground« von psychoanalytischen Praktikern und Forschern?« In: *Psyche – Zeitschrift für Psychoanalyse und ihre Anwendungen* 61 (2007), 966–994.

Leuzinger-Bohleber, Marianne u. a. »Frühprävention psychosozialer Störungen bei Kindern mit belasteten Kindheiten«. In: *Psyche – Zeitschrift für Psychoanalyse und ihre Anwendungen* 65 (2011), 989–1022.

Leuzinger-Bohleber, Marianne: *Psychoanalyse an der Universität. Persönliche Reflexionen ihrer Geschichte von 1971–2011 an der Gesamthochschule/Universität Kassel und am Sigmund-Freud-Institut*. Frankfurt a. M. 2012.

Muck, Mario/Trescher, Hans G.: *Grundlagen der psychoanalytischen Pädagogik*. Gießen 2001.

Naumann, Thilo M.: *Beziehung und Bildung in der kindlichen Entwicklung. Psychoanalytische Pädagogik als kritische Elementarpädagogik*. Gießen 2010.

Parens, Henri: »Early parenting«. In: Emde, Robert/Leuzinger-Bohleber, Marianne (Hg.): *Early Parenting and the Prevention of Disorders*. London 2013 (i.Dr.)

Redl, Fritz: »Erziehungsberatung, Erziehungshilfe, Erziehunsbehanlung«. In: *Zeitschrift für Psychoanalytische Pädagogik* 6 (1932), 523–543.

Reiser, Helmut u. a. (Hg): *Wer braucht Erziehung? Impulse der Psychoanalytischen Pädagogik*. Mainz 1988.

Sklarew, Bruce u. a.: »The school-based mourning project: A preventive intervention in the cycle of inner-city violence«. In: *Journal of Applied Psychoanalytical Studies* 4.3 (2002), 317–330.

Trescher, Hans G.: *Theorie und Praxis der Psychoanalytischen Pädagogik*. Frankfurt a. M. 1985.

Twemlow, Stuart: »Psychoanalytische und theologische Zugänge«. In: Leuzinger-Bohleber, M./Klumbies, P.-G. (Hg.): *Religion und Fanatismus. Psychoanalytische und theologische Zugänge. Schriften des Sigmund-Freud-Instituts. Reihe 2: Psychoanalyse im interdisziplinären Dialog*, Bd. 11. Göttingen 2010

Young-Bruehl, Elisabeth: *Anna Freud: A Biography*. New York 1988.

Wilkinson, Sallye M.: *COPE: Curriculum für applied psychoanalysis in the community*. Unpublished manuscript. 2004.

Zulliger, Hans: *Aus der Werkstatt eines Lehrers*. München 1977.

Marianne Leuzinger-Bohleber

11. Psychologie

1. Aufgaben für eine Psychologie der Erziehung

Die wissenschaftliche Bearbeitung von nachhaltige Veränderungen intendierenden Einflussnahmen von Erziehenden auf Zu-Erziehende teilt sich die Psychologie mit anderen Disziplinen, besonders mit Erziehungswissenschaft und Soziologie. Innerhalb der Psychologie finden sich erziehungsrelevante Themen vor allem in der Entwicklungspsychologie, weil Erziehungsprozesse als Bedingung und Konsequenz ontogenetischer Entwicklung zu verstehen sind (vgl. Fuhrer 2009). Darüber hinaus zählt die wissenschaftliche Beschäftigung mit psychischen Aspekten von Erziehung, d. h. mit Bedingungen und Folgen erzieherischen Handelns, zum Kernbestand der Pädagogischen Psychologie und der Familienpsychologie (vgl. Schneewind 2010). Allerdings ist eine Abgrenzung der Erziehungspsychologie von der Pädagogischen Psychologie kontrovers geblieben. Während einige Autoren beide Begriffe synonym verwenden oder gar einer Erziehungspsychologie die weitere Bedeutung zusprechen (Tausch/Tausch 1998), hat sich ein Konsens herausgebildet, worin die Erziehungspsychologie als Teilaspekt der Pädagogischen Psychologie begriffen wird (Krapp/Prenzel u. a. 2001). Der Umstand, dass Erziehungsprozesse vielfältige Kontexte menschlichen Zusammenlebens durchdringen, mag mit dazu geführt haben, dass sich eine eigenständige Teildisziplin kaum herausgebildet hat; zu sehr stellt der Bereich »Erziehung« – auch innerhalb der Psychologie – ein disziplinäres Querschnittsthema dar. In diesem Beitrag soll nun versucht werden, ausgewählte Forschungsthemen einer psychologischen Erziehungsforschung darzulegen. Ausgeklammert werden theoretische und normative Probleme (vgl. Schneewind 1994) sowie Fragen nach den Folgen erzieherischen Handelns von Eltern (vgl. Fuhrer 2007; 2009 und Uslucan in diesem Band). Ebenso wenig behandelt werden außerfamiliäre Vorschulerziehung und –betreuung (vgl. Belsky 2001) sowie Optimierung und Prävention im erzieherischen Bereich (vgl. Beelmann in diesem Band).

2. Ausgewählte Untersuchungsbereiche psychologischer Aspekte von Erziehung

Um erziehungspsychologische Forschungsthemen und Analyseperspektiven voneinander abzugrenzen, orientiere ich mich an dem bekannten systemischen Prozessmodell von Eltern-Kind-Beziehungen von Jay Belsky (1984), das in abgewandelter Form in einschlägige Standardwerke Eingang gefunden hat (vgl. Fuhrer 2009; Schneewind 2010).

Intergenerationale Transmission von Erziehungserfahrungen: Unter einer mehrgenerationalen Perspektive interessiert die Transmission von Beziehungs- und Erziehungserfahrungen aus der Herkunftsfamilie sowohl auf die Persönlichkeitsentwicklung der Eltern als auch auf die Gestaltung der elterlichen Erziehung mit den eigenen Kindern. Studien belegen, dass negative Beziehungserfahrungen mit den eigenen Eltern die Erziehungskompetenz bei der nachwachsenden Generation schwächen; umgekehrt tragen positive Erziehungserfahrungen mit der Ursprungsfamilie zum kompetenten Umgang mit eigenen Kindern bei (z. B. Cummings/Davies 2002). In dem Sinne belegen Schneewind und Ruppert (1995), dass elterliches Erziehungsverhalten sich von einer Generation auf die nächste überträgt, auch wenn sich epochale Unterschiede zwischen den Generationen zeigen; so treten generationale Veränderungen z. B. in Erziehungszielen, -einstellungen und -praktiken zutage (Schneewind 2010). Schließlich finden sich zahlreiche Studien, die eine Weitergabe der durch die Eltern erfahrenen Gewalt in die Erziehung der eigenen Kinder belegen (vgl. Egeland/Bosquet u. a. 2002).

Persönlichkeitsmerkmale der Eltern: Studien zeigen, dass Depressivität aufseiten der Mütter Störungen des Sozialverhaltens bei sechsjährigen Kindern voraussagen (Campbell 1997). Des Weiteren ist belegt, dass bei psychisch erkrankten Eltern Feinfühligkeit und kommunikative Ausdrucksfähigkeit im erzieherischen Umgang mit den Kindern begrenzt sind, was die kognitive und sozialemotionale Entwicklung der Kinder beeinträchtigt (vgl. Bauer u. a. 2010). Zudem wirken sich eheliche Spannungen, zusammen mit kritischen Lebensereignissen und psychischer Belastung der Mutter, negativ sowohl auf die Responsivität und Aufmerksamkeit der Mutter als auch längerfristig auf das kindliche Problemverhalten aus (z. B. Campbell 1997). Hierbei sind die Folgen für das Kind umso gravierender, je länger familiäre Belastungen anhalten (Blanz, Schmidt/Esser 1991). Demgegenüber zeichnen sich Eltern, die selbstbewusst, einfühlsam und warmherzig sind, über ein differenziertes Erziehungswissen aus und erklären sich Entwicklungsfortschritte ihrer Kinder durch eigenes erzieherisches Engagement (z. B. Okagaki/Johnson-Divecha 1993). Mittels reziproker Beziehungen beeinflussen nicht nur Eltern erzieherisch ihre Kinder, sondern diese wirken auch auf das Erziehungsverhalten ihrer Eltern ein (vgl. Patterson/Fisher 2002).

Elterliche Paarbeziehung und Eltern-Kind-Beziehung: Relativ häufig wurde die Frage nach dem Zusammenhang zwischen der Qualität der elterlichen Paarbeziehung, der Eltern-Kind-Beziehung und der Erziehung der Kinder gestellt (vgl. Cummings/Davies 2002). Ausgehend von der Annahme, dass in einem Familiensystem Beziehungen andere Beziehungen beeinflussen (Schneewind 2010), lässt sich – im Sinne der »spill-over-Hypothese« – ein positiver Zusammenhang zwischen der Qualität der Ehebeziehung und der Eltern-Kind-Beziehung belegen (vgl. Krishnakumar/Buehler 2000). Das bedeutet: Mit hoher Partnerschaftsqualität stehen Wärme und Nähe sowie positive Haltungen zwischen Eltern und Kindern im Zusammenhang. Demgegenüber geht eine niedrige Ehequalität mit Feindseligkeit, Zurückweisung und Aggression einher und chronische Konflikte zwischen den Eltern wirken sich negativ auf das Verhalten der Kinder aus. Dabei ist die elterliche Konfliktintensität mit negativem Erziehungsverhalten (z. B. mit Strenge, geringer Akzeptanz) verbunden. Wiederum müssen reziprok wirkende Prozesse angenommen werden (vgl. Patterson/Fisher 2002): Wenn ein Kind durch sein Verhalten einen Konflikt zwischen den Eltern auslöst, was die Erziehungsprobleme der Eltern verschärfen dürfte, kann das zu weiteren Verhaltensproblemen des Kindes führen. Darüber hinaus beeinträchtigen eine belastete Paarbeziehung und eine mangelnde Übereinstimmung der Koordination der Kindererziehung, das als Coparenting bezeichnet wird (Feinberg 2003), die elterliche Erziehung. Dagegen tragen die

Zufriedenheit mit der Paarbeziehung und eine wechselseitige Abstimmung der Erziehungsbemühungen zur positiven Gestaltung der Eltern-Kind-Beziehung und einer entwicklungsförderlichen Erziehung bei. Dabei widmet sich die Coparenting-Forschung sowohl dem Zusammenhang von ehelicher Beziehungsqualität und praktizierter elterlicher Erziehung als auch der Bedeutung des Coparenting für die Entwicklung von Kindern und Jugendlichen (vgl. Teubert/Pinquart 2009, u. a.) auch im Hinblick auf unterschiedliche Erziehungsmuster (d. h. interparentale Inkonsistenz) zwischen Müttern und Vätern und deren Folgen für kindliche Verhaltensprobleme (z. B. Jaursch u. a. 2009). Häufig untersucht und gut repliziert sind Befunde, wonach intraparentale Inkonsistenz in der elterlichen Erziehung ein Risiko für Verhaltensprobleme, speziell für externalisierende Probleme im Kindes- und Jugendalter darstellt (z. B. Hawkins u. a. 1998).

Merkmale der Kinder: Ein schwieriges Temperament erschwert Eltern ihre Erziehungsaufgaben, während »pflegeleichte« Kinder den Erziehungsalltag erleichtern. Dabei zeigt die Kindertemperamentsforschung die Komplexität der Wirkmechanismen, wonach sich die Wirkung des kindlichen Temperaments nur in der Interaktion mit seiner Umwelt entfaltet (vgl. Zentner 2000). Demnach besteht dann ein erhöhtes Risiko für negative Eltern-Kind-Interaktionen und eine fehlangepasste Entwicklung des Kindes, z. B. in Form von Verhaltensstörungen, wenn Wünsche und Wertungen der Eltern vor der Geburt ihres Kindes mit den tatsächlichen kindlichen Temperamentseigenschaften nicht übereinstimmen.

Ein relativer Mangel an Studien besteht in der Untersuchung von Wechselwirkungen zwischen eher distalen Faktoren und elterlichem Erziehungsverhalten:

Arbeitsplatzerfahrungen: Belastende Arbeitsbedingungen reduzieren die Fähigkeit von Eltern, sich mit ungeteilter Aufmerksamkeit auf die Bedürfnisse ihrer Kinder einstellen zu können. Umgekehrt sind Eltern für ihre Kinder leichter erreichbar, wenn sie frei von belastenden Erfahrungen am Arbeitsplatz sind (Crouter/McHale 1993).

Soziales Netzwerk: Eltern, die in ihrem sozialen Umfeld wenig auf formelle und informelle Unterstützungsmöglichkeiten, etwa durch Nachbarn oder Bekannte, zurückgreifen können oder in Wohnvierteln mit geringer Kinderfreundlichkeit leben, neigen dazu, im Kontakt mit ihren Kindern weniger sensibel und geduldig sowie weniger überzeugt von ihren Einwirkungsmöglichkeiten auf die Entwicklung ihrer Kinder zu sein. Demgegenüber findet sich bei Eltern, die über ein engmaschiges Netzwerk sozialer Unterstützung verfügen, häufiger ein gelassener und sicherer erzieherischer Umgang mit den Kindern (Crockenberg/McCluskey 1986).

Ökonomische Lage: Armut, Einkommensverluste und Erwerbslosigkeit – bisweilen auch materieller Überfluss – wirken sich negativ auf ein unterstützendes, einfühlsames und entwicklungsförderliches Erziehungsverhalten aus. Demgegenüber stellt eine gesicherte ökonomische Situation, in der Kinder die Erfahrung machen können, dass ihre Familie behutsam mit den vorhandenen Ressourcen umgeht, die Basis für eine positive Eltern-Kind-Beziehung und Erziehung dar (vgl. Walper u. a. 2001).

Alle diese Einflüsse auf die Eltern-Kind-Beziehung und auf die elterliche Erziehung sind nicht als unabhängige Determinanten zu verstehen. Vielmehr wirken sie in komplexer, interaktiver Weise zusammen und führen zur kumulativen Beeinträchtigung oder im günstigen Fall zur wechselseitigen Kompensation elterlicher Erziehung (vgl. Patterson/Fisher 2002).

3. Empirische Erfassung elterlichen Erziehungsverhaltens

Typische Untersuchungsdesigns sind als multivariate Querschnitts-, zunehmend auch als Längsschnittstudien konzipiert. Dabei sind zur Datengewinnung *Beobachtungsmethoden*, wie sie in standardisierten Situationen eingesetzt werden, im Familienkontext nur schwer realisierbar (z. B. Bertram u. a. 2009). Eine Alternative stellen *halbstrukturierte Elterninterviews* zur Eltern-Kind-Interaktion dar (z. B. Döpfner/Schürmann u. a. 2002); allerdings ist hier eine standardisierte Datenauswertung nur bedingt möglich. Meist werden, in Ergänzung zu Beobachtungs- und Interviewverfahren, *Befragungsmethoden* gewählt, wobei Fragebögen und Rating-Skalen am häufigsten eingesetzt werden. Orientiert man sich an den drei Dimensionen elterlichen Erziehungsverhaltens (z. B. Barber/Stolz u. a. 2005) werden häufig Wärme mit der *Ac-*

ceptance-Involvement Scale (z. B. Fletcher/Steinberg u. a. 2004), Verhaltenskontrolle mit Items aus dem *Children's Report of Parental Behavior Inventory* (modifiziert durch Galambos/Barker/Almeida 2003) und psychologische Kontrolle mit Items aus dem *Psychological Control Scale-Youth Self-Report* von Barber (1996) gemessen. Petermann und Petermann (2006) erkennen in der *Parenting Scale (PS)* von Arnold u. a. (1993) ein in der deutschsprachigen Forschung häufig eingesetztes und hinsichtlich seiner Testgütekriterien geprüftes Verfahren (z. B. Naumann u. a. 2010). Zur Gruppe der schriftlichen Befragungsmethoden zählen schließlich standardisierte Tests wie das *Erziehungsstil-Inventar (ESI)* von Krohne und Pulsack (1995) oder der *Fragebogen zum erinnerten elterlichen Erziehungsverhalten (FEE)* von Schumacher, Eisenmann und Brähler (2000).

4. Zukünftiger Forschungsbedarf

Forschungsbedarf besteht in methodisch hochwertigen Längsschnittstudien an größeren Stichproben (z. B. Galambos/Barker/Almeida 2003), in einer ganzheitlichen Testung komplexer multivariater Modelle (z. B. van Bakel/Riksen-Walraven 2002) sowie in der empirischen Prüfung von Mediations- und Moderationsmodellen (z. B. Darling/Steinberg 1993; Dodge 2002). Inhaltlich bietet sich eine engere Verzahnung der psychologischen Bindungs- mit der Erziehungsforschung an, die sich beide mit der Qualität der Eltern-Kind-Beziehung beschäftigen (vgl. Cummings/Cummings 2002). Ähnlich der Bindungsforschung richtete sich auch in der psychologischen Erziehungsforschung das Interesse lange Zeit einseitig auf die mütterliche Erziehung oder mütterliche und väterliche Erziehung wurden zum elterlichen Erziehungsstil aggregiert. Noch sind Studien relativ selten, die nach Unterschieden und Gemeinsamkeiten zwischen mütterlicher und väterlicher Erziehung und ihren differenziellen Wirkungen auf Jungen und Mädchen unterschiedlichen Alters fragen (vgl. Dodge 2002).

Literatur

Arnold, David S./O'Leary, Susan G./Wolff, Lisa S./Acker, Maureen M.: »The parenting scale: A measure of dysfunctional parenting in discipline situations«. In: *Psychological Assessment* 5.2 (1993), 137–144.

Barber, Brian K./Stolz, Heidi E./Olsen, Joseph A.: »Parental support, psychological control, and behavioral control: Assessing relevance across time, culture, and method«. In: *Monographs of the Society for Research in Child Development* 282, 70.4 (2005).

Bauer, Ullrich/Heitmann, Dieter/Reinisch, Anke/Schmuhl, Miriam: »Welche Belastungen erfahren Kinder psychisch kranker Eltern?« In: *Zeitschrift für Soziologie der Erziehung und Sozialisation* 30 (2010), 265–279.

Belsky, Jay: »The determinants of parenting: A process model«. In: *Child Development* 55 (1984), 83–96.

Belsky, Jay: »Developmental risks (still) associated with early child care«. In: *Journal of Child Psychology and Psychiatry* 42 (2001), 845–859.

Bertram, Heike/Naumann, Sebastian/Harstick-Koll, Sylvia/Kuschel, Annett/Heinrichs, Nina/Hahlweg, Kurt/Brix, Gabriele/Döpfner, Manfred: »Das Familien-Interaktions-Beobachtungssystem (FIBS)«. In: *Klinische Diagnostik und Evaluation* 2 (2009), 54–72.

Blanz, Bernd/Schmidt, Martin H./Esser, Günter: »Familial adversity and child psychiatric disorders«. In: *Journal of Child Psychology and Psychiatry* 32 (1991), 939–950.

Campbell, Susan B.: »Behavior problems in preschool children. Developmental and family issues«. In: Ollendick, Thomas H./Prinz, Ronald J. (Hg.): *Advances in Clinical Child Psychology* 18. New York 1997, 1–26.

Crockenberg, Susan/McCluskey, Karen: »Change in maternal behavior during the baby's first year of life«. In: *Child Development* 57 (1986), 746–753.

Crouter, Ann C./McHale, Susan M.: »The long arm of the job: Influences of parental work on childrearing«. In: Luster, Tom/Okagaki, Lynn (Hg.): *Parenting: An Ecological Perspective*. Hillsdale, NJ 1993, 179–202.

Cummings, E. Mark/Cummings, Jennifer S.: »Parenting and attachment«. In: Bornstein, Marc H. (Hg.): *Handbook of Parenting. Vol. 5: Practical Issues in Parenting*. Mahwah, NJ 2002, 35–58.

Cummings, E.Mark/Davies, Patrick T.: »Effects of marital conflict on children: Recent advances and emerging themes in process-oriented research«. In: *Journal of Child Psychology and Psychiatry and Allied Disciplines* 43 (2002), 31–63.

Darling, Nancy/Steinberg, Laurence: »Parenting style as context: An integrative model«. In: *Psychological Bulletin* 113 (1993), 487–496.

Dodge, Kenneth A.: »Mediation, moderation, and mechanisms in how parenting affects children's aggressive behaviour«. In: Borkowski, John G./Ramey, Sharon L./Bristol-Powers, Marie (Hg.): *Parenting and the Child's World: Influences on academic, intellectual, and socio-emotional development*. Mawhaw, NJ 2002, 215–230.

Döpfner, Manfred/Schürmann, Stephanie/Fröhlich, Jan: *»Therapieprogramm für Kinder mit hyperkinetischem und ppositionellem Problemverhalten THOP.* Weinheim 2002.

Egeland, Byron/Bosquet, Michelle/Chung, Alissa L.: »Continuities and discontinuities in the intergenerational transmission of child maltreatment: Implications for breaking the cycle of abuse«. In: Browne, Kevin D./Hanks, Helga/Stratton, Peter/Hamilton, Catherine (Hg.): *Early Prediction and Prevention of Child Abuse: A Handbook*. New York 2002, 217–232.

Feinberg, Mark E.: »The internal structure and ecological context of coparenting: A framework for research and intervention«. In: *Parenting: Science and Practice* 3 (2003), 95–132.

Fletcher, Anne C./Steinberg, Laurence/Williams-Wheeler, Meeshay: »Parental influences on adolescent problem behavior: Revisiting Stattin and Kerr«. In: *Child Development* 75 (2004), 781–796.

Fuhrer, Urs: *Erziehungskompetenz: Was Eltern und Familien stark macht*. Bern 2007.

Fuhrer, Urs: *Lehrbuch Erziehungspsychologie*. Bern ²2009.

Galambos, Nancy L./Barker, Erin T./Almeida, David M.: »Parents do matter: Trajectories of change in externalizing and internalizing problems in early adolescence«. In: *Child Development* 74.5 (2003), 578–594.

Hawkins, J. David/Herrenkohl, Todd/Farrington, David P./Brewer, Devon/Catalano, Richard F./Harachi, Tracy W.: »A review of predictors of youth violence«. In: Loeber, Rolf/Farrington, David P. (Hg.): *Serious and Violent Juvenile Offenders*. Thousand Oaks, CA (1998), 106–146.

Jaursch, Stefanie/Lösel, Friedrich/Beelmann, Andreas/Stemmler, Mark: »Inkonsistenz im Erziehungsverhalten zwischen Müttern und Vätern und Verhaltensproblemen des Kindes«. In: *Psychologie in Erziehung und Unterricht* 56 (2009),172–186.

Krapp, Andreas/Prenzel, Manfred/Weidenmann, Bernd: »Geschichte, Gegenstandsbereich und Aufgaben der Pädagogischen Psychologie«. In: Krapp, Andreas/Weidenmann, Bernd (Hg.): *Pädagogische Psychologie*. Weinheim 2001, 1–29.

Krishnakumar, Ambika/Buehler, Cheril: »Interparental conflict and parenting behavior. A meta-analytic review«. In: *Family Relations* 49 (2000), 25–44.

Krohne, Heinz W./Pulsack, Andreas: *Das Erziehungsstil-Inventar*. Göttingen 21995.

Naumann, Sebastian/Bertram, Heike/Kuschel, Annett/Heinrichs, Nina/Hahlweg, Kurt/Döpfner, Manfred: »Der Erziehungsfragebogen (EFB). Ein Fragebogen zur Erfassung elterlicher Verhaltenstendenzen in schwierigen Erziehungssituationen«. In: *Diagnostica* 56 (2010), 144–157.

Okagaki, Lynn/Johnson-Divecha, Diana: »Development of parental beliefs«. In: Luster, Tom/Okagaki, Lynn (Hg.): *Parenting: An Ecological Perspective*. Hillsdale, NJ 1993, 35–67.

Patterson, Gerald R./Fisher, Philip A.: »Recent developments in our understanding of parenting: Bidirectional effects, causal models, and the research of parsimony«. In: Bornstein, Marc H. (Hg.): *Handbook of Parenting. Vol. 5*. Mahwah, NJ 2002, 59–88.

Petermann, Ulrike/Petermann, Franz: »Erziehungskompetenz«. In: *Kindheit und Entwicklung* 15 (2006), 1–8.

Schneewind, Klaus A.: »Theorien der Erziehungs- und Sozialisationspsychologie«. In: Schneewind, Klaus A. (Hg.): *Enzyklopädie der Psychologie, Serie I: Pädagogische Psychologie.* Bd. 1: *Psychologie der Erziehung und Sozialisation.* Göttingen, 3–39.

Schneewind, Klaus A.: *Familienpsychologie.* Stuttgart 1994/32010.

Schneewind, Klaus A./Ruppert, Stefan: *Familien gestern und heute: Ein Generationenvergleich über 16 Jahre.* München 1995.

Schumacher, Jörg/Eisemann, Martin/Brähler, Elmar: *Fragebogen zum erinnerten elterlichen Erziehungsverhalten (FEE). Manual.* Bern 2000.

Tausch, Reinhard/Tausch, Anne-Marie: *Erziehungspsychologie.* Göttingen 111998.

Teubert, Daniela/Pinquart, Martin: »Coparenting: Das elterliche Zusammenspiel in der Kindererziehung«. In: *Psychologie in Erziehung und Unterricht* 56 (2010), 161–171.

Van Bakel, Hedwig J.A./Riksen-Walraven, J. Marianne: »Parenting and development of one-year-olds: Links with parental, contextual, and child characteristics«. In: *Child Development* 73 (2002), 256–273.

Walper, Sabine/Gerhard, Anna-Katharina/Schwarz, Beate/Gödde, Mechthild: »Wenn an den Kindern gespart werden muss: Einflüsse der Familienstruktur und finanzieller Knappheit auf die Befindlichkeit von Kindern und Jugendlichen«. In: Walper, Sabine/Pekrun, Reinhard (Hg.): *Familie und Entwicklung.* Göttingen 2001, 266–291.

Zentner, Marcel: »Das Temperament als Risikofaktor in der frühkindlichen Entwicklung«. In: Petermann, Franz/Niebank, Kay/Scheithauer, Herbert (Hg.): *Risiken in der frühkindlichen Entwicklung.* Göttingen 2000, 257–281.

Urs Fuhrer

12. Rechtswissenschaften

1. Der Rechtsbegriff »Erziehung«

Kaum eine Rechtsordnung kann auf den Gebrauch des Begriffs »Erziehung« verzichten: das Völker- und Verfassungsrecht ebenso wenig wie das Familienrecht, das Kinder- und Jugendhilferecht oder das Jugendstrafrecht. Zugleich tut sich – nicht nur – die Rechtswissenschaft schwer damit, den wie selbstverständlich gebrauchten Begriff »Erziehung« definitorisch zu bestimmen. Dieser unbestimmte Rechtsbegriff »Erziehung« findet vor allem in zwei Kontexten Verwendung: Entweder in sehr grundsätzlichen Formulierungen, die sich als programmatische Aussagen zu meist im Allgemeinen Teil von bereichsspezifischen Gesetzen wie z. B. in § 1 Abs. 1 SGB VIII finden lassen:

> Jeder junge Mensch hat ein Recht auf Förderung seiner Entwicklung und auf *Erziehung* zu einer eigenverantwortlichen und gemeinschaftsfähigen Persönlichkeit. (§ 1 Abs. 1 SGB VIII)

oder in Generalklauseln über die Elterliche Sorge im Familienrecht:

> Die Personensorge umfasst die Pflicht und das Recht, das Kind zu pflegen, zu *erziehen*, zu beaufsichtigen und seinen Aufenthalt zu bestimmen. (§ 1631 Abs. 1 BGB);

Nicht zuletzt gehört in diese Reihung an den Anfang die Aussage des Grundgesetzes:

> Pflege und *Erziehung* der Kinder sind das natürliche Recht der Eltern und die zuvörderst ihnen obliegende Pflicht. Über ihre Betätigung wacht die staatliche Gemeinschaft. (Art. 6 Abs. 2 GG)

Oder der Begriff »Erziehung« taucht in einem Defizit- oder Gefährdungskontext auf: »Hilfen zur *Erziehung*«, wenn »eine dem Wohle des Kindes oder Jugendlichen entsprechende *Erziehung* nicht gewährleistet ist« (§ 27 Abs. 1 SGB VIII) oder als »Recht des Kindes auf *gewaltfreie Erziehung*« (§ 1631 Abs. 2 BGB) oder im Kontext strafrechtlicher Sanktionierung: »Wer seine Fürsorge- und *Erziehungspflicht* gegenüber einer Person unter sechzehn Jahren gröblich verletzt […]« (§ 171 StGB).

An der juristischen Befassung mit »Erziehung« lässt sich der Zeitgeist, überhaupt die gesellschaftliche Einstellung zum komplexen Verhältnis Eltern-Kind-Staat-Gesellschaft ablesen. Dieser unbestimmte Rechtsbegriff diente immer wieder als Eingangstor für unterschiedlichste Ideologien. Das BGB behandelt seit seinem Inkrafttreten (1900) die Sorge für die *Erziehung des Kindes* als Ausfluss der Sorge für die Person und daher *als Bestandteil der »väterlichen Gewalt«* bzw. – seit 1980 – der »*elterlichen Sorge*«. »Erziehung« gilt als das *wichtigste Element der Personensorge*. Die Reform von 1980 ist auch in anderer Hinsicht bemerkenswert: Mit dem »Verbot entwürdigender Erziehungsmaßnahmen« ist zwar noch nicht das »Recht des Kindes auf gewaltfreie Erziehung« durchgesetzt – dies wird erst im Jahre 2000 möglich, aber mit diesem Einstieg wird der Weg dahin erstmals beschritten; zudem ist seither die für das Gericht verpflichtende Kindesanhörung ohne Alterbeschränkung, soweit »Bindungen«, »Neigungen« oder der »Wille des Kindes« für die Entscheidung von Bedeutung sind, vorgegeben; damit war Deutschland auch in der Völkergemeinschaft seinerzeit führend, trifft doch erst im Jahre 1989 die UN-Konvention über die Rechte des Kindes diesbezüglich eine eindeutige Aussage:

> Artikel 12 UN-KRK
> (1) Die Vertragsstaaten sichern dem Kind, das fähig ist, sich eine eigene Meinung zu bilden, das Recht zu, diese Meinung in allen das Kind berührenden Angelegenheiten frei zu äußern, und berücksichtigen die Meinung des Kindes angemessen und entsprechend seinem Alter und seiner Reife.
> (2) Zu diesem Zweck wird dem Kind insbesondere Gelegenheit gegeben, in allen das Kind berührenden Gerichts- oder Verwaltungsverfahren entweder unmittelbar oder durch einen Vertreter oder eine geeignete Stelle im Einklang mit den innerstaatlichen Verfahrensvorschriften gehört zu werden.

Artikel 12 UN-KRK hat nicht nur für Gerichte und Behörden und für alle mit Kindern und Jugendlichen professionell Befassten, sondern auch und gerade für die Eltern-Kind-Beziehung und damit für »Erziehung« enorme Bedeutung (vgl. Salgo 1999). Aber auch hier war die Sorgerechtsreform von 1980 wohl unter den Nachwirkungen der 1968er Jahre weit voraus:

> Bei der Pflege und *Erziehung* berücksichtigen die Eltern die wachsende Fähigkeit und das wachsende Bedürfnis des Kindes zu selbständigem verantwortungsbewußtem Handeln. Sie besprechen mit dem Kind,

soweit es nach dessen Entwicklungsstand angezeigt ist, Fragen der elterlichen Sorge und streben Einvernehmen an. (§ 1626 Abs. 2 BGB).

»Erziehung« gilt als das *wichtigste Element der Personensorge, dessen Bedeutung kein anderes Element der Personensorge erreicht.* Während das Familienrecht wie bereits die Verfassung »Erziehung« als »Pflicht und *Recht*« der Eltern anspricht, nimmt das Jugendhilferecht den Minderjährigen zunächst zum Ausgangspunkt, um sodann die verfassungsrechtliche Aussage des Art. 6 Abs. 2 GG wortwörtlich in § 1 Abs. 2 SGB VIII auch ins Kinder- und Jugendhilferecht einzuverleiben. Die verfassungsrechtliche wie die einfachgesetzliche Verwendung des Begriffs »Erziehung« im Kindschaftsrecht des BGB und im Jugendhilferecht gehen offensichtlich von einem allgemein verbreiteten wie anerkannten Begriff der »Erziehung« aus. Mit den vorfindlichen abstrakten Umschreibungen von »Erziehung« – aus erziehungs- oder aus rechtswissenschaftlicher Sicht – ist zudem wenig gewonnen. Recht[swissenschaft] hat zudem Schwierigkeiten im Umgang mit einem solch´ dynamischen Regelungsgegenstand wie Kindheit und Jugend und der Eltern-Kind-Beziehung. Die Dynamik des Regelungsgegenstandes ist bereits früh erkannt worden: »Der erste Teil der väterlichen Gewalt oder besser Pflicht, die Erziehung, gehört also dem Vater derart, dass sie zu einem bestimmten Zeitpunkt endet. Ist die Erziehungsarbeit erledigt, hört dieser Teil der Gewalt von selbst auf«, wie bereits Locke (1623–1704), *Zwei Abhandlungen über die Regierung,* erkannte.

Die Diskussion um »Erziehung« und Erziehungsziele, auch soweit es um elterliche Erziehung geht, ist in Deutschland von den geschichtlichen Brüchen des 20. Jahrhunderts bestimmt. Schon die Reflexion über die rechtliche Relevanz von Erziehungszielen gilt angesichts dieser Erfahrungen als Sakrileg und gerät unversehens in den Ruch der Verfassungswidrigkeit (Zenz 1973, 541). Einerseits geht es dabei um die Frage, welchen Anteil elterliche Erziehung an der Entwicklung und Entstehung von Persönlichkeits- und Sozialisationstypen mit antidemokratischen Einstellungen hatte (s. vor allem: Horkheimer u.a. 1938/1987), und nach wie vor haben kann, andererseits besteht insbesondere vor dem Hintergrund der bereits benannten historischen Erfahrungen eine tief verwurzelte Skepsis und *Ablehnung gegenüber jeglicher staatlicherseits verordneten Erziehungszielbestimmung.* Diese Skep-

sis wird durch die unsäglichen Einmischungen und den Missbrauch des Staatsapparates zu diesen Zwecken während des Nationalsozialismus ebenso genährt wie durch Familienpolitik und Interventionspraxis des »real existierenden Sozialismus« (Hirsch 1965, 46 ff.):

> Die gesamte deutsche Jugend ist […] körperlich, geistig und sittlich im Sinne des Nationalsozialismus zum Dienst am Volk und zur Volksgemeinschaft zu erziehen. (§ 2 HJG).
> Es ist die vornehmste Aufgabe der Eltern, ihre Kinder in vertrauensvollem Zusammenwirken mit den staatlichen und gesellschaftlichen Einrichtungen zu gesunden und lebensfrohen, tüchtigen und allseitig gebildeten Menschen, zu aktiven Erbauern des Sozialismus heranzuziehen. (§ 3 Abs. 1 S. 2 FGB vom 20.12.1965 idF des Einführungsgesetzes vom 19.6.1975 zum Zivilgesetzbuch der DDR)
> […] erziehen die Eltern ihre Kinder zur sozialistischen Einstellung zum Lernen und zur Arbeit, zur Achtung vor den arbeitenden Menschen, zur Einhaltung der Regeln des sozialistischen Zusammenlebens, zur Solidarität, zum sozialistischen Patriotismus und Internationalismus. (ebd. § 42 Abs. 2 S. 2)

Überhaupt steht behördliches und gerichtliches Handeln in Deutschland nach wie vor »im Schatten der Vergangenheit« – auch soweit es um manchmal notwendige und unausweichliche Interventionen in Elternrechte geht, die in wohlmeinender Absicht unterbleiben. Hier könnten aber zur Erklärung von Fehlverläufen »Kevin« (vgl. Salgo 2007) oder auch die sog. milieunahe Unterbringung im Fall »Chantall« (vgl. Salgo 2013) zudem auch die Nachwirkungen der sog. Randgruppenstrategien der 1968er herangezogen werden: Interventionen treffen zumeist benachteiligte Gruppen der Gesellschaft, weshalb hier besondere Zurückhaltung geboten sei.

Darüber, dass »wichtigstes Ziel jeder Erziehung […] die Entwicklung des Kindes zur *selbstverantwortlichen Persönlichkeit*« ist (BT-Drucks 8/2788, 34), besteht kein Streit. Indes: »Die Formulierung von Erziehungszielen, die lediglich eine Umsetzung grundgesetzlicher Werte für den Bereich der Familie bedeuten, kann nicht gegen die Verfassung verstoßen« (Coester 1983, 184). Auch hier bricht sich allmählich die Universalität der Menschenwie der Kindesrechte Bahn, was sich etwa an den zunehmend aufgezeigten Grenzen der Beachtlichkeit von Traditionen und entsprechendem Verhalten von Eltern aus anderen Kulturkreisen zeigen ließe [bei Zwangsverheiratung Minderjähriger, bei verstümmelnder Beschneidung der Geschlechtsorgane, Fernhalten von Schule und Sportunterricht etc.]. Die Sorgerechtsreform von 1980 »verabschiedet entgegen mancher vehement vorgetragener, gegenteiliger Behauptung nicht die elterliche Autorität, sondern sieht in ihr einen zutiefst rationalen, *auf Kommunikation und Partizipation beruhenden Prozeß* [...] (und) gibt damit deutlich zu erkennen, daß ihm die Binnenstruktur der Familie alles andere als gleichgültig ist« (Simitis 1986, 593). Der Gesetzgeber formuliert somit nicht nur Erwartungen bezüglich des »Wie« der Erziehung, sondern auch, dass die *Personensorgeberechtigten* – zwar in einem nunmehr *verengten Vertretbarkeitsrahmen* – *von ihrem Erziehungsrecht auch aktiv »Pflicht«* Gebrauch machen.

2. Das Recht des Kindes auf gewaltfreie Erziehung und das Verbot körperlicher Bestrafungen und anderer entwürdigender Erziehungsmaßnahmen

Exemplarisch lässt sich dieser Entwicklungsprozess am Beispiel des »langsamen Sterben des elterlichen Züchtigungsrechts« (Salgo 2001) aufzeigen. Die Widerstände waren enorm und es gibt nach wie vor strafrechtsdogmatisch verbrämte Versuche, die Wirkungen der Abschaffung dieses gewohnheitsrechtlich begründeten Rechtfertigungsgrundes durch die gesetzliche Verankerung des »Rechts des Kindes auf gewaltfreie Erziehung« (2000) zurückzuschrauben oder zumindest abzumildern. Der Zeitgeist lässt sich hervorragend bereits an den sich verändernden gesetzlichen Formulierungen ablesen:

– § 1631 Abs. 2 a.F. »Der Vater kann kraft des Erziehungsrechts angemessene Zuchtmittel gegen das Kind anwenden. Auf seinen Antrag hat das Vormundschaftsgericht ihn durch geeignete Zuchtmittel zu unterstützen« (BGB i.d.F. von 1896);
– § 1631 Abs. 2 a.F.: »Das Vormundschaftsgericht hat die Eltern auf Antrag bei der Erziehung des Kindes durch geeignete Maßregeln zu unterstützen« (Gleichberechtigungsgesetz vom 18.6.1957, Art. 1 Nr. 22);
– § 1631 Abs. 2 a.F.: »Entwürdigende Erziehungsmaßnahmen sind unzulässig« (SorgeRG vom 18.7.1979, Art. 1 Nr. 6);

– § 1631 Abs. 2 a.F.: »Entwürdigende Maßnahmen, insbesondere körperliche und seelische Mißhandlungen, sind unzulässig« (i.d.F. des KindRG vom 16.12.1997);
– § 1631 Abs. 2 BGB a.F.: »Kinder haben ein Recht auf gewaltfreie Erziehung. Körperliche Bestrafungen, seelische Verletzungen und andere entwürdigende Maßnahmen sind unzulässig« (Gesetz zur Ächtung der Gewalt in der Erziehung vom 6.7.2000 [geltende Fassung]).

Während das BGB von 1900 in seiner ursprünglichen Fassung dem Vater das Recht einräumte, »kraft des Erziehungsrechts angemessene *Zuchtmittel* gegen das Kind anzuwenden«, wurde im Gleichberechtigungsgesetz (1957) diese Befugnis *ersatzlos gestrichen*. So wurde das *Recht der Eltern zur körperlichen Züchtigung* des Kindes von der h.M. weiterhin als Ausfluss des Erziehungsrechts angesehen. Erst im Rahmen der Beratung zum Sorgerechtsgesetz (1980) ist eine spezifische und positivrechtliche Regelung einschließlich der Frage eines ausdrücklichen Züchtigungsverbots erörtert, ein solches schließlich abgelehnt und der Fassung des § 1631 Abs. 2 BGB »Entwürdigende Erziehungsmaßnahmen sind unzulässig« der Vorzug gegeben worden. § 1631 Abs. 2 BGB (i.d.F. des Kindschaftsrechtsreformgesetzes vom 16.12.1997) erhielt die Fassung: »Entwürdigende Maßnahmen, insbesondere körperliche und seelische Mißhandlungen, sind unzulässig«. Dem Gesetzgeber des Jahres 2000 schien dies als nicht mehr ausreichend: Die *geltende Fassung* des § 1631 Abs. 2 BGB »Kinder haben ein Recht auf gewaltfreie Erziehung. Körperliche Bestrafungen, seelische Verletzungen und andere entwürdigende Maßnahmen sind unzulässig« wurde durch das *Gesetz zur Ächtung der Gewalt in der Erziehung und zur Änderung des Kindesunterhaltsrechts* vom 6.7.2000 eingeführt (zur Rezeption des neuen Rechts vgl. Bussmann 2000, 298).

Bei § 1631 Abs. 2 BGB handelt es sich nunmehr eindeutig um eine *Verbotsnorm*. In erster Linie sollen Eltern Hilfen bei der Bewältigung von Konflikt- und Krisensituationen angeboten werden. Damit sind familiengerichtliche Maßnahmen indes aus den §§ 1666, 1666a BGB wegen Gefährdung des Kindeswohls sowie strafrechtliche Sanktionen aus den §§ 223 ff., 185, 239, 240 StGB nicht ausgeschlossen. Das »Recht des Kindes auf gewaltfreie Erziehung« berührt den *zivilrechtlichen* wie den *strafrechtlichen* Kindesschutz nicht unmittelbar –

die Strafbarkeit bleibt unverändert bestehen (BT-Drucks 14/1247, 3, 5), jedoch entfaltet § 1631 Abs. 2 BGB sowie die mit *§ 16 Abs. 1 Satz 3 SGB VIII* erfolgte *sozialrechtliche* Anfügung nachhaltige mittelbare Auswirkungen auf die Anwendung des Zivil- wie des Strafrechts (vgl. Salgo 2001, 289 ff.). Das »Recht auf gewaltfreie Erziehung« hat Ausstrahlungswirkungen auf die gesamte Rechtsordnung (vgl. Coester 2005, 758).

Bei § 1631 Abs. 2 BGB handelt es sich – neben § 1626 Abs. 2 BGB – um die einzige Vorschrift im Familienrecht, die Erziehungsmaßnahmen ausdrücklich – und dies inzwischen nicht mehr nur negativ anspricht, sondern näher positiv zu umschreiben sucht: § 1631 Abs. 2 BGB beinhaltet nunmehr ein *positives* (»Kinder haben ein Recht auf gewaltfreie Erziehung«) *und* ein *negatives Erziehungsleitbild* (»Körperliche Bestrafungen, seelische Verletzungen und andere entwürdigende Maßnahmen sind unzulässig«).

Letztlich geht es um nichts anderes als um die *Wahrung der Grundrechte des Kindes.* In § 1631 Abs. 2 BGB kommt zum Ausdruck, dass die grundsätzlich freie Wahl der Erziehungsmittel durch verfassungsrechtliche Vorgaben begrenzt ist. Mit wachsendem Nachdruck verdeutlichte der Gesetzgeber des SorgeRG, des KindRG und schließlich des *Gesetzes zur Ächtung der Gewalt in der Erziehung,* dass einerseits der *Vertrauensvorschuss an Eltern nicht grenzenlos* (Art. 6 Abs. 2 S. 2 und Abs. 3 GG) ist (vgl. Sachsse/Tennstedt 1982, 103), andererseits der Schutz der Menschenwürde (Art. 1 Abs. 1 GG) und das Recht auf körperliche Unversehrtheit (Art. 2 Abs. 2 S. 1 GG) auch und gerade für Kinder gelten. Verschiedene Untersuchungen hatten ein hohes Ausmaß an körperlicher Gewaltanwendung gegen Kinder auch in der Familie aufgezeigt (BT-Drucks 14/1247, 4 mwNw). Angesichts dieser rechtstatsächlichen Daten hinsichtlich Verbreitung, negativer Folgen und Spätfolgen familialer Gewalt wie z. B. größere Gewaltbereitschaft von Jugendlichen, die selbst Gewalt in ihren Familien erfahren hatten, aber auch in Anbetracht der erheblichen ökonomischen Folgekosten von in der Familie erlittener Gewalt gegen Kinder und Jugendliche für Staat und Gesellschaft war der Gesetzgeber zum Handeln nicht nur befugt, sondern auch verpflichtet.

3. Das Ende der familienrechtlichen Züchtigungsbefugnis

Lange Zeit schien das Eltern-Kind-Verhältnis, nachdem im Zuge der Aufklärung Körperstrafen aus dem Arsenal des Strafrechts und auch aus dem unter Erwachsenen geltenden Familienrecht sowie aus dem Schulrecht verschwunden waren (vgl. zu diesen Entwicklungen grundlegend Zenz 1979, 35 ff.), das letzte noch verbliebene Refugium angeblich gerechtfertigter Gewaltanwendung (Honig 1992, 261 ff.) auch noch in einer Ära geblieben zu sein, die von einer allgemein verbreiteten, wenn auch noch nicht erfolgreich umgesetzten *Gewaltächtung in allen Lebensbereichen* gekennzeichnet ist [vgl. Änderungen im Polizeirecht aller Bundesländer und das Gewaltschutzgesetz]. Die Herleitung eines elterlichen Züchtigungsrechts aus dem »natürlichen« Elternrecht der Verfassung vermochte nicht zu überzeugen, greifen doch körperliche Züchtigungen stets in die körperliche Unversehrtheit und damit in den Schutzbereich des Art. 2 Abs. 2 S. 1 GG und in die Menschenwürde (Art. 1 Abs. 1 GG) ein. Diesem gegenüber konnte sich auch die lange Zeit vertretene *gewohnheitsrechtliche Geltung* eines Züchtigungsrechts (BGHSt 11, 241, 249) auf Dauer nicht behaupten.

Bereits Art. 19 Abs. 1 *UN-Konvention über die Rechte des Kindes verpflichtet* die Bundesrepublik als Vertragsstaat zudem, geeignete Maßnahmen zu treffen, »um das Kind vor jeder Form körperlicher oder geistiger Gewaltanwendung, Schadenszufügung oder Mißhandlung [...] zu schützen«.

4. Keine Ausweitung der Strafbarkeit

Einerseits bestand eine Scheu vor staatlichen Reglementierungen der Binnenräume der Familie, andererseits konnte auch der Gesetzgeber auf der einfachgesetzlichen Ebene nicht mehr die Augen vor rechtstatsächlich belegten gravierenden Spannungssituationen zwischen Elternrecht und Kindeswohl verschließen. Hinzu trat das Dilemma eines zivilrechtlichen Verbots von Körperstrafen: Trotz der damit erneut bekräftigten Abschaffung des zuvor von der h.M. anerkannten Rechtfertigungsgrundes für ein Züchtigungsrecht im Strafrecht sollten dysfunktionale Wirkungen strafrechtlicher Verfolgung der Eltern vermieden werden (Bussmann 2000,

397; BT-Drucks 14/1247, 6f). Diesem Dilemma wollte der Gesetzgeber begegnen: »Leistungen [der allgemeinen Förderung der Erziehung in der Familie] sollen auch Wege aufzeigen, wie Konfliktsituationen in der Familie gewaltfrei gelöst werden können« (§ 16 Abs. 1 Satz 3 SGB VIII), um Eltern den Weg zum Hilfesystem des Kinder- und Jugendhilferechts zu eröffnen: »Ziel des Gesetzentwurfs ist die Ächtung der Gewalt in der Erziehung ohne Kriminalisierung der Familie. Nicht die Strafverfolgung oder der Entzug der elterlichen Sorge dürfen deshalb in Konfliktlagen im Vordergrund stehen, sondern Hilfen für die betroffenen Kinder, Jugendlichen und Eltern« (BT-Drucks 14/1247). Die zivilrechtliche Veränderung in § 1631 Abs. 2 BGB zeigt bereits erste und zu erwartende Wirkungen auf das Strafrecht, wenn auch nach wie vor Strafurteile auch angesichts des Verbreitungsgrades von Gewalt gegenüber Kindern Ausnahme bleiben.

5. Auswege aus der »Kriminalisierungsfalle«

Das Ende des »Züchtigungsrechts« im Familienrecht muss keineswegs zu einer »Kriminalisierungsautomatik« im Strafrecht führen. Körperliche Disziplinierung bei Überschreiten bestimmter Erheblichkeitsschwellen erfüllt nun einmal den Tatbestand der Körperverletzung (§ 223 StGB). Der immer wieder ins Feld geführte »Klaps« wird i. d. R. noch keine »Gewalt« sein, jedoch kann der Klaps die Spitze des nach außen erkennbar gewordenen Eisbergs von Gewalt sein, auch die Gefahr einer Eskalation ist nicht zu unterschätzen, denn »die Übergänge zwischen schwer traumatisierenden seelischen Mißhandlungen und leichteren seelischen Verletzungen (sind) fließend« (Prengel 2000, 9). Die Reformen des § 1631 Abs. 2 BGB haben zweifelsohne den »klassischen« *Rechtfertigungsgrund des elterlichen Züchtigungsrechts beseitigt.*

Über die möglichen und wahrscheinlich dysfunktionalen Auswirkungen von strafrechtlicher Verfolgung auf die Familie besteht Einigkeit. Es musste also ein *Ausweg aus der »Kriminalisierungsautomatik«* gefunden werden, der gleichwohl die unmissverständliche Absage an Gewalt in der Erziehung nicht relativiert. Im »Schatten« der zur Normstabilisierung des zivilrechtlichen Gewaltverbots erforderlichen und auch nunmehr unmissver-

ständlichen strafrechtlichen Absage an Gewalt als Erziehungsmittel bietet sich ein *prozeduraler Weg* (Bussmann 2000, 429 ff.) in Kombination mit einer sozialrechtlichen Lösung (Wiesner 2000, 59; Coester 2005, 759; Salgo 2001, 283 ff.) an, die sich aus § 16 Abs. 1, S. 3 SGB VIII ergibt.

6. Die sozialrechtlichen Hilfsangebote

Da sozialrechtlich ohnehin *Wege aufzuzeigen sind, wie Konfliktsituationen in der Familie gewaltfrei gelöst werden können*, bieten sich variantenreiche Möglichkeiten für die Strafverfolgungsbehörden zur *Kooperation* mit freien und öffentlichen Trägern der Kinder- und Jugendhilfe an, die im Rahmen einer *Verfahrenseinstellung* nach § 153a StPO zur Weiterentwicklung von *Diversionsmodellen* genutzt werden könnten. Sozialrechtlich sind nämlich ohnehin zur Verwirklichung des Gesetzesauftrages aus § 16 Abs. 1 S. 3 SGB VIII Modelle mit therapeutischen und beraterischen Elementen [z. B. Trainingskurse; Videotraining] zu entwickeln und bereitzuhalten: »Durch die flankierend vorgesehene Ergänzung des Kinder- und Jugendhilfegesetzes um Angebote zur Förderung der gewaltfreien Erziehung sind insbesondere durch vermehrten Personalaufwand Mehrkosten bei den Jugendämtern zu erwarten, die derzeit nicht zu beziffern sind« (BT-Drucks 14/1247, 1). Soweit Eltern bereit sind, entsprechende – hoffentlich bundesweit bereitstehende – sozialrechtliche Angebote in Anspruch zu nehmen und damit entsprechende »Beratungsauflagen« erfüllen [vgl. § 1666 Abs. 3 Nr. 1 BGB: familiengerichtliches Gebot, öffentliche Hilfen z. B. der Kinder- und Jugendhilfe anzunehmen], wird das Legalitätsprinzip des Strafrechts damit nicht aus den Angeln gehoben. Einstellungsmöglichkeiten nach Erfüllung entsprechender Auflagen führen »nicht zu einer Neutralisierung der normstabilisierenden Wirkung des materiellen Strafrechts bzw. Familienrechts« (Bussmann 2000, 447) – im Gegenteil.

7. Neue Diversionsstrategien im Strafrecht im Verhältnis zu neuen Programmatiken im Zivil- und Jugendhilferecht

Im »Schatten des Strafrechts« unter deutlicher Markierung von Unrecht wird erst ein Verzicht auf Strafe möglich. Wenn die Jugendhilfe »Eltern und Kindern wirklich helfen will« – was zweifelsohne zu ihrem genuinen Gesetzesauftrag gehört – wird sie sich auf den »Deal« der Eltern mit der Staatsanwaltschaft einlassen und Erstere auf dem Weg zu einer Verfahrenseinstellung – in Erfüllung eines eigenen Gesetzesauftrags aus § 16 Abs. 1 S. 3 SGB VIII – unterstützen müssen. Der zivilrechtliche Kindesschutzauftrag der Justiz ist auf Kooperation mit der Kinder- und Jugendhilfe (§§ 1666 Abs. 3 Nr. 1, 1666a Abs. 1 BGB; § 162 FamFG) verpflichtend angelegt, wie auch die Kinder- und Jugendhilfe die Justiz in ihrem Tätigkeitsfeld unterstützen muss (§ 50 SGB VIII). Jugendhilfe und Justiz müssen den Grundrechtsschutz zugunsten Minderjähriger auf unterschiedlichen Wegen und mit je spezifischen Mitteln verwirklichen. Die aufgrund des *Gesetzes zur Ächtung der Gewalt in der Erziehung* neu entstandene Situation für Jugendhilfe und Justiz fordert einerseits neue Diversionsstrategien in der Strafjustiz und andererseits neue Programmatiken in der Jugendhilfe (Salgo 2001, 289 ff.).

8. Das »Recht auf gewaltfreie Erziehung«

Der Gesetzgeber wollte sicherstellen, dass das Kind ein Recht auf Erziehung hat, die auf jegliche Art von körperlicher Bestrafung oder seelischer Verletzung verzichtet. Mit der spektakulären Formulierung »Das Kind hat ein Recht auf gewaltfreie Erziehung« zielt der Gesetzgeber, wie bereits der Gesetzgeber des KindRG bei § 1684 Abs. 1 Hs. 1 BGB (»Das Kind hat das *Recht auf Umgang* [...]« (BT-Drucks 13/8511, 68) in erster Linie auf eine *Bewusstseinsänderung* der Eltern (BT-Drucks 14/1247, 7), um mit einem Appell eine erhöhte Aufmerksamkeit zu erzielen. Auch wenn der Gesetzgeber *keine direkten Sanktionsmöglichkeiten* vorsieht, handelt es sich nun nicht mehr um ein bloßes unverbindliches Leitbild: Der Gesetzgeber schränkt das grundrechtlich verbürgte Elternrecht hinsichtlich der erlaubten Mittel der Erziehung ein. Das Recht auf gewaltfreie Erziehung verbietet selbstverständlich nicht objektiv erforderliche und effektive Maßnahmen der Gefahrenabwehr, zu denen Eltern bereits aufgrund der Aufsichtspflicht befugt und sogar verpflichtet sind. Eltern dürfen bei gegebenem Anlass das Kind daran hindern, das Elternhaus zu verlassen. Das ganze Repertoire elterlicher Reaktionen auf kindliches Fehlverhalten ist durch § 1631 Abs. 2 BGB nicht tangiert, soweit es sich nicht um körperliche Bestrafung, um seelische Verletzungen oder andere entwürdigende Maßnahmen handelt (BT-Drucks 14/1247, 7) und soweit der Verhältnismäßigkeitsgrundsatz streng beachtet wird.

9. Das Verbot körperlicher Bestrafung

Jegliche Art körperlicher Bestrafung ist unzulässig, auch wenn sie nicht die Intensität einer Misshandlung erreicht (BT-Drucks 14/1247, 8). Die Liste nunmehr unzulässiger körperlicher Bestrafungen ist lang: Die »Tracht Prügel«, generell das Schlagen mit und ohne Schlaggegenständen [mit der Faust oder der flachen Hand], auch die Ohrfeige [hierzu BGH StV 1992, 106: »die körperliche Wirkung einer Ohrfeige, die eine üble, unangemessene Behandlung darstellt, ist, auch wenn sie nur kurz anhält, in der Regel mehr als eine bloß unerhebliche Beeinträchtigung des körperlichen Wohlbefindens«], aber auch schon ein »Klaps«. Auch geringfügige Einwirkungen können unter den Begriff der »körperlichen Bestrafung« fallen. Ein »leichter Klaps« könnte auch in den Bereich der unzulässigen entwürdigenden Maßnahmen fallen. Das gilt auch für ein »hartes Zupacken« in Bestrafungsabsicht, nicht jedoch bei Gefahrenabwehr. Auf das Ziel des Schlagens oder Tretens kommt es nicht an [Kopf, Gesicht, Arm, Hand, Finger, Rücken, Gesäß, Beine, Füße]. An den Haaren wie an Ohren ziehen gehört ebenso zu den unzulässigen Formen körperlicher Bestrafung wie bei Kleinkindern das heftige Schütteln, was wegen seiner besonderen Gefährlichkeit [Schütteltrauma] bereits den Tatbestand einer erheblichen Kindeswohlgefährdung gem. § 1666 Abs. 1 BGB sowie eine Reihe von Straftatbeständen erfüllt und deshalb auch strafrechtliche Sanktionen nach sich zieht. Fesseln wie das Festgurten im Rahmen der sog. Festhaltetherapie sind ebenfalls unzulässig.

10. Das Verbot seelischer Verletzungen

Für eine an der Menschenwürde und am Persönlichkeitsrecht des Kindes orientierte Erziehung besteht neben der körperlichen Bestrafung auch für seelische Verletzungen kein Raum (BT-Drucks 14/1247, 8). Mit dem unbestimmten Rechtsbegriff der »seelischen Verletzung« zielt der Gesetzgeber vor allem auf kränkende und herabsetzende Verhaltensweisen von Eltern, aber auch auf »extreme Kälte im Umgang mit dem Kind«. Die gesetzgeberischen Absichten stoßen hier an deutliche Grenzen: Liebe, Zuwendung, überhaupt ein bestimmtes »Binnenklima« in Familien lassen sich nicht per Gesetz verordnen; dennoch ist angesichts vielfacher Beeinträchtigungen des psychischen Kindeswohls durch Eltern der Hinweis auf die psychische Dimension elterlichen Verhaltens in § 1631 Abs. 2 BGB ebenso von Gewicht wie entsprechende Hinweise in den §§ 1626 Abs. 2 BGB und 1666 Abs. 1 BGB. Abschließende Aufzählungen seelisch verletzender Verhaltensweisen durch Eltern kann es nicht geben, zumal hier der Wertekanon jeder einzelnen Eltern-Kind-Beziehung, das Kindesalter, das Geschlecht und zahlreiche weitere Faktoren eine Rolle spielen können. Somit können nur Beispiele für seelische Verletzungen gegeben werden: kränkende und herabsetzende Verhaltensweisen der Eltern, das Bloßstellen vor Geschwistern, Freunden, Verwandten, Nachbarn, Lehrern, Schulkameraden, das altersunangemessene Alleinlassen, das Einsperren im Dunkeln, das Nichtansprechen, das Nichtbeachten, die Missachtung etc.

11. Das Verbot anderer entwürdigender Maßnahmen

Der Begriff der entwürdigenden Maßnahmen wurde aus dem bereits seit 1979 [SorgeRG] geltenden Recht übernommen. Allerdings wurde der Begriff »entwürdigende Erziehungsmaßnahmen« durch »entwürdigende Maßnahmen« ersetzt, weil entwürdigende Maßnahmen auch dann unzulässig sind, wenn sie nicht zum Zweck der Erziehung von den Eltern eingesetzt werden (BT-Drucks 14/1247, 8).

Der Begriff »entwürdigende Maßnahmen« ist der Oberbegriff und damit Auffangtatbestand zu allen von § 1631 Abs. 2 BGB beschriebenen unzulässigen Verhaltensweisen. Der Gesetzgeber des SorgeRG nahm damals bewusst in Kauf, eine *lex imperfecta* geschaffen zu haben: »Was entwürdigende Erziehungsmaßnahmen sind, kann nicht eindeutig für alle denkbaren Fälle im Voraus definiert werden. Darunter sind nicht nur unangemessene – wenn überhaupt – Körperstrafen zu verstehen, sondern auch andere Maßnahmen, die das Ehr- und Selbstwertgefühl des Kindes in einem vom Anlaß der Erziehungsmaßnahme nicht zu rechtfertigenden Maße verletzen« (BT-Drucks 8/2788, 35).

Wenn *Erziehung zur Achtung der Würde anderer anzuhalten* hat, darf sie sich selbst niemals entwürdigender Mittel bedienen (Gernhuber/Coester-Waltjen § 57 Rn. 90), schließlich ist diese Grenze der Menschenwürdegarantie des GG auch bei Sorgerechtsmaßnahmen einzuhalten. Konsequenterweise schränkt die nunmehr geltende Fassung von § 1631 Abs. 2 BGB das grundrechtlich verbürgte Elternrecht hinsichtlich der erlaubten Mittel der Erziehung ein (BT-Drucks 14/1242, 7). Einigkeit besteht auch insoweit, dass ein abschließender Katalog zulässiger [Ermahnung, Verweis, Ausgehverbot, Hausarrest, Einschränkungen im Freizeitbereich, Kürzung des Taschengeldes, Entzug von Vergünstigungen etc.] bzw. unzulässiger, weil *entwürdigender Maßnahmen* nicht möglich ist (BT-Drucks 8/2788, 35). Als i.d.R. *unzulässige, weil auch entwürdigende Erziehungsmaßnahmen* gelten: Fesseln, Festgurten des Kindes an eine Person im Rahmen der sog. Festhaltetherapie, Einsperren im Dunkeln, Nacktausziehen, langdauerndes Nichtansprechen des Kindes als eine Form des Liebesentzugs, ferner der vom Rechtsausschuss (BT-Drucks 8/2788, 48) angeführte Fall: Wenn ein Kind von seinen Eltern gezwungen würde, sich in der Öffentlichkeit oder vor seinen Kameraden mit einem Schild um den Hals zu zeigen, das auf seine Verfehlung hinweist [»Ich bin ein Dieb«], also Maßnahmen der Eltern, die das Kind der Verachtung und dem Gespött aussetzen, die die Selbstachtung und das Ehrgefühl des Kindes verletzen, wie z.B. die Strafpredigt in Gegenwart Dritter. Allemal zählen zu den entwürdigenden und deshalb unzulässigen Mitteln die noch vom BGH, NJW 1953, 1440 für zulässig erachteten, elterlichen Disziplinierungsmaßnahmen: Kurzschneiden der Haare, Festbinden an Bett und Stuhl, um den Verbleib der »sittlich verdorbenen Tochter« sicherzustellen, ebenso

auch die Verwendung eines stabilen *Wasserschlau-
ches als Schlaggegenstand* (entgegen BGH JZ 1988,
617). Zu den entwürdigenden Maßnahmen zu zählen sind: *alle quälenden, auch das Schamgefühl ver-
letzenden Maßnahmen*, wie z. B. die Kontrolle der
Geschlechtsorgane einer 14-Jährigen durch ihre
Eltern (BayObLG DAVorm 1983, 78, 79).

Der Gesetzgeber verpflichtet einerseits Behörden und Gerichten, erforderlichenfalls sich unter
Wahrung des Verhältnismäßigkeitsgrundsatzes
[»Hilfe vor Eingriff«] in diese kasuistisch beschriebenen Abgründe des familialen »Erziehungsalltags«
zu begeben und adäquat zu reagieren [Bundeskin-
derschutzgesetz, vgl. hierzu Salgo 2012], andererseits verengt er zunehmend den elterlichen Handlungsrahmen durch Verhaltenserwartungen an die
Eltern, mit deren Hilfe er einen »Bewusstseinswan-
del« herbeiführen will, wobei er immerhin seine
Erwartungen durch sozialrechtliche Unterstützungsstrategien untermauert. In der überwiegen-
den Mehrzahl von Familien nimmt die Gewaltbelastung ab. Ob es sich um einen allgemeiner Trend
handelt oder ob die oft als schwierig beschriebene
Verhaltenssteuerung durch Recht doch in bestimmten Bereichen gelingen kann, lässt sich nicht
eindeutig beantworten, zumal solche modernen
Gesetze auch als Ergebnis gesellschaftlicher Entwicklungen zu sehen sind. Es lassen sich in Ländern mit entsprechenden gesetzlichen Gewaltver-
boten Wirkungen der Reformen an unterschiedlichen Parametern festmachen. Auch wenn solche
Gesetze vorgeben, keine unmittelbaren Sanktions-
wirkungen zu haben, verändern sie das Gesamtgefüge und zeitigen damit die beabsichtigten Wirkungen, die noch stärker ausfallen könnten, würden die sozialrechtlichen Unterstützungsstrategien
konsequent umgesetzt. »Pädagogisches Recht«
(Kostka 2004, 23; 317 ff.) hätte dann – entgegen
manchen skeptischen und nicht grundlos pessi-
mistischen Erwartungen – mehr als nur eine symbolische Bedeutung.

Literatur

Bussmann, Kai D.: *Verbot familialer Gewalt gegen Kinder.*
    Köln 2000.
Coester, Michael: »Elterliche Gewalt«. In: Hofer, Sibylle/
    Klippel, Diethelm/Walter, Ute (Hg.): *Perspektiven des*
Familienrechts. Festschrift für Dieter Schwab. Bielefeld
    2005, 743–760.
Coester, Michael: *Das Kindeswohl als Rechtsbegriff.*
    Frankfurt a. M. 1983
Gernhuber, Joachim/Coester-Waltjen, Dagmar: *Fami-
    lienrecht.* München 2010.
Honig, Michael: *Verhäuslichte Gewalt.* Frankfurt a. M. 1992.
Hirsch, Michael: *Entzug und Beschränkung des elterlichen
    Sorgerechts.* Neuwied 1965
Horkheimer, Max u. a.: *Studien über Autorität und Fami-
    lie* [1938]. Lüneburg 1987.
Kostka, Kerima: *Im Interesse des Kindes?* Frankfurt a. M.
    2004.
Prengel, Annedore: »Gewaltfreies Erziehen – Wider-
    spruch von Freiheit und Strukturierung«. In: BMFSFJ
    (Hg.): *Gewaltfreie Erziehung, Materialien zur Familien-
    politik.* Berlin 9 (2000), 1–19.
Sachße, Christoph/Tennstedt, Florian: »Familienpolitik
    durch Gesetzgebung: Die juristische Regulierung der
    Familie«. In: Kaufmann, Franz X. (Hg.): *Staatliche So-
    zialpolitik und Familie.* München 1982, 87–130
Salgo, Ludwig: »Aus Fehlern lernen«. In: *Zeitschrift für
    Kindschaftsrecht und Jugendhilfe* 4 (2013), 150–156.
Salgo, Ludwig: »Vom langsamen Sterben des elterlichen
    Züchtigungsrechts«. In: Recht der Jugend und des Bil-
    dungswesens 49 (2001), 283–292.
Salgo, Ludwig: »Das Gesetz zur Stärkung eines aktiven
    Schutzes von Kindern und Jugendlichen« (Bundeskin-
    derschutzgesetz – BKiSchG). In: Coester-Waltjen, Dag-
    mar u. a. (Hg.): *Alles zum Wohle des Kindes? Aktuelle Pro-
    bleme des Kindschaftsrechts.* Göttingen 2012, 183–204.
Salgo, Ludwig: »Erste Eindrücke beim Lesen des Untersu-
    chungsberichts der Bremischen Bürgerschaft zum
    Tode von Kevin«. In: *Forum Erziehungshilfen*-IGfH-13.
    Frankfurt a. M. 4 (2007), 236–242.
Salgo, Ludwig: »10 Jahre UN-Übereinkommen über die
    Rechte des Kindes – Auswirkungen am Beispiel von Art.
    12«. In: *Kindschaftsrechtliche Praxis* 2.6 (1999), 179–183.
Simitis, Spiros: »Kindschaftsrecht – Elemente einer
    Theorie des Familienrechts« In: Diekmann, Albrecht
    et.al. (Hg.): *Festschrift für Wolfram Müller-Freienfels.*
    Baden-Baden 1986.
Wiesner, Reinhard: »Welche Hilfen bietet das SGB VIII
    zur gewaltfreien Erziehung?«. In: BMFSFJ (Hg.): *Ge-
    waltfreie Erziehung, Materialien zur Familienpolitik* 9
    (2000), 56–58.
Zenz, Gisela: *Kindesmisshandlung und Kindesrechte.*
    Frankfurt a. M. 1979.
Zenz, Gisela: »Zur Reform der elterlichen Gewalt«. In:
    Archiv für die civilistische Praxis 173 (1973), 527–546.

Ludwig Salgo

13. Soziologie

1. Vorbemerkung – Soziologie und ihre zentralen Fragen

Zweierlei soll diese Darstellung der wichtigsten soziologischen Zugänge zum Themenkomplex Erziehung und Bildung erkennbar machen:

(1) Die Soziologie hat sich damit mehr als nur marginal beschäftigt. Namhafte Vertreter der Disziplin haben Beiträge geleistet, die von der Erziehungswissenschaft auch rezipiert und – wenngleich stets in etwas eigener Weise ausgelegt und verwendet – in ihre eigenen theoretischen und empirischen Bestände überführt wurden. Dabei waren es besonders prominent die Vertreter der französischen Soziologie, die sich Fragen von Erziehung und Bildung zuwandten.

(2) Die Soziologie beschäftigte sich damit allerdings mehr oder weniger stark im Rahmen der für ihre Disziplin zentralen beiden Fragen nach der Möglichkeit und den Bedingungen gesellschaftlicher Ordnung einerseits und nach der sozialen Ungleichheit, der vertikalen Struktur der Gesellschaft, deren Produktion, Reproduktion und Legitimation, andererseits. Randständig sind in dieser Perspektive Fragen nach optimaler Persönlichkeitsentwicklung oder nach Lernergebnissen, wie sie in erziehungswissenschaftlichen Annäherungen an das Thema von Bedeutung sind.

2. Sozialisation und gesellschaftliche Ordnung – die Klassiker der Soziologie

Mit dem Konzept der »Sozialisation« hat die Soziologie ihren wichtigsten Beitrag zur Erschließung des Themas Erziehung und Bildung geleistet. Begriff und theoretischen Zugang prägte Émile Durkheim Ende des 19. Jahrhunderts. Er tat dies auf der Suche nach einer Antwort auf die Frage, wie soziale Ordnung möglich sei, in Anbetracht des Gegensatzes zwischen Individuen, mit ihren (seines Erachtens grenzenlosen) Bedürfnissen, und Gesellschaft, mit ihren Erfordernissen struktureller und kultureller Integration. Seine Antwort lautete: Das Individuum hat sich Teile des »conscience collective« zu eigen zu machen; es »verankert« sie tief in seinem Inneren (Durkheim 1986, 33) und wird dann in seinen Handlungen über diese moralische Autorität reguliert; sie begrenzt seine Bedürfnisse. Dieses »Kollektivbewusstsein« ist ein gesellschaftlicher Bestand an (geteilten) Normen, Werten und alltäglichen Wissensbeständen und fällt in jeder Gesellschaft anders aus, je nach struktureller Kohäsion der Gesellschaft. Handelt es sich um eine moderne, hochgradig arbeitsteilige Gesellschaft, ist es von abstrakterer Qualität und liegt als Werte- und Normensatz hinter den alltäglichen Handlungen; handelt es sich um eine wenig arbeitsteilige Gesellschaft, leitet es unmittelbar die Handlungen der Gesellschaftsmitglieder an – alle in gleicher Weise (Durkheim 1977). Die Internalisierung des Kollektivbewusstseins durch das Individuum geschieht im Laufe einer eben darauf zielenden Erziehung, die Durkheim als »planmäßige Sozialisation« bezeichnet (1972, 30). Für deren Durchführung ist vor allem die Schule zuständig, die durch ihre überpersönlichen Regeln dazu nach Durkheim weit besser geeignet ist als die Familie, die sich zwar durch eine liebevollere und geschmeidigere Moral auszeichne, jedoch allzu stark durch individuelle Besonderheiten geprägt sei (Durkheim 1984).

Um die Mitte des 20. Jahrhunderts hat sich Talcott Parsons, ein soziologischer Klassiker, der manche Überlegungen Durkheims in seine Arbeiten eingehen ließ, prominent mit dem Konzept der Sozialisation auseinandergesetzt. Sozialisation ist bei ihm anderes und mehr als Moralerziehung und also nur gesellschaftliche Begrenzung von Bedürfnissen, sie ist Formung und Erzeugung von Bedürfnissen. In subtiler und psychologischer Weise bereitet sie Individuen darauf vor, an Gesellschaft teilzuhaben, ist nicht nur restriktiv, sondern produktiv. Dementsprechend erhalten die Familie und darin insbesondere die Mutter, mit ihrer emotionalen Dominanz, eine weit größere Bedeutung als bei Durkheim. Im Zuge einer psychosexuellen Entwicklung, die er in enger Anlehnung an Freud als Abfolge von Phasen konzipiert, die durch bestimmte Triebkonstellationen geprägt sind, internalisieren die Kinder strukturelle Elemente der Familie. Die Rollenstruktur der Kernfamilie, wie sie jeweils in einer bestimmten Phase in den Bedeutungshorizont des Kindes gerät (von der Mutter-

Kind-Symbiose unmittelbar nach der Geburt, bis zur Integration in ein nach Funktion und Position differenziertes Kleingruppensystem in der ödipalen Phase), enthält sowohl die Anforderungen wie auch die Lösungen für die Bewältigung der entsprechenden Entwicklungsaufgaben des Kindes (Parsons/Bales 1955). Damit werden Schritt für Schritt die Motivationen aufgebaut (»need-dispositions« und Werteorientierungen; Parsons 1951), die das Individuum für späteres gesellschaftliches Handeln braucht, denn gesellschaftliche Ordnung bei Parsons verlangt nach der Deckung von Rollenanforderungen und persönlichen Motivationen.

Auch George Herbert Mead hat seine Vorstellung von Sozialisation eng an die Lösung des sozialen Ordnungsproblems gebunden. Gesellschaft wird in seiner Vorstellung stets aufs Neue hervorgebracht, durch die menschliche Fähigkeit der Perspektivübernahme – Mead spricht im englischen Original von »taking the role of the other« (1968 [1934]). Sozialisation ist damit der Prozess, in dem Perspektivübernahme eingeübt wird. Zunächst geschieht dies im »play«, dem kindlichen Fantasiespiel, in dem das Kind verschiedene Rollen übernimmt (Mutter, Arzt etc.), später im »game«, mit seinen allgemeingültigen Regeln, in dem eine Vielzahl von Perspektiven aufeinander bezogen wird, das Individuum also ein Geflecht von Erwartungen in Rechnung stellen muss (1968, 193 ff.). Mead entwarf seine Ideen im »melting pot« von Chicago zu Beginn des 20. Jahrhunderts. Entsprechend setzt er auf eine fluidere Vorstellung von sozialer Ordnung, in der die in der Gesellschaft erworbenen und ihrerseits Gesellschaft hervorbringenden Fähigkeiten von »Geist« und »Identität« (im engl. Orginal »mind« und »self«) den Primat gesellschaftlicher Strukturen, den wir bei Durkheim und Parsons finden, nicht erfordern. Damit ist dann bei ihm Sozialisation auch ein Prozess, in welchem dem Kind eine aktive Rolle zugestanden ist. In den 1970er Jahren wurde Meads Ansatz durch Norman K. Denzin weiter ausgearbeitet. Deutlicher als Mead – und nun auch empirisch basiert – weist er auf die ordnungsstiftenden Fähigkeiten selbst kleiner Kinder, auf ihre bereits vorhandene Fähigkeit zur Perspektivübernahme auch gegenüber der eigenen Person (»Selbstobjektivierung«) und zu einer »situierten Produktion« signifikanter Gesten und ihrem Gebrauch (1971, 52) – auch vor dem Erwerb von eigentlicher Sprache. Er schlägt vor, soziologi-

sche Kernfragen, vor allem eben die nach den Möglichkeiten und Bedingungen sozialer Ordnung, von einem Studium der Sozialisationsprozesse her und den Einsichten in basale Ordnungsprozesse und menschliche Ordnungsfähigkeiten, die eine solche Analyse erlaubt, zu beantworten (1977, 5).

Sozialisation heißt also in der Soziologie nicht lediglich soziales Lernen oder Persönlichkeitsentwicklung im gesellschaftlichen Rahmen, vielmehr steht der Begriff stets für die Lösung des Problems der sozialen Ordnung, für die Herstellung des Bezugs zwischen Individuum und Gesellschaft. Die Lösung kann unterschiedlich ausfallen und dahinter stehen andere Vorstellungen der Beschaffenheit gesellschaftlicher Ordnung – in der soziologischen Theorie, wie hier dargelegt wurde, aber auch in der gesellschaftlich praktizierten Erziehung, wie der Blick auf die Geschichte auch der neuesten Zeit zeigt (vgl. etwa Schumann 2010). In diesem Sinne ist das soziologische Konzept der Sozialisation geeignet, auf die gesellschaftlich veranstaltete Kindheit als einer Konstruktion im Interesse gesellschaftlicher Ordnung aufmerksam zu machen (Bühler-Niederberger 2005).

3. Bildung und Sozialstruktur – schichtspezifische Sozialisationsmuster und soziale Ungleichheit

Welche Bedeutung haben Erziehung und Bildung für die vertikale Struktur der Gesellschaft, für ihre Schichtung? Dies ist ein zweiter relevanter Strang soziologischer Beschäftigung mit dem Themenkomplex. Bereits in den 1950er und 1960er Jahren konnten die Zusammenhänge zwischen (über IQ-Tests gemessener) Intelligenz respektive Schulerfolg einerseits und sozialer Schichtzugehörigkeit der Herkunftsfamilie andererseits als durch zahlreiche Studien international gesichert gelten (vgl. u. a. Deutsch 1967; Rolff 1967; Jenks 1972). Verschiedene Disziplinen – Psychologie, Soziolinguistik, Erziehungswissenschaft – haben sich an die Erforschung dieser Zusammenhänge gemacht und sind dabei vor allem von kindlichen Defiziten infolge wenig förderlicher Erziehung ausgegangen. Die Soziologie hat sich an dieser Forschung intensiv beteiligt. »Schichtspezifische Sozialisationsforschung« nannte sich die Forschungsrichtung, die

die Sozialisationsmuster in ihrer Abhängigkeit vom Sozialstatus der Eltern und in ihrer Wirkung auf die kognitiven Fähigkeiten und den Schulerfolg der Kinder untersuchte. Später – und um die Einsicht reicher, dass sich der soziale Status nicht deterministisch in »förderliches« oder »wenig förderliches« Erziehungsverhalten übersetzt, dass es vielmehr gesellschaftliche Erfahrungen der Eltern sind, weshalb sie bestimmte Erziehungspraktiken favorisieren – wurde die Forschung in »sozialstrukturelle Sozialisationsforschung« umbenannt. Die Intensität der soziologischen Erforschung von Sozialisationsmustern ist seit den 1990er Jahren deutlich gesunken. Dies war auch eine Folge der meist bescheidenen Korrelationen in der angenommenen Kausalkette »sozialer Status – Erziehungsverhalten – kindliche Leistungsfähigkeit«, die diese Forschung bis dahin konstatieren konnte (Steinkamp 1998). Einige bemerkenswerte Arbeiten sind aber in den jüngsten Jahren im angelsächsischen Sprachraum entstanden (vgl. etwa Lareau 2003; Gillies 2007; Caputo 2007). Sie sind vor allem aus zwei Gründen interessant: einerseits durch ihren qualitativen methodischen Zugang, der näher an das Alltagsgeschehen heran führt als die meist standardisierten Elternbefragungen der früheren Forschung, andererseits durch das deutliche Herausarbeiten der unterschiedlichen Gesellschaftsvorstellungen der Eltern und ihrer Statusplatzierungsansprüche im Hinblick auf die Kinder. Damit wird denn auch die ambitionierte und intensive Kultivierung des Nachwuchses in den Familien der Mittelschicht in ihrer Problematik und als Ausdruck von Sorge über einen möglichen sozialen Abstieg erkennbar. Das Defizitmodell der älteren schichtspezifischen Sozialisationsforschung, das dagegen vor allem die Sozialisationsmuster tieferer Schichten problematisierte, ist im neuen Jahrtausend allerdings wieder in der erziehungswissenschaftlichen Bildungsforschung anzutreffen, erfreut sich da zurzeit sogar großer Beliebtheit. Einen Überblick zu dieser Forschungsrichtung von ihren Anfängen bis heute gibt Bühler-Niederberger (2011, 142–165).

Zwei französische Soziologen haben maßgeblich dazu beigetragen, dass die Produktion und die *Re*produktion von sozialem Status über Bildung in den aktuellen Bildungsdebatten nicht als ein Prozess betrachtet wird, der lediglich über die Privatheit der Familie und ihrer Erziehung vermittelt wird. Vielmehr binden ihre Beiträge die ungleichen Bildungskarrieren direkter an die Sozialstruktur und lassen erkennen, dass auch die Institutionen des Bildungswesens selber einen Beitrag zur Strukturreproduktion leisten. Nach Raymond Boudon gilt es zu unterscheiden zwischen primären und sekundären Herkunftseffekten auf relevante Entscheidungen in der Bildungskarriere. Primäre Herkunftseffekte sind kulturelle Differenzen zwischen den sozialen Schichten, wie sie durch das Stratifikationssystem erzeugt werden, dazu gehören tatsächliche Leistungsunterschiede. Sekundäre Herkunftseffekte resultieren aus Kosten-Nutzen-Bilanzen, die im Hinblick auf eine Entscheidung, wie sie im Durchgang durch die Bildungsinstitutionen immer wieder ansteht, gezogen werden. Je nach der Position in der sozialen Struktur gehen andere Erwägungen in solche Kalküle ein, und auch wenn es dieselben sind, so werden sie anders verrechnet. Ein Beispiel kann das verdeutlichen: Entscheidet sich die Tochter eines Landarbeiters für ein Medizinstudium, wird sie nach dieser Entscheidung kaum noch mit ihren früheren Freundinnen zusammen sein, die Tochter des Freiberuflers wird dagegen in dieser Hinsicht andere Erwartungen haben und wird vom Freundeskreis auch Unterstützung erhoffen – im Studium, beim Aufbau der beruflichen Karriere. Ebenso wird sich das erste Kind von seiner Herkunftsfamilie infolge der getroffenen Entscheidung entfremden, nicht jedoch das zweite; der Vater des ersten wird sich verunsichert fühlen, der Vater des zweiten bestätigt etc. Je mehr (folgenreiche) Entscheidungen ein Bildungssystem verlangt, umso eher (und früher) werden Kinder aus tieferen sozialen Schichten von weiterführenden Bildungskarrieren ausgeschlossen. Dies belegt Boudon anhand von Berechnungen zum (mit weniger Entscheidungen belasteten, und zur Zeit seiner Studie etwas weniger sozial selektiven) Bildungssystem in den USA, im Vergleich zur Situation in den europäischen Ländern. Grundsätzlich aber – so führt er aus – würde nur die Reduktion sozialer Unterschiede in der Gesellschaft eine erheblich höhere Chancengleichheit in der Bildung ermöglichen; die Ausgangssituationen vor solchen Entscheidungen wären sich dann ähnlicher (Boudon 1973). Meulemann (1985) hat Boudons Modell auf Übertrittsentscheidungen für weiterführende Schulen in Deutschland angewendet und gezeigt, dass sie durch Entscheidungsverhalten und zu einem erheblichen Anteil durch Faktoren jenseits der Leistungsfähigkeit der Schüler bestimmt werden. Gegenwärtig erklären sekundäre Herkunftsfaktoren in Deutschland einen größeren Teil faktischer Übertritte als die Leistungen es vermögen (Maaz u. a. 2010). Die Unterscheidung von primären und sekundären Herkunftseffekten gehört zum Standardrepertoire der aktuellen Bildungsforschung.

Ist es bei Boudon eine *Verkettung* von Eigenheiten des Bildungssystems und Lebensumständen der Angehörigen verschiedener sozialer Schichten, die gegen die Bildungschancen der Nachkommen kleiner Leute wirkt – übersetzt durch deren eigene Entscheidungen –, so ist es bei Pierre Bourdieu schon eher eine *Verschwörung* von Unterrichtssystem und herrschender Klasse, im Interesse der Übermittlung von Macht und Privilegien, der Reproduktion der Sozialstruktur (Bourdieu/Passeron 1971, 1973). Die Schule verlangt und belohnt – so seine Argumentation – einen »Klassenhabitus«, also klassenspezifische Denk-, Wahrnehmungs- und Handlungsmuster (zu denen auch ein bestimmter Geschmack, eine bestimmte Sprache resp. eine Leichtigkeit des Umgangs damit gehören). Das schließen Bourdieu und Passeron aus einer Untersuchung an Studierenden, in der sie sowohl die Zugangschancen unterschiedlicher Bevölkerungsgruppen zur Universität erfassen, wie auch die Wahl von Studienfächern, die Sicherheit und das Reüssieren im Studium. Sie konstatieren eine eindeutige Selektion: Nachkommen höherer Schichten sind deutlich übervertreten, besonders sind sie das in den prestigeträchtigen Fächern, auch brauchen sie weniger lang für ihr Studium, haben mehr Freunde unter den Kommilitonen und tun sich leichter mit der professoralen Sprache (Bourdieu/Passeron 1971). Bourdieu führt die Vorstellung unterschiedlicher Kapitalsorten ein: ökonomisches Kapital, soziales Kapital, kulturelles Kapital (Bourdieu 1983). Das kulturelle Kapital sei für die Bildungschancen besonders relevant. Gemeint ist ein akkumulierbarer Besitz an Kulturgütern, aber auch an kulturellen Fähigkeiten, wozu auch Bildung und Bildungstitel gehören. Kulturelles Kapital sei nicht unabhängig vom ökonomischen, allerdings seien die beiden Kapitalsorten nur bedingt ineinander transformierbar. Kulturelles Kapital werde in der Familie an die Kinder weitergegeben und – soweit es verinnerlicht und verkörperlicht werde – konstituiere es deren Habitus. So

nennt denn Bourdieu das Werk, das er zur Bildungsungleichheit in Frankreich verfasst hat, im französischen Original »les héritiers«, die Erben (Bourdieu/Passeron 1971). Und dieses Familienerbe entscheide über den Bildungserfolg. Allerdings ist Kulturkapital nicht einfach ein Besitz an sich oder eine irgendwie absolut gesehen überlegene Kultiviertheit: Wie hoch es gewertet werde, und was überhaupt als kulturelles Kapital gelten dürfe, werde in gesellschaftlichen Bewertungsprozessen erst ermittelt, und diese seien geprägt von Interessen und Interessenkonflikten. Entschieden würden die Auseinandersetzungen auf der Basis des Besitzes an symbolischem Kapital, und dieser Besitz sei wiederum an andere Kapitalsorten gebunden (Bourdieu/Passeron 1973). Eine Einführung in das Denken von Pierre Bourdieu geben Fuchs-Heinritz und König (2011).

4. Kinder als gesellschaftliche Kategorie, Konstruktion und Rekonstruktion von Kindheit – die »neue« Kindheitssoziologie

Mitte der 1980er Jahre beklagte Ambert (1986), die Soziologie habe Kinder ignoriert, sie habe zwar organisierte Erziehung, Schule und Familie, nicht aber Kinder untersucht. Zum Beleg errechnete sie den Anteil Seiten in den Werken der Klassiker und in Fachzeitschriften, auf denen von Kindern die Rede ist – das Ergebnis waren meist Bruchstellen hinter dem Komma. Das änderte sich ab den 1990er Jahren. Thematisiert wurde die ungleiche Teilhabe an gesellschaftlichen Gütern, Rechten je nach Lebensalter: Die Teilhabe der Gruppe der Kinder sei geringer als die anderer Gruppen, das bleibe aber aufgrund der gängigen Sozialstatistiken unsichtbar, denn deren Einheiten seien Haushalte und Familien. In einem sozialstrukturellen Interesse wurde die Berücksichtigung von Kindern als gesellschaftlicher Kategorie verlangt: Kinder sollten nicht immer schon subsumiert werden unter Kategorien der sozialen Schicht, des Geschlechts, der Rasse (Qvortrup 1993). Heutige Statistiken zur Kinderarmut auf nationaler Ebene und im internationalen Ranking sind sichtbarer Erfolg dieser Forderung (Frick/Groh-Samberg 2010).

In Analogie zur feministischen Theorietradition wurde der Begriff einer »generationalen Ordnung«

(Alanen 1994) eingeführt. Er meint die institutionalisierte Zuschreibung von Eigenschaften, Fähigkeiten, Bedürfnissen – je an die Angehörigen der damit geschaffenen sozialen Alterskategorien und damit die Begründung und Festschreibung von Asymmetrien bezüglich gesellschaftlicher Teilhabe. Eine besonders gravierende Asymmetrie sei die unterschiedliche Bedeutung so kategorisierter Gruppen für die Erzeugung gesellschaftlich relevanter Wissensbestände: Wie die Frauen hätten Kinder keine »Stimme« – das monierte schon Firestone (1973). Für die »neue Kindheitssoziologie«, wie sich die nun in dieser Weise angeregte Forschungsrichtung bezeichnete, resultierte daraus die methodische Forderung, auch die Deutungen, mit denen Kinder ihre Handlungen begleiten, zu erfassen, etwa über ethnografische Verfahren, und sie als relevanten Teil sozial konstruierter Wirklichkeit zu betrachten (James/Prout 1990). Theoretisch eingebettet wurde das (bisher ungenügend) in eine Handlungstheorie, gemäß der Kinder als »Akteure« zu betrachten seien (Qvortrup 1993). Unklar bleibt allerdings, inwiefern diese Vorstellung theoretischer oder nicht doch eher advokatorischer Natur ist; Letzteres ist sie zum Beispiel ganz eindeutig in den stark interdisziplinären »Childhood Studies«, die in den letzten Jahren entstanden sind. So argumentiert etwa Mayall (2000, 246), über das Aufzeigen der Akteurschaft der Kinder gelinge es, die Position der Kinder in der Gesellschaft zu verbessern, und es diene »[…] as a basis for righting children's wrongs«.

Eine Vielzahl von Studien verortet sich mittlerweile in der »neuen Kindheitssoziologie«. Untersucht wird entweder der Umgang von Kindern mit den für sie geschaffenen institutionellen Arrangements respektive den ihnen zugänglichen gesellschaftlichen Räumen oder – stärker makrosoziologisch – die Konstruktion und Rekonstruktion der gesellschaftlichen Alterskategorien in Diskursen, politischen Arenen und Entscheidungen. Sammlungen solcher Studien finden sich z. B. bei Hengst und Zeiher (2005) und Qvortrup u. a. (2009). Diese Forschung beinhaltet interessante Einzelergebnisse im Hinblick auf die soziologischen Kernfragen nach gesellschaftlichen Ordnungsprozessen und sozialer Ungleichheit. Sie bedarf aber einer entsprechenden theoretischen Aufarbeitung, wenn sie nicht auf ein rein bereichsspezifisches Interesse beschränkt bleiben, sondern in die Soziologie zurückfließen soll. Ein Ansatz dazu findet sich bei Bühler-Niederberger (2011).

Literatur

Alanen, Leena: »Gender and Generation: Feminism and the ›Child Question‹«. In: Qvortrup, Jens/Bardy, Marjatta/Sgritta, Giovanni/Wintersberger, Helmut (Hg.): Childhood Matters. Aldershot 1994, 27–42.

Ambert, Anne Marie: »Sociology of Sociology. The Place of Children in North American Sociology«. In: Sociological Studies of Child Development 1 (1986), 11–31.

Boudon, Raymond: L'Inégalité des chances. Paris 1973.

Bourdieu, Pierre: Ökonomisches Kapital, kulturelles Kapital, soziales Kapital. In: Kreckel, Reinhard (Hg.): Soziale Ungleichheiten. Soziale Welt, Sonderheft 2 (1983), 183–198.

Bourdieu, Pierre/Passeron, Jean-Claude: Die Illusion der Chancengleichheit. Untersuchungen zur Soziologie des Bildungswesens am Beispiel Frankreichs. Stuttgart 1971.

Bourdieu, Pierre/Passeron, Jean-Claude: Grundlagen einer Theorie der symbolischen Gewalt. Frankfurt a. M. 1973.

Bühler-Niederberger, Doris: Kindheit und die Ordnung der Verhältnisse. München 2005.

Bühler-Niederberger, Doris: Lebensphase Kindheit. München 2011.

Caputo, Victoria: »She's From a ›Good Family‹: Performing Childhood and Motherhood in a Canadian Private School Setting«. In: Childhood 14 (2007), 173–192.

Denzin, Norman K.: »Childhood as a Conversation of Gestures«. In: Hamilton, Peter (Hg.): Mead, George Herbert: Critical Assessments. Vol. IV. London/New York 1971, 51–66.

Denzin, Norman K.: Childhood Socialization. Studies in the Development of Language, Social Behavior, and Identity. San Francisco 1977.

Deutsch, Martin (Hg.): The Disadvantaged Child. New York 1967.

Durkheim, Émile: Erziehung und Soziologie. Düsseldorf 1972 (frz. 1922).

Durkheim, Émile: Über die Teilung der sozialen Arbeit. Frankfurt a. M. 1977 (frz. 1893).

Durkheim, Émile: »Erziehung, Moral und Gesellschaft. Vorlesung an der Sorbonne 1902/1903«. Frankfurt a. M. 1984 (frz. 1934).

Durkheim, Émile: »Einführung in die Moral«. In: Bertram, Hans (Hg.): Gesellschaftlicher Zwang und moralische Autonomie. Frankfurt a. M. 1986, 33–53.

Firestone, Shulamith: »Nieder mit der Kindheit«. In: Kursbuch 34 (1973), 1–24.

Frick, Joachim R./Groh-Samberg, Olaf: Child Poverty and Child Well Being in the European Union. A Case Study: Germany. Budapest 2010.

Fuchs-Heinritz, Werner/König, Alexandra: Pierre Bourdieu – eine Einführung. Konstanz ²2011.

Gillies, Val: Marginalised Mothers. London/New York 2007.

Hengst, Heinz/Zeiher, Helga (Hg.): *Kindheit soziologisch.* Wiesbaden 2005.

James, Allison/Prout, Alan (Hg.): *Constructing and Reconstructing Childhood.* London 1990.

Jenks, Christopher u. a.: *Inequality.* New York 1972.

Lareau, Annette: *Unequal Childhoods.* Berkeley 2003.

Maaz, Kai/Baumert, Jürgen/Gresch, Cornelia/McElvany, Nele (Hg.): *Der Übergang von der Grundschule in die weiterführende Schule* (*Bildungsforschung* 34). Berlin 2010. http://www.bmbf.de/pub/bildungsforschung_band_vierunddreissig.pdf

Mayall, Berry: *The Sociology of Childhood in Relation to Children's Rights. The International Journal of Children's Rights* 8 (2000), 243–259.

Mead, George Herbert: *Geist, Identität und Gesellschaft aus der Sicht des Sozialbehaviorismus.* Frankfurt a. M. 1968 (engl. 1934).

Meulemann, Heiner: *Bildung und Lebensplanung.* Frankfurt a. M. 1985.

Parsons, Talcott: *The Social System.* New York [4]1951.

Parsons, Talcott/Bales, Robert Freed: *Familiy, Socialization and Interaction Process.* New York 1955.

Qvortrup, Jens: *Societal Position of Childhood.* In: *Childhood* 1 (1993), 119–124.

Qvortrup, Jens/Corsaro, William A./Honig, Michael-Sebastian (Hg.): *The Palgrave Handbook of Childhood Studies.* Basingstoke 2009.

Rolff, Hans-Günther: *Sozialisation und Auslese durch die Schule.* Heidelberg 1967.

Schumann, Dirk (Hg.): *Raising Citizens in the Century of the Child.* Brooklyn/New York 2010.

Steinkamp, Günther: »Sozialstruktur und Sozialisation«. In: Hurrelmann, Klaus/Ulich, Dieter (Hg.): *Handbuch der Sozialisationsforschung.* Weinheim [7]1998, 251–278.

Doris Bühler-Niederberger

14. Sportpädagogik

1. Einführung

Die Sportpädagogik ist ihrem Selbstverständnis nach jene sportwissenschaftliche Teildisziplin, welche sich mit den Möglichkeiten von Bildung und Erziehung im Rahmen der Bewegungskultur systematisch auseinandersetzt. Als solche geht sie davon aus, dass Bildungspotenziale nicht nur über das Erlernen bewegungskultureller Praktiken, sondern – in gleichem Maße – über die individuellen Erfahrungen im Rahmen der jeweiligen Handlungskontexte zu bestimmen sind. Solche Erfahrungen sind in normativer Hinsicht zunächst unbestimmt, da ein Engagement in Praxisfeldern, die besondere Anforderungen an das Bewegungskönnen der Akteure stellen, positive wie auch negative Wirkungen entfalten können. Demnach gibt es keinen »Sport«, der nicht zugleich erzieht – sei es nun zum Guten oder zum vermeintlich Schlechten. Als Wissenschaft fällt der Sportpädagogik mithin die Aufgabe zu, angemessene Bildungserwartungen an Bewegung, Spiel und Sport zu formulieren sowie diese für schulische wie auch außerschulische Vermittlungsfelder zu spezifizieren bzw. auf ihre tatsächlichen Wirkungen hin zu untersuchen. Hierbei soll die empirische Forschung ein Gegengewicht zu dem normativ gehaltenen Begründungsdiskurs schaffen und sicherstellen, dass die erwünschten Erziehungs- und Bildungsprozesse nicht überzeichnen, sondern, zumindest prinzipiell, auch eingelöst werden können.

Im *Grundriss der Sportpädagogik* skizziert Prohl (2006) zwei Diskurse, die in ihrem Verbund das wissenschaftliche Profil der Disziplin ausmachen (vgl. Abb. 1). Diese Diskurse folgen einer bildungstheoretisch-normativen und einer erziehungswissenschaftlich-empirischen Perspektive und werden nachfolgend kurz erläutert.

2. Die bildungstheoretische Perspektive der Sportpädagogik

Die Leitfrage des bildungstheoretischen Diskurses innerhalb der Sportpädagogik lautet »wozu« und behandelt die Sinnhaftigkeit und die Begründbarkeit erzieherischen Handelns in bewegungskulturellen Kontexten (vgl. Gröben/Kastrup u. a. 2011). Als Begründungskriterium fungieren die je zu bestimmenden Bildungsgehalte eines konkreten Er-

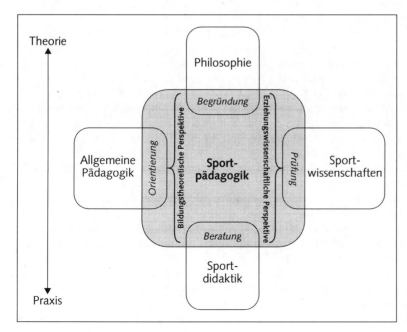

Abb. 1: Grundriss der Sportpädagogik

ziehungssettings, z. B. des schulischen Sportunterrichts. Die spezifischen Voraussetzungen solchen
bildungsreferenten pädagogischen Denkens und
Handelns hat Benner (2005) in drei Prinzipien zusammengefasst, die in ihrem Zusammenhang das
Menschenbild, die Aufgaben und die intendierte
Wirksamkeit von Erziehung folgendermaßen beschreiben:

- *Bildsamkeit* als Bestimmtsein zu rezeptiver und
  spontaner Leiblichkeit, Freiheit, Sprachlichkeit
  und Geschichtlichkeit
- *Pädagogische Transformation* gesellschaftlicher
  Einflüsse und Anforderungen durch Unterricht
  (in kritischer und konstruktiver Hinsicht)
- *Aufforderung zur Selbsttätigkeit* unter Beachtung
  der unterrichtlichen Einheit von Lehren und Erziehen

Diese Denkfigur konkretisiert das Menschenbild,
die Aufgaben und Wirksamkeitserwartungen moderner Pädagogik, nämlich im Erziehungsprozess
zu jener kompetenten und verantwortbaren Selbstbestimmung beizutragen, die zusammenfassend
als »Bildung« bezeichnet wird und in Anlehnung
an Meinberg (vgl. 2011) für die Sportpädagogik
folgendermaßen bestimmt werden kann:

- Bildungsprozesse sind im Sport ohne Freiheit
  nicht zu haben, da sie zwar auch stets vom Zwang
  begleitet sind, aber nur als zunehmender Ablö-
  sungsprozess von einer wie auch immer gearte-
  ten Fremdbestimmung sinnvoll zu denken sind.
- Demnach verfolgt die zeitgenössische Sportpädagogik in der Bearbeitung bildungstheoreti-
  scher Grundfragen nicht etwa das Ziel einer
  normativ-ethischen Formulierung von Fertig-
  keits- oder Tugendkatalogen. Vielmehr geht es
  darum, systematische Bedingungen der Möglichkeit für einen individuell gelingenden Umgang mit zeitgenössischen bewegungskulturellen Angeboten aufzuweisen, diese als spezifische
  Bildungsangebote zu reflektieren und in Erziehungsprozessen zu konkretisieren.
- Hier ist eine Differenzierung von Bildung und
  Erziehung angelegt, die Ansatzpunkte für empirische Fragestellungen bietet. So folgt die Erziehung einem transitiven Grundmuster (»jeman-
  den erziehen«), während der Bildung ein reflexives Moment unterliegt (»sich bilden«). Es ist
  also sinnvoll, im konkreten Fall zu fragen, ob der
  Erziehungsprozess zu kompetenter und verant-

wortbarer Selbstbestimmung beiträgt oder –
was prinzipiell ebenso möglich ist – diese sogar
behindert.

Bildungserwartungen sind im Kontext sportlichen
Handelns an Erfahrungsprozesse gebunden, die in
verschiedenartigen bewegungskulturellen Settings
ermöglicht werden, und müssen demnach aus dem
Erfahrungsgehalt der jeweiligen Praxis hergeleitet
werden: »Körperliche Bewegung ist danach nicht
nur der Beleg für den Grad an Fertigkeiten und Fähigkeiten, sondern auch ein Bildungspotenzial«
(Franke 2008, 199). So ist sportliches Handeln zwar
leistungsthematisch und geregelt, aber gleichzeitig
flüchtig, eigensinnig und folgenlos hinsichtlich au-
ßersportlicher Zwecke. Gleiches ließe sich für die
verwandten Praxen in Tanz, darstellendem Spiel
und weiteren spielaffinen körperlichen Hand-
lungszusammenhängen feststellen. Der fachlich-
spezifische Bildungsgehalt bewegungskultureller
Praxen kann mithin folgendermaßen abstrahiert
werden:

> Im Sport wird eben nicht gesprungen, weil ein Hin-
> dernis im Wege steht, sondern man stellt sich ein Hin-
> dernis in den Weg, um springen zu können. Indem
> der Zweck des sportlichen Handelns (Hindernis über-
> winden) also der Aufwertung der Wahrnehmung der
> Mittel ihres Vollzuges (Springen) dient, ist die Institu-
> tion »Sport« primär der Sphäre des Ästhetischen zu-
> zuordnen. (Scheid/Prohl 2012, 25)

Demnach ist eine Bewegungshandlung dann als ästhetisch zu bezeichnen, wenn ihr Zweck dazu
dient, die Mittel ihres Vollzuges aufzuwerten
(ebd.). Der Sport bietet vielfältige Möglichkeiten
solcher »freiwilligen Selbsterschwernis […], aus
der Kultur entsteht« (Grupe 1982, 107), und hierdurch einen institutionalisierten Rahmen der Ak-
tualisierung und Tradierung. Wesentliche Merkmale dieses Kultursegments bestehen

- in der Unmittelbarkeit des Weltbezugs durch
  Leiblichkeit und Bewegung,
- in dem vom Prinzip der Fairness getragenen
  Wettkampf und
- in der ästhetischen Eigenwelt des Sports als sozial geschütztem Rahmen.

Nicht nur für die Erforschung, sondern auch für
die Planung und praktische Durchführung stellt
sich jedoch die empirische Frage, wie wir uns dessen vergewissern können, was den jeweiligen Er-

ziehungsansatz begründet und ausrichtet (vgl. Gröben/Meinberg 2011). Gerade normative Sätze benötigen ein empirisches Korrektiv, um ideologischen Verfestigungen entgegenzuwirken. Dies wird auch in der Pädagogik so wahrgenommen: In Ergänzung zu den traditionell dominierenden Fragen, »was« Bildung bedeutet oder »wozu« Bildung gut sein soll, plädiert Tenorth dafür, nach dem »Wie« von Bildungsprozessen in empirischer Wendung zu fragen (vgl. Tenorth 2003, 423).

3. Die erziehungswissenschaftliche Perspektive der Sportpädagogik

Bildungsgehalte und unterrichtliche Optionen von Bewegung, Spiel und Sport werden seit einigen Jahren im Konzept eines »Erziehenden Sportunterrichts« zusammengefasst und als Doppelauftrag einer »Erziehung im und durch den Sport« ausgelegt. Die Erziehung *durch* den Sport soll demnach einen Beitrag zur Erarbeitung überfachlicher Schlüsselqualifikationen leisten, welche zu einem selbstbestimmten und selbstverantworteten Handeln befähigen. »Bildung« kann hierbei mit Klafki (vgl. Klafki 2001, 21; 2003) als selbstständig erarbeiteter und zu verantwortender Zusammenhang dreier Grundfähigkeiten verstanden werden:

- als *Selbstbestimmungsfähigkeit* jedes Einzelnen über seine individuellen Lebensbeziehungen und Sinndeutungen
- als *Mitbestimmungsfähigkeit* in Anspruch und Möglichkeit hinsichtlich der Gestaltung sozialer Bezüge
- als *Solidaritätsfähigkeit* mit Blick auf die Pluralität individueller Ansprüche im gesellschaftlichen Miteinander.

Darüber hinaus wird insbesondere das Handlungsfeld des Sportunterrichts mit spezifischen Möglichkeiten einer Erziehung im Sport liiert, die über eine reine Fertigkeitsvermittlung hinausgehen und vor allem in der didaktischen Interpretation der Unterrichtsinhalte unter verschiedenen pädagogischen Perspektiven liegen (vgl. z.B. Kurz 2009). Hierbei bieten bewegungskulturelle Inhalte ein weites Feld möglicher lohnender Erfahrungen, die sich erst im eigenen Tun verwirklichen und verschiedene mögliche Sinnrichtungen sportlichen Handelns verdeutlichen. So wird erst im (minde-

stens einigermaßen) gekonnten und regelkonform vollzogenen Spielzug deutlich, welche Erlebnismöglichkeiten z.B. das Sportspiel Volleyball bietet. Der Bildungsanspruch des Sportunterrichts verwirklicht sich dem entsprechend in einer systematisierten Anleitung zu einem Tun, das bewegungskulturelle Praxen als einen Möglichkeitsraum freiwilligen, selbstbestimmten und kompetenten Handelns erschließen soll. Ein wesentliches Merkmal schulischen Sportunterrichts ist jedoch dessen verpflichtender Charakter.

- Im Unterschied zu bewegungskulturellen Praxen außerhalb der Schule treffen sich hier eben nicht Gleichgesinnte, die – z.B. als Volleyballer, Skater, Schwimmer, Tänzer oder Leichtathleten – etwas gemeinsam zu Wege bringen *wollen*, sondern Lernende einer Klasse, die nach Maßgabe des Stundenplans mit wechselnden Themen und Inhalten konfrontiert werden und sich dazu verhalten *müssen*.
- Auf Grund dieses äußeren Zwangs zeigen schulische Lerngruppen eine hohe Heterogenität in Interessen und Können bei einem breit angelegten Stoffkanon, der wenig Zeit für einzelne Themen bzw. Inhalte lässt.

Gleichwohl *soll* eben dieser Unterricht einen Beitrag zu Partizipation und produktiver Selbstständigkeit in bewegungskulturellen Settings außerhalb der Schulen leisten. Dies ist als Aufforderung zur Selbsttätigkeit zwar prinzipiell möglich (vgl. Gröben/Rischke 2011, 89 ff.), jedoch wohl nur dann wirkmächtig, wenn, neben den unstrittig erforderlichen motorischen und kognitiven Kompetenzen, die Erlebnispotenziale des jeweiligen Gegenstands für die Lernenden deutlich werden. So reicht es im Falle des bereits angesprochenen Volleyballspiels eben nicht aus, lediglich technische Grundlagen zu vermitteln. Vielmehr muss auch der spezifische Reiz, der diesem Spiel innewohnt, von Anfang an erfahrbar werden, da sonst die Gefahr besteht, dass lediglich »träge Fertigkeiten« in einem mehr oder weniger langweiligen »Standvolleyball« entwickelt werden. Solche »trägen Fertigkeiten«, die eine echte Analogie zum »trägen Wissen« als bekanntem Problem der kognitiven Fächer aufweisen, sind letztlich immer daran zu erkennen, dass das Gelernte zwar im schulischen Kontext gezeigt, außerhalb des Unterrichts aber nicht weiter aktualisiert wird.

In Anbetracht des o. g. Bildungsanspruchs wie auch der strukturellen Bedingungen können die intendierten Wirkungsbereiche des Sportunterrichts auf drei Ebenen bestimmt werden:
- als Vermittlung von Handlungskompetenzen, die zur Partizipation und reflexiven Gestaltung bewegungskultureller Praxen notwendig sind
- als Ermöglichung positiver Erfahrungen im Umgang mit den spezifischen Anforderungen bewegungskultureller Handlungszusammenhänge
- als Erarbeitung überfachlicher Kompetenzen, die zu einem selbstbestimmten und selbstverantworteten Handeln befähigen.

Ein Sportunterricht, der die vielfältigen Sinngebungen des Sports in positiver Weise aufzeigen und erschließen soll, stellt aber nicht zuletzt hohe Anforderungen an die Lehrenden. Es ist ein Kennzeichen fachlicher Professionalität, unter den geschilderten Bedingungen des schulischen Sportunterrichts (Heterogenität in Interessen und Leistung bei einem breiten stofflichen Kanon und eher geringem Zeitrahmen für einzelne Themen) eine möglichst hohe Qualität und Nachhaltigkeit der Lernergebnisse sicherzustellen.

Einen Schwerpunkt aktueller wie künftiger Forschung bildet aus den genannten Gründen die empirische Unterrichtsforschung. Hierbei entspricht die Lehr-Lern-Forschung einer auf Lehr-Lern-Probleme gerichtete Mikroforschung, die versucht, die spezifischen Wirkungen von Lehrvariablen auf das Lernen im Unterricht aufzuklären. Demgegenüber ist die vergleichende Bildungsforschung eine auf Institutionen gerichtete Makroforschung, welche die Inhalte, Qualität und Effizienz von Bildungsprozessen im institutionellen und/oder internationalen bzw. interkulturellen Vergleich untersucht (im Handlungsfeld des Sports z. B. DSB-SPRINT-Studie 2006).
- Abstrakt gesprochen leisten dies empirische Analysen der internalen und externalen Bedingungen der Möglichkeit zu einem selbstständigen und gelingenden Umgang mit Problemen, die in der Lebenswelt von Kindern bzw. im späteren Leben von Bedeutung sind.
- Eine Prognose und empirische Analyse der Wirkungen pädagogischen Handelns bleibt allerdings stets unzureichend, da die konkrete unterrichtliche Handlungssituation von unzähligen Einflussgrößen bestimmt wird, stets Neben-

und Wechselwirkungen zeitigt und unter forciertem Handlungsdruck steht. So bleiben in der Forschung (wie auch in der Unterrichtsplanung) immer Unzulänglichkeiten und/oder Begründungslücken zurück. Gleichwohl sind empirische Erklärungen unentbehrliche Hilfsmittel konstruktiver Selbstkritik und ermöglichen – nach Maßgabe des Ceteris-Paribus-Prinzips – bessere Prognosen und damit letztlich effektivere Vermittlungsprozesse.
- Die Komplexität der Einflussgrößen hat aber auch dazu geführt, dass in der Unterrichtsforschung stets sowohl qualitative als auch quantitative Methoden eingesetzt wurden. In jüngster Zeit wird darüber hinaus argumentiert, dass diese Ansätze keineswegs unvereinbar, sondern vielmehr komplementär sind (vgl. Bähr/Krieger 2011). Unter dem methodischen Prinzip der Triangulation werden z. B. die verschiedenen Sichten der am Unterricht beteiligten Lernenden und Lehrenden mit vielfältigen Mitteln erfasst und systematisch aufeinander bezogen. Die Innovationen bestehen einerseits im Methodenmix, andererseits in der unkonventionellen Weiterentwicklung von Erhebungsmethoden bzw. im Wiederaufgreifen und Modifizieren traditioneller Instrumente.

Neben den empirischen »Wie-Fragen«, die vor allem das Lehren und Lernen an Schulen und Hochschulen betreffen, liegen seit geraumer Zeit ebenso spannende wie lohnende Fragen vor, die sich auf das »Was« und damit auf die möglichen Spezifika und Qualitäten möglicher Erfahrungen mit der »Sache« beziehen. Allerdings ist diese Frage wissenschaftstheoretisch betrachtet heikel:
- Wissenschaftliches Handeln ist eine Erkenntnisweise, die, anders als die unmittelbare lebensweltliche Erfahrung, eine Distanz zwischen dem Objekt und dem Subjekt der Erkenntnis wahrt. Dies wird durch die methodische Regelung der wissenschaftlichen Erfahrung sichergestellt, sie bildet den Rahmen einer Konstruktion des jeweiligen Gegenstandes. Ziel dieses Vorgehens ist es, intersubjektiv diskutables und prüfbares Wissen über einen Sachverhalt zu erlangen.
- Eine solche Konstruktion ist keinesfalls mit dem ursprünglichen Geschehen identisch, erst durch die vielfältigen Transformationen zwischen der Sprach- und der Erfahrungsebene, zwischen

Modell und Wirklichkeit wird ein Gegenstand thematisch. Eine direkte Korrespondenz zwischen Sprache (Theorie) und Sachverhalt (Empirie) ist daher nicht möglich, weshalb Aussagen über den Gegenstand nur auf der Ebene möglicher Erfahrungen, etwa in Form von Prognosen, Annahmen und Hypothesen, getroffen werden können. Demnach ist es ein Kennzeichen wissenschaftlicher Erfahrung, dass die Zugangsart zu dem Erkenntnisgegenstand über die Grundzüge der Gegenständlichkeit mitbestimmt (vgl. Gröben 2000).

Eine Untersuchung der Erfahrungscharakteristika bewegungskultureller Praxen sollte folglich zunächst die Konstitution des wissenschaftlichen Gegenstandes in den Blick nehmen, bevor die Gegenständlichkeit in fach- bzw. modellspezifischen Termini festgeschrieben und gegenüber konkurrierenden Gegenstandsauffassungen immunisiert ist. Dies entspricht der Frage nach dem lebensweltlichen Phänomen, das den vielfältigen bewegungskulturellen Erscheinungsformen zugrunde liegt. Solche Analysen des phänomenalen Gehalts bewegungskulturellen Handelns, die den Kern einer sportpädagogischen Bewegungsforschung ausmachen, sind jedoch bislang ein Desiderat.

Literatur

Bähr, Ingrid/Krieger, Claus: »Zur Empirie sportunterrichtlicher Situationen – ›Ich seh' etwas, was Du nicht siehst …?‹«. In Gröben, Bernd/Kastrup, Valerie/Müller, Arno (Hg.): *Sportpädagogik als Erfahrungswissenschaft*. Hamburg 2011, 56–71.

Benner, Dietrich: *Allgemeine Pädagogik*. Weinheim 2005.

Deutscher Sportbund (Hg.): *DSB-SPRINT-Studie. Eine Untersuchung zur Situation des Schulsports in Deutschland*. Aachen 2006.

Franke, Elk: »Erfahrung von Differenz – Grundlage reflexiver Körper-Erfahrung«. In: Gugutzer, Robert (Hg.): *body turn. Perspektiven der Soziologie des Körpers und des Sports*. Bielefeld 2006, 187–206.

Franke, Elk: »Erfahrungsbasierte Voraussetzungen ästhetisch-expressiver Bildung – zur Entwicklung einer domänenspezifischen ›Sprache‹ physischer Expression«. In: Franke, Elk (Hg.): *Erfahrungsbasierte Bildung im Spiegel der Standardisierungsdebatte*. Hohengehren 2008, 195–215.

Gröben, Bernd: *Einheitenbildung im Bewegungshandeln. Zur phänomenalen Struktur des sportbezogenen Bewegungslernens*. Schorndorf 2000.

Gröben, Bernd/Meinberg, Eckhard: »Sportpädagogik«. In: Willimczik, Klaus (Hg.): *Sportwissenschaft interdisziplinär – Ein wissenschaftstheoretischer Dialog. Die sportwissenschaftlichen Teildisziplinen in ihrer Stellung zur Sportwissenschaft*. Bd. 4. Hamburg 2011, 83–105.

Gröben, Bernd/Kastrup, Valerie/Müller, Arno: »Die Differenz von Bildung und Erziehung – Ansatzpunkte empirischer Forschung aus Sicht der Sportpädagogik«. In: Gröben, Bernd/Kastrup, Valerie/Müller, Arno (Hg.): *Sportpädagogik als Erfahrungswissenschaft*. Hamburg 2011, 11–23.

Gröben, Bernd/Rischke, Anne: »Selbständigkeit als Problem und Aufgabe des schulischen Sportunterrichts«. In: Lange, Harald u. a. (Hg.): *Bewegungsbezogene Bildungskonzeptionen*. Baltmannsweiler 2011, 89–99.

Grupe, Ommo: *Bewegung, Spiel, Leistung*. Schorndorf 1982.

Heid, Helmut: »Bildung als Gegenstand empirischer Forschung«. In: *Vierteljahresschrift für Wissenschaftliche Pädagogik* 80.4 (2004), 456–477.

Klafki, Wolfgang: »Bewegungskompetenz als Bildungsdimension«. In: Prohl, Robert (Hg.): *Bildung und Bewegung*. Hamburg 2001, 19–28.

Klafki, Wolfgang: »Lernen in Gruppen«. In: Gudjons, Herbert (Hg.): *Handbuch Gruppenunterricht*. Weinheim 2003, 41–53.

Kurz, Dietrich: »Der Auftrag des Schulsports«. In: Brandl-Bredenbeck, Hans Peter/Stefani, Miriam (Hg.): *Schulen in Bewegung – Schulsport in Bewegung*. Hamburg 2009, 36–51.

Meinberg, Eckhard: *Leibliche Bildung in der technischen Zivilisation. Über den Umgang mit dem Leibe*. Berlin 2011.

Prohl, Robert: *Grundriss der Sportpädagogik*. Wiebelsheim 2006.

Prohl, Robert: »Zum Bildungspotenzial des Sportunterrichts«. In: Krüger, Michael/Neuber, Nils (Hg.): *Bildung im Sport. Beiträge zu einer zeitgemäßen Bildungsdebatte*. Wiesbaden 2011, 165–178.

Scheid, Volker/Prohl, Robert (Hg.): *Sportdidaktik: Grundlagen – Vermittlungsformen – Bewegungsfelder*. Wiebelsheim 2012.

Tenorth, Heinz-Elmar: »Wie ist Bildung möglich? Einige Antworten – und die Perspektive der Erziehungswissenschaft«. In: *Zeitschrift für Pädagogik* 48.3 (2003), 422–430.

Tenorth, Heinz-Elmar: »Mehr als Training? Über Bildung im Sportunterricht«. In: Gröben, Bernd/Kastrup, Valerie/Müller, Arno (Hg.): *Sportpädagogik als Erfahrungswissenschaft*. Hamburg 2011.

Bernd Gröben

15. Theologie

1. Zum Stand der Diskussion um religiöse Erziehung in Deutschland und Europa

Der Religionsunterricht ist in Deutschland das einzige im Grundgesetz abgesicherte »ordentliche« Lehrfach; »ordentlich« bedeutet, dass das Fach zwar inhaltlich von den Kirchen verantwortet wird, hinsichtlich von Organisation und Bewertung aber an die staatlichen Vorgaben gebunden ist. Er wird im Rahmen des Grundrechts auf Religionsfreiheit Art. 4,1 und 2 GG in Übereinstimmung mit den Grundsätzen der Religionsgemeinschaften (Art. 7,3 GG) erteilt, da der Staat sich nach der geltenden Lesart des Verfassungsrechts weltanschauliche und religiöse Neutralität zuschreibt. Dieser konfessionelle Religionsunterricht wurde und wird durch die Zunahme nicht getaufter oder in anderen religiösen Kontexten beheimateter Schülerinnen und Schüler und deren Abmeldung aus dem Religionsunterricht in Frage gestellt. »Religiöse Pluralität« (Nipkow 1998) und »Individualisierung der Religion« sind Schwierigkeiten und Herausforderungen im Umgang mit der religiösen Erziehung von Kindern und Jugendlichen heute. Dennoch existiert in der jungen Generation ein Potenzial von Grenz- und Sinnfragen, für deren Bearbeitung gerade im Religionsunterricht Raum gegeben wird. Im europäischen Kontext wurde auf das Problem der Pluralisierung unterschiedlich reagiert (Sauer 2004, 296–301): Man findet von konfessionellem Religionsunterricht als Pflichtfach (z. B. Dänemark) oder Wahlpflichtfach (z. B. Deutschland) über überkonfessionelle Religionskunde (z. B. England mit »religious education« als Pflichtfach) bis hin zur Katechese an der Schule unterschiedliche Modelle mit unterschiedlichstem Verpflichtungscharakter und dem Angebot von verschiedenen Ersatz- und Alternativfächern. Dennoch hat sich der RU in fast allen europäischen Ländern als Teil des schulischen Bildungssystems meist sogar in konfessioneller Ausrichtung etabliert, dessen inhaltlichen Ziele und Schwerpunktsetzungen aber erheblich variieren (Lindner 2008).

Auf die tiefgreifenden Veränderungen der Postmoderne (Entgrenzung, Beschleunigung, Ersetzbarkeit und Entwertung von Dingen, Individuali-

sierung) wird auf dem Hintergrund einer christlichen Anthropologie auch vonseiten der Kirchen in der Tradition der Aufklärung und des Humanismus mit einem Bildungsverständnis reagiert, das Bildung als Lebensbegleitung konzipieren möchte, die eine unaufgebbare soziale Dimension hat und sich auf »alle Menschen in allen Lebens- und Bildungsbereichen« bezieht (EKD 2003, 64). Bildung wird im umfassenden Sinn ausgelegt als »Zusammenhang von Lernen, Wissen, Können, Wertbewusstsein, Haltungen (Einstellungen) und Handlungsfähigkeit im Horizont sinnstiftender Deutungen des Lebens« (EKD 2003, 66). Bildung umfasst Erziehung zum Frieden sowie Verständigung mit Menschen anderer Kulturen. Sie leitet an zu einem sachgerechten Umgang mit den Gütern der Kultur, Zivilisation und Natur und ruft dazu auf, den Unterschied zwischen dem Schöpfer und allem Geschaffenen zu respektieren, so dass »Bildung in menschlichen Maßen« (EKD 2003, 89) erfolgen kann.

2. Geschichtlicher Rückblick – Arbeitsfelder der Religionspädagogik

Aufgabe der Religionspädagogik ist es, die religiöse Erziehung, also Gemeindepädagogik und Religionsunterricht, pädagogisch zu begründen und theologisch zu verantworten. Das Verhältnis der zwei betroffenen Disziplinen, Theologie und (Religions-)pädagogik, in ihrem Miteinander wurde allerdings in ihrer Geschichte unterschiedlich bestimmt. Das *Dominanzmodell* stand bis in die späten 1960er Jahre im Zentrum der Religionspädagogik: Die (Inhalte der) Theologie war(en) gegenüber der (Religions-)Pädagogik dominant. Im Religionsunterricht nach dem Zweiten Weltkrieg ging es um »*evangelische Unterweisung*« (Vertreter: H. Kittel, G. Bohne), bei der die Entscheidung vor Gott und die Einübung von Gemeinde Ziel des Religionsunterrichts war. Lehrerinnen und Lehrer lehrten in Analogie zum Pfarramt als Verkündiger das Wort Gottes. Religionsunterricht war somit »Kirche in der Schule«, wobei die Bibel normative Bedeutung hatte. Ab den 1960er Jahren von der

Konzeption eines *hermeneutischen Religionsunterrichts* (Vertreter: H. Stock, M. Stallmann, G. Otto,
K. Wegenast) abgelöst, wurde Religionsunterricht
nun als Teil der Vermittlung von Tradition im
Kontext einer bildungstheoretischen Didaktik
verstanden, den wissenschaftliche Theologinnen
und Theologen verantworteten. Der Kirchenbezug
rückte in den Hintergrund, denn der evangelische
Religionsunterricht wurde als hermeneutische Aufgabe (G. Otto) gesehen. In beiden Konzeptionen
bestimmte die Theologie, was zu lehren sei, die Religionspädagogik hingegen diente diesem Prozess
im Nachdenken darüber, wie eine altersgemäße
Vermittlung stattfinden könnte. Pädagogik war sozusagen eine Hilfswissenschaft für die Theologie.

Erst im *problemorientierten Religionsunterricht*
der 1970er/1980er Jahre (Vertreter: H. P. Kauf-
mann, K. E. Nipkow, P. Biehl) wurde die Bedeutung
der Pädagogik zentral. Ziel war nicht mehr zuerst
Sachkompetenz in biblischen und theologischen
Fragen, sondern Realisierung von Emanzipation
und Hilfe bei der Lebensbewältigung im Religionsunterricht. »Themen statt Texte?« (Gloy 1971, 67)
macht den inhaltlichen Richtungswechsel deutlich.
Jetzt kann man von einem *Konvergenzmodell* als
Verhältnisbestimmung zwischen Theologie und
Pädagogik sprechen, das sich bis heute gegenüber
den traditionellen Vorstellungen durchgesetzt hat.
Religionspädagogik wird nun interdisziplinär betrieben, so dass Erkenntnisse der Human- und Sozialwissenschaften je nach Konzepten unterschiedlich stark berücksichtigt werden. Gegenstand der
Religionspädagogik ist »die Frage nach dem Bildungsgehalt von Religion und Religiosität in Geschichte und Gegenwart im Deutungshorizont
christlicher Botschaft und Tradition« (Noormann
2004, 51).

Definieren wir die Religionspädagogik als wissenschaftliche Handlungstheorie für religiöse Bildungsprozesse in Schule und Gemeinde, lassen
sich (Lämmermann 1991, 80 f.) davon ausgehend
drei Ebenen in den Arbeitsfeldern der Religionspädagogik unterscheiden:
1. Die Ebene des *Entdeckungszusammenhangs,* bei
   der Probleme des »didaktisch heute Notwendigen«, also der »Erziehungswirklichkeit« problematisiert werden, wie z. B. religiöse Sozialisation, gesellschaftliche Schlüsselprobleme, wichtige Forschungen aus Theologie, Pädagogik,
   Religionswissenschaft, Soziologie etc.

2. Die Ebene des *Begründungszusammenhangs,* bei
   der leitende Intentionen, Kompetenzen, Ziele
   und Inhalte für die religionspädagogische Praxis
   bestimmt werden.
3. Die Ebene des *Realisierungszusammenhangs,* bei
   dem es um Unterrichtsforschung hinsichtlich
   von Planung, Strukturierung, Durchführung
   und Auswertung in Theorie und Praxis geht.

Wichtig ist, dass dabei jeweils zwei große pädagogische Handlungsfelder differenziert werden: Die
Pädagogik im Kontext von Schule und die Pädagogik im Kontext von Gemeinde, die in ihren
Arbeitsfeldern Kindergarten mit Elternbildung,
Kindergottesdienst, Konfirmanden-, Kommunions-
und Firmunterricht, Jugendarbeit, Seniorenbildung,
Mitarbeiterschulung z. B. in diakonischen Einrichtungen die ekklesiologische Dimension pädagogischen Handelns in den Mittelpunkt rückt.

3.   Bedeutsame Diskussionslinien

Wie anfangs beschrieben hat sich durch die Veränderung religiös-konfessioneller Sozialisation in der
Familie die Religionspädagogik mit dem Problem
des Traditionsabbruchs beschäftigt. Neben der Diskussion um die Frage, was in einer solchen Gesellschaft »religiöse Kompetenz« meine, findet man unterschiedliche religionspädagogische Wege, damit
umzugehen. Entweder wird ein religionskundlicher
Unterricht mit der These vertreten, dass mit einem
generellen Einverständnis einer dezidiert konfessionellen religiösen Erziehung in der Schule nicht
mehr zu rechnen sei. Deshalb müsse der Religionsunterricht im Gegensatz zur Gemeindepädagogik
in der »neutralen« Beobachterposition bleiben, um
nicht der Gefahr der Missionierung zu verfallen. So
kam es z. B. in Brandenburg zur religionskundli-
chen Konzeption von LER (Lebensgestaltung –
Ethik – Religionskunde). Die Diskussion bewegt
sich dabei um die Frage nach *intersäkularem, inter-
konfessionellem und interreligiösem Dialog.*

Andererseits wurde die Konzeption des sogenannten *performativen Religionsunterrichts* entwickelt, der versucht, mangelnde religiöse Erfahrungen der Schülerinnen und Schüler in ihrer
Sozialisation in Familie und Gemeinde durch Er-
fahrungsangebote im Religionsunterricht auszu-
gleichen.

Als weitere Leitlinie religionspädagogischer Diskussion hat sich in Aufnahme der Bewegung der Kinderphilosophie in den letzten 15 Jahren die sogenannte »Kindertheologie« entwickelt. In Bezug auf das von F. Schweitzer geforderten »Recht des Kindes auf Religion« werden die Leistungen und der Wert des Kindes im Kontext von Erziehung betont, um sich von der Vorstellung abzugrenzen, dass Religionsunterricht nur unmündige, unwissende, nur passiv-rezipierende Kinder in der Lehre des richtigen Glaubens unterweisen möchte. Kindertheologie als Theologie von und mit Kindern versucht, elementare Zugänge zu biblischen und theologischen Texten und Themen zu erforschen, wirft aber die Frage auch zurück nach einer adäquaten »Theologie für Kinder«. Dabei wurde auch die Frage nach der adäquaten Förderung »theologischer« bzw. »religiöser Kompetenz« problematisiert (Zimmermann 2012, 158; Zimmermann 2013).

3.1 Was meint »religiöse Kompetenz«?

Die EKD hat im Rahmen der Debatte um Kompetenzen und Standards eine Arbeitsgruppe am Comenius-Institut Münster eingesetzt, die im Jahr 2004 ein Thesenpapier vorgelegt hat, wie Kompetenz- und Bildungsstandard-Diskussionen innerhalb religionspädagogischer Theoriebildung und praktischer Umsetzung konstruktiv aufgenommen werden können. Die Expertengruppe sah ihre Aufgabe darin, »ein fachdidaktisch begründetes und unterrichtspraktisch erprobtes Modell für grundlegende Kompetenzen religiöser Bildung zu entwickeln und zur Diskussion zu stellen (Elsenbast/ Fischer u. a. 2004, 5). Dem Basisdiskussionspapier schlossen sich Präzisierungen und Beispielaufgaben zu den Kompetenzen an (Fischer/Elsenbast 2006) und 2007 erfolgte eine Sammlung von Stellungnahmen dazu aus fachkundiger religionspädagogischer Perspektive (Elsenbast/Fischer 2007).

Die darin verwendete Definition, was »religiöse Kompetenz« ist, lehnt sich stark an die des katholischen Theologen Ulrich Hemel an, der in seiner umfassenden Habilitationsschrift religiöse Kompetenz wie folgt definiert: »Religiöse Kompetenz (ist) die erlernbare, komplexe Fähigkeit zum verantwortlichen Umgang mit der eigenen Religion in ihren verschiedenen Dimensionen und in ihren lebensgeschichtlichen Wandlungen« (Hemel 1988, 674). Hemel weist auf den Unterschied zwischen

Religion und Glauben hin, der darin liege, dass ein und derselbe Glauben eine Vielzahl von Möglichkeiten zur religiösen Entfaltung biete. So kommt Hemel zu den fünf Dimensionen, in denen sich religiöse Kompetenz äußert (Hemel 1988, 667–690): *1. Religiöse Sensibilität, 2. Religiöses Ausdrucksverhalten, 3. Religiöse Inhaltlichkeit, 4. Religiöse Kommunikation, 5. Religiös motivierte Lebensgestaltung.* Hemel versteht diese fünf Teilkompetenzen nicht additiv, sondern integrativ und mehrdimensional, d. h. sie überschneiden und ergänzen sich gegenseitig. Die Nähe zu den »Dimensionen der Erschließung von Religion« (Fischer/Elsenbast 2006, 17), wie sie die Expertengruppe differenziert hat, wird deutlich:

1. Perzeption: Wahrnehmen und Beschreiben religiös bedeutsamer Phänomene;
2. Kognition: Verstehen und Deuten religiös bedeutsamer Sprache und Glaubenszeugnisse;
3. Performanz: Gestalten und Handeln in religiösen und ethischen Fragen;
4. Interaktion: Kommunizieren und Beurteilen von Überzeugungen mit religiösen Argumenten und im Dialog;
5. Partizipation: Teilhaben und Entscheiden: begründete (Nicht-)Teilhabe an religiöser und gesellschaftlicher Praxis.

Diese Dimensionen werden zu vier »objektivierbaren Gegenstandsbereichen von Religion« in Beziehung gesetzt: 1. die subjektive Religion der Schüler/innen, 2. die Bezugsreligion des Religionsunterrichts, 3. andere Religionen und Weltanschauungen oder schließlich 4. Religion als gesellschaftliches und kulturelles Phänomen. Die Verschränkung von Gegenstandsbereichen und Erschließungsdimensionen wird dann konkret durch die Vorstellung von zwölf abstrakt formulierten Kompetenzen und später dazu gefügten Beispielaufgaben vollzogen.

Die Kritik an den Bildungsstandards für den RU wurde umfassend geübt (Problem der praktischen Realisierbarkeit und Überprüfbarkeit, Verhältnis von Bildung und Standards, Reduktion von Lernprozessen, Wiederbelebung von Lernzielorientierung etc.) (Obst 2012, 41–57) und Erweiterungen bzw. Präzisierungen (Zimmermann 2012, 158– 163) eingefordert. Dennoch ist durch die Diskussion klarer umrissen, was alles »religiöse Kompetenz« umfasst, und wie eine Erziehung zur Religionskompetenz aussehen kann. Konkret für die

Schule umgesetzt wurde dies zuerst im Sommer 2003 mit »Bildungsstandards« für Evangelische und 2004 für Katholische Religionslehre in Baden-Württemberg, die im Schuljahr 2005/06 verbindlich eingeführt wurden. Dem folg(t)en die anderen Bundesländer nach. Meist werden wie auch in Baden-Württemberg zusätzlich Themenfelder oder Dimensionen ausgewiesen, in denen die Kompetenzen erworben werden sollen. Inhaltlich wird so der thematische Rahmen von Religionsunterricht umrissen: 1. Mensch; 2. Welt und Verantwortung; 3. Bibel; 4. Gott; 5. Jesus Christus; 6. Kirche und Kirchen; 7. Religionen und Weltanschauungen. In den Jahren 2006/07 wurden darüber hinaus »Niveaustufen« genannt, anhand derer erwartete Kompetenzen zu den jeweiligen Themenfeldern im Zweijahresabstand präzise beschrieben werden.

3.2 Intersäkularer/ökumenischer/ interreligiöser Dialog

Kaum ein Thema hat in den 1990er Jahren die Religionspädagogik so stark beschäftigt wie das interreligiöse Lernen. Schon seit den 1950er Jahren sprechen die Dokumente des Ökumenischen Rates der Kirchen von der Notwendigkeit einer ökumenischen Erziehung. Die Einsicht in den Verlust des Religionsmonopols hat aber erst später die Notwendigkeit des Dialogs deutlich gemacht, des Dialogs mit der Gruppe der Atheisten (intersäkularer D.), mit den Angehörigen anderer christlicher Konfessionen (ökumenischer D.) und den Mitgliedern anderer Religionen (interreligiöser D.). Wie aber ein solcher Dialog für Kinder und Jugendliche am besten vorbereitet und angebahnt werden kann, bleibt in der Religionspädagogik umstritten. Die katholische Kirche präferiert in ihrer Denkschrift »Die bildende Kraft des Religionsunterrichts – zur Konfessionalität des katholischen Religionsunterrichts« (1996) für einen konfessionellen Religionsunterricht. Im Sinne der EKD Denkschrift von 1994 »Identität und Verständigung – Standort und Perspektiven des Religionsunterrichts in der Pluralität« wird ein solcher dialogischer Unterricht konfessionell-kooperativ verstanden. Kooperation soll im Aufbau einer Fächergruppe, der Fachkonferenz, und durch Phasen, Themen und Projekte im Unterricht erfolgen, jedoch nicht grundsätzlich in einem ökumenischen RU. Ob im Religionsunterricht das Gemeinsame inmitten der Differenzen gesehen

wird oder die Identitätsbildung der Verständigung vorangestellt werden muss, bleibt bis heute umstritten. Das Hamburger Modell eines »Religionsunterrichts für alle« an einer multikulturellen Schule z. B. geht einen dritten Weg, indem grundlegende ethische Werte, wie sie als Schnittmenge aller Religionen bestehen, die Themen des Unterrichts bestimmen. Unterrichtet werden diese aber von Theologen. Dialog soll auch hier Identität fördern, aber in umgekehrter Reihenfolge.

In Brandenburg dagegen wurde das allgemeinbildende Pflichtfach LER eingerichtet. Davon ausgehend, dass Religion und Ethik zum Bildungs- und Erziehungsauftrag der Schule gehören, soll die religiöse Überlieferung bekenntnisfrei und religiös- und weltanschaulich neutral, so das Brandenburgische Schulgesetz, unterrichtet werden. Angefragt wurde in der Diskussion um den LER einerseits, ob eine überzeugende Vermittlung religiöser Inhalte tatsächlich neutral erfolgen kann, andererseits, ob eine positionierte Vermittlung nicht von einer Indoktrination abgegrenzt werden muss, weil die Position des Unterrichtenden so eher erkennbar und kritisierbar bleibe.

3.3 Religion erfahren

Wenn der im Unterricht praktizierten Reflexion von Religion durch den Traditionsabbruch und die Säkularisierung der Gesellschaft keine religiöse Erfahrung mehr zugrunde liege, würde auch das Sprechen über Religion substanzlos, so die Vertreter der Konzeption eines »performativen Religionsunterrichts«. Fehlende Erfahrungen sollen also im Religionsunterricht angebahnt werden, denn Religion ist im Rahmen der performativen Religionspädagogik »eine Religion der Aufführung«, »eine Inszenierungsreligion« (Klie 2003) und Unterricht wird so verstanden als »eine Inszenierung, die Lehrende als Regisseure und Lernende als Akteure in Zeichenprozesse verwickelt« (Dressler/ Meyer-Blanck 1998, 6), um Religion erfahrbar zu machen. Auch im Bischofswort »Der Religionsunterricht vor neuen Herausforderungen« von 2005 wird gefordert, dass junge Menschen im RU eine Teilnehmerperspektive einnehmen sollen, weil »die Vermittlung des gelehrten Glaubens nicht ohne Bezug zum gelebten Glauben gelingen kann« (24). Partizipationskompetenz als Teil religiöser Kompetenz soll deshalb gezielt eingeübt werden.

Kritiker sehen in diesem Konzept die Gefahr der Profanisierung, wenn z. B. Trauerrituale im Religionsunterricht nachgespielt werden, oder aber der Missionierung (Englert 2002, 32), wenn z. B. probeweise Gebete formuliert werden. Denn das Probehandeln berge die Gefahr der bei religiösen Ritualen besonders schädlichen mangelnden Ernsthaftigkeit, der Profanisierung, auf der einen Seite und auf der anderen Seite der religiösen Überwältigung ohne Einwilligung des Kindes. »Je stärker sich eine Konzeption von der dramatischen Performance her versteht, desto dringlicher stellt sich die Frage nach der ›didaktischen Absicherung‹ gegen Profanisierung und Missionierung« (Roose 2006, 113). Diesbezüglich ist, wie z. B. von Hans Mendel empfohlen, die Performance nicht nur anschließend zu reflektieren, sondern auch eine Reflexion voranzustellen, so dass die Schülerinnen und Schüler einerseits als mündige Subjekte eingeweiht werden und so zwischen Haltung und Deutung unterscheiden können, andererseits ihnen gegenüber deutlich gemacht wird, dass sie »das Experiment« wieder verlassen können. Das »Performative Arrangement« setzt sich dann also aus einer *diskursiven Einführung* über den Modus des Erlebens in zeitlicher und räumlicher Begrenzung und die Befähigung zur Code-Unterscheidung (Haltung, Deutung), dem *performativen Erleben* und der *diskursiven Reflexion* mit einem Austausch über subjektive Erlebens-Modi (Was war?) und über subjektive Erfahrungs-Konstruktion (Was bedeutet das?) zusammen. Religion soll in dieser Form im Ritus z. B. in liturgischen Formen, im Kirchenraum, an Erinnerungsorten des Lebens und Glaubens, in der Schöpfung und im Gebet auch im Religionsunterricht erfahrbar werden (Mendl 2008).

Eine existenziellere Dimension mit ebenfalls praktischen Elementen entwirft der Münsteraner Religionspädagoge Christian Grethlein (2005, 271 f.) mit seinem Anspruch »Religionsunterricht als Befähigung zum Christsein (…) Religionsunterricht eröffnet den Kindern und Jugendlichen die Möglichkeit, Christsein als eine attraktive, das Leben in umfassender Weise erschließende Praxis kennen zu lernen. Dadurch werden sie zum einen befähigt, sich verantwortlich hinsichtlich ihrer Daseins- und Werteorientierung zu entscheiden, zum anderen andere Menschen zu verstehen, die ihr Leben wesentlich aus christlichen, ja im weiteren Sinne religiösen Motiven gestalten.«

3.4 Kindertheologie

Hatte noch vor 15 Jahren kaum jemand den Begriff der Kindertheologie gekannt, erfreut er sich heute mit einem *Jahrbuch für Kindertheologie*, diversen Themenheften großer Zeitschriften, Seminaren und Fortbildungen großer Beliebtheit. Obwohl die inhaltliche Bestimmung und die Zielsetzung erst in Ansätzen klar definiert sind (Zimmermann 2012), ist die Nähe zur Kinderphilosophie deutlich. Es finden sich neben einer Darstellung theologischer und sozialwissenschaftlicher Begründungen methodische Zusammenstellungen und thematische Aufarbeitungen zu systematisch-theologischen und biblischen Schwerpunkten: Wie interpretieren Kinder bzw. Jugendliche als Exegeten biblische Texte, welche Einstellungen haben sie zu Glaubenssätzen z. B. aus dem Glaubensbekenntnis, wie denken Kinder über religiöse Differenz etc. Dass es bei einer Wahrnehmung des Status quo als Ziel kindertheologischer Arbeit nicht bleiben kann, sondern die »Theologie der Kinder« die Frage des »Theologisieren(s) mit Kindern« als auch die der Professionalisierung Lehrender (Freudenberger-Lötz 2007) und die nach einer »Theologie für Kinder« (Pemsel-Maier 2011) notwendig macht, ist einsichtig. Ebenso werden klar Grenzen der Kindertheologie benannt (Kindertheologie als kindliche Tätigkeit oder unterrichtliche Verordnung, Kindertheologie als Projektionsfläche einer Erwachsenentheologie etc.) (Zimmermann 2012).

Durchgängig bei allen Konzepten ist, dass Religion einen eigenen Zugang zur Wirklichkeit eröffnet, der durch keinen anderen Modus der Welterfahrung ersetzt werden kann. Wie der Modus der Welterfahrung dann jeweils vertieft wird, wie »das Recht des Kindes auf Religion« (Schweitzer 2005) umgesetzt wird, wird aber, wie aus der obigen Darstellung deutlich wurde, unterschiedlich gefüllt.

Literatur

Bolle, Rainer/Knaut, Thorsten/Weiße, Wolfram (Hg.): *Hauptströmungen evangelischer Religionspädagogik im 20. Jahrhundert. Ein Quellen- und Arbeitsbuch.* Münster 2002.

Dressler, Bernhard/Meyer-Blanck, Michael: »Vorwort: Einladung zu einem religionspädagogischen Blickwechsel«. In: Dies. (Hg.): *Religion zeigen. Religionspädagogik und Semiotik.* Münster 1998, 5–9.

Elsenbast, Volker/Fischer, Dietlind/Schreiner, Peter: *Zur Entwicklung von Bildungsstandards. Positionen, An-*

merkungen, Fragen, Perspektiven für kirchliches Bildungshandeln. Münster ²2004.

Elsenbast, Volker/Fischer, Dietlind: *Stellungnahmen und Kommentare zu »Grundlegende Kompetenzen religiöser Bildung«.* Münster 2007.

Englert, Rudolf: »Performativer Religionsunterricht?«. In: Religionsunterricht an höheren Schulen (rhs) 45 (2002), 32–36.

Evangelische Kirche in Deutschland (Hg.): *Kerncurriculum für das Fach Evangelische Religionslehre in der gymnasialen Oberstufe. Themen und Inhalte für die Entwicklung von Kompetenzen religiöser Bildung. EKD Texte 109.* Hannover 2010.

Dies.: *Maße des Menschlichen – Evangelische Perspektiven zur Bildung in der Wissens- und Lerngesellschaft.* Hannover 2003.

Fischer, Dietlind/Elsenbast, Volker (Hg.): *Grundlegende Kompetenzen religiöser Bildung. Zur Entwicklung des evangelischen Religionsunterrichts durch Bildungsstandards für den Abschluss der Sekundarstufe I.* Münster 2006.

Freudenberger-Lötz, Petra: *Theologische Gespräche mit Kindern. Untersuchungen zur Professionalisierung Studierender und Anstöße zu forschendem Lernen im Religionsunterricht.* Stuttgart 2007.

Gloy, Horst: »Themen statt Texte?« In: Schneider, Norbert (Hg.): *Religionsunterricht. Konflikte und Konzepte. Beiträge zu einer neuen Praxis.* Hamburg/München 1971, 67–79.

Grethlein, Christian: *Fachdidaktik Religion.* Göttingen 2005.

Hemel, Ulrich: *Ziele religiöser Erziehung. Beiträge zu einer integrativen Theologie.* Frankfurt a. M. 1988.

Klie, Thomas: »Religion zu lernen geben: das Wort in Form bringen«. In: *Loccumer Pelikan* 4 (2003), 171–177.

Kunstmann, Joachim: *Religionspädagogik.* Tübingen/Basel 2004.

Lindner, Heike: *Bildung, Erziehung und Religion in Europa. Politische, rechtshermeneutische und pädagogische Untersuchungen zum europäischen Bildungsauftrag in evangelischer Perspektive.* Reihe PTHW Bd. 6, Berlin/New York 2008.

Mendl, Hans: *Religion erleben. Ein Arbeitsbuch für den Religionsunterricht. 20 Praxisfelder.* München 2008.

Nipkow, Karl Ernst: *Bildung in einer pluralen Welt.* 2 Bde. Gütersloh 1998.

Nipkow, Karl Ernst: *Gott in Bedrängnis? Zur Zukunftsfähigkeit von Religionsunterricht, Schule und Kirche.* Gütersloh 2010.

Noormann, Harry: »Religionsfreiheit, Religionskompetenz, Religionsdialog – drei Zeitansagen in religionspädagogischer Perspektive«. In: Ders. u. a. (Hg.), *Ökumenisches Arbeitsbuch Religionspädagogik.* Stuttgart ²2004, 31–56.

Obst, Gabriele: *Kompetenzorientiertes Lehren und Lernen im Religionsunterricht.* Göttingen ³2010.

Pemsel-Maier, Sabine: »Kindertheologie und theologische Kompetenz: Anstöße zu einer Theologie für Kinder«. In: Kraft, Friedhelm (Hg. u. a.), *»Jesus würde sagen: »Nicht schlecht!«. Kindertheologie und Kompetenzorientierung.* Stuttgart 2011, 69–83.

Roose, Hannah: »Performativer Religionsunterricht zwischen Performance und Performativität«. In: *Loccumer Pelikan* 3 (2006), 110–115.

Sauer, Ralph: »Religionsunterricht in Europa«. In: Noormann, Harry/Becker, Ulrich/Trocholepczy, Bernd (Hg.): *Ökumenisches Arbeitsbuch Religionspädagogik.* Stuttgart ²2004, 296–301.

Sekretatiat der Deutschen Bischofskonferenz (Hg.): *Die bildende Kraft des Religionsunterrichts. Zur Konfessionalität des katholischen Religionsunterrichts.* Bonn 1996.

Sekretatiat der Deutschen Bischofskonferenz (Hg.): *Der Religionsunterricht vor neuen Herausforderungen.* Bonn 2005.

Schweitzer, Friedrich: *Das Recht des Kindes auf Religion. Ermutigungen für Eltern und Erzieher.* Gütersloh 2005.

Zimmermann, Mirjam: *Kindertheologie als theologische Kompetenz von Kindern. Grundlagen, Methodik und Ziel kindertheologischer Forschung am Beispiel der Deutung des Todes Jesu.* Neukirchen-Vluyn ²2012.

Dies.: »Zur Dialektik einer aufgeklärten Kindertheologie. Die Notwendigkeit einer »Theologie für Kinder« im Blick auf Zielgruppe, Basiswissen, Nachhaltigkeit und Inhalt«. In: *Jahrbuch für Kindertheologie* 2013 (i.Dr.).

Mirjam Zimmermann

16. Neurowissenschaften

1. Einleitung

Die Hirnforschung widmet sich mit einem breiten Methodenspektrum der Beantwortung von grundlegenden Fragen, mit denen die Funktionsweise des Gehirns, insbesondere im Zusammenhang mit Lernen und Gedächtnisvorgängen, aufgeklärt werden soll. Die Untersuchungen der letzten Jahrzehnte haben gezeigt, dass die vorschulische und schulische Erziehung zu den wichtigsten Umweltfaktoren zählen, die sich auf die Gehirnentwicklung auswirken. In diesem Zusammenhang untersucht die Entwicklungsneurobiologie die neuronalen Mechanismen der funktionellen Reifung des Gehirns, charakterisiert Entwicklungszeitfenster, die von kritischer Bedeutung für die Entwicklung des Gehirns und des Verhaltens sind, und untersucht Fragen, in welcher Weise frühe Erfahrungs- und Lernprozesse in die Gehirnentwicklung eingreifen.

Leider gibt es in Deutschland, im Gegensatz zum anglo-amerikanischen Raum, kaum interdisziplinäre Forschungsansätze, die solche zentralen Fragestellungen im Transfer zwischen den Fachdisziplinen (Biologie, Psychologie, Erziehungswissenschaften) analysieren. Je besser man die neuronalen Mechanismen des Lernens und der Gedächtnisfunktionen mechanistisch versteht, umso wirkungsvoller lassen sich pädagogische Konzepte weiter entwickeln und optimieren, ganz ähnlich wie in der Medizin, wo Detailkenntnisse zur Organfunktion entscheidend zur Verbesserung der Therapiemethoden beitragen. Ein Grundverständnis der an Lern- und Gedächtnisvorgängen beteiligten Gehirnfunktionen wird auch helfen zu verstehen, wie Lernversager oder Lernverweigerer entstehen, um entsprechende präventive und therapeutische Maßnahmen zu entwickeln. Schließlich wird ein Grundwissen zu den Gehirnfunktionen auch dabei helfen, dem Wildwuchs von oft nicht wissenschaftlich fundierten pädagogischen Konzepten mit »Neuro-Gütesiegel« und zweifelhaften »Gehirnjogging« Methoden mit einer kompetenten Kritikfähigkeit zu begegnen.

2. Mechanismen der Gehirnentwicklung

Seit man damit begann, Fehlentwicklungen beim Menschen funktionell zu analysieren, wurde die Frage aufgeworfen, wie stark und in welcher Weise die nachgeburtliche Gehirnentwicklung durch Umwelteinflüsse gesteuert wird. Weit weniger ist darüber bekannt, inwieweit sich bestimmte Erziehungskonzepte nachhaltig auf Gehirn und Verhalten auswirken. Die Beantwortung solcher Fragen erfordert interdisziplinäre Forschungsansätze und detaillierte Analysen seitens der tierexperimentellen Forschung, denn nur am Tierexperiment ist es möglich, funktionelle Erklärungen für Lernprozesse (und deren Defizite) zu finden.

Zum Zeitpunkt der Geburt ist das Gehirn nahezu mit der vollständigen Anzahl von Nervenzellen ausgestattet. Die Nervenzellen bilden bereits funktionelle synaptische Netzwerke, die jedoch vor allem in den Gehirnsystemen, mit denen wir unsere Emotionalität und höhere assoziative Leistungen vollbringen (limbisches System, präfrontaler Cortex), noch über Jahre hinweg optimiert werden müssen. Die beim Menschen ausgesprochen langsame Entwicklung der lern- und emotionsrelevanten Hirnregionen (Präfrontalcortex, limbisches System) hat Vorteile, aber auch Nachteile: Einerseits kann sich das kindliche Gehirn optimal an seinen Lebensraum anpassen und damit die für das Überleben essenziellen intellektuellen und sozioemotionalen Kompetenzen entwickeln. Ein Kind, das auf dem Land aufwächst wird sicherlich andere Nervennetzwerke im Gehirn entwickeln sowie andere Verhaltensweisen und Fertigkeiten erlernen, als ein Kind, das in der Großstadt lebt. Allerdings passen sich Gehirn und die von ihm gesteuerten Verhaltensweisen auch an negative Umwelten an. Elternhäuser und Schulsysteme greifen demnach über einen langen Entwicklungszeitraum in die Gehirnentwicklung ein, und müssen daher so gestaltet werden, dass Entwicklungsverzögerungen und irreparable funktionelle Defizite des Gehirns durch optimale und individuelle Förderung verhindert werden.

3. Das Konzept der »kritischen« Phasen bei der Entwicklung von Gehirn und Verhalten

Für die Erziehungs- und Bildungswissenschaften ist es wichtig zu wissen, dass sich die verschiedenen funktionellen Hirnsysteme nicht alle zeitgleich und mit derselben Geschwindigkeit entwickeln. Während die Sinnessysteme bereits relativ früh, d. h. in den ersten Lebensjahren, ihre volle Funktionsfähigkeit erreichen, entwickeln sich das limbische System und die präfrontalen Regionen vergleichsweise langsam – Letztere entwickeln sich beim Menschen bis zum 20. Lebensjahr und länger.

Sowohl bei der Gehirnentwicklung als auch bei der Verhaltensentwicklung wurden »sensible« oder »kritische« Phasen identifiziert, die beim Menschen je nach Gehirnsystem vor allem in der vorschulischen und frühen schulischen Lebenszeit liegen. Diese Zeitfenster sind besonders kritisch für die funktionelle Reifung der sensorischen und motorischen Gehirnsysteme, die darauf »warten«, Sinneseindrücke verarbeiten zu können, um ihre Funktionsweise zu optimieren. Diese den sensiblen Phasen zugrunde liegende Neuroplastizität wird mit dem Begriff »experience-expectant« (»erwartungsheischend«) umschrieben. Beispielsweise vollzieht sich die funktionelle Reifung der Sinnessysteme (wie Sehen und Hören) bereits in den ersten Lebensjahren, also einem Zeitfenster, das gut mit der Optimierung der Seh- und Hörfähigkeiten korreliert. Beispielsweise können Patienten mit angeborener Schwerhörigkeit trotz späterer operativer Behebung nur begrenzt eine normale perzeptive Sprachverarbeitung entwickeln, da der auditorische Cortex in der frühen sensiblen Phase nie »gelernt« hat, mit Sprachreizen umzugehen, und dies nach Ablauf des sensiblen Entwicklungszeitfensters nicht mehr nachgeholt werden kann. Nur wenn man gelernt hat, Sprachlaute präzise mit dem Gehör zu erfassen, können diese mit dem eigenen Sprachapparat imitiert und im weiteren Verlauf über die Hörkontrolle des eigenen Sprechens kontinuierlich optimiert werden. Es ist daher für Eltern und ErzieherInnen wichtig, dass der Hörcortex gleich von Geburt an – d. h. lange bevor das Kind selbst spricht! – darauf trainiert werden muss, menschliche Sprachlaute zu erkennen und zu kategorisieren. Wird dieses frühe Hörtraining versäumt, kann dies den Spracherwerb verzögern oder sogar auf Dauer beeinträchtigen, was sich wiederum später auch auf das Erlernen von Lesen und Schreiben negativ auswirkt.

Angeboren oder erlernt?

Der weitreichende Einfluss der Umwelt und der frühen Erziehung auf die Gehirnentwicklung wurde jahrzehntelang gewaltig unterschätzt. Systematische tierexperimentelle Untersuchungen in den letzten Jahren zeigen jedoch immer mehr, dass die intellektuellen, vor allem aber auch die emotionalen Erfahrungen während der frühen Kindheit letztendlich darüber bestimmen, wie komplex sich die Nervenzellen und ihre synaptischen Verbindungen im Gehirn entwickeln und optimieren. Während der Gehirnentwicklung kommt es zu einer kontinuierlichen Wechselwirkung zwischen genetisch festgelegten, d. h. angeborenen zellulären und molekularen Programmen, und umweltinduzierten »epigenetischen« Veränderungen, die in den Entwicklungsverlauf der Nervenzellen eingreifen. Hierbei steckt die angeborene genetische Ausstattung den individuellen Rahmen und das maximal mögliche Entwicklungspotenzial ab, innerhalb dessen sich die Gehirnentwicklung eines Individuums optimieren kann. Diese Art der Neuroplastizität wird als »experience-dependent« (»erfahrungsinduziert« oder »lerninduziert«) bezeichnet und führt zu einer Präzisierung und Optimierung des synaptischen Netzwerkes, etwa vergleichbar mit dem »tuning« eines Motors, der auf Höchstleistung »frisiert« wird.

Zur Veranschaulichung könnte man die im Zellkern der Nervenzellen enthaltenen Gene mit einer Klaviertastatur vergleichen, auf der die Umwelt als »Pianist« die Gene an- und abschaltet. Eine komplexe, reichhaltige Umwelt wird bestimmte Gene aktivieren bzw. abschalten und dadurch die vorhandenen, noch suboptimalen neuronalen Netzwerke zu einem leistungsfähigeren Netzwerk umbauen. Hingegen werden bei nur spärlicher Anregung entsprechend weniger und/oder andere Gene reguliert und die entsprechenden neuronalen Verschaltungsmuster werden einfacher oder anders »gestrickt«. Bei chaotischen Umweltbedingungen (wie beispielsweise unvollständige oder inkonsistente Informationen) und Reizüberflutung (beispielsweise durch Medien) kann es auch zu »falschen« synaptischen Verschaltungen kommen. Die

Gen – Umwelt Wechselwirkungen zeigen aber auch, dass ein angeborener genetischer Defekt (z. B. Down Syndrom oder fragiles X Syndrom, um beim Beispiel zu bleiben, wäre dies vergleichbar mit einer defekten Klaviertaste) zwar nicht reparabel ist, dass es dennoch durch frühzeitige und umfangreiche Förderung möglich ist, die Leistungsfähigkeit des Gehirns im genetisch vorgegebenen Rahmen zu verbessern.

Die Regulationsmechanismen, die solchen epigenetischen Veränderungen zugrunde liegen, werden derzeit intensiv neurowissenschaftlich untersucht. Jede Zelle unseres Körpers enthält dasselbe Genom, d. h. Nervenzellen, Muskelzellen und Leberzellen besitzen dieselben genetischen Informationen, dennoch entwickeln sie ganz unterschiedliche Formen und Funktionen. Diese Unterschiede werden im Verlauf der frühen Embryonalentwicklung festgelegt und entstehen dadurch, dass bei der Entstehung der verschiedenen Zellen unterschiedliche Gene abgelesen werden. Die Regulation, wann und wo welches Gen aktiv oder inaktiv ist, wird über verschiedene Regulationsmechanismen umgesetzt, einer davon ist die DNA-Methylierung, mit der die Lesbarkeit von Genen verändert werden kann.

Die Rolle epigenetischer Prozesse bei der erfahrungsinduzierten Gehirnentwicklung und der Verhaltensentwicklung wurde erst vor ein paar Jahren in tierexperimentellen Studien entdeckt. Szyf und Meaney (2008) zeigten bei Ratten, dass die »Art der Früherziehung« einer Rattenmutter die Aktivierung bestimmter Gene ihrer Jungtiere nachhaltig beeinflusst und damit in deren Verhaltensentwicklung eingreift. Nachkommen von liebevollen Rattenmüttern entwickeln später eine bessere Stress-Resistenz als die Nachkommen von weniger fürsorglichen Müttern. Im Gehirn der Tiere zeigte die molekulare Analyse, dass die DNA in den Zellen des Hippocampus ein unterschiedliches Methylierungsmuster aufweist. D. h. die elterliche Fürsorge kann offenbar wichtige Gene der Stressreaktion durch chemische Veränderung abschalten und darüber eine verbesserte Stressresistenz bewirken. Beim Menschen wurde kürzlich nachgewiesen, dass im Gehirn von Missbrauchsopfern bestimmte Gene durch Methylierung abgeschaltet werden, was vermuten lässt, dass sich im Gehirn der Patienten strukturelle Veränderungen vollzogen haben. Auch wenn solche Befunde noch mit einer gewis-

sen Vorsicht zu betrachten sind, u. a. auch weil es beim Menschen sehr viel schwieriger als bei Tieren ist, die Unterschiede in der Methylierung auf frühkindliche Erfahrungen zurückzuführen, häufen sich doch immer mehr überzeugende tierexperimentelle Evidenzen zum Einfluss der Umwelt auf die Umsetzung des Erbmaterials. Darüber hinaus zeichnet sich ab, dass epigenetisch regulierte neuronale Reorganisation auch bei der Entstehung von Verhaltensauffälligkeiten (z. B. Gewalttätigkeit), psychischen Erkrankungen (ADHD, Depression, Schizophrenie u. a.) und bei der alters- oder krankheitsbedingten Degeneration neuronaler Verschaltungen (z. B. bei Demenzerkrankungen) eine Rolle spielt.

Die hochkomplexen neuronalen Mechanismen dieser neuronalen Umbauvorgänge sind noch nicht völlig verstanden. Einerseits verursachen Lernen und emotionale Erfahrungen eine Neubildung von synaptischen Kontakten, d. h. das neuronale Netzwerk wird weiter ausgebaut und komplexer. Andererseits kommt es gerade im kindlichen Gehirn zu einem gegenläufigen Prozess, es entsteht ein »Wettbewerb der Synapsen«, der dem Motto »use it or lose it« folgt. Hierbei werden aus einem Überschuss von (teilweise noch unspezifisch verschalteten) synaptischen Kontakten die nicht oder nur wenig genutzten Synapsen abgebaut, während die häufig genutzten Synapsen verstärkt werden (Braun und Bock 2008). Die neuronalen Netzwerke werden präziser in der Verarbeitung von relevanten Informationen und weniger relevante Informationen können spezifischer weggefiltert werden.

Aus diesem Konzept der erfahrungsabhängigen Synapsen-Reorganisation lässt sich vor allem für die spät und langsam reifenden präfrontalen und limbischen Schaltkreise ableiten, dass ihre funktionelle Optimierung nur in einer anregenden, fördernden Umwelt möglich ist. Allerdings passen sich die neuronalen Netzwerke auch an eine negative (z. B. Stress, Misshandlung, Drogen) oder deprivierte (z. B. Vernachlässigung, Armut, Mangel- oder Fehlernährung) Umwelt an, und es gibt eine Reihe von Befunden aus Adoptionsstudien, die befürchten lassen, dass nachträgliche »Korrekturen« solcher Netzwerke später nur langsam und vermutlich auch nicht mehr vollständig möglich sind. Die klassischen Untersuchungen von Spitz (z. B. 1945) und Skeels (1966) an Heimkindern und neuere

Adoptionsstudien an Waisenkindern verweisen auf eine starke prägende (gehirn- und verhaltensbiologische) Bedeutung frühkindlicher emotionaler Erfahrungen, die sich auch auf gehirnbiologischer Ebene nachweisen lassen. Beispielsweise fanden Chugani und Kollegen (2001) im Rahmen einer Adoptionsstudie bei rumänischen Waisenkindern mithilfe von bildgebenden Verfahren eine Unteraktivierung im Orbitofrontalcortex, infralimbischen Präfrontalcortex, in der medialen Amygdala und im Hippocampus, d.h. in den emotional und kognitiv relevanten präfronto-limbischen Schaltkreisen. Rutter (2002) fand bei diesen Kindern eine Vergrößerung des Mandelkerns (Amygdala, einer limbischen Gehirnregion, die auf emotionale Reize reagiert) in der rechten Hirnhälfte, während die linke Amygdala im Verhältnis zur Dauer der Deprivation (Waisenhaus) verkleinert ist.

Auf mikroskopischer Ebene konnten wir am Tiermodell dauerhafte strukturelle Veränderungen im Gehirn nach emotionaler Deprivation und wiederholter Stresserfahrung nachweisen. Je nach Ausmaß der durchlebten Deprivation fanden sich erhöhte oder erniedrigte Synapsendichten in den präfrontalen Regionen und in fast allen limbischen Kerngebieten. Auch die dopaminergen und serotonergen Fasersysteme der deprivierten und gestressten Tiere zeigten starke Veränderungen in den präfrontalen Gehirnregionen und in limbischen Arealen. Die Unter- oder Fehlentwicklung dieser modulatorischen synaptischen Systeme verursachen höchstwahrscheinlich die Verhaltensveränderungen, die bei den gestressten oder deprivierten Tieren nachgewiesen wurden (Braun und Bock 2008).

Aus pädagogischer Sicht ist es demzufolge wichtig zu erkennen, dass das Gehirn von Geburt an »erwartet«, in einen direkten Dialog mit der Umwelt zu kommen. Während das Kind sofort nach der Geburt damit beginnt, seine Umwelt aktiv wahrzunehmen, zu gestalten und entsprechende Verhaltensweisen zu entwickeln, verändert sich die neuronale Architektur seines Gehirns. In diesem Zusammenhang sollte auf ein weiteres wichtiges Merkmal des frühkindlichen Lernens hingewiesen werden, nämlich dass die Folgen früher Versäumnisse häufig erst nach Jahren zutage treten. D.h. die Auswirkungen von positiven (z.B. durch optimale Anregung und Förderung in Familie und Bildungseinrichtungen) oder negativen (z.B. durch defizi-

täre oder falsche Förderung, wiederholte Misserfolge, chronischer Stress, Demütigungen) Lernumgebungen werden fatalerweise oftmals erst mit einer zeitlichen Verzögerung erkennbar. Wird beispielsweise mit dem Säugling und dem Kleinkind während der kritischen Entwicklungsphase der Hör-und Sprachsysteme nicht gesprochen, wird sich dies erst viel später in einer Verzögerung der Sprachentwicklung zeigen. Erfährt das Kind in den ersten Lebensjahren keine emotionale Zuwendung und wächst es ohne stabile Bezugspersonen auf, wird es mit hoher Wahrscheinlichkeit zeit seines Lebens emotionale Defizite haben. Entsprechend sollten sich Eltern und Lehrer bewusst machen, dass auch die positiven Auswirkungen ihrer Erziehungsbemühungen erst nach vielen Jahren zum Tragen kommen können.

4. Neuronale Mechanismen des Lernens und die Bedeutung von Emotionen

Wie in den vorangegangenen Kapiteln erläutert, verursachen Lernen und die damit verknüpften Emotionen im Gehirn elektrische (Aktionspotenziale), neurochemische (Transmitterausschüttung) und langfristige strukturelle Veränderungen (verändertes neuronales Wachstum). Der »Spaß« am und die Motivation zum Lernen wird insbesondere über den Neurotransmitter Dopamin vermittelt, wie von Scheich und Mitarbeitern (2003) bei tierexperimentellen Untersuchungen entdeckt wurde. In dem Moment, in dem ein Tier die ihm gestellte Lernaufgabe »verstanden« hat, d.h. wenn der »Groschen gefallen ist«, wird im präfrontalen Cortex Dopamin ausgeschüttet. Untersuchungen an jungen Ratten in meiner Arbeitsgruppe (Gruss u.a. 2010; Schäble 2007) haben gezeigt, dass die Tiere deutlich schlechter lernen, bei denen die Dopaminausschüttung blockiert wird. Aus solchen Tierexperimenten lässt sich ableiten, dass ein Lernerfolg unmittelbar zu einem Glücksgefühl führt, und diese Befunde belegen auch das, was ein guter Lehrer und Pädagoge intuitiv weiß und nutzt, nämlich dass eine emotionale Bereitschaft essenziell für höhere assoziative Lernprozesse ist. Zu beachten ist hierbei, dass es nicht unbedingt eine direkte Belohnung (»Zuckerbrot«) sein muss, die den Lernprozess fördert; auch Anstrengung und leichter Stress

(»Peitsche«), bei denen andere Neurotransmitter und auch Stresshormone ausgeschüttet werden, können für den Lernerfolg wichtig sein. Durch ständige Misserfolge, destruktive oder inkonsequente Kritik sowie durch Strafen und Demütigung kann das kindliche Gehirn jedoch auch demotiviert werden, und ständige Misserfolgserlebnisse greifen ebenso wie Erfolgserlebnisse in die Gehirnentwicklung ein. Hierbei können Lernverweigerer oder Lernversager entstehen, das Belohnungssystem »verkümmert« und kann nicht mehr voll aktiviert werden. Bleiben dem Gehirn Lob und Selbstbelohnung versagt, versinkt das Kind in eine »erlernte Hilflosigkeit«, d.h. einen Zustand der Depression und verliert letztlich seine (angeborene) Motivation zum Lernen.

Das Gehirn funktioniert nicht wie ein Datenspeicher, in den vorverarbeitete (wie im klassischen Schulunterricht in Form von didaktisch sorgfältig aufbereiteten Schulstunden und standardisierten Übungsblättern) Daten eingespeist werden, sondern es fungiert als Datenerzeuger. Dieses Prinzip verdeutlicht auch, dass Lernen über die Wiederholung von gerichteten oder spontanen Verhaltensweisen verläuft, denn nur so können im Gehirn assoziative Zusammenhänge gebildet und »verstanden« werden und sich durch weiteres Üben im Langzeitgedächtnis abspeichern.

Gerade bei Kindern fällt immer wieder auf, dass sie Vieles ohne Antrieb von außen von alleine lernen, d. h. ohne dass ihnen jemand die Zusammenhänge, Regeln oder Grammatik erklären muss (das beste Beispiel hierfür ist das Erlernen der Muttersprache bzw. einer Fremdsprache, die Kinder in kürzester Zeit erlernen) – das Gehirn scheint sich die sprachlichen Zusammenhänge und die Grammatik selbst zu »erklären«. Das kindliche Lernen kann demnach auch ohne direkte Instruktion von außen erfolgen, und zwar nach dem Prinzip »learning by doing« bzw. Lernen am Erfolg. Diese Art des Lernens folgt meist einer explorativen »Versuch-Irrtum«-Strategie. Die optimale Lernsituation hierfür besteht in einer interaktiven ganzheitlichen Auseinandersetzung mit der Umwelt und den sich daraus ergebenden Lernangeboten und Lernsituationen. Das Streben des Kindes nach Erfolgserlebnissen, ausgelöst durch anfänglich eher »zufällig« erzielte positive Erfahrungen (*operante* Konditionierung), geht sukzessive in eine *instrumentelle* Konditionierung über. Bei der operanten

Konditionierung wird keine definierte Lernaufgabe gestellt, das Individuum erzielt durch ein spontanes, unbeabsichtigt oder zufällig gezeigtes Verhalten eine positive Veränderung seiner Umwelt, entweder durch Erhalt einer Belohnung, oder durch Vermeidung eines unangenehmen »Straf«-Reizes oder einer unangenehmen Situation. Sobald das Individuum den Zusammenhang seines (zunächst spontanen) Tuns und der positiven Wirkung erkannt hat, wird es diese Verhaltensweise häufiger zeigen. Bei der instrumentellen Konditionierung will das Individuum mit seinem Verhalten ein bestimmtes Ziel erreichen: Hat es damit Erfolg, wird es beim nächsten Mal wieder dasselbe Verhalten zeigen, bei Misserfolg wird es ein anderes Verhalten ausprobieren. An solchen evolutionsgeschichtlich alten Lernformen lassen sich an verschiedenen Tiermodellen die zugrunde liegenden Gehirnmechanismen neurobiologisch untersuchen.

Literatur

Astington, Janet W./Pelletier, Jannette: »The language of mind: Its role in teaching and learning«. In: Olson, David R./Torrance, Nancy (Hg.): *The Handbook of Education and Human Development*. Oxford 1996, 593–620.

Bjorklund, David F./Bering, Jesse M.: »The evolved child. Applying evolutionary developmental psychology to modern schooling«. In: *Learning and Individual Differences* 12.4 (2000), 347–373.

Blackmore, Sarah-Jayne/Frith, Uta (Hg.): *The Learning Brain: Lessons for Education*. Blackwell 2005.

Braun, Katharina/Bock, Jörg: »Born to learn: juvenile learning optimizes brain function«. In: Gruhn, Wilfried/Rauscher, Frances H. (Hg.): *Neurosciences in Music Pedagogy*. New York 2008.

Chugani, Harry T./Behen Michael E./Muzik, Otto/Juha, Csaba/Nagy, Ferenc/Chugani, Diane C.: »Local Brain Functional Activity Following Early Deprivation: A Study of Postinstitutionalized Romanian Orphans«. In: *NeuroImage* 14 (2001), 1290–1301.

Frank, Michael J./Seeberger, Lauren C./O'Reilly, Randall C.: »By carrot or by stick: cognitive reinforcement learning in Parkinsonism«. In: *Science* 306 (2004), 1940–1943.

Gruss, Michael/Abraham, Andreas/Schäble, Sandra/Becker, Susann/Braun, Katharina: »Cognitive training during infancy and adolescence accelerates adult associative learning: critical impact of age, stimulus contingency and training intensity«. In: *Neurobiology of Learning and Memory* 94.3 (2010), 329–340.

Pavlov, Ivan/Oxford University Press (Hg.): *Conditioned Reflexes: An Investigation of the Physiological Activity of the Cerebral Cortex*. Translated and edited by G.V. Anrep. London 1927.

Rutter, Michael: »Nature, nurture, and development: From evangelism through science toward policy and practice«. In: *Child Development* 73.1 (2002), 1–21.

Sachs, Jacqueline/Bard, Barbara/Johnson Marie L.: »Language learning with restricted input: Case studies of two hearing children of deaf parents«. In: *Applied Psycholinguistics* 1 (1981), 33–53.

Scheich, Henning/Braun, Katharina/Wernstedt, Rolf/John-Ohnesorg, Marei (Hg.): *Risiken und Nebenwirkungen: Der Einfluss visueller Medien auf die Entwicklung von Gehirn und Verhalten*. In: *Neue Medien in der Bildung – Lernformen der Zukunft. Dokumentation der Konferenz des Netzwerk Bildung vom 5. und 6. Mai 2008*. Bonn 2008.

Scheich, Henning/Braun, Katharina: »Bedeutung der Hirnforschung für die Frühförderung«. In: *Monatsschrift Kinderheilkunde* 157 (2009), 953–964.

Sharp, Donald/Cole, Michael/Lave, Charles: »Education and cognitive development: The evidence from experimental research«. In: *Monographs of the Society for Research in Child Development* 44.1–2 (1979), 1–112.

Skeels, Harold M.: »Adult status of children with contrasting early life experiences: A follow-up study«. In: *Monographs of the Society for Research in Child Development* 105.31 (1966), 1–65.

Spitz, René A.: »Hospitalism«. In: *Psychoanalytical study of the child* 1 (1945), 53–74.

Stark, Holger/Rothe, Thomas/Wagner, Thomas/Scheich, Henning: »Learning a new behavioral strategy in the shuttle-box increases prefrontal dopamine«. In: *Neuroscience* 126 (2004), 21–29.

Szyf, Moshe/Meaney, Michael J: »Epigenetics, behaviour, and health«. In: *Allergy, Asthma and Clinical Immunology* 4.1 (2008), 37–49.

Jörg Bock/Katharina Braun

17. Kulturpädagogik

Kulturpädagogik bezeichnet ein facettenreiches und heterogenes pädagogisches Handlungs- und Tätigkeitsfeld »mit verschiedenen Einrichtungstypen, Angebotsformen und Vermittlungsmethoden« (Zacharias 2001, 20; vgl. Schlegelmilch 2005, 22) auf der Grenze zwischen Erziehungs- und Kulturwissenschaft. Arbeitsfelder der Kulturarbeit stellen etwa die Theater- oder Tanzpädagogik, erlebnis- und umweltpädagogische Angebote, die Museums-, Musik- oder Kunstpädagogik dar. Der vorliegende Beitrag nähert sich dem Facettenreichtum kulturpädagogischer Konzepte und Handlungsfelder unter einer Erziehungsperspektive an. Unvermeidlich entstehen dabei begriffliche oder normativ-konzeptuelle Verengungen.

Versteht sich die Kulturpädagogik als Teildisziplin der Erziehungswissenschaft, was verschiedentlich problematisiert wird (vgl. Fuchs 2008, 111; Schlegelmilch 2005, 22; Müller-Rolli 1988, 14), so sieht sie sich dem Auftrag gegenüber, den »normativen Horizont kulturpädagogischen Handelns« sowie die Vielfalt »kulturpädagogische[r] Handlungswirklichkeiten« (ebd., 16) erziehungstheoretisch fundiert zu erklären.

Trotz steter disziplinärer Selbstvergewisserungen der Kulturpädagogik (vgl. Zacharias 2001, 58) lässt sich eine Diskrepanz zwischen theoretischer Verortung in der erziehungswissenschaftlichen Theorie und institutioneller Verankerung in der pädagogischen Praxis konstatieren (vgl. Gudjons 2006, 352; Zacharias 2001, 58). Gleichwohl bleibt eine Vervielfältigung kulturpädagogischer Praxisfelder zu verzeichnen (vgl. Gudjons 2006, 352; Zacharias 2001, 16). Mit Zacharias lässt sich feststellen, dass die Kulturpädagogik »als existente Praxis und als zu entfaltendes theoretisches Fundament« (ebd., 13) einer stärkeren wissenschaftstheoretischen Positionierung und Weiterentwicklung bedarf. Das bedeutet für ein kulturpädagogisches Selbstverständnis laut Zacharias, sich ausdrücklicher als bisher mit den Voraussetzungen, Methoden und Zielen von wissenschaftlicher Erkenntnisgewinnung zu befassen, da es ihr bisher als sogenannter »Handlungswissenschaft« an eigenen wissenschaftlich-methodischen Verfahrensweisen mangelt und der Fokus »vor allem [auf] praktischer Qualifizierung des kulturpädagogischen All-

tags und [...] dem Interesse an strategischer kultur- und bildungspolitischer Positionierung und struktureller Verankerung« liegt (ebd., 17).

Müller-Rolli sieht gegen Ende des 20. Jahrhunderts die Ziele der Kulturpädagogik u. a. in der »Vermittlung unserer Kultur, d. h. hier von ästhetischen Wahrnehmungen und Erfahrungen« (Müller-Rolli 1988, 16). Aktuell stellt allerdings eher die Auseinandersetzung mit jenen dem kulturpädagogischen Handeln zugrunde liegenden Konzepten der Erziehung wie der Kultur vor dem Hintergrund sich diversifizierender kulturpädagogischer Handlungsmöglichkeiten (sichtbar werdend ebenso durch eine Vervielfältigung von Praxisfeldern sowie Lebenswirklichkeiten der AdressatInnen) eine bedeutsame Aufgabe der Kulturpädagogik dar.

Aus einer Perspektive, die sowohl den Unbestimmtheiten lebensweltlicher Vielfalt als auch den die professionelle Haltung einer (außerschulischen) Pädagogik herausfordernden Bedingungen sozialer Ungleichheit Rechnung trägt, kann es in der kulturpädagogischen Arbeit nicht um die essenzialisierende Vermittlung kultureller Inhalte gehen – und hier wäre zu problematieren, was Vermittlung genau bedeutet bzw. um welche Art ›Inhalt‹ es genau geht – sondern vielmehr um die Ermöglichung einer erprobenden Auseinandersetzung mit symbolischen Formen und damit auch deren Verhandlung und Resignifikation.

Eine Kulturpädagogik, welche sich des Anspruches gewahr ist, Kulturalisierungen zu vermeiden, fordert ihre AdressatInnen zur Erkundung individueller sowie kulturell etablierter ästhetischer Ausdrucksformen auf und nähert sich dieser Erkundung in je unterschiedlichen Zielsetzungen und Methodenstilen. Ein besonderes Merkmal dieser Kulturpädagogik findet sich in einer durch vielfältige Ansätze gekennzeichneten Perspektive und besteht darin, das von ihr avisierte Subjekt in seiner Eigenheit des ästhetischen Erlebens und des kreativen Gestaltens zu adressieren. Erziehung wird in diesem Verhältnis als dilemmatisches Moment kulturpädagogischen Handelns deutlich: Fordert die Kulturpädagogik zur individuellen – oder vielmehr habituellen – Auseinandersetzung mit Kultur auf, stehen diese selbst sowie hegemoniale kulturelle Formen auf dem Prüfstand und sind stets potenziell der dekonstruktiven Verschiebung durch die AdressatInnen ausgesetzt. Erziehung ereignet sich im kulturpädagogischen Kontext damit in vielfältigen Angebotsstrukturen in einer eher nicht (ausschließlich) auf Ergebnisse gerichteten Weise.

1. Ästhetik als kulturpädagogisches Prinzip

Im kulturpädagogischen Primat der »Vermittlung von Sinn und Sinnlichkeit« (Schlegelmilch 2005, 26) kann unter dieser Perspektive die Idee der Vermittlung nicht das programmatische Erwirken einer pädagogisch erwünschten Erkenntnis bedeuten, sondern ist vielmehr als erkundende Auseinandersetzung, als Vertraut-Machen des Individuums mit seinem Erleben, mit seiner je eigenen und doch sozial geformten Wahrnehmung zu verstehen.

In den besonderen Umgebungen für ästhetische Erfahrungen, die die kulturpädagogische Praxis etwa im Tanz und Theaterspiel, der Museums- oder Erlebnispädagogik schafft, gelingt ihr zuweilen ein Durchbrechen pädagogisch normalisierter Arrangements. Sie verzichtet weitgehend auf schulische Körperordnungen, nimmt vielmehr phänomenologisch auf das leibliche Erfahren, die Anwesenheit und sinnliche Aufmerksamkeit des Körpers Bezug. Schlegelmilch zufolge beschreibt sich in diesem Fokus auf das sinnliche Erleben die der Kulturpädagogik zugrunde liegende Idee von »Ästhetik als Erkenntnisprinzip« (vgl. Schlegelmilch 2005, 27).

Der Bedeutung des Körpers wird auch im Moment künstlerischen und musischen Gestaltens Rechnung getragen. Fuchs weist darauf hin, inwiefern künstlerisches Gestalten und sinnliches Erleben als Teil symbolischer Formen verstanden wird (vgl. Fuchs 2008, 25): Es fungiert als Distanzhalter, fordert einen Zwischenraum zwischen dem Individuum und seiner Lebensform ein, fügt einen Abstand ein zur Unmittelbarkeit seiner Daseinsform (vgl. ebd.).

Die Künste und ihre Werke stellen sozusagen ein kulturelles Archiv (vgl. Zacharias 2001, 98) von Stilen, Techniken, Umgangsweisen mit sozialer Wirklichkeit und sozialen Verhältnissen zur Verfügung, in welchem sich das Subjekt in seiner Auseinandersetzung mit sich selbst und der Welt, bei dem Versuch, individuelle Ausdrucksformen zu entwickeln, verschiedener Deutungen bedienen kann.

Ästhetische Bildung fasst mit Liebau u. a. »nun diejenigen Prozesse und Resultate von reflexiven und performativen Prozessen [...], die sich aus der Auseinandersetzung mit kunstförmigen und als ästhetisch qualifizierten Gegenständen und Formen ergeben« (Liebau u. a. 2008, 11). Mit Zacharias lässt sich ergänzen: »Mit dem, was sie selbst erleben, aktiv be- und verarbeiten, ästhetisch drehen und wenden, transformieren und transzendieren, schaffen sich Kinder und Jugendliche produktiv neue Symbolwelten« (Zacharias 2001, 53). Diese Symbolwelten stellen ästhetische Formen, sprachliche, leibliche und gegenständliche Praktiken zur Verfügung, mittels derer sich Heranwachsende im je relevanten kulturellen Kontext verorten und welche sie sich aneignen – ein Prozess, den Zacharias mit »Weltwahrnehmung und Weltaneignung« (ebd., 54) umschreibt.

Dieser Ergänzung folgend geht es der Kulturpädagogik nicht allein um das, was jeweils als Kunst verstanden wird, sondern darüber hinaus um das Erleben in seiner Bedeutung verschiebenden Wirkung. Auslöser des Erlebens, ob Malerei, Klettern oder Computerspiele, stellen dabei sozusagen kulturpädagogische Medien und Methoden dar. Insofern bleibt zu beachten, dass diese (methodisch anrufbaren) Medien wie auch die Wahrnehmungen, Erfahrungen und Erkenntnisse je eingelassen sind in die Aushandlungen kultureller Bedeutungssysteme.

2. Zur Geschichte

Bei einer versuchsweisen Schärfung des Konzepts der Erziehung im Rahmen der disziplinären Selbstbeschreibung ›Kulturpädagogik‹ lassen sich die Schnittmengen, Brüche und Ideen hervorheben, die sich je nach historischen und disziplinären Bezugspunkten unterschiedlich formulieren. Historische Referenzen der Kulturpädagogik stellen sich bereits mit Comenius' Anschauungspädagogik, Jean-Jacques Rousseaus erlebnisbezogener natürlicher Erziehung oder John Deweys Erfahrungsbegriff und Konzeption Demokratischer Erziehung zur Verfügung. Zacharias markiert im 20. Jahrhundert einen Paradigmenwechsel kulturpädagogischer Ansätze. Die nach dem Nationalsozialismus und Zweiten Weltkrieg sich erst vorsichtig wieder auf reformpädagogische Kontexte beziehende kulturpädagogische Arbeit verändert sich insbesondere seit den 1970er Jahren im Kontext aktueller gesellschaftspolitischer und pädagogischer Erfordernisse. Zuvor ging es der Kulturarbeit um die Bewahrung eines kulturellen, auf das Nationale bezogenen Kanons, wie Zacharias beschreibt: »Höhepunkte deutscher und europäischer Kunst, Kultur und Geistesgeschichte waren […] für die ›alte Kulturpädagogik‹ die pädagogische Substanz aller bildenden Bemühungen im Generationenverhältnis (›Rembrandt als Erzieher‹), von Luther bis Kant, von Comenius bis Rousseau, von Hölderlin bis Böcklin, Goethe, Schiller und Co. natürlich mittendrin« (ebd., 71).

Frühe kulturpädagogische »Erziehungsformen und -gedanken« (vgl. ebd., 72) zeigen sich einer Idee der Formung des Subjektes und seiner Persönlichkeitsbildung als pädagogischer Handlungsfolie verbunden. Kultur, als objektiv gegeben verstanden, sollte dazu genutzt werden, diese Entwicklung zu verwirklichen (vgl. Oelkers in Zacharias 2001, 71 f.; Dolch in Zacharias 2001, 71; zur Auseinandersetzung mit dem Konzept der Erziehung vgl. Oelkers 1984, 1985, 1991).

In der zweiten Hälfte des 20. Jahrhunderts erfuhren diese Grundideen eine Überarbeitung. So rückte zur Zeit der neuen Kulturpädagogik die (Dringlichkeit der Anerkennung der) sich vervielfältigen Lebensformen und -wirklichkeiten in den Blick, verbunden mit einer sich verändernden Vorstellung vom Subjekt: Erziehungsideen, basierend auf normativen Vorstellungen, wurden im Zuge dieser Transformation prekär und die machtvolle Relation zwischen pädagogisch Handelnden und Zu-Erziehenden machte eine kritische Reflexion kulturpädagogischer Professionalität erforderlich. Eine Kulturpädagogik als »Weltanschauungslehre« (Fuchs in Zacharias 2001, 72), orientiert an tradierten Werten und einem allgemeingültigen Erziehungsideal sowie die Vorstellung einer homogenen vererbbaren Traditionen-Kultur, die die Aufnahme des Subjektes in die sog. Kulturgemeinschaften anvisierte (vgl. Zacharias 2001, 70 ff.), kamen damit an ihre Grenzen.

Vor dem Hintergrund dieser Auseinandersetzung versteht sich die neue Kulturpädagogik »als eine Art ›Remix‹ fortschrittlicher pädagogischer Traditionen in z. T. neuen Begriffen und im Querschnitt Traditionsbestände reformulierend, ohne

Entwicklungslinien linear fortzusetzen« (ebd., 72). In den 1980er und 1990er Jahren wurden die Idee einer neuen Kulturpädagogik um das Konzept der Pluralität, »Kultur als Summe von Kulturen, Differenz als Qualitätsmerkmal und Bildung auch als subjektorientierte, individuelle Selbstbildung begriffen und akzeptiert« erweitert (ebd.). Somit wurde die »objektivierende Vielfalt der Kulturen [als] das plurale Lern- und Erfahrungsfeld für die individuellen (Selbst-)Bildungsprozesse und kulturell-ästhetischen Erfahrungen der selbst-bewussten Subjekte« angesehen (ebd., 73). Das schon im neuhumanistischen Erziehungsgedanken bedeutsame Prinzip der Emanzipation erhält im Kontext der neuen Kulturpädagogik Nachdruck. Paulo Freires »Pädagogik der Unterdrückten« (Freire 1973) oder Augusto Boals »Theater der Unterdrückten« (Boal 1989) stellen hier (befreiungs-)pädagogische Leitmotive zur Verfügung, die eine Justierung der kulturpädagogischen Idee »Kultur für alle« (Glaser, zit. nach Zacharias 2001, 75) veranlassen: Kulturpädagogik soll nun kreatives Handeln und damit eine selbstermächtigende Auseinandersetzung der Subjekte mit sich in ihrer Welt ermöglichen. Der Begriff der Erziehung steht unter diesen Vorzeichen auf dem Prüfstand.

3. Erziehung

Die Begriffe Kultur und Erziehung erscheinen begrifflich-metaphorisch sowie ideengeschichtlich eng miteinander verbunden: Wie der Begriff der Kultur, aus dem Lateinischen kommend, die Pflege und Bearbeitung beschreibt (vgl. Fuchs 2008, 12), so bezeichnet der bildhafte Begriff der Erziehung das Heranziehen eines Zöglings (vgl. Dörpinghaus u. a. 2011, 20). Der moderne Erziehungsbegriff ist dabei als grundsätzlich paradoxal angelegt: Ausgehend von verschiedenen Subjektideen wird je anders akzentuiert angenommen, dass jener Zögling durch »Zucht« (ebd.) zur Vollendung gebracht werden könne. Widersprüchlich ist dieses pädagogische Bestreben, insofern es die Vollendung und das Erreichen sozialer Mündigkeit durch die Unterwerfung des Subjektes unter die Norm befördert (vgl. Kant 1803; Dörpinghaus u. a. 2011, 19). »Freiheit und Zwang, Selbst- und Fremdbestimmung« (ebd, 20) werden in der Erziehung normativ miteinander verknüpft.

Wimmer zeigt diesen etwa durch poststrukturalistische Ansätze hervorgehobenen Widerstreit von »Individuierung und Unterwerfung« (Wimmer 2002, 113) als ein dem Sozialen und damit ebenso dem Pädagogischen und speziell der Erziehung innewohnendes Moment: »Wie nämlich Foucault gezeigt hat, vollzogen sich individuelle Autonomisierung und soziale Normierung von Anfang an als szenische Einheit« (ebd.). Dem pädagogischen Auftrag der Erziehung als Vollendung des Subjektes sowie als Ermöglichung selbsttätiger Vollendung ist dieses Spannungsverhältnis ebenfalls stets implizit: Erziehung fordert das Subjekt dazu auf, es selbst zu werden und dies im Rahmen ihm sozial und kulturell zur Verfügung stehender Subjektentwürfe umzusetzen. In gewisser Weise ist Erziehung im Sinne einer »Kultivierung« (Dörpinghaus u. a. 2011, 24) damit inhärent kulturalistisch, denn zum einen sind die zur Verfügung stehenden Entwürfe stets habituell determiniert und zum anderen ist der ethisch-normative Rahmen, innerhalb dessen sie verhandelt werden, kulturell spezifisch und reifiziert sich in jeder pädagogischen Situation.

Wie gezeigt wurde, werden auch in den verschiedenen historischen Ansätzen der Kulturpädagogik diese erzieherischen Paradigmen in widersprüchlicher Weise virulent: Wertorientierungen und Vorstellungen einer emanzipierenden und die Individuen zur Freiheit weisenden Erziehung sind je eigenwillig miteinander verwoben. Dem Widerspruch, dem Zögling auf dem Weg zur Mündigkeit die Unterwerfung unter die Norm zuzumuten, kann auch die Kulturpädagogik sich nicht entziehen. Wimmer schlägt vor: »Unter Kultur ist dann eine Sphäre symbolischer Ordnungen, diskursiver [wie nicht-diskursiver, d. A.] Praktiken und medialer Techniken zu verstehen, die die Eingliederung des Individuums in die Gesellschaft und die Umwelt erst ermöglichen und strukturieren« (Wimmer 2002, 118). In ihrem unbeirrtem Bezug auf die leiblichen Momente des Erlebens, gerahmt durch einen normativ-erzieherischen Impuls, lässt die Kulturpädagogik durch in der Ermöglichung der Pädagogik unverfügbare Erlebnis-Ereignissen allerdings zu, dass das Subjekt sich ihr öffnet und zugleich entzieht und damit unbestimmt bleibt.

Darin werden die Subjekte veranlasst, über kulturelle Formen zu verfügen, um sich selbst im Kontext gesellschaftlicher Norm zu verorten: Erlebnis, Ausdruck und Transformation stellen kulturpädagogische Technologien des Selbst zur Verfügung, mit welchen das Subjekt weder der Individuierung noch der Unterwerfung gänzlich nachgibt, sondern mit welchen es (auch spielerisch) zwischen ihnen oszilliert.

Wird Erziehung in diesem Sinne weniger als normativ bestimmt, sondern auch als in einem größeren Maße unbestimmtes pädagogisches Ereignis verstanden (vgl. Koller 2009, 32), dem ein Modus des Erkennens (im Sinne eines Kennenlernens) der Anderen und die Aufforderung innewohnt, sich ruhig zu erkennen zu geben, ermöglicht dies eine pädagogische Situation des kontextuellen Ansprechens der Anderen als jemand, der sie ist, und zugleich als jemand, der sie im Begriff ist zu werden. Eine solche Ansprache vermeidet zugleich einen defizitären wie auch normativen Gestus.

Erziehung im kulturpädagogischen Kontext adressiert damit die Gegenwart und Zukunft des Individuums in einer imaginativen Doppelfigur: indem das Subjekt als es selbst und noch nicht in Gänze es selbst adressiert wird. Kulturpädagogik fungiert unter diesen Bedingungen als Ermöglichung ästhetisch bedeutsamer Gelegenheiten, dieses ›noch-nicht‹ zu erkunden und auf seine individuelle und soziale Passung zu überprüfen.

4. Zusammenfassung

Kulturpädagogik kann als ein heterogenes und sich stetig veränderndes Arbeitsfeld verstanden werden und als eine Vermittlungspraxis, bei der es in pädagogischer Praxis wie auch in erziehungswissenschaftlicher Theoriebildung um die (Reflexion der) Ermöglichung sinnlicher Erfahrung und Gestaltung geht, mit dem Ziel »selbstreflexive Prozesse« anzustoßen (Gudjons 2006, 352; vgl. Bischoff u. a. 2005, 5). Kulturpädagogik kann, wie vorangehend vorgeschlagen, als eine Art ästhetischen Welterkundens verstanden werden. Kulturpädagogische Projekte, die etwa in den Praxisfeldern Tanz und Theater, Erlebnispädagogik, Musik-, Kunst- oder Museumspädagogik angeboten werden, zielen damit auf das Erproben kommunikativer und ästhetischer Wahrnehmungs- und Darstellungsformen mit Beachtung der aktuellen Lebensweltbezüge von bspw. Jugendlichen (vgl. Gudjons 2006, 352; vgl. Bischoff u. a. 2005, 5).

Der Begriff der Erziehung in seiner widersprüchlichen Verknüpfung von Norm und Freiheit beschreibt ein paradoxales Grundmoment pädagogischen und damit kulturpädagogischen Handelns. Insbesondere im Kontext der sog. neuen Kulturarbeit avanciert der Erziehungsbegriff zu einem Motiv der Ermöglichung von und Ermutigung zu individueller wie kollektiver sinnlicher und gestalterischer Entfaltung, welches in der pädagogischen Praxis seine besondere Umsetzung in der Wahl der Lernorte wie ästhetischen Methoden findet.

Literatur

Bischoff, Johann/Brandi, Bettina (Hg.): *Kulturpädagogik. Berufsbild, Qualifikationsansprüche und Positionen.* Aachen 2005.

Boal, Augusto: *Theater der Unterdrückten.* Frankfurt a. M. 1989.

Dörpinghaus, Andreas/Uphoff, Ina Katharina: *Grundbegriffe der Pädagogik.* Darmstadt 2011.

Freire, Paulo: *Pädagogik der Unterdrückten.* Stuttgart 1973.

Fuchs, Max: *Kultur Macht Sinn.* Wiesbaden 2008.

Gudjons, Herbert: *Pädagogisches Grundwissen. Überblick – Kompendium – Studienbuch.* Bad Heilbrunn ⁹2006, 352.

Kant, Immanuel: *Über die Pädagogik.* 1803. http://www2.ibw.uni-heidelberg.de/~gerstner/V-Kant_Ueber_Paedagogik.pdf (8. Januar 2012)

Koller, Hans-Christoph: *Grundbegriffe, Theorien und Methoden der Erziehungswissenschaft.* Stuttgart 2009.

Liebau, Eckhardt/Zirfas, Jörg (Hg.): *Die Sinne und die Künste.* Bielefeld 2008.

Müller-Rolli, Sebastian (Hg.): *Kulturpädagogik und Kulturarbeit.* Weinheim 1988.

Oelkers, Jürgen/Schulz, Wolfgang: *Pädagogisches Handeln und Kultur.* Bad Heilbrunn 1984.

Oelkers, Jürgen: *Die Herausforderung der Wirklichkeit durch das Subjekt.* Weinheim 1985.

Oelkers, Jürgen: *Erziehung als Paradoxie der Moderne.* Weinheim 1991.

Schlegelmilch, Tim: »Kulturpädagogische Handlungs- und Arbeitsfelder«. In: Bischoff, Johann/Brandi, Bettina (Hg.): *Kulturpädagogik. Berufsbild, Qualifikationsansprüche und Postionen.* Aachen 2005, 9–42.

Wimmer, Michael: »Pädagogik als Kulturwissenschaft. Programmatische Überlegungen zum Status der Allgemeinen Erziehungswissenschaft«. In: *Zeitschrift für Erziehungswissenschaft.* Beiheft 1 (2002), 109–122.

Zacharias, Wolfgang: *Kulturpädagogik. Kulturelle Jugendbildung Eine Einführung.* Opladen 2001.

Britta Hoffarth/Katja Kolodzig

18. Mediennutzung

Heutige technisch fortgeschrittene Gesellschaften werden häufig als »medienbasierte Wissensgesellschaften« bezeichnet. Ein Grund dafür ist der weltweit zu beobachtende Trend, dass sowohl die tägliche Dauer des Medienkonsums als auch die Zahl der genutzten Medien kontinuierlich steigt. Dabei stagniert in Deutschland seit etwa zehn Jahren der Konsum audiovisueller Medien (TV, DVD etc.) bei etwa vier Stunden täglich, wohingegen die Nutzungsdauer computer- und internetbasierter Medien kontinuierlich auf inzwischen über zwei Stunden täglich angestiegen ist (ARD/ZDF 2011). Insgesamt nutzen Deutsche rund zehn Stunden täglich irgendein Medium. Das heißt, dass ein durchschnittlicher Erwachsener in etwa zwei Drittel seiner aktiven Wachzeit ein Medium nutzt. Dabei haben ältere Menschen einen deutlich höheren Medienkonsum (insbesondere beim Fernsehen) als jüngere Menschen.

In anderen technologisch weit entwickelten Gesellschaften ist eine vergleichbare Entwicklung beobachtbar. Die Art des Medienkonsums unterscheidet sich zwischen verschiedenen Subpopulationen einer Gesellschaft erheblich. Während in Deutschland beispielsweise Frauen im Rentenalter einen täglichen Fernsehkonsum von durchschnittlich rund sechs Stunden aufweisen, nutzen junge Männer im Alter von 14 bis 25 Jahren inzwischen computer- und internetbasierte Medien zeitlich intensiver als alle anderen Medien. Medien gewinnen dabei sowohl in privaten, aber insbesondere auch in beruflichen Nutzungskontexten, immer weiter an Bedeutung. Man kann daher davon ausgehen, dass eine erfolgreiche Nutzung von Medien in der heutigen medienbasierten Wissensgesellschaft für Individuen eine Voraussetzung zur aktiven und gerechten sozialen Teilhabe an technisch fortgeschrittenen Gesellschaften darstellt (vgl. Groeben 2004).

Um erfolgreich an den diversen, meist technologiegetriebenen medialen Entwicklungen und den damit verbundenen sozialen Veränderungen heutiger Gesellschaften partizipieren zu können (z.B. Nutzung multipler, kostenfreier Informationsquellen, Erstellung eigener Informationsressourcen, soziale Netzwerke, medialisierte Einkaufsmöglichkeiten, berufsbezogene Tools etc.), bedarf es daher der institutionalisierten, formellen (z.B. Schule), aber auch informellen (z.B. Eltern, Peers), Vermittlung multipler, medienbezogener Kompetenzen. Nur so kann eine umfassende und gerechte soziale Teilhabe möglichst vieler Individuen in medienbasierten Wissensgesellschaften ermöglicht werden, um die inzwischen allgegenwärtige (Multi-)Medialität erfolgreich zu bewältigen, die unser heutiges Arbeits- und Freizeitverhalten prägt. Da Medien eine immer stärkere soziale Bedeutung erlangen, gleichzeitig aber auch Chancen und Risiken der Mediennutzung zunehmend kritisch reflektiert werden, kann Medienkompetenz in der Mediengesellschaft als eine zentrale Schlüsselkompetenz des 21. Jahrhunderts angesehen werden. Daher werden nachfolgend medienbezogene Kompetenzen dargelegt, die Menschen zu einem erfolgreichen Umgang mit Medien in diversen Lebenssituationen verhelfen können und für deren Bedeutsamkeit bereits empirische Evidenz vorliegt. Weiterhin soll darauf eingegangen werden, wie Medienkompetenzentwicklung erzieherisch begleitet werden kann.

Medienkonsum bezeichnet die Rezeption von Medienangeboten. Im Unterschied zum eher passiv konnotierten Begriff des Medienkonsums bezeichnet der umfassendere Begriff der Mediennutzung sowohl den Konsum von Medieninhalten als auch die aktive Nutzung von Medien zur Informationsübertragung (Telefonieren, Videos erstellen, Emails senden, soziale Netzwerke pflegen etc.). Die Gründe, aus denen Medien genutzt werden, wechseln häufig in sehr kurzen Zeitintervallen. Die Ziele, die mit der Mediennutzung verbunden sind, kann man in zwei Gruppen unterteilen: So werden Medien aufgrund pragmatisch-rationaler Ziele genutzt (z.B. Kommunikation, Information, Erstellung von Texten und Präsentationen etc.) sowie aus hedonistischen Gründen (Unterhaltung, Zerstreuung, Konsum sexueller Inhalte etc.). Inzwischen steigt die Zahl der Mediennutzer, die parallel mehrere Medien nutzen (z.B. Internet und Fernsehen) und gleichzeitig sowohl pragmatisch-rationale als auch hedonistische Ziele verfolgen. Darüber hinaus zeigen sich bei der Nutzung bestimmter Medieninhalte sowohl geschlechtsspezifische als auch soziale Unterschiede. Diese Differenzierung im Nutzungsverhalten wird beispielsweise in der 16. Shell-Jugendstudie (Albert/Hurrelmann/Quenzel 2010) verdeutlicht. Sozial schwächer gestellte und jüngere Jugendliche nutzen das Internet in erster Linie zum Zeitvertreib mit Onlinespielen und um soziale Kontakte zu pflegen. Für ältere und sozial besser gestellte Jugendliche verschiebt sich die Nutzung des Internets dagegen stärker zur Informationsbeschaffung bis hin zur Ausschöpfung des gesamten Angebotes, wozu jüngeren und sozial schwächer gestellten Jugendlichen möglicherweise noch die entsprechende Medienkompetenz fehlt.

1. Psychologische Medienforschung

Aus heutiger Sicht können in der Medienforschung drei grundlegende Strömungen unterschieden werden. Die medienpessimistische Position besitzt eine lange Tradition und beleuchtet in erster Linie die Gefahren der Mediennutzung. Meist werden hier computer- und netzwerkbasierte Medien sehr kritisch in ihren Wirkungen eingeschätzt, wohingegen »konventionelle Medien« wie z. B. Bücher und Zeitungen als unproblematisch eingestuft werden. Empirische Befunde und theoretische Konstrukte der Medienwirkungsforschung finden hier oft nur selektiv Berücksichtigung. Dies führt immer wieder zur Darstellung des vermeintlich hohen Gefahrenpotenzials der modernen computerbasierten Medien für Heranwachsende und dadurch zu einer Verunsicherung bei Konsumenten, Eltern und Pädagogen. Die empirischen Befunde hingegen zeigen in der Regel nur mäßige Effekte des Medienkonsums auf das Langzeitverhalten von Kindern und Jugendlichen (z. B. Süss 2008; Klimmt 2004), wohingegen andere soziale Variablen, wie beispielsweise das elterliche Betreuungsverhalten im Umgang mit Medien für eine angemessene Entwicklung Heranwachsender empirisch bestätigt, als wesentlich bedeutsamer einzustufen sind (z. B. PISA 2007).

Die aktive Rolle des Rezipienten im Umgang mit Medien betont die kritisch optimistische Position. Der situative Kontext und die individuelle Bedürfnislage bestimmen hiernach, wie Medien genutzt werden und welchen Nutzen sie dem Rezipienten bringen. Dieselbe mediale Erfahrung kann somit je nach psychosozialem Kontext unterschiedliche Auswirkungen auf den Nutzer haben. Viele empirische

Befunde stützen diese Position (z. B. Schneewind 1978; Klimmt 2004; Ennemoser/Schneider 2007).

Vertreter einer medieneuphorischen Position fokussieren die Potenziale der neuen Medien, ohne mögliche Risiken der Nutzung mit zu reflektieren. Meist werden hier allein technische Entwicklungen und ihre praktischen Nutzungschancen thematisiert. Der aktuelle medienwissenschaftliche Forschungsstand wird, falls vorhanden, in dieser Strömung selten zur Argumentation herangezogen. So werden unangenehme Nebenwirkungen technischer Innovationen (wie z. B. die »3D-Sickness«) oder psychosoziale Gefährdungspotenziale (z. B. »*Internet Addiction Disorder*«; Young, 1996) in Abgrenzung zu kompetentem Medienkonsum nicht ausreichend reflektiert (vgl. Süss 2008).

2. Medienkompetenz

Medienkompetenz bezeichnet Kenntnisse und Fähigkeiten, Medien und deren Inhalte kritisch, selbstbestimmt und reflektiert den eigenen Zielen und Bedürfnissen entsprechend nutzen und verantwortungsvoll mit ihnen umgehen zu können. Da klassische und neue Medien in unserem Alltag allgegenwärtig sind, kommt einer Medienkompetenzerziehung, die neben dem Nutzen auch Gefahren kritisch thematisiert, eine zunehmende Bedeutung zu.

Ein kompetenter Umgang mit Medien ist umso wichtiger, wenn man bedenkt, dass nahezu alle deutschen Haushalte, in denen Kinder aufwachsen, über Computer, Mobiltelefone, Fernsehen und Internet verfügen.

Dabei ist die weit verbreitete Annahme, dass vor allem Kinder und Jugendliche Medien in ausufernder Weise konsumieren, nicht haltbar. Kinder verbringen beispielsweise deutlich weniger Zeit mit Fernsehen als Erwachsene (im Vergleich nur ein Drittel bis zur Hälfte). Vielmehr geben Kinder zwischen 6 und 13 Jahren »Freunde-Treffen« und »Draußen-Spielen« als ihre liebsten Freizeitaktivitäten an. Fernsehen dagegen wird erst an dritter Stelle der liebsten Freizeitaktivitäten von rund 30 % der Kinder genannt, dicht gefolgt von Computer-, Konsolen- bzw. Onlinespielen (Medienpädagogischer Forschungsverbund Südwest 2010b).

Insgesamt stellt sich die Präferenz in der Freizeitgestaltung trotz einer Erweiterung des Medienspektrums und einer ansteigenden Mediennutzung der Kinder und Jugendlichen als relativ stabil dar. So erfreut sich beispielsweise, allen kulturpessimistischen Befürchtungen zum Trotz, das Medium Buch bei den 12–19jährigen Jugendlichen in den vergangenen zehn Jahren bei 38 % regelmäßigen Buchlesern einer gleichbleibenden Beliebtheit. Die gemeinsame Mediennutzung mit Freunden, wie beispielsweise gemeinsam Computer spielen oder Musik hören, gehört für etwa zwei Drittel aller Kinder und Jugendlichen zum Alltag (Medienpädagogischer Forschungsverbund Südwest 2010a).

3. Kompetenter Medienkonsum

Im Zuge der Entwicklung der modernen Gesellschaft hin zu einer »Mediengesellschaft« wird die »Medienkompetenz« als die neue Schlüsselkompetenz des 21. Jahrhunderts bezeichnet (u. a. Horz, 2010), welche Menschen eine erfolgreiche gesellschaftliche Teilhabe ermöglicht.

Der Begriff Medienkompetenz wurde im deutschsprachigen Raum erstmals von Baacke (1997) klassifiziert. Er unterscheidet vier Kompetenzbereiche: *Medienkunde, Medienkritik, Mediennutzung* und *Mediengestaltung*. Baacke kann als Wegbereiter einer differenzierteren Position zur Medienkompetenz angesehen werden, die mehr als die reine Nutzungskompetenz beinhaltet.

Auf der Basis von Baackes Modell erarbeitete Groeben (2004; Groeben/Hurrelmann 2002) die bisher differenzierteste Konzeption der Medienkompetenz. Er strukturiert das Konstrukt Medienkompetenz prozessual und verankert dieses auch normativ. Die einzelnen Komponenten des Gesamtkonstrukts Medienkompetenz fokussieren Kompetenzen, die unterschiedlichen Phasen der Mediennutzung zuzuordnen sind (z. B. kommt der Konsum eines Medieninhalts in der Regel zeitlich vor der Möglichkeit einer Anschlusskommunikation über den konsumierten Inhalt). Aus normativer Sicht postuliert er die Notwendigkeit, dass Menschen in technisch fortgeschritten Gesellschaften einen Grad an Medienkompetenz erreichen müssen, der ihnen eine gerechte und erfolgreiche Teilhabe in ihren Gesellschaften ermöglicht. Groeben sieht daher ein Mindestmaß an medienbezogenen Kompetenzen als konstituierend für gesellschaftlich integrierte Individuen in Wissensgesellschaften an. Nach Groeben setzt sich die gesamte Medienkompetenz aus sieben Teilkomponenten zusammen. Um zu verdeutlichen, wie sich eine (nicht-) ausreichende Ausprägung der Teilkompetenzen im Alltag zeigen kann, werden diese im Folgenden definiert und anhand praktischer Beispiele erklärt.

4. Medialitätsbewusstsein und Medienwissen

Diese Teilkompetenz umfasst das Wissen und das Bewusstsein über die Glaubwürdigkeit von Medien sowie über deren wirtschaftliche, rechtliche und andere Rahmenbedingungen. Hierzu gehören weiterhin das Wissen über die Wirkung von Medien auf Mediennutzer und die Kompetenz Medienbotschaften auch im Hinblick auf »versteckte« Ziele angemessen bewerten und analysieren zu können. So gehört z. B. zum Medialitätsbewusstsein die Fähigkeit, unterscheiden zu können, inwiefern eine Fernsehsendung eine Dokumentation darstellt oder aber nur fiktionale Inhalte enthält. Dies ist auch für Erwachsene keineswegs eine triviale Aufgabe, da diverse fiktionale Medienformate

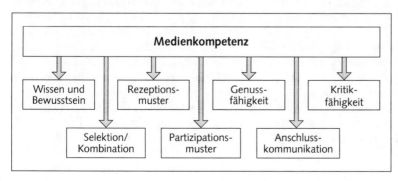

Abb. 1: Die sieben Teilkompetenzen der Medienkompetenz nach Groeben (2004)

den Anschein erwecken wollen, eine Dokumentation zu sein. Entscheidend ist daher, dass medienkompetente Fernsehzuschauer wissen, dass es solche »Täuschungsformate« gibt, damit sie grundsätzlich kritisch hinterfragen können, ob sie gerade eine Fiktion oder Dokumentation sehen.

In der Medienerziehung gilt es daher, frühzeitig mit Kindern und Jugendlichen auch fächerübergreifend den Diskurs über Medien, deren Inhalte und Verarbeitungsweisen zu suchen. Dabei gilt es, Kindern zu erklären, woran die Glaubwürdigkeit eines Medieninhaltes zu erkennen ist und auch über rechtliche Bestimmungen im Medienbereich informiert zu sein, um Kinder über Copyright, Urheberrechte, Jugendschutzbestimmungen etc. aufklären und ihnen entsprechende Hilfestellungen bei der Bewertung von Medieninhalten geben zu können.

5. Medienspezifische Rezeptionsmuster

Für eine kompetente Mediennutzung sollten Menschen in der Lage sein, ihre Verarbeitungsstrategien zwischen verschiedenen Medien und auch innerhalb eines Mediums zu verändern. Beispielsweise sollte man wissen, mittels welcher Suchstrategien (zu nutzende Tools, angemessene Stichworte) man in einer Bibliothek zu den gewünschten Informationen gelangt, und welche Strategien bei der Internetrecherche zum Ziel führen. Kompetente Rezeptionsmuster können nicht nur zur kognitiven, sondern auch zu einer erfolgreichen emotiven Selbstregulation genutzt werden. Beispielsweise kann das Wechseln eines Radiosenders während der Autofahrt sinnvoll sein, wenn man merkt, dass die dargebotene Musik eines Senders eine eigene aggressive Grundgestimmtheit verstärkt, was zu riskanterem Fahrverhalten führen kann.

Erziehende können Kinder und Jugendliche bei der Ausbildung von dem Entwicklungsstand angemessenen Auswahlkriterien unterstützen, indem sie Medien mit ihnen gemeinsam nutzen und über ihre Empfindungen während und nach der Rezeption im Austausch bleiben und ihnen gegebenenfalls alternative Kriterien für die Auswahl angemessener Inhalte anbieten.

6. Medienbezogene Genussfähigkeit

Der Medienkonsum zu Unterhaltungszwecken stellt einen besonders häufigen Anlass für die Nutzung von Medien im Alltagsleben dar. Aus diesem Grund kommt der Fähigkeit, den Konsum eines Mediums angemessen zu genießen, in neueren Konzeptionen der Medienkompetenz eine zentrale Bedeutung zu. Eine gelingende medienbezogene Genussfähigkeit ist dann gegeben, wenn insbesondere langfristig negative Folgen des hedonistisch motivierten Medienkonsums, wie beispielsweise eine anhaltende Aggressivitätssteigerung (z. B. Bushman/Wang/Anderson 2005), vermieden werden. Kompetente medienbezogene Genussfähigkeit zeigt sich beispielsweise bei denjenigen Computerspielern, die zwar engagiert und mit Freude am Computer spielen, aber dadurch weder ihre beruflichen oder schulischen noch ihre sozialen Belange vernachlässigen.

Kinder und Jugendliche können durch Erziehende darin unterstützt werden, Medien angemessen zu genießen, indem Medien und der Umgang mit ihnen möglichst selbstverständlich zum Alltag der Kinder und ihrer Bezugspersonen gehören darf, individuelle Abmachungen über zeitliche oder inhaltliche Begrenzungen zur Nutzung von Medien argumentativ vermittelt und bestenfalls sogar gemeinsam vereinbart werden.

7. Medienbezogene Kritikfähigkeit

Diese Teilkomponente beschreibt die Fähigkeit eine analytisch-distanzierte Haltung zu Medieninhalten und der Form ihrer Darbietung einnehmen zu können. Rezipienten sollten fähig sein sowohl inhaltliche (z. B. Glaubwürdigkeit, Professionalität, Nachvollziehbarkeit, Unterhaltungswert der Inhalte) als auch formale Aspekte (z. B. Darstellungsqualität, gewählte (Multi-)Medialität, Zugänglichkeit) von Medienangeboten zu bewerten. Hierbei stellen insbesondere internetbasierte Informationsangebote viele Rezipienten vor ein Problem, da es derartigen Informationsangeboten häufig an etablierten Qualitätskennzeichen mangelt. Mediennutzer mit hoher medienbezogener Kritikfähigkeit in Bezug auf Internet-Ressourcen sind aber in der Lage, eine vergleichende Einordnung von internetbasierten Informationsangeboten vorzunehmen.

Bezogen auf die Glaubwürdigkeit von Internetinhalten können kompetente Nutzer z. B. anhand der Webadresse einer Information und der Transparenz der dort genannten Quellen realistische Glaubwürdigkeitseinschätzungen treffen.

Professionelle Erzieher sollten daher zum einen selbst in der Lage sein, eine kritisch-distanzierte Haltung zu Medieninhalten und -darbietungen einnehmen zu können. Zum anderen müssen sie Kindern und Jugendlichen Vorgehensweisen vermitteln können, die sie selbst befähigen, Medien und ihre Inhalte kritisch zu betrachten und aufgrund einer differenzierten Glaubwürdigkeitseinschätzung ihren Zielen entsprechend eine passende Auswahl an rezipierten Medieninhalten zu treffen.

8. Medienbezogene Selektion und Kombination

In einer Informationsgesellschaft mit stetig wachsendem Medienangebot ist das Wissen über die verfügbaren Informationsressourcen sowie deren zielführende, aufeinander abgestimmte Auswahl im Sinne einer Orientierungskompetenz von zunehmender Bedeutung. Individuen können nur gesellschaftlich handlungsfähig werden, wenn sie in der Lage sind, aus den kontinuierlich (zu) vielen Möglichkeiten der Mediennutzung geeignete Inhalte und Formate auszuwählen. Die Fähigkeit, die Nutzung bestimmter Medien sinnvoll miteinander zu kombinieren, ermöglicht es einem Menschen erst (je nach dessen aktuellem Informations- oder Unterhaltungsbedürfnis), eine zielorientierte Medienselektion zu betreiben. Ein medienkompetenter Studierender beispielsweise kann nach eigenständiger Recherche zu einem Thema für eine Hausarbeit einen Medienmix aus Büchern, Zeitschriften, Internetressourcen etc. effizient zusammenstellen und rezipieren. Dabei sollten die gewählten Ressourcen den inhaltlichen Qualitätsanforderungen einer Hausarbeit (Aktualität, Sachrichtigkeit, Ausgewogenheit etc.) in möglichst hohem Maße entsprechen.

Um Kinder und Jugendliche bei der Selektion von Medieninhalten zu unterstützen, kann es hilfreich sein zunächst den Diskurs mit ihnen zu suchen, um ihre Motivation zur Auswahl bestimmter Medieninhalte zu verstehen. Darauf aufbauend

können Erziehende über das genutzte Medium mit dem jungen Nutzer diskutieren und ihre eigene Meinung und die Einschätzung von Experten zu diesem Medieninhalt mit einfließen lassen. Entscheidend ist die Vermittlung des eigenen Bewertungsmaßstabes unter Anerkennung der Einschätzung des Kindes, da anhaltende Kritik am Lieblingsmedium des Kindes zum Abbruch des Diskurses über das Medium und zur heimlichen Nutzung führen kann.

9. Partizipationsmuster

Inwiefern Mediennutzer in der Lage sind, aktiv und zielführend an Medienangeboten zu partizipieren, hängt von ihren Fähigkeiten ab, eigene mediale Inhalte in Reaktion auf ihren eigenen Medienkonsum zu generieren. Hierzu benötigen Mediennutzer sowohl technische (z. B. Erstellenkönnen eines Blogs im Internet, Leserbrief) als auch intellektuell inhaltsbezogene (angemessenes Verstehen des Medieninhalts) und soziale Kompetenzen (z. B. die Wahl adäquater Ansprechpartner für Nachfragen). Diese Teilkompetenz wird insbesondere durch die zunehmende Nutzung interaktiver Medien bedeutsam, da sich die Handlungsmöglichkeiten von Mediennutzern, auf rezipierte Inhalte aktiv reagieren zu können, kontinuierlich vergrößern. Wenn z. B. ein Fernsehzuschauer Nachfragen zu einer betrachteten Sendung hat, so wäre es ein Zeichen für ein gelingendes Partizipationsmuster, wenn er sich in einen der Sendung angeschlossenen Expertenchat im Internet begibt, um dort vertiefende Fragen zu stellen, statt unspezifische Foren zu besuchen, in denen andere Laien ungesicherte oder gar falsche Informationen distribuieren. Auch Erziehende können hier unterstützen, indem sie mit den Kindern gemeinsam nach geeigneten Quellen für vertiefende Informationen suchen und sich über die Auswahlkriterien und die gefundenen Inhalte mit ihnen austauschen.

10. Anschlusskommunikation

Für den Erwerb einer angemessenen Medienkompetenz ist eine gelingende Anschlusskommunikation bedeutsam. Als Anschlusskommunikation bezeichnet man den Austausch von Mediennutzern mit relevanten Interaktionspartnern, wie Eltern, Lehrern oder Freunden, über Medien, deren Inhalte, das eigene Medienkonsumverhalten sowie über die Folgen des Medienkonsums, wie beispielsweise Einflüsse auf das eigene Verhalten oder die Entwicklung von Einstellungen. Um Kinder in ihrer Entwicklung hin zu einem kompetenten Mediennutzer zu unterstützen, sollten Eltern mit ihren Kindern klare Absprachen über deren Medienkonsum treffen, die Einhaltung dieser Absprachen kontrollieren sowie in kritischem Austausch über das Mediennutzungsverhalten bleiben. Die Kommunikation über Medieninhalte kann Kindern beispielsweise bei der Bildung eigener moralischer und politischer Urteile eine Orientierung geben. Im Bezug auf die Anschlusskommunikation zeigt sich in Deutschland ein starkes soziales Gefälle (Medienpädagogischer Forschungsverbund 2010b). Sozial benachteiligte Jugendliche, die keine Möglichkeit haben, mit medienkompetenten Erwachsenen über die Glaubwürdigkeit konsumierter Inhalte zu reflektieren, fühlen sich durch Medienberichterstattungen verunsichert und in ihren Handlungsoptionen gelähmt (Meister/Hagedorn/Sander 2005). Daher ist es um so wichtiger, Medienerziehung zunehmend in allen Bildungseinrichtungen fachübergreifend in den Unterricht zu integrieren, um dieses soziale Gefälle zu reduzieren, indem allen Kindern und Jugendlichen medienkompetente Bezugspersonen zur Verfügung stehen, mit denen sie über ihren Medienkonsum und verschiedene Medieninhalte diskutieren und reflektieren können, um angemessene Verhaltensweisen im Umgang mit Medien zu entwickeln.

11. Erziehung und Medienkompetenz

In den heutigen Medien- bzw. Wissensgesellschaften, in denen wir mit sich im Wandel befindenden Medienformaten und einer ständig wachsenden Fülle an Medieninhalten konfrontiert sind, kann Medienkompetenzentwicklung als lebenslanger Lernprozess aufgefasst werden. Als Basis dieses Lernprozesses ist es wichtig, Kindern bereits möglichst früh notwendige Medienkompetenzen zu vermitteln.

Bisher findet die Mediensozialisation in erster Linie durch Eltern und Peers statt. Unstrittig ist dabei die besondere Bedeutung von Eltern als Vorbil-

der zur Ausbildung der Medienkompetenz. Weiterhin übernehmen sie auch als Partner im Erwerb reflexiver Fähigkeiten (z. B. Anschlusskommunikation, s. o.) eine zentrale Rolle für die zu entwickelnde Medienkompetenz der Kinder. Entscheidend ist daher derzeit, wie Eltern die Entwicklung der Medienkompetenz ihrer Kinder fördern, indem sie sowohl den Medienkonsum unterstützend begleiten als auch mit ihnen gemeinsam deren Mediennutzung reflektieren. So spielt die Vorbildfunktion der primären Bezugspersonen im Umgang mit Medien für die Entwicklung der Medienkompetenz von Kindern und Jugendlichen zwar eine wichtige Rolle; diese Aufgabe anzunehmen, gelingt aber nicht allen Eltern in gleicher Weise und ist zudem abhängig von ihrer Medienkompetenz, ihrem Bildungsniveau und ihrem sozio-ökonomischen Status (BMFSFJ 2013).

Um dieses bestehende soziale Gefälle in Bezug auf angemessene Medienkompetenzerziehung durch Eltern zu reduzieren, bedarf es in Zukunft zusätzlich auch einer stärker institutionalisierten Form der Medienkompetenzerziehung in (vor-) schulischen Einrichtungen. Hier ist zu fordern, dass auch in der institutionalisierten Ausbildung verstärkt Maßnahmen ergriffen werden, um relevante Teilkompetenzen auf dem Weg zu einer möglichst umfassenden Medienkompetenz auszubilden. Nur im Kontext der Bildungseinrichtungen kann die Medienkompetenz gesamtgesellschaftlich in einem Maß gefördert werden, das ausreicht, negative Folgen der Mediennutzung zu minimieren und alle Individuen zu befähigen, sich die Ressourcen der Informations- und Mediengesellschaft für eine gelingende soziale Teilhabe zu erschließen. Verschiedentlich wird daher auf bildungspolitischer Ebene ein Schulfach »Medienkunde« gefordert, jedoch erscheint der Ansatz vielversprechender, medienbezogene Kompetenzentwicklung in etablierten Schulfächern zu integrieren. So existieren in verschiedenen Bundesländern Programme, deren Ziel es ist, Aspekte der Medienkompetenzentwicklung in thematisch unterschiedlichen Fächern systematisch zu integrieren. Aktuell kommt die Schule als Ort zur Vermittlung der (insbesondere digitalen) Medienkompetenz dieser Aufgabe in Deutschland allerdings nur bedingt nach. Internationale Bildungsstudien (PISA 2007) belegen den vergleichsweise geringen Einsatz von Computern als Lehr- und Lernmedien in der Schule. Neben dem Problem, dass viele Lehrkräfte sich unzureichend auf den Einsatz digitaler Medien in der Schule vorbereitet fühlen (Bofinger 2007), dürfte die vor allem defizitäre, oft veraltete technische Ausstattung von Schulen (insbesondere Grund- und Hauptschulen) kausal für die unzureichende Medienkompetenzerziehung sein (Horz 2009). Zudem haben viele Lehrkräfte nur wenig konkrete Vorstellungen über den Zusatznutzen des Einsatzes digitaler Lehr- und Lernmedien (Bofinger 2007). Aus didaktischer Sicht ist es aber zwingend, dass Medienkompetenz unter Einbezug praktischer lernrelevanter Tätigkeiten erworben wird. Besonders im Hinblick auf die zukünftig weiter anwachsenden Herausforderungen durch eine allseitig medialisierte und digital vernetzte Umwelt, ist eine lebenslange, institutionell begleitete Medienkompetenzförderung anzustreben (BMFSFJ 2013).

Literatur

Albert, Mathias/Hurrelmann, Klaus/Quenzel, Gudrun: *16. Shell Jugendstudie. Jugend 2010*. Frankfurt a. M. 2010.

ARD/ZDF: *ARD/ZDF-Onlinestudie 2011. Mediennutzung*. http://www.ard-zdf-onlinstudie.de (24.05.2013).

Baacke, Dieter: *Medienpädagogik*. Tübingen 1997.

Bofinger, Jürgen: *Digitale Medien im Fachunterricht. Schulische Medienarbeit auf dem Prüfstand*. Donauwörth 2007.

BMFSFJ: *Medienkompetenzförderung für Kinder und Jugendliche*. http://www.bmfsfj.de/RedaktionBMFSFJ/Broschuerenstelle/Pdf-Anlagen/Medienkompetenzf_C3_B6rderug-f_C3_BCr-Kinder-und-Jugendliche,property=pdf,bereich=bmfsfj,sprache=de,rwb=true.pdf (16.07.2013).

Bushman, Brad J./Wang, Morgan C./Anderson, Craig A.: »Is the curve relating temperature to aggression linear or curvilinear? Assaults and temperature in Minneapolis reexamined.« In: *Journal of Personality and Social Psychology* 89.1 (2005), 74–77.

Ennemoser, Marco/Schneider, Wolfgang: »Relations of television viewing and reading: Findings from a 4-year

longitudinal study«. In: *Journal of Educational Psychology* 99 (2007), 349–368.

Groeben, Norbert: »Medienkompetenz«. In: Mangold, Roland/Vorderer, Peter/Bente, Gary (Hg.): *Lehrbuch der Medienpsychologie*. Göttingen 2004, 27–49.

Groeben, Norbert/Hurrelmann, Bettina (Hg.): *Medienkompetenz. Voraussetzungen, Dimensionen, Funktionen*. Weinheim 2002.

Horz, Holger: »Medien«. In: Wild, Elke/Möller, Jens (Hg.): *Pädagogische Psychologie*. Berlin 2009, 103–134.

Horz, Holger: »Lernen mit Medien«. In: Heinz Reinders/Hartmut Ditton/Cornelia Gräsel/Burkhard Gniewosz (Hg.): *Lehrbuch Empirische Bildungsforschung*. Wiesbaden 2010, 21–32.

Klimmt, Christoph: »Computer- und Videospiele«. In: Mangold, Roland/Vorderer, Peter/Bente, Gary (Hg.): *Lehrbuch der Medienpsychologie*. Göttingen 2004, 695–716.

Medienpädagogischer Forschungsverbund Südwest (Hg.): *JIM-Studie 2012. Jugend, Information, (Multi-) Media. Basisuntersuchung zum Medienumgang 12- bis 19-Jähriger*. Verfügbar unter: http://www.mpfs.de/fileadmin/JIM-pdf12/JIM2012_Endversion.pdf (10.04.2013).

Medienpädagogischer Forschungsverbund Südwest (Hg.): *KIM-Studie 2012. Kinder + Medien, Computer + Internet. Basisuntersuchung zum Medienumgang 6- bis 13-Jähriger*. Verfügbar unter: http://www.mpfs.de/fileadmin/KIM-pdf10/KIM2010.pdf. (24.04.2013).

Meister, Dorothee M./Hagedorn, Jörg/Sander, Uwe: »Medienkompetenz als theoretisches Konzept und Gegenstand empirischer Forschung«. In: Bachmair, Ben/Diepold, Peter/ deWitt, Claudia (Hg.): *Jahrbuch Medienpädagogik 4*. Wiesbaden 2005, 169–186.

PISA-Konsortium Deutschland (Hg.): *PISA 2006 – Die Ergebnisse der dritten internationalen Vergleichsstudie*. Münster, 2007.

Schneewind, Klaus A.: »Erziehungs- und Familienstile als Bedingungen kindlicher Medienerfahrung«. In: *Fernsehen und Bildung* 11 (1978), 234–248.

Süss, Daniel:. »Mediensozialisation und Medienkompetenz«. In: Batinic, Bernad/Appel, Marcus (Hg.): *Medienpsychologie*. Berlin 2008, 361–378.

Young, Kimberly S.: »Addictive use of the Internet: A case that breaks the stereotype«. In: *Psychological Reports* 79 (1996), 899–902.

Holger Horz/Carmen Heckmann

V. Gesellschaft und Erziehung

1. Erziehung und soziale Ungleichheit

Der vorliegende Beitrag gibt einen Überblick über die in der sozial- und erziehungswissenschaftlichen Diskussion keineswegs einheitliche Verbindung von sozialer Ungleichheits- und Erziehungsforschung. Diese Zusammenführung beider Zugänge unterliegt – wie die Darstellung in Abschnitt I zeigt – unterschiedlicher Konjunkturen der Thematisierung. In jüngerer Zeit wird die rahmende Funktion von Erziehungsarrangements (2.) wiederentdeckt, die – besonders anregend – mit der sozialstrukturellen Perspektive sozialer Milieus verbunden wird (3.).

1. Erziehung und soziale Ungleichheit – Konjunkturen der Thematisierung

In den 1960er und 1970er Jahren kann von einer Etablierung der schichtspezifischen Sozialisationsforschung gesprochen werden (hierzu exemplarisch Rolff 1997), die durch die Konzentration auf die Familie und ihre Erziehungsleistungen im Prozess der gesellschaftlichen Reproduktion gekennzeichnet war (ein sehr guter Überblick hierzu bei Choi 2012). Diese Fokussierung beinhaltete die enge Verknüpfung von Sozialisations- und Erziehungsforschung, bei der die erkenntnisleitende Vorstellung der Prägewirkung durch Umfeldbedingungen im Vordergrund stand. Sie war mit der Frage verbunden, wie Menschen die grundlegenden Kompetenzen erwerben, um in einer sozialen Gruppe handeln zu können. Entsprechend bestimmt eine der ältesten bekannten Definitionen aus dem *Oxford Dictionary of the English Language* aus dem Jahr 1828 Sozialisation als »to render social, to make fit for living in society.« In der Frühphase der sozial- und erziehungswissenschaftlichen Klassikerliteratur bezeichnet Sozialisation Prozesse der Eingliederung des Einzelnen in ein gesellschaftliches Gesamtgefüge (»Vergesellschaftung« bei G. Simmel), wobei der Sozialisationsprozess selbst unbewusst erfolgt oder – im Sinne von Erziehungsprozessen – bewusst gesteuert werden kann (als »socialisation methodique« bei E. Durkheim).

Die Gleichsetzung von Sozialisation mit dem Prozess einer generellen Anpassung an vorgegebene soziale Strukturen stellt zunächst das Hauptmotiv der vor allem soziologisch geprägten Sozialisationsforschung dar. Die Fokussierung auf die Bedeutung der gerichteten, also beabsichtigten Anpassung in den Erziehungsmilieus wurde zum Gegenstand der stärker erziehungswissenschaftlich geprägten Diskussion. Vor allem in der Zeit nach dem Zweiten Weltkrieg wurde in beiden Richtungen die Frage der gesellschaftlichen Strukturreproduktion (vor allem der Ungleichheitsstruktur) in den Vordergrund gerückt, die durch unterschiedlich dominierende Strömungen in der Soziologie, wie dem Strukturfunktionalismus und den materialistisch-marxistischen Ansätzen, gleichermaßen gestützt wurden.

Von Vergesellschaftung zu Individuation
Erst die Kritik an strukturfunktionalistisch inspirierten Strömungen in den Sozialwissenschaften hat das Grundverständnis von Sozialisation und Erziehung verändert. Zunächst wurde damit das vorherrschende Konformitätsmodell der funktionalistischen Rollentheorie aufgeweicht (durch die Vertreter einer kritischen Rollentheorie), wonach der einzelne Akteur immer nur als eine Art Anhängsel gesellschaftlicher Strukturen galt (das sogenannte passive Subjekt-Modell in der Sozialisationsforschung, s. Abb. 1). Diese Vorstellung ist als Illusion der gesellschaftlichen Übersozialisierung früh kritisiert (Wrong 1961; Wurzbacher 1963), aber erst später – ab dem Ende der 1970er Jahre – tatsächlich verworfen worden.

Insbesondere der Aspekt der gesellschaftlichen Prägung und der Anpassung an vorgegebene soziale Strukturen, der grosso modo als »Vergesellschaftung« verstanden wurde, wurde damit mehr und mehr relativiert. An seine Stelle tritt ein Leitverständnis von Sozialisation als »Individuation«, als Entwicklung zu einer autonomen, sich selbst steuernden Persönlichkeit (hierzu ausführlicher Bauer 2012). In der sozial- und erziehungswissenschaftlichen Debatte wird die ältere Annahme des voll integrierten, aber passiven Akteurs durch das Konzept des aktiv handelnden Subjekts ersetzt (das »Modell des produktiv realitätsverarbeitenden Subjekts« steht hierfür stellvertretend, Hurrelmann 1983). Nicht nur die gesellschaftliche Umwelt nimmt also Einfluss auf die Person, auch das ein-

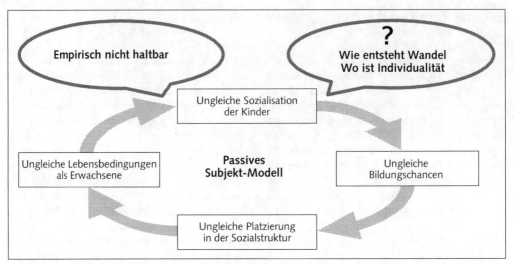

Abbildung 1: Das Modell zirkulärer Reproduktion in der schichtspezifischen Sozialisationsforschung.
Eigene Darstellung

zelne Subjekt wirkt in einem Verhältnis der Reziprozität (= Wechselseitigkeit) auf sein Umfeld zurück.

Der Wechsel von der Vergesellschaftungs- zur
Individuationsperspektive, der zunächst den Wandel in der sozialisationstheoretischen Debatte kennzeichnet, wird auch für die Erziehungsforschung relevant. Während die ältere Perspektive von der Dominanz der Strukturbedingungen ausging und den
Sozialisationsinstanzen in der Familie, den Peers

und der Schule die Potenz zur Rollen- und Verhaltenssteuerung zuwies (hier als Strukturorientierung
bezeichnet), verweist die neuere Perspektive auf die
Variabilität von Rollen- und Verhaltenserwartungen und die Möglichkeit zu einer autonomen Steuerung der Persönlichkeitsentwicklung (als Subjektorientierung). Der Paradigmenwechsel von der
Struktur- zur Subjektorientierung kann pointiert
auch als Wechsel von der Struktur- zur Subjektzentrierung verstanden werden (s. Abb. 2).

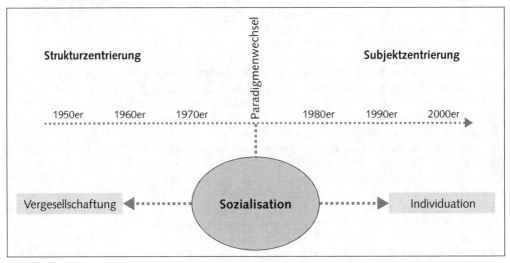

Abbildung 2: Der Paradigmenwechsel von der Struktur- zur Subjektzentrierung in der Sozialisationsforschung. Darstellung im Zeitverlauf

Mit dem Verständnis von Individuation als Potenzial zu einer autonomen Ich-Entwicklung wurden Formen der *absichtsvollen* Interaktion im sozialisationstheoretischen Denken immer weniger bedeutsam. Dem korrespondiert seit den 1980er Jahren die Annahme der sozialisatorischen Wirkung nicht-intendierter, also *absichtsloser* Einflüsse auf die individuelle Entwicklung. In dieser Konstellation gewinnt auch die Unterscheidung zwischen Sozialisation, Bildung und Erziehung mehr und mehr an Bedeutung. Erziehung und Bildung als Formen der absichtsvollen Interaktion werden mit den älteren theoretischen Annahmen zur Strukturzentrierung gleichgesetzt und in der Folge aus dem sozialisationstheoretischen Denken heraus gedrängt. Diese Verdrängungsbewegung, die ab den 1970er Jahren international vermutlich recht vergleichbar erfolgt (für den angloamerikanischen Diskurs Lareau 2003, 289 f.), bedeutet faktisch einen Stillstand für die Thematisierung der Zusammenhänge zwischen sozialer Ungleichheit und Erziehung.

2. Die rahmende Funktion der Erziehungsarrangements

Das verblassende Erbe der schichtspezifischen Sozialisationsforschung beinhaltet den Ansatz des schichtspezifischen Erziehungsverhaltens Melvin Kohns (1969, 1981), der auf die Prägewirkung der kindlichen Entwicklung durch die Arbeitserfahrungen der Eltern abhebt. Die anschließende Diskussion, die den Zusammenhang zwischen Sozialisation und Ungleichheit seit den 1980er Jahren als sozialstrukturelle Sozialisationsforschung verhandelt (Steinkamp 1991), führt jedoch an diesem Ansatz vorbei. Vielmehr gilt, »daß eine direkte Korrelation zwischen Variablen auf der Ebene der ›Persönlichkeitsentwicklung des Kindes‹ und auf der Ebene der ›Sozialstruktur‹ verworfen werden muß« (Geulen/Hurrelmann 1980, 62). Sozialstrukturanalyse und Sozialisationsforschung schlagen nach Klaus Hurrelmann den Weg einer produktiveren Verbindung ein, wenn sie das Klassenkonzept überwinden und stattdessen von der mehrfach gebrochenen und sich überlagernden Struktur der Lebens- und Sozialisationsbedingungen ausgehen. Hurrelmann wendet sich damit gegen einen zu strengen Materialismus in der marxistischen Tra-

ditionslinie und befürwortet die Theorieorientierung »auf Webers Spuren« (Hurrelmann 1985, 49):

> Um den gesamten Strukturzusammenhang der gesellschaftlichen Sozialisationsbedingungen aufhellen zu können, muß auch die horizontale, *kontextuelle Einbettung der einzelnen Momente* innerhalb jeder Betrachtungsebene, technisch gesprochen die Kovarianzen und die Interaktionseffekte zwischen ihnen, berücksichtigt werden. Es wird immer deutlicher, daß die klassische korrelationsstatistische Frage nach dem Zusammenhang zwischen zwei Variablen unangemessen, ja irreführend ist, weil ein solcher Zusammenhang immer auch noch von anderen Variablen wesentlich abhängig ist. (Geulen/Hurrelmann 1980, 56)

Jene »kontextuelle Einbettung« weist auf die beginnende Rezeption der Vertreter der sozialökologisch orientierten Sozialisationsforschung hin. Sie ist der Ausgangspunkt für die kritische Auseinandersetzung mit den Schwächen des Schichtungskonzeptes, die sich bereits in der Ungleichheitsforschung vollzog und in der Forderung nach Berücksichtigung von Konzepten unterschiedlicher Subkulturen Ausdruck fand. Tatsächlich werden die Einflüsse der sozialen Schicht, einzelner Subkulturen oder der Erziehungsstile vielfach durch zusätzlich sozialökologische Parameter wie bspw. jugendlicher Bezugsgruppen (peers), der Familien- und Geschwisterkonstellation sowie der Schul-, Nachbarschafts- und Wohnumwelt gebrochen (hierzu der Literaturüberblick bei Choi 2012). Die schichtenspezifische Sozialisationsforschung hat dagegen in ihrer Fixiertheit auf zu wenige unabhängige Variablen möglicher Sozialisationseinflüsse nur einen geringen Beitrag zur Varianzaufklärung der Differenziertheit in der Persönlichkeitsentwicklung – als abhängiger Variable – erbracht.

Diese Position stellt zusammenfassend den Tenor der seit Mitte der 1970er Jahre einsetzenden kritischen Auseinandersetzung mit der schichtspezifisch Sozialisationsforschung dar (siehe aber auch Oevermann, z. B. 1976, für die Forderung nach konstruktiver Weiterentwicklung unter Beibehaltung des Paradigmas).

Dem entspricht die Forderung an die Sozialisationsforschung, künftig der *Mehrdimensionalität der Sozialisationsfelder, -instanzen und -wirkungen* Rechnung zu tragen: Um den vollständigen »Strukturzusammenhang der gesellschaftlichen Sozialisationsbedingungen« erfassen zu können, müssen deshalb die »horizontale, *kontextuelle Einbettung der einzelnen Momente innerhalb jeder Betrach-*

tungsebene, technisch gesprochen die Kovarianzen und die Interaktionseffekte zwischen ihnen« (Geulen/Hurrelmann 1980, 56) im Mittelpunkt stehen. Heute wird diese Fokussierung auf Kovarianzen und Interaktionseffekte mit dem Einfluss sozialökologischer Modellvorstellungen seit Bronfenbrenner (1976a 1981) und Barker (1968) in Verbindung gebracht (grundlegend hierzu Schneewind/Beckmann/Enger 1983; Vaskovicz 1982; Grundmann/Lüscher 2000). Steinkamp (1991) argumentiert etwa, dass die ungleichheitsorientierte Sozialisationsforschung nach der »traditionell schichtenspezifischen«, der daran anschließenden »neueren sozialstrukturellen« Orientierung abschließend in das sozialökologische Paradigma eingegangen ist. Besonderer Schwerpunkt der sozialökologischen Forschung liegt auf dauerhaften und alltäglichen (Sozialisations-)Kontexten, in denen Heranwachsende interagieren, ohne dass sie von abstrakten Einflüssen wie der Schichtzugehörigkeit Kenntnis nehmen. Diese Einschätzung zehrt insbesondere davon, dass Heranwachsende (wie auch Erwachsene) ihre persönliche Lebenslage selbst nicht als »klassentypisch« oder »schichtkonform« beschreiben.

Obwohl damit die kritische Auseinandersetzung mit der schichtspezifischen Sozialisationsforschung noch heute viel Berechtigung erhält, sind aus der entfernteren Perspektive auch die überspannten Motive der Kritik sichtbar. Gegen die sehr bestimmte Vorstellung, dass keine »klassentypischen« oder »schichtkonformen« Lebenswelten existieren, wird seit geraumer Zeit eingewandt, dass ungleiche Sozialisationsbedingungen in der konkreten Nahumwelt des Heranwachsenden dennoch mit der Zugehörigkeit zu spezifischen Großgruppen korrelieren können (wie das Beispiel der in »bestimmten« Wohngegenden segregierten, einkommensschwachen oder ethnisch marginalisierten Bevölkerungsgruppen am anschaulichsten beweist). Das bedeutet nicht zwangsläufig, dass die Befragten diesen statistischen Zusammenhang auch selbst »einsehen« müssen, damit er als wirksam wird (Keller 2005). Wie Choi (2012, XXX) in Anlehnung an Hradil (1987, 114) resümiert, bleiben aber die Stärken einer differenzierenden Perspektive bis heute festzuhalten: »Wurden bei der Analyse zwei Schichten nach Berufsstatus gebildet, konnten nur 10 % der Varianz elterlicher Erziehungsziele aufgeklärt werden. Die Kombination der erklärungs-

kräftigsten sozialstrukturellen Variablen konnte 37 % der elterlichen Erziehungsziele aufklären, 41 % der erziehungsrelevanten Einstellungen der Väter und 33 % der Mütter, 15 % der elterlichen induktiven und 13 % der machtorientierten Sanktionspraktiken (vgl. Steinkamp/Stief 1979, 180 ff.). Die Variablen familialer Sozialisation erklären wiederum 26 % der Varianz von Selbstbestimmung und autoritärem Konventionalismus in der kindlichen Persönlichkeit (ebd., 191).«

Erzieherische Interaktionen als rahmende Lebens- und Umfeldbedingungen

Der Zusammenhang zwischen sozialer Ungleichheit und Erziehung erhält in der jüngeren Debatte eine gegenüber dem schichtspezifischen Paradigma veränderte Konnotation. Erziehungsarrangements haben hiernach für die individuelle Entwicklung lediglich eine rahmende Funktion. Damit werden Entwicklungsverläufe zwar nicht vorherbestimmt (im Sinne einer zwingenden Determination), dennoch aber strukturiert. Erziehungsarrangements sind so als Bestandteil der Person-Umwelt-Interaktion aufzufassen, sie prägen die Person-Umwelt-Interaktion, werden aber durch Interaktionsprozesse wiederum selbst verändert. Dieser Vermittlungsprozess, in dem die Einflüsse der Erziehung in Interaktion mit der zu erziehenden Instanz treten, bilden heute ein Zentrum der soziologischen und erziehungswissenschaftlichen Sozialisationsforschung. Über die Wahl eines interdisziplinären Zugangs, der immer auch die benachbarten Themenfelder Sozialisation und Ungleichheit einbezieht, besteht darum heute kein Zweifel. Wenn dabei der Erziehungsbegriff wieder mehr Bedeutung erhält, scheint dies vor allem damit zu tun zu haben, dass die extreme Vorsicht gegenüber einer Perspektive, die die strukturellen Einflüsse der Sozialisation stark macht (die Analyse von Ungleichheiten in der Ressourcenausstattung, milieuspezifischer Lebensbedingungen, Mentalitäten, Erziehungsstilen etc.), inzwischen wieder aufweicht. Offene Fragen in den Sozial- und Erziehungswissenschaften – warum bestimmte Lebensbedingungen, zu denen variierende Erziehungseinflüsse gehören – zu einem bestimmten individuellen Entwicklungsverlauf führen, haben diese erneute Verortung im Ungleichheitsdiskurs unumgänglich gemacht. Der Blick auf die Bedeutung sozial divergierender Erziehungsarrangements macht damit die Relevanz rahmender Lebens- und Umfeldbedingungen, die mit der Struktur der sozialen Ungleichheit in Verbindung stehen, deutlich.

Eine Referenz für die erneute Ungleichheitsorientierung stellt der Ansatz Pierre Bourdieus dar. Bourdieus Analysekategorien (insbesondere das Sozialraummodell sowie die Kapital- und Habitustheorie) erfahren in der erziehungswissenschaftlichen Diskussion viel Aufmerksamkeit (Friebertshäuser/Rieger-Ladich/Wigger 2009; Kramer 2011; Brosziewski 2010). Dabei ist die Verbindung mit der Forschung zu divergierenden Erziehungsarrangements ein hoch relevanter Anknüpfungspunkt. Herwartz-Emden/Schurt/Waburg (2010) können in einer Literaturstudie, die an Bourdieus Instrumentarium anschließt, zeigen, wie sich die Interaktion sozialer, geschlechtlicher und ethnisierter Ungleichheiten als dominierende Einflüsse in den Erziehungsarrangements empirisch unterlegen lässt. Dieses Interaktionsverhältnis unterschiedlicher Strukturmerkmale bedeutet indes auch eine Nicht-Festlegung auf ein dominierendes Strukturmuster, wie das beispielsweise die Perspektive sozialer Klassen- oder Schichtenungleichheiten noch forderte. Für diese neuere Differenzierungslinie steht der Diskurs über Intersektionalität Pate (vgl. auch Lutz/Wenning 2001).

3. Aspekte der Milieuspezifität

Eine weiterer Ansatz, der Ungleichheiten als wesentlichen Bestandteil von Erziehungsarrangements wahrnimmt, aber nicht auf die Unterscheidung nach sozio-ökonomischen Merkmalen reduziert, ist der Ansatz der milieuspezifischen Erziehungsstildifferenzierung. Choi (2012) stellt diesen Ansatz entlang der sogenannten SINUS-Milieus dar, die eine Milieuperspektive mit der der elterlichen Erziehungsstile verbinden (hierzu ausführlich Merkle/Wippermann/Henry-Huthmacher 2008). Das Ergebnis dieser Untersuchungen knüpft an Grundannahmen der sozialökologischen Differenzierung an, konzentriert sich aber auf die Unterscheidung von elterlichen Mentalitäten (also zumeist Einstellungsmustern), die milieuspezifisch variieren, dann jedoch als unterscheidbare Erziehungsstilmerkmale wiederkehren. Abbildung 3 und Tabelle 1 fassen die Ergebnisse auf der Grundlage der Darstellung von Choi (2012) zusammen.

Für eine Milieuperspektive, die in der Lage ist, sozialstrukturell bedingte Mentalitätsunterschiede abzubilden, sind diese Ergebnisse von hoher Relevanz. Dennoch bleiben sie in der Forschungsdiskussion nicht unwidersprochen. Choi selbst rekurriert darauf, dass es fraglich ist, wie homogen (bzw.

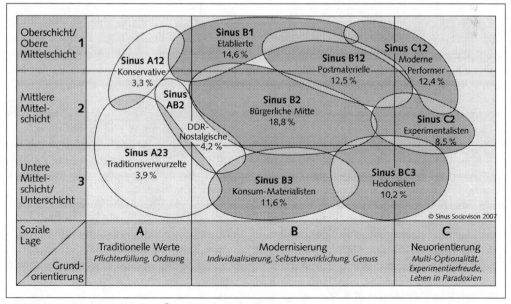

Abbildung 3: Die SINUS-Milieus. Überblick über die Befragungsgruppe der Eltern mit Kindern unter 18 Jahren nach Milieuzugehörigkeit (Quelle: Merkle/Wippermann/Henry/Hutmacher 2008)

Sinus-Milieu	Merkmale der Erziehung
Etablierte	autoritativer Erziehungsstil mit Tendenz zu Strenge; ambitionierte Erziehungs-arbeit; hohe Ansprüche an die Entwicklung des Kindes; Setzen auf Fachliteratur und Ratgeber
Postmaterielle	autoritativer Erziehungsstil; selbstkritische Erziehungsarbeit; hohe Ansprüche an eigene Leistung; Kinder als Geschenk
Moderne Performer	autoritative Erziehung mit klarer Vorgabe und Orientierung an Vorschriften und Regeln; selbstbewusste von eigener Intuition geprägte Erziehungsarbeit; hohe lern- und leistungsorientierte Anforderungen an das Kind
Bürgerliche Mitte	aufopfernde Erziehungsarbeit, behüten und beschützen; umfassende Informa-tion; behüten und beschützen; Risiken meiden; starkes Engagement v. a. der Mütter
Experimentalisten	permissiver Erziehungsstil, Maxime der Gleichstellung in der Erziehung, intuitives Vorgehen; innovative pädagogische Ansätze; freie Entfaltung des Kindes; Selbstständigkeit
Konsummaterialisten	permissiv-vernachlässigender Erziehungsstil, Erziehungsverständnis stark auf bestrafende Elemente reduziert; keine expliziten Erziehungsziele; frühe Selbstständigkeit; Medienkonsum hoch; Konsum ist Fürsorge
Hedonisten	konzeptloses »Laissez-faire«; Erziehung ist negativ belegter Begriff und primär anstrengend; konzeptloses »Laissez-faire«, viel Freiheit und Verantwortung für das Kind

Tabelle 1: Übersicht über die Ergebnisse der Sinus-Studie »Eltern unter Druck« (Merkle/Wippermann/ Henry-Huthmacher 2008). Darstellung, leicht gekürzt, nach Choi 2012

geschlossen) die Erziehungsstilmuster in den ein-zelnen Milieus anzunehmen sind. Die Empirie kann für eine starke Homogenitätsannahme noch auf Grundlage der SINUS-Milieus keinen ausrei-chenden Hinweise bieten (Choi 2009). Die Milieu-perspektive lässt in der vorstellten Form also nur erste Anküpfungspunkte für die weitere Diskus-sion erkennen.

Die Operationalisierung von Lebens- und Um-feldbedingungen, die an sozial-ökologische Prä-missen anschließbar ist und dabei eine dezidierte Ungleichheitsperspektive beinhaltet, scheint nicht ohne Schwierigkeiten zu sein. Zumindest muss die starke Annahme kontrolliert werden, dass die Er-ziehungseinflüsse mit der hierarchischen Struktur ungleicher Lebensbedingungen im Erwachsenen-alter identisch sein müssten. Die Vorstellung, die Sozialisationsräume von Kindern und Jugendli-chen könnten nur als Spiegel der elterlichen Le-bensbedingungen gesehen werden, ist als das funk-tionalistische Erbe in der Sozialisationsforschung anzusehen, das der Vorstellung »eigenständiger«

Lebenswelten der Heranwachsenden keinen Raum lässt. Gleichzeitig ist die Annahme, dass kindliche Lebenswelten als »Sonderwelten« (Geulen/Hurrel-mann 1980, 66) mit »Spielraum für soziale Eigen-gesetzlichkeiten« (ebd., 65) aufgefasst werden, nicht zu überspannen (dies ist der Weg in eine sub-jektzentrierte Perspektive). Muster der sozialstruk-turellen Differenzierung verweisen zumindest in empirischer Sicht auf die Bedeutung von Lebens-stil- und Mentalitätsmustern in den kindlichen Le-benswelten, die von der Verteilung des ökonomi-schen und kulturellen Kapitals im Herkunftsmilieu nicht willkürlich abzuschließen sind (Büchner/ Brake 2006; Kramer/Helsper 2010). Dabei ist ins-besondere die an die Sozialraum-Lehre Bourdieus gekoppelte Milieu-Typologie (Vester u. a. 2001) die entscheidende Referenz für die Verknüpfung kon-kreter Sozialisationsräume mit den rahmenden Bedingungen der milieuspezifischen Herkunft (s. Abb. 4). Auch hier gilt, dass keine kausalen Zusam-menhänge zwischen der Milieuherkunft und den individuellen Lebensstilen präjudiziert werden

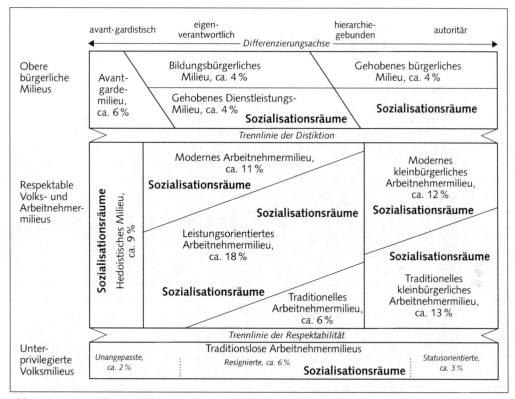

avant-gardistisch   eigen-verantwortlich   hierarchie-gebunden   autoritär

Differenzierungsachse

Obere bürgerliche Milieus

Avant-garde-milieu, ca. 6 %

Bildungsbürgerliches Milieu, ca. 4 %

Gehobenes bürgerliches Milieu, ca. 4 %

Gehobenes Dienstleistungs-Milieu, ca. 4 %

Sozialisationsräume

Sozialisationsräume

Trennlinie der Distiktion

Respektable Volks- und Arbeitnehmer-milieus

Sozialisationsräume

Hedoistisches Milieu, ca. 9 %

Modernes Arbeitnehmermilieu, ca. 11 %

Sozialisationsräume

Modernes kleinbürgerliches Arbeitnehmermilieu, ca. 12 %

Sozialisationsräume

Sozialisationsräume

Leistungsorientiertes Arbeitnehmermilieu, ca. 18 %

Sozialisationsräume

Traditionelles kleinbürgerliches Arbeitnehmermilieu, ca. 13 %

Sozialisationsräume

Traditionelles Arbeitnehmermilieu, ca. 6 %

Trennlinie der Respektabilität

Unter-privilegierte Volksmilieus

Traditionslose Arbeitnehmermilieus

Unangepasste, ca. 2 %

Resignierte, ca. 6 %

Sozialisationsräume

Statusorientierte, ca. 3 %

Abb. 4: Das AgiS-Milieumodell. Darstellung in Anlehnung an Bauer/Vester 2008

können. Die Stärke von Zusammenhängen kann nur als empirische Frage beantwortet werden. Aufgrund der bisherigen Evidenz können aber Sozialisationsräume nicht aus ihrer Verankerung im sozialstrukturellen Gefüge herausgelöst werden (hierzu auch Bauer/Vester 2008).

Der vielleicht prägnanteste Versuch, die Bourdieusche Perspektive mit einer offenen Beschreibung der Erziehungsarrangements in unterschiedlichen sozialstrukturellen Lagen zu beschreiben, erfolgte durch Annette Lareau (2003). Sie beforscht die Erziehungspraktiken und Muster der Eltern-Kind-Interaktion in sozial differenzierten Milieus (»Unequal Childhoods«). Lareaus Methode, der Vergleich zwischen armen, Arbeiter- und Mittelschichtsfamilien zeigt klare Mentalitätsunterschiede, die sich in den Praktiken der Kindererziehung reproduzieren. Das besondere ist dabei, dass die Unterschiede durch teilnehmende Beobachtung (die Anwendung der ethnografischen Methode) erfasst werden. Damit werden vor allem solche Ungleichheiten im Erziehungsverhalten relevant, die

unterschiedliche zumeist symbolische Praktiken (die Aufmerksamkeitszuwendung, die Bestrafung durch Nicht-Beachtung etc.) repräsentieren, die in einer standardisierten Befragung von außen nicht erfragt werden können. Lareau bestätigt damit empirisch ein traditionelles Muster der schichtspezifischen Sozialisationsforschung, differenziert aber noch weiter auf der Ebene der Beschreibung von Erziehungsstilen. So identifiziert sie in den gehobenen Milieus der US-amerikanischen Mittelschicht ein übergreifendes Erziehungsstilmuster, das sie die konzertierte Kultivierung (»concerted cultivation«) nennt. Sie überschreibt hiermit einen spezifischen Typ der elterlichen Erziehungspraktiken, der vor allem auf die teilnehmende Organisation aller schulischen und außerschulischen Aktivitäten der Kinder zielt. Die Eltern sind hiernach in alle Entscheidungsprozesse der Kinder einbezogen, sie organisieren die Schulwahl, das Schulleben und sind die Hauptansprechpartner ihrer Kinder in allen Bestandteilen der Schulvorbereitung, Lernüberwachung, Freizeitgestaltung etc. Am Deutlichsten wird diese Form der konzertierten Vorbereitung oder des gezielten Trainings in der Form, in der Kinder auf die Umgangsformen in den gehobenen Dienstleistungssegmenten eingestellt werden: der höfliche Umgang, die gezielte Ansprache, aber auch das selbstständige Kommunizieren mit Ärzten und anderen Eltern und das forschende und interessierte Fragen im Schulbereich. Demgegenüber ist der Erziehungsstil der armen und der Arbeiterfamilien durch etwas gekennzeichnet, das Lareau als die Bereitstellung von Verhältnissen des natürlichen Aufwachsens bezeichnet (»The Accomplishment of Natural Growth«). Lareau stellt damit ein Muster vor, in dem die Eltern ihren Einfluss auf die Erziehungspraktiken nur sehr parziell geltend machen, es ist gekennzeichnet durch einen besonders geringen Grad an Einflussnahme auf die Freizeitgestaltung, aber auch auf schulische Angelegenheiten. Es ist ein der konzertierten Kultivierung diametral entgegen gesetztes Erziehungsstilmuster. Der Entwicklungsprozess wird nicht überwacht, der Vorbereitungsfunktion der häuslichen Erziehung wird in einem ganz anderem Sinne Bedeutung verliehen, das Kindes- und Jugendalter wird als Latenzzeit begriffen, der schulischen Erziehungsarbeit wird viel Verantwortung übertragen, und damit wird auch das akzeptiert, was die Schule als Bewertung der Kinder anbietet.

Lareaus Forschungserkenntnisse haben in der Debatte über ungleiche Sozialisationsbedingungen zweifellos wichtige Markierungen der schichtspezifischen Forschung wieder aufnehmen können. Wenn sie im Rahmen der ethnografischen Forschung die Kinder und Jugendlichen auf dem Weg in die Arztpraxis begleitet, beobachtet, wie die Jugendlichen den Ärzten die Hand geben und in die Augen schauen, wie sie versuchen zu folgen, worüber gesprochen wird, sie sich in die Konversation einmischen, Mut entwickeln, wenn es darum geht dem Lehrer zu widersprechen usw., verleiht dies den älteren Erkenntnissen zu den schichtspezifischen Erziehungsstilen (in der Tradition Melvin Kohns) jedoch erneut Gewicht.

4. Fazit

Die internationale Diskussion zum Zusammenhang von sozialer Ungleichheit und Erziehung weist in den vergangenen Jahrzehnten ein nur geringes Maß an Konsistenz auf. Der Diskurs beginnt in der Zeit nach dem Zweiten Weltkrieg mit der starken Betonung des Einflusses von sozioökonomischen Ungleichheiten, die vermittelt über das Erziehungssystem der Familie Kompetenzmuster und damit im Effekt Lebenschancen der Heranwachsenden vorherbestimmen. Diese enge Verzahnung des Erziehungsbegriffs mit der Ungleichheitsperspektive wurde seit dem Ende der 1970er Jahre jedoch als weniger überzeugend angesehen. Die schichtspezifische Sozialisationsforschung, die zuvor in den Sozial- und Erziehungswissenschaften eine Hochphase erlebte und der wissenschaftlichen Verbindung von Ungleichheits- und Erziehungsstilforschung einen Rahmen bot, war seitdem auf dem Rückzug. An ihrer Stelle trat in den 1980er und 1990er Jahren die Betonung multipler Einflüsse der Sozialisation, die vor allem die hohe Prägekraft der elterlichen Erziehungsstile in Frage stellte. Erst mit der Rückkehr der Ungleichheitsperspektive in den sozial- und erziehungswissenschaftlichen Diskurs, was mit dem PISA-Schock eine inzwischen rund ein Jahrzehnt während Periode bezeichnet, drängt auch die Frage der sozial ungleichen Erziehungsstile in das Zentrum der Aufmerksamkeit zurück. Ein aktuelles Fazit muss darum zum einen beinhalten, dass die schichtspezifische Forschung ein weiterhin hohes Maß an Aktualität besitzt. Auch wenn ihre Erkenntnismittel veraltet sind (ein zu starres Verständnis von sozialer Differenzierung, die Ausklammerung von sozialer Mobilität und das passives Subjektverständnis), besteht ihr Erkenntnisinteresse fort. Der Zusammenhang zwischen den Sozialisationsbedingungen und Startvorteilen bzw. -nachteilen ist ungebrochen aktuell. Gerade im Prozess der gesellschaftlichen Restrukturierung, der seit den 1980er Jahren zu einer kontinuierlichen Verschärfung sozialer Ungleichheiten führt, übernehmen Erziehungsarrangements eine rahmende Funktion, in sich der Mentalitäten, die milieuspezifisch variieren, in sozial differenzierte Erziehungsstile übersetzen. Dass hierin eine Quelle für die Ungleichheitsreproduktion liegt, scheint sich aufgrund der verfügbaren Erkenntnisse als sicher abzuzeichnen. Offene Fragen betreffen die Mechanismen der Verzahnung von sozialstrukturellen Ungleichheiten und unterschiedlicher Erziehungsstile, die Beeinflussung durch variierende Kontextfaktoren (etwa durch peers, Ein-Eltern- und Patchwork-

Familien etc.) sowie die Intensität, Langfristigkeit und Modifzierbarkeit von Erziehungseinflüssen.

Literatur

Abrahams, Frederick F./Sommerkorn, Ingrid N.: »Arbeitsumwelt, Familienstruktur und Sozialisation«. In: Hurrelmann, Klaus (Hg.): Sozialisation und Lebenslauf. Empirie und Methodik sozialwissenschaftlicher Persönlichkeitsforschung. Reinbek b. Hamburg 1976, 70–89.

Barker, Roger Garlock: Ecological Psychology. Concepts and Methods for Studying the Environment of Human Behavior. Stanford 1968.

Bauer, Ullrich/Vester, Michael: »Soziale Ungleichheit und soziale Milieus als Sozialisationskontexte«. In: Hurrelmann, Klaus/Grundmann, Matthias/Walper, Sabine (Hg.): Handbuch Sozialisationsforschung. Weinheim ⁷2008, 184–202.

Bertram, Hans: »Probleme einer sozialstrukturell orientierten Sozialisationsforschung«. In: Zeitschrift für Soziologie der Erziehung und Sozialisation 5.2 (1976), 103–117.

Bertram, Hans: Sozialstruktur und Sozialisation. Zur mikrosoziologischen Analyse von Chancenungleichheit. Darmstadt/Neuwied 1981.

Bertram, Hans: »Von der schichtenspezifischen zur sozialökologischen Sozialisationsforschung«. In: Vaskovics, Laszlo A. (Hg.): Umweltbedingungen familialer Sozialisation. Beiträge zur sozialökologischen Sozialisationsforschung. Stuttgart 1982, 25–54.

Bronfenbrenner, Urie: Ökologische Sozialisationsforschung. Stuttgart 1976.

Bronfenbrenner, Urie: Die Ökologie der menschlichen Entwicklung. Natürliche und geplante Experimente, Stuttgart 1981.

Brosziewski, Achim: »Kulturelles Kapital, Bildung und die Selbstbeschreibung des Erziehungssystems-Gesellschaftstheoretische Impulse für eine Selbst-kritische Bildungssoziologie«. In: Zeitschrift für Soziologie der Erziehung und Sozialisation 30 (2010) 4, 360–374.

Büchner, Peter/Brake, Anna: Bildungsort Familie. Transmission von Bildung und Kultur im Alltag von Mehrgenerationenfamilien. Wiesbaden 2006.

Choi, Frauke: »Elterliche Erziehungsstile in sozialen Milieus«. In: Bauer, Ullrich/Bittlingmayer, Uwe H./Scherr, Albert (Hg.): Handbuch Bildungs- und Erziehungssoziologie. Wiesbaden 2012.

Choi, Frauke: Leistungsmilieus und Bildungszugang. Zum Zusammenhang von sozialer Herkunft und Verbleib im Bildungssystem. Wiesbaden 2009.

Friebertshäuser, Barbara/Rieger-Ladich, Markus/Wigger, Lothar: Reflexive Erziehungswissenschaft: Forschungsperspektiven im Anschluss an Pierre Bourdieu. Wiesbaden 2009.

Gecas, V. (1979): »The Influence of Social Class on Socialisation«. In: Burr, Wesley R./Hill, R./Nye, F.I./Reiss, I.

L. (Hg.): Contemporary Theories about the Family. Vol. 1. New York 1979, 365–404.

Geulen, D./Hurrelmann, Klaus: »Zur Programmatik einer umfassenden Sozialisationstheorie«. In: Hurrelmann, Klaus/Ulich, Dieter (Hg.): Handbuch der Sozialisationsforschung. Weinheim/Basel 1980, 51–67.

Grundmann, Matthias/Lüscher, Kurt: Sozialökologische Sozialisationsforschung. Ein anwendungsorientiertes Lehr- und Studienbuch. Konstanz 2000.

Herwartz-Emden, Leonie/Schurt, Verena/Waburg, Wiebke: Aufwachsen in heterogenen Sozialisationskontexten. Zur Bedeutung einer geschlechtergerechten interkulturellen Pädagogik. Wiesbaden 2010.

Hradil, Stefan: Sozialstrukturanalyse in einer fortgeschrittenen Gesellschaft. Von Klassen und Schichten zu Lagen und Milieus. Opladen 1987.

Hurrelmann, Klaus: »Das Modell des produktiv realitätsverarbeitenden Subjekts in der Sozialforschung«. In: Zeitschrift für Sozialisationsforschung und Erziehungssoziologie 3 (1983), 91–103.

Hurrelmann, Klaus: »Soziale Ungleichheit und Selektion im Erziehungssystem. Ergebnisse und Implikationen aus der sozialstrukturellen Sozialisationsforschung.«. In: Strasser, Hermann/Goldthorpe, John H. (Hg.): Die Analyse sozialer Ungleichheit. Kontinuität, Erneuerung, Innovation. Opladen 1985, 48–69.

Hurrelmann, Klaus/Grundmann, Matthias/Walper, Sabine (Hg.): Handbuch Sozialisationsforschung. Weinheim ⁷2008.

Keller, Heidi: Leben im Plattenbau. Zur Dynamik sozialer Ausgrenzung. Frankfurt a. M./New York 2005.

Kohn, Melvin L.: Class and Conformity. A Study in Values (With a Reassessment). Chicago/London ²1969.

Kohn, Melvin L.: Persönlichkeit, Beruf und soziale Schichtung. Stuttgart 1981.

Kramer, Rolf-Torsten/Helsper, Werner: »Kulturelle Passung und Bildungsungleichheit. Potentiale einer an Bourdieu orientierten Analyse der Bildungsungleichheit«. In: Krüger, Heinz-Hermann/Kramer, Rolf-Torsten/Rabe-Kleberg, Ursula/Budde, Jürgen (Hg.): Bildungsungleichheit revisited. Bildung und soziale Ungleichheit vom Kindergarten bis zur Hochschule. Wiesbaden 2010, 103–125.

Kramer, Rolf-Torsten: Abschied von Bourdieu? Perspektiven ungleichheitsbezogener Bildungsforschung. Wiesbaden 2011.

Lareau, Annette: Unequal Childhoods. Class, Race, And Family Life. Berkeley/Los Angeles/London 2003.

Lutz, Helma/Wenning, Norbert (Hg.): Unterschiedlich verschieden. Differenz in der Erziehungswissenschaft. Opladen 2001.

Merkle, Tanja/Wippermann, Carsten/Henry-Huthmacher, Christine: Eltern unter Druck. Selbstverständnisse, Befindlichkeiten und Bedürfnisse von Eltern in verschiedenen Lebenswelten. Stuttgart 2008.

Oevermann, Ulrich: »Programmatische Überlegungen zu einer Theorie der Bildungsprozesse und zur Strategie der Sozialisationsforschung«. In: Hurrelmann, Klaus (Hg.): *Sozialisation und Lebenslauf. Empirie und Methodik sozialwissenschaftlicher Persönlichkeitsforschung.* Reinbek b. Hamburg 1976, 34–52.

Rolff, Hans-Günter: *Sozialisation und Auslese durch die Schule.* Weinheim/München ²1997.

Schneewind, Klaus A./Beckmann, Michael/Engfer, Anette: *Eltern und Kinder. Umwelteinflüsse auf das familiäre Verhalten.* Stuttgart 1983.

Steinkamp, Günther: »Sozialstruktur und Sozialisation«. In: Hurrelmann, Klaus/Ulich, Dieter (Hg.): *Neues Handbuch der Sozialisationsforschung.* Weinheim 1991, 251–277.

Steinkamp, Günther/Stief, Wolfgang H.: *Lebensbedingungen und Sozialisation. Die Abhängigkeit von Sozialisationsprozessen in der Familie von ihrer Stellung im Verteilungssystem ökonomischer, sozialer und kultureller Ressourcen und Partizipationschancen.* Opladen 1978.

Vaskovics, Laszlo A.: »Sozialökologische Einflussfaktoren familialer Sozialisation«. In: Vaskovics, Lazlo A. (Hg.): *Umweltbedingungen familialer Sozialisation. Beiträge zur sozialökologischen Sozialisationsforschung.* Stuttgart 1982, 1–24.

Vester, Michael/Oertzen, Peter von/Geiling, Heiko/Hermann, Thomas/Müller, Dagmar: *Soziale Milieus im gesellschaftlichen Strukturwandel. Zwischen Integration und Ausgrenzung.* Frankfurt a. M. 2001.

Wrong, Dennis H.: »The oversocialized conception of man in modern society«. In: *American Sociological Review* 26.2 (1961), 183–193.

Wurzbacher, Gerhard: »Sozialisation – Enkulturation – Personalisation«. In: Ders. (Hg.): *Sozialisation und Personalisation. Beiträge zu Begriff und Theorie der Sozialisation.* Stuttgart 1963, 1–36.

Ullrich Bauer

2. Erziehung, Macht und Gewalt

1. Einleitung: Prinzipielle Spannung oder historische Auflösung

Einblicke in die Geschichte und Philosophie weisen auf den Zusammenhang von Erziehung mit der Ausübung von Macht und Formen von Gewalt. Beides, Machtausübung und Gewalt, stehen im Kontext heutiger Erziehung unter Verdacht. Kinder haben in sehr vielen Ländern das Recht auf eine gewaltfreie Erziehung, sie dürfen weder zu Hause noch in der Schule geschlagen oder erniedrigt werden (Andresen/Heitmeyer 2012). Doch Erziehung und die Verantwortung für den Schutz des Kindes kommt ohne die Ausübung von Macht aufseiten der Erwachsenen nicht gänzlich aus, der Anspruch an die Erwachsenen der Gegenwart zielt darauf, diese nicht zu missbrauchen und ihre eigene Machtposition kritisch zu reflektieren (Brumlik 2007). Immanuel Kant hatte zwei menschliche Erfindungen als die schwierigsten bezeichnet, nämlich die Regierungs- und die Erziehungskunst. Die von Kant ins Auge genommenen Schwierigkeiten hängen bis heute mit dem Verhältnis von Macht und Freiheit zusammen. In seiner Vorlesung »Über Pädagogik« (1803/1968) findet sich jene oft zitierte Wendung: »Eines der größten Probleme der Erziehung ist, wie man die Unterwerfung unter den gesetzlichen Zwang mit der Fähigkeit, sich seiner Freiheit zu bedienen, vereinigen könne. Denn Zwang ist nötig! Wie kultiviere ich die Freiheit bei dem Zwange? Ich soll meinen Zögling gewöhnen, einen Zwang seiner Freiheit zu dulden, und soll ihn selbst zugleich anführen, seine Freiheit gut zu gebrauchen« (ebd., 711). Dieser Grundüberlegung folgend, kann das Problem von Erziehung und Zwang, von Erziehung, Macht und Gewalt nicht gänzlich aufgelöst werden. Geklärt werden kann hingegen, das je historisch bedingte Verständnis von Erziehung und Macht.

Mit dem Rechtsanspruch auf gewaltfreie Erziehung wird formalrechtlich das Erziehungsverhältnis als ein gewaltfreies aufgefasst. In der deutschen Rechtsprechung ist dieses Recht im Bürgerlichen Gesetzbuch verankert. Dahinter steht auch die Annahme, dass im Prinzip nicht das Strafgesetzbuch zwischen Eltern und Kindern stehen sollte, sondern es viel mehr darauf ankomme, Eltern dahingehend zu befähigen, ohne Gewalt zu erziehen. Damit zielt das Recht auch auf eine allmähliche Veränderung der Kultur und auf den »moralischen Fortschritt«, wie dies Steven Pinker (2011, 579) nennt. In seinem epochalen Werk rekonstruiert der US-amerikanische Evolutionspsychologe Pinker (2011) eine Fortschrittsgeschichte menschlicher Entwicklung und historischer Dynamiken: Die Gewalt, so Pinker, sei nämlich insgesamt und weltweit, wenn auch mit Brüchen und großen Unterschieden, immer weiter zurückgegangen. Dieser Rückgang ebenso wie der von ihm auch evolutionstheoretisch begründete Sachverhalt, dass die Gegenwart die friedlichste Epoche seit Entstehung des Menschen sei, habe sich auf alle Lebensbereiche des Menschen ausgewirkt und nicht zuletzt der Umgang mit dem Kind, als dem prinzipiell ausgelieferten und auf Schutz und Fürsorge elementar angewiesenen Wesen, sei ein eindrucksvolles Zeugnis dieser Geschichte. Pinker bezieht sich hier nicht zuletzt auf die von Norbert Elias (1989) hervorgebrachte Deutung eines Zivilisationsprozesses, der durch eine immer größer werdende und verinnerlichte Selbstkontrolle des einzelnen Menschen gekennzeichnet sei. Hieran hat auch die Geschichtsschreibung innerhalb der Kindheitsforschung angeschlossen, wie etwa die Studien des Psychohistorikers Lloyd deMause (1982) zeigen.

Dieser Beitrag geht in einem ersten Abschnitt historischen und evolutionstheoretischen Grundfiguren des Verhältnisses von Erziehung, Macht und Gewalt nach. Im zweiten Abschnitt geht es um die Frage, was im Generationenverhältnis mit dazu beiträgt, dass Erziehung auch mit Macht und Gewalt einhergehen kann und diskutiert Kinder als durch Erziehung auch verletzbare Menschen. Schließlich geht es drittens um die damit verbundenen Grundfragen einer pädagogischen Ethik, wobei dies im Rückgriff auf den Kinderarzt und Pädagogen Janusz Korczak geschieht.

2. Erziehung, Macht und Gewalt – historische und evolutionstheoretische Perspektiven

In seiner durchaus kulturhistorisch inspirierten, aber menschheitsgeschichtlich und evolutionstheoretisch angelegten monumentalen Untersuchung unterscheidet Pinker unterschiedliche Kräfte und Entwicklungsschritte, die das Verhältnis des Menschen zur Gewalt und dessen Ausübung beschreiben und den Rückgang verdeutlichen: Erstens rekonstruiert er sechs epochalhistorische Trends, zweitens fünf innere Dämonen des Menschen, drittens vier bessere Engel und schließlich viertens fünf historische Kräfte zu denen er die Feminisierung und die Idee des Weltbürgertums zählt. Verwendet wird ein weiter Gewaltbegriff, der unterschiedliche Formen und Bereiche einbezieht (Imbusch 2002).

Bei den historischen Trends ist insbesondere die Diskussion der Auswirkungen von Rechten auf gewaltförmiges Handeln in allen Lebensbereichen, eben auch in der Erziehung besonders aufschlussreich (Andresen/Friedemann 2012). Damit ist zunächst vor allem die Gesellschaft westlichen Zuschnitts mit ihrer an freiem Handel und Profit orientierten Vorstellung adressiert. Doch, so Pinkers aufschlussreiches Argument, die Deklaration von Menschenrechten, Frauenrechten und schließlich Kinderrechten hat mit zu veränderten Einstellungen in Geschlechter- und Generationenhierarchien, zur Ächtung von Gewalt und Missachtung und faktisch, zieht man vorliegende statistische Befunde heran, insgesamt zu einem Rückgang von Gewalt und einseitiger Machtausübung geführt.

Pinkers vier »besseren Engel«, nämlich Empathie, Selbstbeherrschung, Moralgefühl und Vernunft sind grundlegend für die Entfaltung erziehungstheoretischer Positionen und sie geben professionstheoretische Hinweise und repräsentieren die Idee »guter« Elternschaft. Kinder sollen selbst durch Erziehung zu Empathie, Selbstbeherrschung, Moralgefühl und zur Anwendung von Vernunft erzogen werden. Erziehungs- und lerntheoretisch ließe sich dazu an neuere Erkenntnisse aus der Evolutionstheorie anschließen. Michael Tomasellos Diskussion über das Verhältnis von Anlage und Umwelt ist hier anschlussfähig: »Die Frage kann also nicht sein, ob man die Natur den Umweltfaktoren gegenüberstellen soll; die Umweltfaktoren sind lediglich eine der vielen Formen, die die Natur annehmen kann. Die für Entwicklungstheoretiker interessante Frage kann deshalb nur sein, wie der Prozeß abläuft, wie die verschiedenen Faktoren ihre verschiedenen Rollen an verschiedenen Stellen der Entwicklung spielen. Bei der Geburt sind Menschenkinder darauf eingestellt, funktionsfähige erwachsene Menschen zu werden:

Sie haben die nötigen Gene und leben in einer vorstrukturierten kulturellen Welt, die bereit ist, ihre Entwicklung zu unterstützen und sie bestimmte Dinge auch aktiv zu lehren. Aber an diesem Punkt sind sie noch keine Erwachsene; bis dahin gibt es noch mehr zu tun« (Tomasello 1999, 266).

Hierin liegt folglich heute die Herausforderung, wie man sich die Entwicklung des menschlichen Denkens vorzustellen hat, gerade mit Blick auf die von Pinker als vier Engel bezeichneten Kategorien. Das Kind fängt nicht bei null an, weil der Mensch über die Fähigkeit zum »kulturellen Lernen« verfügt, damit kann das Kind in der es umgebenden Kultur einsteigen. Was das menschliche Denken von dem anderer Primaten unterscheidet ist die Fähigkeit, sich tiefer als alle Anderen mit anderen Menschen zu identifizieren und dadurch andere in ihren Absichten [Intentionen] und Gefühlen zu verstehen. Zwar ist die menschliche Kognition eine Form der Primatenkognition, denn auch Primaten pflegen ihre verwandtschaftlichen und hierarchischen Beziehungen und auch sie entwickeln Strategien, wenn sie mit Problemen in der sozialen oder physischen Umwelt konfrontiert sind. Aber »nach der hier vertretenen Hypothese besitzen Menschen tatsächlich eine artspezifische kognitive Anpassung, die in vielen Hinsichten besonders wirksam ist, weil sie den Prozess der kognitiven Evolution grundlegend verändert.

Diese Anpassung trat an einem bestimmten Punkt der Evolution des Menschen auf [...] Sie besteht in der Fähigkeit und Tendenz von Individuen, sich mit Artgenossen so zu identifizieren, dass sie diese Artgenossen als intentionale Akteure wie sich selbst mit eigenen Absichten und eigenem Aufmerksamkeitsfokus verstehen, und in der Fähigkeit, sie schließlich als geistige Akteure mit eigenen Wünschen und Überzeugungen zu begreifen« (Tomasello 1999, 254).

Stammesgeschichtlich mussten menschliche Primaten also zunächst ihr spezifisches Verstehen von Artgenossen entwickeln (Phylogenese), sodann mussten sich in der historischen Entwicklung Formen der kulturellen Vererbung, durch die Menschen immer mehr kognitive »Güter« anhäuften (Geschichte), entfalten und schließlich muss jedes einzelne Kind alles aufnehmen, was seine Kultur zu bieten hat (Ontogenese). Schon Neugeborene zeigen eine bestimmte Form der Identifikation mit Artgenossen durch Nachahmung und Protokon-

versationen. Protokonversationen sind frühe dia-
logische Interaktionen zwischen dem Säugling und
seiner primären Bindungsperson. Ein Säugling tritt
über Lautnachahmung in einen Dialog etwa mit
der Mutter. Daran anschließend können Säuglinge
mit ungefähr neun Monaten Analogien zwischen
sich und Anderen herstellen und damit Absichten
erkennen, das wiederum versetzt sie in die Lage,
mit anderen Personen an Tätigkeiten, auf die die
Beteiligten ihre Aufmerksamkeit richten, teilzu-
nehmen. So lernen Kinder Handlungen anderer zu
imitieren. Auch beim Spracherwerb orientieren sie
sich in der Struktur an dem, was sie hören. Sprachliche Symbole haben so ein intersubjektives Wesen,
weil sie von vielen geteilt werden und über diesen
Weg erwerben Kinder die Fähigkeit, verschiedene
Perspektiven einzunehmen.

Was diese sehr knappe Darlegung der neueren
Forschung zeigen sollte, ist die grundlegende Einsicht, dass Kinder in die Lage versetzt werden müssen, den Anderen in seinen Intentionen zu erkennen und schließlich in Interaktion zu treten. Die
spezifische Form des menschlichen Denkens liegt
nämlich darin, bereits vorwegnehmen zu können,
was der andere denken mag und wie er reagieren
könnte. Das ist es, was den Menschen von anderen
Primaten unterscheidet, aber was er nie allein auf
einer einsamen Insel ohne andere Artgenossen
ausbilden könnte. Tomasello macht außerdem
deutlich, dass und wie der Mensch als soziales Wesen begriffen werden muss.

Eine zentrale Frage ist in diesem Zusammenhang aber auch die, wie Erwachsene, die mit Kindern ihren Alltag in der Familie als Eltern oder
Verwandte oder in pädagogischen Einrichtungen
als Professionelle teilen, zu Selbstbeherrschung, Empathie, Moralgefühl und Vernunftgebrauch befähigt werden und diese auch in schwierigen, ja auf-
reibenden Situationen aufrecht erhalten können.
Hier kommt mit Blick auf Erziehung die Evolutionstheorie an ihre Grenzen, stattdessen müssen professionstheoretische und ethische Grundlagen (Andre-
sen/Friedemann 2012) herangezogen werden.

Hier ist wiederum auf die Einsichten der Kantschen Philosophie zu verweisen, wie der Frankfurter Erziehungswissenschaftler Frank-Olaf Radtke
deutlich macht. Seine Philosophie biete eine Orientierung bezogen auf das Verhältnis zur Macht in Erziehungsprozessen, das in jeder Zeit wieder neu
verhandelt und kritisch geprüft werden muss. »Die

Struktur des Erziehungsproblems, die Kant in seine
paradoxe Formulierung gebannt hatte, hat sich bis
heute nicht geändert. Seither muss immer wieder
gefragt werden: Wie ist der Zwang in der Erziehung
motiviert, wie ist er zu legitimieren und wie ist seine
Anwendung zu kontrollieren? Geändert haben sich
die gesellschaftlichen Umstände, unter denen die
Erziehungsaufgabe gelöst werden muss, geändert
hat sich auch die politische Verfassung des Gemeinwesens, in dem erzogen wird« (Radtke 2007, 211).

Betrachtet sei abschließend die Geschichtsschreibung der Kindheit, die auch zentral für die
Rekonstruktion von Erziehungsverhältnissen ist.
Sie kennt gewissermaßen zwei paradigmatische Erzählungen, die um die Frage kreisen, ob das zuneh-
mende Bewusstsein für die Besonderheit der Lebensphase Kindheit faktisch zu einem gewaltfreie-
ren Leben von Kindern geführt habe etwa in
Familie und Schule (Gelles 2002; Klewin/Tillmann
2002). Während der französische Kulturhistoriker
Philippe Ariès (1962) in seiner Geschichte der
Kindheit konsequent kritisch auf die Separierung
von Kindern von der Erwachsenenwelt und die
Schaffung spezieller Räume wie Kinderstuben und
Schulen blickt, ist der Psychohistoriker Lloyd de
Mause (1982) vergleichbar mit der Position Pinkers von einem Fortschritt in der Geschichte der
Kindheit überzeugt, weil im Zuge der Zivilisation
Bedürfnisse von Kindern in den Vordergrund ge-
treten seien und der Schutz ihrer Würde und die
Liebe gegenüber ihrer Einzigartigkeit Kinder auch
vor Gewalt bewahrte. Insbesondere mit der Position von deMause rückt auch die so genannte
»Schwarze Pädagogik« in den Blickpunkt, weil sie
getarnt als Erziehung Methoden der Züchtigung,
ungebremste Machtausübung und Missachtung
praktizierte und nicht zuletzt durch alternative
Ansätze der Pädagogik, teils sogar der Reformpädagogik der gründlichen Kritik zugeführt wurde
(Rutschky 1977/1997; Miller 1980; Hagner 2011).

3. Die Verletzlichkeit des Kindes durch Erziehung

Gewalt und Macht sind für die soziale Gestaltung
von Erziehung nach wie vor von Bedeutung und
können nicht als überwunden behandelt werden. So
sind beispielsweise die inzwischen dokumentierten
Erlebnisse der Betroffenen von Gewalt in pädagogi-

schen Einrichtungen wie den katholischen Heimen in Irland, den USA oder Deutschland oder in Internaten und Schulen der Reformpädagogik Belege für die Tatsache, dass nach wie vor Kinder Opfer von Gewalt, Misshandlung, Vernachlässigung und Missachtung in Institutionen, zu denen auch die Familie gehört, werden (AGJ 2010; Bergmann 2011; Burgsmüller/Tillmann 2011). Zwar ist moderne Kindheit spätestens seit dem ausgehenden 19. Jahrhundert durch die zunehmenden Bemühungen um Kinderschutz und auch Kinderrechte gestaltet, aber bestimmte Gruppen von Kindern erfahren genau diesen Schutz nicht und verfügen über keine Rechte (Garbarino/Bradshaw 2002).

Folgt man erweitert Pinkers These, so lässt sich moderne Kindheit als ein auf Schutz und Rechten basierendes Konzept beschreiben, aber dieses ist stets auch durch die Bedrohung charakterisiert. Die Bedrohung von Kindheit als Schutz- und Rechtsraum erfährt ihre Konkretisierung durch von Ohnmacht und Gewalt bedrohte Kinder. Zudem können die Institutionen des Aufwachsens wie Familie, Heim oder Schule für bestimmte Kinder und Kindergruppen zu Orten werden, in denen Ohnmacht, Missachtung und Gewalt Bestandteile des institutionellen Settings sind.

Im Folgenden geht es um die daran systematisch anschließende Frage, die sich auf die US-amerikanischen Gewaltforscher James Garbarino und David Finkelhor zurückführen lassen. Garbrino (1995) fordert ein neues Nachdenken über die Entwicklung des Kindes und verschränkt die Frage nach den individuellen Dimensionen mit denen der sozialen Bedingungen des Aufwachsens. Die dunklen Seiten des Erfahrungsspektrums im Leben der Kinder und Jugendlichen resultieren, so Garbarino, aus toxischen sozialen und psychologischen Umwelten. Diese toxischen Umwelten gefährdeten Kinder als spirituelle, psychologische und soziale Wesen: »Children need to grow up with a sense that they have a positive place in the universe, that there is a force of loving acceptance that infuses and support their lives, and that there is something more to life than the material experience to fit. They need this particularly as they move from childhood into adolescence« (Garbarino 2008, 3).

Wodurch die Vulnerabilität von Kindern und Kindheit auch bedingt ist, machen die Arbeiten von dem David Finkelhor (2008) deutlich. Finkelhor benennt folgende Phänomene: Neben der meist körperlichen Unterlegenheit des Kindes und ihrem altersbedingten Mangel an Wissen, Erfahrungen und Kontrolle müsse man sich besonders folgender Probleme annehmen. Erstens gebe es nach wie vor zu weiche Normen und Sanktionen, wenn Kinder Opfer werden (weak norms and sanctions against vicitimisation), zweitens würde der Mangel an Wahlmöglichkeiten, mit wem Kinder zusammenleben und -treffen (lack of choice over associates) meist ausgeblendet und drittens sei der allgemeine Mangel an Bewusstsein für die Vulnerabilität von Kindern eklatant.

4. Ethik und Erziehung

Das Verhältnis von Erziehung, Macht und Gewalt verlangt nach einer ethischen Positionierung. Wenn sich jemand mit diesen grundlegenden Fragen intensiv befasst hat, dann war es der polnische Kinderarzt und Pädagoge Janusz Korczak, der seine Erkenntnisse auch aus dem engen Zusammenleben mit jüdischen Waisenkindern gewann, diesen im Alltag wirkungsvolle formale Mitgestaltungsmöglichkeiten gab, Gewalt und Elend des Warschauer Ghettos gemeinsam mit den Kindern erlebte und schließlich mit ihnen 1942 nach Treblinka deportiert und ermordet wurde. Auf seinen Ansatz im Spannungsfeld von Kindheitsforschung, Professionalisierung der Pädagogen und Ethik soll abschließend verwiesen werden. Von Korczak gibt es eine Reihe von Schriften, die sich um die Bedeutung der Achtung des Kindes drehen und dem Ringen darum, Kinder aus ihrer Ohnmacht zu befreien. Damit ist bei Korczak auch die Überzeugung verbunden, dass insbesondere Missachtung und Misstrauen daraus resultieren, dass Kinder nicht gleichwertig behandelt werden, weil sie noch nicht erwachsen sind. Missachtung des generational Untergeordneten und Misstrauen gegenüber dem möglichen Ungehorsam des Kindes schlagen die verhängnisvolle Brücke zur Gewalt von Erwachsenen gegenüber ihnen anvertrauten Kindern. Auch das hatte Korczak im Blick. »Wir achten das Kind gering, weil es viele Stunden des Lebens noch vor sich hat« (Korczak 1929/1999, 389). Das Kind sei kein Soldat, obwohl es im Krieg leide, um seine Meinung brauche man sich nicht zu kümmern, es sei kein Wähler, es sei schwach, klein, armselig und abhängig, also kein Staatsbürger. Diese aufgelisteten Sichtweisen tragen Geringschätzung und Missachtung in sich. Für Korczak liegen darin das Grundproblem generationaler Hierarchie und die Wurzeln von Marginalisierung, Missachtung und letztlich auch Gewalt gegenüber Kindern. Dem gegenüber entfaltet er ein kindheitstheoretisch fundiertes Konzept des Rechtes auf Anerkennung. Dieses fußt in der Überzeugung, dass Ohnmacht des einen und Macht des Anderen abgelöst werden könne, durch gemeinsame Erfahrungen und den Akten des Wertschätzens. Das heißt im pädagogischen Kontext ebenso wie in der Familie, dass es im Umgang mit Kindern um eine stets herausfordernde Aushandlung von Nähe und Distanz geht. Dieses fragile Verhältnis ist oftmals mit dafür verantwortlich, wenn es zu Übergriffen und Gewalt sowie sexueller Gewalt gegenüber Kindern kommt (Kirchner 2012).

Korczak fordert dazu auf, dass man, um Missachtung aus dem Umgang mit Kindern, gerade auch mit sozial marginalisierten Kindern zu verbannen, Achtung vor der Erkenntnisarbeit von Kindern haben müsse, vor ihren Tränen und Misserfolgen ebenso wie vor ihrem Eigentum, ihren Geheimnissen und der Arbeit des Wachsens. Wenn in dem Kind nicht länger das Unfertige noch nicht Erwachsene zum Tragen komme, so müsse man zudem Achtung vor der gegenwärtigen Stunde, dem heutigen Tag haben. »Wir urteilen ganz primitiv die Jahre nach mehr oder weniger reifen; es gibt kein unreifes Heute, keine Hierarchie des Alters, keinerlei höheren oder niedereren Rang des Schmerzes und der Freude, der Hoffnungen und Enttäuschungen« (Korczak 1929/1999, 404/405).

Literatur

Andresen, Sabine/Friedemann, Sara: »Rechte und Anerkennung. Zur Ethik pädagogischer Institutionen«. In: Andresen/Heitmeyer 2012, 281–294.

Andresen, Sabine/Heitmeyer, Wilhelm (Hg.): Zerstörerische Vorgänge. Missachtung und sexuelle Gewalt gegen Kinder und Jugendliche in Institutionen, Weinheim 2012.

Arbeitsgemeinschaft für Kinder- und Jugendhilfe – AGJ: Abschlussbericht des Runden Tisches »Heimerziehung in den 50er und 60er Jahren«. Berlin 2010.

Ariès, Philippe: Centuries of Childhood. A Social History of Family Life. New York. 1962.

Bergmann, Christine: Geschäftsstelle der Unabhängigen Beauftragten zur Aufarbeitung des sexuellen Missbrauchs. Abschlussbericht der Unabhängigen Beauftragten zur Aufarbeitung des sexuellen Missbrauchs. Berlin 2011.

Brumlik, Micha (Hg.): Vom Missbrauch der Disziplin. Antworten der Wissenschaft auf Bernhard Bueb. Weinheim 2007.

Burgsmüller, Claudia/Tilman, Brigitte: Abschlussbericht über die bisherigen Mitteilungen über sexuelle Ausbeutung von Schülern und Schülerinnen an der Odenwaldschule im Zeitraum 1960 bis 2010. Darmstadt 2011.

DeMause, Lloyd: The Foundations of Psychohistory. New York 1982.

Elias, Norbert: Über den Prozess der Zivilisation. Soziogenetische und psychogenetische Untersuchungen. Bd. 1: Wandlungen des Verhaltens in der Oberschicht des Abendlandes. Frankfurt a. M. 1989.

Finkelhor, David: Childhood Victimization. Violence, Crime and Abuse in the Lifes of Young People. Oxford New York 2008.

Garbarino, James (1995): Raising Children in a Socially Toxic Environment. San Francisco 1995.

Garbarino, James/Bradshaw, Catherine P.): »Gewalt gegen Kinder«. In: Heitmeyer/Hagan 2002, 899–920.

Garbarino, James: Children and the Dark Side of Human Experience: Confronting Global Realities and Rethinking Child Development. New York 2008.

Gelles, Richard J: »Gewalt in der Familie«. In: Heitmeyer/Hagan 2002, 1043–1077.

Hagner, Michael: Der Hauslehrer: Die Geschichte eines Kriminalfalls. Berlin 2010.

Heitmeyer, Wilhelm/Hagan, John: Internationales Handbuch der Gewaltforschung. Wiesbaden 2002.

Imbusch, Peter: »Der Gewaltbegriff«. In: Heitmeyer/Hagan 2002, 26–57.

Kant, Immanuel: »Über Pädagogik« [1803]. Hg. von Friedrich T. Rink, Königsberg. In: Weischedel, Wilhelm (Hg.): Werkausgabe. Bd. XII. Frankfurt a. M. 1968.

Kirchner, Michael: »Sexualisierte und sexuelle Gewalt gegen Kinder in der Familie und deren Umfeld. Analysen von Sándor Ferenczi und Janusz Korczak«. In: Andresen/Heitmeyer 2012, 216–227.

Klewin, Gabriele/Tillmann, Klaus J.: »Gewalt in der Schule«. In: Heitmeyer/Hagan 2002, 1078–1105.

Korczak, Janusz: »Das Recht des Kindes auf Achtung« [1929]. In: Beiner, Friedhelm/Dauzenroth, Erich (Hg.): Janusz Korczak. Sämtliche Werke. Bd. 4. Gütersloh 1999, 383–414.

Miller, Alice: Am Anfang war Erziehung. Frankfurt a. M. 1980.

Pinker, Steven: Gewalt. Eine Geschichte der Menschheit. Frankfurt a. M. S. 2011.

Radtke, Frank O.: »Wiederaufrüstung im Lager der Erwachsenen: Bernhard Buebs Schwarze Pädagogik für das 21. Jahrhundert«. In: Brumlik, Micha (Hg.): Vom Missbrauch der Disziplin. Antworten der Wissenschaft auf Bernhard Bueb. Weinheim 2007, 204–242.

Rutschky, Katharina: Schwarze Pädagogik: Quellen zur Naturgeschichte der bürgerlichen Erziehung [1977]. Berlin 1997.

Tomasello, Michael: The Cultural Origins of Human Cognition. Cambridge 1999.

Sabine Andresen

3. Umgang mit Heterogenität

»Spiel nicht mit den Schmuddelkindern, sing nicht ihre Lieder« – dieser Songtext von Franz Josef Degenhardt aus dem Jahr 1965 drückt noch immer sehr drastisch und direkt den Wunsch nach Abgrenzung aus. In der gesellschaftlichen Realität zeigt sich dieser auch aktuell in teils mehr, teils weniger subtilen Mechanismen und Maßnahmen, die dazu führen, dass Kinder privilegierter Eltern weitgehend unter sich bleiben. Selbst das staatliche Schulsystem perpetuiert die soziale Schichtung, da die Einteilung in leistungshomogene Gruppen, wie es das gegliederte Schulsystem verspricht, mehr oder weniger ungewollt zu einer Einteilung in soziale Schichten beiträgt. Diese schulischen und außerschulischen Bedingungen des Aufwachsens von Kindern spiegeln die zunehmende Polarisierung unserer Gesellschaft in Arm und Reich bzw. in Privilegiert und Depriviert wider. Nachfolgend soll analysiert werden, wie diese Beobachtungen vor dem Hintergrund ansteigender Forderungen nach einem guten Umgang mit Heterogenität einzuordnen sind und welche Konsequenzen sich daraus für das Erziehen und Unterrichten in der Schule ergeben.

1. Konzeptionelle Ansätze für den Umgang mit Heterogenität

Der Umgang mit Heterogenität hat in Bildungs- und Erziehungsprozessen und speziell in der Schulpädagogik eine doppelte Bedeutung. Zum einen beschreibt er die Zieldimensionen einer Erziehung zum wertschätzenden Umgehen der Lehrkräfte, Kinder und Jugendlichen miteinander und zum anderen beschreibt er das Handeln der Professionellen, wie sie die Verschiedenheit der Schülerinnen und Schüler unterrichtspraktisch bewältigen können. Beide Dimensionen des Umgangs mit Heterogenität sind fest verankert mit einer grundlegenden Erziehung zu Demokratie, zu Gleichheit und zur Annäherung an das Ziel der kritischen Theorie, »ohne Angst verschieden sein« (Adorno 1976) zu können. Programmatisch findet dieser Gedanke in dem Leitspruch der italienischen Integrationsbewegung »Tutti uguali, tutti diversi« (Alle sind gleich, alle sind unterschiedlich) seinen Ausdruck.

In erziehungswissenschaftlicher Hinsicht liegen mit den Arbeiten zur Pädagogik der Vielfalt (vgl. Prengel 1995, Hinz 2002, Wenning 2004, Krüger-Potratz 2004) bereits grundlegende Ansätze vor, die das Verhältnis von Gleichheit und Differenz neu bestimmen. Heterogenität erfährt in dieser Diskussion Anerkennung als gleichberechtigte Verschiedenheit, gleichzeitig wird unter der Denkfigur der egalitären Differenz die Verschiedenheit von Schülerinnen und Schülern als Normalfall vorausgesetzt. Übereinstimmend geht es darum, die historisch herausgebildeten und tradierten Ungleichheiten und Diskriminierungsformen in Bezug auf Sozialstatus, Geschlecht, Gesundheit, Sprache und Nationalität kritisch zu reflektieren und einen sensiblen Umgang mit den genannten Differenzen zu entwickeln. Die Intersektionalitätsforschung macht es sich zur Aufgabe, die Komplexität von Ungleichheitsstrukturen zu erfassen, indem gerade auch die Überschneidungen und Verflechtungszusammenhänge der Heterogenitätsdimensionen in den Blick genommen werden, wie beispielsweise soziale Klassifikationen *und* Ethnizität oder Ethnizität *und* Geschlecht (vgl. Krüger-Potratz 2011). Diese theoretischen Konzepte erfahren mit den Ergebnissen der empirischen Bildungsforschung bzw. den schulischen Leistungsvergleichsstudien und deren Nachweis des in Deutschland gravierend engen Zusammenhangs von sozialer Herkunft und Schulleistung prominente Unterstützung (vgl. Baumert/Klieme 2001, 351 ff.; Bos/Lankes 2003, Schimpl-Neimanns 2000). Dabei finden sich aber auch sichere Hinweise darauf, dass bei der Herstellung von Bildungsbenachteiligungen nicht »nur« die genannten Heterogenitätsmerkmale eine Rolle spielen, sondern auch die Struktur des Bildungssystems und der angemessene Umgang der Lehrerinnen und Lehrer mit heterogenen Lerngruppen.

Obwohl die Diskussion über den Umgang mit Heterogenität schon lange geführt wird und sogar die Gefahr einer gewissen Übersättigung in schulpädagogischen Kontexten droht, weil der Begriff zunehmend zu einem Schlagwort avanciert, muss konstatiert werden, dass insbesondere auf der Ebene des Schulsystems mit seiner gegliederten und auf Selektion angelegten Struktur, aber auch auf der Ebene der Einzelschulen und des konkreten

Unterrichts noch längst kein zufriedenstellender Zustand erreicht ist. Das Schulsystem als Ganzes ist weiterhin auf Homogenisierung in Bezug auf Leistung angelegt (Sitzenbleiben, Trennung in verschiedene Schulformen, Abschulungen) und produziert damit ein hohes Maß an sozialer Ungleichheit. Die strukturellen Bedingungen dieses auf Selektion angelegten Systems spiegeln sich in den Mentalitäten der Akteure wider; so behaupten Reh (2005) und Tillmann (2004) für Lehrkräfte eine Sehnsucht nach der homogenen Lerngruppe bzw. eine Homogenitätsmentalität. Insofern widerspricht die Funktion von Schule mit ihrer Allokationsfunktion von vornherein einem gelingenden Umgang mit Heterogenität. Da entsprechend auch sämtliche gesellschaftlichen Strukturen auf Ungleichheit angelegt sind (siehe unten), kann wohl ein Idealzustand des Umgangs mit Heterogenität niemals erreicht werden. In Anlehnung an Bourdieu könnte man in anderen Worten auch von der »Illusion einer gleichberechtigten Verschiedenheit« sprechen. In einem widersprüchlichen System kann es aber trotzdem darum gehen, auf sämtlichen Ebenen des Makro-, Meso- und Mikrosystems den Handlungsspielraum für einen jeweils besseren Umgang mit Heterogenität oder einer größeren Chancengleichheit theoretisch auszuloten und empirisch zu fassen.

2. Umgang mit Heterogenität auf der Makroebene

Die gesellschaftlichen Rahmenbedingungen auf der Makroebene für den Umgang mit Heterogenität sind keineswegs leicht zu fassen und auf jeden Fall in sich heterogen. Auf der einen Seite finden sich vielfältige nationale und internationale rechtliche Bindungen und politische Willensbekundungen, die auf Gleichheit und einen systematischen Abbau von Exklusionsprozessen bzw. einer Zunahme von Inklusionsprozessen in der Gesellschaft schließen lassen. Aktuell ist diesbezüglich beispielsweise die UN-Konvention für Menschen mit Behinderungen zu nennen, wodurch die Ziele der Teilhabe von behinderten Menschen und der Inklusion im Bildungsbereich auf allen politischen Ebenen breit und intensiv diskutiert werden. Entlang der Differenzkategorien Kultur/Ethnie und Geschlecht sind in Anerkennung Deutschlands als Einwanderungsland bzw. in Anerkennung der Gleichberechtigung der Geschlechter außerdem zahlreiche gesellschaftliche Aufgaben formuliert worden, die die gleichberechtigte Teilhabe und die Integration/Inklusion ermöglichen sollen. Diese Bestrebungen sind eingebunden in Traditionslinien um das politische Bemühen im Sinne von Demokratie, Chancengleichheit und der Verwirklichung von Menschenrechten. Mittlerweile gibt es sogar auch Unterstützung aus der Ökonomie. So wird das sog. »Diversity Management«, als sichere Strategie für ein besseres Betriebsklima, zur Potenzialausschöpfung und als Standortvorteil vertreten. Die »Charta der Vielfalt« haben über tausend große und kleine Firmen unterzeichnet, es geht um die berufliche und kulturelle Integration von Menschen unterschiedlichen Geschlechts, ethnischer Herkunft, Religion, Alters etc. sowie von Menschen mit Behinderungen. In den Unternehmen soll es um eine Atmosphäre der Toleranz und um Chancengleichheit gehen, wobei auch die ökonomischen Ressourcen ausgeschöpft werden sollen (vgl. Heinemann 2011, 3).

Gleichzeitig zu diesen Bestrebungen zeigt sich in der deutschen Gesellschaft aber auch eine Realität, die sich durch eine zunehmende Ungleichheit, Polarisierung und Hierarchisierung auszeichnet. »Der Anteil der Haushalte mit geringem Einkommen stieg von 19 % 2004 auf fast 22 % 2009. Parallel dazu ist auch eine Zunahme der Anteile der Haushalte mit mehr als 150 % des Medianeinkommens festzustellen« (Goebel/Gorning/Häußermann 2010, 4). Die Verschiebung der Einkommensgruppen nach oben und unten, bei der die Mittelschicht kleiner wird, führt zu einer Vergrößerung der Ungleichheit, zu Abstiegsängsten und zu Schuldzuweisungen bestimmter Bevölkerungsschichten. Konkret konstatiert Heitmeyer auf der Basis der Studie zur Gruppenbezogenen Menschenfeindlichkeit, dass die Zustimmungsraten zur Erosion von Kernnormen wie Solidarität, Gerechtigkeit und Fairness steigen und damit die Gefahr wächst, die Grundlagen für das soziale Zusammenleben und für die gesellschaftliche Integration zu verlieren (vgl. Heitmeyer 2010, 19). Seine Ergebnisse deuten weiter darauf hin, dass sich die Menschen höherer Status- und Einkommensgruppen aus der Solidargemeinschaft zurückziehen, um ihre Privilegien zu sichern (ebd. 28). Bezogen auf schulische Heterogenität war dieser Prozess par excellence beim sog. Hamburger Schulstreit zu beobachten, bei dem sich die Eltern und politischen Interessenvertreter der privilegierten und bildungsnahen Bevölkerungsschichten erfolgreich gegen die Einführung der Stadtteilschule zur Wehr setzten, ganz im Sinne des eingangs zitierten Liedes von Franz Josef Degenhardt. Insofern muss wohl Klemm (2010, 13) zugestimmt werden, der behauptet, es sei naiv, von einer Gesellschaft, in der sich die Schere zwischen arm und reich, kontinuierlich weiter öffne, zu erwarten, dass sie eine gegenläufige Bildungspolitik betreibt. Die gesellschaftlichen Rahmenbedingungen für den Umgang mit Heterogenität in der Schule scheinen also zumindest widersprüchlich, wenn nicht sogar extrem einschränkend. Diese Analyse ist sicherlich notwendig, um der Gefahr der Überschätzung einer pädagogischen Einflussnahme auf einen besseren Umgang mit Heterogenität im Sinne einer größeren Chancengleichheit zu begegnen. Gleichzeitig macht sie aber auch darauf aufmerksam, wie grundlegend und notwendig eine Erziehung im Sinne eines guten Umgangs mit Heterogenität tatsächlich ist, um zumindest den Versuch zu unternehmen, der wachsenden Entsolidarisierung gegenzusteuern.

3. Umgang mit Heterogenität als Aufgabe der Lehrerausbildung

Aus den genannten Gründen erhält der erfolgreiche »Umgang mit Heterogenität« bei fast allen Reformdiskussionen der Erziehungswissenschaft eine sehr hohe Priorität. Auch in der Lehrerausbildung ist der Umgang mit Heterogenität zu einer zentralen Kompetenz avanciert, welche mittlerweile quasi zum professionstheoretischen Pflichtkanon zählt. Bereits im Abschlussbericht der Hamburger Kommission Lehrerbildung gehört der Umgang mit sozialer und kultureller Heterogenität zu einem der drei als prioritär eingestuften Themen für die Ausbildung: »Zwar ist die Erkenntnis, dass die Schülerinnen und Schüler sich je nach sozialer Herkunft, Geschlecht, Religion, Sprache usw. unterscheiden, nicht neu, wohl aber die Anerkennung von Heterogenität als Normalfall, verbunden mit der Forderung nach Überwindung der bisherigen homogenisierenden und zielgruppenspezifisch ausgerichteten kompensatorischen Strategien im Umgang mit Differenz. In diesem Sinne wird ein

Perspektivenwechsel bzw. ein Paradigmenwechsel in der Lehrerbildung gefordert« (Keuffer/Oelkers 2001, 150). Bei den entsprechend formulierten Kompetenzen hat der Umgang Heterogenität nicht nur eine methodisch-didaktische Aufgabe zur Berücksichtigung von individuellen (Leistungs-) Unterschieden, sondern unter dem Erziehungsaspekt auch eine zentrale gesellschaftspolitische Bedeutung. Im Sinne der Chancengleichheit müsste sich ein erfolgreicher Umgang mit Heterogenität danach bemessen, Leistungsunterschiede zwischen den Schülern zu verringern und gleichzeitig die Lerngruppe zu einem erhöhten Leistungsniveau zu führen. Diese Kompetenz wird »als Aspekt von Lehrprofessionalität angesehen, weil sie zur Bildungsgerechtigkeit beiträgt« (Hofer 2009, 141). Fälschlicherweise wird zur Erreichung dieses Ziels aber die Förderung kognitiver Fähigkeiten überbetont und die der sozial-emotionalen Fähigkeiten vernachlässigt. Die beiden Dimensionen sind jedoch voneinander abhängig und für ein erfolgreiches Lernen unabdinglich, deshalb sollen hier die beiden zueinander gehörenden Kompetenzbereiche Unterrichten und Erziehen gemeinsam in den Blick genommen werden, obwohl ein besonderer Fokus auf den Erziehungsaspekt und damit auf die Stärkung sozial-emotionaler Fähigkeiten in heterogenen Lerngruppen gelegt werden soll. Die KMK-Bildungsstandards (2005, 286) formulieren sowohl unter den Kompetenzbereichen Unterrichten, Erziehen und Beurteilen Standards, die dem Umgang mit Heterogenität zugeordnet werden können. Unter dem Kompetenzbereich Erziehen heißt es beispielsweise: »Lehrerinnen und Lehrer kennen die sozialen und kulturellen Lebensbedingungen von Schülerinnen und Schülern und nehmen im Rahmen der Schule Einfluss auf deren individuelle Entwicklung«. Die Standards der KMK beschreiben noch näher, dass hierzu die Kenntnisse von Theorien der Entwicklung und Sozialisation, von Benachteiligungen beim Lernprozess und Einsicht in die Bedeutung interkultureller und geschlechtsspezifischer Einflüsse einschließlich möglicher Hilfs- und Präventionsmaßnahmen gehören. Mit Blick auf die besondere Bildungsbenachteiligung von Kindern aus niedrigen Sozialschichten ist die Aussparung der Erwähnung sozio-ökonomischer Einflüsse allerdings zu monieren. Nachfolgend werden Konzepte und Maßnahmen vorgestellt, die sowohl auf der Mesoebene in Bezug auf eine erfolgreiche Schul- und Unterrichtsentwicklung als auch auf der Mikroebene der Lehrkräfte erfolgversprechend zu sein scheinen.

4. Umgang mit Heterogenität als Aufgabe der Einzelschulebene

Größere Schulleistungsstudien haben gezeigt, dass die Schulleistungen der Schülerinnen und Schüler in Abhängigkeit der untersuchten Schule und unter Kontrolle ihrer soziostrukturellen Zusammensetzung erheblich über oder unter den erwarteten Werten liegen können, wobei jeweils das soziale Herkunftsmilieu berücksichtigt wurde (vgl. Lehmann/Peek 1997). Diese Ergebnisse lenken den Blick auf Einzelschulen, denen es offensichtlich unterschiedlich gut gelingt, ihre Schülerschaft auch trotz benachteiligender Ausgangslage zu Schulerfolgen zu führen. Der internationale Forschungsstand zu »guten Schulen in schlechter Gesellschaft« identifiziert die folgenden Merkmale als wirksam: professionelle Führung, geteilte Visionen und Ziele, lernende, unterstützende Umgebung, Konzentration auf Lernen und Unterrichten, hohe Erwartungshaltung, gutes Schulklima, Verantwortungsübernahme von Schülerinnen und Schülern, zielgerichtetes Unterrichten, Schule als lernende Organisation und Partnerschaft zwischen Schule und Elternhaus« (van Ackeren 2008, 51). Aus der Resilienzforschung, die nach Schutzfaktoren fragt, welche Kinder trotz bestimmter Risikolagen wie beispielsweise Armut eine positive Entwicklung und eine erfolgreiche Lebensgestaltung ermöglichen, sind ebenfalls empirisch gesicherte Hinweise für die Schul- und Unterrichtgestaltung zu entnehmen. Corina Wustmann fasst prägnant als Schutzfaktoren zusammen, dass

- »ein hoher, aber angemessener Leistungsstand an die Schüler gestellt wird,
- den Schülern verantwortungsvolle Aufgaben übertragen werden,
- es klare, konsistente Regeln gibt,
- Schüler häufig für ihre Leistungen und ihre Verhalten verstärkt werden,
- Möglichkeiten des kooperativen Lernens und Partizipation bestehen,
- Lehrer respekt- und verständnisvoll den Schülern begegnen,
- Positive Peer-Kontakte bestehen,

- Enge Zusammenarbeit mit Elternhaus und anderen sozialen Einrichtungen besteht,
- Schulsozialarbeit und weitere Förderangebote verankert sind,
- Außerschulische Aktivitäten organisiert werden, bei denen die Schüler gemeinsame Ideen und Interessen teilen können,
- insgesamt ein wertschätzendes Schulklima vorherrscht« (Wustmann 2005, 198).

Diese und sicherlich auch mögliche andere Merkmalskataloge klingen ziemlich abstrakt, aber sie werden schnell konkret, wenn man sich Schulen anschaut, die beispielsweise mit dem Deutschen Schulpreis oder mit dem Jakob-Muth-Preis ausgezeichnet wurden. An diesen Beispielen (vgl. Beutel 2009, Trautmann; Wischer 2011, 137 ff.) zeigt sich auch explizit, dass der Umgang mit Heterogenität als eine der wesentlichen Aufgaben von Schulentwicklung angesehen werden kann. Durch die Individualisierung des Unterrichts erhalten alle Kinder die Chance, Könnens-Erfahrungen im schulischen Lernen zu machen, durch die Schaffung von heterogenen Lerngruppen wird dem sozial-emotionalen Lernen neben dem kognitiven Lernen Priorität eingeräumt, und den Kindern werden unterschiedliche soziale Rollen zugestanden. Durch weitgehende demokratische Strukturen in Schule und Unterricht machen die Kinder Selbstwirksamkeitserfahrungen, die Lebenswelten der Schülerinnen und Schüler werden in das Schulleben integriert, insgesamt wird ein Klima geschaffen, in dem die Kinder gerne lernen und leben. Viele Schulen, die mit dem deutschen Schulpreis oder mit dem Jakob-Muth-Preis ausgezeichnete Schulen oder die Bielefelder Laborschule exemplifizieren, dass Schulkonzepte in dieser Richtung umzusetzen und erfolgreich auszugestalten sind (vgl. Beutel 2009, Thurn 2000). So wichtig es ist, auf Best-practice Beispiele hinzuweisen, so dürfen sie nicht dazu führen, die Verantwortung allein der Einzelschule zu übertragen, weil damit Strukturprobleme, wie die in Deutschland im internationalen Vergleich unterfinanzierte frühe Bildung im Elementar- und Primarbereichbereich oder das ungerechte Gießkannenprinzip kaschiert oder sogar beschönigt würden.

5. Heterogenität als Anlass für Einstellungsveränderungen der Lehrkräfte

Auf der Akteursebene kann zwischen den Einstellungen und Haltungen der Lehrkräfte und den didaktisch-methodischen Kompetenzen in Bezug auf einen erfolgreichen Umgang mit Heterogenität differenziert werden. Die Einstellungen und Haltungen werden als grundlegend erachtet, weil die Akzeptanz und positive Befürwortung von Heterogenität als Voraussetzung dafür gesehen wird, sich überhaupt der Herausforderung zu stellen und Veränderungen im Schulsystem zu erwirken. Durch die vorangegangene Thematisierung des Umgangs mit Heterogenität auf der Makro- und Mesoebene sollten die interdependenten Zusammenhänge der verschiedenen Ebenen aufgezeigt werden und damit vor einer möglichen Überschätzung der individuellen Einstellungen und Erwartungen einzelner Lehrkräfte schützen. Auch Trautmann und Wischer (2011, 111 ff.) setzen sich sehr kritisch mit der »Einstellungsargumentation« auseinander und machen auf programmatische Fallen aufmerksam, die sie beispielsweise in den nur schwer veränderbaren Einstellungen und Haltungen und in der Abhängigkeit von strukturellen Bedingungen des Lehrberufs und in der Funktionslogik von Schule sehen. Statt programmatisch eine »richtige« Haltung zu fordern, wäre es deshalb notwendig, eine Reflexionskompetenz in Bezug auf die verschiedenen Ungleichheitsdimensionen anzubahnen. Böttcher (2002, 51) fordert in diesem Sinne in Anlehnung an die reflexive Koedukation das Konzept einer Reflexiven Pädagogik zur Reduktion herkunftsbedingter Chancenungleichheit. Es geht dabei darum, die Kinder in ihren verschiedenen Lebenswelten kennenzulernen, sie zu verstehen und sich der Gefahren der eigenen Beteiligung an Benachteiligungsprozessen bewusst zu werden. Mit einer Überbetonung der Differenzwahrnehmung ist immer auch die Gefahr der Verstärkung und der eigenen Konstruktion verbunden, auch dies sollte kritisch reflektiert werden. Insofern kann gefordert werden, dass pädagogische Fachkräfte sowohl theoretische Kenntnisse als auch Erfahrungen in verschiedenen sozialen und kulturellen Milieus erworben haben sollten. Für Klafki (1993) zählt die soziale Ungleichheit zwischen sozialen Schichten unserer Gesellschaft zu den epochaltypischen Schlüsselproblemen, er legitimiert sie damit als einen zentralen Inhaltsbereich für Unterricht. In der logischen Konsequenz wäre zu fordern, dass dieser sozialwissenschaftliche Gegenstandsbereich auch zum verbindlichen Curriculum in der Lehrerausbildung gehören müsste. Dies könnte sich deshalb positiv auf den Einstellungsbereich auswirken, weil teilweise Normalitätskonstrukte und individuelle Schuldzuschreibungen vorherrschen, die bei einer Analyse struktureller Gegebenheiten sicherlich relativiert würden.

6. Umgang mit Heterogenität auf der Ebene Unterrichtsgestaltung

Auf der methodisch-didaktischen Ebene erfordert der Umgang mit Heterogenität eine konsequente innere Differenzierung, da sie im Gegensatz zur äußeren Differenzierung innerhalb der Lerngruppe durchgeführt wird. Eines der wohl bekanntesten und brauchbarsten Modelle hierzu haben Klafki/Stöcker (1985) vorgelegt. Differenzierungsmaßnahmen sind darauf angelegt, den unterschiedlichen Fähigkeiten, Interessen und Lernbedürfnissen der Schülerinnen und Schüler gerecht zu werden, kurz gesagt: die optimale Passung zu erreichen. Klafki/Stöcker unterscheiden zwei Grundformen der inneren Differenzierung, nämlich zum einen die zielgleiche Differenzierung, bei der die gleichen Lernziele und Lerninhalte bei differenzierten Methoden und Medien angestrebt werden. Zum anderen unterscheiden sie die zieldifferente Differenzierung, die nach Lernzielen und Lerninhalten unterscheidet. Die Formen der zieldifferenten Differenzierung sind in sehr heterogenen Lerngruppen übliche Praxis, beispielsweise im gemeinsamen Unterricht von behinderten und nicht behinderten Kindern. Um an die individuellen Lernvoraussetzungen, Schülervorstellungen, Erfahrungen und Interessen der Schülerinnen und Schüler anknüpfen und einen systematischen Wissensaufbau ermöglichen zu können, ist eine gute Beobachtung der Lehrkräfte und eine Diagnose im Sinne einer fundierten Lernprozessbegleitung notwendig.

Das Konzept der inneren Differenzierung ist trotz seiner langjährigen Etablierung in der Schulpädagogik immer noch aktuell, weil es gleichzeitig das individualisierende *und* gemeinsame Lernen ermöglicht. Dadurch werden unmittelbar neben den eher kognitiv ausgerichteten Zielen auch ganz zentrale Erziehungsdimensionen angesprochen, die das sozial-emotionale Lernen in der gesamten Breite umfassen. Dabei gilt es sowohl die sog. Selbstkompetenzen wie das Selbstkonzept und die Selbstwirksamkeit als auch die sozialen Kompetenzen zu stärken. Die Berücksichtigung unterschiedlicher Selbstkompetenzen ist gerade auch unter der Heterogenitätsperspektive zentral, da rund 10 % der Kinder bereits bei Schuleintritt ein recht negatives Selbstkonzept haben, d. h. sie trauen sich selber wenig zu und denken von sich, dass sie wenig können (vgl. Kotthoff 1996, 8). Im Verlauf der Schulzeit steigt diese Zahl erheblich an, und die gegenseitige Beeinflussung zwischen Selbstkonzept und Leistung wird enger. Besonders gefährdet sind Kinder aus Armutsfamilien, wie z. B. die World-Vision-Studie belegt: 53 % der Kinder in Armut empfinden eine geringe Selbstwirksamkeit, aber nur 25 % der Kinder ohne Armutserfahrung (vgl. Hurrelmann/Andresen/Schneekloh 2010, 215). Aus der pädagogisch-psychologischen Forschung ist bekannt, dass Unterricht dann besonders entwicklungsförderlich und motivierend ist, wenn er ein Lernklima schafft, in dem die Bedürfnisse nach Kompetenz, Selbstbestimmung und sozialer Zugehörigkeit berücksichtigt werden (Deci/Ryan 1993). »Selbstvertrauen, Autonomie und Kompetenz entwickeln sich in einem Zusammenspiel von kindlicher Aktivität mit der unterstützenden Kommunikation durch fürsorgliche Erwachsene« (Opp 2007, 234). Die Plausibilität dieser pädagogischen Konzepte steht selten zur Disposition. Die spannende Frage, ob sie tatsächlich auch nachweisbar die beabsichtigten Effekte erreichen können, konnten Kammermeyer/Martschinke (2009) beantworten. Sie identifizierten Unterrichtsmerkmale, die im Anfangsunterricht das Ziel erfüllten, sowohl die Leistungs- als auch die Persönlichkeitsentwicklung positiv zu beeinflussen. In den Best-Practice-Klassen konnten die psychologischen Grundbedürfnisse als Erfolgsgeheimnis identifiziert werden. Die insbesondere für schwächere Schülerinnen und Schüler bedeutsame Entkoppelung des Zusammenhangs zwischen Selbstkonzept und Leistung konnte durch die Variablen »Gewährung von Freiheitsspielräumen« und starke »Betonung der individuellen Bezugsnorm« erreicht werden (Kammermeyer/Martschinke 2009). Konkret verweisen die

Autorinnen auf verschiedene Maßnahmen zur Öffnung des Unterrichts, in denen den Schülerinnen und Schülern inhaltliche und methodische Mitbestimmungsmöglichkeiten gewährt werden und zweitens auf Leistungsrückmeldung in Form eines individuellen Feedbacks, das die Informationen über den sozialen Vergleich zurückhält und damit die eigene Eingruppierung in die (hintere) Rangliste der Klasse zu vermeiden hilft. Auf diese Weise kann durch individuelle Erfolgserlebnisse und Kompetenzerfahrungen weiterhin an einem positiven Selbstkonzept gearbeitet werden, welches das Zutrauen der Kinder stärkt, sich neuen Lerngelegenheiten zu stellen. In so einem Unterricht greifen Erziehungsaufgaben und Leistungsentwicklung eng ineinander. Dass eine größere Heterogenität zu einer Verbesserung des sozialen Lernens beitragen kann, zeigen Studien aus jahrgangsgemischten Lerngruppen und aus dem gemeinsamen Unterricht. So tragen jahrgangsgemischte Eingangsphasen dazu bei, dass Kinder ein hohes Selbstkonzept und eine hohe soziale Integration ausbilden (vgl. Liebers 2008). In der Reformpädagogik, der Allgemeinen Didaktik und der Lehr- Lernforschung finden sich zahlreiche Konkretisierungen und didaktische Implikationen für Unterrichtsmerkmale und den Umgang mit Heterogenität. Auf der einen Seite erscheinen diese recht ähnlich, weil beispielsweise der Projektunterricht aus all den genannten Perspektiven plausibel begründet wird. Auf der anderen Seite führen die unterschiedlichen Theoriebezüge, Traditionslinien und Programmatiken aber auch zu deutlich unterschiedlichen Lesarten und Zieldimensionen der Begriffe wie Individualisierung, Differenzierung, Adaptivität und Öffnung (vgl. Bohl/Batzel/Richey 2012; Wischer/Trautmann 2012).

7. Fazit

Im Rahmen unseres auf Homogenisierung ausgerichteten Schulsystems sind Misserfolgserlebnisse und Stigmatisierungseffekte strukturell angelegt. Von diesen Maßnahmen sind, wie sämtliche Bildungsstudien zeigen, Kinder unterer sozialer Schichten besonders betroffen. Die soziale Ungleichheit wird damit durch unser Schulsystem mit hergestellt. Soll der Kreislauf der sozialen Benachteiligungen durchbrochen werden, ist auf allen

Ebenen des Bildungssystems anzusetzen, wobei insbesondere auch die Beschränkungen durch das auf Ungleichheit angelegte Gesellschaftssystem zu berücksichtigen sind. Ein möglicher Verzicht auf Selektionsmaßnahmen mit dem Ziel einer größeren Chancengleichheit führt ebenso zu einer größeren Heterogenität wie die verschiedenen Folgen des gesellschaftlichen Wandels. Ein guter Umgang erfordert dann Konzepte auf der Ebene der Einzelschule und auf der Akteursebene der Lehrkräfte. Im Beitrag werden die entsprechenden Lehrerkompetenzen ebenso benannt wie Kriterien einer erfolgreichen, resilienzfördernden Schulprogrammarbeit und eines Unterrichts, der sich an dem Konzept der inneren Differenzierung und an den psychologischen Grundbedürfnissen wie Autonomie, soziale Zugehörigkeit und Kompetenzerfahrung orientiert. Im Sinne eines »erziehenden Unterrichts« wird keine Trennung zwischen dem fachlichen und sozialen Lernen vorgenommen, sondern gerade durch den Verweis auf eine positive Entwicklung in den Bereichen der Leistung und des Sozial-Emotionalen auf die gegenseitige Abhängigkeit verwiesen.

Literatur

Adorno, Theodor W.: *Minima Moralia. Reflexionen aus dem beschädigten Leben.* Frankfurt a. M. 1976.

Baumert, Jürgen/Klieme, Eckhard/Neubrand, Michael/Prenzel, Manfred/Schiefele, Ulrich/Schneider, Wolfgang/Stanat, Petra/Tillmann, Klaus-Jürgen/Weiß, Manfred (Hg.): *PISA 2000. Basiskompetenzen von Schülerinnen und Schülern im internationalen Vergleich.* Opladen 2001.

Bohl, Thorsten/Batzel, Andrea/Richey, Petra: »Öffnung – Differenzierung – Individualisierung – Adaptivität. Charakteristika, didaktische Implikationen und Forschungsbefunde verwandter Unterrichtskonzepte zum Umgang mit Heterogenität«. In: Bohl, Thorsten u. a. (Hg.): *Binnendifferenzierung. Teil 1: Didaktische Grundlagen und Forschungsergebnisse zur Binnendifferenzierung im Unterricht.* Immenhausen 2012, 40–68.

Böttcher, Wolfgang: »Schule und soziale Ungleichheit: Perspektiven pädagogischer und bildungspolitischer Intervention«. In: Mägdefrau, Jutta/Schumacher, Eva (Hg.): *Pädagogik und soziale Ungleichheit. Aktuelle Beiträge – Neue Herausforderungen.* Bad Heilbrunn 2002, 35–57.

Beutel, Silvia-Iris.: »Heterogenität in innovativen Schulen«. In: Hinz; Renate/Walthes, Renate (Hg.): *Heterogenität in der Grundschule. Den pädagogischen Alltag erfolgreich bewältigen.* Weinheim/Basel 2009, 202–211.

Bos, Wilfried/Lankes, Eva-Maria/Prenzel, Manfred u. a. (Hg.): *Erste Ergebnisse aus IGLU. Schülerleistungen am Ende der vierten Jahrgangsstufe im internationalen Vergleich.* Münster 2003.

Deci, Edward L./Ryan, Richard M.: »Die Selbstbestimmungstheorie der Motivation und ihre Bedeutung für die Pädagogik«. In: *Zeitschrift für Pädagogik* 39 (1993), 223–238.

Goebel, Jan/Gornig, Martin/Häußermann, Hartmut: »Polarisierung der Einkommen: Die Mittelschicht verliert«. In: *Wochenbericht des DIW Berlin* 24 (2010), 3 f.

Haeberlin, Urs: »Die Integration von leistungsschwachen Schülern. Ein Überblick über empirische Forschungsergebnisse zu Wirkungen von Regelklassen, Integrationsklassen und Sonderklassen auf ›Lernbehinderte‹«. In: *Zeitschrift für Pädagogik* 37.2 (1991), 167–189.

Heinemann, Mirko: »Lob der Unterschiedlichkeit. Vielfalt am Arbeitsplatz bringt nur Vorteile – für das Betriebsklima, für die Mitarbeiter, für das Unternehmen«. In: *Diversity Management* (2011), 3.

Heitmeyer, Wilhelm: »Disparate Entwicklungen in Krisenzeiten, Entsolidarisierung und Gruppenbezogene Menschenfeindlichkeit in acht Ländern«. In: Ders. (Hg.): *Deutsche Zustände.* Frankfurt a. M. 2010.

Hinz, Andreas: »Chancengleichheit und Heterogenität – eine bildungstheoretische Antinomie«. In: Heinzel, Friederike/Prengel, Annedore (Hg.): *Heterogenität, Integration und Differenzierung in der Primarstufe.* Jahrbuch Grundschulforschung. Bd. 6. Opladen 2002, 128–135.

Hofer, Manfred: »Kompetenz im Umgang mit Schülerheterogenität als Beitrag zur Bildungsgerechtigkeit«. In: Zlatkin-Troitschanskaia, Olga/Beck, Klaus/Sembill, Detlef u. a. (Hg.): *Lehrerprofessionalität. Bedingungen, Genese, Wirkungen und ihre Messung.* Weinheim/Basel 2009, 141–150.

Hurrelmann, Klaus/Andresen, Sabine/Schneekloth, Ulrich (Hg.): *Kinder in Deutschland 2010. World Vision Kinderstudie.* Frankfurt a. M. 2010.

Kammermeyer, Gisela/Martschinke, Sabine: »Qualität im Anfangsunterricht. Ergebnisse der KILIA Studie«. In: *Unterrichtswissenschaft* 37 (2009)1, 35–54.

Kotthoff, Ludger: »Ich bin Ich: Selbstkonzeptentwicklung im Grundschulalter«. In: *Sache Wort Zahl* 1.24 (1996), 5–12.

Keuffer, Johannes/Oelkers, Jürgen (Hg.): *Reform der Lehrerbildung in Hamburg. Abschlussbericht der von der Senatorin für Schule, Jugend, und Berufsbildung und der Senatorin für Wissenschaft und Forschung eingesetzten Hamburger Kommission Lehrerbildung.* Weinheim/Basel 2001.

Klafki, Wolfgang/Stöcker, Hermann: »Innere Differenzierung des Unterrichts«. In: Klafki, Wolfgang: *Neue Studien zur Bildungstheorie und Didaktik.* Weinheim/Basel 1985.

Klafki, Wolfgang: »Zum Bildungsauftrag des Sachunterrichts in der Grundschule. Einführung in epochaltypische Schlüsselprobleme und vielseitige Fähigkeits- und Interessenbildung«. In: *Grundschulunterricht* 40 (1993) 1, 3–6.

Klemm, Klaus: »Bessere Förderung: Fehlanzeige. Warum die Benachteiligten benachteiligt bleiben«. In: *Erziehung und Wissenschaft* 9 (2010), 12 f.

KMK Konferenz der Kultusminister: »Standards für die Lehrerbildung: Bildungswissenschaften. Beschluss der Kultusministerkonferenz vom 16.12.2004«. In: *Zeitschrift für Pädagogik* 51.2 (2005), 280–290.

Krüger-Potratz, Marianne: »Intersektionalität«. In: Faulstich-Wieland, Hannelore (Hg.): *Umgang mit Heterogenität und Differenz*. Hohengehren 2011, 183–200.

Krüger-Potratz, Marianne: »Umgang mit Heterogenität«. In: Blömeke, Sigrid u.a. (Hg.): *Handbuch Lehrerbildung*. Kempten 2004, 558–566.

Lehmann, Rainer/Peek, Rainer/Gänsfuß, Rüdiger: *Aspekte der Lernausgangslage von Schülerinnen und Schülern der fünften Klassen an Hamburger Schulen*. Hg. von der Behörde für Schule, Jugend und Berufsbildung. Hamburg 1997.

Liebers, Katrin: *Kinder in der flexiblen Schuleingangsphase. Perspektiven für einen gelingenden Schulstart*. Wiesbaden 2008.

Opp, Günther: »Schule – Chance oder Risiko«. In: Opp, Günther/Fingerle, Michael (Hg.): *Was Kinder stärkt. Erziehung zwischen Risiko und Resilienz*. München/Basel ²2007, 227–244.

Prengel, Annedore: *Pädagogik der Vielfalt. Verschiedenheit und Gleichberechtigung in Interkultureller, Feministischer und Integrativer Pädagogik*. Opladen 1995.

Reh, Sabine: »Warum fällt es Lehrerinnen und Lehrern so schwer, mit Heterogenität umzugehen? Historische und empirische Deutungen«. In: *Die Deutsche Schule* 97.1 (2005), 76–86.

Schimpl-Neimanns, Bernhard: »Soziale Herkunft und Bildungsbeteiligung. Empirische Analysen zu herkunftsspezifischen Bildungsungleichheiten zwischen 1950 und 1989«. In: *Kölner Zeitschrift für Soziologie und Sozialpsychologie* 52.4 (2000), 636–669.

Thurn, Susanne: »Kinder in Not – Verantwortung von Schule«. In: Geiling, Ute (Hg.): *Pädagogik, die Kinder stark macht. Zur Arbeit mit Kindern in Not*. Opladen 2000, 73–90.

Tillmann, Klaus-Jürgen: »System jagt Fiktion. Die homogene Lerngruppe«. In: *Friedrich Jahresheft* 22 (2004), 6–9.

Trautmann, Matthias/Wischer, Beate: *Heterogenität in der Schule. Eine kritische Einführung*. Wiesbaden 2011.

Van Ackeren, Isabell: »Schulentwicklung in benachteiligten Regionen. Eine exemplarische Bestandsaufnahme von Forschungsbefunden und Steuerungsstrategien«. In: Lohfeld, Wiebke (Hg.): *Gute Schulen in schlechter Gesellschaft*. Wiebaden 2008, 47–58

Wenning, Norbert: »Heterogenität als neue Leitidee der Erziehungswissenschaft? Zur Berücksichtigung von Gleichheit und Verschiedenheit«. In: *Zeitschrift für Pädagogik* 50.4 (2004), 565–582.

Werner, Emmy E.: »Protective factors and individuell resilience«. In: Shonkoff, Jack P./Meisels, Samuel J. (Hg.): *Handbook of Early Childhood Intervention*. Cambridge ²2000, 115–132.

Wischer, Beate: »Binnendifferenzierung ist ein Wort für das schlechte Gewissen des Lehrers«. In: *Erziehung und Unterricht* 9–10 (2008), 714–722

Wischer, Beate/Trautmann, Matthias: »Innere Differenzierung als reformerischer Hoffnungsträger? Eine einführende Problemskizze zu Leerstellen und ungelösten Fragen«. In: Bohl, Thorsten u.a.(Hg.): *Binnendifferenzierung. Teil 1: Didaktische Grundlagen und Forschungsergebnisse zur Binnendifferenzierung im Unterricht*. Immenhausen 2012, 24–38.

Wustmann, Corina: »Die Blickrichtung der neuen Resilienzforschung: Wie Kinder Lebensbelastung bewältigen«. In: *Zeitschrift für Pädagogik* 51.2 (2005), 192–206.

Susanne Miller

4. Erziehung und Migration

1. Einleitung

Der vorliegende Beitrag zielt darauf, eine Übersicht zum Thema Erziehung und Migration zu geben und hierfür bestehende Befunde zu systematisieren. Ausgegangen wird von der Vorstellung, dass Erziehung ein Prozess von oben nach unten, d. h. vom Erziehenden zum Zu-Erziehenden ist und das Ziel hat, Einfluss auf heranwachsende Personen zu nehmen. Migration wird als ein dazu quer liegendes Phänomen verstanden, das dazu führt, dass das soziokulturelle Umfeld von Personen verändert wird. Gleichzeitig verändern Personen durch ihre Migration auch die soziokulturellen Umfelder zwischen und in denen sie sich bewegen. Daraus folgt die erkenntnisleitende Fragestellung dieses Beitrags, inwiefern sich Erziehung(s-) und Migration(sgeschehen) wechselseitig beeinflussen und wie ein Dreiecksverhältnis von Erziehenden, Kindern und Jugendlichen als Zu-Erziehenden und Migrationsprozessen theoretisch fruchtbar in den Blick genommen und gedacht werden kann.

Vor dem Hintergrund dieser Vorstellung erfolgt eine definitorische Annäherung an Erziehung und Migration in Abschnitt 2. Überblicksartig wird die Frage der Migrationsgestalt (hier verstanden als die Frage, welcher der AkteurInnen wie vom familiären Migrationsgeschehen erfasst wird) mit Blick auf mögliche Konsequenzen für Erziehungsprozesse zwischen den Generationen in Abschnitt 3 dargestellt. Auswirkungen hat die Migration dabei

nicht nur auf den unmittelbaren Erziehungsprozess zwischen Erziehenden und Zu-Erziehenden, sondern auch auf die Erziehungs- und Bildungssysteme in den Herkunfts- und Ankunftsgesellschaften. Diese sind herausgefordert, mit dem Phänomen der Migration umzugehen. Der Umgang mit dieser Herausforderung wird mit besonderem Bezug auf den wissenschaftlichen Diskurs im Fach Erziehungswissenschaft/Pädagogik in Deutschland in Abschnitt 4 dargestellt. Es folgt ein Fazit, das auch auf bestehende Forschungsdesiderate zum Thema von Erziehung und Migration verweist. Der Blick richtet sich dabei insbesondere auf eine unzureichende Wahrnehmung von Kindern und ein noch unzulängliches Überdenken von Konzepten von Kindheit, von familiärem Aufwachsen und Familie im Kontext einer Forschung zu Erziehung und Migration.

2. Definitorische Annäherung an Erziehung und Migration

Erziehung wird hier verstanden als ein expliziter und impliziter Prozess der Einflussnahme im Kontext des Heranwachsens von Personen, der im Unterschied zur Sozialisation ein Ziel verfolgt. Im Idealfall, der hier als Zweckfreiheit im Sinne einer Nutzenfreiheit des Erziehungsziels aufseiten der Erziehenden verstanden wird, verfolgt Erziehung das Ziel, die heranwachsende Person zu befähigen, ein

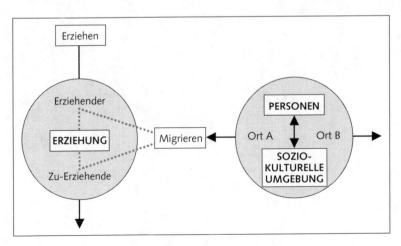

gelungenes im Sinne eines glücklichen/guten (vgl. Andresen/Otto/Ziegler 2010, 168; vgl. auch Sen 2009; Nussbaum 2011) Lebens führen zu können, indem die Chancen zur Verwirklichung bereitgestellt werden und deren freiheitliche Umsetzung ermöglicht wird. Erziehung kann dabei in einem engeren Sinne als ein intergenerationales Geschehen verstanden werden. In einem weiteren Sinne ist Erziehung (vgl. Tenorth 1988, 16) nicht nur, jedoch insbesondere auch in formal-institutionalisierter und organisierter Form als eine gesellschaftspolitische Angelegenheit in den Blick zu nehmen, die mit je spezifischen Interessen verbunden ist und daher mit Bernfeld (1925/1973, 51) hier auch »als Summe aller Reaktionen einer Gesellschaft auf die Entwicklungstatsache« begriffen wird. Weiterhin wird Erziehung als ein Prozess gesehen, der im Kontext von sich wechselseitig beeinflussenden und bedingenden Beziehungen und Bezügen zu anderen Personen, Dingen und (Lebens-)Umwelten stattfindet (vgl. Bronfenbrenner 1981). Die Idee der Erziehung ist meist eng verknüpft mit spezifischen, normativen Vorstellungen von Personen als Kindern als erziehungsbedürftig im Gegensatz zu Personen als Erwachsenen und als erzogen. Erziehung steht damit in einem unmittelbaren Zusammenhang zu einer generationalen Ordnung (Alanen 2001; 2009), die ein asymmetrisches Verhältnis zwischen heranwachsenden und erwachsenen Personen annimmt und in diesem Heranwachsende als den Erwachsenen nachgeordnet und als »zu erziehen« bestimmt werden (vgl. Koller 2004, 164).

Migration wird hier verstanden als Wanderungsbewegung von Menschen, als eine universelle Praxis, die unterschieden werden kann im Hinblick auf die Formen der Wanderungsbewegungen (bspw. als dauerhafte Migration von einem Herkunftsland in ein Ziel- oder Aufnahmeland oder als Pendelmigration zwischen zwei oder mehreren Ländern oder als Binnenmigration innerhalb eines Landes) sowie mit Blick auf den Zweck und die Hintergründe der Migration (Arbeit, Bildung, Flucht, Vertreibung). Migrationen haben dabei häufig ein übergeordnetes, gemeinsames Motiv: die Suche nach einem besseren Leben, entweder für die migrierende Person selbst oder für ihre Familie (Gardner 2012; Punch 2010). Für die migrierenden Personen bedeutet die Migration meist einen Wechsel zwischen Existenzweisen (Hettlage-Varjas und Hettlage in Mecheril u. a. 2010, 46);

dabei kann es zu einer veränderten Stellung zu sich selbst und zur Welt kommen. Des Weiteren kann Migration als ein sozialer Prozess verstanden werden, der im Kontext von sozialen Beziehungsgefügen stattfindet (Huijsmans 2006, 1). Migration – bzw. Migrationen, wobei die Pluralsetzung auf die heterogenen Formen und Ausformungen des Phänomens der Migration verweist (vgl. Pries 2006, 19) – nimmt, so verstanden, Einfluss auf Erziehungsprozesse, denn Migration macht Fragen und Herausforderungen von Erziehung auf unterschiedlichen Ebenen virulent und akzentuiert diese gegebenenfalls: Auf der Ebene der AkteurInnen verändern Migrationen die Bedingungen von Erziehung, indem durch Migrationen die lebensweltlichen Beziehungen und Bezüge Änderungen unterworfen werden. Mögliche Herausforderungen von Erziehung im Kontext von Migration spiegeln sich dann darin, dass im Rahmen von Migrationen Formen und Grenzen von zwischenmenschlichen Beziehungen, von gesellschaftlichen Verfasstheiten sowie von räumlichen und symbolischen Ordnungen aufgehoben, überschritten und/oder neu zusammengesetzt werden (müssen) (vgl. Herrera Lima 2001, 77).

3. Erziehung und Migration in ihrer wechselseitigen Beeinflussung im Kontext intergenerationaler Erziehungsprozesse

Im Anschluss an die definitorischen Annäherungen wird gefragt, wie das Erziehungsgeschehen zwischen Erziehenden und Zu-Erziehenden durch Migration und damit durch eine Veränderung der soziokulturellen Kontexte beeinflusst wird. Eine Systematisierung ist im Folgenden orientiert an der Frage der (familiären) Migrationsgestalt, die hier verstanden wird als die Frage, wer wie vom Migrationsgeschehen erfasst wird (vgl. Whitehead/Hashim 2005, 7).

Familienmigration: Insbesondere die Forschungsbefunde zu *transnationalen Familien* (für Deutschland siehe Hajji 2008; Bryceson/Vuorela 2002; Herrera Lima 2001) verweisen auf die wechselseitige Beeinflussung durch die Art und Weise der Migration und die Erziehungsstrategien und -ziele der Eltern. So beeinflussen Aspekte wie die Rückkehrabsicht der Eltern beispielsweise Erziehungsstrategien und -ziele, die von der Absicht getragen sind, sowohl eine Sozialisation der Kinder im Ankunfts-, als auch die Reintegrationsfähigkeit im Herkunftsland zu gewährleisten (Stephan 2013; Nukaga 2012; Faulstich Orellana 2001). Die Bedeutung von sozialem Kapital und der Versuch, dies durch (Bildungs-)Migration zu erhöhen, sowie die Etablierung einer »spezifischen Transmigrationskultur« (Homfeldt/Schroer/Schweppe 2008, 13) spielen auch in den sog. *Astronaut families* eine bedeutsame Rolle (Waters 2002). Diese Migrationsgestalt beschreibt die Migration von Müttern mit ihren Kindern und damit das physische Getrenntsein vom Vater, der im Herkunftsland verbleibt, um durch seine Arbeit die Ausbildung der Kinder im Rahmen der Bildungsmigration zu finanzieren.

Migration von Eltern(-teilen) ohne Kinder: Eine weitere Migrationsgestalt ist die Migration von Eltern(teilen) ohne Kinder. Als Ergebnis kommt es zu dem Phänomen der sog. *»Children left Behind«* dem gängigen Ausdruck für Kinder, die im Kontext der Arbeitsmigration der Eltern allein bzw. in der Obhut von Großeltern oder weiteren Verwandten zurückbleiben. Auch für Deutschland, in dem zunehmend Frauen aus den osteuropäischen Staaten Haushaltsarbeiten sowie Versorgungs- und Fürsorgearbeiten bzw. sog. Familienarbeiten übernehmen, ist das Thema relevant. Die bestehende Literatur zur Erziehung, zum sog. »parenting« im Kontext von Arbeitsmigration gibt dabei Einblicke in neue Formen der Erziehung, insbesondere durch »skyping« (Tolstokorova 2010, 195; Lutz/Palenga-Möllenbeck 2011, 20; Pusch 2013, 100), wobei diese Form der Kommunikation und Aufrechterhaltung der Beziehung sowie nicht zuletzt auch Möglichkeit der Verwirklichung von Erziehungspraktiken nicht für alle möglich ist, sondern bereits als ein Privileg angesehen werden muss. Lutz/Palenga-Möllenbeck verweisen darauf, dass beispielsweise ArbeitgeberInnen der ArbeitsmigrantInnen (im Rahmen der »Global care-chains«) sich teilweise an einer unbegrenzten Nutzung von Telefon stören, weil dies »unnötig und teuer« sei (2011, 21), wobei hier das fehlende Problembewusstsein in den Aufnahmegesellschaften deutlich wird, in denen wie bspw. in Deutschland »Pflegekräfte« (die sie ja qua Ausbildung häufig nicht sind) zur Aufrechterhaltung und Unterstützung des eigenen familiären Gefüges eingestellt werden. Dabei wird

nicht adäquat oder gar nicht registriert, dass ArbeitsmigrantInnen auch eigene Familien und Kinder haben, deren Erziehung ihnen meist aufgrund von normativen Konzepten von Mutterschaft (vgl. bspw. Heintz 2013; Kasymova 2013; Lutz/Palenga-Möllenbeck 2011; Tolstokorova 2010) trotz ihrer Abwesenheit häufig obliegt. Insgesamt stellt sich vor diesem Hintergrund die Frage, wie die Frage der Erziehung von »Children left Behind« als eine über gesamtgesellschaftliche Zusammenhänge hinausgehende, transnationale Kontexte betreffende Herausforderung für sowohl Herkunfts- als auch Aufnahmeländer der ArbeitsmigrantInnen begriffen werden kann. Lutz/Palenga-Möllenbeck (2011, 14) verweisen darauf, dass die zurückgebliebenen Kinder sowie die Eltern(teile) selbst im Rahmen des gesellschaftlichen Diskurses ihres Heimatlandes abgewertet und stigmatisiert werden und medial eine Verwahrlosung der Kinder aufgrund des »verantwortungslosen« Handelns der Eltern(teile) suggeriert wird (vgl. auch Heintz 2013 für Moldawien; Tolstokorova 2010 für die Ukraine; Kasymova 2013 für Tadschikistan).

Migration von Kindern ohne Eltern: Generell kann bei der Migration von Kindern ohne ein Elternteil (*»Independent child migration«*) unterschieden werden zwischen einem Migrationsmotiv, bei dem die Notwendigkeit, Geld zu verdienen, im Vordergrund steht und einer Migration zu Bildungszwecken (siehe Whitehead/Hashim 2005; Hujismans 2006; Punch 2007; Camacho 2010). Bei Thorsen (2005) und Punch (2007) findet sich das Motiv des von den kindlichen bzw. jugendlichen AkteurInnen selbst und bewusst durch die Migration initiierten, beschleunigten Übergangs von der Kindheitsphase zum Erwachsenenstatus. Die Bezeichnung *»Parachute kids«* (Popadiuk 2009; Lee 2006) wurde für das Phänomen von Kindern und jugendlichen Heranwachsenden ursprünglich insbesondere aus China und Taiwan bzw. später Südkorea geprägt, die ohne ein Elternteil und zu Bildungszwecken nach Amerika und Kanada migrierten. Die Literatur zum Phänomen der »Parachute kids« weist Bezüge zum Thema Erziehung auf, wenn wie im Zusammenhang mit den »Children left behind« die Öffentlichkeit von Verwahrlosung der »Parachute kids« spricht (Popadiuk 2009; Lee 2006), wobei im Gegensatz zu den »Children left behind« eher eine Wohlstandsverwahrlosung im Zentrum des Diskurses steht (Lee 2006, 4). Eine weitere Differenzierung des Migrationsprozesses muss häufig nochmals entlang von Freiwilligkeit und Unfreiwilligkeit gemacht werden. Wie schwierig dabei eine Zuordnung und Zuschreibung von Unfreiwilligkeit auch bei Menschenhandel mit Kindern (»*trafficked children*«) sowie insgesamt bei Formen von unbegleiteter Migration von Kindern (unbegleiteten Flüchtlingen) sein kann, darauf verweist beispielsweise Mai. Vor dem Hintergrund seiner Forschungen zu männlichen Jugendlichen, die im Rahmen temporärer Pendelmigration in den europäischen Kontext durch Prostitution Geld verdienen, streicht er die von den Jugendlichen in den Interviews betonten Möglichkeiten heraus, sich ein besseres Leben ermöglichen und durch die finanzielle Unabhängigkeit selbstbestimmt sein zu können. Dabei stellen die Jugendlichen ihre Arbeit nicht nur nicht als Ausbeutung dar, sondern beschreiben sie als eine gute und für sie positive Arbeit. Mai betont dabei auch die spezifischen normativen, aus Sicht der Jugendlichen abwertenden und sie mit einem Stigma belegenden Kategorien des »Menschenhandels« bzw. im vorliegenden Fall der Ausbeutung von Menschen (»exploitations«, Mai 2013, 80), die insbesondere durch Vorstellungen der Minderheitsgesellschaften von »normaler« Kindheit und Jugend erzeugt werden. An diesem Beispiel wird die Herausforderung für eine Forschung deutlich, die selbstbestimmtes Handeln von Kindern und Jugendlichen als *agency* untersucht und gleichzeitig vor dem Hintergrund der jeweils prekären Kontexte des Aufwachsens und Lebens soziale Ungleichheiten benennen will. Auch wenn die Beziehung zur Thematik von Erziehung hier nicht unmittelbar auf der Hand liegt, können anhand von Mais Befunden eigene normative Verständnisse von Aufwachsen und Erziehung kritisch reflektiert werden.

Für Deutschland ist insbesondere das Phänomen der *Migrantenfamilien*, die im Zuge einer Arbeitsmigration eingewandert sind, relevant. Deren Kinder, die sog. MigrantInnen der zweiten und dritten Generation, sind bspw. zentraler Untersuchungsgegenstand der in den 1970er und 1980er Jahren so genannten Ausländerpädagogik, später der Interkulturellen Pädagogik sowie in kritisch-reflexiver Form der Migrationspädagogik. Fragen von Erziehung werden dabei insbesondere mit Blick auf die Bildungsinstitutionen der Ankunftsgesellschaft thematisiert (siehe dazu auch Abschnitt 4).

Herwartz-Emden/Schurt/Warburg (2010, 43) verweisen auf ein Forschungsdesiderat, was die Erziehungspraktiken in Familien mit einem Migrationshintergrund in Deutschland angeht. Empirische Befunde liegen zur Transmission in generationalen Kontexten bei Einwanderungsfamilien vor. Hier finden sich auch Befunde zur Antizipation des Erziehungsklimas aufseiten von älterer und jüngerer Generation (Nauck 2000). Nauck kommt zum Ergebnis, dass die intergenerative Transmission »als ein zentraler Faktor der Genese einer minoritätenspezifischen Subkultur« (ebd., 387) angesehen werden kann. Das Thema der Erziehungsziele und -stile in Familien mit einer türkischstämmigen Zuwanderungsgeschichte wird von Uslucan (2004) beforscht (siehe dazu auch der Beitrag im vorliegenden Band). Leyendecker (2011) und Karakaşoğlu/Öztürk (2007) befassen sich mit Fragen der Erziehung in einem weiten Sinne mit Blick auf eine Passungsförmigkeit zu den Bildungssystemen. Kaya (2006) hat in einer vergleichenden Studie zur geschlechterspezifischen, intergenerationalen Traditions- und Kulturbildung im Migrationskontext zumindest Fragen von Erziehung im intergenerationalen Kontext (Mütter/Töchter) thematisiert. In einer früheren Studie hat Pfluger-Schindelbeck (1984) dezidiert die Frage der frühkindlichen Erziehung bei türkischstämmigen, alevitischen MigrantInnenfamilien untersucht.

4. Erziehung und Migration in ihrer wechselseitigen Beeinflussung für die Erziehungs- und Bildungsinstitutionen

Im Weiteren wird ein knapper Abriss des erziehungswissenschaftlichen Diskurses gegeben, wie er sich ausgehend von der Herausforderung des Bildungssystems durch die Arbeitsmigration von 1970 bis heute darstellt. Es lässt sich an ihm exemplarisch das Phänomen der Migration in den Erziehungs- und Bildungsinstitutionen nachzeichnen. Zu Beginn des Beitrags wurde Migration als ein zur Erziehung quer liegendes Phänomen begriffen, dass dazu führt, dass das soziokulturelle Umfeld von Personen verändert wird. Gleichzeitig wurde angenommen, dass Personen durch ihre Migration auch die soziokulturellen Umfelder zwischen und in denen sie sich bewegen, beeinflussen. Als ein

Beispiel hierfür wird der deutsche Kontext herangezogen und die Reaktion der Erziehungs- und Bildungsinstitutionen auf die Kinder und Kindes-
kinder (die sog. Kinder der zweiten und dritten, inzwischen teilweise sogar vierten Generation) der
ersten Generation der ArbeitsmigrantInnen dargestellt (Nieke 2008; Hamburger 2009; Gogolin/
Krüger-Potratz 2006; Mecheril u. a. 2010; Nohl
2010). Die angeworbenen ArbeiterInnen bzw. ihre
Nachkommen, die in den 1970er Jahren im Zuge
von zwischenstaatlichen Anwerbeabkommen nach
Deutschland gekommen sind und entgegen den
ursprünglichen Annahmen zum großen Teil in
Deutschland geblieben sind, stellen bis heute eine
Herausforderung für die deutschen Erziehungs-
und Bildungsinstitutionen dar. Kinder und Jugendliche mit einem sog. Migrationshintergrund zählen
(insbesondere wenn sie einen türkischstämmigen
bzw. einen italienischen Migrationshintergrund
haben, Diefenbach 2010) zu den benachteiligten
Personen im Erziehungs- und Bildungssystem. Soziale Ungleichheiten im deutschen Bildungssystem
finden ihren Ursprung dabei u. a. in einem Unver-
mögen der Schulen, mit Heterogenität und Differenz umzugehen (Fürstenau 2009; Brake/Büchner
2012) sowie in einer Manifestation von institutionellen Diskriminierungen (Gomolla/Radtke 2007) –
so zumindest die eine Seite der wissenschaftlichen
Positionierung zur Thematik. Die Schule bevor-
zuge (Betz 2007, 164) Heranwachsende aus Familien der sog. Mittelschicht, indem die formale
Bildung der Schule an deren informelle Bildungsprozesse anschließt, während Kinder und Jugendliche aus anderen soziokulturellen Milieus eine
»Dekulturation« erlebten (Betz 2007, 170; vgl. auch
Lareau 2003, 1–32). Letzteres führe zu einer Bildungsbenachteiligung, von der häufig auch Kinder
und Jugendliche aus Familien mit Migrationshintergrund betroffen sind. Die empirischen Befunde
von Kristen/Dollmann (2010, 134) besagen demgegenüber, dass im Allgemeinen die vorschulische,
institutionelle, aber vor allem auch familiäre Sozialisation zentral für eine erfolgreiche Bildungsbiografie sind. Neben der sozialen Herkunft werden
hier die Sprachfähigkeiten von Kindern als zentrales Moment für den Zusammenhang von Elternhaus und Bildungsdisparitäten bestimmt (Baumert/
Trautwein u. a. 2003; Baumert/Watermann u. a.
2003; Konsortium Bildungsberichterstattung 2006,
138).

Der historische Blick auf die Phasen des erziehungswissenschaftlichen Diskurses in Deutschland zeigt, dass zu Beginn der Einwanderung im
Rahmen der Arbeitsmigration in den 1970er Jahren in Deutschland von Defiziten bei den Kindern
und Jugendlichen der zweiten Generation aufgrund ihrer kulturellen Herkunft ausgegangen
wurde (Nieke 2008, 13 f.). Die erste Phase der rück-
blickend sog. Ausländerpädagogik sah ihren Erzie-
hungs- und Bildungsauftrag im Ausgleich dieser
Defizite bei der eingewanderten Bevölkerung auf
der einen Seite (insbesondere im Erlernen der
deutschen Sprache) sowie im Erhalt einer sog.
Rückkehrfähigkeit (Nieke 2008, 16) dieser (durch
bspw. den muttersprachlichen Ergänzungsunter-
richt). Eine zweite Phase wird durch die Kritik an
insbesondere der Pädagogisierung der genuin politischen Einwanderungsfrage ausgelöst (Hamburger 2009) und ist mit einer Kritik an (mehr oder
weniger) impliziten Vorstellungen von Integration
verbunden, die sich an einer Dominanzkultur orientieren. Hieraus leitet sich die Forderung ab, alle
Kulturen als gleichwertig anzuerkennen, die zur
zentralen Denkfigur der Interkulturellen Erziehung wird. Deren Erziehungsauftrag ist es nun,
zum gemeinsamen Leben in einer multikulturellen
Gesellschaft vorzubereiten (ebd., 17). In einer dritten und vierten Phase kommt es zu Differenzierungen innerhalb der wissenschaftlichen Wahrnehmung, die zum einen (Phase drei) darin besteht,
dass im Kontext der Interkulturellen Erziehung
Differenzierungen aufgemacht werden, die entlang
der Kategorie Kultur festgemacht werden, wobei
Kultur immer im Sinne einer nationalen und ethnischen Zugehörigkeitszuschreibung verstanden
wird (Nieke 2008, 18; Mecheril u. a. 2010, 179 ff.).
Zum anderen wird deutlich, dass damit Prozessen
von (Re-)Ethnisierungen Vorschub geleistet wird.
Die Auseinandersetzung mit ethnischen sog. Minderheiten (in der vierten Phase) öffnet den wissenschaftlichen Blick für strukturelle Dominanzver-
hältnisse in der Gesellschaft, auf deren Basis sich
soziale Ungleichheiten gründen, von denen wiederum Minderheiten (nicht nur ethnische Gruppierungen, sondern bspw. auch Frauen und Personen mit Behinderung) auch betroffen sind. Für
die fünfte Phase des erziehungswissenschaftlichen
Diskurses um eine Interkulturelle Erziehung konstatiert Nieke (ebd., 19) eine konzeptionelle Erweiterung, die durch die Hinzunahme des Begriffs der

Bildung vorgenommen wird und insbesondere mit Blick auf die Bildungsinstitutionen (Schule) auf die Hinführung von Selbstbildungsprozessen verweisen soll. Diese Betonung von Bildungsprozessen, die idealiter in einer interkulturellen Kompetenz bei den Heranwachsenden münden sollen, macht gleichzeitig deutlich, dass der Diskurs im Kontext der interkulturellen Erziehung und Bildung immer noch von zwei parallelen Stoßrichtungen geprägt ist, nämlich der immigrations- und der emigrationsorientierten (vgl. ebd., 19). Integrationsprozesse werden damit immer noch als Eingliederungen und Anpassungen an bestehende Gesellschaftssysteme verstanden. Vor dem Hintergrund dieser Annahmen schließt sich der fünften Phase konsequenterweise eine, die fünfte Phase konzeptionell quasi zuspitzende, sechste Phase an, in der Interkulturelle Erziehung und Bildung gleichsam ein Ende finden (ebd., 21). Dieses »Ende« fällt zusammen mit dem gesamtgesellschaftlichen Einzug eines neo-assimilatorischen Verständnisses von Integration, dass von »Zuwanderern eine Anpassung [erwartet], die über funktionale Kompetenzen und eine Loyalität zum Staatssystem hinausgeht und auch die zentralen Mehrheitsüberzeugungen der Mehrheitskultur mit einschließt« (Nieke 2008, 20; Peucker 2012, 75). Auf erziehungswissenschaftlicher Ebene findet eine Ausdifferenzierung von Konzepten im Kontext von Erziehung und Migration statt. Als ein Beispiel sei die rassismuskritische Erziehung genannt, die ihre wissenschaftstheoretischen Wurzeln im anglophonen Sprachraum hat und sich in hohem Maße kritisch-reflexiv mit gesellschaftlich begründeten und sich daraus ergebenden, ungleichen und ungerechten sowie diskriminierenden Dominanzverhältnissen auseinandersetzt (vgl. z. B. Broden/Mecheril 2010). Die noch zu leistende Anerkennung von Hybridität und Mehrfachzughörigkeiten (Mecheril u. a. 2010, 53) von Menschen durch Migrationen kann als eine der großen Herausforderungen der gesellschaftlichen und politischen Öffentlichkeit im Deutschland des 21. Jahrhunderts sowie als die noch zu bewältigende, zentrale Herausforderung für das deutsche Erziehungs- und Bildungssystem bezeichnet werden. Die aktuelle Antwort auf diese Herausforderung versuchen immer noch pädagogische Programmatiken und Konzepte zu geben, die unter dem Label der interkulturellen Erziehung und Bildung gefasst werden können. Als zugrunde

liegendes Problem im Umgang mit Menschen mit einem sog. Migrationshintergrund oder einer Zuwanderungsgeschichte definiert die kritische Migrationspädagogik (Diehm/Radtke; Mecheril u. a. 2010) die den pädagogischen Handlungen sowie der institutionellen Organisation zugrunde liegende Annahme einer kulturellen – meist im Sinne einer nationalspezifischen – Differenz. Diese defizitäre Differenz, wie im Kontext der sog. Ausländerpädagogik, oder anerkennende Differenz, wie im Rahmen der Interkulturellen Pädagogik, führt dabei zu einer Ausblendung von weiteren Differenzlinien wie bspw. Geschlecht und sozialer Herkunft und hat im Kontext der Bildungspolitik dazu geführt, sozial begründete Problemlagen als vermeintliche kulturelle Phänomene zu verschleiern (Brake/Büchner 2012).

5. Fazit

Wenn es um Erziehung geht, geht es immer auch um Kinder und Jugendliche, um Heranwachsende, da Erziehung konzeptionell unauflösbar mit der Vorstellung verbunden ist, dass Kinder und auch Jugendliche »erziehungsbedürftig« sind. Wenn Migration dahingehend verstanden wird, dass sich durch Migration neue Existenzweisen für die Migrierenden eröffnen, dann folgt daraus, dass sich gegebenenfalls neue Rahmenbedingungen für das Aufwachsen, für die intergenerationalen Beziehungen, für Erziehungsprozesse, -ziele und -strategien ergeben. Gleichzeitig kommen auch andere Fragen in den Blick wie beispielsweise die Frage, inwiefern durch Migrationsprozesse die kontextuelle Verbundenheit von Erziehungsvorstellungen und -verständnissen mit Vorstellungen von Kind-Sein, Aufwachsen, Familie-Sein und der Gestaltung von intergenerationalen Verhältnissen akzentuiert wird und der Konstruktcharakter von Kindheit und Jugend als Noch-Nicht-Erwachsener-Sein und damit erziehungsbedürftig sein, gegebenenfalls also der Konstruktcharakter von Erziehung als einem universellen und vermeintlich legitimierten Konzept an sich insbesondere vor dem Hintergrund von transnationalen Migrationsprozessen in Frage gestellt werden kann. Ein Forschungsdesiderat bleibt die Frage, wie sich Konzeptionen von Kindheit sowie von familialem Aufwachsen und Familie und damit auch Vorstellungen von Erziehung durch Migrationen verändern (vgl. auch Bailey 2009). Der Gedanke der Erziehung wurzelt, wie bereits in der definitorischen Annäherung thematisiert, nicht zuletzt in einer Vorstellung vom Kind als einem der erwachsenen Person nachgeordneten Wesen, das einer gezielten Einflussnahme (häufig durch Erwachsene) im Rahmen und mit Blick auf seine bestmögliche Entwicklung und Entfaltung bedarf. Solche Vorstellungen von Kindern als schutzbedürftigen Wesen machen insbesondere auch im Kontext von Migrationen die eigenen Vorstellungen von Heranwachsenden unsichtbar (Semerci 2013). In neueren Untersuchungen wird darauf verwiesen, dass Kinder und Jugendlichen teilweise sogar »doppelt« unsichtbar sind, wenn sie bei Migrationsentscheidungen innerhalb der Familie nicht befragt werden (Hutchins 2013) und auch vonseiten der forschenden WissenschaftlerInnen nicht als AkteurInnen mit eigenständigen Vorstellungen im Rahmen der Beforschung von transnationalen Migrationsprozessen wahrgenommen werden (Tyrell u.a. 2013; Liebel/Lutz 2010). Wie ein Dreiecksverhältnis von Erziehenden, Kindern und Jugendlichen als Zu-Erziehenden und Migrationsprozessen theoretisch fruchtbar in den Blick genommen und gedacht werden kann, ist dabei in noch ausstehenden Forschungen zu beantworten.

Literatur

Alanen, Leena: »Explorations in Generational Analysis«. In: Alanen, Leena/Mayall, Berry (Hg.): *Conceptualizing Child-Adult Relations*. London/New York 2001, 11–22.

Alanen, Leena: »Generational Order«. In: Qvortrup, Jens/Corsaro, William A./Honig, Michael Sebastian (Hg.): *The Palgrave Handbook of Childhood Studies*. London 2009, 159–174.

Andresen, Sabine/Otto, Hans-Uwe/Ziegler, Holger: »Bildung as Human Development: An educational view on the Capabilities Approach«. In: Otto, Hans-Uwe/Ziegler, Holger (Hg.): *Capabilities – Handlungsbefähigung und Verwirklichungschancen in der Erziehungswissenschaft*. Wiesbaden 2010, 165–197.

Auernheimer, Georg: *Einführung in die Interkulturelle Pädagogik*. Darmstadt 2003.

Bailey, Adrian: »Transnational Mobilities and Childhoods«. In: Qvortrup, Jens/Corsaro. William A./Honig, Michael-Sebastian (Hg.): *The Palgrave Handbook of Childhood Studies*. London 2009, 408–422.

Baumert, Jürgen/Trautwein, Ullrich/Artelt, Cordula: »Schulumwelten – institutionelle Bedingungen des Lehrens und Lernens«. In: Deutsches-PISA-Konsor-

tium (Hg.): *PISA 2000. Ein differenzierter Blick auf die Länder der Bundesrepublik*. Opladen 2003, 261–331.

Baumert, Jürgen/Watermann, Rainer/Schümer, Gundel: »Disparitäten der Bildungsbeteiligung und des Kompetenzerwerbs«. In: *Zeitschrift für Erziehungswissenschaft* 6.1 (2003), 46–72.

Bernfeld, Siegfried: *Sisyphos oder die Grenzen der Erziehung* [1925]. Frankfurt a.M. 1973.

Betz, Tanja: »Formale Bildung als »Weiter-Bildung« oder »Dekulturation« familialer Bildung?« In: Alt, Christian (Hg.): *Kinderleben – Start in die Grundschule*. Bd. 3. Wiesbaden 2007, 163–189.

Brake, Anna/Büchner, Peter: *Bildung und soziale Ungleichheit. Eine Einführung*. Stuttgart 2012.

Broden, Anne/Mecheril, Paul: *Rassismus bildet. Bildungswissenschaftliche Beiträge zu Normalisierung und Subjektivierung in der Migrationsgesellschaft*. Bielefeld 2010.

Bronfenbrenner, Urie: *Die Ökologie der menschlichen Entwicklung: Natürliche und geplante Experimente*. Stuttgart 1981.

Bryceson, Deborah/Vuorela, Ulla: *The Transnational Family: New European Frontiers and Global Networks*. Oxford/New York 2001.

Camacho, Agnes Zenaida V.: »Children and Migration. Understanding the migration experiences of child domestic workers in the Philippines«. In: Liebel, Manfred/Lutz, Roland (Hg.): *Sozialarbeit des Südens: Kindheiten und Kinderrechte*. Oldenburg 2010, 127–161.

Diefenbach, Heike: *Kinder und Jugendliche aus Migrantenfamilien im deutschen Bildungssystem: Erklärungen und empirische Befunde*. Wiesbaden 2010.

Diehm Isabell/Radtke Frank-Olaf: *Erziehung und Migration. Eine Einführung*. Stuttgart u.a. 1999.

Faulstich Orellana, Majorie/Thorne, Barrie/Chee, Anna/Lam, Wan Shun Eva: »Transnational Childhoods: The Participation of Children in Processes of Family Migration«. In: *Social Problems* 48.4 (2001), 572–591.

Fürstenau, Sara: »Ich wäre die Letzte, die sagt, ›Hier muss Deutsch gesprochen werden‹« In: Dirim, İnci/Mecheril, Paul (Hg.): *Migration und Bildung: Soziologische und erziehungswissenschaftliche Schlaglichter*. Münster 2009, 57–79.

Gogolin, Ingrid/Krüger-Potratz, Marianne: *Einführung in die Interkulturelle Pädagogik*. Opladen/Farmington Hills 2006.

Gomolla, Mechtild/Radtke, Frank-Olaf: *Institutionelle Diskriminierung: Die Herstellung ethnischer Differenz in der Schule*. Wiesbaden ²2007.

Hajji, Rahim: *Transnationale Familien: Zur Entstehung, zum Ausmaß und zu den Konsequenzen der migrationsbedingten Eltern-Kind-Trennung in Familien aus den klassischen Gastarbeiterländern in Deutschland*. Diskussionspapier: Wissenschaftszentrum Berlin für Sozialforschung. (2008). http://www.ssoar.info/ssoar/handle/document/23396 (31.10.2012)

Hamburger, Franz: *Abschied von der interkulturellen*

Pädagogik: Plädoyer für einen Wandel sozialpädagogischer Konzepte. Weinheim/München 2009.

Herrera Lima, Fernando: »Transnational families: Institutions of transnational social space«. In: Pries, Ludger (Hg.): *New Transnational Social Spaces: International migration and transnational companies in the early twenty-first century.* London/New York 2001, 77–94.

Herwartz-Emden, Leonie/Schurt, Verena/Waburg, Wiebke: *Aufwachsen in heterogenen Sozialisationskontexten. Zur Bedeutung einer geschlechtergerechten interkulturellen Pädagogik.* Wiesbaden 2010.

Homfeldt, Hans-Günther/Schroer, Wolfgang/Schweppe, Cornelia: *Soziale Arbeit und Transnationalität: Herausforderungen eines spannungsreichen Bezugs.* Weinheim/München 2008.

Huijsmans, Roy: *Children, Childhood and Migration. 2006.* Working Papers Series No. 427. June 2006. Institute of Social Studies 2006.

Hutchins, Teresa: »›They told us in the Curry Shop‹: Child-Adult Relation in the Context of Family Migration Decision-Making«. In: Tyrell, Naomi/White, Allen/Ní Laoire, Caitríona/Carpena-Méndez, Fina (Hg.): *Transnational Migration and Childhood.* London, 61–79.

Karakaşoğlu, Yasemin/Öztürk, Halit: »Erziehung und Aufwachsen junger Muslime in Deutschland. Islamisches Erziehungsideal und empirische Wirklichkeit in der Migrationsgesellschaft«. In: Wensierski, Hans-Jürgen von/Lübcke, Claudia (Hg.): *Junge Muslime in Deutschland: Lebenslagen, Aufwachsprozesse und Jugendkulturen.* Opladen/Famington Hills 2007, 157–173.

Kaya, Asiye: *Soziale Vererbung von der Mutter zur Tochter. Mutter-Tochter-Beziehungen im alevitischen und sunnitischen Kontext in Deutschland – eine migrationsbiographische Vergleichsstudie.* Dissertation Sozialwissenschaftliche Fakultät der Universität Göttingen. UB 7. Göttingen 2006.

Koller, Hans-Christoph: *Grundbegriffe, Theorien und Methoden der Erziehungswissenschaft. Eine Einführung.* Stuttgart 2006.

Konsortium Bildungsberichterstattung: *Bildung in Deutschland. Ein indikatorengestützter Bericht mit einer Analyse zu Bildung und Migration.* Bielefeld 2006.

Kristen, Cornelia/Dollmann, Jörg: »Sekundäre Effekte der ethnischen Herkunft: Kinder aus türkischen Familien am ersten Bildungsübergang«. In: Becker, Birgit/Reimer, David (Hg.): *Vom Kindergarten bis zur Hochschule. Die Generierung von ethnischen und sozialen Disparitäten in der Bildungsbiographie.* Wiesbaden 2010, 17–49.

Lareau, Annette: *Unequal Childhoods. Class, Race and Family Life.* Berkeley 2003.

Lee, Albert J.: *Asian American Studies: Identity Formation in Korean American Parachute Kids.* College of Arts and Sciences. CUREJ – College Undergraduate Research. Electronic Journal. University of Pennsylvania 2006.

Leyendecker, Birgit: »Sozialisation und Erziehung – der Stellenwert der Familie«. In: Fischer, Veronika/Springer, Monika (Hg.): *Handbuch Familie und Migration.* Schwalbach: Wochenschau (2010), 240–250.

Liebel, Manfred/Lutz, Ronald (Hg.): *Sozialarbeit des Südens.* Bd. 3: *Kindheiten und Kinderrechte.* Oldenburg 2010.

Lutz, Helma/Palenga-Möllenbeck, Ewa: »Das Care-Chain-Konzept auf dem Prüfstand. Eine Fallstudie der transnationalen Care-Arrangements polnischer und ukrainischer Migrantinnen«. In: *Gender: Zeitschrift für Geschlecht, Kultur und Gesellschaft* 3.1 (2011), 9–28.

Mecheril, Paul/Do Mar Castro Varela, María/Dirim, Inci/Kalpaka, Annita/Melter, Claus: (Hg.): *Migrationspädagogik.* Weinheim/Basel 2010.

Nauck, Bernhard: »Eltern-Kind-Beziehungen in Migrantenfamilien – ein Vergleich zwischen griechischen, italienischen, türkischen und vietnamesischen Familien in Deutschland«. In: Sachverständigenkommission 6. Familienbericht (Hg.): *Empirische Beiträge zur Familienentwicklung und Akkulturation.* Materialien zum 6. Familienbericht. Bd. 1. Opladen 2010, 347–392.

Nieke, Wolfgang: *Interkulturelle Erziehung und Bildung: Wertorientierungen im Alltag.* Wiesbaden 2008.

Nohl, Arnd-Michael: *Konzepte interkultureller Pädagogik: Eine systematische Einführung.* Bad Heilbrunn 2010.

Nukaga, Misako: »Planning for a successful return home: Transnational habitus and education strategies among Japanese expatriate mothers in Los Angeles«. In: *International Sociology* (2012). http://iss.sagepub.com/content/early/2012/11/13/0268580912452171 (31.10.2012).

Nussbaum, Martha C.: *Creating Capabilities: The Human Develoment Approach.* Cambridge 2011.

Parreñas, Rhacel Salazar: »Mothering from a Distance: Emotions, Gender, and Inter-generational Relations in Filipino Transnational Families«. In: *Feminist Studies* 27.2 (2001), 361–390.

Peucker, Mario: »Differenz in der Migrationsgesellschaft – ethnische Diskriminierung und Einstellungen gegenüber Migrant/innen und Minderheiten«. In: Matzner, Michael (Hg.): *Handbuch Migration und Bildung.* Weinheim/Basel 2012, 73–90.

Pfluger-Schindlbeck, Ingrid: »Achte die Älteren, liebe die Jüngeren«: *Sozialisation türkischer Kinder.* Frankfurt a. M. 1987.

Popadiuk, Natalee E.: »Unaccompanied Asian Secondary Students Studying in Canada«. In: *International Journal for the Advancement of Counselling* 31. 4 (2009), 229–243.

Pries, Ludger: »Verschiedene Formen der Migration – verschiedene Wege der Integration«. In: Otto, Hans-Uwe/Schrödter, Mark (Hg.): »Soziale Arbeit in der Migrationsgesellschaft: Multikulturalismus – Neo-Assimilation – Transnationalität«. In: *Neue Praxis.* Sonderheft 8 (2006), 19–28.

Punch, Samantha: *Migration Projects: Children on the Move for Work and Education. Paper presented on the Workshop on Independent Child Migrants: Policy Deba-*

tes and Dilemmas. 2007. http://www.childmigration. net/files/Punch_migration_paper.pdf (31.10.2012).

Punch, Samantha: »Moving for a better life: to stay or to go?« In: Kassem, Derek/Murphy, Lisa/Taylor, Elizabeth (Hg.): *Key Issues in childhood and youth studies*. London 2010, 202–215.

Pusch, Barbara: »Transnationale Familienkontexte von MigrantInnen in der Türkei«. In: Hunner-Kreisel/Stephan 2013, 91–107.

Semerci, Pınar U./Müderrisoğlu, Serra./Karatay, Abdullah/Ekim-Akkan, Başak: »Well-Being and the Children of Internal Migrant Families in Istanbul«. In: Hunner-Kreisel/Stephan 2013, 169–185.

Sen, Amartya: *The Idea of Justice*. London 2009.

Stephan, Manja: »Duschanbe – Moskau – Kairo: Transnationale religiöse Erziehungspraktiken tadschikischer Familien in der Migration«. In: Hunner-Kreisel/Stephan 2013, 125–141.

Tenorth, Heinz-Elmar: *Geschichte der Erziehung: Einführung in die Grundzüge ihrer neuzeitlichen Entwicklung*. Weinheim/München 1988.

Thorsen, Dorte: *Child Migrants in Transit Strategies to become Adult in Rural Burkino Faso*. Paper presented to Children and Youth in Emerging and Transforming Societies. 29 June-3 July, Oslo 2005. http://r4d.dfid.gov. uk/PDF/Outputs/MigrationGlobPov/ThorsenOslo.pdf (31.10.2012).

Tolstokorova, Alissa V.: *Where have all the mothers gone? The Gendered Effect of Labour Migration and Transnationalism on the Institution of Parenthood in Ukraine*. 2010.

Tyrell, Naomi/White, Allen/Ní Laoire, Caitríona/Carpena-Méndez, Fina (Hg.): *Transnational Migration and Childhood*. London 2013.

Uslucan, Haci-Halil: »Erziehung und Sozialisation türkischer und islamischer Kinder: Inplikationen für die familienpsychologische Praxis«. In: *Kindschaftsrechtliche Praxis* 7 (2004), 32–39.

Van Breda, Adrian D.: »The Phenomenon and Concerns of Child-Headed Households in South Africa«. In: Liebel, Manfred/Lutz, Roland (Hg.): *Sozialarbeit des Südens*. Bd. 3: *Kindheiten und Kinderrechte*. Oldenburg 2010, 259–281.

Waters, Johanna L.: »Flexible families? ›Astronaut‹ households and the experiences of lone mothers in Vancouver, British Columbia«. In: *Social & Cultural Geography*. 3.2 (2002), 117–134.

Whitehead, Ann/Hashim, Iman/Iversen, Vegard: *Child Migration, Child Agency and Inter-generational Relations in Africa and South Asia*. Working Paper T24 (2007). http://www.migrationdrc.org/publications/working_ papers/WP-T24.pdf (31.10.2012).

Christine Hunner-Kreisel

Anhang

Die Beiträgerinnen und Beiträger

Albus, Stefanie, Wissenschaftliche Mitarbeiterin der AG 8 Soziale Arbeit, Fakultät für Erziehungswissenschaft an der Universität Bielefeld (II.9 Kinder- und Jugendhilfe)

Andresen, Sabine, Dr., Professorin für Sozialpädagogik und Familienforschung an der Goethe-Universität Frankfurt (V.2 Erziehung, Macht und Gewalt)

Bartels, Martin, Prof. Dr., gegenwärtig im Ruhestand, tätig in Göttingen und Heidelberg an der Pädagogischen Hochschule (IV.9 Erziehung ohne ›Ich‹. Sartres philosophischer Beitrag zur aktuellen Erziehungsdiskussion)

Bangert, Kurt, Dr., Theologe und Experte für Entwicklungszusammenarbeit, Research Advisor am ›World Vision Institut für Forschung und Innovation‹ sowie Schriftleiter der liberalen theologischen Zeitschrift *Freies Christentum*. Mitherausgeber der *World Vision Kinderstudie* (III.6 Spiritualität)

Bauer, Ullrich, Dr., Professor für Sozialisationsforschung und Leiter des Zentrums für Prävention und Intervention im Kindes- und Jugendalter (ZPI) an der Universität Duisburg-Essen (V.1 Erziehung und soziale Ungleichheit)

Beelmann, Andreas, Dr., Professor am Institut für Psychologie, Abteilung für Forschungssynthese, Intervention, Evaluation an der Friedrich-Schiller-Universität Jena (II.11 Elternbildung und Erziehungsberatung)

Bock, Jörg, PD Dr., Mitarbeiter am Institut für Zoologie und Entwicklungsneurobiologie an der Otto-von Guericke-Universität Magdeburg (IV.16 Neurowissenschaften)

Braun, Anna Katharina, Dr., Professorin für Zoologie und Entwicklungsneurobiologie an der Otto-von Guericke-Universität Magdeburg (IV.16 Neurowissenschaften)

Brumlik, Micha, Dr., Prof. em., Senior Advisor an der Goethe Universität Frankfurt, Zentrum für Jüdische Studien Berlin/Brandenburg (I.3 Erziehung und Bildung)

Bühler-Niederberger, Doris, Dr., Professorin für Soziologie an der Bergischen Universität Wuppertal (IV.13 Soziologie)

Çelik, Fatma, Mitarbeiterin am Lehrstuhl Entwicklungspsychologie an der Bergischen Universität Wuppertal (III.2 Erziehung und emotionale Entwicklung)

Coelen, Thomas, Dr., Professor für Erziehungswissenschaft an der Fakultät »Bildung-Architektur-Künste« der Universität Siegen (II.13 Kinder- und Jugendarbeit)

Dainat, Holger, Dr., Apl. Professor für germanistische Literaturwissenschaft an der Universität Bielefeld (IV.7 Literaturwissenschaft)

Erhart, Walter, Dr., Professor für germanistische Literaturwissenschaft an der Universität Bielefeld (IV.7 Literaturwissenschaft)

Faltermaier, Toni, Dr., Professor für Psychologie an der Universität Flensburg (IV.3 Gesundheitswissenschaften)

Fries, Stefan, Dr., Professor für Psychologie des Lehrens und Lernens an der Universität Bielefeld

Fuhrer, Urs, Dr., Lehrstuhl für Entwicklungspsychologie und Pädagogische Psychologie an der Otto-von-Guericke-Universität Magdeburg (IV.11 Psychologie)

Gröben, Bernd, Dr., Professor für Sportwissenschaft an der Universität Bielefeld (IV.14 Sportpädagogik)

Gruner, Petra, Dr., Leiterin der AG »Ganztagsschulforschung, Allgemeine Bildung« im Projektträger DLR Berlin (IV.4 Geschichtswissenschaft)

Gusinde, Frank, Dr., Mitarbeiter am Department Erziehungswissenschaft – Psychologie an der Universität Siegen (II.13 Kinder- und Jugendarbeit)

Harring, Dr., Juniorprofessor für empirische Schulforschung und Schulpädagogik am Institut für Erziehungswissenschaft an der Johannes Gutenberg-Universität Mainz (II.12 Freizeit, Erziehung und Bildung)

Heckmann, Carmen, Wissenschaftliche Mitarbeiterin des Interdisziplinären Kollegs für Hochschuldidaktik der Goethe-Universität Frankfurt (IV.18 Mediennutzung)

Hoffarth, Britta, Dr., Vertretungsprofessorin für Erziehungswissenschaft mit dem Schwerpunkt ›Migrationspädagogik und Kulturarbeit‹ an der Fakultät für Erziehungswissenschaft der Universität Bielefeld (IV.17 Kulturpädagogik)

Honig, Michael-Sebastian, Dr., Professor und Leiter der Forschungsgruppe ›Early Childhood: Education and Care‹ an der Universität Luxemburg (II.1 Frühe Kindheit)

Horz, Holger, Dr., Professor für Pädagogische Psychologie an der Goethe-Universität Frankfurt (IV.18 Mediennutzung)

Hunner-Kreisel, Christine, Dr., Juniorprofessorin für den Bereich Transkulturalität und Gender am Institut für Soziale Arbeit, Bildungs- und Sportwissenschaften an der Universität Vechta (V.4 Erziehung und Migration)

Iwanski, Alexandra, Dr., Professorin für Entwicklungspsychologie an der Bergischen Universität Wuppertal (III.2 Erziehung und emotionale Entwicklung)

Janssen, Angela, Wissenschaftliche Mitarbeiterin am Institut für Erziehungswissenschaft, Abteilung Allgemeine Pädagogik an der Universität Tübingen (II.8 Internat)

Keller, Heidi, Dr., Professorin für Entwicklung und Kultur, Fachbereich Humanwissenschaften an der Universität Osnabrück (II.2 Kindheit)

Kessels, Ursula, Dr., Professorin für Bildungsforschung/Heterogenität und Bildung an der Freien Universität Berlin (II.3 Jugend)

Kolodzig, Katja, Wissenschaftliche Mitarbeiterin am Institut für Erziehungswissenschaft der Universität Bielefeld (IV.17 Kulturpädagogik)

Kraft, Volker, Dr., Professor für Pädagogik und Sozialpädagogik am Fachbereich Soziale Arbeit, Bildung und Erziehung der Hochschule Neubrandenburg/CAU Kiel (IV.2 Erziehung als Begriff der Erziehungswissenschaft)

Kunter, Mareike, Dr., Professorin für Pädagogische Psychologie an der Goethe-Universität Frankfurt (II.7 Schule)

Leuzinger-Bohleber, Marianne, Prof. Dr., Direktorin des Sigmund-Freud-Instituts in Frankfurt (IV.10 Psychoanalyse)

Magyar-Haas, Veronika, Wissenschaftliche Assistentin am Institut für Erziehungswissenschaft, Lehrstuhl Pädagogik-Sozialpädagogik an der Universität Zürich (III.4 Körper)

Maywald, Jörg, Dr., Geschäftsführer der Deutschen Liga für das Kind, Honorarprofessor an der Fachhochschule Potsdam und Sprecher der National Coalition Deutschland – Netzwerk für die Umsetzung der UN-Kinderrechtskonvention (II.5 Frühe Tagesbetreuung in Krippe und Kindertagespflege)

Miller, Susanne, Dr., Professorin für Erziehungswissenschaft mit dem Schwerpunkt Grundschulpädagogik, Fakultät für Erziehungswissenschaft an der Universität Bielefeld (V.3 Umgang mit Heterogenität)

Neumann, Anna, Dr., Lehrstuhl Entwicklungspsychologie an der Bergischen Universität Wuppertal (III.2 Erziehung und emotionale Entwicklung)

Oelkers, Jürgen, Dr., Prof. em., Institut für Erziehungswissenschaft; Professor für Allgemeine Pädagogik am Institut für Erziehungswissenschaft von 1999 bis 2012 an der Universität Zürich (I.1 Geschichte der Erziehung)

Reichle, Barbara, Dr., Professorin für Entwicklungs- und Pädagogische Psychologie an der Pädagogischen Hochschule Ludwigsburg (III.5 Soziale Kompetenz)

Richterich, Andreas, Dr. med., Chefarzt der Klinik für Kinder- und Jugendpsychiatrie, -psychosomatik und -psychotherapie, HELIOS St. Josefs-Hospital Bochum-Linden (IV.6 Kinder- und Jugendpsychiatrie)

Rieger-Ladich, Markus, Dr., Professor für Allgemeine Pädagogik am Institut für Erziehungswissenschaft der Universität Tübingen (II.8 Internat)

De Ruiter, Laura E., Dr., Wissenschaftliche Mitarbeiterin an der Fakultät für Linguistik und Literaturwissenschaft der Universität Bielefeld (III.7 Sprache)

Salgo, Ludwig, Dr., Apl. Professor am Fachbereich Rechtswissenschaft und Seniorprofessor Fachbereich Erziehungswissenschaft an der Goethe-Universität Frankfurt am Main (IV.12 Rechtswissenschaften)

Scheunpflug, Annette, Dr., Professorin für Allgemeine Pädagogik an der Otto-Friedrich-Universität Bamberg (IV.1 Evolutionstheorie/Biologie)

Schulz, Linda, Wissenschaftliche Mitarbeiterin am Institut für Psychologie an der Friedrich-Schiller-Universität Jena (II.11 Elternbildung und Erziehungsberatung)

Spieß, C. Katharina, Dr., Professorin für Bildungs- und Familienökonomie an der Freien Universität Berlin und Leiterin der Abteilung Bildungspolitik am DIW Berlin (IV.8 Ökonomie – am Beispiel frühkindlicher Erziehung)

Standop, Jutta, Dr., Professorin für Schulpädagogik mit den Schwerpunkten Bildung und Erziehung an der Universität Trier (III.8 Werte)

Ucar, Bülent, Dr., Professor für Islamische Religionspädagogik an der Universität Osnabrück (IV.5 Erziehung aus islamisch-religionspädagogischer Sicht)

Uslucan, Haci-Halil, Dr., Professor für Moderne Türkeistudien und Integrationsforschung an der Universität Duisburg-Essen; Wissenschaftlicher Direktor des Zentrums für Türkeistudien und Integrationsforschung (III.3 Erziehungsstile und ihre kulturelle Überformung)

Wild, Elke, Dr., Professorin am Lehrstuhl für Pädagogische Psychologie an der Universität Bielefeld (II.4 Familie)

Witte, Matthias D., Dr., Professor für Sozialpädagogik am Institut für Erziehungswissenschaft an der Johannes Gutenberg-Universität Mainz (II.12 Freizeit, Erziehung und Bildung)

Weiß, Gabriele, Dr., Universitätsassistentin am Institut für Bildungswissenschaft der Universität Wien (III.1 Ästhetische Erziehung)

Weyers, Stefan, Dr., Professor für Allgemeine Erziehungswissenschaft am Institut für Erziehungswissenschaft der Johannes Gutenberg-Universität Mainz (I.2 Moral)

Wolff, Mechthild, Dr., Professorin an der Fakultät Soziale Arbeit der Hochschule Landshut (II.10 Heim- und Heimerziehung)

Wustmann, Cornelia, Dr., Professorin für Elementarpädagogik an der Karl Franzens Universität Graz (II.6 Erziehung in Kindertagestätten)

Ziegler, Holger, Dr., Professor für Erziehungswissenschaft mit Schwerpunkt Soziale Arbeit an der Universität Bielefeld (II.9 Kinder- und Jugendhilfe)

Zimmermann, Mirjam, Dr., Professorin für Religionspädagogik an der Universität Siegen (IV.15 Theologie)

Zimmermann, Peter, Dr., Professor für Entwicklungspsychologie/Developmental Psychology an der Bergischen Universität Wuppertal (III.2 Erziehung und emotionale Entwicklung)

Personenregister